한국행정학 60년

1956~2016

2 접근방법과 패러다임

한국행정학회 편

法 文 社

발 간 사

한국 행정학 연구는 한국행정학회와 역사적 발걸음을 같이 해 왔습니다. 2016년은 한국행정학회 창립 60주년이 되는 해입니다. 이 뜻깊은 해에 그간에 축적된 한국 행정학의 연구 내용과 성과를 집대성하고 분석하며 스스로를 되돌아보는 의미 있는 연구 사업을 추진했습니다.

이 사업을 위해 학회는 2016년 초에 두 개의 특별위원회를 구성하였습니다. 하나는 '60주년기념사업위원회'로서, 과거 60년간의 학문적 역정과 성과를 정리하고 평가하는 일을 추진했습니다. 다른 하나는 '미래특별위원회'로서, 행정학 교육과 연구의 현재를 진단하고 미래에 대비하는 일에 초점을 두었습니다. 「한국행정학 60년, 1956~2106」은 바로 60주년기념사업위원회의 소산이며 역작입니다.

이 책은 지난 60년간 한국 행정학 연구의 흐름과 내용, 방법론, 성과 등을 세부 영역별로 체계적으로 분석 정리하고 있습니다. 서양이론을 소개하고 적용하던 초기의 연구에서부터 한국 행정현상을 자기기반적 관점에서 서술・설명・비판하고 한국 행정이론을 탐구해나가는 응용학문분야로 자리매김하기까지 발전해온 모습을 담고 있습니다. 그간의 학문적 발전과 성숙을 반영하듯, 이번 「한국행정학 60년, 1956~2106」은 이전에 간헐적으로 출간된 저서들에 비해 보다 세부 영역으로 분화되고 분량도 늘었습니다.

이 책의 집필과 출간을 위해 그동안 아낌없이 수고해 주신 60주년기념사업위원회 자문위원님(전임 회장님)들, 정용덕 위원장님과 위원님들께 깊은 감사의 말씀을 드립니다. 신속하게 책의 구성 체계를 잡고 계획대로 출간될 수 있었던 것은 오로지 정 위원장님의 학문적 비전과 경륜 그리고 따뜻한 리더십이 함께 하였기 때문이라고 생각합니다. 60년 긴 세월동안 축적된 방대한 분량의 연구물을 일관성 있게 정리 분석한다는 것은 결코 쉬운 일이 아닌데, 이 어려운 소임을 기꺼이 완수해 주신 28분의 집필자 선생님들의 수고와 헌신이 있었기에 이 책이 세상의 빛을 보게 되었습니다. 위원회 간사로 여러 가지를 꼼꼼히 챙겨주신 한상일 교수님께도 감사한 마음을 전합니다. 끝으로, 이 책을 포함해서 한국행정학 60주년 기념 총서들을 기꺼이 출간해주신 법문사 사장님을 비롯하여 임직원 여러분께 감사드립니다.

이 책이 한국행정학회 창립 60주년을 기념하고, 새로운 60년을 시작하는 시점에 한국 행정학의 정체성을 제고하고 보다 성숙한 학문으로 발전하는 데 크게 기여할 것으로 확신하며, 책 출간의 기쁨을 학회의 모든 회원님들과 함께 나누고 싶습니다.

2016년 12월

한국행정학회 회장 유 평 준

차 례

각 장의 출처

한국행정학회 창립 60주년 기념 좌담회(2016.10.12, 서울)에서 발표된 제1장을 제외한 각 장의 초고는 2016년 6월 24~26일 충북 오송에서 열린 한국행정학회 하계학술대회("미래 사회와 행정학 재설계")의 기획패널('한국행정학 60년')에서 저자들에 의해 발표되었으며, 그 가운데 일부는 아래와 같이 학술지에 게재되었다.

제 1 장 정용덕 (2016). 서론: 한국행정학 60년, 1956~2016. 「한국행정학보」, 50(5) 특별호: 1-15.

제 3 장 이광석 · 권기석 (2016). 행정학에서의 주관주의에 관한 연구: 행정학의 풍요로움은 새로운 방법론의 논쟁에서부터. 「한국행정학보」, 50(5) 특별호: 51-85.

제 5 장 김윤권 (2016). 한국 행정학의 비교연구 60년: 분석과 함의. 「한국행정학보」, 50(5) 특별호: 17-50.

제 6 장 한승연 (2016). 한국의 행정사 연구 분석: 1956~2016년까지 발간된 연구를 중심으로. 「한국행정사학지」, 39: 253-277.

제 7 장 윤은기 (2016). 행정문화와 제도의 상호관계에서 가치적인 행정문화 형성과 변동의 분석에 관한 연구. 「현대사회와 행정」, 26(4): 249-277.

제 8 장 김동원 (2016). 관리패러다임에 대한 비판적 고찰: 한국행정학계의 관리론 연구 경향분석. 「정부학연구」, 22(3): 67-100.

제10장 오철호 (2016). 정책학 패러다임과 한국의 정책연구 경향분석: 한국행정학보(1967~2015년) 게재논문을 중심으로. 「한국행정학보」, 50(5): 87-125.

제12장 김근세 (2016). 한국행정연구의 개관: 국가론, 「국정관리연구」, 11(3): 117-142.

제14장 박희봉 (2016). 사회자본과 거버넌스 연구에 대한 비판적 검토. 「한국공공관리학회보」, 30(4): 1-43.

본 책자를 인용할 경우 도서명을 다음과 같이 표기해주십시오.

한국행정학회 편, 한국행정학 60년, 1956~2016: 제1권 공공관리와 공공정책, 파주: 법문사, 2017.
한국행정학회 편, 한국행정학 60년, 1956~2016: 제2권 접근방법과 패러다임, 파주: 법문사, 2017.

제 1 장 서 론

정 용 덕

Ⅰ. 머 리 말

지성사의 한 분야로서 행정학사는 행정현상의 인식방법과 행정 관련 개념·이론 등의 지식이 시대적으로 어떻게 출현하고 변화해 왔는가에 대한 서술이다. 그런데 이 지식의 출현과 변화가 그 자체의 내재적 논리에 의해 스스로 진공 속에서 이루어지는 것은 아니다. 행정학사를 서술하려면 행정학 지식 내용에 더해, 그것을 탐구한 지식인, 그리고 그 지식인을 둘러싼 제1차적 환경인 지적 제도, 그리고 제2차적 환경인 사회 구조와 기능, 국가의 특성과 필요, 지배 이익과 담론 등의 상호 작용을 아울러 연계시켜 분석해야 하는 이유다 (정용덕, 1996a). 더 나아가 이처럼 특정의 시대와 장소에서 출현하고 변화된 지식을 역사적 맥락에서 주로 '이해'하는 것에 목적을 둔다. 그 지식을 현실 세계로부터 탈(脫)맥락화시키면서 그 지식 자체의 내재적 논리에 따라, 더욱이 오늘의 잣대에 따른 '평가'는 되도록 삼가는 것이다.[1)]

한국에서 현대 행정학 연구는 19세기 말 이후 서구 근대문명의 수용과 더불어 시작되었다. 그리고 20세기 중반에 이르러 한 차례 더 패러다임적 전환이 이루어진다. 서구 근대학문 중에서도 특히 미국에서 발전한 사회과학 중심의 행정학이 20세기 중엽에 이르러 소개되기 시작하고, 이어서 지배적인 행정연구 패러다임으로 확산된 것이다.[2)] 이 과정에서 지적 제도로서의 한국행정학회(이하 학회)는 행정학자들의

1) 지성사는 오늘의 시점에서는 설혹 동의하기 어려울 수 있는 어떤 관념(ideas)에 대해 특정 시대의 사람들은 다르게 생각했을 수 있었음을 발견하고 이해하는 것에 목적을 둔다. 어떤 대형 개념들을 탈맥락적으로 접근하여 그들 자체의 고유 논리에 의해 출현하고 변화하는 것으로 보고, 평가하는 플라톤주의(Platonist) 철학이나 관념사와는 이 점에서 차이가 있다 (Gordon, 2012: 1−4).

2) 여기서 사회과학 중심의 행정학 연구란 행정현상의 객관적 서술(즉, 묘사·설명·예측)에 치중하

학문공동체로서 구심적 역할을 수행해 왔다.

학회가 창립된 것은 한국에서 사회과학으로서의 행정학 연구가 싹 터 오르던 20세기 중반이었다. 1956년 10월 12일 학자 40여명과 실무자 40여명이 모여 한국행정연구회를 창립했으며, 그로부터 5년 뒤(1961년 11월 19일)에 한국행정학회로 개칭하여 오늘에 이르고 있다 (윤재풍, 2006: 3).[3] 20세기 이후 현대 행정학 연구의 메카(Mecca)인 미국에서 행정학회(American Society for Public Administration, 1939년)가 창립된 지 불과 17년 후다.

창립 60주년이라는 이 뜻 깊은 해를 맞이하여 학회는 한국 행정학 발전에 관한 일련의 담론 장을 마련했다. 행정학을 세부 연구 분야로 나누어 각각 지난 60년 동안 이루어진 연구 내용을 총정리하고 성찰해 보기 위한 것이다. 지금 그리고 앞으로 한국 행정학이 나아가야할 방향을 모색해 보기 위한 것이기도 하다. 학회는 이와 유사한 내용의 토론장을 기회가 있을 때마다 열어 왔다. 학회 창립 13주년(『한국행정학보』 3권, 1969: 특집), 40주년(『한국행정학보』 30권 4호, 1996), 50주년(『한국행정학오십년, 1956~2006』, 2006)에 각각 열렸던 체계적인 담론이 예다. 이처럼 한국 행정학 발전에 대한 성찰의 계기가 있을 때 마다 어김없이 지적돼 온 한국 행정학 연구의 문제점들이 있었다. 그 중에서도 '적실성'과 '과학성'의 미진함이 가장 핵심적인 사안에 포함된다. 회갑(回甲)을 맞이한 이 시점에서 학회가 이 문제들을 정면으로 마주하면서 다뤄볼 필요가 있는 이유다.

Ⅱ. 한국 행정학의 성장과 과제

1. 양적 성장

한국의 대학에서 처음으로 현대 행정학 강의가 시작된 것은 학회가 창립되기 약 10년 전인 1940년대 말로 거슬러 올라간다.[4] 이는 유럽 대륙에서 근대 행정학의 뿌

는 학풍을 의미한다. 이 점에서 행정현상을 규범적으로 평가하기 위한 규범이론 혹은 처방 및 실행에 옮기기 위한 도구이론의 개발에 치중하던 전통적 학풍과는 차이가 있다. 물론 현대 행정학의 연구와 교육에서도 평가와 처방을 다룬다. 그러나 이 경우에도 행정현상의 객관적 서술을 중시하고 그것을 토대로 평가와 처방을 시도하는 점에서 차이가 있다 (정용덕, 2001: 제1편).

3) 영문 명칭(Korean Association for Public Administration: KAPA)은 변화 없이 사용해 왔다.

4) 한국에서 행정학이 태동한 시기를 1955년으로 보는 시각도 있다. "미국의 기술원조 확대, [최초의 교과서인] 정인흥의 행정학(1955) 출간, 서울대 [행정대학원] 설립(1959년)… 등 행정학과 설립"을 근거로 한 박동서(1967: 114-5)의 견해에 따른 것이다 (이종범, 2006: 17). 그러나 이 보다 앞서거니 뒤서거니 하면서 서울대(1946 혹은 1948), 부산대(1948), 고려대와 중앙대(1955), 연세대(1958), 건국대(1959) 등에 행정학과가 신설되기 시작했다. 이들 행정학과가 주로 법과대

리인 관방학(Kameralismus)이나 경찰학(Polizeiwissenschaft)이 강의되기 시작한 16세기 초에 비하면 한참 늦은 시기였다 (Raddshelders, 2011). 그러나 한국 행정학자들이 주로 의존해 온 미국에서의 행정학 강의와 연구에 비하면 별로 늦지 않은 시점이었다 (<표 1>). 독일의 실제 행정 및 행정학 발전에 영향 받은 우드로 윌슨(Wilson, 1887)이 미국에서도 행정을 제도화하고 그것을 뒷받침하기 위해 행정학을 독자적인 분과학문으로 발전시킬 필요가 있음을 주창한 것은 19세기 말이었다. 그러나 그 후 20세기 초반에 이르러서야 비로소 대학에서 독립된 학문으로서의 교육과 연구가 시작되었다. 미국 시라큐스(Syracuse)대에서 1924년에 최초로 석사학위과정(6명으로 시작)을 개설(학사과정에서 교양 강좌도 병행)하였고, 1938년에는 행정대학원(Maxwell School of Citizenship and Public Affairs)으로 제도화되었다. 같은 무렵에 남가주대(USC, School of Citizenship and Public Affairs, 1929)와 하버드대(Harvard Graduate School of Public Administration, 1936)도 행정대학원을 각각 설립했다. 이들보다 30년 가량 뒤인 1959년에 서울대가 행정대학원을 설립했다. 미국 최초의 행정학 교과서(White, 1926)가 나온 지 29년 만에 한국에서도 최초의 교과서(정인흥, 1955)가 출간되었다 (Jung, 2013a) (<표 1>).

〈표 1〉 행정학 연구 및 교육 발전: 한 · 미 비교

	미국	한국
연구 시작	19C 후반: Woodrow Wilson(1887) 등	20C 중반: 신도성, 정인흥, 조효원 등
교육 시작	Syracuse: 석사과목 개설(1924), Maxwell School 설립(1938); USC: SCPA(1929) 설립; Harvar\d: GSPA (1936) 등	서울대: 문리대 · 법대(1946) 교과목 개설 시작, 행정대학원 설립(1959); 행정학과 설립: 부산대(1948), 고려대 · 중앙대(1955), 연세대(1958), 건국대(1959) 등
최초 교과서 등 발간	Leonard D. White, *The study of Introduction to Public Administration*, 1926.	정인흥, 『행정학』, 1955.; 한국행정학회(편), 『행정학 사전』, 1959.
학회 창립	ASPA(1939)	한국행정학회(1956)
성찰과 발전 모색	Minnowbrook conferences (1968, 1988, 2008) 등	한국행정학보. 3(1969): "특집: 한국행정학의 반성과 진로"; 창립40주년(1996) 및 50주년(2006) 기념행사 등 수시로 성찰 기회 가짐

학에서 법학 중심의 교육을 위한 것이기는 했지만, 한두 과목씩 행정학 강의가 개설된 것도 사실이다. 1940년대 말부터 신도성은 서울대 문리과대학, 정인흥은 법과대학, 1953년부터 조효원이 연세대에서 각각 행정학 강의를 시작했다 (김운태, 1969: 38; 이한빈, 1970: 324; 윤재풍, 2006: 473). 이런 이유에서 한국에서 행정학 강의와 연구가 처음 시작된 시점을 1940년대 말로 당겨도 무리가 없을 것이다 (정용덕, 2011: 82-3).

이렇게 한국에서 시작된 현대 행정학의 연구와 교육은 지난 60년 동안 비약적으로 발전했다. 2016년 현재 1,845명(학자 1648명, 공무원 146명, 기타 51명)의 등록 회원이 있다 ([그림 1]). 지난 5년간 학회 학술대회에서 발표된 논문 수가 2,566편(연평균 513편)에 이르는 등 해마다 많은 수의 학술논문이 발표되고 있다 ([그림 2]). 1967년에 연간지로 창간된 한국행정학보는 1991년에 계간지로 자리 잡았으며, 1990년대 이후 연평균 60편 가량의 논문을 싣고 있다 ([그림 2]).[5] 현재 378개 대학 가운데 231개 대학에 학사과정 교육 프로그램, 149개 대학에 석사과정 교육 프로그램, 그리고 80개 대학에 박사과정 프로그램이 개설되어 행정학을 교육하고 있다 ([그림 3]).[6] 행정학 연구자, 학술논문 발표와 출간, 교육기관과 학생 등 양적으로는 가히 세계적인 성장을 이루어 낸 것으로 자부해도 별 무리가 없다.

[그림 1] 한국행정학회 회원 수, 1956~2016

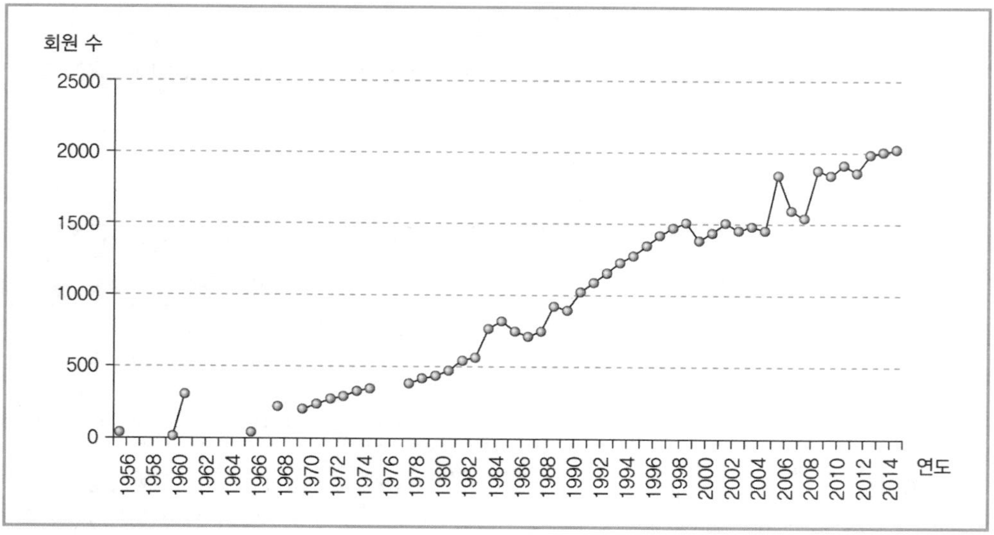

5) 한국행정학보는 1999년에 한국학술진흥재단의 'KCI 등재후보학술지' 선정, 2002년 KCI 등재학술지 선정, 그리고 한국연구재단에서 실시한 2015년 학술지 종합평가에서 '우수등재학술지'로 선정되었다. 그리고 대략 기고논문의 약 1/3이 심사를 통과하여 게재되고 있다 ([그림 2]).

6) 구체적으로는 125개 대학에 행정학 전공 프로그램, 그리고 106개 대학에 유사 행정학 전공 프로그램이 있다. 대학원 교육 프로그램으로는 일반대학원 석사과정 81개, 행정전문대학원 2개, 특수행정대학원 29개, 특수대학원 석사과정 37개, 박사과정 80개 프로그램이 개설되어 있다. 대학 졸업 후 취업 분야는 민간기업 37.8%, 공무원 13.9%(일반직 공무원 8.9%, 경찰직 공무원 5.0%), 대학원진학 5.1%, 연구소 및 전문기관 5.0%, 기타(34.1%)로 집계 됐다 (제갈욱, 2016).

[그림 2] 학술대회 논문 발표, 학술지 게재 및 게재율, 1956~2015

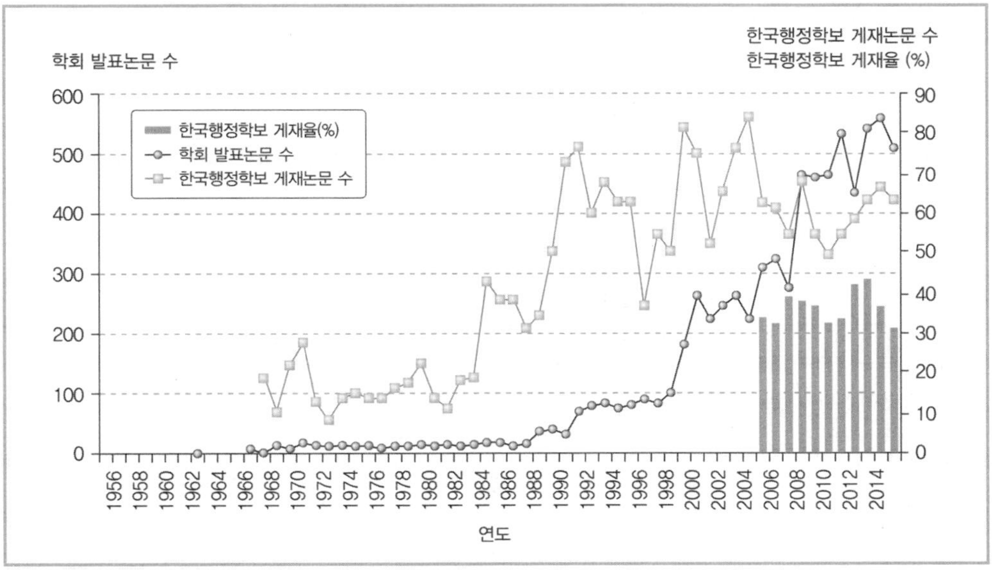

[그림 3] 한국 대학 행정학 프로그램, 1948~2012

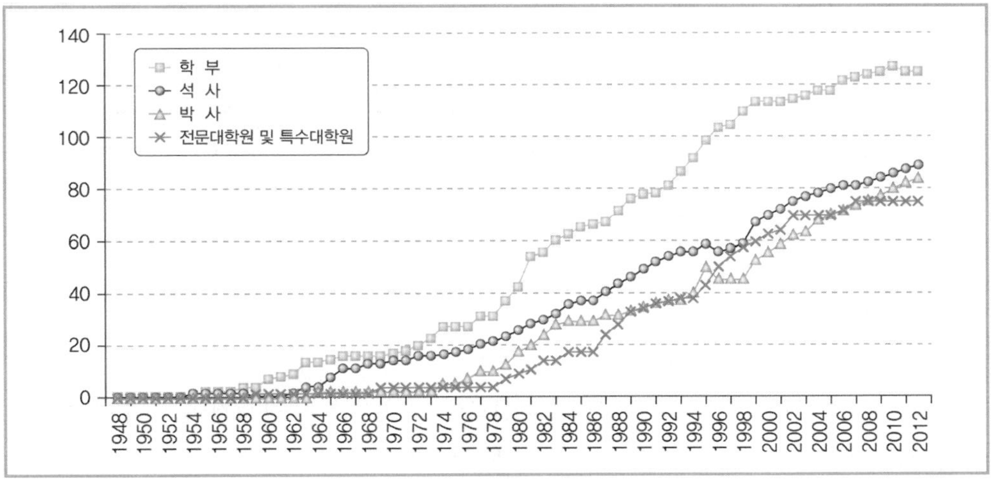

이처럼 빠르게 양적으로 성장하는 과정에서 학회는 한국 행정학의 질적 발전에 대한 성찰의 기회 또한 지속적으로 마련해 왔다. 그 때 마다 아쉬움으로 지적돼 온 한국 행정학의 문제 가운데에는 적실성 및 과학성 미흡이 포함된다. 그리고 이 두 문제점은 한국 행정학자들이 외국 (특히 미국) 행정학 이론에 거의 배타적으로 의존하는 경향과 불가분의 관계가 있는 것으로 지적돼 왔다 (정용덕 1996a; Jung, 2014).

실제로 한국에서 행정학 연구와 교육은 미국행정학에 크게 의존해 왔다. 예로써, 2016년 현재 서울대 교수 29명 가운데 23명, 고려대 교수 25명 가운데 22명, 연세대 교수 23명 가운데 21명, 성균관대 교수 15명 가운데 전원이 미국에서 박사학위를 취득했다. 이 학교들이 한국에서 가장 많이 교수요원을 배출해 온 점을 감안하면, 한국의 행정학 연구와 교육에 미국행정학이 미친 지배적인 영향을 가히 짐작할 수 있다 (<표 2>).[7)]

〈표 2〉 한국 주요 대학 행정학과 교수의 교육 배경 (2016)

주요대학	한국	미국	유럽	아시아
서울대(29명)	1(서울대)	23	3(영국), 1(프랑스), 1(독일)	0
고려대(25명)	1(고려대)	22	0	0
연세대(23명)	0	22	2(영국)	0
성균관대(15명)	0	15	0	0
경북대(15명)	1(서울대), 1(동국대), 1(한국외대)	9	1(프랑스)	1(중국)
충남대(14명)	2(서울대), 1(충남대), 1(연세대), 1(성균관대), 1(국민대), 1(서울시립대)	4	1(영국), 1(프랑스)	1(일본)
전남대(11명)	2(고려대), 1(서울대), 1(단국대), 1(충남대)	3	1(영국), 1(일본)	

주) 10명 이상 재적하는 대학 교수요원의 최종학위 기준. 고려대는 안암(17명)과 세종(8명) 캠퍼스의 합; 연세대는 신촌(16명)과 원주(7명) 캠퍼스의 합; 충남대는 행정학과(8명)와 자치행정학과(6명)의 합.

2. 행정학의 적실성

적실성이란 행정학이 한국에서 시대적으로 중요한 사안을 대상으로 연구하고 있는가의 문제다. 행정학 연구가 한국 현실과의 괴리, 즉 한국행정의 시대적 과제를 제기하고 개혁을 선도하기 보다는, 뒤늦게 세태에 따르는 경향이 있는 것은 아닌가 하는 문제제기다. 더 나아가 이것이 한국 행정학의 지나친 외래학문 의존성으로 인해 초래되는 것은 아닌가 하는 문제제기다.

20세기 중반 이후 한국에서 행정학자들이 미국 등 서구의 행정학을 적극적으로 수용함으로써 한국 행정학 발전에 크게 기여한 순기능적 측면을 결코 간과할 수 없

7) 지방 국립대 행정학과들의 경우 이 점에서 다양성이 상대적으로 높은 편이다.

다. 계속 발전하고 있는 행정학의 개념·이론·접근방법·방법론을 빠르게 학습하여 서구 행정학의 새로운 경향을 학습하고 '따라잡아(catch-up)' 온 것이다 (<표 3>). 자유와 평등이라는 서구 근대문명의 이념이 반영된 행정이론을 수용함으로써, 한국행정을 새로운 시각에서 평가하고 문제를 제기할 수 있게 된 것도 큰 수확이다. 행정에서 민주성, 합법성, 효율성, 형평성 등의 가치가 고르게 반영돼야 한다는 학문적 인식의 성장이 이루어진 것이다. 1990년대 말까지 근대관료제이론, 행정관리론, 정책분석평가론 등을 학계와 행정 실무계에 소개하고 적용하도록 확산시켰다. 실제 행정개혁을 추진하는 과정에서 행정기능의 분화와 통합을 위한 조직화, 실적주의 직업공무원제, 근대적인 예산회계 제도 및 절차 등에 대한 이론을 소개하고 반영되도록 압박함으로써, 한국행정의 근대화에 크게 기여했다. 1990년대 말 이후부터는 신공공관리, 신거버넌스 등 탈(脫)관료제이론을 수용하여 행정절차법, 공직자재산등록제, 정보공개법 등 투명성 입법, 정부성과평가, 규제완화개혁 등에 기여했다. 정보통신기술의 빠른 수용을 통해 오늘날 지구촌에서 알아주는 전자정부 선진국이 될 수 있었다.

〈표 3〉 한국 행정학의 연구 주제

단계	시기	행정학 연구의 초점	주역
창업	1940년대~1950년대	현대 행정학의 기본 개념·이론·이념의 학습 및 소개	창설 학자들
	1960년대	'고전적 행정관리론' 및 '비교행정론' 연구·교육; '토착화' 문제 제기	창설~제1세대 학자들
수성	1970년대	'발전행정론', '기획론'; 사회과학으로서의 행정학 연구·교육 강화; '토착화' 문제 제기	제1~2세대 학자들
	1980년대~1990년대 초	'정책학'으로서의 행정학; 행정학 연구·교육 영역과 방법론의 다양화 및 심화; '토착화' 논의 심화	제1~3세대 학자들
경장	1990년대 말~2000년대	탈(脫)관료제 지향의 행정이론 연구·교육; '한국화' 문제 제기	제1~4세대 학자들
	2010년대 이후	서구 이론 '따라잡기' 마무리; 아시아·전지구적 공공문제 해결 위한 국제 공동연구 추진; '한국화' 논의 심화	제1~5세대 학자들

이와 같은 순기능에도 불구하고, 한국 행정학자들이 서구(특히 미국) 행정학에 거의 전적으로 의존함으로써 비롯되는 역기능에 대한 혹독한 자아비판이 있다. 그동안 미국의 행정문제를 해결하기 위해 만들어진 미국행정이론들을 얼마간의 시차를 두고 한국에서 교육과 연구에 무비판적인 적용하는 경향이 있어 왔다. 이로 인해 정작 한

국행정에서 중요한 사안을 연구주제로 인식하여 분석하는데 걸림돌이 되고 있다는 문제제기가 그것이다.

> "결과적으로는 미국의 행정학을 소개하는데 지나지 않는 것인데… 예를 들면 선진국에서 직업공무원제, 실적주의를 하고 있으니 우리도 그렇게 하여야 행정능률이 올라간다고 생각하거나 또는 외국에서 승진의 기준으로서 주관적인데 비중을 많이 둔다고 해서 우리도 하여야 한다고 하는 것과 같다… 행정의 개념, 내용이 무엇이며 이를 어떻게 보며 우리나라에서 문제가 무엇이냐에 관한 인식이 약하다 (박동서, 1967: 130-1).

> "미국에서 PPBS가 어떻고 ZBB가 어떻고 하면 우리도 바로 이어서 앵무새처럼 떠들어댄다. 그들이 시들하게 생각하면 우리도 시들하게 생각한다. 이러한 분위기 속에서 한국행정중심의 행정학이 나올리가 없다" (백완기, 1985: iii).

> "미국 행정학의 신경향은 재빨리 수입해서 설익은 상태에서 이를 전파하는데 앞장섰으나, 한국사회의 절박한 필요와 수요는 언제나 뒤늦게 감지하고 한발 늦게 대응하는 형국이었다. 이제 한발 앞질러서 선취적으로 문제에 적극 대응하는 예지와 능력이 필요하다" (안병영, 2006: 427).

그렇게 해서, 단지 제도권의 요구에 그때그때 대응하는 수준을 넘어, 시대적 맥락에서 한국행정의 '중요한' 문제를 선취적으로 인지하여 비판하고 대안을 제시하지 못해 왔다는 것이다 (<표 4>) (정용덕, 1996b). 한 예로써, "영미의 감축관리가 급선무가 아니고, 우리의 당면과제, 국정이념에 비추어 볼 때, 법치, 권력기구의 중립화, 정책결정의 민주화를 통한 합리화 및 부패의 감축이 현 단계"에서 더 적실한 문제라는 것이다 (박동서, 1999; 안병영, 2006: 426). 정치권력의 행정남용, 행정권력의 정치화, 탈(脫)사인성 부족과 공사(公私)혼동 등 한국사회가 필요로 하는 정책의제 선정 등이 더 중요한 과제라는 것이다 (정인흥, 1955; 박동서, 1999; 안병영, 2006: 403, 427).

그리고 이처럼 한국에서 정작 중요한 문제를 등한시 하는 주원인 가운데 하나가 미국행정이론의 맥락적 토대를 감안하지 않은 채 적용하는 경향이라는 지적이다. 미국행정학을 배타적으로 학습하고 탈맥락적 시각에서 적용하는 경우에 그 개념적 렌즈(conceptual lens)를 통과하는 현상을 중심으로 한국행정을 분석하게 될 우려가 있다 (Jung, 2013a). 미국행정학은 미국에서 역사적으로 사회합의가 이루어진 기존의 체제와 제도 위에서 전개되는 '게임(game)' 수준의 행정행태에 주로 초점을 두어 연구하는 경향이 있다. 그런데, 한국행정은 파란만장한 근·현대사를 거치면서 체제와 제도에 대한 사회합의가 미흡한 채로 '구조' 수준의 갈등이 지속되는 맥락 속에서 이루어지는 특성이 있다 (정용덕, 2009). 예로써, 오늘의 미국헌법은 229년 동안 그때그때의 시대적 필요성에 따라 26차례의 미시적 보완을 위해 조항을 추가하면서 '수정'해 온 것이다. 반면에, 한국헌법은 70년 동안에 무려 여섯 차례나 구조 수준의 '개정'을 통해 그때마다 '공화국'이 바뀌는 변화가 있었으며, 오늘날도 여전히 소위 '블랙홀(black hall)'로 비유되는 엄청난 사회갈등이 내재된 헌법 개정의 필요성이 끊임없이 제기되고 있다.

〈표 4〉 한국의 시대별 국정과제와 행정학의 대응

단계	시기	국가발전 과제	행정발전 과제	행정학의 대응
국가 형성	1940년대~1950년대	정부수립 시기 사회혼란 및 전쟁 전·후 극복, 민주적 정치-행정 균형 발전 등	일제잔재 탈피, 근대적 관료제 행정 제도화, 부패 척결 등	(일본·유럽대륙계) 공법학이 주도
산업화	1960년대~1980년대	냉전관리, 발전기획·집행, 성장-분배간 균형 발전 등	실적주의 직업공무원제, 탈사인성 확립 등	'고전적 행정관리론', '비교·발전행정론', '정책분석평가론'
민주화	1980년대 말~1990년대 말	(환경·노동·안전 등) 압축 산업화 후유증 치유, 남북 분단관리 등	삼권 및 정-관간 견제와 균형, 지방자치·분권, 투명성, 전자정부 등	'신행정학'(민주, 형평), '정책분석평가론', '지방자치론', 전자정부론'
전 지구화	1990년대 말 이후	외환위기, 출산·고령화, 양극화, 북핵, 사회갈등, 사회위험·안전 등 관리	친시장·탈관료제 행정의 제도화, 권력형 부패 근절, '한국형 발전행정'의 보완 및 개도국 지원 등	'신공공관리론', '신거버넌스론'

전술한 것처럼, 미국행정과 유사한 한국행정의 문제들을 해결하기 위해서는 미국행정이론이 매우 효과적으로 적용할 수 있다. 그러나 "미국행정과 한국행정은 모든 중요하지 않은 측면에서 근본적으로 같다"는 지적이 나온다 (Jung, 2013).

그러면 한국행정에서 무엇이 '중요한' 문제인가? 일차적으로 이것은 행정학자 개개인이 성찰을 통해 자아 준거적으로 판단할 문제다. 그렇게 하여 선정한 주제를 역시 자아 준거적으로 판단하여 발굴하고 선정한 연구방법론을 적용하여 분석하면 된다. 그러나 그 결과에 대해 학문공동체에서 열린, 그러나 치열한 토론을 통해 공감하고 보완하고 합의를 형성해 나갈 필요가 있다.

3. 행정학의 과학성

행정학의 과학화 필요성도 한국 행정학자들에 의해 늘 지적돼온 문제의식이다. 여기에는 두 가지 측면이 있다. 그 하나는 한국 행정학 연구에서 과학적 설명, 즉 인과관계 분석이 일반적으로 취약하다는 문제의식이다 (김운태, 1967: 2; 박종민, 2006: 54－5). 다른 하나는 이처럼 낮은 과학성이 미국행정이론의 무비판적 수용에서 비롯된다는 문제의식이다 (박동서, 1967: 130). 주류 미국행정이론의 탈맥락적 특성으로 인해, 한국행정의 구조적 문제를 인식하고 설명하는 데 장애가 된다는 것이다.

한국 행정학자들이 행정학의 과학성을 증진하기 위해 진력해야 한다는 문제의식은 이미 1960년대부터 제기돼 왔다.

> "행정은… 독자적인 과학적 이론체계의 형성이 촉구되고 있[다]… 행정영역에서 나타나는 제 현상을 관찰 분석 비교함으로써 그에 관한 일반적 개념을 파악하고 나아가서는 그 현상을 현실적으로 밑받침하고 있는 지배적인 제 요인의 기본관계와 그 특성 및 지향성을 추리함으로써 이론의 실증적 체계화를 꾀해야하는 것이다" (김운태, 1967: 2).

그리고 지난 60년 동안 한국에서 행정학자들은 행정학의 과학화를 위해 많은 노력을 기울여 왔다. 실제로 한국 사회과학계에서 행정학자들은 사회과학철학과 방법론 분야에서 선도해왔다고 할 수 있다 (김해동, 1970; 김광웅, 1975; 강신택, 1981 등). 진작부터 경험적 분석을 학술지 논문 게재나 학위논문 작성의 기본 요건으로 자리매김한 것도 행정학계다. 오늘날 학술지논문이나 학위논문 심사, 그리고 대학 교과과정 편성 등에서 경험주의 혹은 실증주의에 지나치게 편중돼 있다는 문제제기가 있을 정도다. 공공가치에 대한 논의를 위한 규범적 접근방법이나 행정현상을 '이해하기(verstehen)' 위해 주관주의적 접근방법과 질적 연구에도 관심을 기울여야 한다는 지적도 있다. 이처럼 한국에서 행정학의 경험적 연구와 과학화 노력이 적어도 사회과학계 전반의 발전 수준에 미치지 못한다고 할 수는 없다. 그럼에도 불구하고, 한국 행정학의 과학성이 미흡하다는 문제의식은 오늘날에도 여전히 제기되고 있다.

> "한국의 행정연구는 과학적 지식 혹은 문헌에 얼마나 기여해 왔는가? 지난 반세기 인과이론의 구축을 위한 집합적 노력이 적어도 외견상 지속적으로 증가되어 왔다… 그럼에도 데이터 수집이 종종 이론의 관찰 함의와 거리가 있고, 수집된 데이터가 연구 가설을 검증하기에 종종 부적합하며 사례 선정이 흔히 이론적이지 못하고 이론 발견이나 개선보다 사례 자체의 이해에 초점을 둔 해석적 사례연구 일색이다. 통계분석을 사용한

> 인과이론 지향적 연구가 늘어났지만 인과과정에 대한 이론화 작업이 부족하고 데이터의 질이 낮아 문헌에 대한 기여가 모호하다. 질적 분석방법이 늘었지만 종종 엄격한 질적 코딩의 증거가 없다. 서구이론과 모형 혹은 제도에 의존해 방안을 처방하는 정책지향은 여전하다. 경험연구의 급성장에 상응하는 과학적 지식의 생산과 인과이론의 구축은 여전히 미진한 편이다" (박종민, 2016: 27-8, 1).

이와 같은 자아비판은 한국에서 사회과학으로서의 행정학의 발전을 위해 치열하게 전개돼야 한다. 특히, 정부용역보고서 등에서 취약한 인과관계 분석에 의거한 설명, 그리고 그것을 근거로 정책대안을 제시하는 무책임한 연구들에 대해서는 학회 수준의 혹독한 비판을 통해 지양해 나가야 한다. 다만, 다음과 같은 행정학의 특수성을 유의할 필요는 있을 것이다.

첫째, 미국 학자들의 오해에서 비롯된 '행정학이 비(非)과학적'이라는 편견을 한국 행정학자들이 덩달아 수용하면서 생긴 문제다. 행정학이 '과학'으로 발전하려면 세 가지 문제(즉, '가치', '행태', '문화')를 해소해야 한다는 취지로 정치학자 더얼(Dahl, 1947)이 미국행정학보(PAR)에 기고한 논문을, 행정학이 '과학'이 될 수 없다는 주장인 것으로 잘못 이해함으로써 생긴 편견이 그것이다. 그러나 행정학의 과학성은 자연과학과는 다른 수준, 즉 "체계적이고 증거-기반적"이라는 수준에서 판단하는 것이 바람직하다는 주장이 나온다. 그리고 이와 같은 의미에서의 과학성이라면, 지난 70년 동안 미국행정학도 다른 사회과학 못지않게 성취해 왔다고 한다. 특히, 더얼의 '세 가지 문제'를 의미 있는 수준에서 크게 해소해 왔다는 분석이다 (Wright, 2015). 전술한 것처럼, 이 점은 한국사회과학계에서 행정학의 과학화 진전 수준과도 일맥상통한다.

둘째, 행정학의 태생적 과제인 실천지향성이다. 사회과학으로서의 과학성 외에, "훌륭한 실천과학"(Wilson, 1887) 혹은 "전문직업성(profession)"(Waldo, 1968)을 구현하려면 (의학 등의 응용 자연과학들처럼) '기예(craft)' 차원의 "쓸모 있는 지식(usable knowledge)"도 배양해야한다는 것이다 (Raadschelders, 2011: v). 그러기 위해서는 (사회과학적 분석에 의해 행정현상을 서술하기 위해 형성된) 묘사·설명이론들을 (실제 행정문제 해결에 처방하고 시행하기 위한) 도구이론(instrumental theory)으로의 치환이 필요하다 (Stockey & Zeckhauser, 1978: 14). 한국 행정학 연구와 교육에서는 이 부분은 크게 보완돼야할 사항으로 남아 있다. 예로써, '조직발전', '비용편익분석' 등에 대한 이론발전사나 장·단점 등에 대해서는 교과서에 자세히 소개하면서도, 정작 이들을 실무에 적용할 수 있는 기예 수준의 교육과 연구개발은 별로 이루어지지 않고 있

다.8)

셋째, 행정학에 요구되는 '과학'과 '예술' 간의 조화를 기할 필요성이다. "정부는 하나의 예술이기도" 하다 (Raadscheders, 2011: v). 따라서 "예술과 과학 간의 균형"을 기하기 위해 "전통 학문의 의례(protocol)로부터 자유[가 필요하며]… '이미 죽은 사회과학으로부터의 압박(the dead hand of social science)'을 벗어나 보다 사회적으로 의미 있는, 그리고 보다 공감을 불러일으키는 진리 추구"를 지향하는 과제가 주어져 있다 (Lynn, 1994: 253). 예로써, 리더십 이론에서 강조되는 '맥락지성(contextual intelligence)'(Nye, 2008)이나 '변혁적 리더십'은 과학과 예술의 조화를 통해 구현될 수 있을 것이다.

이처럼 행정학에 부가된 태생적 과제를 감안하더라도 행정학의 과학화 과제를 등한시 할 수는 없다. 과학에 근거한 '기예' 개발을 위해, 그리고 '과학-예술의 조화'를 꾀하기 위해서라도 행정학에서 과학성은 결코 포기할 수 없다. 그러면, 다른 기초 사회과학들과는 달리 실천성과 예술성이라는 과제까지 주어진 행정학이 어떻게 기초 과학적 지식도 확보할 것인가가 관건이다. 대안 가운데 하나는 (의학처럼) 행정학이 "정부에 관해 연구하는 다른 분과 학문들 모두를 가로지르는 '지적 우산(intellectual umbrella)'"(Raadschelders, 2011: vi)으로 자리매김하는 것이다. 이런 위상을 토대로 (의학처럼) 현실 행정에서 발굴한 문제들에 대해 행정학 내부에서 기초연구 수행자들, 혹은 다른 기초학문 분야의 연구자들과 공동으로 탐구하는, 다 (多)학제적 협력연구를 활성화하는 방법이다.9)

한국 행정학의 과학화 문제와 관련해서 제기되는 또 다른 사안은 미국행정학에의 지나친 의존성과 관련이 있다. 미국행정학 이론에 배타적으로 의존하기 때문에 한국행정을 과학적으로 묘사·설명하는 데 한계가 있으며, 더 나아가 장애요인으로까지 작용한다고 보는 시각이 그것이다 (Jung, 2013a).

> "결과적으로는 미국의 행정학을 소개하는데 지나지 않는 것인데 이를… 마치 과학적인 [보편적] 원리를 풀이하는 것으로 오해하고 있으나 이것이 미치는 좋지 못한 영향은 크다" (박동서, 1967: 130).

> "한국의 행정현상에 대한 관찰을 통해 외국이론을 검증하기보다 외국이론과 부합하는

---

8) 예외적인 경우로써, 김동건(1997)의 비용편익분석, 노화준(1989)의 정책분석·평가, 안문석(1989)의 행정정보체계, 한국정부회계학회의 정부회계 기법 등의 개발을 들 수 있다.

9) 의학에서 임상과 기초 의학자 간의 협동연구, 그리고 생물학 등 기초 자연과학자들과의 협동연구 방식을 참고할 수 있다.

> 한국의 행정현상만을 관찰하였다. 외국이론이 연구질문을 규정했고… 자료에 근거한 추론, 새로운 이론의 개발, 외국이론의 검증과 수정, 새로운 설명의 제시 등이 충분히 이루어지지 못했다" (박종민, 2006: 55).

그러니 한국행정학자들이 한국행정을 묘사·설명할 수 있는 과학적인 이론화 작업에 나서야 한다는 것이다.

> "해방 後 우리는 주로 자료수집에 몰두해왔다… 이러한 자료와 한국적인 것을 토대로 하여 새 이론을 구상할 단계라고 생각하는 것이다… 보다 한국적인 시좌에서 검증하고 재검토하고 승화 발전시켜 보자는 것이다" (김운태, 1969: 65-6).

> "이제는 과학적 방법을 동원해서 우리의 행정현실을 본격적으로 이론화시킬 시기라고 생각된다" (백완기, 1985: 18(2): iii).

행정현상을 과학적으로 묘사·설명하기 위한 이론 체계를 두 가지 유형으로 구분해 볼 수 있다. 행정현상을 묘사·설명하기 위해 준거하는 '개념·이론·원형·접근방법', 그리고 그것에 의거하여 설정된 명제들을 검증하기 위해 자료를 수집하고 분석하기 위한 '조사방법론' 혹은 '사회과학방법론'이 그것이다 (강신택, 1981). 전술한 것처럼, 후자(즉, 사회과학방법론 관련 지식)는 한국 행정학자들이 한국의 사회과학분야를 선도한 측면이 있다. 다만, 한국의 행정 전통으로서의 유교적 통치원리의 진수를 이해하려면 유학의 연구방법론이 더 적합하다는 식의 반론 여지는 남아있다. 마치 한국인 고유의 정서를 제대로 표현하려면 국악의 작곡법과 악기를 사용하는 것이 바람직하다는 주장이 있을 수 있는 것과 같다. 그런데 한국행정현상을 묘사·설명하기 위한 외래 학문의 적실성 문제는 주로 전자(즉, 개념·이론·원형·접근방법 등)와 관련해서 제기 된다.

> "방법론은 '분석도구로서의 방법'과 '이론전개의 기틀로서의 방법'으로 대별될 수 있다. 전자는 구체적으로 자료를 수집분석하는 협의의 분야이고, 후자는 원형·이론·개념·가설설정의 기반이 되는 분야이다. 방법론의 토착화문제는 후자에 초점이 맞추어질 때 논의가 가능해진다… [즉] '분석의 도구로서의 방법론'보다는 '논리전개의 기틀로서의 방법론'이 보다 더 토착화의 문제와 직결 된다" (김광웅, 1979: 147, 168).

그러면 어떻게 한국행정현상의 묘사·설명에 한계가 있는 외래이론을 가려내고, 보다 묘사·설명력이 높은 대안이론을 발굴하거나 직접 개발할 것인지가 관건이다.

첫째, 한국행정현상의 묘사·설명에 적실성이 낮은 이론들을 우선적으로 가려낼 수 있다. 미국행정이론 중에서 묘사·설명이론이 아닌, 처방이나 실행을 위해 형성된 도구이론들이 일차적 대상이 될 것이다. 고전적 행정관리론, 정책분석평가론 등이 그것이다. 일차적으로 처방과 실행을 목적으로 만들어진 이들 도구이론의 과학적 토대(즉, 인과관계)가 취약하다고 비판하면서, 행태주의 등의 실증연구를 통해 현실 미국행정현상을 묘사·설명하기 위해 만들어진 미국의 주류 행정이론들도 역시 한국에서는 한계가 있다. 특히, 다원주의 국가성을 전제로 형성된 사회중심적(society-centered) 혹은 점증주의적인 이론들이 대부분 여기에 해당한다. 이 이론들을 수용하여 다원주의적이고 점증주의적인 행정과 정책결정이 더 바람직하다는 규범적 처방을 할 수는 있다 (김영평, 1991). 그러나 한국행정이 다원주의·점증주의적이지 않은 이유를 설명하지 않은 채로 제시되는 처방과 개혁 시도는 자칫 형식주의를 초래할 여지가 있다. 흥미롭게도, 한국 사회과학자들이 한 때 많은 관심을 보였던 남미학자들의 '종속이론'이나 '관료적 권위주의론' 등도 한국에서는 설명력이 낮다. 남미지역의 국가들도 (미국과는 또 다른 측면에서) 한국과는 차이가 있기 때문이다. 다만, 이들 남미 이론을 통해 시사 받을 수 있는 소중한 교훈이 있다. 학문 연구에서도 '주체적'이고 '자아 준거적'인 접근이 필요하다는 것이다 (문승익, 1979). 물론 북미 혹은 남미 지역에서 형성된 이 이론들이 그 지역 국가들의 행정과 유사한 한국의 행정현상을 묘사·설명하려고 하는 경우에는 유용성이 클 것이다. 그러나 이들과는 다른, 그러나 한국에서는 '중요한', 행정현상들을 묘사·설명하려고 하는 경우 근본적으로 한계가 있는 것이다. 그러면 무엇이 한국에서 '중요한' 행정현상이며, 그것을 묘사·설명함에 있어 외래이론이 적실하지 않다는 것인가? 이 문제 역시 한국 행정학자들 개개인의 자아 준거적 판단에 따를 일이다. 다만, 그 연구 결과에 대한 학문공동체에서의 열린, 그러나 치열한 토론을 통한 이해와 공감과 합의 형성이 필요하다.

둘째, 한국행정현상의 묘사·설명에 보다 적실한 외래 이론을 발굴하거나, 혹은 직접 만들기 위해 다음과 같은 전략을 시도해 볼 수 있다. 우선, 외래이론들을 하나씩 한국행정에 적용하여 타당성을 검증하는 방법이다.

> "한국에서는 입증되기 어려운 가설을 외국이론에서 도출하여 연구했다고 해서 반드시 알레르기 반응을 일으켜야 되느냐에 근본적인 회의를 품고 있[다]. 이를테면, 어느 연구에서 그 가설에서 입증하면 원래의 이론은 보편성을 더하게 되고 반면에 반증하면 한국에서는 설명력이 없다는 사실을 발견하게 되는 것이므로, 그 자체 유용한 연구로서 외면당해야 할 이유가 없다" (김광웅, 1979: 168).

> "무릇 학문은 현상의 분석과 설명을 중심으로 삼아야 한다… 오로지 분석과 설명이 있을 뿐[이며], 이것에 대해서만 학문적으로 의미 있는 갑론을박이 전개될 수 있고, 분석의 진전과 이론의 발전이 있을 수 있[다]; 서구의 이론에 이의가 있다면 그 이론을 반박하는 연구를 하고 대안이론이 될 이론이나 가설을 제시해 나가면 될 일이다 (최병선, 2006: 451; 2011: 157).

그러나 이와 같은 접근방법은 우선 효율성의 문제가 따른다. 미국이론들을 두서없이 일일이 검증해야한다면, 엄청난 양의 작업이 필요할 것이다. 더 나아가, 미국행정학의 개념·이론·접근방법·원형 속에서 스스로의 문제를 찾는 한계도 있다. 마치 '우물' 속에서 스스로의 문제를 찾는 것과도 같은 한계가 그것이다.

따라서 한국행정현상에 설명력이 높은 외래이론을 자아 준거적인 자세에서 의식적으로 발굴·개량하는 방법이 훨씬 더 효율적이고 효과적일 것이다. 외래 이론이지만, 그 중에서 한국행정현상을 보다 잘 묘사·설명할 수 있는 이론을 찾으려는 의식적인 노력이 그것이다. 미국의 주류 행정이론의 틀을 벗어나 (즉, '우물' 밖으로 나와) 적실한 이론을 의도적으로 찾아나서는 접근방법이 대안이 될 수 있다. 행정의 상위체계인 국가의 특성(stateness)이 나라별로 차이가 있을 수 있음을 전제로 각각 그에 부합하는 행정이론을 발굴하여 적용하는 경우가 좋은 예다 (Kickert & Stillman, 1999; Milward et al, 2016).

외래이론의 틀에서 완전히 벗어나 근본적으로 새로운 시각에서 한국행정현상의 묘사·설명에 적실한 이론을 개발하는 접근방법도 가능하다. 동아시아 고유의 전통적인 학문체계를 바탕으로 한국행정현상을 묘사·설명하기 위한 이론을 발굴하는 시도들이 여기에 해당한다.

또한, 서구에서 개발된 이론체계이기는 하지만, 탈근대주의(post-modernism) 등 주관주의 접근방법에 의해 일단 서구의 근대 행정학 이론의 틀을 벗어나는 시도부터 해봄직하다. 서구에서 근대화와 더불어 형성된 현대 행정학의 기본 전제와 이론들을 해체하는 작업이 될 것이다.[10)]

전술한 것처럼, 이와 같은 연구들은 일차적으로는 행정학자 개인의 자아 준거적 판단에 의해 이루어질 사안이다. 그리고 그 연구결과에 대한 학문공동체의 열린, 그

10) 주관주의 시각에서 '한국화' 담론에 대해 논한 최근의 예로 권향원(2016)을 들 수 있다. 다만, 여기서 유의해야 할 사항 하나는 실재론-유명론의 이분법을 적용하여, 전자는 이론의 보편성을 추구하는 미국행정학 이론들을, 후자는 특수성을 지향하는 이론적 시각들을 각각 포함시킴으로써, '한국화' 담론은 후자에만 해당하는 것으로 오해될 여지를 남기고 있는 점이다. 한국행정현상을 묘사·설명함에 있어 외래이론의 적실성 여부는 유명론의 주관주의 패러다임뿐만 아니라 실재론의 객관주의 패러다임에서도 제기될 수 있다.

러나 치열한 토론을 통한 공감과 공유가 필요하다. 한국 행정학자들이 일찍이 1960년대부터 전개해 온 '토착화' 혹은 '한국화' 담론은 이와 같은 의식적 노력을 포함하는 것으로 이해할 수 있다 (김현구, 2013).[11)]

한국 행정학계에서는 "학자들 간에 논쟁과 비판이 활성화되어 있지 않다… 논쟁과 상호비판의 활성화는 학파형성의 지름길"이라는 옳은 지적이 있다 (강신택 외, 2006: 438-9).

> "'논쟁' 없는 학문공동체는 지식 불모지나 다름없다. 특히 국가과제를 다루는 학문분야에서 '공론화 과정'의 필수적 요소인 지적 논박이 없다는 것은 부끄러운 일이다… 보다 치열한 지적 논쟁을 통해 변증법적인 발전을 추구해야 할 것으로 본다" (안병영, 2006: 428)

그러기 위해서는 한국 행정학계에서 보다 성숙하고 세련된 토론 문화부터 형성해야 할 필요성도 있을 것이다.

Ⅲ. 이 책의 의의, 구성, 집필과정, 그리고 사사

1. 의의 및 구성

2016년에 학회는 창립 60주년 기념사업의 하나로 지난 60년 동안 한국에서 이루어진 행정학 연구를 분석하고 성찰하는 작업을 추진했다. 행정학을 27개 세부 분야로 나누어, 각 분야별로 이루어진 연구 내용을 정리하고 되새기는 일이 그것이다. 앞에서 논의한 한국 행정학의 질적 발전을 추구하기 위한 학문공동체의 열린 토론의 장을 마련하려는 목적에서다. 각 세부 분야별로 이루어진 한국행정학자들의 연구가 행정학의 소위 '일반이론' 발전에 기여했는가, 한국행정의 특수성 규명 및 그 이론화에 기여했는가, 한국행정의 개혁과 발전에 기여했는가, 한국 행정 및 행정학의 향후 과제는 무엇인가 등에 초점을 두어 분석하려고 했다. 단순 기록(chronicle)이 아닌 비판적 분석(examination)을 통해 창의성, 시의성, 적실성, 보편성 혹은 특수성 등을 규명하려고 했다. 이 분석결과들을 다음과 같이 두 권의 책으로 엮어 펴낸다.

제1권(공공관리와 공공정책)은 정치적 환경, 행정책임, 행정개혁(제1편), 공공관리(제2편), 공공정책(제3편)으로 구성된다. 제1편에서는 삼권관계와 대통령·관료제관계 등

---

11) 한국화 담론을 문명 진보의 시각에서 재조명해 본 연구로는 정용덕(2016)을 참고할 것.

행정의 정치적 환경(제2장), 행정윤리와 책임(제3장), 그리고 행정의 개혁(제4장) 등의 주제에 대한 연구 결과를 분석한다. 제2편은 행정조직(제5장), 인사행정(제6장), 재무행정(제7장), 사무관리와 정보화(제8장), 지방·도시행정(제9장), 공공기관(제10장) 등 공공관리의 핵심 주제들에 관한 한국 행정학자들의 연구 내용을 분석한다. 제3편은 경제정책(제11장), 복지정책(제12장), 교육·문화정책(제13장), 법질서 유지, 위험·안전관리, 사회통합, 공공갈등해소 등을 포함하는 사회정책(제14장), 국방, 통일, 대외관계, 국제개발 등을 포함하는 대외정책(제15장) 등 공공정책 영역별 연구 결과를 분석하고 성찰한다.

제2권(행정학의 접근방법과 패러다임)은 행정학의 접근방법(제1편)과 패러다임(제2편)으로 나누어 관련 이론 자체 및 그 이론들을 적용한 행정학 연구가 한국에서 어떻게 수행돼 왔는지에 대해 분석한다. 제1편에서는 행태주의를 포함한 실증주의 접근방법과 그것을 응용한 행정연구(제2장), 현상학, 해석학, 비판이론, 탈근대주의, 신행정학, 신공공서비스론 등 주관주의 접근방법과 그것에 의거한 행정연구(제3장), 공익, 공공성, 행정윤리, 공동체주의 등 규범이론과 그것을 적용한 행정연구(제4장), 행정의 비교방법과 그 응용, 발전행정, 지역연구, 국제(협력)행정 등에 관한 연구(제5장), 행정의 역사적 접근방법과 그 응용(제6장), 행정의 문화적 접근방법과 그 응용(제7장)에 대해 각각 분석한다. 제2편에서는 행정학의 '미니' 패러다임('mini' paradigm)들이 한국 행정학에서 어떻게 연구되고 적용되었는지에 관해 분석한다. 관료제이론, 고전적 행정관리론, 관리과학, 신공공관리론 등과 그 응용(제8장), 구조기능론, 체계이론, 시스템다이내믹스(system dynamics), 복잡성이론, 혼돈이론 등과 그 응용(제9장), 정책학, 기획론, 정책분석평가론 등과 그 응용(제10장), 공공선택론, 합리선택 신제도주의 등과 그 응용(제11장), 국가론, 역사적 신제도주의, 관료정치론, 정치경제론 등과 그 응용(제12장), 구(舊)제도주의, 법률학적 접근, 사회학적 신제도주의 등과 그 응용(제13장), 그리고 행정-시민관계, 연결망(network), 신뢰, 사회자본, 공공리더십, 신(新)거버넌스 이론 및 그 응용(제14장)으로 나누어 지난 60년 동안에 한국의 행정학자들에 의해 수행된 연구결과를 분석한다.

2. 추진 과정 및 사사

학회는 2016년 초에 집행부 임원회의의 발의와 전임회장단회의 추인을 거쳐 '한국행정학회60주년기념사업위원회'(이하 위원회)를 구성했다. 위원회는 60주년 기념사업의 하나로 '한국행정학 60년, 1956~2016' 연구를 기획했다. 먼저, 27개 세부 분야별로 나누어 집필자들을 선정하기 위해 위원회 위원들, 집행부 및 산하 위원회 위원들에게 설문지를 통해 추천을 받아 취합하는 과정을 거쳤다. 선정된 행정학자들은 2016년 6월 24~26일 충북 오송에서 열린 학회 하계학술대회("미래 사회와 행정학 재설계")에 구성된 9개 기획패널('한국행정학 60년')에 참가하여 중간 연구결과를 발표하고 토론했다. 이어서 2개 기획좌담회('한국행정학 60년')에서 종합적으로 토론하는 과정도 거쳤다. 이 책은 이처럼 복수의 토론 과정에서 제기된 사안들을 반영하여 저자들이 수정 보완한 논문들을 수록한 것이다.

이처럼 다단계의 과정을 거쳤음에도, 각 장의 내용에 대한 표준화 등의 미진한 점이 남아 있다. 무엇보다도 분석 대상 문헌의 범위에서 많은 차이가 있다. 한국행정학보 게재 논문만 대상으로 분석한 경우, 다른 관련 학회지들에 실린 논문들도 포함한 경우, 학술지 논문 외에 저서도 포함한 경우 등 다양하다. 분석방법에서도 차이가 있다. 질적 분석을 중심으로 한 연구와 양적 분석을 중심으로 한 연구 등 접근방법에서의 차이가 그것이다. 처음부터 표준화보다는 집필자들이 주제를 감안하여 자유롭게 접근하도록 권했기 때문이다. 이와 같은 기획의도에 대한 독자들의 이해를 구한다.

한국 행정학 60년의 성과를 분석하고 성찰한다는 학술적 의의에 공감하여, 다른 일들을 제쳐 두고, 힘든 집필 과정에 참여해 주신 스물여덟 행정학자들의 노고에 깊이 감사한다. 유평준 회장님을 비롯한 집행부 임원님, 위원회 고문으로 자문해 주신 전임학회장님들과 위원회 위원님들의 성원에 모두 감사한다. 이 책의 학문적 가치를 인정하여, 어려운 출판시장 여건에도 불구하고 선뜻 출간을 맡아 주신 법문사 임직원님들께 이 지면을 빌려 감사의 말씀을 드린다.

제 1 편

행정학 접근방법

제 2 장 실증주의

김 호 정

Ⅰ. 실증주의 연구의 유형과 흐름

사회과학에서 실증주의는 “자연과학의 교훈과 절차를 사회과학적 맥락에 적용시킴으로써, 사회현상의 보편적 법칙과 그에 따른 행태를 발견하고 정리하고자 하는 시도”라고 이성우(2008: 17)는 소개하고 있다. 실증주의와 대비되는 개념으로 ‘인간주의’나(주상현, 2002: 41), ‘후기 실증주의’를 내세우기도 한다 (이성우, 2008; 오철호, 2008; 허만형, 2008). 경험주의를 실증주의로 보고 양적 방법과 질적 방법을 모두 포함하여 실증주의라고 규정하는 연구자들도 있지만, 본 연구는 실증주의를 엄격히 해석하여 사회현상은 자연현상과 본질적으로 유사하고 자연과학과 사회과학의 연구방법도 유사하다는 관점에서 실증주의를 보고, 실증주의 연구방법을 적용한 연구는 양적 방법을 사용한 연구들로 한정하고자 한다. 양적 방법은 주로 설문조사나 통계자료를 통해 수량적 자료를 획득하고 통계학을 활용하여 자료를 분석하거나 수학적 모델·모의실험을 이용하는 연구방법이고, 질적 방법은 참여관찰이나 심층면접 등을 통해 질적 자료를 획득하고 사례분석이나 내용분석을 이용하는 연구방법이다.

한국 행정학자들의 ‘실증주의 연구방법과 관련된 연구’(이하에서는 ‘실증주의 연구’라고 함)는 크게 세 가지 유형으로 구분할 수 있다. 첫째, 실증주의 연구의 대부분을 차지하면서 지속적으로 증가하고 있는 ‘실증주의 연구방법을 적용한 연구’(이하에서는 ‘실증적 연구’라고 함)가 있고 둘째, 실증적 연구를 대상으로 한 연구들이 있다. 여기에는 실증적 연구들의 경향을 분석한 연구와 실증적 연구들이 사용한 조사나 분석의 방법을 분석한 연구들이 있다. 셋째는 실증주의 연구방법 자체에 관한 연구가 있다. 실증주의 연구방법의 장점과 단점을 설명하거나 단점을 극복할 수 있는 방법상의 대안을 제시한 연구들이 여기에 속한다. 본연구의 범위는 이 세가지 유형을 모두 포함한다. 첫째 유형의 연구들은 제3장에서 직접 분석대상으로 다루고, 둘째와 셋째 유형의 연구들은 제2장의 "실증주의 연구의 내용"에서 요약될 것이다.

실증주의 연구방법이 한국행정에 소개되고 적용이 이루어진 것은 1960년대였고 1970년대는 한국에서 행태주의 접근방법이 성행하면서 설문조사연구의 경향이 나타났다 (정용덕, 2010: 4-5). 그래도 1970년대까지는 법학적 접근, 서술적 접근이 행정학에서 주류를 이루었다. 당시 행정학과의 교과과목에는 법학과목이 다수 포함되었고, 행정학과는 법학의 성격이 강했다. 1980년대 들어 사회과학이 등장하면서 법학과목은 축소되고 대신 정책학, 행정행태론, 행정계량분석, 통계학 등 사회과학 과목들이 들어왔다. 법과대학이나 법정대학 소속이던 행정학과가 사회과학대학으로 옮겨가기 시작했다. 연구방법에서도 사회과학방법이 강조되었고 경험주의적 연구가 주종을 이루기 시작했다 (박종민, 2006: 41). 이러한 영향으로 1980년대 중반 이후 행정학에서는 실증적 연구가 급증했다. 권경득(2006: 634)에 의하면 1986년부터는 그 이전에 비해 한국행정학에서 실증적 연구의 비율이 3배 가까이 증가했다. 1980년대 중반을 기점으로 그 이전은 실증주의의 '도입기'가 되고, 그 이후는 '양적 성장기'라고 불러도 될 것 같다.

1990년대 중반 이후에는 실증적 연구들의 분석상 오류와 문제점들을 찾아내고 개선을 촉구한 연구들이 계속되는 가운데, 분석기법에서도 구조방정식모형과 같은 정교한 기법의 활용이 늘어났으며, 실증적 논문의 편수와 비율도 더욱 증가하였다. 2000년대 들어서도 이런 현상은 지속되는 한편, 사회과학에서 실증주의 방법의 한계가 드러나고 실증주의에 대한 비판이 거세지면서 2000년대 중반 이후 실증주의를 보완할 수 있는 연구방법에 많은 관심을 갖게 되었다. 그러면서도 실증적 연구의 분야와 주제는 더욱 다양해지고 행정학에서 실증주의 연구는 끊임없이 확산되는 추세였다. 따라서 1990년대 중반을 기점으로 그 이전까지는 '양적 성장기'라고 하고, 1990년대 중반부터 2000년대 중반까지를 '안정기', 2000년대 중반부터 2010년대 중반까지를 '확산기'라고 부를 수 있을 것이다.

이상에서 정리한 실증주의 연구의 유형과 시대적 흐름을 기준으로, 본 연구는 한국행정학에서 진행된 실증주의 연구들의 내용을 개략적으로 정리하고, 한국행정학자들이 평가해 온 실증적 연구의 학문적 기여에 대해 간략히 고찰한 다음, 1980년대 중반부터 한국행정학보에 게재된 논문들을 대상으로 실증적 연구들의 경향을 시대별로 파악하고, 실증적 연구들의 학문적 기여는 어느 정도이고 시대적으로 어떤 변화가 있었는지 분석하고자 한다.

Ⅱ. 실증주의 연구의 내용과 학문적 기여

1. 실증주의 연구의 내용

1) 실증적 연구의 경향

그 동안 한국행정학의 연구경향에 대해서는 꾸준히 연구가 진행되어 왔지만, 분석대상을 실증적 연구로 한정한 것은 몇 편 되지 않는다. 여기서는 행정학의 분야별 실증적 연구를 중심으로 연구경향을 살펴본다. 우선 인사행정 분야에서는 1960년대부터 1995년까지 5개 학술지와 박사학위논문 중에서 경험적 연구방법을 사용한 논문들을 대상으로 연구경향을 분석한 연구가 있다. 연구결과에 의하면 시대별로 연구의 양은 증대해 왔고 질적 분석보다는 양적 분석이 많지만, 전반적으로 실증적 연구는 활발하지 못한 편이었다. 80년대는 연평균 2편, 90년대는 4편 정도에 불과했다. 분석기법에서도 대부분 빈도분석에 의존했으며 인과분석과 같은 고급 분석은 제대로 시도하지 못했다 (하태권, 1995).

이에 반해 조직론 분야의 실증적 연구는 활발한 편이었다. 시대의 차이는 있지만, 5년간(1998~2002) 행정학회보를 비롯한 5개 학술지에 발표된 실증적 연구는 연평균 15편 정도였고, 질적 분석(21%)보다는 양적 분석(79%)이 압도적으로 많았다(이창원 · 전주상, 2004). 분석기법에서도 정교한 방법들이 자주 사용되었다. 1990년대의 연구(1991~1997)에서 요인분석, 경로분석, 공분산구조모형이 가장 많이 활용된 분야가 조직론이었으며(김태일, 1998), 최근까지의 연구(1991~2014)에서도 구조방정식모형은 조직관리분야에서 가장 많이 사용되어 왔다 (심준섭, 2015b). 아쉬운 점은 외국의 이론과 내용이 한국에도 적용될 수 있는지를 검증하는 연구가 대부분이었다(이창원 · 전주상, 2004).

정책분야의 경험적 연구도 시대가 흐를수록 연구범위가 확장되었으며, 논문편수에서도 과거 30년 동안의 연구실적과 거의 맞먹는 분량의 경험적 연구가 5년 동안(1991~1995년)에 발표되었다. 정책결정론 분야의 연구방법에서는 행정학의 다른 분야와 차별화된 모습을 보였다. 양적 분석(18%)보다 질적 분석(42.9%)과 사례분석(35.4%)이 월등히 많이 사용되었다 (이시원 · 정준금, 1996).

한편 실증적 연구의 자료수집 방법과 분석방법도 시대에 따라 변해 왔다. 실증적 연구 중에서 설문조사 연구가 증가해 왔으며, 분석기법도 점차 정교한 방법으로 바뀌었다. 1991～1997년까지는 연평균 14.4편이던 설문조사 연구가 2000년에는 32편, 2004년에는 69편으로 폭증하는 현상을 보이고 있다 (강민아 · 김경아, 2006: 41). 10년을 두 기간으로 구분하여(1987～1991년/ 1992～1996년) 사용된 분석기법을 비교한 결과, 전기에 비해 후기에는 통계적 방법의 사용이 증가했으며, 그 중에서도 기술통계의 사용은 줄고 추리통계의 사용은 늘어났다 (김태일, 1997: 21). 특히 구조방정식모형의 사용이 2000년 이후 가파르게 증가하는 추세를 보이고 있다 (심준섭, 2015b: 454).

2) 실증적 연구에서 나타난 조사방법과 분석방법의 문제점

실증적 연구들이 사용한 분석기법에 초점을 두고 문제점들을 발견한 연구들은 주로 인과분석과 요인분석에 관한 것이 많다. 드러난 문제점들 중에는 분석기법을 잘못 사용하거나 분석결과의 해석에서 오류를 범한 경우들도 있지만, 컴퓨터의 분석결과에만 의존하여 이론적 고려를 제대로 하지 못한 연구들도 있었다. 예를 들면 탐색적 요인분석의 잘못 사용에 따른 타당성과 측정오차의 발생을 설명하거나(김태일, 2003), 회귀분석에서 회귀계수나 설명력(R^2)에 대한 해석의 오류가 많다는 지적이 있었다 (김태일, 1997). 이론적 고려가 없었다는 비판도 다양하게 제기되었다. 다시 말해 연구자가 이론에 의해 판단하고 결정할 문제를 자료의 분석결과에 맡겨버린 데 따른 비판이 많았다. 구조방정식 모형에서 컴퓨터가 분석결과로 보여주는 수정모형에 따라 이론적 고려 없이 기계적으로 분석모형의 변수들을 수정하고(김태일, 1998, 2003; 심준섭, 2015a, 2015b), 지표들 간 가중치를 부여하기 위해 요인분석을 활용하면서 이론적 근거나 탐구 없이, 요인분석결과에 따라 획일적으로 가중치를 부여하는 문제도 지적되었다 (김태일, 1999a, 1999b; 홍준형, 1999). 그밖에 회귀분석에서 단계별(stepwise) 방식으로 회귀식의 독립변수를 결정하는 경우도 이론적 고려가 배제되어 모형의 타당성을 의심받는다고 했다 (김태일, 1997).

한편 설문조사 연구의 증가에 따른 설문조사의 정확성이 요구되는 시점에서 설문지의 문항과 척도에 대한 근거나 정보를 충분히 제시하고 않거나, 비확률표본추출방법의 사용에 따라 표본의 대표성을 제대로 확보하지 못했거나, 설문지 회수율이나 표본특성을 제시하지 않는 등 다수의 논문에서 설문조사결과의 신빙성을 저해하는 문제점들이 발견되었다 (김태일, 1998). 최근에는 설문조사의 구체적 내용에 대한 정밀한 검토와 분석이 이루어지고 있다. 설문문항의 순서에 따른 응답의 오차(평균차이, 분산차이)를 분석하여, 순서가 뒤에 있는 문항일수록 응답자 간 오차가 감소한다는 사실을 밝힌 연구가 있고(고길곤, 2014), 설문지에 대한 결측치의 처리문제를 집중적으로 분석하여 오차를 줄일 수 있는 결측치 처리방식이 제시되고 있다. 결측치에 대한 별도의 조처가 없으면 완전제거법이 적용되어 회귀분석에서 회귀계수의 편의문제가 발생한다는 사실을 입증한 연구들도 있다 (강민아 · 김경아, 2006; 고길곤 외, 2014). 설문조사에서 흔히 직면하는 문항의 역코딩 문제를 분석한 연구도 있다. 동일한 내용의 문항이라도 역코딩과 정코딩에 따라 t검증과 회귀분석의 결과가 달리 나타났다는 분석은 주목할 만하다 (고길곤 외, 2015). 가능하다면, 그리고 문항이 어색하지 않다면 역코딩보다는 정코딩으로 문항을 작성하는 것이 오차를 줄이고 정확한 분석결과를 도출할 수 있는 방법이 된다.

3) 실증주의 연구방법의 비판과 보완

사회과학에서 실증주의 연구방법의 적실성에 대해서 오래 전부터 논의가 있어 왔지만, 행정학과 정책학에서 체계적으로 비판을 한 것은 2000년대 이후부터라고 보여진다. 일찍이 송근원(1991: 4)은 "1980년대 들어 실증주의 접근방법에서 가정한 많은 부분들이 거부되었다. 특히 실증주의 연구결과의 현실적합성 문제와 더불어 실증주의적 접근방법의 가정들에 대한 기본적인 의문이 제기되기 시작했다"고 실증주의에 대한 경고를 했고, 이후 이성우(2008)도 실증주의 연구방법은 이해와 분석이 어려운 환경적, 맥락적 변수는 고정시키므로 현실의 복잡한 문제분석에는 적절하지 못하다고 보고, 적절한 이론과 질적 자료 없는 합리적 · 과학적 · 계량적 방법은 한계를 가질 수밖에 없다고 역설했다.

대체로 실증주의의 한계와 보완의 필요성에 대해서는 학자들 간에 공감대가 형성된 것 같고, 용어상의 차이는 있어도 보완의 방법에서도 의견이 좁혀지는 것 같다. 심준섭(2006)은 행정학 연구의 대안적 방법으로 '방법론적 다각화'(triangulation)를 제안했는데, 이는 참여관찰과 설문조사를 동시에 실시하는 방법 처럼 양적, 질적 연구방법을 결합하는 것으로, 이런 방법을 사용하면 행정학 연구에서 연구의 오차를 줄이고 타당성이 높은 연구결과를 얻을 수 있다고 주장한다. 강민아 외(2007)는 질적 방법과 양적 방법을 모두 적용하여 각각의 장점과 한계를 보완하는 '통합연구방법'을 제안하면서, 특히 주민의견조사를 위해서는 설문조사와 함께 포커스 그룹방법(Focus Group Interview)과 같은 질적 방법을 병행하는 것이 유용하다고 역설했다. 허만형(2008)도 후기실증주의는 실증주의를 비판하고 극단적으로는 거부하기도 하지만, 실증주의는 유용성에 한계가 있고 후기실증주의는 과학성에 한계가 있으므로 상호보완적 관점에 서야 바람직한 연구가 가능하다고 주장했다. 한편 이주실(2014)은 행정학이 폭넓은 시각에서 현상을 바라보지 못하므로 적실성에 대한 회의적 시각이 팽배한 실정인데, 현상에 대한 심층적이고 폭넓은 이해를 도모하기 위해서는 질적, 양적 연구의 관점들을 혼합하여 현상을 연구하는 방법이 필요하다고 보고, 이러한 방법을 '실용주의 패러다임'이라고 명명했다.

2. 실증적 연구의 학문적 기여

실증주의 연구방법을 활용한 행정학 연구들이 많은 연구성과에도 불구하고 비판을 받아 온 이유는 학문적 기여에 대한 기대 이하의 역할이라고 하겠다. 구체적으로는 적실성이 부족하고, 행정학 이론의 형성이나 발전에 별 도움이 되지 않았으며, 인접한 다른 학문에 비해 전문성과 경쟁력을 갖춘 고유한 영역을 확보하지 못했다는 점들로 요약될 수 있다.

학문의 적실성이란 "특정 사회에서 이론이 갖는 설명과 처방의 현실적 유용성"을 의미한다고 볼 수 있다 (김현구, 2013: 96). 적실성의 의미를 '현실 적합성'으로 보면서, 토착화와 한국화를 한국적 상황과 필요에 대한 행정학의 적응으로 이해하면(박순애, 2007: 323), 적실성은 한국화와 토착화의 의미도 지닌다. 실증적 연구의 적실성에 대해 김현구(2013: 101)는 "1960년대 말부터 과학 단일론적인 실증주의가 사회과학의 과학성 제고에는 기여하였는지 모르나, 사회적 적실성 확보에는 실패했다는 인식이 확산되었다"고 평가했다. 실증적 연구가 적실성을 확보하지 못한 원인을 다음과 같이 설명할 수 있겠다. 첫째, 행정학의 연구방법에서 질적 연구에 비해 양적 연구의 비중이 너무 컸다는 데 문제가 있다. 특정 연구방법에 대한 지나친 편향성과 독점은 행정현상의 일부분만 보여줌으로써 현실에 대한 심층적 이해를 어렵게 하고 왜곡된 이해로 이어질 수 있기 때문이다 (원숙연, 2002: 2). 둘째, 실증적 연구들이 한국의 자료를 이용하여 외국의 모형을 검증하는 경우가 많았다. 이런 모형들은 대부분 미국사회를 전제로 정립된 것들이므로, 과학적 방법이라는 지식체계를 이용하여 미국행정학을 정당화시켜 왔으며, 한국의 행정을 묘사, 설명, 예측하는 데에는 상당한 한계가 있었고(정용덕, 2010: 136; 정성호, 2010: 156), 행정학의 한국화나 토착화를 위해서도 도움을 주지 못했다. 셋째, 상황이나 문화에 대한 고려가 결여되었다. 이성우(2008: 18)의 지적처럼, 실증주의 연구방법은 이해와 분석이 어려운 환경적, 맥락적 변수를 고정시켰으므로, 복잡한 문제의 분석에는 적절하지 못한 경우가 많았던 것이다. 행정학 자체가 거의 보편적으로 상황적합성을 강조하고 상황적응적 접근방법을 널리 받아들이고 있는 마당에(오석홍, 2010: 425), 미국적 특수성을 '보편적 가치'로 쉽게 치부해 왔던 것이다 (안병영, 2005: 2). 한국적 특수성을 반영할 수 있는 맥락적 변수를 고려한 연구나 국가 간, 부문 간, 조직 간, 시간 간 비교연구에는 소홀했었다.

행정학에서 실증적 연구는 사실의 발견에 그치지 말고 발견된 사실에 관해 이론적으로 설명해야 한다. 검증을 통해 입증한 모형이나 가설이라도 이론적으로 연결되지 못하면, 단편적 지식의 전달에 불과하고 이론의 형성이나 발전에 도움을 주지 못한다. "많은 학자들이 개인적으로 선택한 방법론이나 분석기법에 의해 귀중한 연구들을 쏟아내고 있으나, 마치 모래알 같아 연계성이나 응집력, 방향성을 공유하지 못했다"(정무권, 2010: 153)는 자성의 소리는, 마치 "구슬은 서말인데 꿰야 할 '이론'이 없어서 보배가 못된다"는 의미로 들린다. "많은 경험연구가 양적 자료를 수집하고 세련된 통계분석을 사용하였으나 이론과 연계시키는 논의가 부족했고, 연구결과의 이론적 함의가 제한되었다"(박종민, 2006: 43)는 지적도 실증적 연구들의 이론결핍 현상을 비판한 것이다.

실증적 연구들은 가치중립성에 매몰되어 공공성이나 가치문제를 분석모형에 끌어들이지 못했다. 더구나 실증적 연구가 지배적인 행정학의 현실에서 질적 연구는 위축될 수밖에 없었고, 전반적으로 규범이나 가치 문제에 대한 연구도 소홀해졌다. 실증적 연구에서 행정학의 본질적 가치인 공익이나 공공성에 대한 논의는 빠지고, 시장경제나 이윤추구에 적합한 조직이 아니면서 능률성과 효과성에 매달렸으니, 행정학의 고유영역에는 등한시했고 관심을 가졌던 주제와 분야에서는 경영학을 비롯한 다른 학문보다 전문성이 뒤떨어졌다. 실증적 연구의 성과는 풍성했지만 정작 행정학의 정체성 향상에는 별 도움을 주지 못하였고 경쟁력을 높이지도 못하여, 결국 학문적 기여보다는 오히려 행정학의 위기 인식에 일조를 하게 되었다.

실증적 연구가 한국행정학에 의미있는 기여를 하려면, 외국모형의 단순검증에서 벗어나 한국적 특수성을 감안한 새로운 변수를 추가하거나 새로운 한국적 모형을 정립하여 검증하고, 동시에 한국적 상황과 문화를 분석에 끌어들이기 위해 국가 간, 부문 간 비교연구를 하거나 조절변수를 활용하여 한국화나 토착화를 통한 적실성 제고에 힘써야 한다. 또한 이렇게 정립된 모형이나 변수들 간 관계에 대해 선행연구들만 나열하여 이론적 배경으로 삼을 것이 아니라, 관련 이론들을 충분히 동원하여 이론적으로 설명함으로써 한국행정학의 이론형성에 도움을 주어야 한다. 마지막으로 연구방법의 편중을 막기 위해 양적 연구와 질적 연구를 혼합하여 사용하는 통합연구방법, 혹은 연구방법의 다각화를 도모하고, 연구의 목표를 능률성이나 효과성 향상에 고정시키지 말고 공익이나 공공서비스 향상으로 전환시키면서, 윤리, 부패, 규범도 실증적 연구의 대상이 될 수 있도록 고민을 해야 한다.

Ⅲ. 실증적 연구의 분석결과

여기서는 1986년부터 2015년까지 30년 간 한국행정학보에 게재된 논문 중에서 서평, 서평논문, 기획논문, 정책논단을 제외한 일반논문 1719편을 대상으로 이들이 사용한 연구방법을 분석하고, 그 가운데 실증적 연구 828편을 대상으로 연구경향과 학문적 기여를 분석한다. 앞에서 설명하였듯이, 1985년까지는 실증주의의 '도입기'로서 실증적 연구가 제대로 이루어졌다고 볼 수 없으므로, '양적 성장기'가 시작되는 1986년부터 발표된 논문을 대상으로 분석하고자 한다.

1. 실증적 연구의 경향

먼저 연구방법의 경향을 분석하기 위해 연구방법을 서술적, 양적, 질적으로 구분하였고, 양적 방법은 다시 설문조사, 통계자료, 수리모형으로 구분하였다. '서술적'은 양적 분석과 질적 분석을 제외한 서술형식을 띤 논문들을 포함한다. 비율, 도수, 평균 등 일부 기술적 통계방법을 활용하더라도 논문의 전반적 내용이 서술형일 경우에는 '서술적' 논문으로 분류하였다. '설문조사'는 정형화된 설문지를 통해 자료를 수집하고 통계기법을 이용하여 자료를 분석한 논문을 가리키며, '통계자료'는 각종 통계연감과 같은 통계자료들을 이용하여 통계분석한 논문을 의미한다. '수리모형'은 수리적 모형이나 모의실험을 이용한 논문들이 해당된다. 연구자가 직접 수집한 자료와 2차 자료는 구분하지 않고, 다만 위 기준에 따라서만 논문의 유형을 분류하였다. 또한 '질적'은 사례연구나 내용분석과 같은 질적 분석을 한 논문을 대상으로 하였는데, 통계분석을 일부 사용하여도 전반적으로 사례연구나 내용분석인 경우는 '질적' 연구로 분류하였다. 시대별 경향을 파악하기 위해서는 '시대'를 10년 단위로('1986～1995', '1996～2005', '2006～2015') 구분하였는데, 이는 앞에서 분류한 '양적 성장기', '안정기', '확산기'와 동일한 기간이다.

이렇게 분류한 연구방법이 시대에 따라 어떻게 변해 왔는지를 보여주는 결과는 <표 1>과 같다. 서술적 연구의 비율은 시대별로 48.7%, 33.0%, 20.6%로 크게 줄어 든 반면, 질적 연구는 13.9%, 19.5%, 21.1%로 조금씩 증가하는 추세였고, 양적 연구는 37.4%에서 47.6%, 58.4%로 비교적 큰 폭으로 증가해 왔다. 그 중에서도 설문조사 연구가 크게 증가하였는데, 양적(실증적) 연구 증가분의 대부분은 설문조사 연구의 증가에 기인한 것으로 보인다. 최근의 경향(2006～2015)은 설문조사 연구가 양적 방법 중에서도 가장 많고, 양적 방법의 사용이 질적 방법보다 3배 가까이 많음을 알 수 있다.

〈표 1〉 연구방법의 시대별 경향

연구방법 \ 기간		1986~1995	1996~2005	2006~2015	총 계
서 술 적		248(48.7)	208(33.0)	119(20.6)	575(33.4)
양 적	설문조사	91(17.9)	173(27.4)	188(32.5)	452(26.3)
	통계자료	68(13.4)	73(11.6)	107(18.5)	248(14.4)
	수리모형	31(6.1)	54(8.6)	43(7.4)	128(7.4)
질 적		71(13.9)	123(19.5)	122(21.1)	316(18.4)
계		509(100)	631(100)	579(100)	1719(100)

양적 방법을 사용한 실증적 논문들을 대상으로, 이들이 사용한 통계기법들이 시대별로 어떻게 변해왔는지를 분석한 결과는 <표 2>와 같다. 여기서 통계기법은 5가지로 분류하였다. 한 편의 논문에서 두 가지 이상의 통계기법을 사용한 경우에는 연구의 목적, 연구가설, 분석모형을 기준으로 하여 주된 내용의 분석에 이용된 기법 하나를 대표로 선정하였다.

여기서 '기술통계'는 비율, 도수, 평균, 표준편차 등 기술적 통계학을 이용하여 통계분석한 논문이 해당되며, <표 1>에서 '수리모형'에 속하는 논문 중에서 통계분석이 사용되지 않는 논문도 여기에 포함시켰다. 집단간 차이검증에서 χ^2검증이라는 비모수통계학을 사용했을 경우에는 'χ^2검증'에, t검증이나 F검증과 같은 모수통계학을 사용한 경우는 't, f검증'으로 분류하였다. 집단간 차이검증을 이렇게 두 범주로 구분한 이유는 시대에 따라 사용 정도가 다를 것으로 보았기 때문이다. '상관 · 회귀분석'에는 상관분석과 회귀분석이 대부분 포함되었으며, 가끔씩 이용된 시계열분석, 판별분석, 탐색적 요인분석도 여기에 넣었다. 최근 들어 회귀분석도 전통적인 회귀분석 외에 다양한 회귀분석들이 사용되고 있는데 이러한 기법들을 이용하더라도 모두 회귀분석에 해당한다고 보고 이 범주에 포함시켰다. '구조방정식' 범주에는 구조방정식 모형을 이용하여 인과분석을 하거나 확인적 요인분석을 사용한 논문들을 배정하였다. 경로분석이라도 회귀분석을 이용한 경우는 '상관 · 회귀분석'으로, 구조방정식 모형을 활용한 경우는 '구조방정식'으로 분류하였다.

이렇게 분류된 통계기법들의 시대적 흐름을 파악한 <표 2>에 의하면, 기술통계와 χ^2검증은 분석의 초기에 해당하는 '1986~1995년'에 가장 많이 활용되었고, t, f

검증은 '1996~2005년'에 상대적으로 가장 많이 이용되었고, 상관 · 회귀분석과 구조방정식 모형은 최근에 가까운 '2006~2015년'에 가장 즐겨 쓰는 통계분석기법이라고 하겠다. 이러한 분석결과는 시대의 흐름에 따라 통계기법도 단순한 것에서 고급의 기법으로 사용이 전환되고 있으며, 분석의 목적이 경향파악이나 차이검증을 위한 것에서 인과관계를 위한 것으로 바뀌고 있음을 의미한다고 하겠다.

〈표 2〉 통계기법의 시대별 경향

통계기법 \ 기간	1986~1995	1996~2005	2006~2015	총 계
기술통계	60(31.6)	72(24.0)	49(14.5)	81(21.9)
x^2검증	27(14.2)	7(2.3)	2(0.6)	36(4.3)
t, f검증	13(6.8)	41(13.7)	18(5.3)	72(8.7)
상관 · 회귀분석	83(43.7)	159(53.0)	218(64.5)	460(55.6)
구조방정식	7(3.7)	21(7.0)	51(15.1)	79(9.5)
계	190(100)	300(100)	338(100)	828(100)

앞에서 검토한 바와 같이, 실증적 연구의 한계를 보완하기 위한 대안으로 양적 연구방법과 질적 연구방법을 함께 쓰는 '통합연구방법'의 활용을 여러 연구자들이 권장하였는데, <표 3>은 통합연구방법의 사용이 시대별로 어떻게 변해왔는지 조사한 결과이다. 이 표에 의하면 조사기간(30년) 동안 통합연구방법보다는 양적 연구방법 한 가지만 사용한 논문이 월등히 많은 94.9%로 나타났으며, 최근(2006~2015)에도 92.6%나 된다. 그렇지만 시대에 따라 통합연구방법을 사용한 논문의 편수와 비율이 조금씩 증가하고 있고(2.1%→4.3%→7.4%), 통합연구방법에 대한 구체적인 논의가 이루어진 시기가 2000년대 이후라고 보여지므로 향후 통합연구방법의 사용은 꾸준히 증가할 것으로 예측된다.

〈표 3〉 통합연구방법 사용의 시대별 경향

연구방법 \ 기간	1986~1995	1996~2005	2006~2015	총 계
단일 연구방법	186(97.9)	287(95.7)	313(92.6)	786(94.9)
통합 연구방법	4(2.1)	13(4.3)	25(7.4)	42(5.1)
계	190(100)	300(100)	338(100)	828(100)

한편 대상 논문들의 연구초점을 기준으로 이론적 내지 이론형성과 관련된 논문과 실제적 혹은 문제해결과 관련된 논문으로 분류한 결과, <표 4>와 같이 전자(38.8%)보다 후자(61.2%)가 훨씬 많았다. 시대별 분포도 유사하여(이론적 · 이론형성의 논문 비율; 39.5% → 39.3% → 37.9%) 시대별로 연구초점의 변화는 드러나지 않음을 알 수 있다. 이러한 결과는 실증적 연구에 국한된 현상은 아닌 것 같다. 권경득(2006)의 연구에서 1967년부터 1985년까지는 '이론적 · 이론형성' 논문이 '실제적 · 문제해결' 논문보다 많았으나, 1986년부터 2005년까지는 '실제적 · 문제해결' 논문이 오히려 많은 것으로 나왔다.

〈표 4〉 연구초점의 시대별 경향

연구초점 \ 기간	1986~1995	1996~2005	2006~2015	총 계
이론적 · 이론형성	75(39.5)	118(39.3)	128(37.9)	321(38.8)
실제적 · 문제해결	115(60.5)	182(60.7)	210(62.1)	507(61.2)
계	190(100)	300(100)	338(100)	828(100)

2. 실증적 연구의 학문적 기여

앞에서 행정학 분야 실증적 연구는 학문의 적실성, 이론의 형성과 발전, 고유영역 확보라는 세 가지 측면에서, 학문적으로 기대 이하의 역할을 하였다고 평가했다. 여기서는 행정학보에 게재된 828편의 실증적 논문들을 대상으로 내용분석을 통해 위 세 가지 측면의 학문적 기여를 직접 확인하고자 한다.

1) 학문의 적실성

실증적 연구가 학문의 적실성을 가지려면 외국의 모형을 단순히 검증하는 단계를 넘어, 한국의 특수성을 반영하는 변수를 추가하거나 한국적 모형을 정립하여 검증하는 연구가 되어야 한다. 적실성을 평가하기 위해 본연구는 조사대상 논문들을 세 가지 범주 즉, 기존 모형과는 상당부분 차별화된 모형을 개발하여 검증한 논문('새로운 모형개발'), 기존 모형에서 변수를 하나 이상 추가하여 검증한 논문('새로운 변수추가'), 기존 모형을 단순히 검증한 논문('기존 모형 검증')으로 분류하였다.[1)]

---

1) 여기서 '새로운 모형개발'은 연구의 모형이나 가설을 설명하면서 주요 변수를 기존 선행연구들에서 사용하지 않은 새로운 변수를 이용한 논문들을 가리킨다. 다시 말해 변수 자체는 새로운 것이 아니더라도 모형이나 가설에서 변수들 간의 관계를 설정하면서 이전에 사용되지 않았던 변수를 사용했다면 새로운 변수로 보았다. 반면에 주요 변수 중 일부를 새로운 변수로 사용하였거나 혹

이렇게 분류된 논문들을 다시 시대별로 분류한 결과는 <표 5>와 같다. 이 표에 의하면, 전체적으로 기존 모형에 변수를 추가한 논문이 71.4%로 월등히 많았으며, 그 다음은 기존모형을 검증한 것으로 19.9%였고, 기존 모형과 차별화된 모형을 보인 것은 8.7%로 가장 적었다. '새로운 변수추가' 논문이 다른 범주의 논문보다 월등히 많았던 것은, 기존모형에 새로운 변수가 추가되었다고 판단되면 한국적 특수성까지는 검토하지 않고 이 범주의 논문으로 분류하였고, 또한 판단이 모호한 논문까지도 이 범주에 포함시켰기 때문으로 보인다. 그래서 실질적으로는 기존 모형을 단순히 검증한 논문에 가깝지만 새로운 변수가 추가된 논문으로 분류된 경우가 상당히 있었을 것이다.

범주별 비율은 시대에 따라 일관성있는 변화를 보이지 않았으며 변화의 폭도 그다지 크다고 볼 수 없다. 조사 초기(1986~1995)에 비해 최근(2008~2015)에는 '새로운 모형의 개발'은 소폭 증가에 그친 반면(6.3%→9.8%), '새로운 변수의 추가'는 상당히 줄었고(83.7%→72.5%), '기존모형의 검증'은 조금 더 늘었다 (10.0%→17.8%). 전반적으로 시대가 흐를수록 '기존모형의 검증'이 일관되게 감소하지 않는 것은 실증적 연구의 적실성이 향상되었다고 볼 수 없는 근거가 된다.

〈표 5〉 새로운 연구의 시대별 경향

기간 / 새로운 연구	1986~1995	1996~2005	2006~2015	총 계
새로운 모형 개발	12(6.3)	27(9.0)	33(9.8)	72(8.7)
새로운 변수 추가	159(83.7)	187(62.3)	245(72.5)	591(71.4)
기존 모형 검증	19(10.0)	86(28.7)	60(17.8)	165(19.9)
계	190(100)	300(100)	338(100)	828(100)

적실성 판단을 위한 다른 지표로 한국의 문화나 상황을 반영하는 정도를 이용했다. 이 지표의 측정을 위해서 <표 6>에서 보는 바와 같이, 국가 간, 부문 간, 조직 간, 시간 간 '비교' 연구가 어느 정도이며, 상황변수를 모형에 직접 추가하여 조절변수로 처리한 연구('상황변수')가 얼마나 되는지 시대별로 조사하였다. 그 외 논문은 '상황 비고려' 연구로 분류하였다. 단, 조절변수라도 개인특성 변수나 개인의 심리적 변수 등 상황과 무관한 변수를 조절변수로 사용한 연구는 '상황 비고려' 논문에 포

은 선행연구와는 조금 다르게 구성하거나 측정하였다면 '새로운 변수 추가'로 분류했고, 전적으로 선행연구들에만 의존해서 모형이나 가설을 설정한 경우는 '기존 모형 검증'에 포함시켰다.

함시켰다.

이 표에 의하면 전반적으로 상황을 고려하지 않은 논문이 83.8%로 절대 다수였고, 비교연구가 14.8%, 상황변수를 조절변수로 처리한 논문은 1.4%에 불과했다. 이러한 범주별 비율은 시대에 따라 두드러진 변화가 없었으며, 오히려 소폭이긴 하나 상황을 고려하지 않은 논문이 증가하였다. 한국적 상황을 고려한 논문이 너무 적고 시대가 바뀌어도 늘어나지 않는 것은 실증적 연구자들이 연구결과의 적실성에는 무관심했다는 의미로 해석된다.

〈표 6〉 상황고려 연구의 시대별 경향

상황고려 연구 \ 기간		1986~1995	1996~2005	2006~2015	총 계
상황 고려	비 교	33(17.4)	56(18.7)	33(9.8)	122(14.8)
	상황변수	4(2.1)	0(0.0)	8(2.4)	12(1.4)
상황 비고려		153(80.5)	244(81.3)	297(87.9)	694(83.8)
계		190(100)	300(100)	338(100)	828(100)

2) 이론과 연계

실증적 연구가 행정학이론의 형성과 발전에 어떤 기여를 했는지 파악하기 위해 조사대상 논문들을 세 가지 유형으로 구분했다. 가설이나 모형에서 사용되는 변수들의 선정 근거를 설명하지 않고 관련된 선행연구들만 제시하는 경우, 혹은 변수들 간 관계에 대한 이론적 설명이나 논의가 거의 없는 경우('이론의 부재'), 변수선정이나 변수들 간 관계에 대한 간단한 언급만 있고 구체적 설명이 없는 경우('이론의 언급'), 이론적으로 충분히 설명되었거나 이론적 설명이 다소 부족한 부분은 논리로써 보완되어 가설이나 모형에 대한 근거와 설명이 충분하다고 판단된 경우('이론의 충실')로 나누었다.[2)]

이러한 기준에 의해 논문들을 분류한 결과 <표 7>과 같이, 이론적 연계가 거

2) 다시 말해 '이론의 충실'에 포함시킨 논문들은 연구의 모형이나 가설에 대해 관련 이론들을 다양하게 제시하고 제시된 이론들을 이용하여 변수들 간의 관계를 충분히 설명하거나, 혹은 직접 관련된 이론의 없을 경우에는 관련 주제에 관한 이론을 원용하여 유추해서 설명하였으며, 동시에 모형이나 가설의 일부가 기각된 경우에는 그 이유를 다른 이론이나 객관적이고 설득력있는 논리로써 충분히 설명한 논문들이다. 한편 연구 모형이나 가설과 관련된 이론을 소개하는 정도에 그치고, 모형이나 가설 속 변수들 간의 관계를 제대로 설명하지 않거나, 일부 가설이 기각된 경우 그 이유를 설명하지 않은 논문들은 '이론의 언급' 논문에 포함시켰다. 마지막으로 직·간접으로 관련된 이론의 제시가 없이 선행연구들만 나열하고 이를 근거로 연구의 모형이나 가설을 설정하고, 변수들의 관계에 대한 설명도 거의 없는 논문들을 '이론의 부재'로 분류하였다.

의 없는 논문('이론의 부재')이 54.6%였고, 이론에 대해 언급만 한 논문이 37.6%였으며, 이론의 형성과 발전에 기여했다고 볼 수 있는 이론적 설명에 충실한 논문은 7.9%에 불과했다. 더구나 이러한 논문은 시대가 흐를수록 감소하는 경향을 보이고 있다. 실증적 연구를 하는 연구자들의 이론의 중요성에 대한 인식이 결여되었고 또한 개선되지 않는 것으로 이해할 수 있겠다.

〈표 7〉 이론연계 연구의 시대별 경향

이론연계 연구 \ 기간	1986~1995	1996~2005	2006~2015	총 계
이론의 충실	21(11.1)	27(9.0)	17(5.0)	65(7.9)
이론의 언급	66(34.7)	97(32.3)	148(43.8)	311(37.6)
이론의 부재	103(54.2)	176(58.7)	173(51.2)	452(54.6)
계	190(100)	300(100)	338(100)	828(100)

기존모형에 새로운 변수를 추가하여 검증하더라도, 변수나 모형을 이론적으로 설명하지 못한다면 한국화와 토착화에 도움이 될 수 없고 적실성있는 연구라고 보기 곤란하다. 학문의 적실성을 평가한 <표 5>에서 기존모형에 변수를 추가한 논문이 71.4%로 나타났으므로, 겉으로는 적실성있는 연구가 꽤 많았던 것처럼 보이지만 실상은 그렇지 못하다. 왜냐하면 <표 8>에서 '새로운 변수추가' 논문 591편 중에 54.8%가 이론적 설명이 거의 없는 것으로 나왔고 이론에 충실한 논문은 5.9%에 불과하기 때문이다. 다시 말해 새로운 변수를 추가한 71.4%의 논문들도 대부분 이론적 설명이 부족하여 학문적으로 가치있는 논문으로 평가받기 곤란하므로 학문의 적실성을 지녔다고 볼 수 없을 것이다.

〈표 8〉 새로운 연구와 이론연계 연구의 관계

이론연계 연구 \ 새로운 연구	새로운 모형개발	새로운 변수추가	기존모형 검증	총 계
이론의 충실	27(37.5)	35(5.9)	3(1.8)	65(7.9)
이론의 언급	36(50.0)	232(39.3)	43(26.1)	311(37.6)
이론의 부재	9(12.5)	324(54.8)	119(72.1)	452(54.6)
계	72(100)	591(100)	165(100)	828(100)

3) 고유영역의 연구

실증적 연구가 행정학의 정체성 확립 혹은 고유영역 연구에 어느 정도 도움이 되었는지 파악하기 위해, 연구대상 주제를 '행정학 고유의 영역'과 다른 인접 학문에서도 다룰 수 있는 '공통 영역'으로 구분하였고, '행정학 고유영역'으로는 '공공성'을 중심으로 삼았다. '공공성'의 개념은 다양하고 포괄적이다. 그런 가운데 일반적으로 중시하는 특성인 '정부관련성'과 '공익'을 담으면서 '공공성'의 정의를 간명하게 규정한 것으로는 "정부 및 공직자의 공익 추구 활동"(박홍식, 2008: 923)을 들 수 있다. 한편 소영진(2008: 32-46)은 '공공성'을 '실질적(내용적) 정의'와 '형식적 정의'로 구분하고, 전자는 '공공성'이 무엇을 의미하는지를 직접 설명하는 것으로 공익, 평등과 정의, 권위와 신뢰 등이 해당되고, 후자는 구현 주체 또는 방법이나 절차를 통해 간접적으로 정의하는 것으로 정부관련성, 공동체관련성, 외부의존성, 개방성과 보편적 접근성, 민주주의 등을 포함시켰다. 이 정의는 '공공성'의 특성이나 구성요소들을 체계적이고 포괄적으로 정리하였으며 다른 학자들의 주장을 대부분 수용하는 것으로 보이므로, 본 연구에서는 이 정의에서 담고 있는 특성이나 요소들을 '공공성'으로 보고, 동시에 '행정학 고유영역'으로 분류하였다. 따라서 본 연구에서 행정학 고유영역으로 분류된 주제들의 예를 들면, 정부의 정책과 예산, 정부정책에 대한 순응과 불응, 공공서비스, 대표관료제, 정부지지, 관료의 의식과 행태, 공무원 단체(정부관련성), 시민단체, 협력, 거버넌스, 사회적 자본(공동체관련성), 주민참여, 민주주의(민주주의), 공익, 시민만족, 국민행복, 복지, 삶의질, 공직동기, 윤리, 부패(공익), 형평성, 정의, 민주성, 대응성, 투명성(평등과 정의), 정부의 신뢰와 불신(신뢰) 등이다.

이러한 고유영역을 핵심 주제로 다룬 논문을 '행정학 고유 주제'라는 범주에 넣었고, 가설이나 모형 속의 변수로 다룬 논문은 '행정학 고유 변수'라는 이름으로 분류했다. 그밖에 다른 학문과 공통되는 주제나 변수들만을 연구대상으로 삼은 논문은 '공통의 학문영역'에 포함시켰다.

분석결과 <표 9>와 같이 전반적으로 행정학 고유주제를 연구의 핵심과제로 다룬 논문은 3.1%에 불과하고, 변수로 처리한 논문도 5.2%밖에 되지 않는다. 반면에 행정학 고유영역이라고 볼 수 없는 주제나 변수들만을 대상으로 한 연구가 절대 다수인 86.1%에 이른다. 시대별 변화를 보면, '고유 주제'를 대상으로 한 논문의 편수와 비율은 아주 적으면서 비교적 안정적이지만, '고유 변수'를 포함한 논문은 시대의 흐름에 따라 조금씩 감소하는 경향을 보이는 반면, '공통 영역'만을 연구한 논문은 조금씩 증가하는 양상을 보인다. 이처럼 실증적 논문 중에서 행정학 고유영역에 대한 연구가 아주 적었고 더구나 시대에 따라 이러한 연구가 줄어들고 있는데, 그 이유는 실증주의 연구방법이 행정학의 고유 영역 연구에 적합하지 않을 수도 있지만, 실증적 연구자들이 가치중립성을 중시하면서 가치와 규범의 문제에 무관심했기 때문일 수도 있다.

〈표 9〉 고유영역 연구의 시대별 경향

고유영역 연구 \ 기간	1986~1995	1996~2005	2006~2015	총 계
행정학 고유 주제	5(2.6)	10(3.3)	11(3.3)	26(3.1)
행정학 고유 변수	26(13.7)	37(12.3)	26(7.7)	89(10.7)
공통의 학문영역	159(83.7)	253(84.3)	301(89.1)	713(86.1)
계	190(100)	300(100)	338(100)	828(100)

3. 연구초점과 학문적 기여의 관계

한국 행정학자들이 실증적 연구를 비판하는 근거로 학문적으로 별로 기여하지 못했다는 것이었으며, 이러한 비판의 근거를 확인하기 위해 본연구는 실제 자료(논문)를 이용하여 내용분석을 실행하였다. 분석결과는 대체로 학자들의 평가를 지지하는 편이었다. 다시 말해 실증적 연구들의 학문적 기여가 저조했다고 볼 수 있다.

그러면 이처럼 학문적 기여가 저조하게 된 원인은 무엇일까? 그 원인을 본연구의 분석범위 내에서 추정할 때, 연구초점이 실제적 문제에 치우쳐있고 이론적 문제는 상대적으로 경시했기 때문으로 볼 수 있다. 이를 검증하기 위해 연구초점에 따라 학문적 적실성, 이론의 연계, 고유영역이 어떻게 다르게 나타나는지 비교해 보았다. 결과는 <표 10>과 같이, 이론적 연구가 실제적 연구보다 대체로 학문적 기여가 높은 것으로 나왔다. 구체적으로 보면, '실제적 · 문제해결'형 논문이 '이론적 · 이론형성'형 논문보다 단순한 '기존모형'의 검증이 많고($\chi^2=49.7$, $p=.000$), 통계적으로는 유의미하지 않지만 상황을 고려하지 않은 연구가 많은 편이므로($\chi^2=2.7$, $p=.098$), 학문의 적실성이 떨어진다고 볼 수 있다. 또한 '실제적 · 문제해결'형 논문은 이론의 언급이나 설명이 거의 없이 선행연구의 결과만 나열하는 연구가 많은 반면, '이론적 · 이론형성'형 논문은 이론에 충실한 연구가 많았으므로($\chi^2=208.1$, $p=.000$), 상대적으로 이론과 연계된 연구가 많다고 하겠다. 마지막으로 '이론적 · 이론형성'형 논문은 '실제적 · 문제해결'형 논문보다 행정학 고유의 주제나 변수를 다루는 연구도 많았으므로($\chi^2=30.5$, $p=.000$), 전자는 후자보다 고유영역의 연구를 많이 한다고 할 수 있다.

요컨대 이론적 논문은 실제적 논문보다 학문의 적실성이 높고, 이론과 연계성도 강하며, 행정학 고유영역의 연구가 많으므로, 학문적으로 기여하는 정도가 높다고 평가할 수 있다. 실증적 연구의 학문적 기여도가 낮은 이유는 이론적 연구보다 실제적 연구가 많았던 데서 찾을 수 있으며, 시대가 변해도 실증적 연구의 학문적 기여도에 별다른 변화가 없었던 것은 마찬가지로 세월이 흘러도 이론적 연구의 비중이 늘어나지 않았기 때문으로 이해할 수 있다.

〈표 10〉 연구초점과 학문적 기여의 관계

학문적 기여 \ 연구초점		이론적·이론형성	실제적·문제해결	총 계	χ^2 (p)
새로운 연구	새로운 모형개발	55(17.1)	17(3.4)	72(8.7)	49.7 (.000)
	새로운 변수추가	217(67.6)	374(73.8)	591(71.4)	
	기존모형 검증	49(15.3)	116(22.9)	165(19.9)	
	총 계	321(100)	507(100)	828(100)	
상황고려 연구	상황 고려(비교)	61(19.0)	73(14.4)	134(16.2)	2.7 (.098)
	상황 비고려	260(81.0)	434(85.6)	694(83.8)	
	총 계	321(100)	507(100)	828(100)	
이론연계 연구	이론의 충실	57(17.8)	8(1.6)	65(7.9)	208.1 (.000)
	이론의 언급	185(57.6)	126(24.9)	311(37.6)	
	선행연구 의존	79(24.6)	373(73.6)	452(54.6)	
	총 계	321(100)	507(100)	828(100)	
고유영역 연구	행정학 고유주제	18(5.6)	8(1.6)	26(3.1)	30.5 (.000)
	행정학 고유변수	53(16.5)	36(7.1)	89(10.7)	
	공통학문 영역	250(77.9)	463(91.3)	713(86.1)	
	계	321(100)	507(100)	828(100)	

Ⅳ. 요약, 한계, 과제

행정학 분야에서 실증주의에 관한 연구들은 다음과 같이 분류·요약될 수 있다. 첫째, 실증적 연구들의 경향을 분석한 연구들이 있다. 그 중 조직론 분야의 실증적 연구가 활발하였고 고급의 분석기법을 많이 활용한 반면, 정책학 분야에서는 양적 분석보다 질적 분석이 많은 것이 특징이었다. 둘째, 실증적 연구들이 사용한 분석기법과 조사방법의 문제점들을 지적한 연구들이 있었는데, 분석기법은 회귀분석, 공변량분석 등 인과분석과 요인분석에 관한 연구들이 대부분이었고, 조사방법에 대해서는 문항의 척도와 표본추출의 대표성 문제 등 기본적 항목들을 비롯하여 최근에는 설문문항의 순서, 결측치 처리, 역코딩 등 구체적인 문제들에 대한 지적과 분석들이 있다. 셋째, 실증주의 연구방법을 주제로 한 연구들도 있다. 이들은 대체로 실증주의의 한계를 인정하였고, 보완이 필요하다는 데에 대체로 의견이 모아졌다. 보완의 방법으로는 양적 방법과 질적 방법을 함께 사용하는 방법이 제시되었다.

본 연구는 한국행정학보(1986~2015년)에 게재된 1719편의 논문과 그 중에서 실증적 연구 828편을 대상으로 10년 단위로('1986~1995', '1996~2005', '2006~2015') 시대별 연구경향과 학문적 기여를 분석하였고 다음과 같은 결과를 얻었다. 첫째, 연구방법에서 서술적 연구는 크게 줄어들었고 질적 연구는 조금씩 증가한 반면, 양적(실증적) 연구는 비교적 큰 폭으로 증가해왔다. 양적 연구 중에서도 특히 설문조사 연구가 크게 증가하였다. 둘째, 연구방법을 양적, 질적 방법을 함께 사용한 경우(통합연구방법)와 한 가지 방법만 사용한 경우(단일연구방법)를 비교한 결과 단일연구방법들의 논문이 월등이 많았지만, 통합연구방법의 사용이 증가하는 추세를 보였다. 셋째, 통계분석기법은 시대의 흐름에 따라 단순한 것에서 점차 복잡하고 고급스러운 기법으로 전환되었으며, 분석목적도 경향파악이나 차이검증을 위한 것에서 인과관계 분석으로 바뀌었다. 넷째, 연구초점에서는 실제적 혹은 문제해결과 관련된 논문이 이론적 내지 이론형성과 관련된 논문보다 월등히 많았으며 이러한 분포는 시대별로 변화가 거의 없었다. 다섯째, 대부분의 논문들은(약 87%) 기존모형을 단순히 검증하거나 그것과 유사한 수준에 그치고 있었으며, 이런 논문의 비율이 시대에 따라 감소하지도 않았다. 또한 상황을 고려한 논문(비교 연구나 상황변수사용 연구)보다 상황을 고려하지 않은 논문이 절대 다수였다. 따라서 실증적 연구는 학문의 적실성에 기여하는 정도가 낮고 시대가 변해도 개선되지 않는다고 하겠다. 여섯째, 실증적 연구 중에 이론적 연계가 거의 없는 논문이 과반수이고, 이론적 설명에 충실한 논문은 전체적으로 10%에도 미치지 못했다. 더구나 이러한 비율은 세월이 지나도 나아지지 않는다. 일곱째, 행정학 고유영역이라고 볼 수 없는 주제나 변수들만을 대상으로 한 연구가 절대 다수인 86.1%였고 이러한 논문의 비율은 조금씩 증가하고 있다. 여덟째, 종합하면 실증적 연구들의 학문적 기여 정도는 저조한 편이고 개선의 조짐도 보이지 않는다. 그 원인을 파악하기 위해 연구초점과 학문적 기여의 관련성을 분석한 결과, 이론적 논문은 실제적 논문보다 학문의 적실성이 높고, 이론과 연계성도 강하며, 행정학 고유영역의 연구가 많았다. 실증적 연구의 학문적 기여도가 낮은 주요한 이유들 중 하나는 이론적 연구보다 실제적 연구가 많았던 데서 찾을 수 있다.

분석과정에서 쉽게 해결되지 않는 어려운 문제들이 있었다. 양적 분석과 질적 분석으로 명확하게 구분되지 않는 논문들이 첫 번째 직면한 어려움이었다. 특히 사례분석이나 내용분석에 해당하면서 양적 분석도 함께 사용한 논문들이 그랬다. 이론적 논문과 실제적 논문의 구분도 모호한 경우들이 있었다. 정책학 분야의 논문들 중에 양면성을 띤 내용이 상대적으로 많았다. 또한 세분화된 주제를 다루는 논문에서 새로운 모형이나 변수의 여부를 확인하고 이론과 연계성을 찾는 일도 심리적 갈등을 유발하는 힘든 과정이었다. 객관성, 중립성, 일관성을 유지하려고 노력하였으나 이런 문제들에서는 한계를 느낄 수밖에 없었다.

본 연구의 결과를 기반으로 향후 실증적 연구의 방향이나 과제를 다음과 같이 제시해 본다. 첫째, 백화점식으로 난립되는 연구주제는 연구의 깊이와 축적에 도움이 되지 않는 것 같다. 새로운 주제도 좋지만 전통적 이론에 뿌리를 둔 주제에도 관심을 가져야 하겠다. 둘째, 학문의 적실성 향상에 도움이 되기 위해서 연구방법에서 통합연구방법과 메타분석이 활성화되기를 기대한다. 셋째, 분석기법과 분석자료는 해마다 진보하는데, 분석모형과 이론적 설명은 나아지지 않는 것 같다. 새롭고 복잡한 분석기법이 논문의 수준을 높이는 것은 아니다. 분석의 목적을 달성할 수 있고 구조를 논리적으로 이해하기 쉬우면서 가정의 충족이 용이한 것이 바람직한 분석기법일 것이다. 단순한 분석기법이 오히려 오차는 작다. 넷째, 선행연구와 컴퓨터 분석결과에만 지나치게 의존하는 연구에서 벗어나야 한다. 분석모형과 분석결과를 이론적으로 설명하고 적실성을 높이기 위해 더 많은 노력과 고민이 필요하다. 다섯째, 비교연구와 상황·문화를 고려한 실증적 연구가 많이 나와야겠다. 새로운 이론을 만들어 내거나 거기에 도움을 주려면, 한국적 상황에 적절하고 공적 가치를 중시하면서 이론적 체계가 탄탄한 연구가 되어야 할 것이다.

제 3 장 주관주의

이광석 · 권기석

Ⅰ. 서 론

학문이란 여러 부문으로 이루어진 이론체계로,[1] 일종의 언어게임이라는 관점이 비트겐슈타인(L. Wittgenstein) 이래 널리 유포되어 있다 (한상진, 1997: 29). 행정학의 이론체계 중에서는 상대적으로 덜 논의되는 영역이 방법론으로 보인다. 이 글의 초점은 행정학 도입 60주년을 맞아하여 주관주의에 대한 그 동안의 동향을 살펴보고, 더 나은 방향을 향한 논의의 기초를 제공하려 한다. 더 나은 방향이란 행정학의 풍요로움이고 행정학을 풍요롭게 하려면 방법론의 활성화가 이루어져야 하고 따라서 방법론 논쟁을 제기하려는데 있다. 이를 위해 주관주의를 방법론 논쟁의 핵심에 위치시킬 필요성이 있다고 주장한다.

행정학은 무엇인가?와 관련하여 이를 그 구성요소로 나누면 '행정'과는 어떤 관계인가라는 측면과 행정'학'이 어떻게 성립하는가로 되어 있다고 하겠다. 물론 이에 대한 반론도 있을 수 있는 이 주제는 많은 논쟁을 전제로 한다. 행정을 다루는 학문이 행정학이라고 할 수 있지만(박동서, 2005) 다른 한편에서는 이런 시각에 의문을 제기하고 행정학은 그것만이 아니라 그것을 넘어야 한다라는 견해도 가능하다. 방법론이 기여할 수 있는 바가 바로 이 지점으로, 후술하는 바처럼 정합성(coherence)과 대응성(correspondence)으로 나누어 살펴볼 관점을 제공할 수 있다.[2]

※ 이 글은 2016년도 한국행정학회 하계학술대회에서 발표한 논문 '주관주의'를 수정한 글이다. 발표의 기회를 주신 정용덕 교수와 유평준 한국행정학회장께 감사드린다.

1) 학문체계를 과학으로서의 이론, 방법으로서의 이론, 현실조명의 기법으로서의 이론, 이데올로기로서의 이론, 비판으로서의 이론, 실천으로서의 이론으로 이루어진다고 한다 (김경동, 1981).

행정학의 역사가 보여주듯이 행정의 범위가 넓어짐에 따라 행정학의 외연 확대를 가져오고, 그로 인해 행정학이 무엇이며 어디까지의 영역을 포괄하는가에 대해 늘 고민해 왔다. 그 사례를 N. Henry(1980)나 D. Waldo(1971), F. Marini(1971)에서 볼 수 있고, 그들은 나름으로 잘 정리하여 그 시대의 사명이 어디에 있는지를 잘 짚어 주었다.

행정학의 현재 모습은 행정학이 무엇인지에 대해 합의가 어려울 정도로 진화 또는 진보하고 있다. 행정이 도시행정, 교육행정, 환경행정, 국방행정, 복지행정 등의 다양한 영역을 다루도록 변모하고 있다. 이 다양한 영역으로의 확장은 행정학이 무엇인가에 대한 논의의 필요성을 불러일으킨다. 이제는 과거에 행정학 정체성이라고 일컬었던 문제를 넘는 새로운 형태의 문제 제기를 할 필요성이 있다.

아울러 다양한 영역으로의 확장은 해당 학문 영역에서의 이론들과의 관계 설정이 문제되고, 나아가 경쟁력이 있어야 한다는 뜻도 함축해야 된다. 따라서 그 분야의 학문과 어떤 점에서 차이가 나며 어떤 점에서 학문 발전에 이바지할 것인가 하는 이슈를 드러나게 해 주었다. 이를 위해서는 보다 엄밀한 논증을 통해 정제된 지식을 축적해서 '이론체계로서의 행정학'의 발전을 이룩해야 하고, 또 이를 위한 틀을 만드는 데에도 관심을 가져야 한다.

나아가 행정의 목적이 무엇인가 하는 점도 이슈로 삼아야 한다. 요즘 유행하듯이 국가의 경쟁력이 목적이라면 그것은 대응성을 중심으로 하는(correspondence-centered) 행정학에서 추구하겠지만, 행정인이나 행정 대상의 삶도 행정학의 목적이라면 사회적 행복(social happiness)과 같은 가치를 추구해야 할 것이다 (Thin, 2012). 따라서 '말할 수 없는 것을 말해야 한다'라는 아도르노(T. Adorno) 명제(2005: 63; 이병탁, 2013: 49)가 적용될 수 있는 행정학의 영역에 관한 방법론을 정립하거나 도입하여야 한다.[3] 즉 행정을 모티브로 한 다양한 활동 중 행정학에서 실증주의란 '말할

2) 지난 시절 실증주의(C. G. Hempel과 E. Nagel)와 현상학(A. Schutz) 사이의 논쟁을 통해 의견이 합치된 것들은 다음과 같다 (김경동, 1981: 109-114; Schutz, 1973). 첫째로 모든 경험적 지식의 발견은 통제된 추론의 과정을 밟아 이루어지며, 그 지식이 명제의 형식으로 진술되어야 한다. 둘째로 모든 경험과학에서의 이론이란 한 묶음의 변수들 사이에서 일정한 규칙성을 드러내어야 한다. 이 의견들은 행정학에 적용가능할 것이고 그렇다면 행정학 교과서를 명제 형식으로 재편하는 것이 이를 해결하기 위한 방법이라고 필자는 생각하고 있다.

3) 실증주의는 "말할 수 없는 것에 관해서는 침묵하라(Whereof one cannot speak, thereof one must be silent)"라는 비트겐슈타인 명제에 따라 비엔나 학단(Vienna Circle)이 정립한 논리실증주의 또는 논리경험주의에 따르는 흐름으로, 말할 수 있는 영역인 과학과, 말할 수 없는 비과학의 영역이 엄격히 구분된다 (Wittgenstein, 1921). 따라서 실증주의는 말할 수 있는 영역만 다루게 된다. 이에 비해 아도르노의 명제는 실증주의를 넘어선다는 의미로 이해할 수 있다 (Adorno, 2005: 62-63; 이병탁, 2013: 48-49). 그것은 "굳어버린 현재를 넘어서는 그 무엇인가를 약속하는 것인데, 진정한 진리의 경험은 논증적 사유가 그 한계에 부딪치는 경우이고, 여기서 규정할

수 있는 것을 말함'에 해당하고, 행정학에서 주관주의는 '말할 수 없는 것을 말하는 것'에 해당한다. 이는 실증주의 또는 경험주의에 대한 반론으로서 작용할 수도 있고, 상보적(相補的) 관계로서 기능할 수도 있으며, 후술하는 바처럼 사실(fact)과 행정학적 사실(administrative fact)을 구분하여 사실이 행정학적 사실로 전환하는데 작용하기도 한다. 그러므로 방법론으로서의 주관주의도 행정학의 주요한 영역으로 대두된다.

Ⅱ. 행정학에서 방법론 활성화의 필요성

서양철학은 플라톤부터 데카르트에 이르기까지 형이상학적 이성에 입각한 주체의 합리성에 기초하였다.[4] 여기서 선험을 제거하게 되면 역사적 상대주의가 되고 이는 역사적 사실이라는 경험에 의존하여, 개체를 형이상학적 보편으로부터 독립시킨다 (송석랑, 2003). 이 주체와 객체와의 대립을 극복하기 위해 실증주의는 초월이나 부정(否定) 등과 같은 전통적 개념들을 포기하여 한쪽으로 치우쳤고 이는 실증주의의의 득세를 가져왔다 (이규호, 1971). 이 상황 속에서 후설(E. Husserl)은 위기를 느끼고 제시한 것이 생활세계 개념이고 이는 주체－객체의 대립을 넘으려고 한 것이었다 (송석랑, 2003). 즉 논리실증주의 등장에 대해 현상학이나 삶의 철학의 해석학을 통해 이를 성공적으로 방어하였다고 한다 (이규호, 1971). 이 과정에서 방법론 논쟁이 본격화하여 학문발전에 이바지하였다.[5]

수 없는 것, 그래서 말로 표현할 수 없는 것을 말로 규정하고 표현하여야 한다." 따라서 진리에의 사유가능성은 부정성(否定性)에 있고, 말로 표현되어 있지만 표현할 수 없는 것의 탐구가 진리에의 가능성을 암시한다.

4) 이성을 바라보는 관점은 다섯 가지로 유형화할 수 있는데, 부연설명하면 다음과 같다 (이명현, 1996). 플라톤에서 볼 수 있는 참으로 있는 것을 그대로 드러내 주는 능력, 중세 신학에서 볼 수 있는 신의 계시를 드러나게 하는 것, 데카르트에서 볼 수 있는 존재세계에 대한 인식의 준거 틀로서 인식의 내재적 원리, 인식의 상대주의자들에게서 볼 수 있는 학습된 능력으로서의 경험의 총화, 칸트와 독일 관념론에서 볼 수 있는 구성하는 능력 등이 그것이다.

5) 방법론(methodology)이란 (과학적) 방법의 철학을 말하고(von Wright, 1971: 3) 방법(method)이란 그 어원은 그리스어의 meta(따르다)와 hodos(길)에서 유래하는데, 어떤 대상을 인식하거나 연구하기 위해 따라야 하는 길을 뜻한다. 따라서 예술이나 과학은 그 추구하는 목적에 따라 그 대상에 관한 지식을 얻기 위해서 사유가 거쳐야 하는 이치를 체계적으로 정리하여 세우는 것을 일컫는다 (이기상, 2015). 즉 개개의 대상에 따라 변화하는 기법이나 절차를 방법이라고 하는 반면에, 수많은 대상을 포괄하는 보편타당성 있는 체계적 논의가 방법론이라고 한다 (이기상, 2015). Howell(2013: preface)은 방법론(methodology)을 연구계획을 인도하는 연구전략으로 정의하는데 비해 방법은 자료수집(data collection)의 수단이나 양태(mode)를 말하고 것으로 정의한다. 여기에서는 개별 과학에 대한 논의가 기법(technique)과 방법(method)에 관한 것이라면 개별 과학의 방법에 대한 논의는 방법론이다. 따라서 방법을 용이하게 하는 수단을 기법이라고 하고, 메타 차원의 논의인 방법론과 구별한다. 포퍼(K. Popper)는 전자를 Methodologie라 하고 후자를 Methoden－Lehre라 부른다고 한다 (박은진, 1999: 96－97). 필자도 이들을 구별하여야

행정학에서도 Wittgenstein 명제를 옹호하든, Adorno 명제와 관계되든, 방법론 논쟁에서부터 행정학을 시작하여야 한다. 그 이유는 방법론 논쟁이 행정학의 활성화와 다기화(多岐化)를 가져오고 이를 위해서는 그 전제가 분명하여야 하기 때문이다. 그렇게 된다면 행정학의 범위 팽창에 따른 정체성의 문제를 우산(umbrella) 개념으로 파악하여 해결하려는 미봉책의 태도(Henry, 1980)를 넘어설 것으로 보인다.

행정학에서의 방법론의 성격논의를 위해 행정학의 구성을 단순화하면 그 범주는 둘로 나눌 수 있다. 그 하나는 그 학문이 연구의 주제로 삼는 대상과의 관계에서 일정한 의미를 창출하여야 하며(Howell, 2013: 17; 이기상, 2015), 둘째로는 그 학문 내에서 일정한 체계를 갖추고 있어야 하는 것이다. 전자를 대응성(correspondence)이라고 하고, 후자를 정합성(coherence)이라고 한다. 이를 논의하기 위해서는 Tarski의 T－동치(同値)공식이 유용하다.[6] Tarski의 공식에 따르면 대상언어와 메타언어로 구별할 수 있는데, 대상언어(object language)는 행정현상에 대한 설명으로 사실에 대한 명제들만으로 구성되는데 비해 메타언어(meta－language)는 대상언어의 명제에 적용되며 대상언어에 대한 판단이라는 점이다 (Gupta, 1996; 정대현, 1987: 36; 문장수, 2015: 10－11). 즉 행정현상과 대상언어와의 관계가 대응성을 이루고 대응성은 어떤 명제와 그 대상과의 관계에서 그 옳고 그름이 판단되지만, 정합성은 메타언어와 관련되므로 그 대상과는 직접적으로 관련되지 않고 그 정당성은 어떤 명제가 그 자체의 체계 내에서 판단된다 (Kuhn, 1970; 소흥렬, 2013: 87－89).[7] 행정학이 다루는 범위는 이 둘을 포괄하여야 하는데, 이를 그림으로 나타낸 것이 [그림 1]이다.

지금까지 이러한 논의가 진행되지 않는 이유는, 행정학은 대응성이 행정학을 지배하는 패러다임으로 진행되어 왔기에 정합성 측면에서는 시도는 하였으나 만족스럽지 않았다. 그러나 이 관계를 '새로운 과학철학'으로 평가받는 쿤(Thomas Kuhn)의 패러다임 이론에 비추어 보면 후술하는 바처럼 대응성은 정합성에 의해 영향을 받을 수밖에 없다[8] (Kuhn, 1970; Brown, 1977; 임규정, 2004). 이 또한 방법론의 중요성

한다고 생각하며 후자는 방법철학으로 본다.

6) 행정학에서 유용할 것으로 보이는 대응성과 정합성의 구별은 대상언어와 메타언어 개념과 결부된다. Tarski의 T－동치(同値)공식 ['p' is true if and only if p]을 참고로 하면(Gupta, 1996: 151－163), 이 공식에서 왼쪽의 'p'는 판단의 대상이 되는 명제가 올바른가를 나타내고[메타언어] 오른쪽 명제 p는 현실에서 올바른가를 점검할 수 있음을 나타낸다[대상언어]. 여기에 기초하면 이른바 거짓말쟁이의 역리는 간단히 해결된다 (김여수, 1980). 대응성과 정합성을 진리의 문제로 환원시켜 방법론과 연결시키기도 하고(Howell, 2013), 진리와 결합시키기도 한다 (김여수, 1997; 이승권, 2000; 박승배, 2005; O'connor, 1987).

7) '자체의 체계 내에서 판단'되는 보기로 들 수 있는 것은 쿤(T. Kuhn)의 패러다임 이론이나 비트겐슈타인의 언어게임(Wittgenstein, 1953) 등을 들 수 있다.

8) 필자는 정합성에 대한 연구가 학문으로서의 행정학을 더 발전시키는 데 이바지한다고 주장하고

[그림 1] 대응성과 정합성 그리고 행정학의 범위

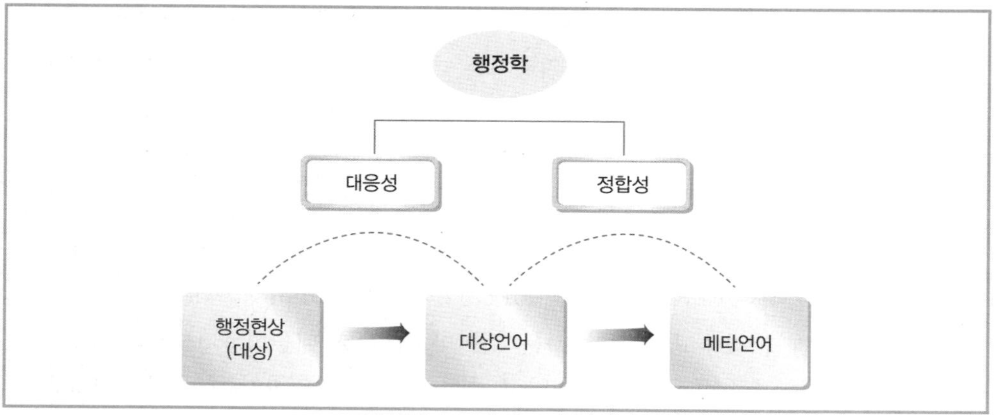

출처: Gupta(1996); 정대현(1987); 문장수(2015)를 재구성.

을 암시하며 주관주의가 공헌할 수 있는 바는 여기에 있다고 하겠다.

방법론의 성격을 살펴보기 위해 상식과 대비하거나 형이상학과 대비하기도 한다 (Agassi, 1981: 253). 형이상학이 구성적 성격(constitutive)을 지니므로 일련의 언명이나 원리들로 구성되는 반면에, 방법론은 일련의 규칙으로 구성되기에 규율하는 기능(regulative)을 갖는다고 한다. 대체적으로 방법론이란 그 성격상 2차적 연구(second-order study)로, 연구자의 pathos를 logos화하는 활동을 말한다 (Goodin, 1977; 윤명로, 1973). 이 개념 정의 또한 연구자와 연구대상의 교감을 의미한다. 따라서 방법론의 중립성이란 기대하기 힘들지만 그렇다고 연구자의 지적인 성향(intellectual inclination)에 전적으로 뒤덮인다는 말은 아니다 (Bryman, 2008: 4). 이 둘의 중간 어느 지점에 위치시키는 것이 주관주의라 할 수 있다.

방법론 논쟁이 그 학문의 정합성을 위해, 또는 그 학문을 풍요롭게 한 사례는 비판이론(특히 하버마스)의 사례에서 찾을 수 있다. 비판이론의 체계는 굵직한 논쟁을 통해 다듬어 왔다고 할 수 있는데, 중요한 사례를 열거해 보면 포퍼와 알버트의 비판적 합리주의와의 후기실증주의 논쟁, 가다머의 해석학과의 논쟁, 루만의 신체계이론과의 사회기술공학 논쟁, 푸코와의 후기구조주의와의 논쟁 등이 있다 (서규환, 1989).

후기실증주의 논쟁에서 전개된 사회과학의 논리가 설명과 이해로 정리되는 모습을 보이는데(von Wright, 1971; Adorno et al.; 1976), 행정학이 설명 중심의 행정과학

이런 영역의 연구를 '행정언어'라고 부른다. 따라서 과학 언어의 논리적 조건에 대한 개념분석이 필요하다는 비트겐쉬타인(1921)의 주장은 이런 측면에서 들을 만하다.

을 추구하느냐, 행정과학을 넘어선 이해 중심도 포괄하는가에 대한 판단 기준을 세울 수 있도록 해 주는 것이 방법론 논쟁이다. 예컨대, 행정과학이 기초하는 실증주의방법론은 논리적 원자론(Logical Atomism)에 기초한 행정 개념으로 행정을 집합으로 보게 된다.[9] 이 관점은 논박하기 어려운 설득력을 가지고 있으며, 행정현상의 분석에는 지대한 공헌을 하였고, 나아가 현대국가의 작동 원리 중 하나인 효율성 패러다임으로 전환되어 자리잡았다 (이덕복, 1993). 그럼에도 인간의 삶을 온전하게 그려내는 데에는 만족스럽지 못하다. 이에 대한 대안으로서 주관주의는 기능할 수 있다. 다음 장에서 주관주의의 개념과 그 구성요소를 좀 더 자세히 논의해 본다.

Ⅲ. 주관주의의 개념과 구성요소

1. 「한국행정학 오십년」에서의 주관주의의 개념

먼저 「한국행정학 오십년」에서는 주관주의에 대한 언급이 없을 뿐만 아니라(한국행정학회, 2006),[10] 방법론을 조사·분석론과 같은 범주로 묶는 경우가 많다 (박흥식, 2006: 598). 그것은 일부 학자들이 지적했듯이 "행정학방법론이 그 비중이 미미하다는 이유로 다른 영역에 통합시키고 있"는 방식이다 (박흥식, 2006: 597, 각주 4 참조). 물론 현상을 적절히 짚은 것이기는 하나 바람직하다고는 할 수 없겠다. 그 이유는 기초의 영역에서의 연구가 부실함을 지적한 것으로 받아들일 수가 있고 방법론을 조사·분석론과 동일시할 우려가 있기 때문이다. 다만 같은 책에서 개별 연구자들이 언급한 이가종 외(1991)의 분류체계에는 방법론이 독립된 범주로 나타나 있고, 권경득(2006: 621)은 「한국행정보」게재논문의 연구경향의 분석을 위해 비교적 자세히 서술하고 있다. 그런 의미에서는 「한국행정학오십년」의 발간 이후 10년이 지난 이 시점에, 방법론을 독립된 분류체계로 선보이고 또 세분되는 현상은 행정학 발전의 한 징표로 보인다.

---

9) 따라서 정부의 기능을 'G'로 표현한다면 행정학과 관련하여서는 다음과 같은 집합으로 표현할 수 있다. G=(Pm+Pi+Pe ---)(Pm: 정책결정, Pi: 정책집행, Pe: 정책평가). 이를 top-down으로 반복하여 최일선까지 범주화할 수 있다. 최일선의 집합을 'P'로 표현한다면 이는 하나하나의 행정행위의 집합이다. 예컨대 공항에서의 여권심사나 동사무소의 양곡지급 같은 것은 'p1+p2---pn'으로 표현하여 정리할 수 있고(김여수, 1984), 이들은 다음과 같이 집합으로 표현할 수 있다. P=(p1+p2+p3+p4+p5----------+pn). 현재 행정학 교과서에 실린 행정학의 개념들을 조사해 보면(유민봉, 2012) 이와 같은 방식으로 진행되고 있음을 확인할 수 있다 (이광석·문유석, 2016).

10) 행정의 발전을 다룬 한국행정연구원(2008)의 「한국행정60년」에서도 '접근방법'(김영민 교수 집필)이라는 제목으로 간단한 정리가 있으나 여기서 말하는 방법론과는 거리가 있다.

2. 주관주의의 개념

여기에서의 주관주의는 인문학이나 철학에서 말하는 주관주의와는 약간의 차이가 있다. 인문학에서는 주관주의를 상대주의로 치환하고 있거나(Bernstein, 1983),[11] 심리주의와 동일시하는 경향이 있다 (Bertram, 2011). 이들은 모두 해석에 의존하는데 (Seung, 1982: ch.8 & ch.9), 해석은 해석 주체(Subject: S)와 해석 대상(Object: O)와의 함수관계라고 할 수 있다. 이 때 해석을 통한 의미를 M(meaning)이라고 하면 M은 S와 O에 의해서 결정된다. 따라서 S1와 O1의 관계에서 생성된 M_1, S_2와 O_2의 관계에서 생성된 M_2, S_3와 O_3의 관계에서 생성된 M_3, ----- S_n과 O_n의 관계에서 생성된 M_n으로 정리된다. 이들 집합에서 서로 다른 M 값을 가질 때에 주관주의라고 할 수 있다. 나아가 여기에 맥락(context)이 주어지면 유사성과 차이를 만들어 낼 수 있는 틀을 제공한다. 여기서 상대주의의 개념이 도출된다 (Seung, 1982: 195-198; 219).

사회과학을 탐구하는 목적은 의미있는 행동(meaningful behavior)이나 현상을 설명하는 것이다 (Sen, 1990: 6; Schutz, 1940). 그 의미란 시민 속에서의 행정이 전제되어야 하기에, 행정 기능에 중점을 두는 것과 대립함을 뜻한다.[12] 따라서 행정학의 연구의 대상이 되는 것이 무엇이며 어떤 목적에 이바지하는가에 대한 논의가 필요하고 그 방법론에로 이끌게 된다.

대체로 행정학의 연구 대상이 행정현상이라는 데는 일치한다. 그렇다면 이 행정현상은 무엇인가로 논의가 좁혀진다. 행정학의 주류는 행정현상은 사실(facts)로 이루어지며 이 사실에 기초하여 행정에 관한 객관을 확보할 수 있고 이것이 행정학이라고 본다. 따라서 행정 주체의 입장에서 이론구성을 하려고 한다 (박동서, 2005). 이에 비해 주관주의는 역사철학이나 과학철학에서 논의된 바처럼 사실(facts)과 행정학적 사실(administrative facts)은 같을 수가 없다. 즉 과학이라고 하더라도 그것은 많은 사실 중에서 선택된 사실에 기초한다는 인식이다 (Parsons & Shils, 1954: 167). 그러므로 행정학적 사실은 사실 그 자체를 넘어서 사실에 기초한 일련의 인정된 판단들(a series of accepted judgements)이다 (Carr, 1982: 8). 따라서 연구자와 연구대상의 교감을 의미하므로, 행정현상이란 행정에 관한 객관으로만 이루어진 것이 아니며, 따라

---

11) 이런 흐름은 Wittgenstein의 후기철학이나 Kuhn의 과학철학, 또는 Habermas의 진리합의설에서도 찾을 수 있다. Wittgenstein의 후기철학에서는 삶의 양식은 어떤 주제로 이야기하는가에 따르고, 이 삶의 양식은 어떤 대화를 하는가라는 관점의 언어게임으로 나타난다.

12) 최근에 볼 수 있는 고객중심주의나 소비자 중심주의는 과녁을 빗나가기는 하였지만(즉 주권자를 위한 봉사라는 관점이 아니므로) 발전이라고 할 수 있다.

서 주관적 요소의 개입이 있을 수 있고 이것이 행정학이라고 본다. 따라서 해석의 문제를 비롯한 주관주의가 행정학에 편입된다 (Carr, 1982: 24). 또한 주관주의는 행정의 주체의 입장에서뿐만 아니라 행정의 대상의 입장에서도 가능한 이론구성을 하려고 한다.

행정학적 사실은 사실에 기초한 일련의 인정된 판단들이라는 점에서 실증주의 또는 경험주의 속에 있는 흐름이 공격을 받을 소지가 있고 프랑크푸르트 학파가 주목하는 점도 바로 여기서이다. 이른바 "전체는 비진리이다"라는 비판이론의 명제(이규호, 1971)는[13] 형식논리를 우선시하는 포퍼(Karl Popper)의 과학주의적 학문관에게는 허용될 수 없는 명제이고[14] 이는 실증주의 논쟁을 통해 잘 전개되었다 (Adorno, et al., 1976). Merton(1968)의 '중범위 이론'도 프랑크푸르트 학파의 흐름과 친화력이 없다.

또 연구자가 어떻게 인식하는가의 이슈도 주관주의가 제기한다. 행정학이 행정과 관련이 있는 행위나 현상을 설명하는 학문이지만, 그것이 변화의 산물로 보면 역사주의로 접근하게 되거나, 변화의 과정으로 보아 변증법적 접근이 될 수도 있고, 불변의 존재를 지향하게 되면 구조주의를 지향하게 된다 (이규호, 1971: 410; 이광주, 1981). 그렇다면 행정학은 이런 다양한 흐름도 연구방법으로 도입되어야 한다. 따라서 실증주의에 치우쳐 있음은 바람직하지 못할 것이다. 사실이나 현상은 이미 존재하는 것이고 이를 객관적 방법으로 추구하는 것을 목적으로 하는 실증주의에서 연구자는 자신의 간여없이 행정현상을 파악할 수 있다는 주장이다. 이는 어떻게 연구하고 어떤 방법을 이용할 것인가?(김경동, 1981: 111) 하는 것이 행정현상을 판단하는 데에 간여하게 된다면 실증주의 방법만으로는 정답을 제시할 수 없음이 자명하다. 어떤 흐름에 기초하든지 간에 추구하는 사실이나 현상 그 자체가 이미 비판적 합리주의에서도 인정한 바처럼 '현실에 대한 이론적인 해석의 산물'(이규호, 1971)이라는 것이다. 따라서 이에 대해서는 실증주의와 주관주의의 두 흐름은 일치한다 (임의영, 1995). 그럼에도 이 차이가 무엇인가를 살펴보기 위해 <표 1>을 준비해 보았다.

---

13) 달리 표현한다면 서로 다른 영역에서는 서로 다른 진리가 있으므로, 부분으로서는 전체를 말할 수 없다는 관점이라고 이해할 수도 있다. 이에 비해 '하나의 이론이나 명제로 전체를 파악할 수 있다'는 관점이 객관주의이다. 거대담론 또는 총체성 사유에 기초하는 '전체도 진리이다'라는 객관주의를 주관주의의 '전체는 비진리이다'라는 언명으로 대비해 보일 수 있다 (이규호, 1971).

14) 익히 알려졌다시피 Popper(1974: 180－196)는 물리적 대상(physical object)의 세계를 'world 1'으로, 의식(thought process)과 같은 주관적 체험(subjective experiences)의 세계를 'world 2'로, 진술의 세계(the world of statements themselves)를 'world 3'로 명명하는 3 유형의 세계 이론을 전개한다. 실증주의(또는 객관주의)는 행정의 대상을 world 1에서 주로 자리잡게 하고 이것이 world 3의 어디인가에서 진술되어 행정학을 형성할 것이다. 주관주의는 world 1과 world 2를 포괄하여 진술된다. 즉 주관주의는 행정학의 연구대상을 넓히는 함축을 지닌다.

〈표 1〉 주관과 객관의 2분법

주관주의 (subjectivist approach)		객관주의 (objectivist approach)
명목론(nominalism)	존재론(ontology)	실재론(realism)
반실증주의 (anti-positivism)	인식론(epistemology)	실증주의(positivism)
의지론(voluntarism)	인간의 본성(human nature)	결정론(determinism)
개별기술적(ideographic)	방법론(methodology)	법칙정립적(nomothetic)
아도르노 명제 (말할 수 없는 것을 말함)	명제	비트겐슈타인 명제 (말할 수 없는 것에 대해 침묵)
전체는 비진리이다	전체와 진리와의 관계	전체도 진리이다
현상학, 해석학, 비판이론	유파 (流派)	논리경험주의, 논리실증주의

출처: Burrell & Morgan(2006: 3); Hughes and Sharrock(1980); Howell(2013); Bernstein(1983); 이성우(2012) 종합 및 수정.

<표 1>에서 정리한 주관주의를 대체로 반실증주의 패러다임으로, 객관주의를 실증주의 패러다임으로 지칭하고 있다 (김종술, 1987; 김진영, 1986). 이 글에서 주관주의란 그 대상으로서 확대된 생활세계[공동체]를, 방법으로서 해석학적 방법을 응용하며, 목적으로서 해방과 사회적 행복을 지향하는 흐름이라고 정의할 수 있다.

연구자에게서는 어떤 측면을 문제로 파악하는가가 여러 연구방법의 선택에 기준을 제공한다 (Popper, 1972; 은재호, 2007). 앞서 방법론 논쟁은 행정학의 활성화와 다기화(多岐化)를 가져오고 이를 위해서는 그 전제가 분명하여야 한다고 서술하였는데, 주관주의의 행정이론은 바로 이 지점에서 기여할 것으로 보인다. 그 보기를 원자력발전 송전선 건설과정에서 발생한 밀양사태에서 보듯이 주민의 분노라는 사례를 중심으로 나타낸 것이 아래 <표 2>이다.

〈표 2〉 다양한 질문 및 방법론의 다기화

연구 질문	주요 특징	적절한 접근법
분노한다는 경험의 주된 특징은 무엇인가?	체험으로서 '분노'의 공통된 구조에 초점	현상학 (phenomenology)
불평을 하는 사람들은 분노한다는 것을 어떻게 이해하는가? (원문은 '의학적 치료에 불평하는'이 첨가됨)	특정 경험을 공유한 사람들인 경우, 특정 상황에서의 개인적인 의미와 이해형성에 초점	해석 현상학적 분석 (interpretative phenomenological analysis)

분노하게 만드는 사건을 묘사하기 위해 어떤 종류의 이야기 구조를 사용하는가?	이야기가 이해형성에 어떻게 관련되는지에 초점(예: 장르 혹은 구조를 통해)	이야기심리학 (narrative psychology)
분노를 통제하는 방식에 어떤 요소들이 영향을 주는가?	설명 수준의 서술을 전개하려는 자발성(요인, 충격, 영향 등)	근거이론 (grounded theory)
분노한다는 것에 대해 친한 사람들에게는 어떻게 이야기하는가?	내용에 덧붙여 상호작용에 초점: 분노 자체에 관한 무언가를 유추하는 것에 조심	담론심리학 (discursive psychology)
사건 보고서에서 분노는 어떻게 구성되는가? (원문은 '양로원 출처의 사건보고서'로 되어있음)	다양한 자료 출처를 활용하는 자발성: 특정 환경의 관례에 따라 상황을 '이해해야만 한다'는 방식에 초점	푸코 식 담론분석 (Foucauldian discourse analysis)

출처: Smith et al.(2009: 45).

Lynch & Cruise(2006)는 이러한 방향으로 이끄는데 공헌한 흐름들을 현상학, 실존주의(existentialism), 롤즈(J. Rawls)의 정의론, 포스트구조주의나 포스트모더니즘 등을 들고 있다.

그러나 행정학의 영역에서 주관주의의 시원(始原)을 신행정이론에서 볼 수 있다. 신행정이론은 이제 고전이 된 이론으로, 발전행정론과 행태론이 지닌 이론적 적실성의 한계를 지적하고 실존주의나 현상학에 기반을 두어 인간을 지향하는 새로운 패러다임의 개발이라고 선언하고 있다 (Frederickson, 1980: 124). 따라서 이전 이론들과의 차이는 가치중립에 대해 가치 추구, 사회적 형평성(social equity) 개념 도입, 롤즈의 정의론에 따라 최소수혜 계층의 불평등성에 대한 인식, 이를 위한 참여, 분권화, 서비스의 균등배분, 직원과 고객과의 상호작용, 교육훈련, 윤리헌장의 채택, 성과 관리 등을 들 수 있다 (Frederickson, 1980; Lynch & Cruise, 2006).

반실증주의를 표방하는 주관주의는 과학적 방법으로 설명불가능한 세계가 있고 과학적 방법으로 환원 불가능한 영역이 있음을 주장하고, 의미나 이해의 중요성을 부각시킨다 (박순영, 2012). 현재에도 객관성을 표방하는 행태주의나 실증주의가 여전히 주류를 이루고 있지만,[15] 1970년대 이래 밖으로 보이는 것을 우선하느냐, 의미를 우선하느냐의 이슈가 제기된 이래 다양한 비주류 흐름들이 있어왔다 (Lynch & Cruise, 2006; Frederickson, 1980; Marini, 1971; 김동식, 1995). 물론 연구수행에 있어 양자의 관계는 대체관계가 아니라 상호 보완적 관계로 설정되는 것이 바람직하다.

행정학에서 주관주의의 도입이나 응용에서의 기본 태도는 인문학에서 논의된 것을 참조는 할 수 있으되 전적으로 의존해서는 안 된다는 점이다. 그 이유는 행정학은 사회과학으로, 인간 그 자체의 속성을 연구하는 것을 넘어서기 때문이다. 이러한

15) 다른 학문에서도 이에 대한 반성이 있지만 행태주의나 실증주의가 주류라고 한다 (Sen, 1990: 4).

것을 참조하여 행정학에 유용한 틀을 제시해 보이는데, 그 첫째는 행정학에서는 정책에 따른 요소를 핵심으로 한다 (유민봉, 2012). 따라서 의식의 연구는 의식 그 자체보다 정책으로 인한 의식의 변화에 초점을 둔다. 그러므로 윌리엄 제임스(William James) 류(流)의 현상학이 행정학에 기여할 몫이 크다는 함축이다. 한편 주관주의의 관점에서는 생활세계도 공동체나 지역사회와는 차이를 둘 수 있고 생활세계의 합리화에 초점을 두는 하버마스와도 차이가 있다 (Habermas, 1981; 1986).[16] 이를 정리한 것이 아래 <표 3>이다.

〈표 3〉 인문학의 주관주의와 주관주의에 기초한 행정학 비교

		인문학	주관주의 행정학
목적	해방을 위한 비판	개인적 행복을 위한 해방	사회적 행복을 위한 해방
초점	현상학	의식의 해명	정책에 따른 의식의 변화
방법	해석학	텍스트의 해석	① 구조화된 해석 ② 언어철학적 해석(이규호, 1971)
대상	삶의 무대	생활세계	확대된 생활세계 (또는 공동체)

이상의 기술에 따라 차례로 살펴본다. 그동안 행정학은 현재 행정의 환경으로 작용하는 후기자본주의의 문제에 대해 다른 학문에 비해 비교적 관심을 덜 가졌다. 그나마 이에 대한 관심을 보이고 있는 저서를 보면 국가－사회간 관계와 거버넌스 능력을 중심으로 논의되거나(정용덕, 2001), 현대국가의 융성과 몰락과의 관련성 속에서 논의하고 있다 (김석준, 1994). 여기서 후기자본주의 국가란 복지국가 형태로도 존속하기 힘들고 복지국가와 함께해도 존속하기도 힘들다는 오페(C. Offe)의 명제, 즉 복지국가의 모순(Offe, 1987; Lindberg et al., 1975; Offe, 1988; 김태환, 2015)의 명제가 그 핵심이다.[17] 이 현상을 행정학의 관점에서 대입하면 행정국가로의 진행과 그 부작용이라 할 수 있다.[18] 주관주의 흐름은 이에 대한 해결책을 제시하여 공헌할 바가 큰

16) 필자는 생활세계는 합리적인 요소와 불합리한 요소가 혼재(混在)한다고 생각한다.

17) 하버마스에 따르면 후기자본주의 사회에서는 국가와 사회의 구별은 의미가 없다고 한다 (이규호, 1971). 복지국가의 모순도 이와 관련이 있다. 복지국가의 모순을 미시적으로 해석하여 '복지의 모순'으로 전환하여 논의할 가치가 있는 주제로 보인다.

18) 따라서 필자는 지난 시절 강의 과목이었던 '행정국가론'이 지금 교과과정에서 사라진 점을 아쉽게 생각한다. 복지국가의 관점에서도 관료제 행정은 보편적이므로 '행정국가론'에서 복지국가 체제에서의 관료제 행정뿐만 아니라, 전문가(expertise)가 행정에 참여하는 전문가주의 행정(professionalism)도 다룰 수 있다 (Clarke and Newman, 1997: 6). '행정국가론'이 이런 내용을 다루고 이들을 아우른다면 사회복지학과에서 강의되고 있는 '복지국가론'의 일부도 포함할 수 있으리라고 본다 (김태성 · 성경륭, 1999).

것으로 보인다. 그 단서를 아래 <표 4>에서 제시된 관심의 유형과 과학 분야를 대조해 보면 알 수 있다.

〈표 4〉 인식과 관심

인간과의 관계	과학분야	관심	인식	사회적 매체
자연	경험－분석적 과학 (자연과학)	기술적/도구적 관심	기술적 인식 or 도구적 인식	노동
역사	역사－해석학적 과학 (정신과학)	실천적 관심	실천적 인식	언어
지배	비판적 사회과학 (체계적인 인간과학)	해방적 관심	해방적 인식	지배

출처: 신응철(1996); Habermas(1972).

사물과 인식하는 주체 사이에는 상호관계가 있는데, 이를 하버마스는 관심이라고 규정한다 (신응철, 1996). 관심은 위 표에서 보듯이 세 가지 범주로 이루어진다. 따라서 실증주의적 인식이란 그 한 유형에 불과하다. 앞서 새로운 방법론 논쟁이 필요하다거나 '말할 수 없는 것을 말해야 한다'거나, '전체는 비진리이다'라는 명제들은 이를 극복하기 위한 시도로 보인다.

위 명제들을 옹호하는 비판이론적 관점에서는 정부를 위기관리(crisis management) 체제로 본다.[19] 이와 관련하여 행정을 바라보는 모형은 오페(1984: 81)에 의해서 제시되었다. 체계는 아래 [그림 2]에서 보듯 경제체계, 정치행정체계, 규범적·합리적 체계 등 세 가지 유형의 하위 체계로 이루어져 있고 사회 전체는 상호간에 의존 및 규제하는 원리들로 구성된다고 한다.[20] 그런데, 어떤 사회를 규율하는 전체 체제(social system) 속에서 그 구성원들이 따르는 규칙들이 그 밑바탕에 작용하는 법칙(underlying functional laws)을 위반하거나 그 구성원들이 그 법칙의 작동 방식대로 행동하지 않을 경우에 통치불능이 발생한다고 한다. 따라서 정당성이라는 개념이 도출된다.

19) 위기는 두 가지로 나눌 수 있는데, 하나는 산발적 위기(sporadic crisis)로서 체제 내의 위기를 말한다. 다른 하나의 위기는 위기를 만들어 내는 구조, 즉 사회적 과정의 문법(grammar)을 지키지 않는 것을 말하는데, 이를 위기관리 체제의 위기(crises of crisis management)라고 한다 (Offe, 1984: 37). 물론 여기에서는 후자에 방점을 두지만 둘 다 아울러 위기관리가 행정의 역할임을 암시하는 것이다.

20) 경제체계는 사적으로 소유하는 상품들의 이윤추구를 위한 생상과 교환이 이루어지는 체계를 말하고, 규범체계는 사회 안정이 이루어지는 역할을 수행하는 체계이며, 정치행정체계는 이 두 유형의 체계들을 관리하는 체계이다. 경제체계는 복지국가가 장기적으로 지속하는데 필수불가결하다. 그 이유는 대중으로부터 지지를 얻기 위해서는 복지서비스를 제공해 줄 수 있는 재원의 원천이기 때문이다 (김태성·성경륭, 1999: 145).

[그림 2] 세 가지 하위체제 간의 관계

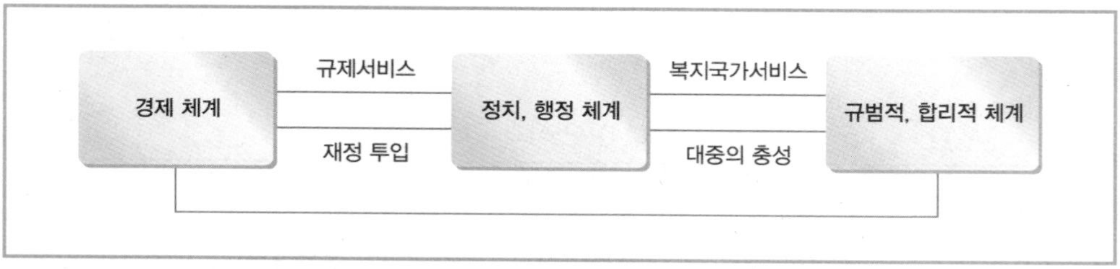

출처: 김태성・성경륭(1999: 145; Offe, 1984: 52).

세 가지 하위체제 간의 관계에서 행정은 아주 중요한 의미를 지닌다. 그것은 규제와 복지서비스가 행정의 본질임을 암시하고 행정은 대중의 충성과 재정투입이 필수적이라는 것이다. 여기서 체계가 매끄럽게 작동되지 않을 때 생활세계로 하여금 체계를 따르도록 유도하게 된다. 이를 체제의 정박이라고 하고(장춘익, 2015), 더 나아가면 생활세계의 식민지화가 진행된다 (김창호, 1996: 192). 이에 대한 연구는 주관주의에 의존하게 되는데, 이에 관한 체계적인 이론이 마르쿠제의 「일차원적 인간」이다. 그는 후기산업사회를 다음의 세 가지로 분석한다 (이규호, 1971). 첫째로 현대사회 전체는 테크놀로지에 의한 완전 지배라는 것이고 이성이 여기에 이바지하고 있음을 의미한다 (백승균, 1982: 187). 둘째로 테크놀로지에 의해 표면적으로는 합리화되어가지만 전체적으로는 그 모순이 심화되어간다는 것이다. 실증주의(또는 기술적인 사회과학)는 여기에 이바지하고 있다. 따라서 실증주의의 방법론을 비판하는 것이다. 이러한 전체의 불합리성 또는 심화된 모순성으로 인해 부분적인 개혁이 아닌 전체적인 혁명이라야 억압적인 체제를 종식시킬 수 있다. 또 완전히 지배될 뿐만 아니라 억압적인 사회이다. 동시에 물질적 풍요가 함께하므로 소비생활 안에서 인간성의 소외를 가져오고 이는 완전지배를 더욱 쉽게 하도록 도와준다.[21] 셋째로 현대사회에서는 변증법의 정지가 발생하는데, 부정적인 성격을 지양할 수 있는 어떠한 주체도 실천도 생각할 수 없기 때문이다. 현대사회에서 테크놀로지를 통해 완전히 지배하고 있고, 또 혁명의 주체인 노동계급은 소비생활 속에서 변화를 바라지 않는다. 따라서 인간해방운동의 종말을 뜻한다. 이를 극복하기 위해서는 새로운 사회를 창조할 수 있는 새로운 인간(homo novus)의 요청인 다른 하나의 차원이 필요하다. 행정학과 관련하여 수긍할 만한 담론도 있는데, 이 해방을 사회적 행복으로 바꾸면 행정의 입장에서는 이론의 재편성도 가능할 것이다. 이를 위해서는 행정 내부의 행정인(行政人)

21) 이는 마르크스의 명제인 "빈곤 속에서의 소외"가 아닌 "소비 속에서의 소외"라고 한다 (이규호, 1971).

이나 행정의 대상의 관점에서도 바라볼 수 있다.[22] 이는 후술하는 자립모델(independent model)과 상호의존모델(inter-dependent model) 사이의 대립과 조화의 문제일 수도 있다.

철학에서 논의하는 해석학은 훔볼트(W. Humboldt)의 언어철학적 전통으로 내용중심적 언어학의 교화를 받은 대륙철학적 언어적 전회이다 (Habermas, 2004; Bleicher, 1983: 29).[23] 그 원류(源流)는 성서나 법률이나 고전의 해석에서 기원하여, 의미의 함유(bearer of meaning)에 대한 학문으로 발전하였고, 이제는 지식에 관한 학문(theory of knowledge)으로 이해되고 있다 (Mautner, 2000: 248). 해석학은 정신의 객관화(objectivation of mind)에 관계하며(Bleicher, 1983: 30; Mautner, 2000: 248), 이해나 의미의 해석을 추구하는데 어떤 대상에 대한 연구자의 관심과 선택과 해석, 그리고 언어적 파악을 통해서 주관에 의해 드러난다 (이규호, 1971: 422; 이정복, 1980). 이는 체험-이해-해석의 틀을 가지며(이규호, 2005; 오용득, 2005) 의미지평에 관한 것으로 문자로 이루어진 텍스트를 기술적 차원의 이해능력을 통해서 이해하는 일이기도 하고,[24] 하이데거에게서 보듯이 현사실성을 해석하는 일이다 (오용득, 2005: 55, 73).

해석학에서 채택된 해석학적 순환은 아마도 가장 공감을 불러일으키는 아이디어일 것이다. 어떤 주어진 부분을 이해하기 위해서는 전체를 바라보아야 하고 전체를 이해하기 위해서는 부분들을 살펴보아야 한다 (Smith et al, 2009). 즉 의미란 부분과 전체 사이의 동적인 관계로, 연속되는 수준에 따라 움직이는 것과 관련이 있다.

해석학에는 방법론으로서의 해석학, 존재론으로서의 해석학, 현상학적 해석학, 비판적 해석학 등의 다양한 유형들이 존재한다 (Bleicher, 1982; 백승균 외, 1996). 방법론으로서의 해석학에 초점을 두면[25] 사회과학은 객관적 해석이라는 방법을 통해서

---

22) 행정의 대상의 관점이란 행정서비스의 수혜자든 아니면 행정에 참여하는 시민이든 모두를 포괄한다. 또 행정주체의 관점에서는 행정주체 속에 존재하는 개인의 의식이나 해석, 생활세계 등을 다룬다.

23) 사회과학에서 언어적 전회는 행위의 기준을 세웠다는 데 의의가 있다. 예컨대, 혼자서 길을 가면서 중얼거린다면 비정상적인 사람으로 볼 것이다. 그러나 휴대폰으로 통화하고 있다면 사정을 달라진다. 즉 주체 중심적 사고에서 매체 중심적 사고로의 이행이다. 이는 언어적 전회에서 유래하는데, 언어적 전회란 언어는 중립적 매개자가 아니라 인간의 사유나 행위 양식을 결정하는 매체라는 생각에 입각해 있다 (Bertram, 2011). 이 관점에서 필자는 질적연구가 언어적 방법에 의존하는데, 따라서 연구자들에게 언어에 대한 재인식을 촉구해 왔다.

24) 물론 여기에서 텍스트를 해석하는 기술이란 그 텍스트에 문자 그대로의 의미가 아니라 그 이상의 무엇인가 다른 의미를 담고 있기 때문이다 (곽영순, 2011). 가다머가 그의 저작에서 해석학을 이해하는 열쇠로 '번역'의 개념을 차용한 것은 '낯설기'(strangeness)와 '낯익음'(familiarity)이라는 양극단 사이에서 거리두기(distance)라는 의미로(Connolly & Keutner, 1988: 29-30), 딜타이에 따르면 해석은 전적으로 생소한 표현과 전적으로 숙지된 표현과의 극단적인 대립의 중간에서 가능하다고 한다 (윤명로, 1973). 이런 견해들은 문자 그대로의 의미가 아니라 그 이상의 무엇인가 다른 의미를 담고 있다는 유비로 이해될 수 있다.

학문적 진리를 찾는 것이라고 할 수 있다 (Weick, 1995: 38-43). 그러므로 허쉬(E. D. Hirsch)에게서처럼 타당화의 논리에 기초하여, 구체적 상황에 적용되기 전에 순수 의미론적으로 이해되어서 객관적으로 검증가능한 의미가 되어야 한다 (김영한, 2001; Hirsch, 1978).[26] 이를 위해 해석이 가능하도록 하는 구조화된 것을 탐구하여야 한다 (오용득, 2005: 55). 여기에는 일상적으로 구조화된 것과 무의식에 의한 구조화된 것을 말하는 것으로[27] 정부나 시장이나 사회에서 볼 수 있는 의미지평으로서의 전통과 문화는 물론이고 관행이나 관습에 따른 행위를 해석하거나 그 배후에 있는 것의 추구를 포함한다. 예를 들면 푸코와 데리다의 철학이나 포스트구조주의가 말하는 언어와 권력 등이다 (은재호, 2011). 이에 비해 의식에 의한 작용이 있는바, 전형적으로 행정학에서 언급하는 해석활동이나(권향원, 2014) 상황에 따른 해석 등이 그 사례라고 할 수 있다. 행정학에서는 후자를 중심으로 고찰하고 있는데, 언어철학적 해석학 또는 해석학적 언어철학이 연결고리로 작용할 수 있다 (한국해석학회, 1999; 이규호, 2005).[28] 따라서 하버마스의 타당성의 요구조건도 객관적 기준으로 작동할 수 있다.[29] 특히 베티(Emilo Betti)가 추구해 온 "지식(knowledge)이란 현실에 대한 수동적

---

25) 해석학의 목적은 '작가가 이해한 것보다 더 훌륭하게 작가를 이해하는 것'에 있다 (Mautner, 2000: 248). 이를 위해서 '표현 속에 간직된 추체험에 의해서 실현하는 동시에, 이 체험들에 공통된 징표들의 관계를 확정하여야 하며, 이로써 그 표현이 등장하는 어떠한 연관에서나 그 표현의 해석이 이 연관과 부합하여야 한다'(윤명로, 1971). 그 전제로 학문의 경우에는 그 표현이 개념으로 나타나 있을 경우에는 그 해석이 개념으로 대치될 수 있도록 일의성(一義性)을 지녀야 한다고 한다 (윤명로, 1971).

26) 허쉬(E. D. Hirsch)가 행정학에 주는 시사점은 '의미(meaning)와 의의(significance)를 구별하고, 해석학을 구절의 언어적 의미를 타당하게 결정할 수 있는 규칙들을 설명하는 학문'으로 본다는 데 있다 (김영한, 2001).

27) 이는 자크 라캉(Jacques Lacan)이 말한 "무의식은 언어처럼 구조화된다."라는 주장을 참조할 만하다 (성지훈, 2016). 다른 의미로는 해석이 필요없는 것의 해석이라고 부를 수 있는데, 예컨대, 전통이나 문화가 의식이나 정신 속에 박혀 있어서 집단적 해석으로 작용하는 것을 말한다 (박찬부, 2011: 31). 행정을 포함한 사회를 움직이는 것의 상당 부분은 여기에 기초하는 것으로 보인다.

28) 이 점에서 인문학에서는 과학주의를 향해 지향하는데, 과학에서 인문학주의를 지향한 것과 대조된다. 물론 과학주의가 채택하는 '유일하게 옳은 해석'을 지향하는 법칙적(nomothetic)이고 개념화에 해석학은 반대하고, 개별화된 경험을 존중하는 흐름이다 (김창래, 2008). 따라서 해석학이란 과학주의와는 정반대로 '늘 여지가 남는 어떤 것으로, 참일 수도 거짓일 수도 있다'는 태도이다 (김창래, 2008). 문제는 해석이란 해석(n)에 대한 해석(n+1)이 되고 재해석(n+2)를 불러오는 무한 소급의 가능성이다. 물론 '납득할 만한'이라는 근거는 설정해 두지만(김창래, 2008), 이것 또한 해석되어야 할 근거로 작용한다. 또 진리를 방법을 넘어서서 예술에서의 직관처럼 이른바 '방법적 거리두기'를 통해 얻을 수 있다고 주장한다 (Gadamer, 1982; Connolly & Keutner, 1988; Weinsheimer, 1985; 이규호, 2005a; 이구슬, 1996; 김영한, 2001). 해석학의 고전이라 할 수 있는 가다머(H.-G. Gadamer)의 주저(主著)인 『진리와 방법』이 의미하는 바는 정신과학적 '진리'와 자연과학적 '방법'의 관계로 상호대립적이고 상호배제적인 관계로 이해된다고 한다. 물론 그와 같은 이해에 반대하고 언어철학적 견지에서 보는 견해도 설득력이 있다. 자세히는 김창래(2001)를 참조하라.

29) 하버마스(Jürgen Habermas)는 대화의 이상적 상황을 설정하면서 거기에서는 네 가지의 타당성

인 거울이 아니라 오히려 우리가 대상들을 파악하는 방법에 의해 그 대상들이 결정된다"(Bleicher, 1983: 28)라는 관점을 받아들여, 후술하듯이 행정학의 지식에 관한 학문으로 나타남(즉 행정현상)과 관계되는 다양한 의미의 해석으로 응용한다면 유익한 방법론으로 발전할 가능성이 높다 (Bevir, 2004; 김영한, 2001).

또 다른 한 흐름은 최근에 선보인 해석 현상학적 분석(Interpretative Phenomenological Analysis)이다. 연구대상인 참여자의 체험에 대해 자신이 이야기하는 것을 통해(즉 현상학적인 것으로 의미를 만드는 것[meaning-making]), 연구자의 경험-지향적 렌즈로(즉 해석적인 것으로 의미 이해[sense-making]) 이를 이해하게 된다. 해석적인 것(Interpretative)과 현상학적인 것(Phenomenological)을 결합한 분석이라는 점에서 유용한 방법론으로 보인다 (Smith, et al, 2009).

행태주의가 외재주의에 입각하는데 비해, 현상학은 내재주의에 기초한다는 점에서 구별되고, 논리학과 같은 이성주의와도 구별된다 (김지홍, 2002). 현상학의 내재주의적 성격으로 인해 인문학에서는 의식 그 자체에 대한 연구를 중심으로 하겠지만, 행정학에서는 의식 그 자체에 대한 연구보다는 정책 주체나 정책 대상들이 어떻게 정책결정이나 집행에서 합의를 도출하거나 파탄에 이르는가를 생생히 보여주는 '의식의 흐름'에 대한 연구가 더 어울리고, 그런 면에서 현상학은 행정학의 발전에 공헌할 가능성이 크다 (Bird, 1999; Myers, 1986; Putnam, 1997).[30] 하버마스에 따르면

에 대한 요구주장이 채워져야 한다고 주장한다. 첫 번째는 우리가 언어로 표현하는 것은 모두 우리에게 이해될 수 있는 말 또는 단어로써 들어와야 한다는 것이다. 언어가 그 형태상의 차원, 기호론적인 차원, 문법상의 차원에서 언어로서 이해될 수 있는 것이어야 한다는 말이다. 두 번째는 언어가 말하는 것, 예를 들어 "백조는 희다"라고 말했을 때, 그 말의 내용이 그것에 대해 이야기하고 있는 사태와 일치해야 한다는 말이다. "백조는 희다"라고 말할 때 백조가 실제로 희어야만 한다. 그래야만 그 말이 참이라고 할 수 있다. 세 번째는 말하는 사람의 진실성이 전제되어야 한다. 이를테면, 남을 속이기 위해서 전체의 맥락을 숨긴 채 부분적 진리만을 이야기할 수도 있는데, 이 경우 올바른 의사소통이라고 할 수 없다. 네 번째는 명제의 정당성(올바름)에 대한 것이다. 이것은 사회성과 관련이 있는데, 예를 들어 "백조는 희다"라는 명제는 문맥에 맞아야 하고 이 문맥은 전체 텍스트에 맞아야 하며, 전체 텍스트는 그것이 지시하고 있는 실제 상황인 삶의 맥락에 맞아야 한다. 정당성에서는 현재의 사회만이 문제되는 것이 아니라 사회의 정체성, 즉 역사도 문제가 된다. 다시 말해, 거기에는 역사와 문화가 그 밑바탕에 깔려 있게 된다. 이렇게 소통에는 여러 다양한 관계들이 서로서로 복잡하게 얽혀 있다 (이기상, 2015b).

30) 이런 의미에서 Husserl은 초월론적 주관주의에서 주관은 세계와 대립되어 있는 의식이 아닌 세계의 의식이지만, 하이데거는 이를 더욱 '근본화'시키려 했다. 그가 보기에 Husserl의 초월론적 의식 역시 주관적이고 관념적인 것으로 그 토대를 찾으려 하였다. 그것이 바로 세계 속에서 이미 사실적으로 살아가는 실존의 인간이다[사실성: factivity]. Husserl에게 나타나는 '가장 승화된 현상학적 행태로서의 의식이라 해도 실존적 인간으로부터 파생한 것이다. 이 실존적 인간을 축으로 삼아 현상학을 보다 철저하게 시키려 하였다. 즉 그는 선험적 확실성은 Husserl이 말하는 순수의식에 내재하는 것이 아니라 주체와 객체 사이의 대립이 허물어진 '세계-내'에서 실존하는 인간의 ' 일상성과 사실성 속에 있는 것'이다. 이는 논의의 패러다임이 인식론의 형태에서 존재론의 형태로 이행함을 의미한다 (송석랑, 2003).

생활세계는 의사소통행위의 상보개념으로 도입되고 있다. 생활세계는 의사소통행위의 지평과 배경이면서 동시에 의사소통행위에 의해 재생산된다. 그 이유는 서로 대화를 할 때 문화적 자원을 배경으로 상호이해에 도달하기 때문이다. 그 상호이해의 결과물(새로운 부가물도 포함하여)은 다시 생활세계의 문화로 축적된다. 또한 생활세계는 집단 구성원에 대해 소속감으로 작용하며 동시에 의사소통행위를 통해 사회적 통합과 연대성이 산출되고 정체성을 형성하도록 한다. 즉 생활세계를 통해 '우리'로 느끼게 하는 배경으로 작용한다 (장춘익, 2015). 이 과정을 통해 생활세계라는 개념은 행정학에서 말하는 사회적 자본과도 연결되고 또 '공동체'라는 개념을 보충할 수 있을 뿐만 아니라 그것을 넘는 시사를 제공해 줄 수 있다.[31] 하버마스는 생활세계의 구성요소로 문화, 사회, 인격으로 보기 때문에 미드(George H. Mead)나 뒤르껭(Emile Durkheim) 또 현상학에서 보는 생활세계보다 넓게 개념을 파악하고 있다. 이 점에서 행정학에서의 시사점이 많으리라 생각한다. 그러나 하버마스의 생활세계의 합리화를 액면 그대로 받아들이기에는 문제가 있어 보인다. 가다머의 주장에서처럼 그 속에는 비합리적 요소도 포함되기 때문이다.

이 글의 주관주의에 속하는 현상학과 해석학의 차이는 무엇인가? 철학에서는 다양한 차이를 말할 것이다. 후설(E. Husserl)과 딜타이(W. Dilthey)가 의식체험이라는 내면세계를 탐구의 영역으로 삼았지만 그 지향하는 바가 서로 달랐다. 여기서는 그들의 표현으로 응축할 수 있다. 즉 딜타이가 역사적 · 사회적 체험을 왜곡없이 이해하려는 것을 후설은 역사적 상대주의로 평하는데 비해, 후설이 절대적 · 보편타당한 본질의식에 입각하려고 시도하는 바를 딜타이는 생성 · 유전하는 사상(事象)을 개념으로 응고시켜버린다고 평한다 (윤명로, 1971).

인간을 어떻게 볼 것인가?를 살펴본다. 객관주의의 관점에서는 구성원이나 개인을 논리적 원자론에 기초하여 삶의 궤적을 의존(dependent)에서 자립(independent)으로의 행로로 본다[자립모델](Kim, 2002). 그렇기 때문에 자유민주주의체제와 잘 어울린다는 점이다 (이덕복, 1993). 즉 객관주의의 가치와 사실의 분리는 행정학에서는 정치와 정책의 분리라는 모습으로 응용되고(이덕복, 1993: 55-74), 이는 기술관료적 모델(technocratic

31) 따라서 현상학은 의식의 순수한 구성이 아니라 세계로 소급해 들어가는 과정이며, 생활세계 속에서, 또 실존의 참여 속에서 형성되는 것을 해명하여야 한다. 아울러 실존적 인간의 전의식에 있다는 사실은 의미의 성질로, 의미는 세계 내 존재인 인간의 의미참여를 통해 얻어지는 것이다. 즉 Husserl이나 Heidegger 둘 다 인간을 출발점으로 삼았지만 전자가 코기토를 뛰어 넘을 수 없었음에 비해 후자는 객체와의 만남 속에서 의미의 발생에 한 부분으로 참여하는 이해의 사유를 확보하여 그곳에서 전합리성을 정초하려고 한다. 이 의미가 존재로 명명된다. 따라서 현상학은 의미의 존재론[의미의 현상학]이 되고 여기에서 언어의 변형에 대한 논의가 필요하게 된다. 그러므로 주관중심주의의 극복은 언어의 극복이 된다 (송석랑, 2003).

model)로 나타나 자유민주주의적 공공정책 형성에 이바지하였음을 함축한다. 더 나아가 이는 “인간에 대한 통치는 사물에 대한 관리로 대체되어야 한다”(Iggers, 1958, [이덕복, 1993에서 재인용])는 관리과학의 명제와 효율성 패러다임이 도출된다. 이는 현대에서 국가작동의 원리 중 하나로 자리 잡았다 (이덕복, 1993). 이에 비해 주관주의에서는 의존(dependent)에서 자립(independent)으로의 행로를 넘어 상호의존(inter-dependent)으로의 삶을 지향한다[상호의존모델](Lukus, 1994). 생활세계가 의미있는 것은 바로 이 지점이며 따라서 행정학이 지향성과 관심에 주의를 기울일 필요가 있다.[32)]

이제는 앞에서 제기한 이슈, 즉 행정과는 어떤 관계인가와 행정학은 어떻게 성립하는가에 대해서 주관주의 관점에서 논의할 차례이다. 행정과는 어떤 관계인가에 대한 답은 실증주의가 사실에 기초한다고 주장하는 것과는 달리, 주관주의는 행정학적 사실이 행정학의 대상이라는 관점이다. 또 행정학은 어떻게 성립하는가라는 이슈에 대해서, 실증주의는 대응성을 중심으로 하지만 주관주의는 대응성을 넘어 정합성이 있어야 성립한다라는 관점에 서 있다. 그 의미는 일차원적 인간을 모델로 하거나 체계에만 초점을 맞추는 성찰을 넘어, 생활세계를 아울러 고려하는 새로운 인간(homo novus)이라는 모델이 요청된다는 것이다.

Ⅳ. 행정학에서의 주관주의에 관한 연구 검토

1. 최근까지의 연구동향

단편적으로 저서에 언급되고 있는 주관주의에 대한 초창기의 연구는 강신택(1981)

---

32) 주관주의의 실제 사례인 영국에서 실제로 일어난 일을 살펴본다. 지역사회에 홍수가 났을 때 그 복구비용을 어떻게 해야 하는가? Somerset 지방에 홍수가 났다. 그 복구비용은 물론이고, 홍수대책으로 Somerset 지역에서 홍수를 일으키는 강(Somerset Levels)의 수위를 낮추기 위해 준설(dredging)이 필요하고, 이를 위해서 홍수지역의 지방세를 올려 당사자가 복구비용을 부담하도록 하여야 한다는 정책을 시행하였다. 이 정책은 홍수와 전혀 상관없는 지역의 주민으로부터 징수한 국세로, 홍수지역에 대한 수해예방의 대책으로 이전시키는 것은 일종의 특혜라고 보았기 때문이다. 여기에 대한 반론이 수해를 입었던 지역 주민들의 반응은 축적해 놓았던 재산도 흩어졌는데, 여기에 지방세까지 인상하는 것은 지나치다는 것이다(http://www.bbc.com/news/uk-england-somerset-29851345). 만약에 다른 지역이 수해나 또는 재해를 입었을 때 Somerset 지역 주민도 당연히 국세 부담을 할 것이라는 일종의 묵시적 상호계약관계로 본다. 이 두 정책의 근저에는 상호의존(inter-dependent) 모델에 기초할 때와 자립(independent) 모델에 기초할 때의 기본적 관점의 차이에 근거한다. 앞서 언급한 논리적 원자론에 근거하는 정책과 생활세계나 공동체에 기초한 정책의 되풀이이다. 더 나아가 행복의 추구에서 사회적 행복이 중시된다면 상호의존(inter-dependent)에로의 삶에 관심을 두어야 할 것이다. 그 사례는 생활정치를 통해 구체적 인간의 삶을 증진시켜 주는 방향으로, 최저임금을 넘어 생활임금의 보장(또 기본소득)으로 진행하고 있다. 그러나 이는 필자의 시론이므로 향후 보완과 발전을 기약한다. 많은 비판과 충고를 바란다.

에서 그 싹을 볼 수 있다. 물론 본격적인 연구라고는 할 수 없으나, 주관주의의 발전 과정을 살펴볼 때에는 의미가 있다. 행정학 저널에 실린 주관주의에 관한 논문들을 정리해 보면 김광웅(1975)에서는 후기행태주의 방법론의 하나로 언급하고 있다. 김종술(1987)은 행정규범들의 개념분석을 통해 객관주의 성향의 주류 행정학과 주관주의 성향의 비주류 행정학의 차이를 대비시킴으로써 주관주의라는 용어가 등장하고 있으며, 김종술(1991)과 김종술(1992)에서도 주관주의에 관한 논의를 확장하였다. 주관주의에 관련된 논문들을 전체적으로 정리하고 각각의 논문들 내용은 후술하는 순서로 서술하기로 한다. 먼저 주관주의에 관련된 논문들을 현상학, 해석학, 비판이론으로 나누어 정리한 것이 아래 표들이다.

〈표 5〉 현상학

년도	구분	제목	저자
2016	한국정책학학보 제25권 제1호	현상학과 사회과학연구: 정책연구에의 질적방법론적 적용을 중심으로	권향원
2014	한국행정학보 제48권 제3호	행정과 생활세계의 충돌과 조화에 관한 연구	이광석
2012	行政論叢 제50권 제1호	제도와 마음: 현상학 및 언어, 심리철학적 접근	사공영호
2010	한국행정학보 제44권 제1호	기존 행정학자들의 새로운 학문체계의 담론에 관한 연구	남지원
2010	한국행정학보 제44권 제3호	생활세계 관점으로 본 맞춤형 경찰복지: 경찰업무 특수성에 따른 복지의 차별화	신충식, 이광석, 오수길
2005	한국행정학보 제39권 제4호	공공부문 혁신의 접근방법에 관한 인식론적 비평	김선명
2004	한국행정학보 제38권 제4호	행정학에 있어서 현상학적 방법의 가능성 탐색	소영진
2001	한국행정학보 제35권 제1호	약자의 설득전략: 어느 하위직 지방공무원의 개혁활동에 대한 현상학적 보고서	윤견수
1995	한국행정학보 제29권 제4호	과학적 방법론과 현상학적 방법론의 이질동형성비판	임의영
1991	한국행정학보 제25권 제4호	「대학」과 「중용」을 통해서 본 공무원의 윤리관: 현상학적 해석	김종술

〈표 6〉 해석학

년도	구분	제목	저자
1992	한국행정학보 26권 4호	해석학과 정치사상	김종술

〈표 7〉 비판이론

년도	구분	제목	저자
1992	한국행정학보 26권 2호	정책분석과 비판이론	문태현

참고로 「한국정책학회보」에서 2000년부터 2015년까지 수록된 논문 총수는 828편에 달한다. 이 중에서 「한국행정학보」에서처럼 키워드 분석을 통한 주관주의 논문은 현상학에 관한 논문 3편이다. 이를 정리하면 다음 <표 8>이 된다.

〈표 8〉 한국정책학회보

2000년 ~ 2015년 논문총계			828 편
현상학을 주제어로 한 논문들	제 목	필자	연도 및 호수
	정보화의 현상학적 이해와 분석	한세억	2001년 Vol.10 No.3
	정책이란 무엇인가?: 정책의 수단적 가치에 대한 반성	사공영호	2008년 Vol.17 No.4
	정책문제의 정의: 현상학적 접근(사공영호)	사공영호	2012년 Vol.21 No.4
해석학, 비판이론, 탈근대(포스트모던), 신행정학, 신공공서비스는 없음			

2. 최근의 연구동향

최근의 행정학 동향으로 확대해서 논의해 본다. 연구 현황을 살펴보기 위해, 2000년부터 2015년까지 한국연구재단 등재지(후보지 포함)에 발간된 논문 중 주관주의 접근방법을 선택한 행정학 분야 논문 87편의 서지정보를 추출하였다. 이들 논문의 주제어를 추출한 후 Netminer 4.0 프로그램을 활용하여 공출현 네트워크(coocurrence network)를 도시하였다.[33]

33) 행정학 연구경향의 검토에 있어 분야 전문가의 문헌검토를 보완하는 다양한 서지계량적 방법이 동원되고 있다 (예를 들면 허만형, 2009). 일정기간 특정 학술지의 저자, 주제어 등의 서지정보를 추출하여 어떤 주제와 방법론의 연구들이 누구에 의하여 수행되는지, 어떠한 시계열적 변화를 보

먼저 시기별로 살펴보면 다음 그림에 나타난 바와 같이, 2000년~2005년 사이의 행정학분야 주관주의 논문의 주제어에 있어, 파편화된 경향을 보여주고 있다. 현상학적 방법론에 대한 논의, 지역혁신체제에 있어서의 적용 등의 영역에서 현상학적 접근이 이루어지는 것을 알 수 있고, 부패 등의 연구에는 비판이론이 응용됨을 발견할 수 있다.

[그림 3] 2000년~2005년 행정학 분야 주관주의 논문 주제어 네트워크

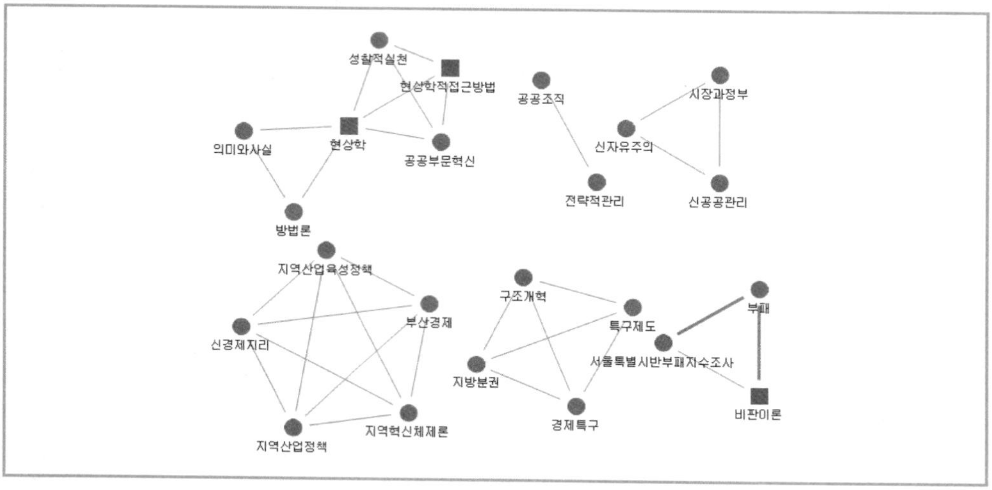

주1) 전체네트워크를 표현하였다.
주2) 현상학 방법론 관련 노드를 사각형으로 표시하였고, 노드의 크기는 빈도수에, 링크의 굵기는 동일 논문에 출현한 공출현빈도에 비례한다.

다음 그림은 2006년에서 2010년 사이의 행정학 분야 주관주의 논문 주제어 네트워크를 보여주고 있다. 이 시기에 이르러 현상학, 해석학, 비판이론의 행정학 분야 적용이 본격화되었다고 할 수 있다. 그림에 따르면, '해석학', '현상학', '비판이론'을 중심으로 '정책'과 강하게 연결되어 있으며, 다양한 주관주의의 이론과 사례연구분야가 연계되어 있다. 사례에 있어서는 여성, 가정폭력 등 사회적 약자의 이야기를 담아내는 연구에 빈번히 적용되는 것을 알 수 있다. 왼쪽 상단의 경우, '정책분석' 및 '교육정책'과 관련하여 이론적 접근이 이루어지는 것을 알 수 있다. 왼쪽 하단은 '관료제'와 '용산참사'에 대한 해석학적 접근이, 오른쪽 하단은 '여성', '가정폭력'과 '행정언어', '학교폭력'에 대한 현상학적 연구가 이루어지는 것을 보여준다.

이는지 파악할 수 있다. 최근에는 주제어의 공출현분석을 통해 행정학 지식의 구조를 밝히는 연구가 수행되고 있다 (박치성, 2010). 이러한 방법은 단순한 주제어의 빈도가 아니라 이러한 주제어 사이의 관계를 바탕으로 행정학 지식의 구조와 변화를 밝힐 수 있다는 장점이 있다.

[그림 4] 2006년~2010년 행정학 분야 주관주의 논문 주제어 네트워크

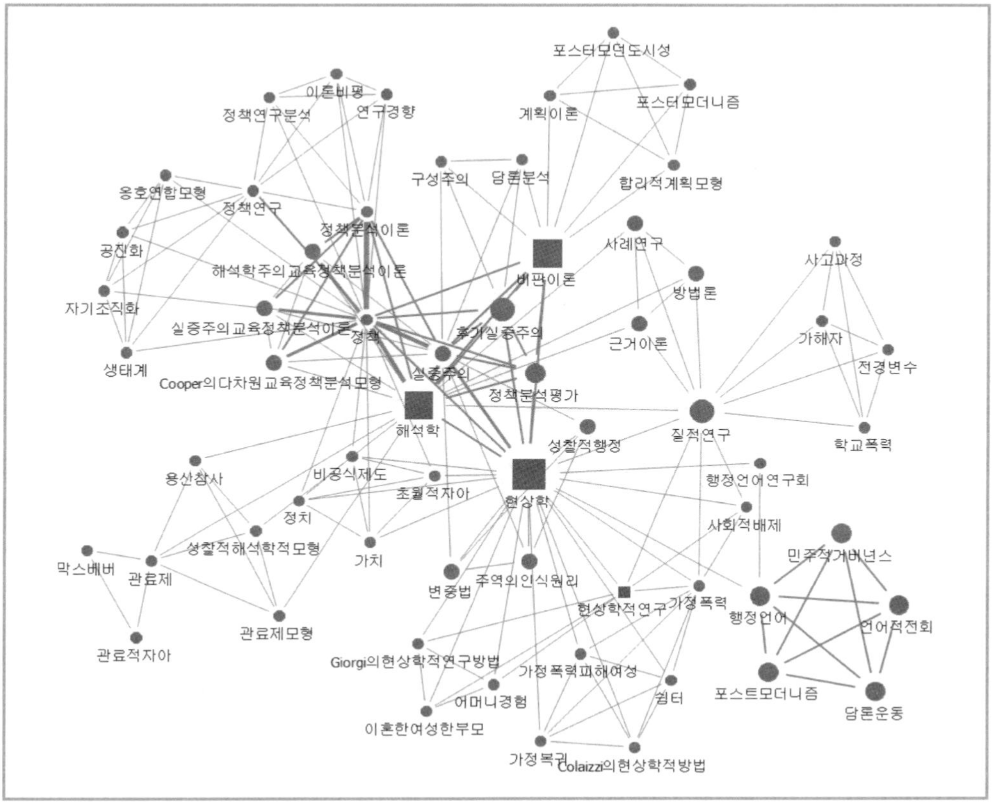

주1) 전체네트워크 중 첫 번째 컴포넌트만을 표현하였다.
주2) 주관주의 방법론 관련 노드를 사각형으로 표시하였고, 노드의 크기는 빈도수에, 링크의 굵기는 동일 논문에 출현한 공출현빈도에 비례한다.
주3) 2회 이상의 링크만을 표현하였다.

다음 그림은 최근 2011년~2015년 시기의 행정학 분야 주관주의 논문 주제어 네트워크를 보여주고 있다. 그림에 나타난 바와 같이, 네트워크의 왼쪽 상단 부분은 '생활세계' 등 현상학의 이론적 논의가, 왼쪽 하단 부분은 '알코올 중독', '윤리'에 대한 접근을 다루고 있다. 오른쪽 부분은 'Husserl' 등 현상학자와 '지향성' 등 세부 이론적 개념이, 하단은 '해석학'과 관련하여 '인문학' 및 '동서독 관료' 관련 연구가 이루어지는 것을 보여준다. 오른쪽 상단에는 '인권'과 관련된 별도의 네트워크가 형성된 것을 보여준다. 그 이전 시기에 비해서 다양한 사례 분야에 적용되는 것을 알 수 있다.

[그림 5] 2011년~2015년 행정학 분야 주관주의 논문 주제어 네트워크

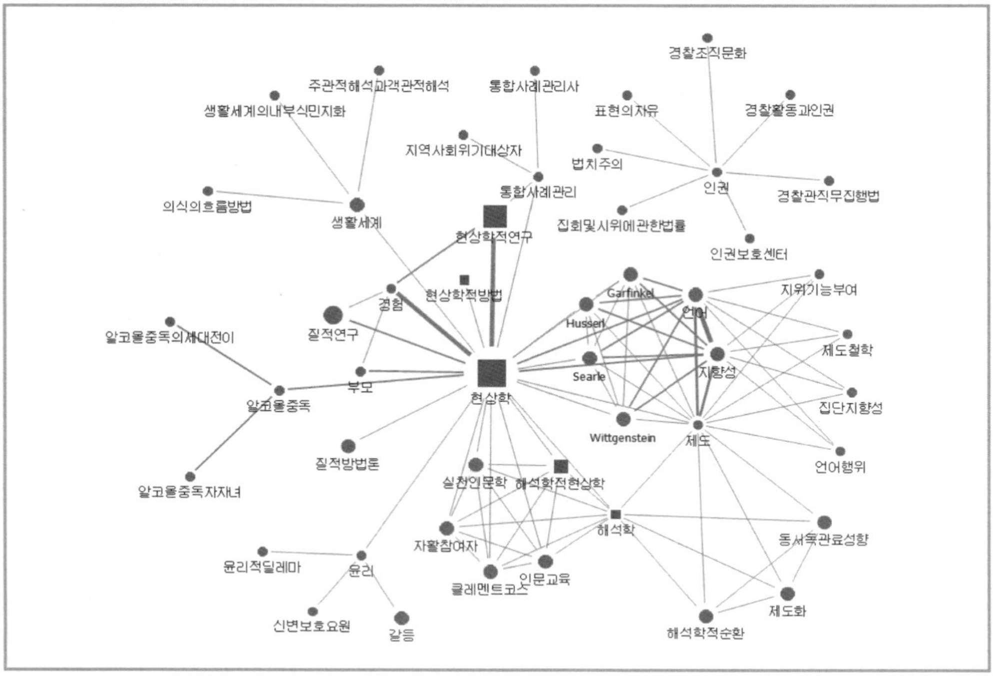

주1) 전체네트워크 중 첫 번째와 두 번째 컴포넌트만을 표현하였다.
주2) 주관주의 방법론 관련 노드를 사각형으로 표시하였고, 노드의 크기는 빈도수에, 링크의 굵기는 동일 논문에 출현한 공출현빈도에 비례한다.
주3) 3회 이상의 링크만을 표현하였다.

그럼에도 전체적인 연구경향은 주관주의 비중은 매우 약하다. 2012년부터 2014년까지 3년간 「한국행정학보」에 실린 논문들 중 주제어(keywords)가 '현상학', '해석학', '비판이론'이 들어 있는 논문들을 검색해 보면 총 193편 중 11편에 불과하다. 여기에는 여러 가지 이유가 있을 것이다. 앞서 기술한 대로 실증주의가 가치와 사실의 분리를 통하여 목적에 더 효율적일 수 있기 때문이며(이른바 효율성 패러다임), 또 대응성 중심의 접근이 정합성에 관한 연구보다 실용적이거나 문제 해결에 공헌도 높기 때문으로 보인다. 그러나 한쪽으로 치우침은 편식이 건강에 좋지 않듯이 행정학에도 바람직하지 않을 것이다. 보다 바람직한 방향으로 나아가기 위해서는 방법론 논쟁이 이루어져야 한다. 특히 행정학에서의 주관주의 논의가 변죽만 울리는 것이거나 방법이라기보다는 기법(technique)으로 기능하거나, 아니면 지나치게 추상화되어 있다고 보기에, 이에 대한 검토가 필요할 것이다.

이제는 '말할 수 있는 것을 말하는 것'은 물론이고 '말할 수 없는 것도 말할 수

있어야 한다'는 요구에 부응하기 위해서 현재의 위치에 대한 성찰이 필요하다. 따라서 행정학은 이제는 덜 발달된 내적 성찰에 눈을 돌려야 한다 (Alvesson & Skôldberg, 2000). 이는 둘로 나누어 볼 수 있겠다. 그 하나는 앞서 정합성이라 이름하였던 것에 대한 연구로서, 행정학을 대응성 중심에서 한걸음 더 나아가야 한다.[34] 그 둘째는 실증주의 방법론을 넘어선 방법론에 기초하는 연구들이다. 물론 정합성을 갖추는데 있어서도 실증주의 방법론을 넘어선 방법론이 유용함도 있을 것이다. 좀 더 자세히 주관주의를 현상학, 해석학, 비판이론의 순서로 나누어 살펴본다.

한국 행정학에 영향을 미친 현상학에 대한 본격적 연구는 전종섭(1994)에서부터라고 할 수 있다. 이 책은 한국어로 된 본격적인 연구인 이문영(1996)의 연구에 큰 영향을 미쳤다. 이문영의 연구는 실천과의 결합으로, 그로 인해 에세이와 같은 성격도 있고 『논어』나 『맹자』와 같은 고전 영역과의 혼재된 점이 아쉽지만 현상학에 대한 행정학적 안내서로서도, 또 현실과 관련하여 행정학의 응용으로서도 가치가 있다.

그 이후 방법론적 관점에서 의미있는 논문으로는 김종술(1991)에 의해 이루어져 행정학의 흐름에 새로운 기풍을 진작하였다. 이후 현상학적 방법은 해석학이나 비판이론에 비해 상대적으로 풍부한데, 윤견수(2001)나 소영진(2004)이나 권향원(2016)에게서, 인식론의 관점에서는 김선명(2005)에게서, 담론의 관점에서는 남지원(2010)에게서 좋은 글들도 있다. 최근에는 이 흐름과 맥을 같이하는 생활세계의 이슈도 이광석(2014), 신충식 외(2010) 등에서 다루어졌으며, 현상학에 관한 기타 주요 연구를 들면 사공영호(2012), 강신택(2010) 등이 있다.

대신에 지향성에 관한 연구는 거의 이루어지지 않았다. 지향성 개념은 의식개념과는 별도로 현상학에서 중요한 개념이다 (김희봉, 2007). 다만 지향성이 전적으로 인문학적 개념이기에 <표 4>에 있는 관심과의 결합을 통해 행정학에 도입된다면 유용한 개념이 될 것이다 (Howell, 2013: 57－59).

Hughes와 Sharrock(1990)은 실증주의를 정통이론으로 여기고 나머지는 해석이론으로 보고 있을 정도로 해석적 방법론의 비중이 크다. 그럼에도 행정학에서 해석적 방법론이나 해석주의라고 지칭할 만한 글이 많지는 않다. 만약 초점이 '방법론으로서의 해석학'에 있다면 행정학에서의 해석학적 논의가 변죽만 울리는 것으로 보인다. 더욱이 방법론으로서의 해석(학)이 그 원류(源流)를 분석철학에 기초하느냐(이명현, 1982) 아니면 사람들이 삶의 중대한 경험들을 어떻게 이해하는지에 초점을 두느냐에 따라 차이가 날 수 있다. 현재의 해석학적 연구는 후자를 지향한다고 하면서 실제로

34) 이와 관련하여 행정학에서 인문학주의와 그 대립적 개념인 과학주의와의 관계설정이다 (오용득, 2013).

는 전자에 기초한 연구들로 보인다. 만약 후자에 기초를 둔다면 나타남(appearance: 즉 행정현상)과 관계되는 다양한 의미를 주의 깊게 분해하고 해석하는 방법과, 앞서 언급한 해석학적 순환을 그 대략의 윤곽으로 볼 수 있겠다 (Smith et al, 2009). 실체(entity)가 어떻게 나타나는가 또는 어떻게 숨겨지는가는 명백히 연구되어야만 한다. 나타날 수 있음에도 어떤 양식이나 구조 때문에 아마도 숨겨져 있는 의미를 찾는 것이 해석학적 방법이고, 의미를 추구하기 위한 적절한 모델이 구조화된 해석이거나 전통이나 문화의 해석이다 (Smith et al, 2009). 더 나아가 해석적 방법이 상호주관적 담론이나 잘못 해석될 가능성을 포함한 해석주의 및 구성주의에 대한 검토 등도 필요하리라 생각한다 (Hoy, 2011).

대표적인 몇몇 연구를 보면 김종술(1992)이 있다. 여기서 필자는 실증주의 행정학을 검토하고 그 대안으로 객관적 해석학과 주관적 해석학을 방법론으로 제시하고 있다. 또 다른 논문으로 권향원(2014)이 있다. 현대 민주적 거버넌스 환경에서 가치, 의미, 정서, 감정 등의 상징적·해석적 측면이 중요한 관리적 의미를 지므로 이러한 상징적·해석적 측면을 기초로 이론적·방법적 로드맵을 제시하려고 하였다. 유감스럽게도 해석학적 연구는 행정학에서 지지부진하다고 평가할 수 있고 향후 이에 대한 노력이 필요하다.

후기자본주의 시대는 복지국가의 시대로 행정의 기능이 크게 확대되었다. 복지로 인해 계급적인 구조가 표면에서는 나타나지 않게 되었다. 지난 시절 마르크스주의는 물질이 의식을 앞선다는 명제에 대해 비판이론에서는 실천으로 대체한다 (이규호, 1971). 이런 바탕 위에서의 논의는 사회학이나 사회복지학에 비해 행정학은 상대적으로 덜 논의된 느낌을 받는다. 그러나 앞서 언급하였듯이(각주 15) 이를 행정국가화 현상으로 재해석한다면 행정학이 공헌할 소지가 큰 이론으로 보인다.

비판이론에 대한 연구는 문태현(1992)에서 선보이는데, 정책분석의 전문기술성과 도구성이 가져오는 문제점을 지적한다. 이 지적은 하버마스의 의사소통 능력의 증대로 해결의 실마리를 찾을 수 있다고 주장한다. 이는 결국 행태주의와의 대비에 초점을 두게 되는데, 인식과정이 이성의 시행착오와 반증을 통해서인가 아니면 비판이론가들이 주장하는 이성의 변증법적 관계인가로 좁혀진다. 그러나 비판이론의 행정학적 연구는 그 자체로는 활발하지 않지만 다른 영역과의 교차를 통해 활성화되고 있다.

V. 결　론

이 글은 행정학 도입 60주년을 맞이하여 주관주의에 대한 그 동안의 업적을 살펴보고 더 나은 방향으로의 행로를 위한 기초를 제공하려 하였다. 행정학을 좀 더 체계화하기 위해서는 주관주의와 다른 방법론과의 새로운 방법론 논쟁의 필요하며, 이를 통해 방법론의 활성화와 행정학을 바라보는 관점을 재검토할 필요성이 있음을 지적하려 하였다. 현재는 행정을 다루는 학문이 행정학이며 행정학의 성격을 우산(umbrella) 개념에서 머무르고 있다고 보았다.

앞으로의 바람직한 행정학의 방향은 이를 넘어서서 행정과는 어떤 관계인가 하는 이슈와, 행정학은 어떻게 이루어지는가에 관한 이슈를 보다 엄격히 논의하여야 한다. 그 논의의 기초가 사실과 행정학적 사실의 구별이다. 주관주의가 행정학에 공헌할 수 있는 접점이 바로 이 논의에서부터 출발한다고 주장하였다. 행정학을 구성하는 요소는 사실이 아니라 행정학적 사실이며, 이는 주관주의가 작용함을 의미한다고 보았다.

현재 행정학은 어떤 학문과 그 학문이 연구의 주제로 삼는 것 사이의 일정한 관계, 즉 행정을 다루는 학문이라는 뜻매김(대응성)에 초점을 두고 있다고 진단한다. 여기로부터 출발하여 행정학은 나름으로 정연한 체계 속에서 옳고 그름을 판정하거나 적절성을 다루어야 한다 (정합성). 이렇게 나아가려면 이에 관한 방법론 논쟁이 이루어져야 하는데 이 또한 주관주의가 공헌할 영역이라고 주장하였다. 주관주의가 '말할 수 없는 것을 말해야 한다'라는 아도르노 명제를 전제하므로 방법론의 활성화와 다기화(多岐化)를 가져오는데 그 보기를 도표를 통해 정리하였고, 실제 일어났던 일을 자립모델과 상호의존 모델의 사례로 제시하였다.

이 글에서는 주관주의란 그 대상으로서 확대된 생활세계[공동체]를, 방법으로서 해석학적 방법을 응용하며, 목적으로서 해방과 사회적 행복을 지향하는 흐름이라고 정의하였다. 따라서 그 구성요소로는 생활세계[공동체], 해석학, 비판이론 등을 들었다. 이들을 그 의도하는 바에 따라 시기별로 정리하였고, 또 주요 저널에서의 논의와 아울러 저널 전체에 실린 논문의 동향을 상론하였다.

그동안 비주류로 변방에 몰려 있던 주관주의를 통해 행정학을 재구성하는데 도움을 줄 수 있다는 암시로 주관주의의 유용성을 강조하고 있다. 한때는 해방의 사회과학을 외친 적도 있고, 요즘의 서구나 한국의 이슈는 공동체 안에서의 행복의 추구라고 이야기들 하고 있다. 그 기초가 방법론이고 이에 대한 논쟁을 통해 행정학은 풍요로워질 것이라는 주장을 폈다.

제4장 규범이론

신 희 영

Ⅰ. 서 론

행정학은 과학성, 규범성, 실천성이라는 차원을 지닌다 (정무권, 2006: 260-261). 따라서 행정현상을 묘사하고 설명하는 사회과학적 성격과 함께 문제해결 지향적인 응용학문으로서 규범적이고 처방적인 성격도 갖는다. 적합한 행정현상의 묘사와 설명은 규범적 차원의 평가가 선행되어야 한다. 그러므로 규범성과 실천성을 과학성과 구별되는 것으로 개념화하여 과학성과 규범성을 연계시키려고 하는 것은 행정의 규범적 차원을 과학 외부에 두는 것 같은 오해를 불러일으킬 수 있다. 행정학이 응용사회과학으로서의 성격을 갖고 있다면, 행정의 규범적 차원은 사회과학적 묘사와 설명의 차원에서 연구되어야 한다. 그래야 행정학이 '좋은 사회'와 '좋은 삶'을 실현하는 바람직하고 실현 가능한 '좋은 행정'에 관한 실천적 지식을 제공할 수 있을 것이다.

행정학에서 규범이론은 공권력을 전제한 정책형성과 집행을 포괄하는 행정의 정당성과 합리성의 규범적 기초를 제공하는 이론적 연구라고 말할 수 있다. 어떤 행정(정부조직과 운영양식과 과정)이 존재해야 하는지, 어떤 행정 실천이 옳은 것이고 그른 것인지, 어떤 행정이 선한 것이고 나쁜 것인지, 주어진 가치와 목적을 실현하기 위해 어떻게 해야 하는지 등의 규범적 질문과 처방에 대한 논의가 포함된다.[1] 행정의 규범적 원리와 가치들을 규명하고 이들의 원천과 이유들을 논증하는 것에 중점을 두는 접근방법이라고도 할 수 있다.

---

1) 베일리(Baily)에 의하면, 행정학에서 규범이론은 행정의 가치목표에 관한 이론을 의미한다 (남궁근, 1984: 223-224에서 재인용). 규범적 행정이론은 무엇이 '좋은' 정부인가, 즉 '좋은' 정부의 기준에 대한 도덕적 및 철학적 정당화에 관심을 두어야 한다 (박종민, 2006: 44).

한국 행정학에서 행정의 규범적 쟁점에 대한 논의는 행정윤리와 행정이념 등의 개념을 중심으로 전개되었다. 이러한 논의는 주로 정치철학과 윤리학의 규범적 논의에 많이 의존하고 있다. 이러한 행정의 규범과 가치, 이념들은 정부와 관료제와 공직자가 '무엇을 어떻게 해야 하는지'에 대한 규범적 판단 및 평가 기준, 그리고 정부와 관료제의 정당성에 대한 국민들의 윤리적 평가 기준이 된다. 그동안 한국 행정학계에서 행정의 규범적 차원에 대한 연구가 비록 많지는 않지만, 지속적으로 진행되어 왔다. 특히 행정윤리에 관한 이론적, 실천적 지식은 많이 축적되어 있다 (윤태범, 2013; 김성준 · 박광욱, 2013). 행정이념에 관한 논의는 출판된 행정학 교과서들에서 정형화된 형태로 자리를 잡았다.

규범이론이 정부 조직과 행정의 옳고 그름이나 선과 악을 평가하는 윤리적 원칙 및 가치 기준을 규명하고 논증하는데 초점을 둔다. 따라서 주요 연구 주제에 행정윤리(윤리학의 범주)와 윤리적 가치에 의해 정의되는 행정이념(정치철학의 범주)이 포함된다.

이 장에서는 지난 60년간 한국 행정학에서 행정윤리와 공익, 공공성 같은 행정의 규범적 차원을 대상으로 이루어진 연구들이 시대적 흐름에 따라 어떻게 전개, 발전되어 왔는지를 규범이론의 성격에 비추어 분석한다. 이를 바탕으로 응용사회과학의 성격을 지닌 행정학에서의 규범이론이 발전하기 위한 과제와 조건을 제시하려고 한다.[2] 먼저, 지난 60년 동안에 시기별로 연구된 규범이론의 내용이 무엇이며 행정의 규범적 차원을 규명하는 방식은 어떠했는지 고찰하고, 이 규범이론들이 행정학 연구에서 갖는 의미와 성격을 제시한다. 이어서 행정의 규범적 차원을 사회과학적 묘사. 설명과 결합 가능한 규범이론의 발전 과제와 조건을 제시한다. 사실과 가치의 이분법을 해체하고 재구성하면서 행정에 대한 규범적 판단과 실증적 판단을 융합하여 한국적 특수성을 담아낼 수 있는 규범이론의 방향성을 제시하기 위한 것이다.

한국행정학보, 행정논총, 한국행정논집, 한국사회와 행정, 기타 학술지에 실린 행정윤리와 공익, 공공성 등에 관한 논문 총 42편을 대상으로 한다.[3]

---

2) 윤리적 차원에서 보면 같은 개념인 공익과 공공성은 다른 행정이념에 비해 행정의 목적 가치로서 본질적 행정이념이고 논쟁적인 개념이기 때문이다 (임의영, 2003; Morgan, 2001).

3) 주제와 연관되지만 실증주의에 입각한 경험적 연구는 분석 대상으로 삼지 않는다. 이에 관해서는 윤태범(2013)과 김성준 · 박광욱(2013)을 참고할 수 있다. 여기서는 질적 분석 방법에 의거하여 행정의 규범적 차원을 주제로 한 규범적, 이론적 접근만을 연구의 대상으로 선정한다.

Ⅱ. 행정에 대한 규범적 접근의 성격

행정의 정당성과 합리성을 지탱시켜주는 가치에 대한 이론적 접근을 규범이론이라고 한다면 규범이론의 궁극적 주제는 행정윤리와 행정이념과 같은 가치기준 등을 들 수 있다. 이러한 규범과 가치들은 행정의 제도와 과정에 묻어져 있고(embedded), 얽혀있으며 상충하거나 갈등하기도 한다. 따라서 규범적 차원의 질문을 풀어가는 공직자들의 실천적 추론(practical reasoning)은 행정의 목적가치인 사회의 공공선 측면에서 볼 때 보다 중요한 의미를 갖는다. 이러한 차원에서 보면 규범이론은 구체적이고 특정한 정부조직 형태의 맥락과 상황에서 공직자들의 실천적 추론과 윤리적 행정을 안내하는 규범적 원리와 가치들에 대한 실천적 지식을 제공하는 것이라 할 수 있다. 따라서 규범이론의 실천적 적합성은 타당성을 평가하는 주요기준이 된다. 따라서 규범이론은 현실적 행정의 규범적 차원을 비판적으로 성찰하여, 행정이 지향해야 할 규범적 목표를 안내하고 실현가능성을 사유하고 사정하는 이론의 성격을 갖는다고 할 수 있다. 이러한 성격을 갖는 규범이론의 구축을 위해서는 행정에 대한 규범적 판단과 실증적 판단(기술과 설명)을 결합하는 것이 중요하다.

행정학 연구에서의 규범이론이 실천적 적합성을 갖는 이론의 지위를 갖추려면, 실증주의 사회과학이 중시하는 가치와 사실의 이분법 가족(Sayer, 2011)을 해체하여 재구성하는 이론적 노력이 필요할 뿐만 아니라 규범적 사유를 가능하게 하는 도덕철학과 정치철학의 개념들을 행정이론과 실재에 재맥락화하여 경험적 연구가 가능한 개념들로 재구성할 필요가 있다. 또한 실천적 적합성을 위해 비판적 사회과학 입장에서 행정의 규범 및 가치들과 이들의 원천을 밝혀내고 이를 토대로 하여 정치·행정적으로 실현 가능한 대안을 모색하는 것이 필요하다. 이를 상술하면 다음과 같다.

첫째, 행정현상에서 가치와 규범의 문제를 중심적으로 다루는 규범이론은 가치와 사실의 분리를 전제하고 규범적인 진술을 당위로 환원하는 철학과 기술과 설명을 사실적 판단으로 보는 사회과학 등의 이원성을 극복할 수 있는 존재론적, 인식론적 논거를 확립해야 한다. 그렇지 않으면, 규범이론은 한편으로는 행정의 규범적 질문을 문화 및 담론, 권력, 주관성 등의 산물로 보는 주정주의, 주관주의, 협약주의, 상대주의(문화적 상대주의나 도덕적 상대주의)에 기원을 둔 이론으로 취급된다 (Bhaskar, 1998; MacIntyre, 2007; Sayer, 2000; 2011). 이 경우 행정에 대한 규범적 차원의 논의는 '권력관계의 도덕화', '행동의 정상화(normalizing)'라는 비판을 받을 수 있다. 다른 한편으로는 규범이론이 구체적인 사회조직형태와 상황을 추상한 하나의 중심원리로부터 행정의 규범적 차원에 대한 결론을 도출하는 이론이 됨(결과론적 윤리론, 의무론적 윤리론 등)으로써 세계에 대한 우리의 평가적 관계를 이해하기 어렵게 하여 규범이론의 실천적 적합성을 상실할 위험이 있다 (Sayer, 2011).

둘째, 행정학 연구에서의 규범이론은 경험적 연구에 적합한 개념을 제공할 수 있어야 한다. 사회과학적 성격을 갖고 있는 행정학의 규범이론은 무엇이 좋은 정부이고 어떠한 행정과정과 행정행위가 옳고 그른 것인가 등과 관련한 규범적 질문에 대한 답을 하는데 있어 도덕철학과 정치철학의 도움을 받을 수밖에 없다 (Gorski, 2013). 행정학의 주제들이 이미 가치가 충만되어 있는 객체와 객체에 대한 믿음들이기에(남궁근, 1984; 신희영, 2014: 35) 행정현상을 파악하는데 사용되는 개념적 도식은 평가적 기술을 담고 있을 수밖에 없다. 행정연구의 이러한 특징을 고려하면, 역사적인 사회 조직형태와 사회적 존재인 인간의 역사성을 추상하는 도덕철학과 정치철학의 개념들을 행정이론과 실재에 재맥락화하여 경험적 연구에 적합한 개념으로 명확하게 재개념화할 필요가 있다.[4] 또한 행정의 규범적 차원을 사회과학적 설명의 대상으로 삼으려면, '가치에서 사실'로 뿐 만아니라 '사실에서 가치'로 이행하는 것을 정당화하고 행정 목적 가치의 원천을 설명하는 개념틀을 제공함과 동시에 개념틀의 기술적 적합성을 경험적으로 검토하는 것이 필요하다. 왜냐하면 행정학에서의 규범이론 탐구 대상은 사실의 영역과 가치의 영역 사이의 어딘가 위치하고 있다는 도덕적 사실의 중간영역이기 때문이다 (Gorski, 2013: 543).

셋째, 좋은 사회와 좋은 삶을 구현하는 좋은 정부가 무엇인지 말할 수 있으려면, 행정학에서의 규범이론은 적어도 앞서 언급했듯이 규범성(가치판단의 영역)과 실증성(사실판단의 영역) 중간 어딘가 위치하고 있는 도덕적 사실을 평가하고 기술하고 설명할 수 있어야 한다. 이러한 의미에서 규범이론은 규범적 담론과 실증적 과학을 연결하는 비판적 사회과학의 성격을 갖고 있다고 할 수 있다. 따라서 규범이론은 문제를 확인하고 설명하고, 문제를 개선하기 위해 무엇을 할 것인가를 해명하는데 필수적 조건들인 비판적 입장의 정당화와 사회적 삶의 딜레마를 고려한 대안의 모색을 충족해야 한다. 그렇기 때문에 규범적 차원의 바람직성과 정치적 차원의 실현가능성(문제를 적게 갖고 있는)을 고려하여 문제의 확인 및 대안의 제시와 연관된 유토피아를 제시하는 것은 과학성의 틀을 벗어나는 것은 아니다 (Sayer, 2000: 162).[5]

---

4) 모렐(Morrell, 2009)은 아리스토텔레스의 덕윤리와 공공선의 행정윤리를 행정이 권력을 어떻게 통제하는지, 행정이 어떻게 덕을 구현하는지, 행정이 시민들이 좋은 삶을 살 수 있는 조건을 창조하는지 등으로 재개념화하여 경험적 연구를 진행하였다.

Ⅲ. 이론적 배경 및 분석의 틀

1. 연구대상의 선정

본 논문은 한국행정학회보, 행정논총, 한국사회와 행정, 행정논집 및 기타 학술지에 게재된 논문 중에 행정윤리, 공익, 공공성과 연관된 논문을 중심으로 총 42편(1960년~2015년)을 선정하였다. 일정한 심사절차를 거쳐 전문학술지에 게재된 논문은 학술공동체로부터 공인을 받은 연구이기 때문에 이들 논문들을 연구 대상으로 삼았다.

연구주제와 관련한 논문을 선정하는데 있어서 규범이론의 성격을 갖고 있는 논문을 주로 선정하였다. 왜냐하면 <한국행정학회60년기념사업특별위원회>는 규범이론을 방법론 차원에서 접근하길 원했기 때문이다. 따라서 본 논문은 실증주의에 입각한 접근방법을 배제하고 규범적 접근의 성격을 갖고 있는 논문들을 중심으로 연구대상을 선정하였다. 규범적 접근은 행정의 규범과 가치를 중심적 주제로 삼으며, 규범적 질문은 윤리와 도덕 차원을 함축하고 있다는 차원에서, 본 논문은 규범이론의 범위를 행정윤리와 행정이념이 연구 주제인 규범이론에 한정하였다. 행정윤리를 중점적으로 다루고 있는 논문을 선정한 결과 행정윤리와 관련된 주제이기는 하지만 부패와 관련한 연구는 부득이하게 제외되었다. 또한 행정이념 중에서도 행정의 본질적 가치인 공익과 공공성의 이념은 다른 이념에 비해 논쟁적 성격을 갖고 있다고 보고 공익과 공공성을 주제로 한 규범이론만을 연구 대상에 포함하였다. 행정윤리의 규범적 원리와 가치의 차원에서 보면 공익과 공공성은 행정윤리의 범주에 포함될 수 있지만 윤리(윤리학)와 정치·행정(정치철학)은 다른 차원이라는 견지에서 이들 주제를 분리해서 검토하였다.

2. 역사적 분석을 위한 틀

앞서 언급한 규범이론의 방법론적인 성격을 고려할 때, 한국행정학에서의 규범이론이 역사적으로 어떻게 전개되어 왔는지를 검토하고 연구의 의미를 발견하기 위한 분석 기준들은 다음과 같다.

---

5) 세이어(Sayer, 2011)는 규범성이 당위 및 명령으로 환원되는 것이 아니라 평가로 구성되어있다고 보며, 비판적 사회과학이 취할 수 있는 비판적 평가의 입장들을 비판적으로 설명하는 방법을 통해 규범성의 가치 원천을 제시하고 있다.

첫째, 개념화의 양식이 어떻게 전개되고 있는 지를 살펴본다.

행정에 관한 규범적 담론은 규범적인 정치철학과 윤리학에 의존하지만 정부조직 형태와 행정과정을 추상해서 전개될 수는 없다. 왜냐하면 행정학에서의 규범이론은 실천성을 담보해야하기 때문이다. 실재와 접점을 갖지 않는 규범이론은 주관적인 하나의 의견에 불과하거나, 권력관계를 도덕적으로 정당화하는 이데올로기이거나, 유토피아를 제시하는 지식으로 폄하될 수 있다. 이와 같이 규범이론은 가치와 사실의 분리에 기초한 사회과학주의, 포스트모더니즘의 반기초주의와 상대주의(윤리론), 사회구성주의와 사회학적 환원주의 입장으로부터 비판을 받을 수 있다. 따라서 행정의 정당성과 합리성을 근거 짓는 규범과 가치를 어떻게 개념화할 것인가는 규범이론에서 중요한 의미를 갖는다. 개념화의 양식은 이론들 간의 연계 망에서의 정합성에 기초하여 개념화하는 양식, 반사실적 논증이나 사유실험을 통해 개념화하는 양식, 초월적 논증을 통해 개념화하는 양식, 기호(기표와 기의)와 지시물간의 관계에 대한 논증을 통해 개념화하는 양식 등을 들 수 있다. 규범이론의 실천적 적합성을 고려할 때, 실재(정부조직과 제도 및 규칙)를 사유하는 개념화양식이 보다 바람직하다고 생각한다. 이러한 측면에서 도덕철학과 정치철학의 개념들은 행정이론과 실재에 재맥락화하여 경험적 연구에 적합한 개념으로 명확하게 재개념화 될 필요가 있다.

둘째, 규범적 담론과 실증적 사유를 결합하는 접근방법이 무엇인지 살펴본다.

규범적 사유는 규범적인 정치철학과 윤리학에 배치하고 실증적 사유는 사회과학에 배치하는 방식의 접근방법으로는 규범적 담론과 실증적 사유를 결합하기 어렵다. 실천성을 강조하는 행정학에서의 규범이론은 사실과 가치의 이분법 가족(상호배타적이고 대립되는 것으로 보는 사실과 가치, 이성과 감정, 규범성과 실증성, 객관성과 주관성, 존재와 당위 등)을 해체하고 재구성하는 이론적 노력이 필요하다 (Sayer, 2011: 30-56; Bhaskar, 1998: 54-67). 대상에 대한 세심한 배려를 하면서 주의 깊은 분석을 포함하는 규범적 평가가 적합한 기술과 설명에 필수적인 것이라는 것을 밝힐 수 있는 접근방법이 규범적 사유와 실증적 사유를 결합할 가능성이 높다.

셋째, 규범적 목표를 윤리적 의미의 바람직성과 정치적 의미의 실현가능성을 함께 평가하는 방식을 살펴본다.

규범이론은 행정의 바람직한 목표 상태와 그러한 규범적 목표를 실현하기 위해 무엇을 어떻게 해야 하는 지에 대한 대안을 제시한다. 따라서 규범이론은 행정에서 제기되는 각종 규범적 쟁점(선과 악의 성격의 모호성)과 부단히 교전할 수 밖에 없다. 규범이론들이 제시하는 규범과 가치들은 현실 행정에서 상호 모순되고 갈등할 수 있다. 우리는 행정이념들이 정책과정과 행정과정에서 상호 모순되고 충돌하기도 한다는 것을 익히 알고 있다. 행정윤리의 경우에도 결과주의와 의무론 간에 충돌이 있을 수 있다. 사회적 삶은 선악을 명확히 구분할 수 없는 딜레마들로 가득 차 있다. 비판적 실재론의 언어로 말하자면, 사회조직형태는 바람직하고 바람직하지 않은 메커니즘을 가지고 있거나 선하고 악한 효과를 낳는 경향과 메커니즘을 동시에 가지고 있을 수 있기 때문이다 (Sayer, 2000: 164). 따라서 규범이론은 바람직한 정부조직이나 행정과정의 목표상태가 어떤 선과 악을 결과하는지 비판적으로 정밀하게 조사연구할 필요가 있다. 사회적 삶의 딜레마를 예로 들면, 실질적 평등으로서의 공익을 증진시키는 민주적 거버넌스는 관료에 의한 권력남용, 다수세력에 의한 과도한 행위, 정부의 무능력 등의 위험을 야기하는 것(Morgan, 2001)과 시장 발전의 무정부성은 불평등, 불안전, 다양한 비합리성을 발생시킬 수 있다는 것(Sayer, 2000: 164) 등을 들 수 있다. 행정은 이러한 유의 딜레마들로 충만되어 있다. 따라서 규범이론은 윤리적 차원의 바람직성과 함께 정치적 차원의 실현가능성을 평가 하여 대안을 제시해야 한다.

3. 시기구분

역사적 분석에서 시기구분(periodization)을 사용하는 것은 상대적으로 변화지 않는 연속적 시기들과 이러한 시기들 간의 이행을 규명하기 위한 사건과 과정을 내적 친화성과 외적 차이에 의해서 분류하여 역사적인 시간의 흐름을 해석하는데 있다 (신희영, 2009: 566－569). 여기서는 제솝(Jessop, 2003: 2－4)[6]의 시기구분 개념을 규범이론이 전개되는 역사적 시간 흐름에 재맥락화하여 다음과 같이 활용하고자 한다. 존재론적으로는 규범이론이 역사적 시간 흐름에서 연속성과 불연속성의 동시성을 보여주고 있음을 밝히고 인식론적으로는 상대적 연속성과 불연속성의 순차적 시기를 보여주기 위해 규범과 가치를 개념화하는 양식이나 논증양식, 규범과 가치 연구에 대한 접근방법, 대안제시의 방법 등의 특징을 추상하고자 한다. 시기구분에서 고려할 것은 인식적 상대성의 개념이다. 인식적 상대성은 특정한 역사적 시기에 특정한 문화적 공동체에 의해 사회적으로 생산된 기존의 이용 가능한 개념적 자원(서술이나 담론)을 매개로 하여 사회적 세계에 대한 지식을 얻을 수밖에 없음을 의미한다. 인식적 상대성은 "모든 믿음들은 사회적으로 생산되며 그래서 모든 지식은 가변적이고

6) 그는 시기구분을 다음과 같이 특징짓고 있다. 존재론적 측면에서 보면, 역사적 시간흐름에 있어서 연속성과 불연속성의 역설적인 동시성이 존재한다. 인식론적 측면에서 보면, 연구자는 상대적 연속성과 불연속성 등의 순차적인 시기를 규명하기 위해서는 역사적 시간 흐름에서 제 특징을 추상해야 한다. 방법론적 측면에서 보면, 서사, 계보학, 연대기적 서술과 구분되는 전략 관계적 접근이 적합하다.

진리 값이나 합리성의 기준도 역사적 외부시간에 존재하지 않는다"것을 의미한다(Bhaskar, 1989: 57). 이는 "모든 지식은 사회적(사회적 관계내에서 구성되는 사회적 실천에 의해 생산됨)인 것이며, 상황구속적(situated)이고 맥락적인 것(Sayer, 2000: 53)"이라는 의미다. 비판적 실재론에 따르면, 지식의 성장과 변동(불연속성 포함)은 기존에 존재하는 인식적 재료들을 활용하여 인간의 인식과 무관하게 존재하고 작동하는 세계에 대한 지식을 생산하는 사회적 과정에서 기존 지식을 대체, 수정 그리고 보완, 변형하면서 전개된다.

여기서는 제솝의 시기구분과 인식적 상대성의 개념작용을 통해 규범이론의 역사적 전개에 대한 시기를 나눔에 있어 다음과 같은 기준을 고려한다. 첫째, 규범이론의 역사적 전개가 보여주는 개념화의 양식, 접근방법과 논증양식, 대안제시의 방법 등의 연속성과 불연속성이다. 둘째, 정부와 행정의 옳고 그름, 좋고 나쁨이라는 규범적인 평가적 판단과 함께 정부와 행정의 규범적 원칙 및 가치를 논증하고 대안을 제시하는데 있어서 현실의 국가성격을 간과할 수 없다. 국가성격에 중심을 두고 국가형성기, 권위주의적 발전국가기, 민주주의 국가 이행기, 국가재편기 등으로 시기구분을 한 안병영(2006)의 연구는 본 연구의 시기구분에 있어 제한적이기는 하지만 참조할 만한 기준을 제시해주고 있다. 이러한 시기기준을 참조하는 이유는 인식적 상대성의 견지에서 앞서 추상한 규범이론의 제 특징을 정부와 행정의 역사적 현실과 연계하여 검토하는 것이 규범이론의 과제와 발전방향을 제시하는데 도움이 된다고 판단했기 때문이다. 따라서 본 연구는 규범이론의 제 특징을 중심으로 하되 안병영의 시기구분의 기준을 느슨하게 보완적으로 원용하여 규범이론의 역사적 전개를 규범이론의 태동기(1960년대 말~1980년대 말), 규범이론의 기초정립기(1990년대~2000년대 중반), 규범이론의 도약기(2000년대 중반 이후)로 나누어 살펴보고자 한다.

Ⅳ. 한국 행정학에서 규범이론 연구

1. 규범이론의 태동기(1960년대 말~1980년대 말)

1960년대에서 1980년대 중반까지 행정윤리와 윤리적 가치인 공공성 등의 규범적 차원의 연구는 그다지 많지 않았다. 한국 행정윤리 연구 실태를 고찰한 이서행(1986)은 행정윤리란 용어가 아직은 낯설다고 표현하면서 행정윤리에 대한 연구가 주로 부패방지, 서정쇄신, 행정통제에 집중하고 있음을 밝히고 있다. 관료적 발전주의(김광웅, 1986)가 지배적인 행정 패러다임인 권위주의적인 발전국가라는 국가의 성격(안병영, 2006)에 비추어 볼 때, 관료들은 발전목표의 달성과 연관된 정책의 형성과 집행과정에 있어 폭넓은 재량적인 행정행위를 할 수 있는 제도적인 능력을 갖고 있었다. 이 당시의 규범이론은 이러한 제도적인 능력이 긍정적으로는 발전과업을 성취하는데 발휘될 수 있는 조건과 부정적으로는 관료들의 공권력 남용과 부패로 이어지는 것을 억제할 수 있는 조건 등을 제시하는 처방적인 이론적 논의가 대부분이었다.

1) 행정윤리와 공익의 개념화 양식과 처방 중심적 접근

1968년 「발전적 윤리관의 확립」이라는 주제로 정치, 경제, 사회, 문화, 행정 등의 분야의 윤리에 대한 심포지엄에서 발표한 박동서(1968)의 '행정과 윤리'가 한국행정학계에서는 처음으로 행정윤리를 다룬 연구라고 할 수 있다. 그 이후 최창호(1973), 오석홍(1982), 백선기(1982), 이서행(1986) 등의 행정윤리에 관한 연구는 행정윤리를 개념화하는 방법과 개념의 규정에 있어서 큰 차이는 없으나 행정윤리의 규범적 가치와 이를 구현하는 대안 제시에 있어서 자신의 학문적 관심에 따라 다르게 제시하고 있다. 이들은 행정인의 재량권이 확대되는 발전행정 맥락에서 볼 때 행정윤리 문제가 크게 부각될 수밖에 없음을 강조한다. 행정인이 공직생활에서 지켜야할 행동규범이나 기준 그리고 행정에 대해 옳고 그름과 선과 악을 평가하는 가치기준 등으로 행정윤리를 개념화하고 있다. 이들의 행정윤리의 개념화 양식은 보통 윤리 개념이 갖는 차원을 행정의 특성에 맞추어 적용하는 방식을 취하고 있다. 박동서(1968)는 행정의 질(정태적인 질서유지에서 동태적인 발전사업)과 양(소량에서 대량과 외자충당에서 내자충당)이 변화되고 있는 역사적 맥락에서 볼 때 수단위주의의 민주성, 능률성, 합법성보다는 발전적인 사업(민주적으로 타당성 있는 전 국민적인 것으로 인정된 것)의 달성도를 강조하는 목적위주의 합목적성과 효과성이 새로운 행정윤리가 되어야 함을 강조한다. 최창호(1973)는 행정윤리를 논하고 있지 않지만 발전행정론에서는 행정의 목적부분이 중요하다고 강조하며 공익은 행정인의 행동의 규범적인 기준이 되어야 한다고 주장한다. 오석홍(1982)은 공직윤리를 무엇을 어떻게 해야 하는가를 규정하는 당위적·규범적·가치적인 개념이라고 보고 공직윤리를 행정적 차원 뿐 만아니라 정치적인 차원에서 보아야 한다고 주장한다. 이에 따라 민주주의 이념을 공직윤리의 목적가치로 규정하며, 수단적 가치로는 공익과 국민의 의사존중을 제시하고 있다. 백선기(1982)는 오석홍과 마찬가지로 체제가치인 민주적 헌정질서를 강조하면서 공직윤리는 공권력과 공직책임을 조화시키는 기능을 한다고 주장한다. 이러한 차원에서 공직윤리의 구성요소를 민주적 정치질서와 생산성으로 규정하고 있다. 이서행(1986)은 공익 가치를 중요시 하면서, 행정윤리는 행정인이 목표를 달성하기 위해 행정기능을 수행함에 있어서 바람직한 가치관 확립과 그 가치관을 구현하는 과정이라고 정의한다. 한국적인 행정 현실과 공무원의 행동규범을 엄격하게 법제화하는 형식주의를 경계하면서 이들 저자들은 행정윤리를 제고할 수 있는 처방으로 외적통제와 내적통제, 조직의 윤리적 분위기 조성, 사회 환경의 개선(서정쇄신운동, 사회정화운동 등과 같은 범국가적 윤리성향상운동) 등을 제시하고 있다.

윤리적 행정의 규범적 기초인 공익과 관련한 연구는 최창호(1973)와 김동현(1985)을 들 수 있다. 행정윤리에 대한 규범적 접근에서도 공익은 행정윤리의 규범적 가치임을 대개 언급하고 있지만 공익의 실체를 명확하게 규정짓지 않고 자명한 행정의 규범적 가치로 인정하고 있다. 이러한 측면에서 이들은 공익이라는 가치의 원천을 밝히는 논거인 실체설과 과정설에 의존하여 공익을 개념화하고 있다. 이들은 공익의 유용성을 행정국가 맥락에서 행정 정당성의 기초와 조직 관리의 토대, 행동 규범으로 작용하고 있다는 것에서 찾고 있다. 공익개념화에 있어서 최창호는 실체설에 주로 의존하고 있으며, 김동현은 과정설에 주로 의존하고 있다. 따라서 최창호는 공익은 사회구성원이 자유를 존중하고 공공질서를 존중하며 사회도덕을 유지하는 등에 존재한다고 주장한다. 김동현은 공익은 정치공동체의 모든 구성원들이 그것이기를 원하는 것 혹은 그것이라고 말하는 모든 것이라고 주장하며 구조화된 토론, 진리를 결정하기 위한 비강제적인 의사결정과정을 개발하려는 노력을 강조한다. 특히 김동현은 경제적 합리성과 기술적 합리성(경제적으로 합리적 인간)은 목표의 선과 악에 대한 규범적, 윤리적 차원의 논의를 허용하지 않기 때문에 정책과정을 통해서 공익이 결정되는 것을 옹호한다.

2) 행정윤리와 공익에 관한 연구의 성격과 의미

이와 같은 행정윤리의 개념화와 관련된 접근방법과 행정윤리의 제고와 관련한 처방이 갖는 의미는 다음과 같다. 첫째, 생태적인 관점에서 행정윤리를 개념화함으로써 행정윤리의 규범적 차원인 실질적 가치는 다른 체계와 행정체계간의 관계에 따라 가변적일 수 있다는 점을 밝히고 있다. 이는 행정의 규범적 차원과 기술적이고 설명적인 차원을 연결할 수 있는 행정윤리에 대한 사회과학적인 연구의 가능성을 열어주는 것이다. 둘째, 행정윤리의 목적가치인 체제가치와 수단 가치를 구분함으로써 행정윤리의 규범적인 가치들 간 체계화 가능성을 열어주고 있다. 셋째, 행정인의 재량권이 확대됨에 따라 행정과정에서 행정인의 가치판단을 안내하는 행정윤리의 규범적 기초에 대한 연구가 의미가 있음을 밝히고 있다. 넷째, 저자들마다 행정윤리를 제고할 수 있는 방안은 다르지만 직관적으로 한국행정 현실과 부합한다고 볼 수 있는 외적통제와 내적통제의 방법을 제시함으로써 행정윤리의 연구 영역을 확대하고 심화할 수 있는 가능성을 제시하고 있다. 이러한 처방들은 산발적이지만 국가공무원법, 선서, 공무원윤리헌장, 공무원신조, 공직자윤리법, 청렴도의 측정 등의 제도화 영향을 주었다고 볼 수도 있다.

그러나 행정과정에서 공직자의 윤리적 판단을 안내하는 규범적 기준들을 도출하는 접근방식을 보면, 철학적 논증의 방식과 사회과학적 기술 설명의 방식을 연결하지 않고 행정의 규범성을 자연화하는 차원에서 논의하며 합리적 추상을 결여한 직관주의와 같은 인상을 주고 있는 것이 한계라고 할 수 있다. 이는 행정윤리의 규범적인 가치들을 행정이념과 연관 지어서 나열한듯한 인상을 주고 있다. 행정윤리를 제고하는 처방을 제시함에 있어서도 왜 그러한 처방이 필요한지, 처방의 딜레마가 무엇인지 이러한 처방으로 기대할 수 있는 효과는 무엇인지에 대해 체계적인 설명을 제시하지 않고 있다. 즉 행정윤리의 당위적인 규범적 가치에서 바로 처방으로 이어지는 추론양식을 보여주고 있다. 행정윤리의 현실에 대한 평가적 판단을 결여하고 있을 뿐만 아니라 비판적 설명의 매개 없이 규범성을 당위로 연결하고 있어서 대안 제시의 설득력을 약화시키고 있다.

공익에 대한 규범적 논의는 규범적 의미에서 행정의 정당성과 합법성의 근간은 공익이 되어야 하며, 공익이 행정윤리의 규범적인 기초가치가 되어야 한다는 당위적 주장에 머무르고 있다. 하지만 공익에 대한 실체설과 과정설을 소개하면서 실체설 입장의 공익 개념과 과정설 입장의 공익 개념을 명료하게 제시하고 있는 것이 강점이라고 할 수 있다. 김동현의 논의는 행정국가의 맥락에서 공익이 갖고 있는 규범적 차원의 의미를 이론적 설명을 통해 제시하고 있으며 과정설 입장에서 공익을 결정짓는 조건을 제시하고 있다는데 의미가 있다. 그러나 이들의 논의가 공익의 개념화에 집중한 것이라 할지라도, 공익의 규정을 둘러싼 실체설과 과정설 간의 긴장과 갈등이 행정에서 어떤 형태로 재현되는가에 대한 논의가 전개되지 못했던 점이 아쉬움을 남긴다. 행정재량행위가 폭 넓게 인정되고 있는 대규모의 행정국가 맥락에서, 한편으로는 과학적 지식과 기술에 입각하여 문제를 능률적으로 풀어가는 것이 재량행위를 제한 할 수 있다는 논리와 다른 한편으로는 행정과정에서 가치들을 둘러싼 갈등의 연속을 풀어가는데 요구되는 규범적이고 윤리적인 판단의 기초인 공익의 추구는 재량행위의 폭을 확대 할 수 있다는 논리 간의 긴장을 해소하는 접근방법을 제시하지 않고 있다.[7] 따라서 행정의 규범적 가치인 공익에 대한 사회과학적 설명의

7) 모간(Morgan, 2001)의 공익에 대한 역사적 분석은 이를 잘 보여주고 있다.

가능성을 열어두지 못하는 논증방식의 한계를 보여 주고 있다. 이들의 공익 가치에 대한 논증은 가치와 사실의 이분법 틀에 묶여 있어서 공익이 공직자와 시민들의 삶에 어떠한 중요한 의미를 갖는지 밝히지 못하는 한계를 갖고 있다.

2. 규범이론의 기초 정립기(1990년대~2000년대 중반)

규범이론의 기초 정립기로 구분한 시기는 국가의 성격 차원에서 보면 노태우 정부의 의사민주주의체제에서 김영삼 정부의 민주국가 이행기, 김대중 정부의 국가재편기에 걸쳐있다 (안병영, 2006). 권위주의적인 발전국가 성격이 점차 퇴색되기 시작하면서 민주화를 위한 체제개혁과 재구조화가 진행되고 민주주의 질서와 시장 질서의 균형과 조화를 추구하는 국가－시장－시민사회의 관계가 전면적으로 재편되는 시기였다. 이 시기는 정치적 민주주의를 공고화하면서 신자유주의와 신보수주의 이념에 기초하여 국가주의 방식으로 국가－시장－시민사회간의 관계를 재편하는 시기였다고 할 수 있다. 행정개혁의 모델로는 '작은 정부론', '신공공관리 패러다임'이 주목을 받았던 시기이다. 행정학계에서도 이러한 모델에 기초한 행정개혁과 관련한 연구가 급증하기 시작했다 (신희영, 2009). 이러한 국가체제의 변화과정과 행정개혁 과정이 진행형인 상황에서는 행정현상에 대한 규범적이고 도덕적인 질문을 제기하는 연구가 더 없이 중요하다고 할 수 있다. 이 시기에 규범이론은 주로 행정윤리의 이론적 기초를 체계적으로 정립하면서 이러한 질문에 답을 하고 있다. 규범이론의 정립기라 할 수 있는 이시기의 규범이론은 가치문제를 중시하고, 사회정의를 지향하고 탈실증주의의 입장을 취하며 규범적 이론을 추구하고 있는 신행정학의 색조를 품고 있다.

1) 행정윤리에 대한 연구의 체계화와 접근의 다원화

(1) 행정윤리와 윤리적 원칙에 대한 개념화와 논증 양식의 특징

첫째, 이론들 간의 연계망에서의 정합성에 기초하여 행정윤리와 윤리적 가치를 개념화하고 연역적으로 논증하는 양식을 보여주는 규범이론은 유종해(1988), 유종해와 차미숙(1991), 김호섭(1990), 정헌영(1991), 문태현(2000, 2001), 박정택(1991), 임의영(1994, 1999), 임도빈(2002) 등의 연구를 들 수 있다. 유종해(1988), 유종해와 차미숙(1991)의 연구의 특징은 행정에서의 윤리 문제는 행정의 기본문제라는 전제하에 윤리학에서 제시하는 윤리 개념의 다차원성을 행정이념과 연결시켜 행정윤리를 개념화하고 있다는 것이다. 김호섭(1990)은 효용론과 의무론의 연역적 논증을 통해 행정윤리의 필수적 특성을 '생산의 극대화'와 '배분적 정의'를 동시에 실현하는 것으로 개념화하며 한국의 행정윤리는 합리적 규범체계와 도덕적 민주주의 규범을 근간으로 하고 있음을 밝히고 있다. 정헌영(1991)은 윤리에 대한 다양한 철학적 이론에서 연역적으로 행정윤리를 개념화하고 있으며 반사실적 논증을 통해 중립성의 원리와 구조의 원리의 부정이 행정윤리의 전제조건이 됨을 논증하고 있다. 문태현(2000)의 연구는 미국의 행정이론 변천과정을 분석하는 방식을 통해 행정윤리에 대한 통일된 이론체계구축을 시도하며 행정윤리의 딜레마를 푸는 열쇠는 민주적 가치와 관료적 가치 간의 조화에 있음을 강조한다. 정용덕(2001)의 연구는 설명적 이해(설명과 이해의 방법의 결합) 방식의 논증에 입각하여 국가의 이해, 행정에 대한 이해, 관료제에 대한 이해, 국가와 시민사회관계에 대한 이해 등에 따라 달라질 수 있다는 행정윤리의 다면성을 개념화하고 있다.

박정택(1991)의 연구는 정책과 연관된 다양한 철학적 윤리이론이 갖는 의미로 부터 연역적으로 도출한 정책 윤리성의 궁극적 판단기준을 정책이론에 재맥락화해서 재구성하는 방식으로 정책윤리를 개념화한다. 임의영(1994)은 신행정학이 규범적으로 제시하고 있는 사회적 형평성의 개념이 갖는 정치철학적 문제점을 민주주의의 원리에 조망하면서 사회적 형평성은 내재적인 논증의 한계로 인해정치 철학적 의미에서 본래 추구하고자 했던 의무론적 윤리관을 제시하는데 실패하였음을 내재적 비판의 논증으로 입증하고 있다. 임의영(1999)은 개인과 사회의 조화를 지향하는 논리로서의 행정윤리론은 개인의 자율성과 사회의 실질적인 민주주의 실현에 방해가 되는 지배와 예속의 실존조건을 극복하는데 관심을 갖는 인간관 즉 정치적 실존 모형에 기초해야 함을 반사실적 대위법과 같은 논증을 통해 입증하고 있다. 그의 논증의 특징은 도덕주의를 기본 축으로 하고 있는 행정윤리론의 정향에 정치적 관점을 접합하여 정치적 실존모형을 구성하고 있다는 것이다. 박흥식(1998)의 연구는 공리주의, 의무론 덕윤리로 대표되는 일반규범윤리학적 접근법에 근거하여 윤리적 내비보고제의 조건과 한국의 정치사회문화의 특수성을 고려한 윤리적 내비보고의 조건 등을 반사실적인 대위법 논증을 통해 제시하고 있다. 문태현(2001)은 행정의 이론과 실천에 크게 영향을 미친 행정의 철학적 기초인 공리주의 관점의 행정윤리를 비판적으로 논증하며 행정의 윤리적 토대의 다원화의 필요성을 하버마스의 논증 양식과 유사한 초월적 실용주의의 방식으로 개념화하고 있다. 임도빈(2002)은 기초주의와 반기초주의의 철학적 관점과 목적론과 의무론의 관점이 의미하는 윤리관을 기초로 윤리관의 네가지 유형을 개념적 분석을 통해 제시하고 있다.

둘째, 동양사상이나 한국의 유교사상을 현대적으로 재해석하여 행정윤리의 규범적인 기초를 정립하고자 하는 김종술(1992), 이서행(2001), 박병련(2002), 장동희(2003) 등의 현상학 및 해석학적인 연구가 전개되었다. 김종술(1992)의 연구는 유학사상의 핵심적인 경전인 '대학'과 '중용'에 대한 현상학적인 해석을 통해 공무원의 윤리의 기본원칙에 대한 의미를 혈구지도로 제시하며 형식적 법적 책임과 개인적 책임이 충돌할 때 개인적 행정책임이 우선하는 것으로 논증하고 있다. 이서행(2001)은 유교적인 군자상과 선비상이 한국의 전통적인 인간상이라고 개념화하면서 이를 현대적으로 재해석해서 견리사의, 수기치인, 화이부동이라는 바람직한 지식인상과 공직자상(협의의 공직윤리)의 재현이 가능토록 하는 풍토가 조성되어야 한다고 주장한다. 박병련(2002)은 동양적 공직윤리를 현대 행정의 맥락에서 재해석하여 무위이치 맥락과 유위이치의 맥락은 현대의 공직윤리가 국민을 위한 전문성과 도덕성의 맥락에서도 규정될 수 있음을 논증하고 있다. 장동희(2003)는 다산 정약용의 목민심서에 나타나 있는 민본주의, 묘합사상, 인격공동체사회의 지도자의 윤리, 청백리 정신 등의 행정사상이 가지는 현대적 의의로 행정책임자의 정신개조 강조, 전통가치의 중요성을 논증하고 있다. 그의 주요 논지는 행정현상을 올바로 기술하고 설명하기 위해서는 기본적인 가치가 먼저 정립되어야 하며 이러한 의미에서 행정에 있어서의 윤리성은 능률성과 민주성보다도 행정에 있어서 보다 더 본원적인 요소라는 것이다.

이들의 행정윤리 개념화와 논증의 양식은 저자마다 차이는 있지만, 윤리학이나 정치철학에서 제시하는 윤리개념을 행정이론에 재맥락화시켜 행정윤리를 개념화하는데 있어서 이론들의 연계 망내에서의 이론 간 정합성을 중시하는 연역적인 개념분석 양식의 특징을 보여주고 있다. 가치와 사실의 분리를 거부하며 가치를 중시하는 신행정학이 이들의 연구에 영향을 주고 있다.

(2) 규범이론의 접근 방법의 특징

이 시기에 규범이론 연구자들은 김종술(1992)을 제외하고는 누구도 자신의 연구방법을 제시하지 않았다. 그러나 논증양식을 보면, 임의영(1994, 1999)의 비판이론적 접근, 내재적 비판 접근, 문태현(2001)의 비판이론적 접근방법, 정용덕(2001)의 구성주의 접근, 임도빈(2002)의 의사 분석철학적 접근, 김종술(1992)의 현상학적 해석적 접근, 장동희(2003)의 역사 해석적 접근 등으로 정리할 수 있을 것 같다. 임의영(1994) 연구는 내재적 비판 접근을 통해 롤스의 정의론의 논리를 따라가면 의무론적 입장이 목적론의 공리주의로 변질돼서 공공선택론의 입장에 서있는 오스트롬의 민주주의 패러다임과 결합한다는 이론과 실천의 모순을 입증하면서 롤스의 정의론을 비판하고 있다. 또한 그(1999)는 환경결정론입장의 관리주의 인간관과 개인의 주관성을 강조하는 자율적인 존재로 보는 도덕주의 인간관에 대한 내재적 비판(이론과 실천의 모순)과 초월적 실용주의 접근을 통해 이러한 인간관을 지양하는 정치적 실존모형을 대안으로 개념화하고 있다. 이러한 대안도 '인간은 지배와 예속의 실존조건 속에서 자기정체성을 정립－해체－재정립하는 존재'라는 객관적 원리는 저자는 밝히지 않았지만 고유한 인과력을 가진 구조와 행위능력 간의 내적인 관계에서 정체성이 구성된다는 측면에서 인간본질을 추상한 것으로 설득력을 갖고 있다. 문태현(2001)의 연구는 비판 이론적 관점에서 공리주의를 비판하고 정의로운 분배문제, 본질적인 가치인 도덕성, 이성적 토론과 합의, 절차적 정당성을 보완하는 새로운 윤리이론이 필요함을 논증하고 있다. 정용덕(2001)은 구성주의 입장에서 행정현상의 규범적 차원이라고 할 수 있는 행정윤리를 실증적 차원(실증주의 인식론의 개념이 아니라 기술하고 설명할 수 있다는 것)과 연결하여 연구할 수 있는 방법론적 가능성을 제시하고 있다. 거칠게 표현해서 분석철학은 애매한 언어로 이루어진 개념들과 명제들을 명석하게 분석하는 것에 주안점을 두는 것이라고 한다면, 임도빈(2002)의 연구방법은 Fox(2001)의 연구방법과 개념분석에 초점을 맞춘 유사한 분석철학적 방법이라 할 수 있다. 김종술(1992)의 동양사상의 현상학적 해석방법은 동양사상이 '지금 여기'라는 행정윤리의 원칙으로서의 현재성을 갖는 것임을 입증하는 방법으로서 우리나라의 전통사상이나 고전을 행정학자들이 연구해야 할 이유를 적실하게 제시하고 있다. 장동희(2003)는 역사 해석적인 접근을 통해 정약용의 사상을 정치·사회적인 역사적 맥락과 연결하여 서술함으로써 정약용의 사상의 의미를 명확히 전달하고 있다.[8)]

(3) 대안 제시의 방법

전종섭(1988)의 연구는 한국의 행정전문가 역할의 관료제화를 비판하면서 노태우 정권의 행정 민주화를 규범적 가치로 규정하며 행정전문가는 이러한 가치를 실천할 윤리적 책임이 있다고 논증하고 있다. 그는 행정전문가 역할의 민주화를 바람직한 민주조직의 형태로 규정하고 이를 구현하는 행정 전문가의 윤리적 책임을 향상시킬 수 있는 방안을 제시한다. 이러한 방안은 한국의 관료제와 행정전문가의 역할의 관료제화를 비판적 논증에 기초하고 있다. 김호섭(1992, 1994)의 연구는 행정책임을 객관적 책임(합리적 책임: 목적론적 윤리)과 주관적 책임(도덕적 책임: 의무론적 윤리)이라는 이원화된 관점을 해소하는 대안적인 종합적 접근이 필요하다는 규범적 차원의 당위를 논증하고 있다. 그는 다른 연구에서도(1994) 비슷한 방식으로 김영삼 정부의 공

8) 맥킨타이어(MacIntye, 2007)는 도덕과 관련한 이념의 의미를 명확하게 하기 위해서는 역사적 설명이 필요하다고 강조한다. 장동희, 박병련, 이서행 등의 연구 이런 면에서 보완을 해야 할 것 같다.

직의 윤리성 제공을 위한 노력을 비판적으로 조명하면서 의식개혁의 목표를 재정립하고 공직자윤리법과 같은 법적 통제장치를 효율화하며, 체제변화를 위한 정치적 개혁을 단행해야 한다는 대안을 제시하고 있다. 이영조(1996)의 연구는 현대행정에서 해결해야 할 중요한 과제 가운데 하나가 재량행위의 조절이라고 보고 주관적 통제수단인 즉 정직, 중립, 공익, 사회적 형평 등의 윤리규칙은 재량행위를 조절하는 데 한계가 있다고 보았으며, 행정선례(신뢰보호의 원칙에 근거함)와 합의 등으로 이를 보완해야할 필요성이 있음을 논증하고 있다. 윤병태(1996)는 행정윤리의 확립의 어려움을 행정윤리의 난제(윤리적 딜레마)로 설명하며 이러한 난제를 풀어가기 위해서는 책임 있는 행정인을 구현하는 실효성 있는 행정윤리가 필요하며 이러한 차원에서 중립성 윤리와 구조의 윤리 등의 부정과 공공책임문화의 정착이 요구된다고 주장한다.

2) 행정윤리에 대한 연구의 성격과 의미

이 시기의 행정윤리에 대한 연구의 성격과 의미를 개념화와 논증 양식, 접근방법의 특징, 대안제시의 방법으로 나누어 살펴보면 다음과 같다.

첫째, 이 시기에는 이론들의 연계 망내에서 이론들간의 정합성에 대한 연역적이고, 유추적 논증, 반사실적 대위법과 같은 논증, 내재적 비판 논증, 행정이론의 역사적 분석에 의한 논증, 설명적 이해 방식의 논증, 역사적 해석주의적 방식의 논증, 현상학적 논증 등과 같이 행정윤리의 개념화와 논증 양식이 다양하게 전개되고 있다. 이러한 개념화와 논증 양식은 한편으로는 태동기에서 보여준 분명하지 않지만 이론들의 연계 망에서 이론들간의 정합성에 대한 연역적 논증 양식을 통해 행정윤리를 개념화하는 양식의 연속성을 보이면서도 규범윤리학과 정치철학의 이론들이 제시하는 윤리적 원칙들을 행정이론과 행정에 재맥락화하여 논증함으로써 새로운 의미를 갖는 행정윤리를 개념화하고 있다는 측면에서 불연속성을 보여주고 있다. 이 시기의 연구들은 국가의 성격에 비추어 볼 때 행정윤리의 윤리적 가치들과 이들의 우선순위에 대해서는 합의를 하지 않지만, 행정윤리를 규범윤리학이나 정치철학이 제시하는 하나의 윤리원칙에 의거하여 행정윤리를 개념화하는 것에는 부정적인 입장을 보여주고 있다. 따라서 행정윤리의 다차원성과 다면성과 윤리적 딜레마 대한 천착이 가능하였다 (정헌영, 1991; 유종해와 차미숙, 1991; 문태현, 2000; 정용덕, 2001; 이영조, 1996; 윤병태, 1996). 이들 논의들은 규범윤리학의 개념들을 역사적 맥락의 행정과 행정이론에서 재맥락화하여 응용 윤리로서의 행정윤리원칙과 관련한 개념들을 규정하고 있어 경험적 연구를 통해 보다 정교한 개념으로 발전시킬 수 있는 가능성을 제시하고 있다. 동양사상과 한국 전통 유학 사상에 대한 해석주의와 현상학적 방법에 의한 재해석을 통해서 공직윤리의 규범적 기초를 다원화하여 행정윤리의 외연을 확장한 연구들이 등장하였다. 이 연구들은 외적통제가 갖는 행정윤리의 형식주의의 한계를 밝혀내고, 어떤 정부가 좋은 정부인지를 가늠할 수 있는 도덕적 판단의 원리들을 제시하고 있다는 데 그 의미가 있다. 김종술의 '혈구지도'에 대한 논의는 사회적인 인간존재인 공직자가 공직생활에서 타자와의 상호관계를 윤리적 관계로 만들어 갈 수 있는 도덕적 책임성을 체현할 가능성을 보여주고 있다. 이는 서양의 이성 중심적이고 개인중심적인 윤리철학과는 다르게 윤리원칙에 대한 관계적 접근을 보여주는 것이다.

이 시기의 행정윤리의 개념화와 논증 양식이 갖고 있는 한계는 사실과 가치, 이성과 감정, 과학과 윤리, 실증성과 규범성, 정신과 몸 등의 이분법 틀 내에서 행정윤리론을 전개하고 있기 때문에 그들의 논의가 가치에서 사실로, 당위에서 존재로 이행하는 과정에 대한 설명을 빠트리고 있는 주관주의적인 관념론의 색채를 띠고 있다는 것이다. 이러한 논지에서 보면 행정의 규범적 차원은 과학의 영역 밖에 위치하게 된다. 또한 이들은 이성과 의지의 역할을 과장하고 분리 독립되어 있는 추상적인 개인의 행동에 초점을 맞추고 윤리원칙들을 제시하는 도덕철학과 정치철학에 의존하여 행정윤리의 원칙들을 논하고 있다. 이로 인해 사회적이며 평가적인 존재이며 역사성을 지닌 공직자의 도덕적 감정(이성적인), 체화된 도덕적 기질 등이 특정한 사회관계와 맥락에서 생성되는 과정과 공직 생활에서 부딪치는 윤리적 딜레마 등을 설명할 수 있는 개념들을 제공하지 못하는 측면이 있다. 또한 행정윤리 실천을 담보하는 제도적 조건들에 대한 논의는 구분되면서도 내적인 관계에 있는 구조와 행위능력(agency)간 관계에 대한 개념화가 되어 있지 않아 마치 구조결정론처럼 읽히기도 한다. 행정윤리원칙들이 사회적 구성의 맥락과 잘 연결되지 않는 논증의 문제를 안고 있다. 또한 몸과 감정보다는 이성과 의지, 정신을 우선시 하면서 인간이 다른 사람과 함께 살아가는 방법에 관심을 갖는 감각적이고 평가적인 존재(sentient, evaluative being)라는 것을 간과하는 측면이 있다 (Sayer, 2011: 20). 따라서 공직자나 시민들의 사회적 삶에 있어서 행정과 관련한 실증적 질문보다 규범적 질문이 갖는 중요성을 사회과학적으로 해명할 수 없어서 한국사회에서 실천적 적합성을 갖는 규범이론을 구축하는데 한계를 보여주고 있다.

둘째, 행정윤리에 대한 연구의 접근방법은 연구 주제에 따라 초월적 실용주의 접근, 내재적 비판 접근, 비판이론적 접근, 현상학과 해석주의적 접근, 구성주의 접근, 분석철학적 접근 등으로 다양하게 전개되고 있다. 이러한 접근들은 태동기에서는 볼 수 없는 접근들이다. 이 접근들의 등장은 가치와 사실의 분리를 부정하면서 행정학 연구에서 가치를 중시하는 미국의 신행정학의 등장과 무관하지 않다. 즉 행정윤리의 윤리적 원칙들이 도출되는 근거를 정당화하고 윤리적 원칙들 간의 충돌의 가능성과 이를 풀어나갈 수 있는 방법에 대한 이론적 논의를 가능하게 하는 측면이 있다. 하지만 이러한 논의들에서 아쉬운 점은 다음과 같다. 첫째, 사실과 가치의 이분법을 해체하고 재구성할 수 있는 개념적 논의를 결여하고 있어 규범적 사유와 실증적 사유의 연결가능성을 제약하고 있다. 둘째, 그리고 사유객체와 실재 객체를 동일시하는 관념론과 이론이 실천을 수반하는 이론주의 성격을 지니고 있어서 규범적 담론이 공허해지는 한계를 보여주고 있다. 셋째, 윤리적 원칙들을 시공간적으로 특정한 사회적 형태와 관련시키는 방법을 제시하고 있지 않아 행정의 규범적 차원에 대한 사회과학적 설명의 가능성을 제약하고 있다. 따라서 규범적 담론은 철학의 영역, 기술과 설명은 과학의 영역이라는 이분법적 틀을 해체 하여 재구성하는 새로운 접근이 요구된다.

셋째, 대안 제시 방법은 논증의 양식에 있어서는 약간의 차이를 보이지만 행정학의 전형적인 문제해결모형에 기초하고 있다. 규범적 기준에 비추어 현재의 문제를 진단하고 이러한 문제를 풀어가는 대안을 제시하는 방식이다. 이러한 측면에서 보면 태동기의 대안제시 방법의 연속선상에 있다고 할 수 있다. 그러나 이시기의 대안 제시 방법은 행정의 윤리적 쟁점과 교전하면서 윤리적 원칙들을 도출하고 이러한 윤리적 원칙들이 실현되지 못하는 이유들을 한국행정의 맥락에서 설명하며 대안을 제시하고 있다고 있다는 점에서는 불연속성을 보여주고 있다. 이에 따라 한계는 다음과 같다. 첫째, 규범적 진술[9]을 당위로 기술적 진술을 존재로 보는 이원론에 입각하고 있어 대안의 바람직성을 평가적 기술에 의해 판단하지 못하고 있다. 둘째, 윤리적 원칙이 구현된 현존의 정부와 행정에 대한 비판적 평가의 규범적 기초를 설명하지 못하고 있어서 그러한 비판이 타당한지 알기가 어렵다. 셋째, 문제를 발생시키는 원천에 대한 실증적 설명과 대안의 갖는 딜레마를 세밀히 검토하는 틀이 결여 되어 있어 대안의 바람직성을 판단하기 어렵다. 넷째, 대안이 담고 있는 선과 악에 대한 논의가 현실의 행정에서 충분하게 진행되고 있지 않아 정치적 차원의 실현가능성을 담보하는데 한계가 있다.

---

9) 존재와 당위의 이원론은 규범적 진술을 당위진술로 환원하면서 규범적 진술이 평가적 진술이라는 것을 간과하고 있다 (Sayer, 2011: 52). 바스카(Bhaskar, 2011: 160)는 당위(ought)가 가능(can)을 함축한다면 인과적 힘은 당위의 전제가정이며, 따라서 당위는 행위주체와 그들의 상황에 대한 이론에 의존한다고 주장한다.

3. 규범이론의 도약기(2000년대 중반 이후)

규범이론의 도약기로 구분한 시기는 국가의 성격 차원에서 보면 잠정적이지만 탈권위주의적인 노무현 정부, 친기업적인 이명박 정부와 박근혜 정부에 걸쳐있다. 형식적 의미의 정치적 민주주의가 공고화되고 사회 및 경제의 민주주의가 시대의 과제로 부각되는 시기라고 할 수 있다. 노무현 정부가 참여를 강조하지만 여전히 신자유주의와 신보수주의 이념에 기초하여 국가주의 방식으로 국가－시장－시민사회간의 관계를 재편하는 시기였다고 할 수 있다. 개혁의 모델로는 '뉴거버넌스 패러다임이 주목을 받는 시기라고 할 수 있다. 노무현 정부의 혁신체제 강조, 박근혜 정부의 '정부3.0발전계획'은 이를 잘 보여 주고 있다. 이 시기에 규범이론의 내용은 더욱 풍부해지고 접근방법도 체계화되고 있는 특징을 보여주고 있다.

1) 행정윤리와 공공성에 대한 연구의 특징

(1) 행정윤리와 공공성에 대한 개념화와 논증 양식의 특징

행정윤리와 공공성에 대한 연구를 나누어서 살펴보고자 한다.

첫째, 이론들 간의 연계망에서의 이론들간 정합성에 기초하여 행정윤리와 윤리적 가치를 개념화하고 연역적으로 논증하는 양식을 보여주는 기존의 행정윤리의 개념화를 심화시키는 이론적 연구들과 경험적 연구들이 등장하고 있다. 이론적 연구들은 박흥식(2003), 임의영(2009, 2014), 박길환(2011), 김명환(2013), 이문수(2014), 신충식·김성준(2015), 최화인·배수호(2015) 등의 연구이고 경험적 연구는 임도빈(2003), 김호정(2005), 박흥식(2008), 박흥식·김호섭·최순영(2010), 이정주(2010) 등의 연구를 들 수 있다.

박흥식(2003)의 연구는 이타주의와 의무론을 지나치게 강조하는 행정윤리 접근법의 현실성과 실용성의 한계를 비판적으로 분석하고 이기주의 접근법을 대안적인 행정윤리 접근법으로 제시하고 있다. 이러한 논리의 근거는 생물학적 접근법으로서 집단적 선택과 윤리학적 접근법으로는 심리학적 이기주의에 기초한 윤리학적 이기주의이다. 그는 행정윤리접근법을 현실성과 실용성 차원에서 이타주의 윤리관과 이이기주의 윤리론 간의 연역적인 비교 논증 양식을 통해 개념화하고 있다. 임의영(2009)의 연구는 왈쩌의 다원주의 정의론을 분석하고 그의 핵심적인 규범적 원리를 정치 · 행정에 재맥락화하여 행정이 추구해야할 윤리적 가치들과 이러한 윤리적 가치들을 구현하는 정부의 형태와 성격을 개념화하고 있다. 이러한 그의 개념화 논증은 하버마스류의 반사실적 대위법 논증 양식과 유사하다. 박길환(2011)의 연구는 아담스 저작의 텍스트 비교 분석을 통해 '보이지 않는 손'을 움직이는 것이 '합리적인 시장참여자 간의'의 "이기심"이 아니라 도덕적 사회성원 주체 상호간의 자기애와 이에 대한 따듯한 공감이며 신중, 박애, 자기절제의 덕목을 포함한 인간의 비수단적이며, 내재적 도덕능력과 보이지 않는 내면의 보편적 감각의 요소임을 밝혀내고 있다. 그는 행정과 정부의 주요 규범적 원리를 동료감정인 공감으로 개념화하고 있다. 그는 규범적 사유와 실증적 사유가 분리되지 않는 아담스의 저작(이성과 감수성의 결합인 정서)에 대한 해석을 통해 행정윤리의 윤리적 원칙을 개념화하고 있다고 할 수 있다.

김명환(2013)의 연구는 아담스와 발포의 행정악을 발생시키는 메커니즘을 전문직업주의로 개념화하고 그 대안으로 숙의민민주주의를 제시하고 있다. 이러한 개념화는 행정악의 현실을 규명하고, 이를 발생시키는 원천을 설명하며, 행정악을 제거할 수 있는 대안을 제시하는 설명적 비판 양식을 통해 진행하고 있다. 이문수(2014)의 연구는 현재 행정윤리 연구에 깔려있는 철학적 전제(자아중심적인 윤리 철학)를 비판적으로 고찰한 후 윤리가 실존에 선행한다는 레비나스의 철학에서 새로운 윤리의 의미를 찾아낸다. 이러한 논의를 통해 윤리가 시작하는 것은 절대적 타자와의 만남이며, 그 타자는 우리자신을 구속하면서 우리가 주체로 성립하는 전제조건임도 밝히고 있다. 그의 논증 양식은 칸트류의 관념주의 성격을 갖는 초월론적 논증이라고 할 수 있다. 임의영(2014)의 연구는 공무원이 윤리적으로 사유하는 것을 방해하는 메커니즘과 법, 제도, 조직의 요구에 순응을 강조하는 합리적 책임감을 아렌트의 악의 평범성의 개념을 빌어 비판적으로 분석하고 있으며, 이러한 악을 발생시키는 메커니즘을 관료제의 도구적 합리주의로 개념화하고, 그 대안으로 시민의 윤리적 통제 및 정치적 참여를 제시하고 있다. 그의 개념화의 논증 양식은 전형적 설명적 비판 양식이라고 할 수 있다.

신충식과 김성준(2015)의 연구는 쿠퍼의 윤리적 의사결정모형과 멘젤의 윤리적 역량에 기초한 설계적 접근방법을 우리나라의 사례를 비유적으로 검토하여 공공조직에 적합한 윤리적 의사결정모형을 모색하고 있다. 그들은 칸트의 이성의 사적 사용과 공적 사용에 대한 분석을 통해 테리 쿠퍼의 윤리적 의사결정 모형을 보완하고 있다. 설계적 접근방법은 윤리적 난국에 직면할 때 공직자가 마치 설계자처럼 윤리상황의 실재(조직의 구조, 문화, 제약, 기회 등등)를 숙고해야한다는 전제를 함축하고 있다. 최화인과 배수호(2015)이 연구는 서양 중심적인 행정윤리론을 비판적으로 검토하고, 유학에서 논의되었던 충의 윤리적, 가치적 함의를 해석하고 분석한 후, 숙의민주주의 가치기준, 국가윤리와 개인윤리 등에 부합함을 입증하고 있다. 그들은 '충'이 함축하고 있는 규범적 원리를 해석해내고 이를 현대 행정에 재맥락화하여 행정윤리의 윤리적 가치로 개념화하고 있다.

임도빈(2003), 김호정(2005), 박흥식(2008), 박흥식 · 김호섭 · 최순영(2010), 이정주(2010) 등의 연구는 규범적 질문을 경험적 질문으로 조작화한 경험적 연구를 하였으며 기존의 이론적 연구를 보완하는 측면이 있다. 임도빈(2003)의 연구는 윤리의식에 대해서, 김호정(2005)은 개인적 요인과 조직적 요인이 공직자의 윤리적 판단에 미치는 영향에 대해서, 박흥식(2008)은 우리나라의 공직자 이해충돌 행위와 관련된 법 및 제도의 특성과 운영체계의 개선에 대해, 박흥식, 김호섭과 최순영(2010)은 공직자 비윤리적 행동과 윤리적 위험간의 영향관계에 있어서 제재와 교육이 각각 어떠한 역할을 하는가에 대해서, 이정주(2010)는 윤리풍토의 확인과 윤리풍토와 조직효과간의 관계에 대해서 경험적 연구를 진행하였다.

둘째, 공공선택이론에 기초한 신공공관리가 공공성을 위협하고 있다는 의미에서 공익보다는 공공성의 개념화에 대한 전개되고 심화되고 있다.

공공성 연구는 임의영(2003, 2010), 소영진(2003), 백완기(2007), 이영철(2011), 이민호와 윤수재(2009), 김준현(2014) 등에 의해 전개되었다. 공공성의 개념화는 행정학계에서 행정의 정당성과 합리성의 기초로 당연시되던 공공성을 보다 명확히 하는데 기여하였다. 이 무렵에 신자유주의적 국가 프로젝트의 일환으로 주목을 받았던 '소정부론', '신공공관리', '정부 재창조' 등과 같은 관리지향적인 공공부문개혁 모델이 행정의 공공성을 위협한다는 학술 담론이 미국행정학계를 중심으로 등장하고 있었다. 소영진(2003)의 연구는 봉건주의 및 절대국가, 근대 자유주의 국가, 후기 자본주의 국가, 신자유주의 국가 등과 관련하여 공공성의 개념 변화를 규명하고 정부실패와 대의제 실패를 공공성 위기를 발생시키는 메커니즘으로 개념화하고 있다. 그의 개념화는 국가성격의 역사적 분석과 가추법 양식 등의 논증 양식으로 전개되고 있다. 임의영(2003)의 연구는 정치철학의 이론을 행정과 정책의 맥락에 위치시켜 공공성의 의미를 윤리적 차원에서는 사회정의 혹은 공익, 그리고 정치적 차원에서는 참여를 강조하는 민주주의를 공공성의 이념으로 규정하며, 공공성을 위협하는 것은 정부재창조 모델이라고 개념화한다. 백완기(2007)의 연구는 공공성의 다의성을 전제한 후 공공성 개념의 연원을 동양과 서양을 나누어서 검토하고 공공성을 개념화한다. 그는 이러한 개념화를 통해 공공성의 규범적 가치들은 정치성, 공개성, 공익성, 공유성, 공정성, 인권 등이며 이를 기초로 하여 한국사회에서 공공성의 발생근거들을 제시하고 있다. 그의 공공성에 대한 개념화는 기존이론에 나타나는 공공성의 의미를 새롭게 해석하고 연역적으로 한국사회에 재맥락화하는 유추적 논증 양식으로 진행하고 있다. 임의영(2010)의 연구는 개념분석을 통해 도구적 공공성, 도구적 공공성, 윤리적 공공성, 담화적 공공성, 구조적 공공성 등과 같은 공공성에 분류적 지식을 제공하고 있다. 이영철(2011)의 연구는 공동체주의 입장인 맥스화이트의 포스트 모던적 공공성을 행정의 맥락에서 결핍된 존재로서의 인간이 사회적 유대를 형성하고 공동의 행위를 하기 위한 으뜸 기표로서의 공익으로 재구성하고(하버마스가 말하는 재구성) 있다. 그는 행정의 맥락에서 라깡과 맥스화이트의 철학이 제시하는 개념들을 재해석하여 포스트 모던 공공성 의미를 새롭게 구성하는 논증 양식으로 행정윤리의 궁극적 윤리적 가치인 공익에 대한 개념화를 논증하고 있다. 이민호와 윤수재(2009)의 연구는 공공부문이 동시에 추구해야 할 공공성과 효율성이라는 윤리적 가치들이 서로 충돌하고 갈등이 벌어지는 모순적 상황을 풀어갈 수 있는 방안에 대한 경험적 연구이다. 김준현(2014)의 연구는 공공성의 개념과 내용이 역사적으로나 사회적으로 구성된다는 입장에서 기존의 공공성의 개념화를 비판적으로 검토하고 하버마스의 정당성 위기 틀에 의존하여 공공성의 위기를 국가의 정당성의 위기로 개념화하고 있다. 그는 하버마스의 구성주의 접근인 담론이론 틀에 의존하여 공공성을 개념화하고 있다.

(2) 규범이론의 접근 방식의 특징

첫째, 이 시기에 규범이론 연구자들은 접근 방법을 명확히 제시하지 않았지만 그들의 연구는 기존 이론들을 비판적으로 성찰하면서 행정윤리와 윤리원칙을 개념화하고 있음을 앞에 논의에서 보면 쉽게 알 수 있다. 이시기 연구의 접근 방법 특징은 다음과 같다. 임의영(2009)의 하버마스 류의 초월적 실용주의 접근, 박길환(2011)의 실증적이고 해석적인 접근에 따른 텍스트 비교 분석, 이문수(2014)의 현상학적인 초월적 관념론적 접근, 김명환(2013)과 임의영(2014)등의 설명적 비판 접근, 신희영(2014)의 제한적인 윤리적 자연주의 접근, 최화인과 배수호(2015)의 해석학적 접근, 이영철(2011)과 김준현(2014)의 구성주의적 접근, 논리적 실증주의 접근 등으로 특징지울 수 있다. 임의영(2009)의 연구는 왈쩌의 다원주의 정의론의 규범적 원칙들의 타당성을 입증한 후 반사실적 대위법 논증을 통해 이러한 원칙들이 행정과 정부에서 구현되기 위한 조건들을 제시하는 초월적 논증주의 접근의 특징을 보여주고 있다. 박길환(2011)의 연구는 아담스의 텍스트의 실증적이고 해석적인 텍스트 비교 분석을 통해 규범적 사유와 실증적 사유를 결합할 수 있는 사회과학의 가능성을 보여주고 있다. 이문수(2014)의 연구는 현상학적인 철학적 방법을 통해 기존 철학적 윤리론의 존재론적 가정에 대한 비판과 행정윤리를 가능하게 하는 조건을 초월적 논증을 통해 입증하고 있다. 김명환(2013)과 임의영(2014)등의 연구는 행정악을 판단하는 비판적 입장을 철학적 논의에 기초하여 설정하고 이러한 비판적 입장에서 행정악을 발생시키는 메커니즘을 가추법의 양식을 통해 설명하고 이를 부정적 평가적 판단을 하고 이에 대한 대안을 제시하는 설명적 비판 접근의 특징을 보여주고 있다. 이민호와 윤수재(2009)와 이영철(2011)의 연구는 공공성이 역사적이고 사회적으로 구성되는 것이라는 측면에서, 사회 언어적 상호작용 즉 담론에 의해 구성된다는 측면에서는 인식적 측면에서 구성주의적 접근의 특징을 보여 주고 있다. 임의영(2010)의 연구는 분석철학적인 의미론의 접근을 통해 공공성에 대한 분류적 지식을 생산하고 있다. 신희영(2014)의 연구는 기존의 행정윤리에 대한 행정학 연구들이 행정의 도덕적 차원을 행정윤리에 대한 사회과학적 설명에서 잘 담아내지 못하고 있다고 보고 존재론과 인식론, 방법론 차원에서 규범적 사유와 실증적 사유의 결합을 가능하게 하는 '제한적인 윤리적 자연주의' 접근법을 대안적인 행정윤리에 관한 접근으로 제시하고 있다.

(3) 대안제시의 방법

이 시기에 대안 제시 방법의 특징은 당위가 직접적으로, 연역적으로 처방이 되는 방식으로 전개되기 보다는 설명적 비판과 가추법의 논리에 따라 대안을 제시한다는 것이다. 즉 문제를 비판적으로 조망할 수 있는 비판적 입장을 철학적 논의를 통해 정립한 후 평가적 기술을 하고 문제를 발생하는 원천들을 설명하고 대안을 제시하는 방식을 취하고 있다. 김명환(2013)과 임의영(2014) 등의 연구가 이러한 방식을 전형적으로 보여주고 있다. 소영진(2003)의 연구도 개념사적 접근이기는 하지만 공공성의 의미의 변동 과정을 국가의 성격에 비추어 살펴보면서 공공성의 위기를 발생시키는 메커니즘을 규명하고 공공성의 위기를 극복할 수 있는 대안을 제시하고 있다. 백완기(2007)의 연구는 접근 방법은 분명치 않지만 대안을 제시하는 방법에서는 규범적 사유와 실증적 사유를 결합할 수 있는 공공성에 대한 사회과학적 연구의 가능성을 보여주고 있다.

이론적 차원에서 보면, 규범이론은 기존의 연구와 다르게 기존이론을 비판할 수 있는 비판적 관점을 존재론적 논의를 통해 정립하고 이에 기초하여 대안적인 규범이론을 제시하고 있다 (박흥식, 2003; 이문수, 2014; 최화인 배수호, 2015; 박길환, 2011). 신충식과 김성준(2015)의 연구는 조직에서의 윤리적 의사결정에 대한 설계적 접근방법을 칸트의 철학적 논의와 한국의 행정 사례에 비추어 보완하는 방식을 보여주고 있다.

2) 행정윤리와 공공성에 대한 연구의 성격과 의미

행정윤리와 공공성에 대한 연구의 성격과 의미를 개념화와 논증 양식, 접근방법의 특징, 대안제시의 방법으로 나누어 살펴보면 다음과 같다.

첫째, 행정윤리와 윤리적 원칙을 개념화하는 양식은 윤리 이론간의 연역적인 비교 논증, 반사실적 대위법과 가추법, 텍스트의 해석적인 비교분석, 설명적 비판 논증, 현상학적 초월적 논증, 해석주의적 논증 등으로 특징화 할 수 있다. 이러한 개념화 양식은 이전시기에 규범윤리학과 정치철학의 이론적 개념들을 유추의 논리에 의해 행정과 행정이론에 재맥락시켜 의미 변동을 시도하는 방식과는 다르다. 즉 태동기와 기초정립기 정립된 규범이론에 대한 비판적 성찰을 통해 규범이론의 내용을 심화 및 확장시키고 있다는 것이다. 규범윤리학에 의존해 행정윤리와 윤리원칙을 개념화하는 양식을 비판하고 보완하는 개념화가 두드러진다: 실용성을 강조하는 윤리에 대한 이기주의 접근법; 롤스의 정의론과는 왈쩌의 다원주의적 정의론에 따른 행정의 윤리적 원칙의 제시; 행정윤리의 윤리적 원칙으로서의 도덕감정; 행정윤리 원칙으로서의 레비나스의 타자에 대한 무한 책임성; 의무론과 목적론의 조화로운 결합을 담보하는 윤리적 의사결정에 대한 설계적 접근법; 행정악의 해결안으로서의 숙의민주주의의 제도화와 공공영역의 활성화. 이들의 연구는 규범윤리학과 정치철학이 제시하는 규범적 원칙들을 행정에 유추적 논리에 따라 재맥락화하고 설명적 비판의 논증에 따라 규범적 사유와 실증적 사유의 연결 가능성을 열어주는 규범이론라고 할 수 있다.

박길환의 연구는 이성중심적인 행정윤리론과 달리 도덕적감정을 중시하는 행정윤리론을 제시하면서 행정윤리와 윤리적 원칙에 관한 연구가 공직자의 생활세계에 기초한 경험적 연구로 진행될 수 있는 가능성을 제시한다. 그의 연구는 아담 스미스의 국부론과 도덕감정론 텍스트 분석에서 밝혀낸 도덕감정은 윤리나 도덕의 논의에서 이성 중심적 사유를 벗어나게 할 수 있는 가능성을 보여준데 큰 의미가 있다.[10] 그의 연구는 공직생활에서 공직자들이 체득하게 되는 도덕감정이 공직자들의 윤리적 실천을 가능하게 할 수 있음을 시사하고 있다. 아담 스미스의 도덕감정론은 아래에서 위로 향하는(상향적인) 경험적 연구를 통해 도덕감정의 발생 메커니즘을 밝혀냈다는 점에서 자율성을 갖는 인간존재 중심적인 강단 윤리철학(사회적인 인간존재를 전제하고 있다는 점에서)과는 다르다고 할 수 있다. 임의영과 김명환의 연구는 '악의 평범성', '행정악'이라는 규범적이면서 기술적인 개념을 행정의 맥락에 위치시키면서 비판

10) 세이어(Sayer, 2003)는 도덕철학과 윤리철학이 지나치게 이성 중심적임을 비판하고 있다.

적 사회과학에서 요구하는 비판적 입장을 보다 분명히 하며, 도구적 합리성과 기술적 합리성이 지배하는 관료제의 운영양식이 행정과정에서 윤리적 사유를 억압하는 경향을 갖고 있음을 비판적으로 설명하고 있다. 이러한 논의는 행정의 윤리 문제에 대한 사회과학적 연구에서 규범적 사유와 실증적 사유의 결합의 가능성을 보여준 연구라고 할 수 있다.

행정윤리와 윤리적 원칙들에 대한 논의가 현실적 정부와 행정을 추상해서 전개됨에 따라 정부와 행정에서 발생할 수 있는 윤리적 의사결정의 딜레마와 윤리적 원칙들의 상충관계, 규범담론의 실천성 등에 대한 사회과학적 설명이 부족하다. 또한 경험적 연구에 적합한 개념을 제공해주는데 한계를 보여주고 있다. 이러한 측면에서 행정윤리와 윤리적 원칙들에 대한 이론적 주장이 관념적 성격을 갖는 규범적 담론으로 비추어지고 있다.

공공성에 대한 규범적 연구가 갖는 성격과 의미는 다음과 같다. 첫째, 모호한 상태로 있던 공공성의 개념을 어원과 국가성격의 역사적 맥락, 사상사적 맥락에서 명료하게 개념화한 것은 경험적 연구를 가능성을 열어주는 데 기여하였다. 둘째, 공공성의 유형분석은 다양한 이념들 속에서 모호하게 남아있고 행정학의 연구에서도 혼돈을 빚고 있는 공공성의 개념을 명료하게 정리했다는 데 의미가 있다. 특히 행정분야에 연결 지어 논의한 것이어서 앞으로서의 공공성에 대한 경험적 연구를 하는데 필요한 개념을 제공했다는 데 의미가 있다. 셋째, 공공성의 규범적 가치는 정부와 행정을 비판적으로 평가할 수 있는 윤리적 원칙으로 작용한다. 이는 규범적인 윤리철학이나 정치철학이 제공하는 공공행정의 규범적 기초에 대한 경험적 연구의 가능성을 열어 준 것으로 그 의미가 크다. 즉 어떤 정부가 좋은 정부인가? 정부는 무엇을 어떻게 해야 하는지를 평가할 수 있는 틀을 마련한데 의미가 있다. 공공성 측면에서 정부의 성격을 평가한 후 이러한 문제적인 공공성과 관련한 현상을 발생시키는 구조나 메커니즘들을 설명하는 후속적인 사회과학의 가능성을 보여준 것이다.

공공성에 대한 연구에서 아쉬운 점은 우리나라 공공행정에서의 공공성의 개념변화가 어떻게 일어나고 있는지? 공공행정에서의 지배적인 공공성 담론은 무엇인지, 공공성의 개념 변동을 야기하는 메커니즘이 무엇인지 등에 대해 경험적 연구가 진행되지 않아, 공공성의 개념화가 경험적 적실성이 있는지를 검토하지 않았다는 것이다. 저자들이 밝히고 있듯이 공공성이 하나의 본질로 고정되어 있는 것이라기보다는 의미가 변동하는 것이라면, 공공성의 의미 변동에 관한 연구가 진행되었다면 더 좋았을 것 같은 생각이 든다. 이는 공공성에 대한 규범적 연구에 있어서 하나의 과제라고 할 수 있다.

둘째, 규범이론의 접근방법은 이전시기와 유사한 성격을 갖고 있으면서도 기존의 규범윤리학이나 정치철학의 이론적 개념들을 유추논리에 의해 행정에 적용하던 접근방법을 비판하면서 기존의 접근법을 정교화하고 있다는 점에서 다르다. 이들의 접근들은 사실과 가치, 이성과 감정, 과학과 윤리, 실증성과 규범성, 존재와 당위 등의 이분법에서 벗어나는 특징을 보여주고 있다. 규범적 사유와 실증적 사유를 결합할 수 있는 행정학의 가능성을 보여주고 있다. 그러나 당위에서 존재로, 존재에서 당위로 연결되는 과정에 대한 접근 방법을 충분하게 설명하지 못하고 있다. 하버마스류의 초월적 실용주의, 구성주의, 해석주의 등은 이러한 한계로부터 자유로울 수 없다. 이러한 접근은 사유와 객체간의 동일성을 가정함으로써 규범이론이 이론주의로 흐를 가능성이 높기 때문이다. 왜냐하면 객체(객체에 대한 믿음 포함)에 대한 세심한 배려를 하면서 깊은 분석을 포함하는 평가적 기술을 생략하고 있기 때문이다. 따라서 행정의 규범적 차원이 과학의 영역 밖에 있는 듯한 인상을 주고 있다. 예를 들면, 설명적 비판과 가추법의 접근을 통해 행정악의 발생메커니즘을 설명하고 대안을 제시하는 연구는 관료제적 운영양식이 행정악을 발생시키는 경향에 대한 구조적 분석을 통해 이러한 경향을 상쇄하기도 하고 활성화시키기도 하는 실체(조건)들과의 우연적 관계들을 경험적 연구를 통해서 밝혀내야 처방과 관련한 설득력 있는 논의가 될 것 같다. 왜냐하면 추상에서 구체로의 운동은 연역적일 수 없어서 추상에서 구체로의 학문적 사유운동은 이론적 연구와 경험적 연구의 결합을 요구하기 때문이다.

셋째, 대안 제시 방법은 이전시기에 비해 진일보한 성격을 갖고 있다. 첫째, 문제를 보는 비판적 입장을 철학적 논의의 검토를 통해 설정하고 있다. 이는 비판적 입장의 논거를 비판적으로 평가할 수 있는 단초를 제공함으로써 규범이론이 주관주의에 입각하고 있다는 오해를 피할 수 있게 한다. 둘째, 문제를 발생시키는 원천에 대한 설명을 하고 있다. 이는 규범적 차원을 사회과학적으로 설명할 수 있는 가능성을 여는 것이다. 셋째, 대안의 제시에서 초월적 실용주의, 제한적인 윤리적 자연주의에 의존하고 있다. 이는 당위(가치)에서 존재(사실)로, 존재(사실)에서 당위(가치)로의 나선형적 이행과정을 정당화할 수 있는 가능성을 보여 주고 있다. 즉 악명높은 반자연주의 오류에서 벗어날 수 있는 사회과학의 가능성을 열어준다. 방법론적 공동체주의 입장에 서있는 왈쩌의 다원주의 정의관을 롤스 정의관과 대비하여 그 의미를 명확히 하고 있는 임의영(2009)의 연구는 다원주의 정의론의 윤리적 원칙의 행정적/정책 함의를 제시하는데 있어서 정부와 행정의 바람직성과 실현가능성을 고려한 게으르지 않는 유토피아를 고려하고 있다. 즉 좋은 정부가 어떤 정부인지를 현실적으로 평가할 수 있고 윤리적 원칙들이 구현된 바람직한 정부와 행정의 형태, 그리고 이의 실현가능성을 함께 고려하고 있다.

그러나 대안제시 방법은 반사실적 대위법 논증에 의한 초월적 실용주의, 사유실험, 설명적 비판 접근 등을 충분하게 활용하고 있지 않고 있어 사회적 삶의 딜레마를 충분하게 고려하지 않고 있는 한계를 보여 주고 있다. 전체적으로는 비판적 입장을 존재론적으로 논증하는 절차가 부족하고 규범적 사유와 실증적 사유를 결합하는 설명적 비판의 접근이 불충분하다. 이론적 연구를 사정할 수 있는 경험적 연구가 요구된다.

Ⅴ. 과제와 전망

이 연구에서는 권력작용을 내포하고 있는 행정의 정당성과 합리성의 토대인 공익, 공공성, 윤리 등에 대한 규범적 연구를 중점적으로 검토하였다. 한국 행정학에서 이러한 주제와 관련한 규범이론 연구는 많지 않았지만 개념화의 양식이나 경험적 연구를 가능하게 하는 개념의 제공, 연구방법 및 논증양식, 주제 및 연구방법의 다원화 등의 차원에서 많은 진보가 있다. 그러나 실천학문인 행정학에서의 규범이론 위치를 볼 때, "좋은 정부가 무엇인가?", "정부는 무엇을 어떻게 해야 하나?", "공직자는 무엇을 어떻게 해야 하나?", "어떤 공직자가 좋은 공직자 인가?" 등과 관련한 규범적 질문을 바람직성과 실현가능성의 차원을 고려하면서 사회과학적인 차원에서 기술하고 설명하는데 필요한 개념들과 논증양식을 제공하지 못하는 한계를 보여주고 있다. 행정과 정책과정 그리고 공직자들의 공직생활 등에 묻어 들어가 있는(embedded) 규범적인 가치판단이 정부의 질을 결정한다. 따라서 이러한 판단의 규범적 기초로 작용하는 가치와 가치에 대한 믿음 등에 대한 평가적 판단과 그것의 원천에 대한 설명 등을 제시하고 윤리적 차원의 바람직성과 정치적 차원의 실현가능성을 함께 고려하여 대안을 규명하는 것은 실천적 적합성을 갖는 규범이론의 요건이다.

규범적 질문이 중요함에도 불구하고, 한국행정학에서 규범이론 접근이 많지 않은 것은 실증주의 과학관에 의거한 가치와 사실의 분리, 사실에서 가치로(존재에서 당위로), 가치에서 사실(당위에서 사실)로 나선형으로 이행할 수 없다는 강고한 믿음 때문인지도 모른다.[11] 이러한 믿음이 강고하면 할수록 행정학은 규범적 담론을 철학의 영역에 배치하면서 사회적 사실에 대한 기술과 설명에 초점을 맞추고 "좋은 행정,

---

11) 맥킨타이어(MacIntyre, 2007: 15-17), 바스카(Bhaskar, 1998: 54-65), 세이어(Sayer, 2011: 49-54)는 무어(Moor)의 자연적 오류에 대한 주장에 대해 비판을 하고 있다.

올바른 행정이 무엇인지?"를 말하는데 소극적 입장을 취할 가능성 높다. 따라서 일군의 행정학자들은 문제해결 지향적인 응용학문으로서의 행정학은 규범성과 과학성을 연결하는 것이 중요하다고 주장하기도 한다. 본고에서 살펴본 한국행정학에서의 규범이론들은 이러한 문제에 대한 논증 가능성을 열어 놓고는 있지만 적실하게 논증하지 않고 있다. 예를 들면, 행정윤리 및 윤리적 원칙들의 개념화 양식은 규범윤리학의 개념들과 행정이론의 개념들 간의 수평적 관계에서의(기호망에서의 차이의 놀이) 개념적 분석을 통해 논리적 일관성과 정합성이라는 차원에서 연역적 방식에 의해 전개되고 있다. 그러나 이들 개념들과 지시물간의 수직적 관계에서의 개념화(가추법이나 역행추론)는 찾아보기 어렵다. 따라서 한국적 맥락을 추상하는 개념화 양식은 행정윤리와 윤리원칙에 대한 이론들이 품고 있는 개념들이 경험적 적실성을 갖고 있는지에 대한 의문의 여지를 남기고 있다.

응용학문으로서 행정학에서의 규범이론이 역사적인 특정 사회조직형태의 맥락에서 행정의 문제가 무엇인가를 규명하고 이를 해결하는 대안을 제시할 수 있어야 한다는 것이라고 한다면, 규범이론의 과제는 다음과 같다.

첫째, "행정의 문제가 무엇인가?"에 대한 질문에 대해 규범이론은 "무엇이 문제이다"라는 선의 개념작용에 의거한 평가적 판단과 함께 이러한 평가적 판단의 내용에 대한 기술과 설명을 수반하지 않으면 적실하게 대답할 수 없다. 따라서 규범이론은 평가적 판단의 근거와 입장이 논쟁적일 수 있는 것이기에 사적이며, 주관적 가치판단이 아니라 타당성을 가진 정당한 것임을 설명하고 평가적 판단이 담고 있는 내용을 적합하게 기술하고 설명할 수 있어야 한다. 예를 들면 "전문 직업 관료제의 기술적 합리성의 지배는 행정악을 야기시키는 경향이 있다."라는 평가적 판단은 주관적인 가치 판단 및 의견이라기보다는 전문 직업 관료제의 기술적 합리성의 지배가 행정악을 야기한다는 현상(객관적으로 일어난 현상)에 대해 주장하는 내용을 담고 있다. 행정악과 행정악을 발생시키는 원천을 적합하게 기술하고 설명할 수 있다면 당연히 행정악의 원천을 제거하려는 규범적인 당위로 나아갈 것이다. 여기서 규범이론은 기술적 합리성과 행정악을 평가하는 가치 기준이 무엇이고 이러한 기준이 어떻게 정당성을 갖는지, 행정악의 원천이 무엇인지를 설명해야 할 뿐만 아니라 이러한 평가적 진술이 갖는 진리 값의 가치를 설명력 차원에서 논증해야 할 것이다. 또한 행정악의 원천을 제거하는데 딜레마가 무엇인지를 기술하고 설명할 수 있어야 한다. 기술적 합리성은 관료제에서 무시할 수 있는 가치가 아니기 때문이다. 그래야만 규범이론은 바람직성(규범성의 차원)과 실현가능성(정치 · 행정적 차원)을 고려한 유토피아를 제시할 수 있을 것이다. 이에 따라 행정학에서의 규범이론은 조심스럽게 사용해야 하지만 기술적이고 평가적인 '두꺼운 윤리적 개념(억압적, 잔인한, 친절한, 관대한, 굴욕감을 주는 , 폭력적인, 공정한 등등)'을 사용하는 것이 규범이론의 발전에 도움을 줄 수 있을 것이다 (Sayer, 2011: 41-45).

둘째, 규범이론은 규범적 사유와 실증적 사유를 결합할 수 있는 비판적인 사회과학적 이론으로 발전하는 것이 필요하다. 기존의 행정윤리 연구는 당위에 근거해서 처방을 제시하고 있다. 즉 연역적 추리를 통해 처방을 제시하고 있는데 이는 우연적 필연성의 성격을 갖고 있으며 다중 결정요인의 통일성이라는 구체적 실재를 고려할 때 처방의 실천적 적합성이 미흡할 수밖에 없다. 따라서 규범적 사유와 실증적 사유의 분리는 가치와 사실의 이분법을 전제하고 있어서 이들 사유들의 연결은 가치와 사실의 이분법을 해체하고 재구성하는 이론적 논증이 요구된다. 이러한 논증을 제시하는 하나의 예는 사실에서 가치로의 이행을 정당화하는 도덕적 실재론 입장에 서 있는 바스카(Bhaskar, 1994), 세이어(Sayer, 2000; 2011)와 고르스키(Gorski, 2013)의 논증을 들 수 있다 (신희영, 2014). 특히 세이어(Sayer, 2011)는 결핍되어있고 욕망을 지닌 감각적이고 평가적인 사회적 존재(sentient, evaluative being)로 인간을 개념화하면서 의미부여자, 인과적 행위자로서의 사회적 존재를 강조하는 비판적 실재론과는 거리를 두고 있다. 그의 논지에 따르면 비판적 사회과학은 문제를 규명하고 대안을 제시하는데 있어서 비판적 입장(가치판단)을 초월론적 논증을 통해 명확하게 설정하는 것이 중요하다.

셋째, 기존의 규범이론들은 이론적 연구가 많은 비중을 차지하고 있으며 경험적 연구는 가치와 사실의 이분법 틀내에서 사회적 사실로서의 가치에 대한 실증주의 연구가 대부분이다. 실증주의에 입각한 경험적 연구는 규범적 사유와 실증적 사유를 결합하는데 한계를 보여주고 있기 때문에 다른 접근방법에 의한 경험적 연구가 요구된다. 하나의 예를 들면, 공직자들이 이미 도덕화된 세계인 정부조직에서 공직생활을 하기 때문에 현실적인 행정윤리와 도덕을 비판적으로 검토할 수 있기 위해서 사회학적 환원주의보다는 공직자 1인칭의 서술을 중요시 하는 두꺼운 기술적, 설명적 연구가 있을 수 있다. 이러한 접근법은 도덕적 판단의 주체이면서 객체이고, 의미부여자(meaning maker)와 인과적 행위자(causal agent)일 뿐만 아니라 평가적인 존재(evaluative being)로 공직자를 개념화한다. 물론 이러한 경험적 연구는 특정한 사회조직형태나 문화 등이 공직자의 행위를 조건 짓는 과정에 대한 기술과 설명이 포함한다. 이러한 경험적 연구는 역사적인 사회 조직 형태와 사회적 존재인 인간의 역사성을 추상하는 도덕철학과 정치철학의 개념들을 행정의 실재에 재맥락화하는 강점을 갖고 있다.

제 5 장 비교연구

김 윤 권

Ⅰ. 서　론

우리는 일상생활에서 매일 비교를 하며 살아간다. '몸이 어제보다 좀 낫다.', '서울 공기가 작년보다 더 나빠졌다.', '채솟값이 작년보다 더 올랐다.' 등 온갖 비교를 통해서 현실에 대응하고 적응을 한다. 조직에서도 'A 부서가 B 부서보다 업무를 잘 한다.', '우리 부처 성과평가 순위는 전체 몇 등이다.', '우리나라 국가경쟁력은 OECD 국가 중에서 순위가 어느 정도이다.' 등 끊임없이 비교를 한다. 더 나은 지식은 비교를 통해서 얻는다 (Müller, 1870). 비교는 보편적인 사고방식이다. 다른 사람들, 아이디어들, 혹은 제도들을 비교하여 고려하는 것보다 자연스러운 것은 없다 (Dogan & Pelassy, 1990; Björkman, 2010: 1에서 재인용). 이러한 견해처럼, 학문 역시 비교를 통해서 짜임새 있는 논리가 형성되고, 벤치마킹을 통해서 다른 제도를 도입하고, 여러 대안 중에서 비교를 통해서 최적의 정책을 수립한다. 실용학문인 행정학에서도 비교는 가설, 이론, 로직, 제도, 정책 등을 수립하는데 결정적인 기여를 한다. 특히, 행정학에서의 비교연구는 현대적 행정학이 일천한 우리나라 행정(학)의 형성과 발전에 기본적 토대를 제공하면서 행정학 이론, 행정제도, 정책수립 등에 상당한 공헌을 한 것으로 판단된다.

조선왕조, 일본강점기, 그리고 미군정을 거치면서 서구 행정학이 한국에 도입되고 활용된 이래로 어느덧 60년을 맞이하고 있다. 과거를 통해서 현재를 이해하고, 현재를 통해서 미래를 예측할 수 있듯이, 환갑을 맞이한 우리나라 행정학의 발자취를 뒤돌아보면서 현재 행정(학)의 위치(locus)와 초점(focus)을 이해할 수 있고, 앞으로 행정학은 어떠한 방향으로 나아갈지를 예측을 할 수 있다.

이러한 맥락에서 이 연구는 지난 60년간 한국 행정학에서의 비교연구에 초점을 두고, 보편성과 특수성 관점에서 비교연구가 행정(학)에 어떠한 기여를 하였으며, 앞으로 비교연구의 과제와 전망은 무엇인가를 논의하는 것을 목적으로 한다. 비교연구의 분석대상은 60년간 우리나라 행정 및 정책 관련 등재 학술지에 게재된 비교행정, 발전행정, 지역연구, 국제(개발)행정, 비교분석과 관련된 논문을 기준으로 선정한다. 분석방법은 60년간 비교연구와 관련된 논문을 중심으로 문헌분석을 한다. 그리고 비교연구의 핵심 가치인 보편성과 특수성 관점에서 비교연구의 기여와 과제를 비판적으로 설명하고 평가를 한다.

Ⅱ. 이론적 검토

행정학에서의 비교연구를 분석하기에 앞서 우리는 비교연구가 무엇인지, 왜 비교연구를 하는지, 무엇을 어떻게 분석하는지에 대한 질문을 던질 수 있다. 이에 대답하기 위해서 우리는 비교연구의 의의(비교 및 비교연구 개념, 용어) 및 비교연구의 주요 논점(비교연구 추세, 분석 대상과 수준, 비교의 유형과 접근)을 검토할 필요가 있다. 이를 통해서 본 연구의 분석 틀을 도출할 수 있다.

1. 비교연구의 의의

행정실무를 수행하는 과정에서 직면하는 모든 현상과 사실은, 결국 비교를 통해서 이루어지며, 이러한 사실과 경험에 기초하여 도출하는 행정이론 역시 비교를 통해서 보다 정교화될 개연성이 높다. 따라서 우리는 행정실무나 이론형성의 경우에 비교에 주목할 필요가 있으며, 비교연구를 보다 엄밀화·체계화시킬 필요가 있다.

비교는 연구하려는 대상의 유사성과 차이성을 조사하는 것이다 (Björkman, 2010: 6). 비교는 둘 이상의 대상에서 나타나는 관계, 불변 혹은 변함을 발견하는 것이다 (Hume, 1985: 121; Björkman, 2010: 6에서 재인용). 비교는 인간의 생각에서 근본이다. 비교는 인문학 및 과학적 연구에서 핵심적 방법론이다. 비교는 정치적·행정적 과정과 변화가 발생하는 방식에 관련된 설명력을 높이고, 이론검증을 가능케 한다 (Ibietan & Folarin, 2013: 51). 비교는 비교대상이 존재하는 이유를 이해하고, 심지어 설명할 수 있게 한다. 비교는 또한 일상의 문제에 대한 실질적 해결책 혹은 대안을 제공한다. 대부분의 비교는 이해를 위한 단순한 묘사나 설명에 머무르고, 다음은 무엇인가? 혹은 어떤 결과가 나올까에 대한 예측을 하지는 않는다. 그러나 진정한 비교는 과학의 본질이라 할 수 있는 타당한 가설에 기초하여 예측을 할 수 있다 (Björkman, 2010: 6). 우리는 한 국가 내 제도의 기본구조를 알 수 있고, 이런 구조의 다양한 요소가 어떻게 공공정책을 수립하고 집행하는 것과 연관되는지를 인식할 수 있다. 그러나 다른 나라들과의 비교가 없다면, 이러한 제도가 공정한 것인지, 효율적인지, 혹은 바람직한지를 평가할 수 없다 (Chandler, 2014: 2).

이처럼 비교연구를 통해서 우리는 비교대상에 대한 인식·이해·평가를 할 수 있다. 이러한 측면에서 Windelband(1980)가 밝히듯, 비교연구란, "다양한 접근방법과 비교대상에 대한 정확한 분석자료를 바탕으로 '일정한 목적 또는 가치의 관계성'을 밝히는 작업이다."라고 할 수 있다.

비교는 사회과학을 포함한 모든 과학에서 본질적이며, 비교연구는 역사적으로 학문발전에 상당한 역할을 하였다. 그러나 사회과학에서 비교방법이 특정 하위 분야(가령, 비교정치) 혹은 방법론으로 간주되어야 하는가에 대해선 여전히 합의되어 있지 않다. 비교정치 논문에서 Lijphart(1971: 682)는 "실험, 통계, 사례연구방법과 더불어 비교방법 자체를 기본 방법"으로 간주한다. Sartori(1991: 243), 역시 "비교정치는 범주적으로 방법에 의한 성격을 갖는 분야"라고 한다. 그렇지만, 비교방법의 지위를 인정하지 않는 견해[1]도 많다. Mabbett & Bolderson(1999: 34)은 "비교연구에서 이론 및 방법과 관련된 많은 이슈는 국가 간 연구에 배타적이지 못하다."는 이유에서다. Ragin(1987: 2), 역시 "비교사회과학은 사회과학이 다른 형태와 다르지 않으며, 다른 방법론적 이슈와 독특하지도 않다."는 점을 제기한다. 즉, 모든 사회과학은 기본적으로 동일한 방법을 사용하며, 비교사회과학의 과학적 본질을 중시한다.

같은 맥락에서 행정학에서도 비교연구의 개념이나 대상에 대한 공유된 인식이 여전히 형성되어 있지 않다. 가령, 비교사회학, 비교정치학, 비교역사학, 비교교육학, 비교인류학 등과 달리 비교행정학이라는 용어는 사용되고 있지 않다. 그렇다고 행정학에서 이루어지는 비교연구를 비교행정이라고 사용할 수도 없는 상황이다. 왜냐하면, 비교행정은 특정 시대, 즉 1950~60년대 미국의 대외원조 정책의 실효성을 확보하려는 배경에서 등장한 행정 패러다임이기 때문에, 이를 통시적으로 적용되는 '비

---

1) 김용학(1995: 117)도 유사한 취지를 제기한다. "인접 사회과학 분야의 비교방법과 차별성이 있는, 사회학에서만 사용하는 비교방법이 따로 있는지에 대해서 회의를 한다. 그런데 사회학 분야에서만 사용하는 독특한 비교방법이란 없다고 생각한다. 인류학, 정치학, 경제학 등 사회과학 일반뿐만 아니라 기타 학문에서도 동일한 비교방법과 논리를 적용하고 있다고 보기 때문이다."

교행정'이라고 사용하기에는 일반화의 한계를 지닐 수밖에 없다. 마찬가지로 비교행정이론[2)]이란 용어에 대해서도 타당성의 문제가 제기된다.

위와 같은 견해들을 근거로 비교행정, 비교행정이론 등 용어 사용의 타당성 한계를 인식하면서, 본 연구는 다른 사회과학 분야[3)]에서 사용하는 표현처럼, '한국 행정학(에서)의 비교연구'라는 표현을 사용하기로 한다.

2. 비교연구의 주요 논점

일상에서든, 학문에서든 비교는 무수히 이루어질 수 있다. 행정학에서의 비교연구를 체계적으로 분석하고 이해하기 위해서는 비교연구의 추세, 분석의 대상과 수준, 비교의 유형과 접근방법 등을 검토할 필요가 있다.

행정학에서 비교연구의 추세를 비교행정으로부터 유추할 수 있다. 비교행정의 선두 학자인 Rigss는 공공행정의 비교연구에서 주목할 만한 세 가지 추세, 즉 ⅰ) 규범적(당위) 연구에서 경험적(존재) 연구로, ⅱ) 특정화(ideographic)(개별 국가 등) 연구에서 일반화(nomothetic) 연구로, ⅲ) 비생태적(행정 현상은 고립된 활동) 연구에서 생태적(행정 현상과 외부 환경 간의 관계) 연구로의 전환을 제시하였다 (Marume et al., 2016: 1027). 비록, 1960년대 비교행정이란 맥락에서 나타난 이러한 연구 추세는 오늘날에도 이어지고 있지만, 이들 연구 추세는 서로 배타적이라기보다는 규범적, 경험적, 특정화, 일반화, 비생태적, 생태적 연구 형태로 서로 공존하거나 학제적으로 이루어지고 있다.

일상생활에서 비교의 대상이 무수히 많듯, 행정학에서도 비교연구의 대상은 역시 방대하다. 행정학에서 비교의 대상은 행정체제 전체일 수도 있고 각 부분일 수도 있다. 비교의 대상은 다음과 같은 현상의 일부 혹은 전체일 수 있다 (Zulibrary, 2012: 2). 즉, ⅰ) 행정체제의 환경, ⅱ) 행정체제의 총체, ⅲ) 계층제, 업무분담, 전문화,

---

2) 이송호(2000: 366)는 비교행정이론을 비교행정 분야에서 주로 논의되는 이론이라면 논란의 소지가 없지만, 행정 현상에 관한 비교연구를 통해 구축한 이론이나 행정 현상을 비교연구를 하기 위해 구축한 이론을 비교행정이라고 부를 수 있는지 의문을 제기한다. 즉, "행정 현상을 통계연구를 통해 구축한 이론을 통계행정이론이라고 불러야 하는지? 일반적으로 이론의 명칭은 사용한 연구방법론에 따라 붙이지는 않는다. 비교대상이 되는 행정 현상은 다양하고, 그 현상에 관한 비교연구를 통해 만들어진 이론들은 엄밀하게 말해 그 현상에 관한 이론이지 비교행정이론이라고 말하기는 어려울 것이다."

3) 사회학의 비교연구방법(김용학, 1995), 법학의 비교연구방법(최종고, 1995), 한국인류학에서의 비교연구(조옥라, 1995), 역사-비교언어학의 비교연구방법(김윤한, 1995), 한국정치학에서의 비교정치연구(신명순, 1987), 독일민속학의 비교연구의 역사와 특징(이상현, 2014), 한국의 비교경제연구 20년 회고와 전망(성원용, 2012), 한국에서의 비교교육연구 성과와 과제(정일환 외, 2013) 등의 논문 제목을 고려할 수 있다.

권한과 책임의 네트워크, 분권화, 위임, 통제 기제, 절차 등에 초점을 두는 행정체제의 공식적 구조, iv) 집단의 본질, 구성원 간의 관계, 동기 기제, 도덕 상태, 비공식 소통의 유형, 리더십 본질 등을 포함하는 행정 배경에 존재하는 비공식적 조직 유형, v) 개인의 역할, vi) 개인의 성격과 조직체계 간의 상호작용, vii) 조직의 다양한 부분을 연계하는 정책과 의사결정체계, viii) 환류 기제를 갖는 소통체계, ix) 행정체계의 성과 등이다. Landman(2003)이 언급하듯, 비교의 대상이 증가할수록 분석의 깊이와 폭은 딜레마를 가지며, 추상성이 높아진다.

비교연구의 분석은 어느 수준에서 이루어질까? 일반적으로 사회과학에서의 개념은 분석의 수준과 일치된다. 즉, 추상화의 사다리 상위에는 개념의 속성 혹은 특성이 축소되어 그 개념을 더욱 추상적·일반적인 개념으로 정립되고, 사다리의 하단에는 특정 조건을 추가하거나 명백히 밝혀 구체적인 개념으로 위치된다 (Sartori, 1970; 안지호, 2013: 74에서 재인용). 즉, 고수준은 보편 개념화로서 이질적인 맥락 간의 교차 지역적 비교분석(거시 이론)이 활용되고 외연이 극대화된다. 중수준은 일반 개념화로서 비교적 동질적인 맥락 간의 지역 내 비교분석(중범위 이론)이 활용되어 외연성과 내포성이 균형을 이룬다. 저수준은 형상 개념화에 해당하여 국가별 비교분석(미시 이론)이 활용되어 내포성이 극대화된다. 행정학에서의 비교연구도 거시, 중범위, 미시 연구로 구분될 수 있다. Zulibrary(2012: 2−3)는 비교행정 연구의 세 가지 수준을 제시한다. 첫째, 거시 연구는 행정체계의 적정한 생태적 맥락에서 전체 행정체계의 비교(행정체계와 외부 환경 간)에 초점을 둔다. 둘째, 중범위는 기능의 규모와 범주가 충분히 큰 행정체제의 어떤 중요한 부분(관료제 구조 등)을 다룬다. 셋째, 미시 연구는 다른 배경에서 개별 조직과 상대 조직 간의 비교(교육훈련체계 등)와 관련된다.

이러한 비교는 다양한 유형으로 이루어지고 있다. 행정학 비교연구의 한 범위라 할 수 있는 비교행정론의 경우, Zulibrary(2012: 3−4)는 다섯 가지 유형을 제시한다. i) 제도 간 분석은 한 조직 내부에서 두 개 이상의 행정체계를 비교한다. ii) 국내 분석은 한 국가 안에서 기능을 수행하는 다양한 행정체계들을 분석한다. iii) 국가 간 분석은 다른 국가들의 배경에서 둘 이상의 행정체계를 비교하는 것이다. iv) 문화간 분석은 행정체계의 문화 간 분석으로 일부 혹은 상이한 문화를 갖는 국가를 포함한다. v) 교차 시기 분석은 시기가 다른 틀에서 비교하는데 제도 간, 국내, 국가 간, 혹은 문화 간 분석이 이루어질 수 있다.

행정학에서의 비교연구에는 어떠한 접근방법이 이루어졌을까? 비교행정의 주제 분야(subject area)를 성격 지울 수 있는 접근, 모형, 그리고 이론은 다양하다.[4] 2차대

전 이후 많은 접근이 비교행정 분석에서 등장했다. 비교인류학, 비교사회학, 비교정치학에서 토대를 둔 다양한 접근이 비교행정에서 이루어졌다. 가장 영향력 있는 접근인 관료적 모형, 행태분석에 초점을 둔 행태적 접근, 행정체계를 사회의 하위체계로 간주한 일반체계 접근, 행정체계와 외부 환경과의 관계를 중시한 생태적 접근, 인류학과 사회학에서 도출된 구조적-기능적 접근, 비교행정에서 잘 알려진 개념적 접근인 발전행정 등이 있다. 이 외에도 Dorsey의 Information-Energy 모형, Landau의 의사결정 모형 등이 있다. 그렇지만, 여러 다른 모형들은 Weber의 관료적 모형, Riggs의 프리즘 모형, 그리고 발전행정의 구조, 이 세 모형의 포괄성과 수용성을 넘어서기는 쉽지 않을 것이다.[5)]

3. 연구의 분석 틀

한국 행정학의 비교연구 60년을 분석하기 위해서는 앞서 검토한 주요한 논점을 기반으로 분석 틀을 도출할 필요가 있다. 왜냐하면, 이 기간에 이루어진 비교연구의 내용이 매우 다양하고 방대하며, 연구의 질적 수준도 천차만별이기 때문이다. 따라서 본 연구는 행정학에서의 비교연구를 수행하기 위한 일정한 논거를 토대로 그 범위, 성격, 범주, 분야, 접근으로 좁혀서 분석하기로 한다.

첫째, 비교연구의 범위와 연구의 성격을 고려할 필요가 있다. 먼저, 학회지 범위인데, 세계 각국 학술지에 게재된 비교연구를 모두 포괄하는 것이 아니라, 우리나라 행정 및 공공정책과 관련된 등재 학회지에 게재[6)]된 비교연구에 한정한다. 또한, 시간적 범위는 1956년부터 2016년 상반기까지 연구된 논문에 한정하며, 10년 단위로 구분하여 설명하기로 한다. 그리고 한국 행정학의 비교연구 유형을 연구의 목적 혹은 성격에 따라 탐색적, 기술적(묘사적), 설명적(예측적), 처방적(평가적) 연구로 구분[7)]

---

4) 비교행정은 상당히 이론적 틀에 관심을 가진다. 비교행정에서 이론의 궁극적 과제는 다양한 행정체제 간에 상이성과 유사성을 명확히 하여 의미 있는 관계를 보여주는 것이다. 여기에는 다양한 이론이나 모형, 가령 Weber의 관료제 모형(혹은 이론), Easton의 체계 모형, Almond의 구조기능이론, Pye의 정치문화 모형, Riggs의 농업·전이·산업 모형이 있다 (Ibietan & Folarin, 2013: 52).

5) Retrieved from http://www.hss.ruh.ac.lk/homepages/lecture_notes/Sabaragamuwa%20Lecturers/Unit-5.pdf (검색일, 2016.5.22).

6) 행정과 공공정책 분야와 관련된 국내 학술지에는 학회지 게재 논문 외에 한국행정학회의 경우, 소식지, 기획세미나, IRPA, 정기학술대회 발표논문, 한국행정포럼, 행정학전자사전 등 다양한 연구 문헌이 있다. 이 중 학회의 정식 심사를 거쳐 게재된 한국행정학보만을 선정하고 나머지 문헌들은 제외키로 한다. 역시 등재지 게재 논문인 한국정책학회보, 행정논총, 한국사회와 행정연구, 한국행정논집 역시 모두 게재된 논문만을 선정·분석하기로 한다. 아울러 본 연구에서 도출한 분석 틀에 비추어볼 때, 일반적이고 포괄적인 내용을 다루는 저서나 보고서는 분석대상에서 제외키로 한다.

7) 탐색적(exploratory) 연구는 비교의 기초적 사실, 배경 및 관심, 새로운 아이디어와 가설정립 등

하여 분석한다. 행정학에서의 비교연구를 통해서 비교대상의 형성과 변화를 이해하고 설명할 수 있다. 또한, 비교대상이 가진 문제를 해결할 수 있는 대안을 찾아낼 수도 있고, 더 나아가 앞으로 발생할 가능성을 예측할 수 있다.

둘째, 우리나라 행정학에서 비교연구의 범주(scope)는 '비교'라는 맥락과 연관성을 갖는 비교행정, 발전행정, 지역연구, 국제(개발)행정, 비교분석[8]으로 한정하기로 한다. 비교행정은 1950년대의 패러다임[9]으로 보편성, 일반성, 합법성, 능률성, 민주성이란 행정이념을 내세우며, 기능주의와 체제의 특징을 띤다. 특히, 국가 간 비교를 통해서 개발도상 국가들이 왜(why) 낙후되었는가 하는 원인과 결과를 진단하면서 과학성을 추구한다. 반면, 발전행정은 1960년대의 패러다임으로 전문성, 능률성, 민주성, 효과성, 생산성이라는 행정이념을 가진다. 발전행정은 동태적이고 목표 지향적이며, 실용주의와 체제의 능력을 중시한다. 이는 행정을 독립변수로 간주하며, 어떻게(how) 문제를 극복할 수 있느냐는 처방을 중시하며, 시간적 접근을 가진다. 다음, 지역연구는 학자에 따라 다양하게 인식된다.[10] 지역학 혹은 지역연구(area studies)란 용어는, 1945년 이후 냉전이 진행되면서 미국 학계에서 처음 사용하기 시작한 것이다 (황동연, 2011: 150). 지역연구는 관점에 따라 다르겠지만, 본 연구에서는 비교행정과 발전행정 그리고 국제행정을 제외하고, 행정학 및 정책학과 관련된 다른 국가 혹은 국가 간 비교연구를 그 범주로 정한다. 이어서 국제행정은 국내행정이나 국제경

과, 기술적(descriptive) 연구는 일련의 범주개발 및 유형분류, 인과적 과정 및 메커니즘의 기록, 상황의 배경 또는 맥락의 보고, 변수 간 상관관계 등과, 설명적(explanatory) 연구는 기존 이론의 적용, 인과관계 검증·입증·비판, 이론 정교화, 설명 또는 예측 등과 관련된다 (남궁근, 2005: 59-66). 행정학 연구에서도 행정 현상의 서술(즉, 묘사, 설명, 예측)에 더하여 평가와 처방(prescriptive)을 그 범주에 포함해야 한다 (정용덕, 2009: 1).

8) 비교 범주에서 일본강점기 관련, 그리고 북한 관련 행정 연구는 제외하기로 한다. 그리고 국내연구 중에서 비교와 관련된 방법론이나 00의 비교연구(가령, 공무원의 직무태도에 관한 비교연구) 등은 '비교분석'으로 범주화하여 분석한다. 왜냐하면, 우리나라와 다른 나라의 비교분석은 지역연구라는 범주와 중복될 수 있기 때문이다. 이를 고려하여 비교분석에서는 단지 우리나라 행정 관련 '비교' 내용만을 다루기로 한다.

9) 행정학은 시대 변화에 부합하는 패러다임이 계속 이어지고 있다. 행정이론 측면에서 본다면, 1900~30년대까지는 행정관리설이 퍼지면서 행정이론은 과학적 관리론, 행정관리론, 관료제론, 그리고 인간관계론이 지배적이었다. 1940~60년대는 행정행태설이 영향을 미치면서 행정이론은 행정행태론, 생태론, 체제이론, 비교행정론이 지배적이었다. 1960년부터는 발전기능설이 퍼지면서 행정이론은 불균형이론이라 할 수 있는 발전행정론이 지배적이었다. 그 이후 1970년대 정책화기능설이 작용하면서 신행정론, 공공선택이론 등이 활용되었다. 1980년대는 거버넌스를 필두로 NPM(신공공관리론), 현상학, 행위이론, 비판행정, 신제도론 등이 주도하였다. 그리고 1990년대 이후는 New Governance가 자리 잡으면서 포스트모더니즘, 담론이론 등이 등장하였다. 2005(8)년 부터는 Post-NPM 시대가 흐르고 있다.

10) 지역연구란, 2차대전이 끝난 후 소련으로 대표되는 사회주의 세력과 미국으로 대표되는 자본주의 세력의 대결구도에서 발생한 냉전과 직접적이고도 깊은 관련을 가진다. 이는 미국 학계에서 사용하기 시작한 용어이며, 동시에 미국 학자들이 냉전 시기에 창안한 하나의 학문 분야라고 할 수 있다 (황동연, 2011: 150).

영에 대비되는 개념으로, 정부 간 혹은 비정부 간 국제기구를 중심으로 공공의 문제를 해결하기 위한 정책의제설정, 정책결정, 정책집행, 정책평가의 전 과정 혹은 그 일부를 일컫는다 (구민교, 2008). 국제행정은 연역적으로 국제사회 또는 국제공동체 사회의 행정으로서 국제적 관련성을 갖는 공공의 관심 사항 또는 공공의 문제를 해결하기 위한 국제적 공공정책의 형성과 집행이다 (박정택, 1993: 255). 끝으로 비교분석(comparative analysis)은 단위, 지역, 국가, 사회, 문화 간의 상황 혹은 결과에 관한 유사성과 상이성을 묘사·설명하는 것을 의미한다. 비교분석은 인류학(교차문화 분석), 사회학(교차 사회적), 정치학(교차 국가의), 역사학(비교역사학), 심리학(비교심리학) 등의 분야에서 이루어졌다 (Smelser, 2003: 645).

셋째, 행정학에서 비교연구는 다양한 학문 분야(area), 수많은 주제와 내용으로 이루어진다. Gulrajani & Moloney(2012)는 미국행정학회(ASPA)의 행정연구 분야를 환경·천연자원관리, 정부 간 행정관리, 인사행정, 노동관계, 공공예산·재정관리, 민주주의 및 사회정의, 공공성과관리, 윤리, 과학기술, 보건행정, 대인서비스행정, 공법·행정, 공공행정조사, 복잡성 및 네트워크연구, 공공행정에서의 여성, 위기관리, 형사사법행정, 교통행정·정책으로 구분한다. Onder & Brower(2013: 125)는 행정학의 주제 분야를 행정이론, 조직이론, 공공정책, 인사행정, 공공재정·예산, 도시와 환경, 행정법, 헌법, 지방행정, 의사소통으로 구분한다. 본 연구는 비교연구 분야를 행정가치(행정이념, 윤리, 부패 등), 행정이론, 제도(법령, 규제 등), 조직(정부, 행정개혁, 조직 관련 등), 인사(관료 등), 재정·예산, 정책(외교, 환경 등), 전자정부(정보, 지식 등), 지방자치(지방정부)로 구분하여 분석한다.

넷째, 행정학에서 비교연구의 접근(approach)은, 우선 비교행정론에서 제시된 관료적 모형(인사관리 등), 행태적 접근(인식, 태도 등), 일반체계(조직, 조직개편, 제도(법령, 규제 등)), 구조-기능적 접근, 생태적 접근(환경 등)을 활용한다. 또한 비교정책연구(박천오 외, 2005: 22-23), 새로운 패러다임(거버넌스, 신제도주의 등), 질적·양적 방법론을 적용한 방법론적 접근으로 구분하여 분석을 한다.

이상 비교연구의 의의 및 주요 논점을 근거로 연구의 분석 틀을 설정하면 다음과 같다.

〈표 1〉 본 연구의 분석 틀

시대	비교연구 추세					비교 성격				비교 범주					비교 분야									비교 접근							
	한행	한정	행논	한사	한논	탐색적	기술적	설명적	처방적	비교행정	발전행정	지역연구	국제행정	비교분석	행정가치	행정이론	제도	조직	인사	재정예산	정책	전자정부	지방자치	관료모형	행태론적	일반체제	구조기능	생태론적	비교정책	패러다임	방법론적
1956																															
…																															

주: i) 위 분석 틀에 따라 5개 학술지[11] 논문 중에서 행정학에서의 비교연구에 주목하면서 '주목된 내용분석'(eye－ball content analysis)을 근거로 분석대상 논문을 선정한다. 그리고 '비교' 논문 중에서 제목과 달리 본질적인 '비교'의 내용을 담고 있지 않은 논문은 제외한다. 반면에 제목에서는 '비교' 연구가 드러나 있지 않지만, 비교연구와 관련된 논문을 포함한다.

ii) 총 편수는 본 연구의 선정 기준에 따라 선별된 논문을 대상으로 산정한 것이지, 우리나라 행정학 60년간 '비교' 연구를 모두 포괄적·배타적으로 선정·분류하여 도출된 수치는 아니다.

iii) 편의상 '한행'은 한국행정학보, '한정'은 한국정책학회보, '행논'은 행정논총, '한사'는 한국사회와 행정, '한논'은 한국행정논집을 약칭한 것임

Ⅲ. 한국 행정학에서의 비교연구: 내용분석

한국 행정학에서 60년간 수행된 비교연구를 위 분석 틀에 따라 시대별 비교연구 추세 및 성격, 비교 범주, 비교 분야, 비교 접근이란 차원에서 분석할 수 있다. III에서는 주로 양적 분석을 하며, IV에서는 이를 근거로 보다 질적으로 분석한다.

1. 시대별 비교연구 추세 및 비교 성격 분석

1) 시대별 비교연구 추세 분석

본 연구에서 설정한 분석 틀에 따라 우리나라에 행정학이 도입된 이후 최근까지 행정학에서의 비교연구를 한국행정학보, 한국정책학회보, 행정논총, 한국사회와 행정연구, 한국행정논집을 중심으로 집계한 결과 총 844편에 이른다.

---

11) 한국행정학보는 1967년부터 연 1회 발간되다가 1984년 제18권부터는 연 2회, 1990년 24권부터 3회, 1991년 25권부터 연 4회 발간되고 있다. 한국정책학회보는 1992년부터 연 1회 발간되다가 1994년부터 연 2회, 1998년부터 연 3회, 2002년부터(다만, 2005년 연 5회) 연 4회 발간되고 있다. 행정논총은 1962년부터 연 1회 발간되다가(다만, 1963년 미발간), 1966년부터 연 2회, 2001년부터는 연 4회 발간되고 있다. 한국사회와 행정연구는 1990년부터 2001년까지 연 1회 혹은 2회 발간되다가 2001년부터 연 4회 발간되고 있다. 한국행정논집은 1989년부터 연 1회 발간되다가, 1994년부터 연 2회, 1996년부터 연 4회 발행되고 있다.

[그림 1] 시대별 학술지별 비교연구 추세

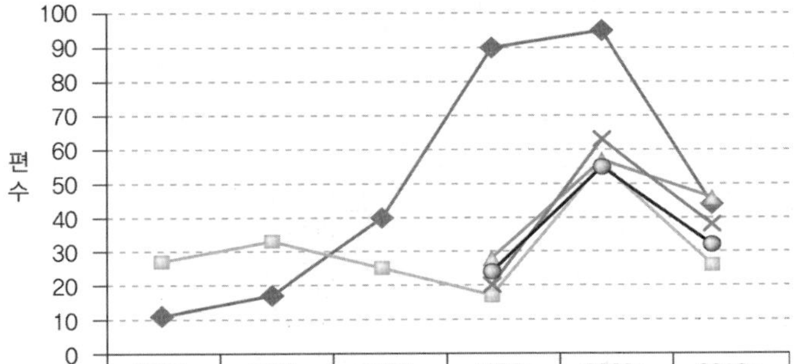

	1960s	1970s	1980s	1990s	2000s	2010s
한행	11	17	40	90	95	44
한정				28	57	46
행논	27	33	25	17	56	26
한사				20	63	38
한논				24	55	32

시대별 행정학의 비교연구와 관련된 논문을 5개 학회지를 통합하여 본다면, 1960년대에는 38편, 1970년대에는 50편, 1980년대에는 65편, 1990년대에는 179편, 2000년대에는 326편, 2010년대에는 186편에 달한다. 1960년대부터 학회가 창립되면서 1960년대 4.4%정도, 1970년대 6%, 1980년대 7.6%, 1990년대 21%, 2000년대 38.5%, 2010년대(현재까지) 22.1% 비율로 꾸준히 증가하고 있다.

물론, 현재 한국에서 행정 및 정책 관련 학술지, 저서, 보고서 등을 모두 포괄적으로 고려하여 도출된 편수는 아니지만, 본 연구의 분석 틀에 따라 선별한 행정학에서의 비교연구 비율은 꾸준히 증가하고 있음을 알 수 있다.

2) 비교연구의 성격

행정학의 비교연구는 연구의 목적 혹은 성격에 따라 탐색적 연구, 기술적 연구, 설명적 연구, 처방적 연구로 구분할 수 있다. 다만, 이러한 구분이 다소 모호하고 또한 대부분의 연구가 탐색적, 기술적, 설명적, 처방적 성격을 일부분 또는 상당 부분 서로 내포하거나 중첩되어 있기 때문에 포괄성과 배타성을 엄밀하게 적용할 수 없는 일정한 한계를 지닐 수밖에 없다. 따라서 네 가지 성격 중에서 특정 성격이 보다 드러나거나 주된 내용을 담고 있는가를 준거로 판단하여 구분하기로 한다. 이러한 준거를 통해 5개 학술지에 게재된 비교연구의 성격을 시대별로 구분하여 보면 <표 2>와 같다.

〈표 2〉 행정학의 비교연구 성격별 논문 편수

	탐색적						기술적						설명적						처방적					
	한행	한정	행논	한사	한논	소계	한행	한정	행논	한사	한논	소계	한행	한정	행논	한사	한논	소계	한행	한정	행논	한사	한논	소계
1960s	5		5			10	5		15			20	1		5			6			2			2
1970s	7		4			11	3		9			12	7		8			15			12			12
1980s	11					11	10		8			18	17		15			32	2		2			4
1990s	8	3		1	2	14	13	3	5	3	2	26	57	11	8	13	15	104	12	11	4	3	5	35
2000s	2	1	1	2		6	16	2	3	14	11	46	65	43	47	42	42	239	12	11	5	5	2	35
2010s	5	2	1			8	10	5		4	2	21	23	37	19	30	23	132	6	2	6	4	7	25
누계	38	6	11	3	2	60	57	10	40	21	15	143	170	91	102	85	80	528	32	24	31	12	14	113

5개 학술지 모두 설명적 연구가 압도적으로 높은 비율을 차지한다. 이는 행정학 혹은 정책학의 비교연구가 비교의 대상을 분석하거나 설명하여 함의나 예측을 지향하기 때문으로 풀이된다. 이어서 기술적 연구가 높은 비율을 차지하는데, 이는 외국 제도나 정책의 내용과 특징을 기술하여 학습과 벤치마킹을 하려는 목적과 관련된 것으로 판단된다. 처방적 연구는 한국정책학회보에서 두드러지는데, 이는 정책학의 문제 해결 지향적인 특성과 연계시켜 이해할 수 있다. 탐색적 성격의 비교연구는 주로 한국행정학보와 행정논총에서 이루어졌는데, 이는 행정학 도입 초기인 1960~80년대의 학술지로서 외국의 제도를 고찰하거나 소개를 하는 시대적 맥락과 연계된 연구가 다수를 차지한 것으로 판단된다.

2. 비교 범주별 분석

앞선 이론적 검토에 따라 행정학에서 비교연구의 범주를 비교행정, 발전행정, 지역연구, 국제행정, 비교분석으로 구분할 수 있다. 다만, 연구란 하나의 범주에서 이루어질 수도 있지만, 대부분 다양한 맥락, 이론, 내용 그리고 방법론이 교차 혹은 융합되어 이루어지는 경향이 높다. 특히, 비교연구의 경우, 포괄성과 배타성을 엄밀하게 적용하여 비교의 범주를 명료하게 분류하기가 쉽지 않다. 이러한 한계를 인식하고 본 연구에서 구성한 분석 틀의 기준에 따라 분류하면 다음과 같다.

〈표 3〉 비교 범주별 논문 편수

시대	비교 범주																				
	비교행정					발전행정					지역연구					국제행정					비교분석
	이론	사례			소계	이론	사례			소계	이론	사례			소계	이론	사례			소계	국내 '비교' 범주 연구
		1국	2국	3국 이상			1국	2국	3국 이상			1국	2국	3국 이상			1국	2국	3국 이상		
1960s	4	1	1	1	7	15		1		1		5			5	7				7	3
1970s	1				1	19					2	18	1	3	24	1			1	2	4
1980s	1				1	7					4	23	10	8	45	5			1	6	6
1990s											1	93	24	29	147	4		1		5	27
2000s						2					5	94	67	55	221	9	1	2	4	16	87
2010s	1				1	2					1	41	25	39	106	15	2		10	27	50
누계	7	1	1	1	10	45		1		46	13	274	127	134	548	41	3	3	16	63	177

한국행정의 비교연구를 비교 범주별 흐름으로 본다면, 행정논총은 1962년부터 그리고 한국행정학보는 1967년부터 발간되면서 당시 행정학 패러다임으로 적용된 비교행정과 발전행정 연구가 활발하게 이루어졌다. 한편, 한국정책학회보는 1992년부터, 한국사회와 행정연구는 1990년부터, 한국행정논집은 1989년부터 발간된 관계로 비교행정과 발전행정 관련 논문이 거의 없다. 학술지에는 해당 시기 행정(학) 패러다임과 맥을 같이 하는 내용의 연구가 주로 게재되는 경향이 있기 때문이다.

[그림 2]에서 보듯, 비교연구의 범주는 지역연구가 65%로 압도적으로 높은 비율을 차지한다. 이어서 비교분석 21%, 국제행정 8%, 발전행정 5%, 비교행정 1% 순으로 연구가 이루어지고 있다.

[그림 2] 행정학의 비교연구 범주

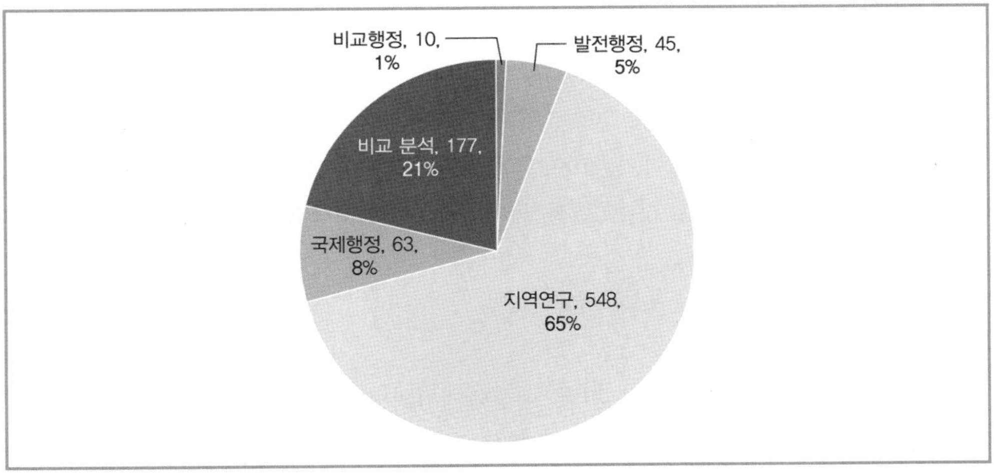

비교연구의 경우는 무엇보다 외국과의 비교에 주목할 수밖에 없다. 그동안 우리나라 비교연구의 대상 국가를 검토할 필요가 있는데, 비교행정, 발전행정, 지역연구, 국제행정 범주에 포함된 국가를 대상으로 빈도를 누적하면 다음과 같다.

[그림 3] 행정학의 비교연구 분석 대상 국가

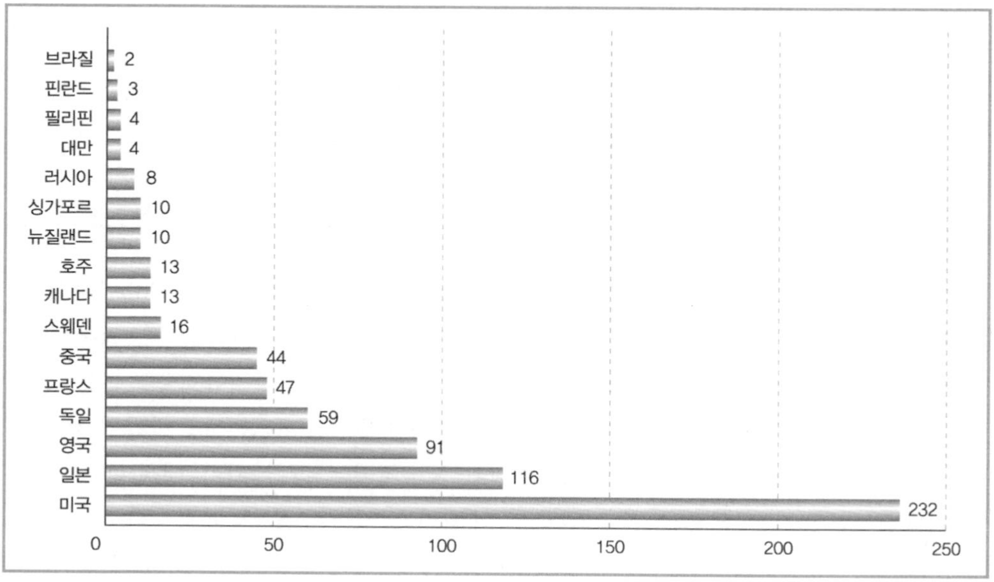

[그림 3]에서 보듯, 우리나라 행정학에서 비교연구의 대상 국가로는 5개 학술지 모두 미국이 압도적으로 높은 빈도를 차지하고 있다. 이는 미군정 이후 미국 행정을 벤치마킹하는 과정에서 경로의존적인 연구경향을 반영한 것으로 이해할 수 있다. 이어서 일본인데, 이는 아마 우리와 가장 유사한 제도와 행태 · 문화를 갖고 있다는 점에서 행정 및 정책에서 비교대상으로 선정되었다. 뒤이어 영국, 독일, 프랑스 순으로 비교연구 대상으로 연구되었다. 시선을 끄는 것은 중국인데, 1960~1980년대까지는 연구가 거의 이루어지지 않다가, 1992년 한중수교 이후 비교연구 대상으로 꾸준히 선정되고 있다. 전반적으로 소수 특정 국가에 집중되어 연구가 이루어졌음을 알 수 있다.

3. 비교 분야별 분석

앞서 제시한 분석 틀에 따라 한국 행정학에서의 비교연구 분야로는 크게 행정가치, 행정이론, 제도, 조직, 인사, 재정 · 예산, 정책, 전자정부(정보, 지식), 지방자치(지방정부 등)로 구분하여 분석할 수 있다. 비교연구의 비교분야를 시대별로 누적하면 <표 4>와 같다.

〈표 4〉 비교 분야별 논문 편수

시대	비교 분야								
	행정가치	행정이론	제도	조직	인사	재정예산	정책	전자정부	지방자치
1960s	1	11	5	5	8	5	4		1
1970s	2	10	6	8	13	5	5		
1980s	1	12	6	13	9	2	19		3
1990s	6	11	14	33	12	29	38	12	24
2000s	18	22	38	60	34	41	52	9	52
2010s	8	14	10	34	11	16	70	8	14
누계	36	80	79	153	87	98	188	29	94

우리나라 행정학의 비교연구에서 비교 분야별 편수로는 정책 분야가 압도적으로 높게 나타나고 있다. 1980년대 후반부터 시작된 정책연구는 1990년대부터 폭발적으로 증가하고 있다. 그다음 조직 분야에서의 비교연구가 지속해서 높게 이루어지고 있다. 이어서 재정·예산 관련 비교연구가 뒤를 잇고 있다. 한편, 지방자치 분야에서 비교연구가 높게 이루어지고 있는데, 이는 1991년 구·시·군의회 선거와 시·도의회 선거가 실시되면서 지방자치제도가 부활하게 된 맥락과 연계된다. 그러나 전자정

[그림 4] 행정학의 비교연구 분야별 논문 편수

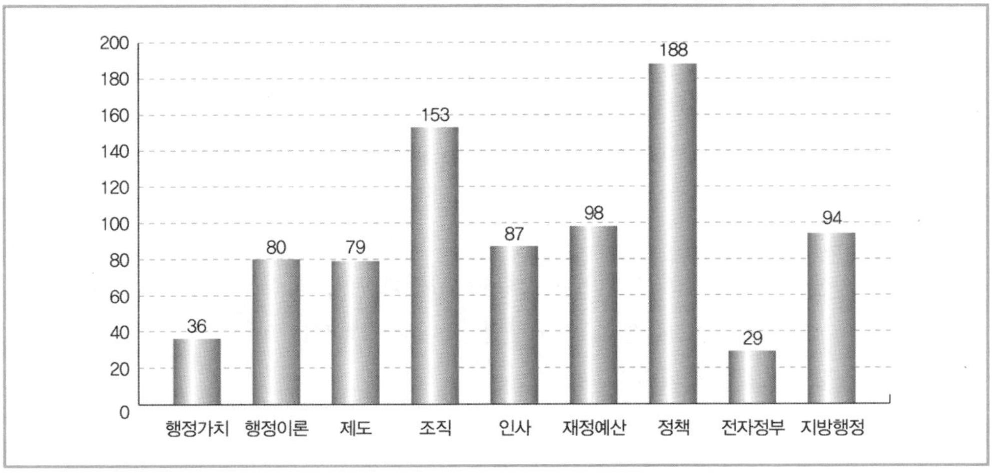

부 관련 비교연구는 뜻밖에 가장 낮은 편수를 보여주고 있다. 그리고 행정가치와 관련된 비교연구는 상당히 적은 비중을 보여주고 있다.

4. 비교 접근별 분석

분석 틀에서 제시하듯, 한국 행정학 비교연구의 접근은 비교행정론에서 제시된 관료모형 접근, 행태론적 접근, 일반체제 접근, 구조-기능 접근, 생태론적 접근을 활용한다. 그리고 시대 변화에 따라 두드러진 비교정책연구, 새로운 패러다임(거버넌스, 신제도주의, NPM 등), 방법론적 접근을 추가로 적용하여 분석할 수 있다. 5개 학술지를 근거로 시대별로 비교 접근을 활용한 논문 편수는 <표 5>와 같다.

〈표 5〉 비교 접근별 논문 편수

시대	비교 접근							
	관료모형	행태론적	일반체제	구조기능	생태론적	비교정책	패러다임	방법론적
1960s	7		6	1	11	2	9	3
1970s	7	1	13	2	13	2	4	7
1980s	5	5	16	9	14	9	6	4
1990s	5	15	40	17	22	36	9	32
2000s	13	30	64	25	39	41	49	66
2010s	5	13	13	9	18	30	25	72
누계	42	64	152	63	117	120	102	184

시대별 비교 접근의 흐름을 본다면, 1960년대에는 생태론적 접근이 가장 많이 활용되었다. 이는 당시 외국 행정학의 도입, 그리고 비교행정 및 발전행정과 밀접한 시대적 맥락과 연관된다. 1970~80년대에는 생태론적 접근과 더불어 현상에 대한 이해를 높여주는 체제론적 접근이 두드러졌다. 1990년대에 들어서면서 관료모형, 행태론, 일반체제, 구조기능, 생태론적 접근 등의 전통적인 접근 외에 비교연구 접근의 외연이 확대되는 현상이 나타났다. 즉, 1990년대에는 정책학 및 방법론적 접근이 활발해졌으며, 2010년대에는 거버넌스로 대표되는 패러다임 접근이 활발했으며, 동시에 방법론적 접근이 전면에 드러나는 상황이 되었다. 즉, 계량분석 기법이 정교화되면서 행정학의 비교연구는 정성적 연구뿐만 아니라 정량적 연구를 수행하는 방법론적 접근이 가장 많이 활용되었다.

[그림 5] 행정학의 비교연구 접근별 논문 편수

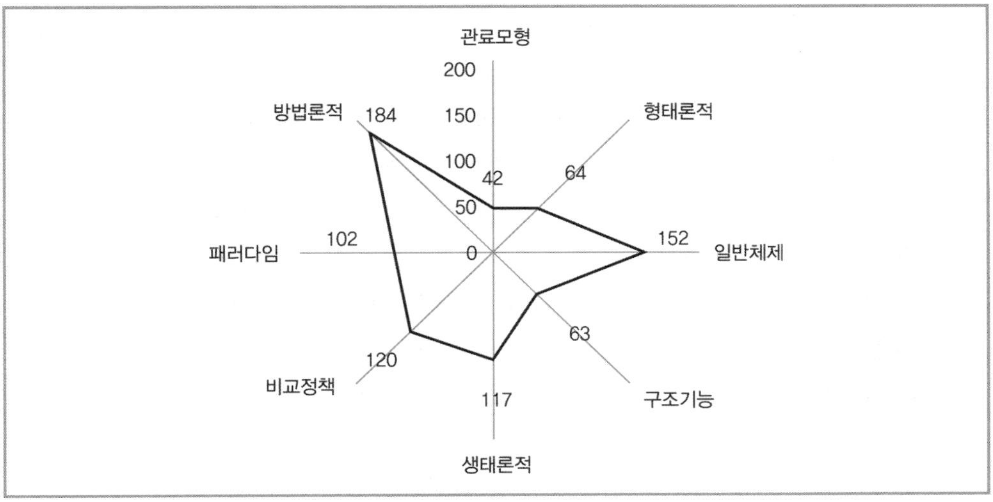

[그림 5]에서 보듯, 방법론적 접근이 184편으로 가장 많은 편수를 차지하고 있다. 뒤이어 일반체제 접근 152편, 비교정책 접근 120편, 생태론적 접근 117편, 패러다임 접근 102편, 행태론적 접근 64편, 구조기능 접근 63편, 관료모형 접근 42편 순으로 기록되고 있다.

Ⅳ. 비교연구의 함의: 기여와 과제

III에서 분석한 비교연구를 토대로 IV에서는 비교연구의 함의를 기여와 과제로 논의한다. 즉, 비교연구의 성격, 범주, 분야, 접근별 주요 내용과 기여를 분석하고 각 차원에서의 과제를 논의한다.

1. 비교연구 성격 차원의 기여와 과제

1) 비교연구 성격 차원의 내용과 기여

한국 행정학 비교연구의 성격을 탐색적, 기술적, 설명적, 처방적 차원에서 그 내용과 기여를 분석하면 다음과 같다. 첫째, 탐색적 연구의 주요 내용을 보면, 노충현(1967)은 프랑스와 영국 고위공무원에 대한 소개를, 백승원(1972)은 미연방 정부의 직무분류제를 고찰하였다. 박창노 외(1982)는 미국 행정학에 대한 새로운 인식을, 유완빈(1982)은 영국의 행정학을 소개하였다. 박정택(1993)은 새로운 국제행정 개념의 탐색을, 이도형(2002)은 발전행정론의 재구성을 위한 시론을 펼쳤다. 허만형(2011)은 연금개혁제도의 확산에 관한 보편적 유형을, 안지호(2011)는 동서독 행정비교 연구 서설에서 부르디외의 이비투스와 장 개념을 탐색하였다. 이러한 탐색적 연구들은 주로 해당 시기에 우리나라 행정(학)에서 필요로 하는 외국 제도나 현상을 소개하거나 탐색을 한 연구들이다. 탐색적 연구를 통해서 우리는 선진국의 행정에 대한 기초 사실, 배경이나 관심, 새로운 시각에서의 인식을 하게 되어, 우리나라 행정을 보다 객관적으로 바라볼 수 있다.

둘째, 기술적 성격의 비교연구는, 역시 한국행정학보, 행정논총, 한국사회와 행정, 한국행정논집 모두 설명적 성격 연구 다음으로 높은 비율을 차지한다. 기술적 연구의 내용을 보면, 유훈(1967)은 프랑스의 공기업을, 이한빈·박동서(1969)는 발정행정의 맥락을, 김광웅(1972)은 발전행정과 체제이론을, 정연선(1980)은 중국 관료제의 특징을 기술하였다. 임도빈(1996)은 영국, 프랑스, 독일의 정치와 행정의 관계를 비교하였다. 김상묵·남궁근(2005)은 북유럽 국가의 정부 인사개혁 전략의 특징을, 이광석(2009)은 영국 복지행정의 이념과 실용주의를 이념의 굴절이란 측면에서 기술하였다. 이러한 기술적 연구들은 외국의 행정이나 정책에 관한 현상과 맥락을 학자들의 시각으로 범주를 개발하거나 유형을 구분하고, 외국 제도의 기제나 특징을 파악하고, 제도나 정책에서 활용된 변수 간 상관관계 등을 묘사한 것이다. 위 선행연구들처럼, 기술적 연구들을 통해 우리 행정(학)은 이들 제도나 정책을 학습하고 벤치마킹을 하여 우리나라 행정발전에 일정한 역할을 한 것으로 볼 수 있다.

셋째, 설명적 성격의 비교연구는 한국행정학보, 한국정책학회보, 행정논총, 한국행정논집 모두 압도적인 비율을 차지한다. 설명적 연구의 주요 내용을 보면, 윤재풍(1969)은 계획적 변화·발전을 위한 관료제 이론을 정교화하였으며, 이종범(1975)은 조직구조의 결정요인을, 송근원(1989)은 미국 공적부조 예산결정의 영향요인을, 그리고 박광국(1992)은 미국 미시건 주의 빈병회수법안에 대한 비용편익을 분석하였다. 이종수(1993)는 국가이론을 재해석하였으며, 최흥석(1994)은 미국 주 정부기관과 사기업 간의 비교를 통해 조직에서 컴퓨터 사용의 유형과 그 결정요인을, 정용덕(1996)은 미국 행정(학)의 무국가성이 한국의 행정(학) 발전에 미친 영향을, 이송호(2000)는 미국과 프랑스의 정책조정시스템을, 김태일(2000)은 우리나라와 OECD 국가의 공무원 규모를 비교·분석하였다. 설명적 연구는 기존의 이론을 적용하거나 인과관계를 검증, 입증, 또는 비판을 하여 보다 정교화하고 이를 통해 새로운 설명이나 예측을 하는 성격을 가진다. 이들 선행연구들처럼 외국의 제도나 정책에 관한 설명적 연구를 통해서 우리나라의 관련 제도설계나 정책수립에 새로운 관점이나 함의, 그리고 인과관계 규명이나 예측에 도움을 얻은 것으로 볼 수 있다.

넷째, 처방적 성격의 비교연구는 한국정책학회보에서 설명적 연구 다음으로 많이 이루어졌다. 처방적 성격의 주요 내용을 보면, 이한빈(1967)은 리더가 갖추어야 할 역할을, 조석준(1972)은 발전행정 과정의 비판과 처방을, 오석홍(1988)은 발전행정과 행정체제 논의에서 국가발전을 위한 행정의 역할을, 한규인(1993)은 일본 정보공개의 제도화 논의를 통해 우리나라 정보공개제도 도입전략을 제시하였다. 양재진(2002)은 한국 연금개혁의 실천적 대안을, 최병선(2004)은 WTO 정부조달협정 논의를 통해 조달행정을 위한 발전과제를, 권혁주 외(2010)는 한국 ODA의 분쟁 및 취약국 지원전략과 지원방안을 제시하였다. 처방적 연구는 국내외 사례나 제도 및 정책을 비교·분석하거나 평가하여 우리나라의 관련 제도나 정책을 보다 개선할 방안이나 대안, 더 나아가 처방이나 해결책을 제시하여 바람직한 제도설계나 정책수립에 도움을 준다. 살펴본 선행연구들은 우리나라 행정 및 정책에 대안이나 해결방안을 제공하여, 행정운영과 정책문제 해결에 이바지한 것으로 판단된다.

2) 비교연구 성격 차원의 과제

비교연구는 우리나라 행정과 정책의 이론과 실무 발전에 개척자이면서 디딤돌 역할을 한 것으로 판단되지만, 비교연구의 성격 차원에서 몇 가지 점에서 개선되어야 할 과제를 제시할 수 있다. 첫째, 탐색적 연구는 전체 비중도 낮고 갈수록 연구가 위축되고 있는 추세이다. 물론, 우리나라 행정발전과 정책품질 수준이 앞서가는 현실에서 굳이 외국제도나 정책을 탐색적으로 연구할 개연성이 적어지고 있지만, 지속가능한 행정 및 정책의 발전을 위해서는 앞서가는 다른 제도나 정책에 대한 주목과 탐색은 꾸준히 이루어져야 할 것이다.

둘째, 기술적 연구의 경우, 외국의 행정이나 정책을 사실대로 정확히 묘사하여 우리나라가 학습하거나 벤치마킹 할 기회를 줄 수 있다. 따라서 학제적인 행정 및 정책의 발전을 위해서는 경험적이고 실증적 연구의 토대가 될 수 있다는 측면에서 기술적 연구가 지속해서 이루어질 필요가 있다.

셋째, 설명적 연구의 경우, 행정 혹은 정책의 단일 사례나 제도에 대한 분석이 주를 이루고 있으며, 특히 통계 기법의 발전으로 앞으로도 더욱 활성화될 것으로 예상한다. 설명적 연구는 행정의 과학화에 유용한 기여를 할 수 있다. 그렇지만, 개별적·구체적인 사례나 제도 및 정책에 지나치게 세분화·전문화를 하여 접근하거나 통계 기법 자체에 함몰되기보다는 다른 성격의 연구와 연계하여 접근할 필요가 있다.

넷째, 행정이나 정책은 매우 실용적인 학문이기 때문에 구체적 대안이나 해결책을 제시하는 처방적 연구가 실무에서는 매우 중요하다. 적실성과 실현 가능성을 높일 수 있는 처방적 연구가 되기 위해서는 학계와 실무 간의 지속적인 교류와 협업적 연구가 필요하다.

2. 비교연구 범주 차원의 기여와 과제

1) 비교연구 범주 차원의 내용과 기여

한국 행정학에서 비교연구의 범주를 비교행정, 발전행정, 지역연구, 국제행정, 비교분석 차원에서 그 내용과 기여를 분석하면 다음과 같다. 첫째, 비교행정의 경우, 박동서(1962)는 비교행정의 방법론 역사, 비교행정의 발전요인, 새로운 방법론, 유형이란 측면에서, 김운태(1964)는 후진국 비교연구의 방법론을 논의하였다. Riggs(1968)는 비교행정의 이론과 실제에 대한 아이디어를 제시하였다. 이한순(1968)은 한국행정을 행정과 지리라는 생태론적 접근을 하였으며, 박재창(1984)은 비교론적 시각에서 의회행정개혁을 설명하였다. 최근에 안지호(2013)는 비교행정 연구의 논리에서 비교행정의 현장연구, 개념화, 발생론적 접근, 학제적 접근방법의 중요성을 강조하였다. 비교행정은 1950년대의 시대적 맥락과 미국에서 주도한 특정한 범주를 갖지만, 우리나라 처지에서 본다면 행정(학)의 시작과 발전의 원동력이라 할 수 있다. 미군정 이후 서구 행정(학)이 도입·적용되었지만, 현대적 행정학이 취약한 제1~2공화국 상황에서 비교행정의 연구는 그 이론적(행정의 보편성, 일반성, 합법성, 능률성, 민주성 등) 뒷받침을 제공하고 우리나라 행정(학)의 위치와 방향을 설정하는데 결정적 역할을 한 것으로 판단된다.

둘째, 발전행정의 경우, 이한빈(1966)은 발전행정 시관론을, 서원우(1967)는 발전국가의 문제점을 제기하였다. Weidner(1969)는 발전행정의 기원·개념·확산에 대한 논의를, 조석준(1969)은 행정학 연구와 발전행정을 탐색하였다. 김광웅(1972)은 발전의 연구, 관계, 조작적 정의를 하였다. 황인정(1973)은 발전계획의 성공적 수행요인을 분석하였다. 오석홍(1988)은 국가발전을 위한 행정의 역할을, 이도형(2002)은 발전행정론을 재구성하려는 시론을 제기하였다. 김순양(2015)은 한국의 사례를 통한 발전주의 복지체제론의 주장들을 재검토하였다. 발전행정은 우리나라 산업화 시대의 행정(학) 발전에 커다란 영향을 준 것으로 보인다. 즉, 국가발전과 행정발전, 국가발전과 관료제, 발전도상국의 행정론 등에서 제시된 목표지향성, 효과성과 생산성의 개념은 우리나라의 산업화 과정에 이론적·실무적 뒷받침 역할을 하였다. 특히, 계획적 변화를 추구하는 행정은 1962년부터 시작된 경제개발 5개년계획의 시작에서 결과에 이르기까지 계획과 실천적 측면에서 결정적인 기여를 한 것으로 판단된다.

셋째, 비교연구의 범주에서 가장 높은 빈도를 차지하는 지역연구의 경향을 살펴보면, 지역연구가 가장 높은 빈도를 차지하고 있다. 지역연구의 흐름을 살펴보면, 유훈(1967)은 프랑스 공기업의 일반적 현황을, 정세욱(1973)은 프랑스의 계획예산제도의 본질과 도입상의 문제점을, 조창현(1983)은 미국, 영국, 프랑스, 서독 외교관 선발과 연수에 관한 비교연구를 하였다. 안병영(1984)은 복지국가의 태동과정을 독일과 영국을, 박병련(1993)은 동양적 관료체제를 조선조와 명조를 중심으로 비교연구를 하였다. 윤광재(2006)는 영국과 프랑스의 행정개혁을, 허준영(2012)은 서독의 동독 이탈주민 통합정책을 분석하여 우리나라 통합정책에 대한 시사점을 제시하였다. 각국의 행정이나 정책 관련 특정 제도, 행위, 문화 등에 대한 심층적인 비교를 하여 얻은 함의와 시사점은 우리나라 행정발전과 정책문제 해결의 대안이나 새로운 각도에서의 해결책을 찾는데 기여한 것으로 이해할 수 있다.

넷째, 국제행정의 경우, 1960년대 행정논총과 한국행정학보에서 주로 UN 관련 연구로부터 시작되었다. 최종기(1962, 1964, 1965, 1966, 1968)는 각각 국제기구 인사관리의 문제점, UN의 재무행정, UN의 사무국직원 채용, 국제원조의 목적 및 문제점, 아세아 경제협력체 구성에 관한 내용을 기술하였다. 김용우(1984)는 기능주의와 신기능주의 관점에서 국제연합체 성장에의 유용성에 관한 비교연구를, 김광웅(1989)은 국제관계의 이론적 연구동향을 분석하였다. 이달곤(1989)은 국제협상 전략개발을 제시하였으며, 최병선(1998)은 국제무역체제이론을, 김선혁(2004)은 국제행정과 초국가 거버넌스에 관한 제언을, 정창화(2004)는 초국가 공동체로서의 유럽연합 형성에 관한 이론과 실제를 분석하였다. 권혁주 외(2010)는 ODA의 분쟁 및 취약국 지원전략과 지원방안을, 임도빈 외(2013)는 국제개발행정 분야의 연구동향에 관한 메타분석을 하였다. 이창길 · 김정숙(2014)은 해외원조 NGO의 협력네트워크와 조직성과를 자원 확보의 다양성 관점에서 분석하였다. 대한민국의 태생과 밀접한 관련을 맺는 UN 등의 국제행정에 대한 연구는 우리나라 외교정책 수립 등에서 중요한 의의가 있다. 선행연구들처럼 국제행정의 연구는 냉혹한 국제 정치경제 무대에서 우리가 나아가야 할 좌표를 제공하고, 전략수립이나 대응방안을 모색하는데 기여한다. 냉전시기에는 국제행정의 주요 행위자인 국가 또는 정부가 두드러졌지만, 현재는 비정부간 국제기구나 다국적 기업의 제도나 정책이 부각되고 있으며, 이러한 연구들은 글로벌 지구촌 사회에서 우리나라의 역할과 방향을 설정하는데 기여할 것이다.

다섯째, 본 연구에서 비교분석은 비교행정, 발전행정, 지역연구, 국제행정 범주를 제외한 비교연구 중에서 '비교'라는 연구를 수행한 행정 및 정책 관련 연구에 초점을 둔다. 이는 우리나라와 다른 나라 간의 비교분석이 지역연구와 중복될 수 있기 때문에, 이를 피하기 위한 것이다. 비교분석의 주요 내용을 보면, 황두영(1969)은 농촌지도자를, 김신복(1977)은 대학 재정지출의 결정요인을, 박용치(1980)는 공기업체제를, 송재복(1989)은 역대 정부별 국가 역할을, 최창현(1994)은 공사조직의 자기조직화를 비교·분석하였다. 김판석 외(2000)는 공사부문 보수격차를, 이회창·박희봉(2006)은 입지여건별 발전 수준과 격차 추이를, 유금록(2012)은 외환위기 및 금융위기 전후 재정적자의 효율성을 비교·분석하였다. 국내 비교연구에 초점을 둔 비교분석은 국가, 정치, 사회, 문화 등과 관련된 행정제도나 정책의 유사성과 상이성을 비교한 것으로 주로 역대 정부별, 중앙과 지방자치단체 간에, 공조직과 민간조직 간에, 지역 간에서 이루어졌다. 비교분석은 1980년대까지 거의 이루어지지 않다가 1990년대부터 우리나라 행정의 실무경험이나 연구가 축적되고, 정책학이 활성화되면서 크게 증가하였다. 비교분석은 서구 행정학이 도입된 이래 꾸준히 지적되어 온 한국행정의 토착화라는 측면에서 일정한 기여를 한 것으로 판단된다. 왜냐하면, 비교분석은 행정이나 정책 관련 이론을 비교적으로 검증하거나, 실무에 도움이 되는 유사성, 특이성, 장단점을 비교적으로 규명하여 실현 가능한 대안이나 해결책을 제공할 수 있기 때문이다.

2) 비교연구 범주 차원의 과제

비교연구의 범주는 행정학뿐만 아니라 비교연구 자체의 외연(denotation)과 내연(connotation)을 넓히는데 커다란 이바지를 한 것으로 판단된다. 즉, 행정학에서 비교연구의 외연은 1950~60년대 패러다임인 비교행정과 발전행정을 넘어서 지역연구, 국제행정 그리고 비교분석으로 확장되었다. 비교연구의 이러한 외연의 확대는 동시에 비교연구의 내연을 더욱 심화시킨 것으로 볼 수 있다. 그러나 비교연구의 범주는 다음과 같은 점에서 개선되어야 할 과제가 여전히 남아 있다.

첫째, 비교행정의 경우, 특정 시대 및 국가의 연구에 여전히 함몰되어 있다. 물론 비교행정에서 제시된 Weber의 관료제 모형(혹은 이론), Easton의 체계 모형, Almond의 구조기능이론, Riggs의 농업·전이·산업 모형 등은 여전히 활용 가능한 타당성이 있지만, 최근 행정 및 정책에서는 비교행정의 모형이나 이론을 적용한 연구는 거의 이루어지지 않고 있다. 시대를 초월한 통시적(diachronic)인 비교연구를 위한 이론의 정교화가 요구된다.

둘째, 발전행정의 연구, 역시 비교행정 연구처럼 특정 시대나 국가(주로 개도국) 맥락에 그 범주가 갇혀있는 측면이 강하다. 우리나라의 경우도 발전행정은 주로 행정논총과 한국행정학보에서 1970년대까지 이루어졌을 뿐 1980년 중반 이후는 연구가 거의 수행되지 않고 있다. 발전행정과 산업화 시대는 동일시되는 경향이 있지만, 어느 시대나 국가이든 행정이 발전하지 못한다면, 행정의 효율성과 합리성은 정합성을 갖지 못하고, 결국 국민에 대한 행정서비스 수준을 담보할 수 없게 된다. 앞으로 비교행정과 발전행정의 융합적인 접근인 비교발전행정이 더욱 활성화될 필요가 있다.

셋째, 지역연구는 비교연구 범주에서 가장 많이 수행되었다. 특히, 1개국을 비교한 연구(총 274편)가 지역연구의 절반을 차지하고 있다. 이 중에서 특정 국가, 특히 미국에 대한 비교연구가 압도적인 편수를 차지하고 있다. 선진화된 행정과 정책을 학습하려는 노력은 계속되어야 하겠지만, 문제는 우리와 제도적 맥락이 다른 영미계통 국가를 비교연구를 할 경우에 특수성만 부각되고, 보편성은 낮아질 수 있다는 점이다. 비교연구의 특수성과 보편성을 적정하게 확보하려면, 비교대상 국가들을 보다 다양화시킬 필요가 있다.

넷째, 행정학과 정책학에서 국제행정은 비교행정 및 발전행정 연구 시기에 일부 수행되다가 1980년대 중반 이후 자취를 거의 감추었다. 그 후 우리나라가 산업화를 통해 이뤄낸 경제성장을 계기로 1995년 DAC 수원국에서 제외되어 공여국으로 전환되면서, ODA 관련 연구가 본격화되고 있다. 앞으로 ODA 지원의 효율화에 대한 연구가 더 강화되어야 할 것이다. 동시에 글로벌 경제, 통상, 국제금융 등의 핵심 이슈들을 적시에 대응하기 위한 관련 기구들의 제도나 정책에 대한 연구, 역시 행정 및 정책의 발전에 핵심적인 이해관계가 걸려있기 때문에 국제행정 연구는 보다 활성화될 필요가 있다.

다섯째, 국내 비교분석은 한국행정의 토착화에 일조하는 측면이 있지만, 폭발적으로 증가하는 비교분석이 지나치게 특정 분석 기법을 활용하여 기계적으로 분석하거나 특정한 주제에 편중되어 다루는 것은 지양할 필요가 있다. 즉, 지나친 개별적·구체적 비교분석보다는 다차원적이고 융합적인 비교분석을 통해 난제를 해결하고 행정수요를 충족시키는 데 도움이 될 수 있는 연구가 필요하다. 앞으로 비교분석은 중앙과 지방 간, 지방자치단체 간, 공공과 민간 부문 간, 공공과 제3섹터 간 등으로 더욱 확대될 필요가 있다.

3. 비교연구 분야 차원의 기여와 과제

1) 비교연구 분야 차원의 내용과 기여

한국 행정학에서 비교연구의 분야를 행정가치, 행정이론, 제도, 조직, 인사, 재정·예산, 정책, 전자정부, 지방자치 차원에서 그 내용과 기여를 분석하면 다음과 같다. 첫째, 행정가치와 관련된 내용을 보면, 박응격(1995)과 신율(1995)은 Stein 행정사상, 즉 존재성의 행정학과 가치성의 행정정책과의 학제적인 행정과학의 도입을 소개하였다. 김호섭(2003)은 미국 실용주의와 행정을, 은재호(2009)는 프랑스 복지행정의 이념과 실용주의를, 이광석(2009)은 영국 복지행정의 이념과 실용주의를 분석하였다. 이창길(2010)은 정부의 가치지향과 정책 우선순위를 네트워크 분석을 통해 접근하였다. 행정가치에 대한 비교연구는 행정학 및 정책학이 지향해야 할 가치나 방향을 제시한다는 점에서 의미가 크다. 행정가치는 바람직한 행정이 무엇인가를 다루는 당위적인 차원의 접근이 요구되며, 국가, 정부, 공무원이 지향해야 할 규범적·공익적 가치를 다루는 것이다. 행정가치는 행정 및 정책 연구에서 매우 중요한 좌표가 될 수밖에 없으며, 행정학 비교연구의 다른 분야보다 선행적으로 더 많이 이루어져야 할 것이다.

둘째, 행정이론 관련 비교연구의 내용을 보면, 이한빈(1968)은 발전행정이론을, 김광웅(1972)은 발전행정과 체제이론을, Frederickson(1981)은 신행정론을 소개하였다. 김정기(1984)는 발전이론을 비판적으로 설명하였으며, 박정택(1993)은 국제행정 개념을 도출하였으며, 이종수(1993)는 국가이론을 재검토하였다. 김정렬(2001)은 영국 블레어 정부의 거버넌스를 논의하였으며, 이도형(2002)은 발전행정론의 재구성을 시도하였다. 이정희(2010)는 예산이론과 관련된 다중합리성이론, 단절균형이론, 공공선택이론, 거래비용이론, 구조결정이론을 비교·평가하였다. 복잡한 행정과 정책 현상에 대한 경험적으로 검증 가능한 법칙, 일반화를 포함한 체계적으로 관련된 일련의 진술이라 할 수 있는 행정이론은 비교연구에서 매우 중요하다. 선행연구들을 통해서 보듯, 행정이론은 행정 및 정책 연구에 있어 사회 현상에 대한 탐색, 기술, 설명, 해석, 그리고 예측에 도움을 준다. 또한, 행정이론은 특정 시대의 맥락을 뛰어넘어 통시적으로도 사회 현상과 문제들을 해결하는데 도움이 될 수 있다. 따라서 비교연구에서 행정이론의 연구는 변함없이 중시되고 활성화되어야 할 것이다.

셋째, 제도(규제와 법령 포함) 관련 비교연구의 주요 내용을 보면, 김효진(1979)은 옴브즈만제도를 스웨덴, 핀란드, 노르웨이 등의 국가와 비교분석을 하였으며, 서성원(1984)은 프랑스의 참사원제도를 소개하였다. 김영섭(1991)은 공정거래제도의 개선방안을 구체적으로 제시하였다. 하혜수 외(1999)는 일몰제도를 미국, 프랑스, 독일, 일본을 중심으로 비교분석하였으며, 박홍식(2000)은 한국과 미국의 관련 법 및 판례를 비교하여 국가배상과 공무원 개인의 배상책임제도 개선을 제시하였다. 사회 현상은 크게 제도와 행위로 구분할 수 있다. 제도는 행정학의 비교연구에서 매우 중요한 분야이다. 기존 제도를 도입하거나 새로운 제도를 설계할 경우에 비교연구는 적실성과 타당성을 높여줄 수 있다. 소망성과 실현 가능성을 높일 수 있는 제도를 도입·설계하기 위해서는 제도적 맥락과 관련 행위자들의 행태나 문화에 대한 비교연구가 계속 뒷받침되어야 할 것이다.

넷째, 조직 관련 비교연구의 주요 내용을 보면, 이종범(1975)은 조직구조 결정요인을, 김찬동(1982)은 영국과 이탈리아의 공기업을, 김상묵(1994)은 통일안보정책조정회의를 중심으로 조직구조를 비교 · 분석하였다. 최창현(1994)은 자기조직화 조직의 특성과 공사조직 간의 조직성과를, 김병섭(1996)은 민관 행정조직의 레드테이프를, 김태룡(1999)은 적합한 행정개혁의 방향을 제시하였다. 임도빈(2003)은 정통부와 농림부를 비교하여 시간 길이와 부처 조직운영을, 문지은(2009)은 정부 규모와 효과성 간 역인과성을, 박정호 · 이도석(2015)은 주관적 성과인식과 객관적 지표 비교를 중심으로 공공조직 성과를 비교 · 분석하였다. 행정학에서 가장 전형적인 분야의 하나인 조직연구는 1960년대 이후 꾸준히 이뤄졌으며, 비교 분야별 연구에서 두 번째로 높은 편수를 기록하고 있다. 행정환경과 행정수요가 변하면, 이를 해결할 행정기능이 재조정되어야 하며, 이러한 기능을 담는 조직(팀, 부서, 기관, 부처, 정부 등)은 재설계되어야 한다. 정부운영의 합리화나 효율화를 위해서 비교연구에서 조직은 꾸준히 연구되어야 할 필요가 있다.

다섯째, 인사 관련 비교연구의 주요 내용을 보면, 백승원(1972)은 미국의 직무분류제도 변천을, 송영달(1972)은 미국의 공무원기본법을, 박연호(1974)는 프랑스의 공무원제도를 탐색하였다. 조창현(1983)은 미국, 영국, 프랑스, 서독의 외교관 선발연수를, 신무섭(1984)은 Maslow의 욕구체제에 따른 공무원의 불만족을, 김호정(1996)은 공무원과 기업체 직원 간의 무사안일 행태를, 김태일(2000)은 OECD 국가의 공무원 규모를, 김상묵 · 남궁근(2005)은 덴마크, 핀란드, 스웨덴의 정부 인사개혁 전략을, 하연섭(2008)은 인적자원개발정책을 독일, 일본, 미국을 중심으로 비교 · 분석하였다. '인사는 만사'라는 말처럼 어느 국가이든 인사는 중요한 연구 분야이며, 행정학의 비교연구에서도 인사 연구는 꾸준히 이뤄졌다. 벤치마킹에서 시작된 우리나라 인사 관련 연구는 이제 다른 국가들이 주목하는 제도와 정책을 선도하기도 한다. 그럼에도 불구하고, 각국마다 인재상이나 인사제도가 다르므로 인사관리, 인사제도, 인사정책에 관한 비교연구는 국가경쟁력을 높이는 데 결정적이라는 측면에서 더욱 지속해서 이루어져야 할 것이다.

여섯째, 예산 관련 비교연구의 주요 내용을 보면, 유훈(1967)은 프랑스 공기업의 현황을, 정세욱(1973)은 프랑스의 계획예산제도의 문제점을, 김신복(1977)은 재정지출의 결정요인을, 송근원(1989)은 미국 공적부조예산에 미치는 영향요인들을, 김동건(1995)은 미국과 호주의 지방재정의 내용을 비교 · 분석하였다. 양재진(2001)은 멕시

코와 한국의 연금개혁을 비교·분석하여 정책 패러다임에 대한 정치경제학적 접근을 제시하였다. 임동완(2007)은 OECD 22개국을 대상으로 발생주의 회계제도 도입에 대한 영향요인을, 정의룡 외(2012)는 OECD 19개국을 대상으로 복지와 재정 건전성 관계를 실증적으로 분석하였다. 조직과 인력을 작동시키는 재정·예산은 조직에 이어 세 번째로 높은 연구가 이뤄졌다. 한정된 예산의 합리적 배분과 효율적 집행, 재정의 건전성을 추구하기 위해서 선진화된 국내외 제도에 대한 비교연구는 저성장 시대 및 복지 시대에서도 더욱 중요해진다는 측면에서 재정·예산 관련 연구는 앞으로도 꾸준히 이뤄져야 할 것이다.

일곱째, 정책 관련 비교연구의 주요 내용을 보면, 이종익(1971)은 미국 도시문제에 관한 사회정책을, 김영평(1983)은 조합주의 국가에서의 영국 지방정부의 정책결정과정을, 이장(1985)은 미국 사회보장제도의 점진적 변천 과정을, 남궁근(1990)은 73개국의 보건의료정책 발달의 결정요인을 분석하였다. 노경수(1993)는 한국과 러시아의 관계 재정립과 대러시아 외교정책의 과제를, 김정수(1997)는 한미 통상마찰의 실상을 다원적으로 조망하고 그 동인을 분석하였다. 한승준(2008)은 프랑스 동화주의 다문화정책의 위기와 재편을 분석하여 정책대안을, 김민주(2011)는 원조수혜국의 거버넌스를 통해 공적원조개발정책의 이론적·정책적 함의를 제시하였다. 1990년대부터 두드러진 정책연구는, 특히 1992년 한국정책학회보가 창간되면서 비약적으로 증가하였으며, 비교연구에서도 가장 높은 편수를 차지한다. 사회적 이슈와 문제의 공익적 해결이라는 처방을 다루는 정책연구는 행정수요를 충족하고 난제를 해결하는데 큰 역할을 하였으며, 앞으로도 그 연구는 더욱 활성화될 것이다.

여덟째, 전자정부 관련 비교연구의 주요 내용을 보면, 최종원(1993)은 한국, 미국, 일본, 영국, 프랑스, 서독의 국가정보화 지표를, 방석현(1996)은 국제초고속정보통신망 구축을 위한 국제협력 방안을, 이자성(2004)은 정보공개제도와 정부의 책무성에 관한 한국과 일본을 비교하면서 정보공개제도와 병행하는 지방자치제도 구축을, 김준기·김난영(2010)은 효율적 지식재산권행정체계의 단계적 형성전략을 제시하였다. 송희준 외(2012)는 한국과 일본의 정보공개제도와 운영 실적을 비교·분석하여 그 차이가 있음을 설명하였다. 1990년대부터 본격적으로 이뤄진 전자정부 관련 비교연구는 5개 학술지 기준상 예상외로 가장 적은(29편) 실적을 기록하고 있다. 이는 관련 학술지가 별도로 있기 때문으로 보인다. 그렇지만, 우리나라 전자정부가 세계 최고 수준에 이르듯, 전자정부 분야의 비교연구는 중요한 이바지를 한 것으로 판단된다. 앞으로도 ICT, 웹 기술 등의 급속한 발전이 행정변화의 결정적 요인으로 작용할 것으로 보아, 이 분야의 비교연구는 더욱 확대될 것이다.

아홉째, 지방자치 관련 비교연구의 주요 내용을 보면, 이성덕(1985)은 영국 지방자치단체의 현대적 전개과정을, 박우서(1991)는 광역지방정부 간 행정협력을 미국 시카고 사례를 분석하여 우리나라에 적용 가능성을 모색하였다. 김헌민(1998)은 미국 도시공공서비스 혁신방안의 도입과정을, 소순창 외(2001)는 일본의 고령자 복지정책과 기관위임사무제도의 폐지를 재정적자 관점에서 분석하면서 지방분권화를, 하혜수(2007)는 영국과 한국의 자치계층 구조개혁을 비교·분석하여 대안을 제시하였다. 이주헌(2013)은 합리적 선택이론과 거시담론이론을 종합하여 지방정부의 협력기제가 중요한 제도적 기반임을 주장하였다. 1991년 지자체 부활과 더불어 지방 관련 비교연구는 매우 활발히 이뤄졌으며, 5개 학술지 기준상 4번째로 높은 비율을 보여준다. 만일, 지방 관련 학술지를 모두 포함하여 분석한다면 더욱 높은 비율을 차지할 것이다. 지방화 시대에 지방자치와 행정 및 정책의 적실성과 현장 서비스 수준을 높일 수 있는 연구는 더욱 확대될 것이다.

2) 비교연구 분야 차원의 과제

행정가치, 행정이론, 제도, 조직, 인사, 재정·예산, 정책, 전자정부, 지방자치 차원에서의 비교연구는 학술적·실무적 기여가 많지만, 다음과 같은 과제들도 여전히 존재한다. 첫째, 전체적으로 보면 행정가치와 관련된 비교연구가 행정논총과 한국행정학보에서 주로 이루어졌지만, 한국정책학회보에서는 1편에 그치고 있다. 행정학 및 정책학의 지속 가능한 발전을 위해서는 당위적이고 바람직한 방향 및 규범에 대한 행정가치 연구가 중요한데도, 이 분야에 대한 연구가 매우 드문 현실이다. 비교연구에서 행정철학, 행정가치에 대한 담론적이고 심층적인 연구가 보다 활성화될 필요가 있다.

둘째, 행정이론에 대한 비교연구가 꾸준히 이루어지고 있지만, 대다수 행정이론이 서구의 맥락에서 형성된 이론에 편중되어 있으며, 우리 행정사에서 도출하려는 내생적 행정이론은 거의 이루어지지 않고 있다. 물론, 외국 이론의 도입·적용·검증도 중요하지만, 한국 행정사, "한국 행정의 토착화 수준을 넘어선 한국화, 더 나아가 세계화"(채원호, 2013: 335) 수준에서 활용될 수 있는 과학화가 뒷받침된 내생적 이론형성 혹은 이론의 정교화에 대한 연구가 필요하다.

셋째, 행정제도에 대한 연구는 2000년대까지 5개 학술지 모두에서 꾸준히 이루어지다가 2010년대에 들어서면서 감소하는 추세이다. 이는 그동안 비교대상 국가들의 행정제도를 거의 다 벤치마킹을 한 결과라고 유추할 수도 있다. 행정제도란 법령, 규제 등이 정부나 국민의 행위를 제약하거나 기회를 제공할 수 있는 것으로, 가장 합리적이고 최적화된 설계를 확보해야 하므로 제도의 적실성과 타당성이 중요하다. 이를 위해 선진화된 제도에 대한 비교연구는 꾸준히 이루어져야 할 것이다.

넷째, 행정학의 전통적인 분야인 조직, 인사, 재정·예산에 대한 비교연구가 꾸준히 이루어지고 있으며, 1990년대 주목받은 전자정부 및 지방자치에 대한 연구 역시 활발히 이루어지고 있다. 앞으로도 이들 분야에 관한 비교연구의 외연을 넓히고 다양화시켜 행정수요를 충족시키고 난제를 해결할 대안이나 해결책을 도출하는 데 기여할 필요가 있다. 또한, 비교연구의 특수성과 보편성을 확보하여 비교연구의 내연을 심화시켜 적실성과 타당성을 확대할 필요가 있다.

다섯째, 1990년대 이후 정책학에 대한 연구가 매우 활발하여 개별적으로는 최다편수를 기록하고 있다. 앞으로 정책학은 더욱 다원화된 주제로 외연을 넓힐 필요가 있으며, 실무적으로 소망성과 실현 가능한 대안이나 적실성 있는 해결책을 제시할 연구가 꾸준히 이루어질 필요가 있다.

4. 비교연구 접근 차원의 기여와 과제

1) 비교연구 접근 차원의 내용과 기여

비교연구를 관료모형, 행태론적, 일반체제, 구조－기능, 생태론적, 비교정책연구, 패러다임, 그리고 방법론적 접근 차원에서 그 내용과 기여를 분석하면 다음과 같다. 첫째, 관료모형의 접근을 한 비교연구의 주요 내용을 보면, 윤재풍(1969)은 고전적 관료제론의 계획적 변화를, 박연호(1974)는 프랑스의 공무원제도의 법령·구조·인사행정을 소개하였다. 김영종(1985)은 개도국 관료부패 모형을 정립하여 내면적·심층적 시각에서 부패 현상을 관리할 방안을 제시하였다. 정성호(1989)는 미국의 고급관리자제도(SES)가 종전 고급공무원제도(SCS) 및 연방관리자제도(FES) 대안의 논의를 수정·보완한 행정개혁이라고 설명하였다. 오석홍(1993)은 미국 정부관료제의 대표성을, 박홍엽(2005)은 한미 정무직·고위직 인사시스템을 비교하여 제도의 유사성과 차이성을 규명하였다. 관료모형은 비교연구에서 전형적인 접근이며, 정부운영의 실질적인 행위자인 공무원의 역할, 관련 제도와 운영의 내용을 다룬다. 그동안 주요국의 선진화된 관료제 모형을 도입·적용하여 적실성 있는 인사제도(고위공무원단 등)나 정책에 일조한 것으로 판단된다. 또한, 민간부문의 인사운영 방식을 선별적으로 활용하여 관료모형을 쇄신시키려는 시도와 노력이 이어지고 있다.

둘째, 행태론적 접근을 취한 비교연구의 주요 내용을 보면, 이양수(1982)는 조직효과성을 파악하는 Price 모형을 적용하여 한국과 미국의 관리형태를, 신무섭(1984)은 Maslow의 욕구체제에 따른 공무원의 불만족 요인을 분석하였다. 송창현(1992)은 지방의회 운영에 대한 지방의원과 주민 만족도를, 김호정(1996)은 공무원과 기업체 직원의 무사안일 행태를, 고종욱·장인봉(2004)은 조직에 대한 정감적·지속적·규범적 몰입의 결정요인을, 황종규(2005)는 부천시와 영주시를 중심으로 예산심의 행태를 비교·분석하였다. 김명환(2015)은 WTO의 합의제에 의한 협상에서 집단의 행태를 토대로 조직화한 위선의 개념화를 시도하였다. 행태론적 접근은 제도적·구조적 측면보다는 조직구성원이 조직에서 어떻게 행동 또는 상호 작용하는지에 대한 연구로서 개인이나 조직의 규칙성을 파악한다. 위에서 열거된 행태론적 접근을 취한 비교연구는 행정을 가치판단으로 접근하기보다는 사실의 경험적 연구를 통해 행정조직 간 현상을 보다 객관적으로 이해하는 데 기여한 것으로 판단된다.

셋째, 일반체제 접근을 취한 비교연구의 주요 내용을 보면, Boyer(1973)는 미국 정치체제에서 입법과 관료제 간 입법 권력의 다양성과 갈등을, 박용치(1980)는 공기업체제의 비교연구를 위한 정치적 '투입행위－정책활동－효과성' 모형을, 구자용(1985)은 입법과정의 동태적 측면을 고려하여 입법 참여자들의 역할과 상호작용을 분석하였다. 조선일(1988)은 현대 국민국가정치체제와 그 행정적 하위체제에 대한 역사적 배경을, 이도형(1993)은 스웨덴 행정에 제도화된 절차적 민주성의 복지국가적 체제산출에 대한 전략을, 김태룡(1999)은 환경－전환－산출의 체제론적 관점에서 우리의 기획예산위원회와 미국 NPR의 개혁 활동을, 김경희(2007)는 미국의 의료체계의 특징과 재편과정을 비교·분석하였다. 일반체제는 조직을 구성하는 요소들이 유기적으로 연결되어 체제를 이루는 전제하에 행정조직의 과정을 설명하고 가장 효율적인 관리나 운영방법을 모색한다. 일반체제 접근의 비교연구는 다른 조직이나 제도를 체계적으로 이해하는 데 도움을 준다. 위 논문들도 다른 국가의 조직관리나 제도운영을 보다 짜임새 있게 이해하는 데 기여한 것으로 판단된다.

넷째, 구조－기능 접근을 취한 비교연구의 주요 내용을 보면, 이종범(1975)은 관료제에서 조직구조의 결정요인을, 이병철(1990)은 구조적·기능적 관점에서 사회주의 관료제의 성격과 특성을, 김순은(1993)은 구조와 기능 관점에서 광역의원 간 전문성을, 강원택(1998)은 영국의 행정개혁에서 관료적 통제기구를 설치하여 행정기능의 중앙집권화를 초래한 점을 비교·분석하였다. 임승빈(2003)은 국가 구조주의적 접근방법을 통해 일본 국가기구의 형성을, 박석희(2013)는 주요국들이 명확한 소유권정책을 토대로 공기업에 대한 소유권 기능을 정책·규제 기능과 분리하여 준독립적 소유권 기구로 점차 집중화시키고 있음을 지적하였다. 구조와 기능의 상호 의존적인 과정과 작용은 행정문화 변동을 설명하기 위해 타당성 있는 방법론의 이론으로 인식할 수 있다 (윤은기, 2005: 7). 비교연구에서 구조기능 접근은 행정의 변화를 이해하는 데 기여할 수 있다. 선행연구들처럼 구조기능 접근은 비교 대상국의 행정을 보다 거시적인 차원에서 분석할 수 있고, 행정 현상이나 제도의 변화를 이해할 수 있다.

다섯째, 생태론적 접근을 취한 비교연구의 주요 내용을 보면, 이한순(1968)은 한국행정의 생태적 요인인 지리적 조건을 극복하는 행정을, 안병영(1982)은 서독의 행정학이 체계적·분석적으로 형성된 것보다 역사적으로 형성된 점을, 백승기(1996)는 중국의 분권화는 단순히 경제적·재정적 자원에 대한 관리권한을 중앙과 지방간에 재분배하는 것만이 아니라 정치적·행정적 권한의 근본적 재편의 의미로 설명하였다. 한상일(2003)은 미국의 근린참여제도가 형성된 정치적·사회적 배경을, 홍성우(2010)는 미국의 교육재정지출 결정요인으로 제도적·재정적·정치적·사회인구학적 특성을 비교·분석하였다. 행정학의 비교연구에서 생태론적 접근은 행정 현상을 자연적·사회적·문화적 환경과 연관을 지어 이해한다. 조직은 환경의 영향을 받는 피동적 존재일 수 있고, 환경적 영향에 적극적으로 대처하여 조직에 유리하도록 환경을 전략적으로 선택한다는 견해 모두 생태론적 접근이다. 위 선행연구들은 각국의 거시적 환경 분석을 통해 해당 국가의 행정 맥락을 이해하는 데 기여한 것으로 판단된다.

여섯째, 비교정책연구를 취한 비교연구의 주요 내용을 보면, 이종익(1971)은 미국 도시문제를 위한 사회정책을, 주성수(1991)는 선진국 9개국, 개도국 20개국의 자치단체 간 균등화정책을, 김성수(1998)는 한국과 미국의 기술정책을 비교·분석하였다. 강윤호(2000)는 광역과 지자체 사회복지비 지출에 대한 정부 간 정책선택의 차이를, 김미경·서동희(2004)는 한국, 영국, 스웨덴의 여성정책의 형성·발전 과정을, 백승기(2010)는 한국과 대만의 의료보험통합정책 과정에서의 갈등을 비교·분석하였다. 비교정책연구는 공통의 문제 해결을 위해서 국가 간 정책의 차이와 공통점을 설명하는 과정에서 정책현상을 인과적으로 설명하고, 동시에 정책적 교훈을 얻으려는 것을 주목적으로 하나의 독특한 학문분과로서 점진적으로 인정되기 시작했다 (정무권, 2004: 200). 비교정책연구를 취한 비교연구는 정책문제에 대해 새로운 대안이나 해결책을 얻을 수 있고, 더 나은 정책품질을 높여줄 수 있다.

일곱째, 새로운 패러다임을 취한 비교연구의 주요 내용을 보면, Schnur(1969)는 발전도상국의 행정론을, 김정기(1984)는 비판적으로 개도국의 발전이론을, 이종수(1993)는 국가이론인 다원주의, 맑시즘, 이원국가론, 신도시좌익, 신자유주의를 재해석하였다. 김정렬(2001)은 정부혁신론의 핵심 주제로 등장한 영국 블레어 정부의 거버넌스를, 김승현(2005)은 노르웨이, 스웨덴, 핀란드, 덴마크의 사회적 서비스부문의

NPM적 개혁을, 김재훈(2005)은 거래비용 경제학 및 신제도주의 이론을 적용하여 민간위탁의 계약유형을, 김선희(2009)는 제도변화에 대한 비판적 실재론과 역사적 제도주의를, 하연섭(2016)은 재정 건전화 성과요인을 비교제도분석을 통해 접근하였다. 새로운 패러다임은 다른 접근과 일부 중복될 수 있지만, 해당 시기의 행정과 정책을 새로운 관점과 인식으로 접근할 수 있게 한다. 그동안 비교행정, 발전행정, 신자유주의, 거버넌스, NPM, 신제도주의, post-NPM 등이 해당 시기 행정과 정책의 주요 패러다임으로 적용되었거나 활용되고 있다. 위 논문들은 이러한 패러다임들을 활용하여 해당 시기의 행정과 정책 문제에 대한 비교연구 접근의 내연과 외연을 넓히는 데 기여한 것으로 판단된다.

여덟째, 방법론적 접근을 취한 비교연구의 주요 내용을 보면, 이윤식(1987)은 정책영향평가를 위한 비교시계열 분석방법의 개선을, 김석준(1990)은 비교계량분석을 적용하여 한국과 대만의 국가발전과 국가능력을, 남궁근(1990)은 패널회귀 모형으로 73개국 보건의료정책 발달의 결정요인을 비교·분석하였다. 오광석(1997)은 서열로짓 모형으로 미연방 정부의 내부고발의 적대감과 문제 해결을, 이시철(2005)은 로지스틱스로 규제순응 동기 요인 및 그 상대적 크기의 비교 가능성을, 심준섭·김지수(2011)는 언어네트워크 분석 기법으로 원자력발전소 주변 지역주민의 갈등 프레임을, 이승종 외(2013)는 AHP 기법을 적용하여 커뮤니티 웰빙 지표에 대한 공무원과 전문가의 평가를 비교·분석하였다. 방법론적 접근은 행정 현상이나 정책문제의 성격에 맞는 방법론을 활용하여 행정 관련 사례나 정책문제를 분석·설명·예측을 할 수 있다. 위 논문들은 다른 접근보다는 논문 성격에 따라 방법론적 접근을 적용하여 비교분석을 하였다. 계량 기법들이 정교화되면서 행정이나 정책문제를 방법론을 활용하여 문제를 분석하고 대안을 도출하려는 경향이 더욱 활발해지고 있다.

2) 비교연구 접근 차원의 과제

관료모형, 행태론적, 일반체제, 구조-기능, 생태론적, 비교정책연구, 패러다임, 그리고 방법론적 접근 차원에서의 비교연구는 학술적·실무적 공헌을 했지만, 다음과 같은 과제들도 여전히 존재한다. 첫째, 행정학 비교연구를 전반적으로 보면, 전통적인 접근인 관료모형, 행태론적, 일반체제, 구조기능, 생태론적 접근은 1960년대부터 꾸준히 연구가 이뤄졌지만, 2010년대 들어서면서 대폭 줄어드는 추세다. 반면에 방법론, 비교정책, 패러다임을 활용한 접근은 1990년대를 거쳐 2010년대부터 폭발적으로 증가하고 있다. 비교연구 접근의 외연이 확대됨에 따라 행정과 정책의 분석과 이해가 더욱 심화할 수 있다. 그렇지만, 상대적으로 축소되는 접근들로 인해 비교연구 내연의 적실성과 타당성이 취약해질 개연성이 높다. 따라서 비교연구의 내연과 외연의 적정한 균형을 이룰 수 있는 접근이 필요하다.

둘째, 비교연구의 접근은 결국 행정이나 정책의 본질을 가장 잘 분석하고 설명할 수 있는 방향에서 선택할 수밖에 없다. 그렇지만 비교연구가 지나치게 특정 시점, 특정 국가, 특정 사례, 특정 분석 기법에 편중되는 것은 복잡한 사회 현상을 기술·설명·예측하는데 특수성만을 강조하고 보편성을 취약하게 할 가능성이 높다. 과거－현재－미래 시각, 국내외 환경, 미시－중범위－거시 수준, 투입－과정－결과, 결정－집행－평가－환류, 양적－질적 분석방법 등의 다차원적이고 다양한 접근으로 비교연구가 이루어질 필요가 있다.

셋째, 글로벌 환경이 급변함에 따른 해결하기 어려운 난제(global wicked issues)가 증가하고, 행정수요가 다양하고 복잡해짐에 따라 행정과 정책에 대한 비교연구는 단일한 접근보다는 협업적인 접근(collaborative approaches)이 요구된다. 즉, 비교연구의 대상인 글로벌 행정과 정책문제를 종전과 같이 단일한 접근으로 적용할 경우, 분석의 오류가 발생하거나 설명력이 낮아질 가능성이 있기 때문에, 행정과 정책의 맥락과 성격을 고려하여 다차원적인 접근을 동시에 활용할 필요가 있다.

V. 결 론

한국 행정학의 비교연구는 60여 년간 양적·질적으로 엄청난 성장을 하였다. 비교연구를 통해 선진화된 행정제도와 정책 등을 도입·적용하여 우리의 것을 더욱 발전시켰을 뿐만 아니라 우리 행정과 정책의 수준을 객관적으로 비평할 수 있게 되었다. 본 연구는 이러한 맥락에서 우리나라 행정학의 비교연구를 시대별 비교연구 추세, 성격, 범주, 분야, 접근이란 차원에서 III에서는 주로 양적 분석을, IV에서는 이를 근거로 기여와 과제라는 측면에서 질적 분석을 하였다. 이를 총괄하여 이론적 함의를 도출하면 다음과 같다.

첫째, 행정학에서 비교연구는 꾸준히 증가하는 추세다. 2010년대에는 2016년 상반기까지 산정한 결과이지 감소한 것이라 할 수 없다. 그러나 비교연구는 5대 학술지에 게재되는 다른 연구에 비해 그 필요성과 중요성에 비추어볼 때 다소 저조한 편이다. 실용학문인 행정학의 지속 가능한 발전을 뒷받침하기 위해서는 이론형성의 씨앗 역할을 하는 비교연구가 적실성과 타당성을 갖는 방향에서 더욱 활발히 이루어져야 할 것이다.

둘째, 비교연구의 성격을 보면, 행정학은 실용적 학문으로서 행정 현상이나 문제의 인과관계를 규명하거나 정확한 기술을 하고, 문제의 원인과 결과를 통해서 해당 행정 현상이나 문제를 해결할 대안이나 해결책을 도출하려는 성격에서 활발히 이루어진 것으로 판단된다. 앞으로 행정학의 외연과 내연을 꾸준히 넓히기 위해서는 탐색적 연구를 소홀히 할 수 없으므로 설명적 연구, 기술적 연구, 처방적 연구처럼 탐색적 연구가 더욱 활성화될 필요가 있다.

셋째, 비교연구의 범주를 보면, 지역연구가 압도적으로 많이 이루어졌으며, 이어서 비교분석, 국제행정, 발전행정, 비교행정 순이다. 또한, 비교연구에서 선정된 국가는 미국을 위주로 소수 국가에 집중되었다. 앞으로 비교연구의 범주를 더욱 다양화하여 외연을 넓힐 필요가 있으며, 지나치게 특정 국가에 한정된 연구 대상을 보다 확대하여 비교연구의 보편성을 확보할 필요가 있다.

넷째, 비교연구 분야는 전체적으로 행정학 비교연구의 분야별 세분화·전문화가 심해져서 연구의 칸막이(silo)가 걸림돌로 작용하고 있다. 행정이나 정책 문제가 더욱 난제로 되어가는 현실에서 보다 소망성과 실현 가능성 있는 관리, 처방, 예측을 제공하기 위해서는 비교연구가 행정가치, 행정이론을 필두로 개별 분야의 이질성과 특수성이란 경계선을 탈피하여 협업적으로 분야 간 공통성이나 보편성을 확보할 수 있는 학제적인 연구가 필요하다.

다섯째, 비교연구의 여러 접근은 각각 행정학의 처방, 과학, 이론에 도움을 줄 수 있지만, 서로 배타적이고 이질적인 것이 아니다. 행정(학)의 공익성과 실천성을 확보하기 위해서는 비교연구의 다차원적인 접근들이 서로 융합적이거나 질적·양적 방법론의 교차적인 연구가 필요하다.

국가가 존재하는 한 행정과 정책이 존재할 수밖에 없듯이, 우리나라가 지속 가능한 발전을 이루기 위해서는 올바른 가치와 방향 및 내용을 갖춘 행정과 정책을 꾸준히 확보해야 한다. 이는 행정의 효율성과 효과성을 넘어, 정부가 존재하는 근본적인 이유인 '국민을 위한 대리인'이라는 당위성과 책무성을 이행하기 위한 전제조건이다. 최적의 행정과 정책을 지속해서 확보하고 개선하기 위해서는 행정학의 비교연구가 보편성과 특수성을 동시에 추구하면서, 비교연구 이론의 엄밀성과 타당성 그리고 실제의 적실성과 타당성을 높일 수 있는 방향에서 지속해서 이루어져야 할 것이다.

제 6 장 행 정 사

한 승 연

Ⅰ. 서 론

공자는 먼저 부유하게 한 뒤 가르치라(先富後敎, 「論語」 '子路')고 했고, 관자도 의식이 족해야 예절을 안다(倉廩實則知禮節, 衣食足則知榮辱, 「管子」 '牧民')고 했으며, 맹자는 "恒産이 없으면 恒心도 없다"(「孟子」 '梁惠王章句' 上)고 했다. 2,500년 전이나 지금이나 먹고사는 문제의 해결이 급하기는 마찬가지다. 문명사가인 재레드 다이아몬드(Diamond, 2014, 강주헌 역, 2016: 214－215)도 인간의 삶은 6만 년 전이나 기술이 발달한 현재나 미래에도 인간의 근본적인 걱정거리는 똑같을 것으로 본다. 인류의 긴 역사를 볼 때 정치와 행정이 해야 하는 가장 중요한 일은 국민이 제 할일을 하며 편안히 살게 하는 것이다. 그리고 인류의 긴 역사 속에서 그러한 지혜를 얻기 위해 행정사 연구가 필요한 것이다.

행정사 연구의 목적은 행정학적으로 의미 있는 역사적 사실을 서술하고, 거기서 교훈을 얻고, 나아가 미래를 예측하는 것이다 (Bernheim, 1926, 조기준 역, 1978: 11－20). 인류의 역사를 길게 보면 기록으로 남아 있는 역사는 모두 철의 시대에 속하는 것으로써, 자비와 사랑보다는 폭력과 이기심의 역사라고 할 수 있다. 이런 한계를 극복하고 공동체의 공존과 상호협력을 위한 행정의 역할이 요청되고 있다. 따라서 행정사 연구의 궁극적인 목적은 사람이 상호협력을 통해 사람답게 사는 방법을 찾는 것이라고 할 수 있다.

행정사는 역사학의 하위 영역으로서 과거의 행정과 관련한 자료를 수집하고 그것을 선정, 평가, 해석하여 서술함으로써, 행정의 개념과 이론, 연구방법론, 변화 등을 연구하는 학문이라고 정의할 수 있다 (한승연, 2009a: 82). 제2차 세계대전 후 행정과 학자들이 행정 구조와 과정을 분석적으로 접근하고, 행정의 효율성과 효력(efficacy)을 중시하며, 행정사 연구는 역사의 뒤안길로 사라지게 되었다 (Raadschelders, 1998: 4-5). 그러나 행정은 오랜 역사를 갖고 있고, 현대 행정이 과거 행정에 비해 반드시 더 나은 것은 아니며, 더욱이 행정학의 개념은 과거로부터 유래하며, 동서고금을 통해 비슷한 모습을 띠고 있으므로, 현대 행정현상을 이해하는데 행정사는 핵심적인 분야라고 할 수 있다 (Raadschelders, 1998: xi, 9).

그런데 현대 한국의 행정사를 뒤돌아본다는 것은 한국 행정학의 자화상을 독실하게 대면하는 것으로써, 참으로 괴로운 일이다. 그것은 한국의 행정학이 더불어 사람답게 살기 위한 행정을 연구해야 한다는 본질을 잊어버린 채 주변적인 것에 얼마나 매달려 있었던가를 적나라하게 드러내야 하기 때문이다. 현재 행정사 연구자가 몇 손가락을 꼽을 정도로 극소수에 불과하다는 것이 이를 말해주고 있다.

이 장에서는 지난 60년 동안 행정사 연구가 일반이론 발전 및 한국행정사의 특수성 규명에 얼마나 기여했는지, 그래서 한국행정사를 어떻게 설명하고 이해하고 평가하고 있는지를 분석하기로 한다. 연구 대상은 행정사 관련 저서와 단행본의 해당 부분 및 학술지 논문이다. 행정사 관련 학술지 논문은 주로 「한국행정학보」와 「한국행정사학지」에 실린 논문을 분석하되, 그 밖의 학술지에 게재된 논문은 연구에 직결되는 경우에 연구의 내실화를 위해 분석하였다. 분석대상 논문의 선정기준은 백완기의 기준을 참고하되,[1] 1차 자료를 바탕으로 연구하는 행정사의 특수성을 감안하여 자료성과 적용성(적실성)을 특히 중시하였다. 한국행정사의 대상 시기를 언제까지로 보느냐는 논쟁의 여지가 있다. 민족독립 항쟁기(1945년)까지, 정부수립(1948) 이전까지, 현재까지 등으로 견해를 달리할 수 있으나, 현대 한국행정론과 구별하기 위해 정부수립 이전까지 보기로 한다.[2] 이 분야의 선행연구로는 이병갑(1997)과 김춘식·이대희(2003), 백완기(2003; 2005), 박병련(2006), 김경수(2006) 등이 있다.

행정사의 연구영역은 <표 1>에서 보듯이 크게 일반 행정사와 분야별 행정사로 나눌 수 있다. "일반행정사는 대체로 과거의 모든 행정현상을 포괄하여 연구하는 '행정통사(行政通史)'와 같은 형식을 취하며 설명의 수준이 비교적 추상적이다" (윤재

---

1) 한국행정학사에 관한 연구는 백완기(2003: 309-365; 2005)를 참조바람. 그는 평가의 기준으로 계몽성, 자료성, 적용성, 창의성 등을 꼽고 있다.

2) 이병갑(1997: 84)은 한국정치사의 연구시기를 민족독립 항쟁기까지로 보고 있으나, 필자는 미군정기를 정확히 이해하기 위해서는 한국의 자료와 함께 이 당시 미국인들이 생산한 방대한 자료를 참고해야 하고, 또 관계자들이 이미 사망했기 때문에 객관적 연구가 가능하다는 점에서 미군정기까지로 잡았다.

풍, 2001: 24). 분야별 행정사는 시대 또는 왕조 및 정권별, 공간별로 구분할 수 있고, 행정 분야별로는 행정주체, 정책과 행정관리, 행정제도, 행정 사상과 이론 등으로 세분할 수 있으며, 연구의 대상을 특정화하고 한정하여 연구하므로 그 설명이 매우 구체성을 갖는다.

〈표 1〉 행정사의 분류

- ■ 일반 행정사: 행정통사(通史)
- ■ 분야별 행정사:
  - 시대: 고대 · 중세 · 근대 · 현대 행정사
  - 왕조 및 정권: 삼국시대 · 고려 · 조선 · 일제 · 미군정 행정사 등
  - 공간: 세계 행정사 · 동양 및 서양 행정사
    - – 국가별: 한국 · 중국 · 미국 · 영국 행정사 등
    - – 지방 및 도시: 지방행정사 · 도시행정사
  - 행정주체: 리더십과 최고관리층, 인물
  - 정책과 행정관리
  - 행정제도
  - 행정 사상과 이론

자료: Gladden(1972: viii－xi), 장동희(1988: 51－52), 윤재풍(2001: 25, ＜표 1－2＞)에서 재구성.

여기서는 한국행정사의 분석을 크게 논문과 저서로 나누어서 분석하되, 논의의 흐름상 필요할 경우는 어느 한쪽에 모아서 시대 순에 따라 서술하고, 저서는 일반 행정사와 특수 행정사로 나누어서 서술하기로 한다. 그 이유는 고조선부터 고려시대까지는 연구 자체가 거의 없고, 또 김운태를 제외하면 논문의 저자와 저서의 저자는 다르며, 각 저자들 간의 관심 분야도 서로 다르기 때문이다.

Ⅱ. 한국행정사 연구 60년의 전개

지난 60년 동안 한국행정사의 연구영역을 보면 특정한 주제를 구체적으로 설명하는 분야별 행정사가 대부분이고, 그 가운데서도 사상 · 이념과 정책 · 제도가 대다수를 차지한다. 그러나 행정사 연구를 통해 과거 행정으로부터 교훈을 얻고 미래를 예측하기 위해서는, "행정사학의 연구는 기존의 학문 분야 이외, 언어학 · 문자학 · 고문서학 · 공문학 · 인장학 · 화폐학 · 족보학 · 경세학 · 휘장학(紋章學) · 연대학 · 역사지리학 등의 광범한 사학 일반에 관한 이해가 필요하다" (공기두, 1992: 28). 이미 25년 전에 행정사의 연구영역을 확대할 필요가 있다는 문제제기가 있었으나 아직까지

거의 발전이 없는 실정이다. 시대별로는 조선시대 행정사 연구에 집중되어 있다. 조선시대에 집중된 연구 현상은 모든 시대에 걸친 한국행정사 연구 경향의 일반화를 도모하는데 장애가 되고 있고, 조선시대를 전후한 시기의 연구가 공백으로 남아서, 유기적으로 연결되지 않을 경우 역사적 연속성을 놓쳐서 해당분야에 대한 심층적인 분석과 자세한 이해를 떨어뜨릴 수 있다. 이는 한국행정사 연구자의 저변 확대 또는 연구 경향의 확산 요구를 단적으로 보여주고 있는 것이다 (김경수, 2006: 259).

1. 논　문

한국행정사에 관한 논문은 사상 · 이념과 제도 · 정책 중심으로 많이 연구되었고, 그 가운데서도 특정 인물에 관한 연구가 큰 흐름을 이루다가[3] 최근에는 관료제에 관한 연구가 늘고 있다. 시대별로는 조선시대 행정사 연구가 주류를 이루고 고려시대 이전과 일제시대, 미군정기는 별로 연구되지 않고 있다 (김춘식 · 이대희, 2003: 115－119; 김경수, 2006: 258－259). 「한국행정학보」에 게재된 행정사 관련 논문은 고대부터 미군정기까지를 기준으로 할 때 한국행정사와 외국행정사를 합쳐서 넓게 잡아도 45편 내외에 불과하다. 연간 1편도 게재되지 않은 실정이다. 2000년 이후에 다소 논문 편수가 늘어나고 있다.

먼저 조선시대 관련 연구를 보면 김춘식(1992; 1998; 2009)은 퇴계의 본말론을 중심으로 현명한 인재등용의 중요성을 논의하고 있다. 이병갑(1992; 1999)은 조선시대 붕당 간의 논쟁은 기본적으로 그들이 지지하는 학설에 따라 정책의 준거기준이 달라지는데, 이를 엘리트이론을 이용해 이익갈등이라는 관점에서 분석함으로써 현대 행정이론과의 접목을 시도하고 있다. 우홍준(1990; 2000; 2006; 2011)은 향약에 관한 연구를 계속하여 지방유력자들이 수기(修己)를 전제로 지방인민을 교화하는 원리인 향약이 유교정치사상과 부합되어 '독자영역'으로서 정치적 정당성을 인정받고 왕권체제의 버팀목 역할을 했으나, 18세기 중엽 이후 신분제가 와해되면서 향약이 쇠퇴하자 결국 조선이라는 국가 자체가 쇠퇴하는 과정을 규명하였다.

이와 함께 조선시대 행정과 관련하여 꾸준하게 연구되고 있는 분야는 관료제이다. 「한국행정사학지」의 창간호에 실린 유완빈(1992: 12－13)의 논문은 한국 역사상 행정사는 기원전 1,000년 경 청동기시대와 금속기시대를 통해서 형성된 고조선시대로 거슬러 올라가며, 이때 이미 권력분립적 관료제가 시작됐음을 밝히고 있다. 유석영(2000)은 고려의 정부관료제가 태봉(泰封)의 9관등을 주축으로 하고 신라의 제도를

3) 인물연구에 관한 자세한 분석은 박병련(2006: 87)과 김경수(2006: 262－263)를 참조바람.

참작한 독자적인 관계(官階, 벼슬의 등급)를 제정하고, 광종 9년(958)에 과거제를 실시하여 중앙집권적인 관료체제를 정비했으며, 성종·문종 때 3省·6部·9寺(시)의 중앙관제를 완비하고, 경종 때 토지국유에 근거해 관료에게 관계(官階)를 바탕으로 분배하는 관료제의 기초가 마련되었으나, 몽고 지배를 받은 충렬왕 이후는 관료제에 많은 변혁이 있었음을 매우 구체적으로 연구하여 고려 관료제 연구의 기초를 마련하였다. 이강선(1992)은 조선시대 정치는 관리가 修己治人을 바탕으로 백성의 행복을 최대한 확보하려는 윤리성이 강한 것으로써 그 정책결정은 제도상의 합리성과 기능상의 조화성을 이루고 있음을 설명하고 있다.

대부분의 연구가 특정한 관료제도를 중심으로 이루어지고 있는 가운데 박병련(1991; 1996)은 전통시대 한국 관료제의 주형(鑄型) 또는 형태의 발생과정을 국가의 형성과정과 연계하여 큰 틀에서 제시하고 있다. 곧 전통시대 한국 관료제가 다른 역사적 관료제와 구별될 수 있는 핵심적인 요소를 '유교'의 존재로 보고, '중국적 관료제'의 범주 내에서 '한국적 관료제'의 원형을 유교와 관료제의 결합으로 분석하고 있다. 또한 우리 한국사의 국가형성 과정은 '정복형'이 아니라 '연합형'인 관계로 중앙집권적 정치체제가 형성된 이후에도 국가의 정책결정방식은 여전히 합의제를 채택할 수밖에 없었던 배경을 독자적인 분석틀로 잘 설명하고 있다. 한반도에 유교가 전래된 이후 유교와 관료제가 결합하는 과정도 통일신라와 고려시대까지는 외교문서 작성 등의 기능적 필요성과 왕권강화라는 권력적 요구를 반영해 유교지식을 '과거제적 형식'과 연결했다. 반면 조선시대가 되면 유교의 이념체계를 중시하고, 이를 관료제의 충원과 운영 등에 밀접하게 관련시키는 단계로서, 왕권강화를 위해 도입된 과거제도가 오히려 '君臣共治'를 정당화하는 '유교적 관료제'가 성립되는 과정을 설명하고 있다.

또한 박병련(1993)은 조선과 명나라의 '유교적 관료제'를 분석한 결과, 조선의 관료체제가 명나라보다 훨씬 진보적이고 유교적 관료체제의 본질에 가까웠음을 밝히고 있다. 그는 '유교적 관료제'의 핵심은 유가관료(Confucian bureaucrats)이고, 물질적 조건보다 '인륜적 질서'의 달성이 인간의 행복에는 좀 더 본질적이라는 유교적 세계관을 우리가 어떻게 받아들이느냐에 따라 그들에 대한 평가는 달라질 수 있음을 지적하고 있다.

구한말의 행정에 관한 연구로는 김운태(2000)와 한승연(2012; 2014; 2015)이 있다. 김운태(2000)는 한국의 근대화운동이 영정조(1726~1799) 시대의 실학운동을 승계하면서 구한말의 서세동점을 계기로 도입된 서구의 근대사상을 비판적으로 수용하는 가운데 진행되었으나 외세의 간섭을 극복하지 못하고 중단됨을 설명하고 있다. 한승연(2012)은 조선시대 백성을 지칭하는 개념인 '민인'(民人)이 양란 이후 민국(民國)의 재조(再造) 과정에서 자주적으로 백성의 대표어로 성장하다가 서구의 근대 개념이 도입되면서 '인민' 또는 '국민'으로 대체되는 과정을 규명하였다. 또한 한승연(2014; 2015)은 갑오개혁 전후 국가의 정책결정을 담당하는 의정부와 6조 당상관의 인사이동과 통리기무아문을 비롯한 개혁기구를 분석하여, 대변혁의 시기에 군신 간에 신뢰가 무너져 각료의 최소임기가 보장되지 않고, 신구 세력 간의 갈등을 조정하지 못하고, 개혁할 능력이 없는 사람이 개혁을 담당하여 국가의 장기비전이 없는 상태가 지속되면서 나라가 무너질 수밖에 없다는 것을 규명하였다. 망국의 원인은 외세의 간섭도 있지만 이에 적절히 대처하지 못한 구한국 관료제의 무능에서 찾고 있다.

일제시대 행정에 관한 체계적인 연구는 김운태와 안용식에서 시작되었다고 할 수 있다. 김운태가 주로 조선총독부의 제도를 연구했다면, 안용식은 주로 인사행정을 연구했다(2. 저서에서 자세히 논의). 그 이후로는 행정학계에 한동안 일제시대 행정 연구자가 없었는데, 이는 일본어를 공부해야 하는 부담도 있지만 개발연대 발전행정의 풍미와 함께 행정학계 내에 '식민지 근대화론'을 은연중에 추종하는 분위기가 형성된 것과도 관계가 있는 듯하다. 2000년대 이후 한승연(2004a; 2004b; 2007; 2009b; 2013)이 행정학계에서는 유일하게 일제시대 행정을 꾸준히 연구하고 있다. 먼저 2004년(a)에는 대한제국시대부터 국민의정부까지 지난 1세기에 걸쳐 행정지도(administrative guidance)라는 행정수단이 널리 사용되었으며, 특히 일제시대에는 지방행정기관과 실무직 관리가 총출동해서 농업증산을 지도하고, 농사개량을 장려했음을 밝혀내었다. 계속해서 박사학위논문을 발전시켜 관변단체를 이용한 간접행정지도(2004b)가 일제시대부터 1987년 민주화 이전까지 널리 시행되었고 현재도 시행되고 있음을 규명하였다. 또한 일제 35년간 한반도 통치의 근간을 이룬 제령(制令) 681건을 분석하여(2009b) 조선총독은 제령의 제정, 공포와 관련해서는 일본정부나 제국의회의 견제를 거의 받지 않고 전제적인 권한을 행사했으며, 특히 조선총독은 정책결정과정에서 '조선의 특수성'과 '한국인의 순응 확보'라는 카드를 적절히 활용함으로써 일본정부에 대해 행정적 자율성이 상당히 컸음을 규명하였다. 개발연대와 일제 말기의 경제개발 방식 간의 연관성 여부를 분석한 결과(2007), 경제개발에 참여한 경제엘리트들은 광복 이후 미국 유학 또는 연수를 통해 근대화의 필요성을 급속히 인식했기 때문에 이 둘 간에는 단절성이 강함을 밝혔다.

이와 같이 일제시대의 행정 연구는 좋든 싫든 우리의 전통 행정과 현대 행정을 연결하는 가교 역할을 하고, 현대 행정에 아직도 일제시대의 잔재가 많이 남아 있기 때문에 그 부정적인 측면을 극복하고 상처의 치유를 위해서도 치열한 연구가 필요하지만 현재 행정학계에서는 거의 무관심 속에 방치되어 있는 실정이다. 한국사 연구자들 중에는 총독부 본부와 지방 관리에 대한 미시적인 연구가 많고, 조선총독부와 일본정부 간의 정치적인 관계를 고려하며 총독부 행정을 연구하는 경향도 나타나고 있다.

미군정기 행정에 관한 연구로는 유상근(1973)과 윤형섭(1974), 김운태(2001)가 있다. 유상근(1973)은 1945년 9월 7일 미점령군의 진주 이래 일어난 행정기구의 개편과정을 설명하고 있다. 윤형섭(1974)은 일제시대와 대한민국시대를 연결하는 또 하나의 관절인 미군정기 한국의 정치발전을 외부의 충격에 의한 외생적인 발전과정으로 보고, 실증자료를 이용해 정치적 충원을 분석한 결과 '저개발형'에서 점차 '발전형'으로 이행해 갔음을 밝혔다. 김운태(2001)는 미군이 남한을 점령한 이래 마치 점령군사령관 하지 중장은 조선총독, 군정장관 아놀드 소장은 정무총감처럼 한국인 위에 군림하며, 한민당 계열의 보수 우파 중심으로 군정고문단을 구성하고, 이들에게 정치적 충원을 맡김으로써, 실적제를 무시하고 모든 행정부서의 관료와 경찰에 한민당 계열의 인사를 임명함에 따라 정부수립 이후 친일파가 정부를 장악하게 되는 과정을 구체적으로 설명하고 있다. 이처럼 미군정기 행정에 관한 연구 역시 매우 미진한 실정이다.

이런 가운데 전통 관료제의 원형을 설명하고 이해하려는 가장 체계적인 노력은 2012년~2013년 한국행정학회에서 기획한 '한국화논단: 정부관료제의 기원' 패널이다. 조선시대와 일제시대, 미군정기, 대한민국시대로 나누고 국내외의 필진이 참가하여 한국 정부관료제의 기원을 밝히기 위한 시도를 하였다. 이 가운데 외국인 패널인 Hejtmanek(하민성, 2013)은 1545~1720년간 조선의 과거합격자 3,857명의 인적 사항을 생존분석과 로지스틱 회귀분석 등의 방법으로 계량분석하여, 당시의 명문거족 출신들이 과거시험에서 큰 특혜를 받지는 못했고, 과거합격시의 성적(순위)과 연령이 이후 당상관 또는 판서 등 고위직으로의 승진과 밀접한 관련이 있음을 밝혀냄으로써, 조선의 관료제는 고위관리의 승진체계가 매우 합리적이고 근대적이었음을 입증하였다. 또한 한승연(2013)은 조선총독부 관료제를 분석하여 총독부 관료제는 실적제를 바탕으로 하면서도 높은 할거성과 특권성을 나타내며, 정책결정에서는 극소수 관리의 독단이 작용하고, 법령을 초월하는 규칙을 남발하고, 정책집행과정에는 관리의 자율성과 예외성이 늘 작용하는 비상통치기구적 성격이 강했는데, 이러한 특성이 오늘날까지도 투영되고 있음을 규명하였다. 박종민 · 윤견수(2014)는 당시 패널들의 연구 결과를 종합하여 "한국 국가 관료제의 세 가지 전통"이라는 논문을 발표하였다. 이에 따르면 한국의 국가관료제는 조선시대 이래 현재까지 정부형태, 경제발전,

계급구조에 차이가 있지만 관료의 실적임용이라는 전통이 지속되고 있고, 특히 조선시대의 학인관리, 일제 강점기의 의법관리, 광복 이후의 기술관료 전통이 복잡하게 뒤얽혀 있음을 밝혀내었다. 그러나 여러 가지 사정에 의해 이 기획의 결과를 종합하여 단행본으로 출간하지 못한 것은 큰 아쉬움으로 남는다.

한편 행정사 연구와 관련하여 한가지 주목할 점은 1980년대 이후에 행정사 연구방법론 관련 논문이 더러 발표되고 있다는 것이다. 장동희(1988: 26-55), 유완빈(1992), 공기두(1992), 윤재풍(2001: 17-32), 김춘식 · 이대희(2003), 김경수(2006), 한승연(2009a) 등이 있다. 행정사 연구의 필요성은 한때 한국행정학의 토착화 논의와 관련하여 논의된 적이 있었다. 곧 한국행정학은 한국의 고유한 문화, 종교, 지리, 가치관, 사회구조 등 문화적 특유성에 확고한 기초를 두어야 할 것이다 (박문옥, 1981: 71). 장동희(1988: 34)는 "역사적 접근법의 저변에 깔려 있는 기본전제는, 과거와 사건이 여러 양태로 연관되어 있다는 것"과 "유교문화권에서는 그들의 삶을 영위하는 지혜를" 신학적 계시나 철학적 이론보다는 역사에서 찾았다는 사실을 잘 지적하고 있다. 윤재풍(2001)과 한승연(2009a)은 연구방법론에 관해 비교적 정밀하게 다루고 있으며, 특히 한승연(2009a: 97)은 1차사료 내지 1차자료에 바탕한 행정사 연구의 중요성을 역설하고 있다. 이병갑(1997: 97)은 원자료와 원자료를 토대로 사가(史家)의 사관에 의하여 취사선택한 편찬자료, 편찬자료의 오류를 바로잡고 정치적 사실을 밝히기 위해 개인문집의 활용을 주장하고 있다. 이에 대해서는 역사학자인 김경수(2006: 262-263)도 동일한 문제점을 지적하고 있어 행정사 연구자들이 깊이 반성할 점이라고 제시하겠다.[4] 이들 5편의 논문이 행정사 연구의 특징과 필요성, 분류, 연구영역, 시대구분, 구체적인 연구방법론 등을 논의한데 반해, 김춘식 · 이대희(2003)와 김경수(2006)는 그때까지 행정사 연구의 경향을 계량적으로 분석하고 있다.

행정사 또는 한국행정사의 분야별 연구와 함께 시대구분, 연구분야, 연구방법, 연구의 필요성 등 연구방법론에 관한 깊이 있는 연구도 절실히 필요한 실정이다. 공자도 주나라의 통치질서가 무너지는 상황에서 위기 극복을 위해 유학을 집대성했고, 주자도 불교에 의해 유학이 잠식되는 상황에서 유학을 살리기 위해 주자학을 집대성했다. 이와 같이 막스 베버는 행정사의 기초가 '위기'에 처했을 때는 방법론적 성찰이 필요하다고 보고, 이때의 방법론에 대한 성찰은 방법론 그 자체를 위해서가 아

---

4) 그는 "특히 필자의 전공영역과 일치하고 있는 조선시대를 배경으로 하고 있는 글들이 대부분 그렇다. 1차사료를 근거로 하지 않았거나, 2차 혹은 3차 사료를 전거로 삼아 논지를 전개하고 있는 점에서는 심각한 고민과 함께 연구자 간의 교류와 활발한 토론이 요구되고 있음을 실질적으로 보여준다"고 신랄하게 비판하고 있다 (김경수, 2006: 262).

니라 행정사에 대한 실질연구를 더 잘하기 위해 필요하다고 했다. 물론 그 고통은 대단해서 베버는 자신의 방법론 논문들을 "한숨 논문"이라고 불렀듯이(전성우, 2013: 104-105) 행정사의 연구방법론은 가볍게 논의할 수 있는 것은 아니다.

역사 연구에서 내용과 기법에 관한 논쟁은 계속되고 있지만 내용을 버리고 기법만 중시한다면 더 넓은 교육적 중요성을 박탈할 우려가 있다 (Skinner, 2002, 황정아 · 김용수 공역, 2012: 54-55). 그리고 우리가 특정한 텍스트를 읽을 때는 그 텍스트에만 초점을 두어서는 안 되고, 그 텍스트가 쟁점이나 주제를 다루는 방식을 좌우하는 지배적 관습에도 초점을 둘 필요가 있다. 역사적 사실을 해석할 때는 특정한 저작이 쓰인 맥락과 함께 그 저작에 포함된 저자의 의도를 복원하는 일이 포함된다 (Skinner, 2002, 황정아 · 김용수 공역, 2012: 163-165). 공자가 "나는 과거로부터 전해오는 내용을 적절히 편집했을 뿐 새로 짓지는 않았다"(述而不作, 「論語」 '述而')고 했듯이 고전 텍스트에는 이미 그때까지의 역사가 내포되어 있다. 따라서 같은 유교라고 하더라도 시대정신이나 상황에 따라 상당한 변화가 있었음에 주의해야 한다. 예를 들면 "공자와 맹자, 특히 맹자는 사회적 문맥 속에서 인간의 문제를 중심으로 사유하고 행동했으나, 주희는 도교와 불교사상에 자극받아 자연과 인간, 다시 말하면 자연성과 윤리성을 동일한 축 위에서 통합적으로 파악하는 커다란 이해의 틀을 제시하고 그것을 지탱하는 중심개념으로 理와 氣를 제시하였다" (박병련, 1998: 176). 그동안 유교에 관한 부정적 관점은 과거의 텍스트를 그 시대의 맥락을 고려하지 않고 단지 현재의 시각으로 해석하는 데서 오는 기본적인 오류라고 할 수 있다. 예를 들면 유교와 민주주의의 관계를 논의할 때 유교에는 투표제가 없기 때문에 비민주적이라고 할 수 없는 것과 같다. 동양에서는 일찍이 가장 유능한 사람이 다스려야 한다는 전통이 있었기 때문에 유능한 관인(官人)을 선발해 유능한 정부를 구성하는데 심혈을 기울였던 것이고, 투표를 통해 정치적인 문제를 해결하는 전통이 없었을 뿐이다. 그 대신 천명(天命)을 어긴 군주를 民의 힘으로 쫓아낼 수 있는 매우 민주적인 전통이 있었다 (Creel, 1949/2010: 164-168).

그 밖에도 조선시대 정책과 관련한 연구로 이대희(1987; 2003)가 있고, 제도와 관련한 연구로는 김용욱(1987)과 유석영(1987), 이상엽(2002), 안병일(2014) 등이 있고, 사상 관련 연구로는 김종미(1999)가 있으나, 해당주제에 관한 깊이 있는 후속연구가 이루어지고 있지 않은 점은 아쉽다고 하겠다.

마지막으로 2000년 이후 유교사상과 현대 행정이론을 접목하려는 시도들이 이루어지고 있는 점은 반가운 일이나 적어도 유교를 비롯한 동양사상에 대한 기본적인 이해를 바탕으로 이루어져야함을 지적하지 않을 수 없다. 두 편을 예로 들어 설명하겠다. 먼저 오영석・최병옥(2000)의 "조선시대 자연자원관리체계에 관한 연구"에서는 「조선왕조실록」에 수록된 자연자원관리 사례를 내용분석하여 조선시대 자연자원관리체계를 설명하고 있다. 그런데 <표 3> '색인어별 검색 결과'를 보면 치수(治水) 항목에서 가장 중요한 '제언(堤堰=못, 저수지)'이 국사편찬위원회에서 제공하는 「조선왕조실록」의 원문 검색에서 410회나 출현하는 데도 아예 빠져 있다. 관련어 가운데 '제방(堤防=둑)'이 92회, '보(洑)'가 45회 출현하는데 모두 빠져 있다. 홍수와 가뭄(水旱)이 920회, 홍수도 171회나 출현하는데 모두 빠져 있다. 또한 치산(治山) 항목에서도 조선시대 도시의 양반들이나 부유층은 숯으로 조리를 했기 때문에 숯의 관리가 중요한데, 숯을 의미하는 '시탄(柴炭)'이 118회나 출현하는데 이것도 빠져 있다. 결국 이 용어들을 포함하면 치산과 치수 관련 용어의 출현빈도가 비슷하거나 치수 쪽이 더 많아서, "자연자원관리에서 치산이 치수보다 상대적으로 중시된 것으로 보인다"(343)는 해석은 나올 수 없을 것이다. 농업이 생명인 조선시대에 과연 치수를 소홀히 할 수 있었을까? 다음으로 배수호・한준섭(2012)의 "노자 『도덕경』에서 물에 대한 은유 및 관점: 수자원정책 및 관리에 주는 함의와 시사점을 중심으로"에서 물에 대한 은유를 음양오행론으로 설명하고 있는데, 노자의 사상은 음양론으로 설명해야 할 것이다. 노자 이전에는 정치작용으로 주로 양(陽)・강(剛, 强)의 작용에 대해 논의했던데 대해 「노자」에서는 주로 음(陰)・유(柔)・약(弱)의 작용에 대해 논의하고 있다. 노자는 생몰연대가 미상이나 공자(551~479 BCE)의 선배격으로서 춘추시대 사람이다. 동양사에서 음양론의 기원은 「주역」이고, 오행론의 기원은 「尙書」 '甘誓, 洪範'이어서 그 기원도 다르고 춘추시대까지는 이 두 설이 별개로 논의되다가 음양오행설이 합쳐진 것은 대체로 전국시대로 추정된다 (劉澤華, 장현근 역, 2008: 265). 동양사상을 통해 현대의 행정현상과 정책을 설명하는 것은 권장할 만한 일이지만, 현대 서양의 행정이론과 달리 동양사상은 일찍부터 여러 사상이 융합되면서 면면히 이어지고 있기 때문에 적어도 그 큰 흐름에 대한 이해가 바탕이 되어야 할 것이다.

"정치학이나 행정학의 한국화 또는 토착화를 이룩하기 위해서는 한국의 정치 및 행정에 관한 역사와 사상의 흐름을 파악하고 그 계속과정과 변혁과정에 관한 깊은 이해와 그것으로부터 연유하는 의미규정과 통찰력의 바탕 위에서 현대 사회과학 또는 현대 정치학 및 행정학의 이론과 기법을 접합시키고 아울러 사회과학적 개념과 분석을 활용하여야" 할 것이다 (김운태, 1987: 11). 이를 통해 볼 때 행정사 연구는 그 시대의 언어로 그 시대정신과 상황에서 관찰하고 해석하는 것이 중요함을 새삼 강조하지 않을 수 없다.

2. 저 서

한국행정사에 관한 저서는 적은 편이며 질적인 수준도 그다지 높지 않다. 그 이유는 그동안 연구자가 많지 않았던 점도 있지만, 김운태(1967; 1970)와 안용식(2001), 이병갑(2014)을 제외하면 대부분 기존의 역사학계의 연구자료를 이용하여 교과서로 편집한 경우가 많았기 때문이다. 무엇보다 현재 행정학계에는 행정사 또는 한국행정사 연구를 천직으로 여기는 사람이 거의 없고, 그렇다 보니 제2외국어(한학, 일본어 등)를 마스터하여 1차자료를 열심히 탐구한 다음 행정학적으로 의미있는 역사적 사실을 새롭게 발견하고 해석해야 한다는 의식은 이미 실종된 지 오래되었고, 심지어 행정사를 전공한다는 사람들조차 2차자료를 다시 2차자료로 베끼고 있는 실정이다. 최근 들어 역사학계와 사회사 분야에서는 역작이 출간되고 있어서 그나마 다행인 가운데 행정사 연구자들의 분발이 필요한 때이기도 하다.

먼저 일반 행정사 분야의 저서를 살펴보면 다음과 같다. 한국행정사 연구의 출발점이라고 할 수 있는 것은 1961년에 출판된 박동서의 「한국관료제도의 역사적 전개」인데, 기존의 법학적 방법을 시정하여 구조적 · 기능적 접근방법을 혼용하여 발전행정의 관점에서 조선시대와 일제시대, 미군정시대의 인사행정은 한국 인사행정의 역사적 배경으로 다루고, 정부수립 이후의 인사행정제도의 변화를 비교적 체계적으로 다루고 있다. 조선시대 인사행정에서 유교에 대해 지나치게 부정적으로 서술한 것은 문제라고 할 수 있겠다.

박문옥은 1963년에 최초의 한국정부론 교과서인 「한국정부론」을 출간하였다. 제1편에서 행정학의 여러 방법론을 간단히 소개한 것이 특징이다. 조선시대, 일제시대, 미군정, 대한민국시대에 걸쳐 각 시대의 통치구조(과정), 관료제 등에 대해 자세히 서술하고 있으나, 당시 사회의 전반적인 분위기와도 관계가 있겠지만 조선시대를 식민사관의 일종인 정체성(停滯性)론의 관점에서 기술하고 있는 점은 다소 문제라고 할 수 있다.

정시채는 1978년에 「한국관료제도사」를 출간했는데, 자료의 부족과 제약에도 불구하고 고조선부터 삼국, 고려, 조선, 일제, 대한민국 시대까지 한국사 전반에 걸쳐 한국과 중국의 사서와 법전 등 1차자료와 역사학계의 연구결과를 참고하여 관료제도를 일관성 있게 서술하여 자료성이 매우 높다.

장동희는 1988년에 출간한 「한국행정사」에서 고조선부터 대한민국까지 행정사를 서술하고 있는데, 고조선~통일신라까지를 고대, 고려를 중세(1), 조선 건국~조선 후기까지를 중세(2), 개항기~대한제국까지를 근대(1), 대한민국임시정부를 근대(2),

대한민국을 현대로 4대구분하고 있다. 조선총독부의 행정을 대한민국임시정부의 행정에서 附로, 북한의 행정을 대한민국의 행정에서 附로 다루었다는 점이 큰 특징이라고 할 수 있다.

이문영은 1996년에 「논어」와 「맹자」의 원전을 현상학적 관점에서 행정학적으로 재편집하고 재해석하여 「논어맹자와 행정학」이라는 방대한 저작을 출판했다. 그는 행정학이 딱딱하며 차가운 것이라는 인상에서 벗어나, 행정학이 부드러우며 따뜻한 것으로 인식되기를 바라는 마음으로 이 책을 기술했다. 특히 「논어」와 「맹자」에서는 충과 효를 따로 논한다는 것과 삼강오륜이라는 표현은 이 두 원전 어디에도 없다는 것을 명확히 하고, '忠恕'와 자기가 원하지 않는 것을 남에게 베풀지 않는 '恕'의 덕목을 강조한다. 의식주를 가능케 하는 항산(恒産)이 없으면 야만사회라고 하여 유학이 물질세계와 동떨어진 공리공론이 아님을 증명하고 있다.

다음으로 특수 행정사를 연구한 저서를 살펴보면 다음과 같다. 이병갑은 2014년에 숙종대 갑술정변(1694)을 전후하여 나타난 정치·행정적 사건들에 대하여 관련자인 거유(巨儒) 밀암 이재(密菴 李栽)의 유배시종실록인 「창구객일(蒼狗客日)」을 국사학, 철학, 한문학 등 관련학자들과 공동으로 연구하여 「창구객일 연구」를 엮어서 출간하였다. 특히 이 책에서 그는 이 문집을 바탕으로 당시 남인과 서인이 체제유지 정책과정에서 왕통질서 문제와 왕비 폐출 문제, 치안 및 체제도전 문제, 그리고 교육·문화정책과정에서의 정책갈등을 정파 간의 갈등논리와 갈등양상이 어떤 형태로 전개되어 어떤 형태로 귀결되었는지를 독자적인 분석모형으로 설명하고 있다. 나아가 남인과 노론 간에 야기된 첨예한 갈등의 조정자로서 소론의 역할에 착안하여, 오늘날에도 대립하는 세력 간의 조정을 위해 제3세력의 조정역할이 중요함을 제시하고 있다.

한국행정사 연구가 본격화한 것은 김운태부터라고 할 수 있다. 한국행정사는 한국사의 특수사 분야이기 때문에 그 연구를 위해서는 역사학계와 정치사, 사회사 등 관련 분야의 연구성과를 충분히 파악하고 이해한 다음 행정학적으로 의미있는 분석과 설명이 필요하다. 이를 위해서는 한국사의 1차자료뿐 아니라 한국사의 여러 사상과 제도에 영향을 미친 중국사의 1차자료도 섭렵해야 하는 어려움이 있다.

김운태는 1967년에 출간한 「조선왕조 행정사: 근세편」에서 조선 개국(1392)부터 개항(1876) 이전까지를 역사적 사실 자체를 중시하는 일반사적 입장보다는 행정현상에 관련되는 사실을 사회과학적 논리체계로 정리하려는 특수사적 입장에서 설명하고 있다. 특히 역사적 상황을 정치학과 행정학적 일반법칙성과 연결하여 종합분석하기 위해 한국사회라는 커다란 사회체제를 중심으로 거기에 작용하는 제요인들을 지정

(地政), 정치, 경제, 사회, 문화 등 제측면에서 다양하고 유기적으로 연관분석하는 생태론적 방법과 기능적 체제론의 분석방법을 사용하였다. 이를 위해 그는 역사학계의 연구결과뿐 아니라 조선시대의 각종 법전과 왕조실록, 「승정원일기」 등 1차사료를 폭넓게 활용하고 있다. 같은 해에 출간한 「조선왕조 행정사: 근대편」(1967)에서는 개항 이후부터 을사조약(1905)까지 약 50년에 걸쳐 조선 행정의 근대화과정을 설명하고 있다. '근세편'과 마찬가지로 1차사료와 함께 당시 일본인들의 기록도 널리 활용하고 있다. 김운태는 한국행정사 연구에 평생을 바쳤기 때문에 이러한 역작을 낼 수 있었기에 연구자들에게 귀감이 되고도 남으며, 그의 저서는 한국행정사 연구자뿐 아니라 한국행정에 관심이 있는 이들에게 안내서 역할을 하고 있다. 2005년에는 연구범위를 고려시대까지 확장하고 역사학계의 연구성과를 종합 정리하여 고려 전기의 행정체제와 관료제를 서술한 「고려 정치제도와 관료제」를 출간하였다.

계속해서 김운태는 을사조약부터 일제 35년에 걸친 40년간의 일본제국주의의 식민통치과정을 민족저항운동과의 기능적 상관관계에서 종합적으로 집대성하여 1986년에 「일본제국주의의 한국통치」를 발간하였다. 그는 일제의 식민통치를 크게 준비기, 형성기, 회유조정기, 병참기지화 및 전시동원기 등 4시기로 나누고, 그간 일제시대에 관한 연구가 독립운동의 민족적 측면을 중심으로 많이 이루어진데 반해, 각 시기별로 통치과정을 객관적으로 분석하고 통치에 따르는 정치 · 경제 · 사회 · 문화의 변동과 예속화 기반의 형성, 그리고 국내 민족저항운동과 국외에서의 민족독립운동의 전개를 중점적으로 다루었다. 또한 당시로서는 객관적인 자료입수가 매우 어려운 상황인데도 개인문집류, 수기, 전기물, 재판소기록, 신문 · 잡지와 총독부의 관찬 자료를 엄선해 널리 활용하였다. 한 권의 책에서 일제의 한국 식민지화 과정과 그 이후의 제도 변화를 망라하고 있어서 독자들에게 큰 도움을 준다. 하지만 한민족의 주체성을 강조하면서도 「조선왕조행정사: 근대편」(410)과 이 책(593) 모두 1905년의 한일협상조약(일명 을사조약 또는 을사늑약)을 "을사보호조약"으로만 서술하고, 색인까지 작성한 점은 이해하기 어려운 점이다.

김운태와 마찬가지로 평생을 일제시대 행정 연구에 바친 거장으로 안용식이 있다. 그는 무엇보다 일제시대 관련 연구자료집을 많이 편찬하여 이 방면 연구자들에게 큰 도움을 주고 있다. 2001년에는 기존에 정리했던 자료들을 집대성하여 「한국관료연구」를 출간했다. 이 책에서는 구한말, 일제시대, 미군정, 제1 · 2공화국에 걸쳐 각 시대별로 관료들의 연령과 본관, 출신학교와 수학분야, 전근무부서, 과거입격여부, 퇴임 이후의 근무부서 등 관료의 소극적 대표성을 분석하고 있어 자료적 가치가 풍부한 책이다. 그는 행정학에 대한 체계적인 분석을 위해서는 먼저 행정활동을 수행하는 사람에 대한 이해가 선행되어야 하고, 이는 반드시 구조가 처한 상황과 상호 연계시킬 수 있어야 올바른 분석을 할 수 있음을 강조한다.

한승연은 2006년에 박사학위논문을 발전시켜서 「한국 行政指導 연구」를 출간했다. 이 책은 대한제국시대~국민의정부까지 지난 1세기에 걸쳐 신문기사 자료를 분석하여 한국행정의 중요한 정책수단인 행정지도의 목적, 주체, 대상, 기능, 방식, 용어 등을 각 시대별로 체계적으로 분석하였다. 한국사에서는 행정지도가 널리 시행되었지만 일제시대에 가장 많이 시행되었다. 각 시대별로 행정지도의 요체를 정리하면, 대한제국시대에는 군수 이상의 고위관리와 경찰이 군민과 부락민을 직접 방문해서 신교육을 권장하고, 사회질서를 유지하기 위해 효유(曉諭)했다. 일제시대에는 지방행정기관과 실무직 관리가 총출동해서 농민에게 농업증산을 지도하고, 농사개량을 장려했다. 광복 후에는 일반행정직 공무원이 여러 업계와 단체에 대해 협조공문과 각종 지침을 발송 또는 고시하여 산업 조성·발전을 권장하고, 물가안정을 위해 지도·단속했다.

그 밖에 행정사 교과서로 유종해·류영옥의 「신고 한국행정사」(1987)와 이대희 외의 「(한국의) 행정사」(2001/2014) 등이 있다.

이렇게 볼 때 지난 60년간 일반 행정사 연구들은 고조선시대부터 현재까지 한국의 행정사를 제도 중심으로 통시대적으로 설명함으로써 3,000여년에 걸쳐 한국의 행정을 이해하는데 도움을 주고 있다. 특수 행정사 연구들은 조선시대의 개인문집 연구를 비롯하여 조선시대의 행정제도, 일제 강점기의 행정제도와 인사행정, 행정지도 등을 개별적으로 연구하고 있어 이를 통해 한국행정사의 특수성을 규명하기에는 많이 부족한 실정이다. 가장 큰 이유는 연구자의 부족을 들 수 있을 것이다. 광복 이후 행정학자들이 행정사 연구를 소홀히 한 데는, 이미 우드사이드(Woodside, 2006, 민병희 역, 2012: 43)가 지적했듯이 서구의 과학적 경영이론이 전세계적으로 인기를 얻자 세계사를 자본주의의 역사로만 축소시키는 접근방식을 따르고 있기 때문이다. 그러나 '근대'라는 개념은 상대적인 개념이기 때문에 오직 하나의 '근대'만 있는 것은 아니어서, 최근 인접학계에서는 이를 극복하기 위해 유학에 대한 탁월한 재해석이 나오고 있어 간단히 소개하고자 한다.

그동안 행정학계에서는 전통사상으로서 유교가 현대행정에 미치는 영향에 대해 긍정적 평가와 부정적 평가가 엇갈리고 있다 (자세한 사항은 박병련, 2006: 87－90 참조). 그런데 유교에 대한 부정적인 평가는 대체로 유교에 대한 오해에서 비롯된 것이다. 이문영(1996)도 이미 지적했듯이 유교에서 충과 효는 별개로 논의되었지 충효로 묶어서 논의되지 않았다. 유교에서 효란 부모가 베푼 사랑을 기억했다가 그 은혜를 되갚으려는 마음을 뜻하고, 충이란 '각각 맡은 제 소임을 다하는 것'이다. 따라서 공자가 제시하는 이상적 인격체로서 군자란 '부모에게 효도'하고 이를 바탕으로 '나라에 충성'하는 사람이 아니라, 부모에게는 순종할지언정 나라에 대해서는 저항하는 사람이라고 할 수 있다. '부모에게 효도하듯이 나라에 충성하라'는 말은 한비자에서 기원한 법가 사상이고, 한나라 초기 동중서(董仲舒)에 의해 제국통치의 원리로 성립된 것으로써 위정자의 말일 뿐이다 (배병삼, 2012: 62-71). 주자도 제자들과 함께 「소학」을 편찬했는데, 여기서 군신관계와 가족관계를 완전히 분리하고, 충보다 효를 더 중시했다. 반면 일본에서는 충보다 효를 중시하는 「소학」의 가르침을 기피했다 (宮嶋博史, 2015: 236; 미야지마 히로시 역, 2015: 59). 또한 그동안 일본은 유교 국가가 아니었기 때문에 메이지유신에 성공했다는 것이 정설이었으나, 朴薰(2015, 박훈 역, 2015)은 19세기 일본은 '주자학의 전성시대'였으며, 막번체제는 '서구의 충격' 이전에 이미 '유교의 영향'으로 동요·변질되고 있었는데, 그는 이를 '사대부적 정치문화'의 출현으로 설명하고 있다. 특히 이 과정에서 사무라이가 서리 역할을 거부하고 士가 되려고 했을 때(사무라이의 '士化') 일본에 새로운 정치주체가 형성되었고, 이들은 주자학의 영향으로 군주친정을 바람직한 것으로 여기면서 결국 막번체제를 무너뜨리고 메이지유신으로 나아갔다. 반대로 같은 시기 조선은 '사대부적 정치문화'가 크게 위축 또는 실종되며 국가 자체가 쇠퇴했다.

미국의 제퍼슨(T. Jefferson)도 볼테르의 영향으로 덕과 능력있는 사람이 정부를 운영한다는 유교적 사고를 받아들여 공교육제도와 국민주권에 뿌리를 둔 공화주의 헌법을 구상하였다 (Creel, 1949/2010: 275-278; Berggruen & Gardels, 2013: 48-50). 이렇게 볼 때 서양과 일본에서는 동양의 유교적 사고를 바탕으로 근대 헌법을 작성할 때, 오히려 우리는 서양의 근대 제도를 수입하는 대신 전통적인 제도를 버렸다. 위정자들의 언어로 변질된 유교가 아니라 유교 본래의 텍스트를 기준으로 한다면 유교정신을 현대 한국행정에 접목하는데 전혀 무리가 없을 듯하다. 공직윤리는 공무원 각자가 맡은 바 임무에 진심을 다하는 '忠'을 세우지 않고는 확보하기 어렵다. 1960년대부터 고도성장을 구가했던 한국이 IMF사태 이후 먹고사는 문제를 걱정해야 하는 야만사회가 되었다. 오늘날 행정이 해야 할 일은 공자의 말씀처럼 진정 "물자가 모자람을 걱정할 것이 아니라 고르지 않음을 걱정"(不患寡而患不均, 「論語」 '季氏') 해야 하는 것이다. 따라서 현대 한국행정학이 진정으로 고민해야 할 것은 행정의 전문성이나 능률성 같은 지엽적인 문제보다는 맹자가 지향했던 '우리가 함께 인간답게 사는 세상'을 만드는 방법을 강구하는 것이다.

Ⅲ. 한국행정사 연구의 과제와 전망

지금까지 살펴보았듯이, 지난 60년간 행정사 연구를 뒤돌아보면 양적으로 그리 적은 것만은 아니었지만, 질적 측면에서는 김운태, 안용식, 이병갑, 박병련, 김춘식, 우홍준, 한승연 등 극소수의 연구자가 행정사 연구에만 매진했거나 하고 있을 뿐이다. 논문과 저서, 단행본의 장 등을 통해 그간의 성과를 종합하면 다음과 같다. 먼저 일반 행정사인 통사 연구에서는 고조선 시대부터 현재까지 주요 행정제도를 시대별로 설명함으로써 한국행정사를 통시적으로 이해하는데 큰 도움을 주었다. 일제시대를 거치며 한국행정사가 많이 왜곡되었기 때문에 역사상의 주요 행정제도를 객관적으로 서술하는 것은 행정사학자들의 중요한 사명이라고 할 수 있다. 다만, 동양의 전통사상을 깊이 연구하여 오늘의 행정에 적용할 수 있는 일반이론의 발전은 미미한 실정이다.

다음으로 분야별 행정사를 시대별로 종합하면 다음과 같다. 첫째, 조선시대 연구에서는 인재등용과 과거제, 붕당정치, 향약, 국가형성과정과 관료제의 관계, 유교적 관료제, 학인 관리의 전통, 주요 인물 등이 연구되었다. 이러한 개별적 연구를 통해 조선시대는 유교라는 정책의 준거 기준에 근거해 과거제를 통해 선발된 유능한 관리와 군주 간의 합의를 통해 정치가 이루어졌음을 유추할 수 있다. 고조선 시대부터 형성된 관료제는 삼국시대, 고려, 조선을 거치며 유교관료제로 구체화되었다. 다만, 파스칼이 이미 경고했듯이 “능력에 기반을 둔 정치권력은 저마다 자기의 공을 내세우려 하기 때문에 내전을 야기할 수 있”으므로(Woodside, 2006, 민병희 역, 2012: 99) 대립하는 정치세력들을 조정할 수 있는 제3세력이 필요하다고 할 수 있다.

둘째, 구한말 연구에서는 우리의 ‘근대’가 임진왜란과 병자호란 이후 ‘민국’ 재조과정에서 ‘민인’이 정치적으로 성장하는 가운데 지식인 계층에서는 실학운동이 일어나고, 이를 바탕으로 구한말에 서구의 근대사상을 비판적으로 수용하면서 근대화운동이 진행되었으나, 결국 구한국 관료제의 무능으로 외세의 간섭을 극복하지 못하고 중단되었음을 밝히고 있다.

셋째, 일제시대 연구에서는 식민지 착취에 기반을 둔 식민지 통치제도의 형성과정, 그에 따른 사회의 변동과 예속화 기반의 형성, 국내의 민족저항운동과 해외의 민족독립운동의 전개 등을 비롯하여, 총독부관료제의 특징인 할거성과 특권성, 비상통치기구적 성격 등이 오늘날까지도 한국 정부관료제에 투영되고 있음이 규명되었다. 일제시대에 중요한 행정수단이었던 행정지도는 법의 한계를 벗어나 강압적으로 시행된 경우가 많아서 법치행정을 약화시키기도 했다. 또한 인물연구에서는 구한국 관리와 통감부 관리, 총독부 관리의 연속성이 매우 높다는 사실이 규명되었고, 그동안 편찬된 방대한 인물 관련 연구자료집은 앞으로 후학들의 연구에 많은 도움을 줄 것으로 보인다.

넷째, 미군정기의 연구에서는 일제시대와 마찬가지로 외생적인 발전과정으로써 정치적 충원에서는 실적제가 무시되고 친일파가 정부를 장악하는 과정이 밝혀졌으나, 아직 많은 부분이 미연구 영역으로 남아 있다.

마지막으로 행정사의 연구방법론에서는 한때 한국행정학의 토착화 논의와 관련하여 약간 논의되었고, 1980년대 이후는 방법론 관련 연구가 일부 시도되었다. 현재 한국행정학은 정체성 위기에 처해 있는 만큼 한국사의 시대구분, 연구분야, 연구방법, 연구의 필요성, 연구영역의 확대 등 행정사에 관한 실질연구를 더 잘 하기 위해서 방법론에 대한 성찰이 절실히 요청된다고 하겠다.

이와 같이 한국의 행정사 연구는 일부 연구자들이 그 나름의 연구모형을 설계하고 한국의 행정현상을 설명하기 위해 노력하였고, 또한 식민사관을 극복하기 위한 노력도 있었다. 그러나 대부분의 연구가 단순한 기술 내지 설명에 그치고 있어 행정사의 일반이론 발전 및 한국행정사의 특수성 규명에 크게 기여하지는 못함에 따라 아직 이렇다 할 큰 흐름을 이루지 못하고 있다. 그동안 한국행정사 연구가 소홀했던 이유는 소위 서구식 근대 행정을 '이상적 모델'로 상정하고 이를 모방하기에 여념이 없었기 때문이다.

그런데 최근에 근대의 기점과 관련해서는 기존의 서양 중심이 아니라 동양 중심으로 전혀 새로운 논의가 일어나고 있다. 김상준(2011/2013: 56－57, 59)은 대안적 정의로서 "근대성이란 성속(聖俗)의 통섭 전도, 즉 성이 속을 통섭했던 세계에서 속이 성을 통섭(encompass)하는 세계로의 이행을 말한다." 그리고 근대의 가장 중요한 표징은 신분제의 동요와 해체이고, 여기에 생산력과 상업의 발전, 중앙집권적인 관료제 국가의 출현 등이 수반된다. 세계사적으로 볼 때 이러한 초기근대는 11세기경 중국 송나라에서 시작된다는 것이다 (김상준, 2014: 19). 또한 미야지마 히로시(2013: 322－323)도 근대라는 개념은 본래 현재와 직결되는 시대라는 의미로 규정하는데, 이렇게 볼 때 동아시아의 근대는 명대에 확립되어 그 기본구조가 현재까지 유지되고 있다고 보고, 이를 '유교적 근대'라는 개념에 기초해서 근본적인 패러다임의 전환을 촉구하고 있다.

한국에서 기존의 행정사 연구가 그 나름대로 의미를 갖지만, 이제 이러한 새로운 근대성 논의를 바탕으로 최근 몇 년 내지 몇 십 년이 아니라 좀 더 긴 인류사적 관점에서 행정사의 일반이론 발전 및 한국행정사의 특수성 규명을 새롭게 시작해야 할 때라고 할 수 있다. 그동안 한국행정사 연구는 서주 중심의 근대성 담론과 일제 식민지 행정의 극복이라는 과제에 너무 억눌려 있었다고 할 수 있다.

한국행정사 연구의 앞으로의 과제는 무엇인가? 박병련(2006: 91)이 이미 지적했듯이 "아직 한국행정사학은 나름의 '학문적 흐름'이 이루어지지 않고, 온갖 방향으로 흐르는 '실개천'들이 난류하는 상황이라 할 수 있다." 더욱이 동양고전을 오늘의 상황에 맞게 재해석하고 나아가 현대 행정이론과 접목하여 새로운 정책 대안을 찾고자 한다면 역사적 접근방법에 대한 체계적인 학습과 함께 동양고전에 대한 연구와 이해가 한층 더 심화되어야 할 것이다. 곧 행정사 연구는 반드시 새로운 역사적 사실을 발견, 이해, 설명, 해석의 과정을 거쳐야 한다는 사실을 앞으로 행정학과의 학부와 대학원에서 가르쳐야 할 것이다. 젊은 행정학자들이 행정사 연구에 매력을 느끼도록 행정학계의 풍토를 개선하는 일과 함께 현재 행정사 연구에 매진하고 있는 연구자들이 더욱 분발하여 스스로 하나의 '학문적 흐름'을 이루어야 할 것이다. 행정사 연구를 기피하는 풍토도 우리 행정학계의 현실을 반영한 것이니 어찌 하겠는가? 행정사 연구자들이 역사학자나 정치사 연구자들의 연구결과를 많이 인용하기 때문에 이들과의 교류를 활성화하는 것도 행정사의 저변과 연구영역을 확대하는데 도움이 될 것이다.

행정사 연구의 목적이 과거의 행정을 설명하고, 교훈을 얻으며, 미래를 예측하여 사람이 사람답게 사는 방법을 찾는 것이라고 할 때, 가장 중요한 것은 과거의 행정을 설명하는 준거를 명확히 하는 것인데, 그러기 위해서는 진정한 우리의 근대성이 무엇인지를 찾아야 할 것이다. 한국사의 국가 형성과정이 '연합형'이고 그에 따라 중앙집권적 국가체제가 성립한 뒤에도 정책결정이 합의제적 전통을 띨 수밖에 없었던 전통을 고려하면(박병련, 1996), 고려의 무인정치와 과거 권위주의 정부의 독재는 한국행정사에서 매우 이례적이고 외래적인 통치형태였다고 할 수 있다. 일제 강점기의 전제정치는 외세의 통치에 의한 것이라고 하더라도 이들의 공통점은 무인통치라는 점이다. 결국 인성을 뒤로 한 채 기술적 합리성과 전문성이 뛰어난 기술관료에게 국가를 맡긴 결과, 오늘날 우리는 먹고 사는 문제를 걱정해야 하는 야만의 시대에 살고 있다. 물질적 조건보다 '인륜적 질서'의 달성이 인간의 행복에는 좀 더 본질적이라는 유교적 세계관을 연구해야 하는 이유가 여기에 있다.

제 7 장 행정문화

윤 은 기

Ⅰ. 서 론

행정문화는 거시적인 일반 사회문화를 이루는 하나의 하위문화(subculture)로 일반 사회문화의 영향을 받고 있으며, 일반 사회문화의 변화에 따라 행정문화도 변하게 되어 있다. 행정문화는 협의의 개념인 관념적인 견해와 광의의 개념인 전체적인 관점으로 구분해서 설명될 수 있다. 협의의 개념인 관념적인 관점에서 행정문화(administrative culture)는 행정인의 문화라 규정할 수 있으며, 행정체제 구성원과 참여자들의 문화라고 정의할 수 있다 (Sharma, 2002: 65). 행정문화는 행정체제 구성원들의 가치와 신념 그리고 태도와 행동을 규정하며, “행정체제를 구성하는 사람들이 공유하는 생활양식과 행동양식의 총체”이다 (오석홍, 2008: 88). 다시 말해, 행정문화는 국가와 정부의 목적을 실현하려는 과정에서 표현되는 행정인의 사고방식과 행동방식으로 이해된다. 이처럼 행정문화는 일반문화와 구별되기도 하고, 일반인 · 사회인과 다른 행정체제 구성원들의 “사고방식, 행동방식, 생활방식”을 의미한다고 볼 수 있다. 반면, 광의의 개념인 전체론적 관점에서는 행정문화에 일반문화와 조직문화 등이 영향을 미치고 있다.

다원주의 체제에서 자유주의 행정문화는 다원주의 시스템의 형성에 기여하고 있고, 정책의 공익 가치 구현을 위한 수단적 · 보조적 · 도구적인 최소의 정부 기능을 강조하고 있다. 반면, 권위주의 행정문화는 국가조합주의와 사회조합주의 시스템의 형성에 기여하고 있고, 정부의 간섭과 역할을 통해 사회의 의지와 관심을 반영하는 것으로 주도적 · 선도적인 큰 정부의 기능을 강조한다. 궁극적으로, 다원주의, 사회조합주의, 국가조합주의의 다양한 시스템에서 다른 행정문화의 내용과 유형을 보여주고 있다. 이와 같이, 여러 국가의 유사성과 상이성의 비교에서, 행정문화의 분석은 절대주의 이론과 개념보다는 상대주의 가치에 근거한 후기행태주의의 분석방법이 요구되어진다.

또한, 행정문화의 분석에서 구조주의 분석(structural analysis)과 기능주의 분석(functional analysis)을 통한 행성문화의 형성과 변동을 설명할 수 있다. 구조주의자들은 행정문화를 사회 구조로부터 파생되어진 산물로 본다. 반면, 기능주의자들은 행정문화의 형성을 구조의 영향보다는 인간 행위자의 결과로 간주한다. 구조주의자들은 정치·경제·사회의 구조적 상황과 여건이 행정문화에 영향을 미친다는 점을 강조한다. 반면에, 기능주의자들은 자율적인 인간 행위의 개념을 강조한다. 행정문화의 변동을 설명하기 위해 구조와 기능의 이분법적 논의가 아닌 구조와 기능을 통합하는 구조화 이론의 적용이 필요한 이유다.

이 장에서는 행정문화의 기존 연구들의 개념적 논의와 행정문화 변동에 영향을 주는 이론적 논의들과 함께 행정문화와 제도의 상호관계에서 가치적인 행정문화발전을 위한 방향을 제시하려고 한다. 신공공관리론 혹은 뉴거버넌스론을 이론적 근거로 하여 각국의 정부혁신의 사례에서도 각국의 고유한 문화적 요소들에 대한 고려 없이 무비판적으로 수용되는 경향에 대한 비판이 제기되고 있다. 결과적으로, 행정문화이론에서 후기행태주의 접근법에 근거해서 행정문화와 제도의 상호관계의 적실성에 관한 연구가 필요하다. 다른 행정문화들이 상이한 행정과 정치 시스템을 형성하지만, 행정문화의 연구는 의무론적 접근법(deontological approach), 목적론적 접근법(teleological approach), 정신적 접근법(spiritual approach)의 세 가지 접근 방식이 전체적으로 적용되어야 한다는 점을 제시한다.

Ⅱ. 이론적 논의와 선행연구

행정문화는 거시적 관점과 미시적 관점에 따라 행정문화의 개념정의가 구분될 수 있다. 행정문화의 개념은 포괄적인 연구로, "집단의 생활양식의 총체"로 보는 거시적 입장과 "특정 집합체에 집합적으로 공유된 가치 내지 믿음체계"로 보는 미시적 입장으로 구분될 수 있다.

거시적 관점에서 문화는 "한 인간집단의 생활양식의 총체"로 문화란 "지식·신앙·예술·도덕·법률·관습 등 인간이 사회의 구성원으로서 획득한 능력 또는 습관의 복합체"라고 정의하였다 (오석홍. 1997; 박동서, 1998). 리처드슨 · 볼드윈(Richardson & Baldwin)은 행정문화를 한 국가 또는 사회에서 "행정에 영향을 주거나 제약을 가하는 신념 · 태도 · 가치 · 제도 및 방법의 결합체"로 정의하고 있다. 문화의 인류학적 개념은 사회생활의 방법으로 지식, 믿음, 예술, 법, 관습 등이 포함되고, 문화는 사람들의 행동이나 감정들을 수행하는 스타일로 구성되어 있고, 전체 사회의 보편적인 사회생활의 방법과 가치를 포함하기 때문에 전체론적 관점에서 분석이 필요하다 (Singer 1968: 528).

반면, 미시적 관점에서, 행정문화의 본질은 "특정 집합체의 공유된 가치관, 의식구조, 사고방식"으로 관료들의 행동양식과 태도 등의 가치관으로 정의할 수 있다 (조석준, 1999). 즉 관료들의 공통적 가치관과 사고방식이 행정문화의 주체가 되고, 국민의 의식은 행정문화의 요소가 아니라고 보았다 (이종수, 2000). 일반적인 행정문화의 개념은 "행정인의 가치관, 태도, 사고방식, 의식구조나 신념체계"(김광웅, 1981) 이고, 구체적인 행정문화의 개념은 "관료들의 통치적인 행동의 방법, 행정체제 구성원들의 태도와 행동, 사회문화의 하위체제"로 규명될 수 있다. 이와 같이, 행정문화는 "행정체제를 구성하는 사람들이 공유하는 생활양식 또는 행동양식의 총체"로 정의될 수 있고, 조직의 정부 관료들의 공동의 가치와 표현을 나타낸다.

하지만, 미시적 관점에서도 행정문화는 일반문화와 사회문화의 외부환경의 영향을 받고 지속적으로 행정문화와 외부환경의 상호 작용에 의해 변화의 과정을 인식하고 있다. 행정문화에 가치적 개념을 강조함으로써 일반문화나 사회문화와 구분할 수 있다. 또한, 행정문화는 행정 관료들의 의식구조와 사고방식에 가치의식을 강조함으로써 행정문화와 경영문화의 차이를 보여주고 있다. 한편, 행정문화와 정치문화의 구분에서, 정치문화의 개념은 "국가의 정치적인 이념, 정치적인 사건의 대중여론, 정치적인 스타일의 방법들의 표현"으로 정의될 수 있고, 구체적으로 정치문화의 개념은 "엘리트의 정치적인 행동의 방법, 집단적인 이성과 생각, 국민의 가치관과 생활방식, 국민의 정치적인 열정과 신념"들이다. 이와 같이, 정치문화의 개념은 광의의 의미를 내포하고 있는데 정치, 경제, 사회, 종교, 기업, 시민사회의 문화와 같은 구성요소를 포함하고, 행정문화에 영향을 미치고 있다. 행정문화는 행정인에 국한된 협소한 개념을 함축하고 있지만, 광의의 행정문화는 행정체제 내지 행정 관료제에 대한 국민의 가치관을 보여주는 사회문화와 조직문화 등이 포함된다.

일반적으로 한국행정문화의 선행연구들은 질적 방법론과 양적 방법론의 적용을 통한 연구들이 주류를 이루어 왔는데, 질적 방법론에 근거한 여러 학자들의 행정문화의 선행연구에 대한 내용은 다음과 같이 정리될 수 있다. 김봉식(1968)은 "한국인의 사고방식을 통해 본 한국행정문화"에서 행정문화라는 개념을 처음으로 사용하여 행정현상을 분석하였다. 이 연구에서 한국행정문화의 부정적 요소로서 권위주의, 족벌주의, 무사안일주의, 형식주의, 기분주의 등을 설명하고, 한국인의 사고방식의 개선을 강조하였다. 백완기(1975)는 선진국과 개발도상국의 행정조직문화를 구분하고 선진국의 행정조직문화는 합리주의, 성취주의, 상대주의, 모험주의, 사실정향주의, 중립주의로, 개발도상국의 행정조직문화는 권위주의, 가족주의, 연고주의, 집단주의, 온정주의, 운명주의, 일반주의, 관직이권주의 등으로 구분하여 설명하고 있다. 백완기(1982 & 1999)는 한국행정의 부정적 측면의 행정문화를 서구의 가치관 중 합리적·미래지향적 가치관으로의 변화의 필요성을 강조하고 있다. 김광웅(1981)은 "행정문화"라는 논문에서 여러 학자들의 선행연구를 분석하고, 한국행정문화의 유형과 속성을 제시하고 있는데, 한국행정문화의 정리에 백완기 교수와 함께 큰 틀에서 행정문화의 연구를 수행하였다고 할 수 있다. 김광웅은 김운태, 김해동, 조석준, 김봉식, 백완기 교수의 기존연구를 검토한 후 행정조직문화에 관한 여러 연구들을 종합하여 주로 긍정적인 것보다 부정적인 시각에서 가족주의, 의식주의, 권위주의, 일반주의, 의리주의 등의 행정문화 개념을 정리하였다.

또한, 박동서(2000)는 한국 행정의 특징을 조선시대, 일제, 해방 후의 시대별로 문화요소를 분석하고, 1900년부터 1970년에 걸쳐 "가산적(家產的), 근대적, 수정적, 발전적 관료제 등의 혼재된 상황"을 설명하고 있다. 오석홍(1997)은 선행연구들을 참고하여 한국의 행정조직문화의 특성에 대한 문화요소를 분석하고 한국 행정조직문화의 부정적 특성으로 "권위주의, 연고주의, 형식주의, 순응주의, 온정주의, 일반능력주의자"를 제시하고 있다. 한편 한국 행정조직문화의 긍정적 특성으로 "위민사상, 선비사상, 충효사상, 근면사상, 집합주의" 등을 들고 있다. 김번웅(1982)은 동양 철학의 이념에 근거해서 동질적 문화와 권위적 성향의 중앙집권적 정권의 특징을 설명하고 있다. 특히 권위에 순종적인 것은 유교, 불교, 도교의 음양설(陰陽說)에 영향을 받은 결과이고, 한국행정의 지배적 유형으로 "권위성, 위계성, 집단성, 수동성, 전통지향성, 형식지향성, 이상적해결지향성" 등을 지적하고 있다.

이대희(1991)의 "유교식 행정문화에 대한 새로운 해석"은 유교적 행정문화의 부정적 시각을 탈피하여 긍정적 측면을 제시하였고, 유교주의 문화의 새로운 해석을 통한 긍정적 요소의 가치를 설명하고 있다. 정성호(1991)는 "한국 행정연구에 있어 문화심리적 접근의 평가"에서, 기존의 문화심리학적 연구들의 검토를 통해 문제점으로, "권위주의, 족벌주의, 무사안일주의, 형식주의, 기분주의, 비전문성, 행정부패"를 서술하고 있다. 또한, 김만기(1983)는 한국, 중국, 일본의 행정문화를 "가족의식, 권위의식, 법의식, 서열의식, 명분의식"의 개념에 대해 비교 분석하면서 유교권 국가인 한국과 중국이 비슷하고 일본은 비교적 독특하다고 설명하고 있다. 사공연호(1998)는 "가부장적 행정문화 속에서의 규제기관 및 관료의 포획현상 연구"에서 기존의 포획이론은 한국의 규제기관 및 관료의 포획현상의 근원적인 원인을 설명하지 못하고 있고, 한국의 지배적인 포획현상은 가부장적 행정문화에서 기인한다고 설명하고 있다. 박통희(2004)의 "정, 가족주의 그리고 대인간 신뢰: 한국 중앙정부의 사례"에서 한국 행정문화에서 핵심적 개념인 정에 관한 개념과 내용을 심층적으로 다루고 있다. 김영명(2005)는 「신한국론」에서 기존연구들이 한국문화의 특징으로 집단주의, 가족주의, 권위주의, 가부장주의 등을 지적하고 있지만 유교권 국가만의 특징은 아니라고 설명하고 있다. 이 연구에서 한국문화의 특성을 "한국의 지리·인구적 요인인 단일성과 밀집성 등 두 가지 핵심원인, 국가의 규모와 크기 등 상황요인, 그리고 민족의 기질, 전통문화, 사회문화적 발달단계 등 부가적인 요소들이 상호작용하여 형성"되었다고 분석하고 있다. 이 분석은 한국사회의 특징을 "단일성과 밀집성의 두 가지 조건"과 "획일성, 집중성, 극단성, 조급성, 역동성의 한국인의 다섯 가지 속성"으로 분류하고 있다. 기존의 연구들이 한국문화의 특징으로 제시한 집단주의, 가족주의, 권위주의, 가부장주의 등의 요소들의 원인을 한국의 고유한 전통문화의 특성보다는 지리적·인구적 조건과 여건에서 설명하고 있다.

최근 행정문화의 연구들을 살펴보면, 윤광재 & 황성수(2011)의 "한국행정의 특성에 관한 연구"에서 시기적으로 "한국은 유교전통적 행정문화, 발전지향적 행정문화, 민주지향적 행정문화, 성과관리적 행정문화의 특성"을 보이고 있으며 구체적으로 "권위성, 서열성, 집단성, 형식성, 목표성, 실천성, 분산성, 참여성, 통제성, 성과성, 고객성, 책임성, 거버넌스의 특성"으로 구현된다. 이러한 행정문화에 기초한 한국행정은 전자의 특성들에서 후자의 특성들로 변화되는 과정에 있다고 분석하고 있다(윤광재 & 황성수, 2011: 29).

또한, 윤견수(2015)의 "한국 공직문화의 원형: 자리문화"의 연구에서, 한국 행정문화의 성격을 규명하고 있는데, 첫째, 한국의 행정문화에 대한 이해는 공직문화에 대한 이해로부터 시작되어야 한다. 둘째, 한국에서 공직을 표현하는 대표적인 은유와 상징은 '자리'라는 개념으로 공직문화는 자리를 중심으로 형성된 문화인 것이다. 셋째, 자리는 다른 사람들 간의 상대적 권력이나 서열을 의미하기도 하는데, 이 모든 현상의 근저에는 자리에 대한 경쟁이 자리 잡고 있었다. 넷째, 자리문화는 한국의 행정문화를 구성하는 많은 항목들인 서열과 권위주의, 명분과 형식주의, 정실과 연고주의, 파벌과 가족주의 등의 문화적 현상을 설명하는 해석의 틀을 제시한다 (윤견수, 2015: 1).

한편, 행태주의 방법론에 근거한 양적 방법론의 적용으로 행정조직문화들을 측정하기 위한 실증주의 방법론이 모색되었다. 황성돈(1993)은 기존의 연구들에서 공통적으로 지적되고 있는 우리나라의 행정조직문화 특징 가운데 "권위주의, 운명주의, 온정주의, 형식주의, 향리적 가족주의" 문화의 속성들에 대해 설문조사를 통해서 실증적으로 분석하였다. 그 분석 결과 온정주의와 형식주의 문화를 제외한 나머지 문화들은 상당부분 퇴색돼 가고 있는 것으로 분석되었고, 우리나라의 행정조직문화의 부정적 속성들이 유교적 전통에 기인한다고 하는 기존의 연구들과는 다르게 유교적 전통과 우리나라 행정조직문화의 부정적인 속성들 간에는 유의미한 연계가 없는 것으로 분석되었다. 또한, 도운섭(1999)은 우리나라의 행정조직 문화를 "권위주의 행정조직 문화, 연고주의 행정조직 문화, 형식주의 행정조직 문화, 과업 지향적 행정조직 문화"로 유형화하고, 대구광역시 본청과 구청의 공무원들을 대상으로 설문조사를 통해 행정조직 문화 유형에 따른 관료 행태를 실증적으로 분석했다.

김호정(1994)은 "한국 관료형태의 결정요인: 복지부동의 원인"에서 한국 관료들의 복지부동의 원인을 실증조사를 통해 "가족주의, 형식주의, 정의주의의 문화적 요인과 집권화, 공식화, 적당주의 풍토, 처벌 위주의 감사제도"의 제도적 요인으로 구분하여 분석을 시도하였다. 이 연구의 정책적 시사점은 문화적·제도적 요인이 다 같이 복지부동에 영향을 주는데 제도적 요인이 문화적 요인보다 강하다는 것으로 복지부동의 근원적 처방은 제도개선에 주안점을 두어야 한다는 것을 제시하고 있다.[1)]

또한, 황창연(2002)은 행정조직문화와 성과관리의 관계를 설명하기 위하여, 행정조직문화를 개인주의 대 집단주의, 권위주의 대 민주주의 차원으로 설정하고 성과관리요소를 성과평가, 성과급, 승진으로 분류하여 행정조직문화와 성과관리의 관계를 실증적으로 분석하였다. 그 밖에 기타 행정행태에 관한 최연충(1985)의 연구에서 중앙정부(총무처)와 지방정부(서울시, 충청남도)의 조직을 대상으로 한 peer pressure를 측정하였는데, 그 결과 중앙정부 공무원이 peer pressure를 덜 느끼는 것으로 나타

---

1) 김호정(2002)은 "한국행정문화 연구와 경쟁가치모형"에서"근대화론에 입각한 종래의 한국 행정문화연구"에 대한 문제점과 해결책을 제시하고 있는데, 경쟁가치모형에 의한 조직문화연구 방향을 제시하였다. 이와 같이, "행정조직문화가 조직몰입과 직무만족에 미치는 영향"(2002)에서 조직문화의 유형을 집단문화, 발전문화, 위계문화, 합리문화로 유형화하고, 부산광역시의 15개 구청 공무원들을 대상으로 한 설문조사를 통해 조직 간, 부서 간에 조직문화의 차이가 있는가를 분석하고, 조직문화의 유형과 강조가 직무만족과 조직몰입에 영향을 미치는가를 검증하였다.

났다. 승진을 위한 중요한 요소로 중앙공무원은 업무수행능력과 미래지향적 가치관을 강조한 반면 지방공무원은 연공서열, 동료의 신망획득, 영향력 있는 사람들과의 유대강화 등을 지적하여 차이를 보였다. 이 실증 연구의 결과를 토대로 중앙부처의 조직문화가 지방정부의 조직문화에 비해 보다 개인주의적·탈권위적인 성향이 있다는 분석결과를 도출하였다.

이동수(2011)의 "한국의 행정문화와 리더십 연구"는 행정문화와 리더십의 관련성을 실증 분석하였는데, "안전성·통제와 신축성·재량의 차원과 내부지향성·통합과 외부지향성·분화 차원에서 행정문화와 리더십은 공통적으로 안정성·통제 및 내부지향성·통합 차원의 가치가 지배적인 특성"을 보였다. "행정문화에서는 위계중심의 안정지향문화가, 리더십에서는 내부지향적 리더십"이 강하게 나타났다 (이동수, 2011: 141). 행정문화는 위계중심의 안정지향문화로 관계지향문화, 혁신지향문화, 위계지향문화, 과업지향문화의 4가지 문화유형 가운데 위계지향문화가 안정성 및 통제가 강조되는 문화적 특성을 보여주고 있다 (이동수, 2011: 170).

위의 연구들을 종합해 보면, 1960년대 중반 이후부터 시작된 것으로 보이는 한국행정문화에 관한 연구의 경향과 추세에서 유형별로 나누어 보면 ① 한국행정문화의 병리적 형태를 기술한 연구들, ② 유교식 행정문화의 긍정적 해석을 주장한 연구들, ③ 한국행정문화의 변화방향을 분석한 연구들, ④ 한국행정조직문화를 실증적으로 분석한 연구들로 구분하여 설명될 수 있다 (한석태, 1999).

전반적으로, 우리나라 행정문화에 관한 연구경향을 시기적으로 3단계로 구분할 수 있는데, 1기는 전통문화에 대한 부정적 시각에서 행정문화의 부정적 측면을 강조하는 연구 추세이고, 2기는 행정문화의 긍정적인 요소들의 측면을 부각시키는 연구들이 등장했으며, 3기는 행정문화와 조직문화의 연관과 외국의 조직문화의 이론을 바탕으로 행정문화를 연구하려는 시도들이 늘어나고 있다.

또한, 외국의 행정과조직 문화이론과 관련된 선행연구들을 살펴보면, 후드(Hood, 1998)는 ① 위계주의 문화의 관료제도(hierarchical collectivism) ② 개인주의 문화의 시장경쟁(competitive individualism) ③ 평등주의 문화의 공동체적 상호성(sectarian egalitarianism) ④ 운명주의 무작위성(powerless fatalism) 등에 의해 문화의 특성을 구분하고 있다.

〈표 1〉 한국 행정문화연구의 흐름

구분	연구 경향	행정문화 특성	주요 학자
1기	－행정문화의 부정적 요소 규명 －전통문화의 부정적 영향에 초점	－권위주의, 집단주의, 연고주의, 계서주의, 온정주의, 사인주의, 운명주의, 비물질주의, 일반주의	－김만기, 김봉식, 김운태, 김해동, 박동서, 백완기
2기	－행정문화의 긍정적 요소도 함께 부각	－민본주의(홍익인간), 덕치주의, 충효사상, 집합주의, 도덕주의, 근검주의(청백리사상)	－조석준, 김병섭, 이대희
3기	－행정문화 특성을 Hofstede 등의 객관적 문화지표를 통해 설명	－권위주의 대 민주주의적 문화 제시: 불확실성 회피적, 여성문화적, 큰 권력거리	－김호섭·박천오, 정성호, 이양수
	－개별조직 수준에서 행정문화 특성을 Hofstede의 문화유형과 'Grid－Group 문화이론'을 적용하여 분석	－조직간 개인주의와 집단주의 문화비교: 의사소통, 전문성, 단결력, 소속감 등 －계층주의, 위계주의, 평등주의	－강인재·임도빈·이원희, 김병섭·하태권 －주재현, 오수길 & 채종헌

자료: 황창연(2003): 41.

첫째, 위계주의 문화의 관료제도에서 집단주의에 근거한 구성원들에 의해 규칙과 절차에 따른 국정관리가 강조되며, 개인보다는 집단의 가치를 우선시 한다. 위계주의 특성을 표현하는 미국의 윌슨주의는 대의민주주의 원칙아래 행정의 전문화와 중립성을 강조한다는 점에서 이전의 위계주의 모형과는 차이가 있다. 둘째, 개인주의 문화의 시장경쟁의 모형은 구성원들 간의 경쟁과 타협을 강조한다. 이 모델은 이기적인 개인들의 합리적 선택행위를 적용하는 시장경쟁원리에 근거한 정부운영을 제안한다. 시장경쟁의 원리에 근거한 "자기이익의 추구"의 이 모형은 "개방형 계약제 공무원제도의 도입", "행정기구의 책임집행기관화(agencification)", "외부계약(contracting out)" 등을 통한 "정책집행업무의 시장화와 공기업의 자율경영촉진"을 추진하는 것이다. 셋째, 평등주의 문화의 공동체적 상호성은 "자기 관리적 조직(self－governing units)"의 형태로서의 "공동체주의(communitarianism) 및 참여조직(participative organization)"을 강조하고 신자유주의 정책에 의해 야기될 수 있는 시장실패의 문제들을 해결하기 위한 선택주의(choicism)와 기회주의(chancism) 대신에 자기관리(group－self－management)와 상호주의(mutuality)에 의한 행정관리를 강조한다. 넷째, 운명주의 문화는 합리성에 근거한 국정운영보다는 초합리성의 개념의 적용으로 인간의 길흉화복이 인간능력 밖의 힘에 의해 지배되고 결정된다는 것이다.

과거의 한국의 행정문화는 위계주의와 운명주의로 간주될 수 있으며, 서구의 대의 민주주의 정치제도를 적용하였지만 실제 운영 면에서는 후진국의 행정문화인 연고주의, 온정주의, 형식주의, 운명주의, 관직이권주의, 엽관주의의 통치방식이 지속되었다. 신자유주의의 추세와 경향에서 신공공관리론 정책의 적용으로 "고객지향과 성과중심의 조직관리, 시장원리의 도입, 민영화, 민간위탁의 증가, 지방분권화" 등의 제도들이 도입되었다. 이와 같이, 우리나라에서 신공공관리론 제도의 도입은 과거의 행정문화의 변동에 영향을 주고 있고, 개인주의 문화의 시장경쟁(competitive individualism)의 문화 속성을 보여주고 있다.

호프스텐(Hofstede)은 문화의 특성을 "권력 간격, 개인주의 또는 집합주의, 남성다움 또는 여성다움, 불확실성 회피"의 네 가지 측면으로 구분하고 있다. 첫째, 권력거리지수(Power distance index: PDI)는 사회 내에서 부와 권력의 불평등한 관계를 나타낸다. 권력 간격이 큰 사회는 권력이 불평등하게 분산되어 있고, 권력 간격이 작은 사회는 권력의 불평등이 최소화되어 있다. 권력 거리가 큰 문화에서는 권위적, 전제적, 가부장적인 권력 관계를 보여주고 있지만, 권력 거리가 작은 문화에서는 권력 관계가 상호 소통적·민주적이다. 둘째, 개인주의 vs 집단주의(individualism vs collectivism)에서, 개인주의적인 성향의 문화는 개인의 성취와 자유가 높게 평가되지만, 집단주의적인 성향의 문화는 개인 간의 관계가 밀접하게 연계되어 있다. 합리적인 개인주의 문화에서는 실적과 능력에 근거한 분배 공정성에 대한 인식이 높은 반면, 상호 의존도가 높은 연고주의에 근거한 집합주의 문화에서는 분배 공정성에 대한 인식이 미약하다. 셋째, 남성성과 여성성(masculinity vs femininity)의 구분에서, 남성 중심적인 문화는 "남녀 간의 역할분담이 이루어져 있고 성취감, 자기주장, 물질적인 성공에 대해서 강한 선호"를 나타낸다. 여성중심적인 문화는 "관계유지의 중요성 강조, 구성원에 대한 배려, 삶의 질을 강조"하는 면이 강하게 나타난다. 넷째, 불확실성 회피 지수(uncertainty avoidance index: UAI)에서, 불확실성 회피성향이 높은 문화는 안정적인 직업의 추구와 관리자들의 분명한 지시를 선호한다. 불확실성 회피성향이 낮은 문화는 변화의 추구와 위험을 극복하려는 성향과 함께 혁신적인 기술과 창조적인 직업을 추구하고, 다양한 의견과 표현의 자유를 허용한다. 불확실성의 회피가 강한 문화는 적극적, 공격적, 감정적이며 안전을 추구하고 참을성이 적은 반면에 불확실성의 회피가 약한 문화는 관조적, 덜 공격적, 비 감정적이고 개인적 모험을 감수하며 비교적 참을성이 있다.

김만기는 「미국의 행정문화와 한국의 행정문화」와 「한국과 비교해본 유럽의 행정문화(영국, 프랑스, 독일, 이태리를 중심으로)」 논문에서 G. Hofstede의 세계 50여 개국 문화적 특성을 연구한 결과를 기초로 한국행정문화의 특성을 외국의 행정문화와 간접적으로 비교 검토하였다[2]. 전통적인 행정조직문화 유형론 외에 새로운 방식으로 행정조직 문화적 특성을 유형화하려는 시도가 있었다. 대표적인 경우로 김병섭과 하태권(1997)의 연구를 들 수 있다. 이양수(1997)도 호프스텐의 문화유형론에 의거하여 한국 행정조직문화의 특성을 정리하고 있다. 김병섭·하태권·이양수 등은 호프스텐의 문화유형론에 제시되는 네 가지 기준, 즉 권력 간격(power distance), 개인주의(individualism) 또는 집합주의(collectivism), 남성다움(masculinity) 또는 여성다움(femininity) 그리고 불확실성 회피(uncertainty avoidance)에 의거하여 한국행정의 문화적 특성을 유형화하려고 시도하였는데, 한국 행정조직문화의 특성은 권력 간격이 큰 나라, 낮은 개인주의 또는 집합주의 성향, 정적인간주의에 근거한 여성적인 문화, 불확실성 회피가 강한 문화로 분석하고 있다. 호프스텐의 기준으로 본 한국의 일반문화와 행정문화의 특성은 아래의 <표 2>와 같다.

〈표 2〉 Hofstede의 기준에 의한 한국 일반문화 및 행정문화

Hofstede의 기준	일반문화의 특성	행정문화의 특성
권력거리	큰 권력거리(large power distance)	권위주의, 관존민비성향
개인주의/집단주의	집합주의(collectivism)	가족주의, 공과 사의 혼동 할거주의, 사무실의 공동사용
남성문화/여성문화	여성적 문화(feminine culture)	청빈성, 비물질주의, 정적인간주의
불확실성 회피	강한 불확실성 회피 (strong uncertainty avoidence)	운명주의, 기회주의, 보신주의 무사안일주의, 전문성결여

자료: 이양수, 1997: 29; 장동걸, 2006: 49.

또한, 'Grid－Group 문화이론'과 관련된 선행연구들을 살펴보면, 주재현(2011)의 한국 행정문화의 지속과 변화에 관한 연구는 Grid－Group 문화이론을 적용하여 한국 행정문화의 지속과 변화를 분석하였다. 한국 행정문화는 계층제적 문화가 주된 구성요소이지만, 인사 행정 및 조직관리 전반에서 개인주의 문화의 증가와 부분에서

2) 국가별 행정문화의 특성을 정리하면 다음과 같다. 첫째, 권위의식에 있어 영국에 비해 국가 중심의 정부를 지닌 프랑스와 한국이 강하였다. 둘째, 집단의식 또는 가족의식면에서 국가중심주의 정부를 지닌 한국이 강하였고 미국이 약하였다. 미국은 개인주의 의식이 매우 높은 반면 한국은 낮은 편이었다. 셋째, 비물질주의의 성향에서 국가중심의 정부를 지닌 프랑스와 한국이 비슷하게 높은 경향이었다. 넷째, 무사안일주의과 보신주의의 성향은 국가중심의 정부를 지닌 프랑스와 한국의 경우 매우 높은 것으로 불확실성 회피경향이 강하고, 독일과 이태리의 경우도 높은 편이나 영국의 경우는 불확실성 회피경향이 매우 약한 경향이었다. 결론적으로 국가 중심의 정부형태(한국, 프랑스)에서는 순응적 문화(복종적 문화) 현상을, 시장 경제주의를 강조하는 국가(영국, 미국)에서는 저항적 문화(대항적 문화)의 현상을 보여주고 있다.

평등주의 문화요소도 증가되고 있는 것으로 분석되었다. 한국 행정문화의 지속과 변화는 "전통적인 감독기제와 새롭게 도입된 경쟁 기제 및 네트워크 기제의 성공 가능성"을 나타내고 있다 (주재현, 2011: 1).

한편, 오수길·채종헌(2003)은 클락·디어(Clark & Dear, 1984)의 자본주의국가기구론에 따라 중앙행정기구를 합의기구, 생산기구, 통합기구, 집행기구로 분류하여 문화유형을 분석한다. 행정자치부(합의기구), 재정경제부(생산기구), 환경부(통합기구), 감사원(집행기구) 등의 공무원들을 대상으로 한 분석결과에서 한국 중앙행정기구의 지배적인 문화유형은 계층주의와 위계주의 문화인 것으로 나타났다. 각 행정기관의 문화가 계층주의에 속했지만 grid-group 차원에서 상대적으로 유의미한 차이를 보이는 측면이 존재했다고 한다. 사회적 편입(집단경계)을 나타내는 group 차원에서는 기구별로 유의미한 차이가 나타나지 않았지만, 조직 내 제약의 정도를 의미하는 grid 차원에서는 기구별로 유의미한 차이를 보였다 (오수길·채종헌, 2003: 61-62). Grid 차원의 차이를 국가기구별로 살펴보면, 생산기구인 재정경제부와 집행기구인 감사원 공무원들의 grid 점수가 합의기구인 행정자치부와 통합기구인 환경부 공무원들의 grid 점수보다 상대적으로 높게 나타났다.

이와 같이, 한국 행정문화의 선행연구들에서 가치와 사실을 구분하여 가치를 배제한 행태주의 연구, 행정문화의 다양한 종류와 내용의 구분과 함께 행정문화의 긍정적·부정적 요인들의 분석, 외국의 행정과 조직 문화이론의 적용을 통한 행정문화의 연구들이 포함되고 있다. 그러나 선행연구들에서 행정문화와 제도의 상호관계의 적실성에 대한 연구는 부족한 측면이 있다고 판단된다. 행정문화의 분석에서 후기행태주의 접근법에 근거하여 행정문화와 제도의 상호관계의 적실성에 관한 연구가 필요하다. 다원주의, 사회 조합주의, 국가 조합주의의 시스템들에서 저마다 다른 행정문화의 특성을 보여주고 있는데, 행정문화의 연구에서 가치주의 접근법이 필요하다.

Ⅲ. 행정문화 연구의 접근방법

한국 행정문화에 관한 기존의 연구들은 전통적 행정문화의 속성들의 분석을 통한 역기능적 측면의 연구, 행정 관료의 신념, 태도, 가치관 등의 역기능적 속성의 연구, 조직문화나 하위문화 차원의 행정문화에 대한 분석들이 포함된다. 행정문화의 연구에 대한 구체적 문제점들은 다음과 같이 지적되고 있다[3] (김호정, 2002). 첫째, 원래

행정문화는 국가 간 차이를 이해하고 설명하기 위해 고안된 개념이므로 한 국가 내에 존재하는 문화적 다양성은 간과되었던 것이다. 둘째, 대부분의 연구들이 행정문화와 행정행태간의 관계설명이 추상적이며 행태주의 연구를 위한 지표의 선정과 조작적 정의의 어려움과 함께 행정문화와 행정행태간의 인과분석을 보여주는 경험적인 연구가 미흡하다는 것이다. 셋째, 행정학자들이 제시하는 한국행정문화의 내용은 부정적·비판적이라는 평가들과 함께 행정문화의 역할과 기능에 관한 연구들이 부족하다는 것이다. 행정문화와 일반문화 혹은 사회문화의 관계에서 행정문화를 하위문화로 정의하거나 상위문화인 사회문화와 다른 특이한 가치적인 의미를 부여하지 않고 있다.

드위베디·네프(Dwivedi & Nef)는 행정문화의 연구에서 다음과 같은 일반적인 전제조건들을 제시하고 있다. ① 행정문화는 다양한 지역의 특수성과 복잡성을 반영한다. ② 행정문화는 과거의 경험, 신화, 전통의 역사적 산물이다. ③ 행정문화는 세계 및 지역동향에 의해 영향을 받는다. ④ 행정 문화는 변화와 변동의 과정에서, 문화적 동화 및 사회화 과정의 결과이다. ⑤ 행정문화는 경제, 정치, 사회체제에 대한 가치를 반영해야 한다 (Dwivedi, 1999: 20－21).

행정문화의 형성과 변동의 연구는 각국의 다양하고 다른 역사적, 전통적, 사회적인 경험으로 인하여 단일 학문 분야의 연구 보다는 학제간의 연구의 필요성이 강조되고 있다. 이와 같이, 학제간의 연구는 경제학, 사회학, 정치학, 행정학과 함께 종합적인 분석을 시도하는 것으로 복잡한 행정문화 현상을 분석하기 위해 정치학, 경제학, 역사, 철학, 사회학 등 학제 간 연구의 관련성을 모색하여야 한다. 비교발전행정의 문화적인 연구와 분석은 사회적 그리고 역사적 영향요인들에 의해 포괄적인 시스템의 연구 없이 가능하지 않을 것이다. 행정문화의 연구는 제휴적, 포괄적, 가치적인 관점에서 연구의 필요성이 제기되고 있다.

행정문화의 형성과 변동을 설명하기 위한 효과적인 방법론적 가정의 필요성을 다음과 같이 제안할 수 있다. 첫째, 행정적인 현상은 문화와 상호적인 관계의 결과라는 점에서 행정은 문화로부터 분리할 수 없다. 둘째, 문화적인 행동은 전통적인 문화로부터 파생된 관습과 정치적인 개념으로부터 파생된 이념들에 의해 이해될 수

3) 박천오(1992)는 "한국 행정문화 연구의 방향과 과제"에서 기존의 행정문화에 대한 연구가 역기능적 측면을 밝히는데 치중한 나머지 다음과 같은 문제점을 지적하였다. 첫째, 행정문화의 개념을 지나치게 광의로 파악하고 있다. 둘째, 한국사회의 구조적 변화가 전통적 행정문화의 변화에 미치고 있는 영향에 대한 경험적 연구가 부족하다. 셋째, 전통적 행정문화를 문제 삼으면서도 거시적 맥락에서 그 전환의 방향점을 제시하지 못하고 있다. 넷째, 행정문화의 구체적 전환에 대한 검토가 미흡하다.

있을 것이다. 셋째, 세계화의 과정에서 서로 다른 행정문화와의 상호교류에 근거한 문화적인 변형은 전통문화와 이질적인 문화 사이에 상호작용에 의해 설명될 수 있을 것이다. 넷째, 상대적인 문화가치의 이해에 근거한 문화적인 개념은 자기 민족주의의 독단적인 표준 문화규범을 묘사하는 문화가치에 의해 규명될 수 없다 (윤은기, 2005).

정치 – 행정 이분법의 접근법에서, 행정은 고유한 규칙과 방법을 통한 독립적 체계로 인식되었다. 그리고 정치는 가치의 영역이라고 간주되었던 반면에 행정은 사실의 경험 체계에서 가치중립적 개념으로 명시되어왔다. 유럽형 과학주의 규범의 객관적 합리성과 계량화에 의하여 윤리와 가치에 대한 무관심이 심화된 것이다. 이러한 과학적 요소의 주요 목적은 계량화, 객관화, 합리화의 방법으로 제시된 "Hard Data"의 탐구와 함께 인간 사고의 편견과 오류들을 제거하기 위함이다. 행정과학으로의 과학주의의 영향은 미국형 공공서비스개혁에 의해 반영되어졌고, 이는 성과주의예산제, 계획예산제도(PPBS), 영기준예산제도(ZBB), 정책 및 공공경비관리제도(PEMS), 신공공관리론(NPM), 신공공역할론(NPE)등의 여러 행정개혁의 형태에서 발견될 수 있다. 이러한 노력들은 효율성 증진의 명목으로 행정의 계량적 · 과학적 방법론의 적용이었다. 이러한 방법론 사용에 의해 사회 불평등, 제도화된 편견, 인적 요소의 최소화 등의 역기능들을 유발하였다.

정치학과 행정학을 구분하는 이분법은 공공정책에 관한 이슈의 형성과 실행에 기여하였지만 윤리적인 의미와 논리에 대한 논의 없이 추진되어 왔다. 결국 정치와 행정의 분리는 행정학의 분야인 발전행정을 가치중립적, 과학적, 기계적인 개념의 연구로 인식하였다. 정치와 행정을 구분하는 이분법적인 접근은 공공영역에서 행정문화가 형성될 때 무도덕주의가 발생하도록 기여하였다. 이는 다음과 같은 세 가지 점에 관한 무관심이었다 (Dwivedi, 1999). 첫째, 정부는 공공의 신뢰가 바탕이 되어야 한다는 것과 공무원은 어떻게 도덕적으로 행동할 것인지 알아야 한다는 것에 대한 무관심이었다. 둘째, 공무원들은 공익적, 효율적, 윤리적이어야 할 의무를 수행해야 한다는 것에 대한 무관심이었다. 셋째, 국가에 봉사하는 것은 높은 소명의식이 필요하다는 것에 대한 무관심이었다. 신공공관리론 정책의 추진과정인 관료제의 축소, 성과주의 강조, 국민의 고객화, 권력의 분권화, 외부계약의 적용과정에서 근본적인 시장주도주의 등의 모순을 발생시켰다. 책임확보를 위한 객관적 기준을 적용한다는 명목 하에 행정의 계량화에 관한 과도한 강조는 과정, 절차, 결과에 대한 맹목적인 신념과 도덕적 혹은 윤리적 차원에 대한 무관심을 야기하였다.

이런 문제점들을 해결하기 위해서 행정문화 연구를 위한 3가지 주요 접근법을 제안할 수 있다 (Dwivedi, 1999). (1) 의무론적 접근법, (2) 목적론적 접근법, (3) 정신적 접근법이 있다. 이러한 세 가지 접근법들은 근본적인 권리와 자유, 효율성, 책임성, 공정성과 같은 일반적인 가치에 유의하여야 한다. 이러한 가치들은 행정문화의 연구에서 핵심 가치로 여겨질 수 있다.

1. 의무론적 접근법

의무론은 인간과 조직들의 윤리적 · 도덕적 의무를 연구하는 것이다. 행정문화 연구에서 관리자의 윤리성과 도덕성의 의무에 초점을 맞춘다. 이 접근법은 헌법과 법률에 있어서 국민의 주요한 미덕과 인간의 의무를 강조한다. 의무적 판단은 윤리의 영역에 바탕을 두고 있고, 종교적 · 철학적 개념이 포함될 수 있고, 행정 신학의 강조와 함께 행정 윤리학과 공익 서비스에 있어서 사명감의 가이드라인을 제공할 수 있다는 것이다.

비종교적 · 비철학적 현상은 도덕성의 약화와 함께 개인의 행동에 있어서 "윤리적 상대주의"의 출현 그리고 세계 도처의 공공 영역에 있어 비윤리적인 행동의 증대를 야기하였다. 만약 정의, 평등, 공평, 자유에 근거한 정치적 · 행정적 행동은 소명으로서의 공공 서비스와 같은 윤리적 기초 위에서 설정되어야 한다. 높은 도덕적 행위와 함께 신념과 의무를 가진 직업적 사명감과 소명감에 근거해서 다른 사람에게 서비스를 마련하여야 한다. 공공 서비스의 봉사 측면의 강조와 함께 공무원은 오히려 물질적 이익 보다는 공익적인 서비스 제공자로서 내적 만족감을 이끌어 내야만 한다. 공공 서비스의 상징과 신화는 의무의 가치이다. 이런 가치들은 정직성, 이유에 대한 존중, 진실을 추구하려는 의지, 공익추구, 공명정대, 민주적 이상을 포함한다 (Hennessy 1989: 5).

2. 목적론적 접근법

목적론적 접근법은 원하는 효과를 생산해내기 위한 성공적인 결과에 주안점을 둔다. 이 접근법은 현실의 개입에 있어서 실현목표에 대한 수단에 관해서 많은 주의와 관심을 기울인다. 결과를 중시하는 효율성에 근거한 목적론적 접근법은 수단과 목표 사이의 인과관계와 관련된다. 목적론은 효율적인 수단을 통해 조직의 목표를 달성하는 실증적 인과관계 이론이다. 행정문화의 연구에 대한 접근법으로써, 이 접근법은 정부 행정의 과정들과 절차들이 그들의 최종적인 목적들과 목표들에 의해서 결정되어야 한다는 것을 주장한다. 이와 같이, 이 접근법에서 관찰된 효과, 달성된 결과, 목표의 완료가 강조된다. 이 접근법은 사실과 가치를 구분하는 실증주의에 근거한 성과주의예산제와 신공공관리론(NPM)등의 효율성 정책의 목표로 행정의 계량적 · 과학적 방법론의 적용이었다.

3. 정신적인 접근법

정신적인 것은 삶의 목적에서 에너지 근원을 의미한다. 정신적인 것은 공익을 위해서 우리의 행동과 행위를 고취시킨다. 공공서비스에서 정신적인 것에 대한 개념이 필요하다. 정부의 도덕적인 관점은 공공서비스의 질적인 향상과 국정운영기술의 수행을 위해서 중요하다 (Dwivedi, 1987: 707). 좋은 거버넌스의 운영과 집행을 위해 정신적인 에너지의 원천이 필요하다. 국정운영의 관리에서 정신적인 가치 접근법을 통해서, 좋은 거버넌스를 위한 공통된 전략은 발전될 수 있다.

가치와 도덕은 개인적인 문제에만 국한되지 않는다. 민주사회는 모든 인간의 존엄성과 가치에 근거해 존재하고, 그러한 도덕적 원칙은 인간의 삶에서 사회적 · 종교적 가치에 의해 발산되며 모든 헌법은 일반적으로 우리에게 기본적인 자유, 권리, 안전 등을 보장하는 도덕적 가치의 집합이다. 이러한 것들이 바로 공공 정책 및 관리의 기반이 되어야 하는 도덕적 기초이다. 우리는 정책가치의 방어와 추진에 있어 도덕주의와 세속주의가 서로 공유되고 균형을 이루는 상호 의존적 세계에 살고 있다. 공공 정책 및 관리 분야에서는 공공 정책에서 도덕적, 주관적, 영적 요소가 배제되는 객관적인 관점이 필요하다는 것은 오류적인 개념이다. 공공 서비스의 객관성 및 중립성의 이름으로 도덕성의 정신적인 가치들을 배제하여서는 안 된다. 정부 공공정책의 정책결정 과정에서 정신적인 가치의 강조를 통해 행정가의 도덕적 · 윤리적 정신을 강화하여야 한다.

정신적인 가치의 접근은 공공서비스에서 준수되어져야 하는 표준과 규칙에 대한 방법들의 적용이다. 궁극적으로, 공무원의 시민에 대한 봉사와 헌신의 정신은 공무원의 기본 덕목 중 하나로 공직이 천직으로서 여겨지는 개념에서 비롯된다. 공공서비스가 요구되지 않는 직종은 단지 직업에 불가하다. 이 경우에 직업의 충성심은 주로 직업이 공급해주는 물질적인 혜택과 만족에 의존할 것이다. 이러한 환경과 상황에서는 사회를 위해 봉사하는 덕목, 납세자의 돈에 대한 효율적인 사용, 공공재를 위해 헌신하는 정신을 아무도 기대할 수 없다. 그러므로 도덕성이 물질적인 욕망과 권력의 남용을 통제할 수 있고, 공직의 정신은 자기수양, 겸손, 배려, 도덕적 가치를 요구한다.

4. 전체적인 접근법

공무원에 의한 권력과 권위의 사용에 관한 포괄적인 설명은 의무론적, 목적론적, 정신적 접근이 필요하다. 좋은 거버넌스를 창출하기 위해 의무론적, 목적론적, 정신적 접근에 포함하는 포괄적·전체적인 관점의 접근이 필요하다. 이 전체적인 접근법의 적용 없이, 아무리 많은 법, 행위 강령, 내외적인 통제 방법, 또는 처벌 위협도 공무원이 윤리적·도덕적으로 행동하게 강제할 수는 없다. 투명성 기구 (Transparency International)에 따르면, 대부분의 부패한 국가들이 부패를 통제하기 위한 다양한 법들과 방식들을 적용하였지만, 부패적인 행정문화는 근절되고 있지 않았다. 공무원들의 소명의식과 내부정신에 의해 인도되지 않으면, 좋은 거버넌스를 기대할 수 없을 것이다. 이 소명의식에서 "정부는 공공의 신뢰이며 공공 서비스에서 도덕적인 행동과 행위의 정당성"을 인식하여야 한다. 이런 소명으로부터의 행동은 정직, 공정, 성실, 정의와 같은 미덕을 소유하는 것을 포함하고 있다 (Dwivedi 1995:297).

통치과정에 있어서 정의, 평등, 도덕의 삼위일체에 따른 높은 수준의 믿을 수 있는 윤리적 표준이 제시될 때 민주주의에 대한 확신과 신뢰가 안전하게 보호될 수 있다. 이는 행정문화의 연구가 세 가지 접근 방식을 채택해야하는가에 대한 이유이다. 우리의 삶을 통제할 수 있는 사회적 가치, 문화적 전통, 도덕적 이상이 포함된 행정 문화가 올바른 통치를 가능하게 하고, 올바른 통치는 본질적으로 도덕적인 기획이기 때문이다. 의무론적, 목적론적, 정신적 접근의 전체론의 관점의 접근방식이 활용되지 않는다면 행정문화에 대한 포괄적인 연구는 완성될 수 없다.

최근의 연구의 추세와 연구에서 행정문화의 목적론적 접근 방식에서 결과를 중시하고 있지만, 의무론적·정신적 접근방법의 보완이 필요하다. 공공서비스 직업의 의무론적·정신적 접근방법은 바람직한 것의 소망성을 표현하고 있지만, 목적론적 접근방식은 실행 가능성과 효율성을 강조한다. 행정 문화의 연구에서 객관적인 방법의 추구에는 한계가 있고, 소망성에 대한 가치의 논의가 요구된다. 행정문화의 의무론적, 목적론적, 정신적 접근방식의 다양성은 보호돼야 한다. 목적론적 접근방식으로 사실에 기반을 둔 연구는 공공서비스와 국가의 공공 삶에 대한 올바른 도덕의 개념으로 부터 벗어날 수 없다. 반면에, 의무적·정신적 차원은 우리에게 가치 있는 관점을 제공하지만, 전체적으로 현실적인 분석과 이해에 관한 관찰이 미흡할 수 있다.

만약 목적론적 모델을 기반으로 하는 신공공관리가 수행된다면, 수단적인 기술은 바람직하게 도출되며, 무엇이 실현 가능한지 혹은 무엇이 효율 인지를 판단할 수 있다. 이와 같이, 공리적 명제에서 목표의 선택은 이용가능한 방법의 부분에 의존한다.

공공 정책과 행정에서, 대부분 선택은 도덕적 절대성이 아니지만, 대중. 정치인, 공무원들에게 비용과 이익의 산출에 초점을 둔다. 그러나 만약 실현 가능성과 효율성이 가치를 위한 단 하나의 기준이 된다면, 행정문화의 발전은 상당히 제한될 것이다. 목적론적 모델과 함께 소망성의 가치를 강조하는 의무론적 그리고 정신적 접근이 적절하게 관련되어야 한다.

Ⅳ. 행정문화와 제도

행정문화와 제도와의 관련성을 규명하는 것은 필요하다. 구체적으로, 다원주의, 사회 조합주의, 국가 조합주의의 제도와 행정문화의 연관성을 살펴볼 수 있다. 예를 들면, 미국에서의 자유주의적 행정문화는 다원주의 제도를 형성하는데 전반적으로 공헌하고 있다. 미국의 다원주의 행정시스템은 신공공관리론의 개념에 바탕을 두고 있는데, 이 이론의 주요한 내용은 신자유주의의 개념인 개인의 창의성의 추구와 정부개입의 최소화로, 시장적 개인주의(market individualism)에 근거한 미국의 신공공관리론의 개념의 주요한 근원들은 자유주의 행정문화의 이론에서 파악할 수 있을 것이다. 유럽의 상대적인 집단주의 문화는 사회 조합주의 제도를 형성하였고, 동아시아에서의 유교주의 문화는 국가 조합주의의 행정시스템 형성에 영향을 주었다. 이와 같이, "역사적인 문화 전통과 행정적인 시스템의 형성"사이의 상호 관계에서 "전통적·사회적인 환경과 이념을 포함하는 사회 문화적 요소는 행정문화의 형성에 영향"을 미치고 있다는 것으로 상대주의 문화와 제도의 본질적인 관련성을 이해할 필요가 있다.

일반적으로 개인주의 문화는 자유주의 시장 원리에 근거한 정책을 선호하고, 집단주의 문화는 위계주의 문화의 관료제도와 함께 국가 주도에 근거한 중앙집권적 정책을 선호한다. 문화 유형에 따른 국정관리에 대한 문제 진단과 처방 안은 다음과 같이 설명될 수 있다 (Hood, 1998:26; 정용덕, 2001: 804). 첫째, 앵글로 색슨의 경우 개인주의적 대응에서, 이기적, 합리적 선택, 행위자로서의 개인을 강조하고, 처방은 시장 기제, 경쟁, 연합으로, "계몽된 자기 이익"을 강조한다. 둘째, 프랑스의 경우 위계주의적 대응에서, 전문성에 근거한 예측적 관리이고, 처방은 높은 전문성, 상세한 절차, 강력한 통제를 포함하고 있다. 셋째, 스칸디나비아의 경우 평등주의적 대응에서, 고위직 지도자들의 권력남용과 체제의 부패를 방지하기 위한 공동체주의와 참여를 강조한다. 세 가지 형태의 국가 전통들의 핵심적인 특징들은 아래의 <표 3>과 같이 정리될 수 있다. 상이한 문화와 다른 행정시스템의 관계의 분석에서 상대적인 가치의 중요성을 인식하여야 한다.

〈표 3〉 국가 전통의 핵심적 특징

	앵글로색슨계	프랑스계	스칸디나비아계
국가－사회 관계	다원주의적	적대적인	유기체설
정치적 조직 형태	제한적인 연방주의	전문적 통제	분산적 통합
정치스타일의 근간	점진주의	협동 조합주의자	기술적 동의
분산의 형태	국가권력(미국) 지방정부(영국)	지역적으로 통합된 국가	강한 지역적인 자치
행정 국가의 규율에 대한 지배적인 접근	정치과학/사회학	공공법	공공법(스웨덴) 조직 이론(노르웨이)
	영국; 미국; 캐나다(퀘벡은 제외); 아일랜드	프랑스; 이탈리아; 스페인(1978까지) 포르투칼; 퀘벡; 그리스; 벨기에(1988까지)	스웨덴, 노르웨이, 덴마크

자료: Loughlin (1994).

사회구성원들의 유기체적인 문화와 다원주의적 문화의 개념의 차이가 상존한다. 유기체적인 문화에서는 개인적인 선호보다는 사회적인 선호를 중요시하고, 다원주의적 문화에서는 개인의 자유를 강조한다. 유기체적인 문화에서는 개인들 간의 상호 공동체적인 협력이 중시되지만, 다원주의적 문화에서는 정부의 개입으로 개인의 자유와 권리가 침해되는 상황과 조건을 선호하지 않고, 자율성과 책임감 아래 자유로운 경제활동을 추구한다. 이와 같이, 영미식의 다원주의적 문화는 자유주의적 행정문화의 형성에, 스칸디나비아의 유기체적인 문화는 공동체적인 행정문화의 형성에 각각 영향을 미치고 있다.

또한, 동아시아의 사례에서 권위주의적 행정문화의 개념은 수직적인 계층제 조직에 근거해서 엄격한 통제와 지시를 통한 정부의 정책목표를 달성하는 것이다. 반면에, 합리적인 개인주의 문화는 개인의 비도덕성과 비책임성이 아닌 시민의 합리적인 정신과 가치를 강조하고 있는데, 조직구성원의 자율성과 책임성, 민주적 리더쉽의 설립, 조직들의 상호협조적인 관계를 표현하고 있다. 합리적인 개인주의 문화에서는 개인의 관점과 견해들이 합리적인 사회의 의지를 형성하는 과정에서, 자유주의적 시민사회의 국민들은 정치적 활동영역을 대표들에게 위임하는 대신 사적인 영역에서의 자유, 안전, 권리를 담보 받는다. 사회현상의 공격적·이기적 자연 상태와 상황에서 조직원들의 자율성과 책임성을 전제로 하는 자유주의 행정문화의 원칙과 개념들은 효과적으로 적용될 수 없을 것이다. 경제적, 도덕적, 권리적 측면에서 자율적 영역을 확보하고 있는 사회구성원들 간의 협력과 조화의 상황과 여건에서 자유주의 행정문화는 적실성이 있다.

신공공관리론은 "시민의 자율성, 권한과 권력의 분권화, 탈권위주의적인 조직 체제, 시장원리의 경쟁적인 가치를 추진"하는 것을 주요 내용으로 하고 있다. 자유주의적 행정문화의 이론에서 신공공관리론의 특징과 제도의 주요한 기원들을 분석할 수 있다. 권위주의와 자유주의 행정문화의 개념, 내용, 범주의 차이점의 분석에서, 국가의 절대적인 권력의 정당성은 권위주의 행정문화의 이론에서 발견되고, 국가 권력의 제한과 개인주의 시장원리의 원칙은 자유주의 행정문화의 이론에서 논의될 수 있을 것이다. 결과적으로, 전통적 행정학의 이론적 기원과 토대는 권위주의 행정문화에서, 신공공관리론의 사상적 기원과 근원은 자유주의 행정문화의 개념과 맥락에서 이해될 수 있을 것이다. 결과적으로, 보편적인 관점에서 권위주의 행정문화의 이론은 행정국가의 역할을 강조하고, 자유주의 행정문화의 이론은 신공공관리론의 시장의 기능과 역할을 강조하는 경향으로 인식할 수 있다.

맥그리거(McGregor)의 개념인 X이론의 이기적 인간관은 제재와 강압과 함께 경제적 보상체계의 강화, 수직적인 계층제의 확립, 권위주의적 리더십의 확립을 통한 외부로부터의 보상과 처벌을 통하여 조직의 목표를 달성한다. 대조적으로, Y이론의 창의적 인간관은 조직의 목표를 달성하기 위한 자율성, 책임성과 함께 상호협조적인 가치관에 근거해서 조직구성원의 자발적 근무의욕과 동기, 분권화와 권한의 위임, 민주적 리더십의 확립, 수평적 조직구조의 문화적 특징을 보여주고 있다 (McGregor, 1960). 국정관리와 운영에서 바람직한 행정문화의 적용은 통제, 제재, 강압의 속성을 보여주는 X 인간관이 아닌 창의적, 도전적, 자율적 특징을 보여주는 Y 인간관의 특성과 영역에서 모색될 수 있을 것이다 (윤은기, 2008: 35).

극한적인 사회 투쟁과 갈등의 조건과 여건 속에서 조직원들의 자율성과 책임성을 전제로 하는 신공공관리론의 원칙과 개념들은 성공적으로 적용될 수 없다는 상황에서, 시장에 대한 정부의 공정한 역할과 기능이 요구된다는 것이다. 싱가포르의 경우와 같이, 과거에 시민 사회의 발전이 미흡한 사회 상황에서 분권화된 시장체제의 강조보다는 국가의 공정한 기능과 함께 중앙집권화에 근거한 권위주의적 가치적 행정문화가 발전을 이끌 수 있다는 발전행정론의 전략은, 보편적인 절대주의 보다는 특수적인 상대주의의 적용이었다. 문화적 요인으로 집단이해를 더 강조하는 싱가포르의 문화적 · 행정적 전통은 중앙집권적인 정부개입의 정당성을 보여주고 있다. 싱가포르 국민들은 정부의 역할이 국민의 권리와 공익을 추구하는데 필요한 요소라고 인식하고 있다. 싱가포르는 '관리자본주의'라고 간주하고, 홍콩은 '기업가자본주의'라고 지칭하고 있다. 싱가포르 정부는 '공공재의 공급자로서의 역할, 국고세입 모급자로서의 역할, 경제기획가로서의 역할, 규제자로서의 역할, 촉진자로서의 역할, 기업가로서의 역할'을 담당하고 있다 (윤은기, 2010: 66).

행정문화이론의 연구는 비교정치학과 발전행정론의 이론과 접근이라고 할 수 있다. 초기의 비교정치학자들은 서구중심의 연구에 초점을 두었지만, 미국 행정학의 과학적·보편적 성격의 비판과 함께 "문화 횡단적(cross-cultural)인 비교행정이론"이 모색되었다 (김규정, 1976). 발전행정론 차원에서 거론되는 행정문화이론은 국가의 특수한 문화와 행정체제와의 연관성에 관한 연구가 강조되고 있다. 행정문화는 국가의 기본적 정책 및 규범에 영향을 주는 중요한 요소로 발전행정론에 근거한 문화의 보편성보다는 특수성의 관점에 근거한 접근법이 필요하다.

V. 행정문화의 형성과 변동 과정에서 구조와 기능의 역할

행정문화변동연구의 방법론적 고찰(윤은기, 2005)에서 다른 행정시스템의 현상을 설명하기 위해 상대적인 가치의 문화적 해석의 성찰이 필요하다는 것을 논의하고 있다. 베버는 서구의 행정문화를 현대적, 이성적, 합리적 문화로 평가하고 유교주의를 전통적, 비이성적, 비합리적인 문화로서 비판적 견해를 밝히고 있다. 인간 행위의 이해와 분석은 상이한 문화들에서 상대적인 가치의 분석이 요구된다. 다른 행정문화에 관한 상대적인 가치의 인정은 상이한 문화들의 배제가 아닌 공존을 의미한다. 자연과학이 가치보다는 사실들의 분석을 추구하지만, 사회과학의 분석은 사실보다는 상대적인 가치의 중요성을 포함하여야 한다. 다시 말해, 절대적인 문화적 가치관에 의해 설명되어지는 서구 관념의 형태는 유교주의의 합리적인 발전을 설명할 수 없다.

우리나라의 행정문화는 "유전된 사회 구조의 속성과 경향"에 의해 지속적인 영향과 함께 지속화와 변형화의 과정을 경험하였다. 개인주의적 문화를 선호하는 "젊은 세대는 권위에 반대하는 서구 자유주의 가치를 수용"하는 반면에, "기성세대는 권위를 수락하는 집단적인 의식에 근거한 전통적인 유교가치에 의해 영향"을 받고 있다. 사회화 과정은 "구조와 행위자들의 상호작용의 과정"으로 행정문화의 변화를 설명할 수 있다. 사회화 과정은 합리적 행정문화를 변혁, 변화, 발전시키기 위해 국가, 정부, 언론, 제도, 정당, 조직, 집단, 학교, 가족 같은 행위자들에 의해 이루어진다 (Dawson, 1977). 사회화의 행위자들은 "행정적인 규범과 가치들을 신세대와 구세대에게 전파"되고 있다. 행정문화 변화의 과정은 다른 문화의 수용과 새로운 문화의 형성 속성과 관련된다. 한 사례를 들면, 권위에 대한 거부적인 행정문화의 형성은 권위의 속성을 인정하는 유교주의 문화와 개인의 권리를 강조하는 자유주의 문화의 상호작용의 교류에서 발생되고 있다.

한국의 행정문화의 형성과 변동에서 행위자의 역할을 분석하는 미시분석 방법론과 역사적인 전통을 분석하는 거시분석 방법론은 전통적인 행정문화의 변천과정과 형성을 이해하는데 크게 기여해 왔다고 본다. 한국의 행정문화변화의 과정에서, 국민의 가치와 사고는 자유주의와 유교주의의 행정문화의 상호작용에 의해 영향을 받는다. 행정문화발전의 과정은 전통과 현대가치의 결합에 기인한다. 행정문화의 형성은 사람들에 의해 유전되어진 가치와 전통들에 의해 습득된 이념들의 지속과 단절을 통한 인간 행동들의 결과물이다. 결과적으로, 행정문화의 변동은 구조가 문화에 영향을 미치는 구조주의 관점과 인간의 행위가 문화를 형성한다는 기능주의 견해에 의해 설명될 수 있다 (윤은기, 2005).

행정문화는 정치문화, 기업문화, 학교문화, 군사문화 등의 다른 하위문화와 상위문화와의 공통성과 특이성을 보여줄 수 있다. 행정문화의 형성과 변동을 분석하기 위해서는 상위문화인 일반문화와 하위문화에 대한 상호교류와 영향의 과정을 이해하여야 한다. 일반 문화와 하위문화들은 사회의 거시적 구조와 문화의 교류와 접촉 같은 문화의 접변현상에 의해 변동을 경험해 오고 있다. 한국의 문화는 경제적 측면의 산업화, 사회적 측면의 핵가족화, 정치적 측면의 민주화, 글로발 측면의 자유주의 문화의 유입 등의 사회구조적 변동을 경험을 해오고 있다.

백완기는 행정문화의 변동요인을 주관적 요인과 객관적 요인으로 구분하였다. 주관적 요인은 일반문화가 갖고 있는 부정적인 특성을 개선하고자 하는 인위적 변화를 추구하는 것이다. 객관적 요인은 문화에 영향을 미치고 있는 환경적 요소이다. 한국문화의 변화요인에서, 정치지도자나 엘리트층이 갖고 있는 변화에의 의지와 규범적 통제장치를 통해 인간의 의식구조나 사고방식을 변화시키기 위한 교육훈련의 강화 등은 주관적 변화요인에 속하고, 개방화 물결에 따라 들어온 외국문화, 과학과 기술의 발달, 산업화와 민주화 여건 등은 객관적 요인으로 볼 수 있다 (백완기, 1982).

이와 같이, 객관적 요인은 사회구조의 요인으로 인식될 수 있고, 주관적 요인은 문화변동을 위한 인간행위자의 기능으로 간주될 수 있다. 다시 말하면, 행정문화의 형성과 변동과정은 기능주의자와 구조주의자에 의해 설명되어 질 수 있다. 기능주의자는 구조적인 분석보다는 개인적인 혹은 심리학적인 분석으로 개인행위자의 역할과 기능의 논의에 초점을 두지만, 구조주의자는 전통적인 가치와 이념들로 파생되어진 사회구조 혹은 경제구조의 분석에 관심을 둔다 (윤은기, 2005).

자본주의 발전과 행위자 사이의 관계에서, 기능주의자들은 자본주의 시스템과 합리적인 에이전시의 역할 사이의 관련성을 강조한다. 구조주의자에 의하면 행정문화는 문화와 전통 구조로부터 파생되어진 산물인 반면에 기능주의자 측면에서 가치적인 행정문화의 형성과 변동은 구조의 영향보다는 합리적인 인간 행위자의 결과로 간주될 수 있다. 기능주의자들을 위해 가치적인 행정문화는 가치를 추구하는 공직자들의 신념, 감정, 태도에 의해 형성된다는 것이다.

하지만, 행정문화의 형성과 변동을 이해하기 위해 구조와 기능의 상호보완적인 접근이 논의가 필요하다. 에이전시들은 합리적인 행정문화 발전의 과정에서 그 구조를 변화하기 위한 가치를 추구하는 기능적인 역할의 필요성을 강조하지만, 구조로부터 영향을 받고 있다는 것이다. 병리적인 문화 형성의 과정에서 비합리성에 근거한 전통적인 이념과 구조적인 경제시스템의 영향요인들의 분석은 구조적·역사적·전체적인 분석의 형태이다. 구조와 기능의 역할을 통합하는 신제도주의는 개별국가의 특수성을 인정하지 않는 행태주의에 대한 비판과 함께 구제도주의의 차별을 보여주고 있는 이론으로 간주될 수 있다. 역사적 또는 사회학적 신제도주의는 문화적 접근에 근거하고 있다 (Hall & Taylor, 1996). 제도론적 관점의 설명변수로는 문화요소 등이 포함된다. 제도는 인간의 행위에 영향을 미치는 문화, 제도, 관습의 영역들을 주로 연구하고 있는데, 문화와 제도의 관계는 중요한 설명력을 제공한다. 문화적 요소들은 역사적인 전통과 제도들에 의해 형성되었고, 제도화된 문화는 현재의 조직구조의 변화와 새로운 조직형태를 만드는 기능적 역할을 할 수 있다. 문화적 요소는 사회이념과 이데올로기의 구성에 중요한 영향을 미치고 있으며 국가의 권위구조와 국가의 정책결정, 사회의 문화적 가치, 종교, 사회윤리, 행동규범 등에 영향을 미친다. 결과적으로, 구조의 속성과 기능의 역할을 분석하는 구조화이론은 행정문화변동 방법론의 발전전략의 핵심으로 인식될 수 있다.

Ⅵ. 결 론

1960년대 중반 이후부터 시작된 한국 행정문화에 관한 연구의 경향과 내용들은 일반적으로 유교식 행정문화의 병리적 형태와 긍정적 해석의 연구, 근대화론에 근거한 행정문화의 바람직한 변화방향을 위한 연구, 행정문화의 분석에서 방법론상의 문제점과 연구방향을 제시한 연구, 정치·행정·사회문화 환경과 행정문화와의 인과관계의 실증적 분석의 연구 등이 포함되어 있다. 이와 같이, 선행연구들에서 실증주의적 연구의 강조, 행정문화의 긍정적·부정적 요인 분석, 근대화론에 입각한 보편주의적 행태주의적 연구방법들을 보여주고 있지만 행정문화와 제도의 상호관계에서 가치적인 행정문화의 연구를 위한 사실과 가치의 이분법적인 연구를 배제하는 후기행태주의 접근 방법론의 적용이 필요하다.

보편적으로 행정문화는 세 가지 특성이 있다. 첫 번째 특성은 전승과 시대이다. 행정문화는 전통문화에 영향을 받고 서로 상호 교류하는데, 새로운 행정문화 형성과 발전의 과정에서 전통문화를 계승한다. 또한, 행정문화는 시대의 특수성을 가진 계급사회의 산물로 고착되지 않은 사회문화적 패턴으로 사회변화에 따라 항상 변화한다. 두 번째 특성은 상이한 행정문화와 다른 제도의 관계로 상대주의적 행정문화의 분석이 필요하다. 세 번째 특성은 가치이다. 행정문화는 의무론적, 정신적 접근법에서 논의한 것 같이 일반문화와 경영문화와 다르게 공익의 정신을 요구한다.

행정문화 형성과 변동의 과정에서, 기능주의자들의 견해에서 행정문화는 공직자들의 개인들의 사고와 가치에 의해 형성되지만, 구조주의자들의 관점에서 행정문화는 정치적·사회적 구조에 의해 결정된다는 것이다. 행정문화가 구조에 의해 영향을 받는 동안, 가치적인 행정문화의 형성과 변동은 사회화의 과정에 의해 설명될 수 있는데, 사회화의 과정은 합리적인 제도, 언론, 이익 단체들, 교육 시스템 등의 다양한 에이전시들에 의해 추진될 수 있다. 이와 같이, 가치적인 행정문화 형성은 구조에 의해 영향을 받고 있고, 합리적인 에이전시에 의해 창조될 수 있다는 것이다.

행정문화와 제도의 정합성에서, 집단주의 문화는 전통적 행정학의 관료경영 접근방식에 적용될 수 있고, 개인주의 문화는 신공공관리론의 시스템에 부합될 수 있다. 개인주의적인 시장원리의 적용인 신공공관리론은 시민과 공무원의 자율성, 권한의 분권화, 경쟁적인 조직 체제, 정책수단으로 경제성과 효율성을 추진하는 것을 주요 내용으로 하고 있는데, 신공공관리론 제도의 성공적인 적용을 위한 전제 조건은 건전한 개인주의적 합리주의 문화로 인식될 수 있다. 또한, 다원주의, 사회 조합주의, 국가 조합주의의 행정시스템들은 다른 행정문화의 특징을 보여주고 있다. 개인주의 문화는 미국의 다원주의 행정시스템에 영향을 주었고, 상대적인 집단주의 문화는 유럽에서의 사회조합주의 행정시스템에 영향을 미쳤다. 그리고 집단주의는 싱가포르와 같이 동아시아의 국가 조합주의 형성에 기여하였다. 이와 같이, 상이한 문화들은 실질적으로 다른 행정 시스템의 형성에 영향을 주고 있다는 것이다. 하지만, 행정문화의 연구에서, 공통적인 의무적·정신적 표준과 기준이 제시될 때 상이한 다른 정치와 행정시스템에서 민주주의에 대한 확신과 신뢰가 안전하게 보호될 수 있다. 행정문화는 한 국가 또는 사회에서의 정책결정과 집행에 영향을 주는 "신념, 태도, 가치, 제도 및 방법의 결정체"로 국가발전에 가장 중요한 결정적인 요인으로 작용하고 있다. 일반문화와 기업문화와 다른 속성의 행정문화에는 특히 가치주의(valueism)가 포함되고 있는데, 행정에서 가치를 배제하는 것은 국가 정책의 공익성을 배제하는 것이다. 행정문화에서의 가치의 구현은 행정행태론의 비판과 함께 규범성, 공직자 가치의 발견과 실천, 개인과 조직의 윤리성, 고객중심의 행정, 사회형평의 실현 등이다. 올바른 국정 운영과 통치는 본질적으로 정책에 가치를 포함하는 것으로 거시적·미시적 분석의 포함과 함께 행정문화에 의무론적, 목적론적, 정신적 접근의 세 가지 접근 방식이 전체적으로 적용되어야 한다.

제 2 편

행정학 패러다임

제 8 장 관 리 론

김 동 원

Ⅰ. 서 론

관리론의 뿌리는 19세기 말부터 1910년대에 걸쳐 등장했다. 미국에서는 과학적 관리의 창시자인 테일러(F. W. Taylor), 유럽에서는 일반 관리학의 제창자인 프랑스의 페이욜(H. Fayol)로 각각 거슬러 올라간다. 행정학에서는 귤릭과 어윅(Gulick & Urwick)의 'POSDCORB'를 씨앗으로 행정관리론이라는 영역으로 탄생하고, 1980년대 이후부터는 신공공관리론으로 행정학의 주류로 자리 잡았다.

한국의 행정학에서 발전되어 온 관리론은 미국행정학의 영향과 한국의 역사적 맥락을 반영하여 나름대로의 특수성을 형성해 왔다. 정부개혁 과정에 행정학자들의 참여가 비교적 컸다고 평가받는 시기에는 1960~1970년대의 박정희 정부, 1990년대의 김대중 정부, 그리고 2000년대의 노무현 정부가 포함될 것이다. 이 시기에 공통점은 정부개혁의 이론적 토대가 모두 관리론이었던 점이다. 'POSDCORB' 중심의 행정관리론을 주류로 시작되어 발전주의 관료제의 유용한 도구로서 활용되다가, 민주화와 함께 침체되었으나, 다시 국제통화기금(IMF) 체제 하에서 신공공관리론의 등장으로 다시 부활한 것이다.

이 장의 목적은 한국 행정학자들이 지난 60년간 수행한 관리론 관련 연구 내용을 분석하려는 것이다. 그것을 통해 향후 바람직한 관리론의 발전 방향을 구상하기 위한 것이다. 관리론을 적용하여 어떻게 행정관리를 묘사·설명, 이해, 평가, 처방해 왔는지, 행정 발전과 개혁에 얼마나 그리고 어떻게 기여했는지, 한국적 관리론과 관련 논의에 관한 특수성을 규명하는데 얼마나 그리고 어떻게 기여했는지, 그리고 관리론 연구의 앞으로의 과제는 무엇인지에 대해 차례로 논의해 본다.

되도록 비판적 분석 시각을 가지고 시의성, 특수성, 적실성, 창의성 등의 문제의식을 바탕으로 분석하였다. 그것을 통해 한국에서 이루어진 행정이론의 발달 및 한국행정의 특성을 정리하려고 시도하였다.

Ⅱ. 관리론의 개념 정의와 범위

1. 연구 · 교육 영역으로서의 모호성

관리론을 연구 혹은 교육영역으로서 설정하고 경향을 분석할 때의 문제점은 그 영역이 대단히 모호하고 복잡하다는 것이다.

한국행정학회의 행정학분야 학술정보체계의 분류방법에 따르면, 9개 대분류 중 행정관리는 행정관리이론, 관리기법, 정보관리, 사무관리, 기타가 포함된다. 한편, 행정학이 초기에 관리의 대명사인 POSDBCORB로 규정되었을 때에는 조직론, 인사행정, 재무행정이 이에 포함되었으나 현재 이들은 위 대분류 영역으로 모두 독립된 영역이다. 행정학 연구경향의 분석을 시도한 연구들도 관리론의 범위에 있어서는 일치하지 않는다. 한때 관리론을 조직관리에 포함시켜 분석했으나(안병만, 1986), 후에는 행정관리와 조직론을 서로 독립된 영역으로 간주하고 양분하였다 (권경득, 1996; 주상현, 2002).

혹자는 관리연구의 탐색이 조직론에서 시작되어야 한다고 말할 수도 있다. 최소한 전통적 행정관리의 내용이 조직론의 목차에 많이 들어가 있기 때문에 아예 조직론 혹은 조직관리론의 하위 영역으로 정의하여 접근하는 교과서들(예를 들어 유종해 · 이덕로, 2015; 오세덕 외, 2013)과 그 밖에 대부분의 조직론 교과서들은 관리론의 내용을 곳곳에 소개하고 있다. 심지어 조직행태론에도 과학적 관리론, 행정관리론의 뿌리인 행정원리론, 관리과학을 포함시키고 있다 (이양수, 2004).

따라서 관리론을 연구영역 혹은 교과목별로 범주화한 후 단순 카운트하는 양적 경향분석은 그 기준이 모호하기 때문에 분석의 타당성이 떨어질 것으로 예상된다. 관리를 연구영역 횡단적인 하나의 접근방법 혹은 관점, 더 나아가서 패러다임으로 이해하여 정성적으로 분석하는 것이 보다 타당하다고 하겠다.

2. 패러다임으로서의 관리론

관리란, "다른 사람들과 더불어, 그리고 다른 사람들을 통해서 일(목표)을 성취하는 과정"이지만(오석홍, 2008: 425), 그 과정이 효율성을 지향해야 한다는 명제가 통상적으로 붙는다. 즉 조직차원에서의 관리론이란, 조직이 그 목표를 효율적으로 달성하기 위해 "필요한 사항을 기획 · 조직 · 동작화하고 지도 · 조정 · 통제"하는 방법

내지 전략이다 (이종수, 2009: 547). 강신택(1987)은 관리론을 연구/교육영역이 아닌 하나의 접근방법으로 규정한 후, 행정학자를 대상으로 본인의 정체성에 대해 설문연구를 시도한 바 있다.

관리론은 1980년대 신자유주의 물결 이후, 인간 사고를 근본적으로 지배하는 인식 체계 혹은 사물에 대한 이론적 틀이나 체계, 즉 패러다임으로 성장하게 되었다. 미국에서는 '전통적인 행정'과 패러다임 경쟁을 하기에 이른다. 스티버스(Stivers, 2003)에 의하면, 행정은 서비스, 공공성, 보살핌(ministering), 정의, 의무, 현실성 등을 지향하는 반면, 관리는 통제, 결과, 효율성, 객관성, 과학을 지향한다. 그 반목의 수준은 마치 현실 세계를 남성－여성, 하드－소프트, 객관－주관 등으로 이원화하는 방식과 다를 바 없다. 현실 조작의 상황에서 자신의 영역만 있고(presence), 다른 쪽 영역은 없는(absent), 혹은 자신은 내부(inside)이고 다른 쪽은 외부(outside)로 치부해 버리는, 데리다가 말하는 '존재의 형이상학(metaphysics of presence)'이 발생하였다고 비판한다.

미국에서 행정－관리 이원론이 팽배하게 된 배경에는 공공관리론의 유래가 있다. 유훈(1995: 23)에 따르면, 계량분석과 이에 기초를 둔 응용경제학에 치중하던 정책대학원들이 1970년대 중반부터 공공관리라는 용어를 빈번히 사용하게 되었다. 그런데 공공관리론자로 부상한 인물들 중에는 행정학 전공자가 거의 없고 '경제학자나 실무가 또는 제도론에 기울어진 정치학자'가 대부분이었고, 이것이 공공관리론과 행정학이 결별을 고하게 되는 계기가 되었다고 한다. 게다가 행정개혁의 현장에 투입된 공공관리론자들조차 행정학자들이라고 보기에는 어려웠다.

그러나 한국에서는 공공관리론의 뿌리가 비행정학자에서 비롯되지 않았음은 물론 행정학자들에 의해 행정학계로 자연스럽게 흘러 들어와서 비교적 갈등 없이 혼재하게 되었고, 정부의 개혁현장에 투입된 것도 관리적 마인드와 기법을 습득한 행정학자들 자신들이었다. 비록 관리론에 대한 비판도 거세지만, 그것이 관리론을 거부하고 배척하는 이원적 극단화의 수준은 아니다. 행정학에서 논의되는 관리는 이미 로커스(locus)가 행정 혹은 공적 영역으로 설정되어 있다는 점에서 경영관리와는 구분되는 것이며, 그렇다면 행정이 관리를 포괄하는 관계로 보는 것이 타당하다.

이와 관련하여 관리패러다임의 속성을 보면 효율－통제 지향성이다. 첫째, 목적달성을 위한 통제 혹은 유사활동이다. 다만, 구체적인 통제기제의 모형에는 변화가 있었다. 행정관리론 등 전통적 관리모형은 절차 준수와 명령 복종과 같은 '규율적 통제'를, 신공공관리론 등 탈전통적 관리모형은 자율성과 분권성이 주어진, 그러나 시장논리에 의해 통제되는 '시장적 통제'를 지향하였다 (Frederickson, et al., 2012:

115). 둘째, 신공공관리론은 과학적 관리론이나 목표관리론 등 정부에서 채택한 기업경영기법과 효율성이라는 기업적 가치가 한 단계 발전한 연속선상이다 (Denhardt & Denhardt, 2000: 551; Henry, 2001: 145).

이에 반하여 관리패러다임에 반하는 패러다임을 개념화하자면, －그것이 '전통적 행정(Old Public Administration)' 혹은 '신공공서비스(New Public Service)'로 명명될 수 있을지는 논의가 더 필요하지만－각각 효율성에 대한 반대급부로서 민주성을, 그리고 (외재적) 통제에 대한 반대급부로서 윤리규범을 통칭하여 민주－규범 지향성이 될 것이다 (Denhardt & Denhardt, 2000).

3. 본 연구의 분석틀

[그림 1]과 같이 민주－규범 지향성과 효율－통제 지향성을 극단으로 하는 행정연구의 스펙트럼을 가로축으로 설정하는 반면, 세로축은 개방체제와 폐쇄체제를 극단으로 하는 스펙트럼을 가로로 놓으면 사분면이 등장할 것이다. 가로축에는 무수한 퍼지(fuzzy) 모형이 존재하며 그 사이에서 행정관리론, 신공공관리론, 관리과학 등 관리패러다임의 이론들은 효율－통제 지향성에 치우쳐 있다 (DeLeon & DeLeon, 2002). 즉, 효율성과 같은 기업경영의 기본가치와 이 가치를 극대화하기 위한 통제위주의 각종 기법들에 관한 연구에 초점이 있다.

[그림 1] 행정학의 관리패러다임과 분석틀

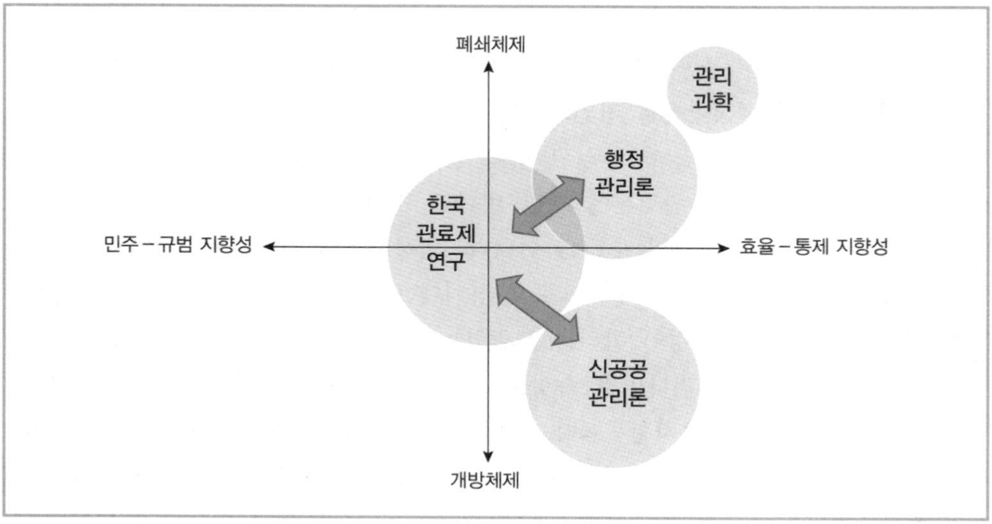

본 연구는 관리와 그에 반하는 패러다임이 한국의 행정연구 속에서 어떻게 패러다임 경쟁을 하여 왔는지 분석하고자 한다. 그 속에서 그동안의 관리론의 연구경향과 행정발전에 대한 기여를 탐색하며, 특히 한국적 특수성이 드러났다면 그것이 어떤 것인지 규명하고자 한다. 여기서 주목할 점은 한국관료제 연구가 분석과 비판의 준거틀로서 자리매김하고 있다는 점이다.

미국과 같이 무국가성의 전통(stateless origin)과 자본주의 뿌리가 깊은 경우에는 관리가 먼저 발전하고 관료제의 본질에 관한 논의는 후에 등장하였다. '자본주의-민주주의-관료제'의 순으로 발전한 것이다 (하연섭 2005). 그러나 한국은 '관료제-자본주의-민주주의'라는 역사적 발전과정을 거쳤으므로 관리도 관료제의 뿌리에서 성장한 셈이다. 현재 시점도 사실상 조선시대 관료제 전통의 연속선상에 있을 뿐이다 (박종민 · 윤견수, 2014). 따라서 국가와 관료제의 뿌리가 깊은 한국적 시각에서 공공관리론에 대한 철학적 · 이론적 비판을 감행하는 것이 분석의 적실성을 높이기 위한 방편이 될 것이다.

즉 관리론 논의의 범위에 신공공관리론 자체뿐만 아니라 그 뿌리가 되는 과학적 관리론과 행정관리론, 그리고 신공공관리론에 반하여 '구공공관리론'(old public management theory)으로 불리는 관료제(이종수, 2009: 94), 신공공관리론에 대해 비판을 가하면서 그것의 결함이나 오류를 시정하려는 노력은 물론, 그것의 근본 자체를 비판하는 부류도 모두 공공관리론의 논의에 포함시킬 필요가 있다.

다시 [그림 1]을 보면, 한국 관료제 연구의 영역은 민주-규범 지향성과 효율-통제 지향성, 폐쇄형과 개방형 전반에 걸쳐 골고루 분포해 있는데, 관료제의 개념이 사실상 매우 광범위하게 사용되어 왔기 때문이다. 베버의 이념형으로서의 관료제는 효율적 조직관리를 위한 통제도구이면서도 외부적으로는 국가 경제발전을 위한 원동력으로 비추어졌다. 동시에 관료제는 윤리와 민주주의라는 조직규범 뿐만 아니라 사회적 책임성을 요청받기도 하였다. 프레데릭슨(Frederickson, 2012)은 미국 관리론의 영역에 관료제 연구를 포함시키고 그것의 영향력을 논의하고 있으나 베버의 이념형만을 의미하고 있는 것으로 보아 관료제 연구를 조직관리의 도구로서 협소하게 정의한다.

[그림 1]에서처럼 행정관리론, 신공공관리론, 관리과학은 효율-통제 지향의 관리패러다임에 속하지만, 관리적 속성의 강도와 개방성에서는 서로 다르다. 과학적 관리법에 직접 영향을 받은 POSDCORB 중심의 행정관리론은 조직을 주로 폐쇄체계로 보고 있는 것으로 알려져 있지만,[1] 신공공관리는 시장이나 거버넌스도 중시하는 개방체계로 가정된다. 마지막으로 관리과학은 가장 관리적 속성이 강한 것으로,

마치 엔지니어의 몰가치적 관점과 같은 수준이라고 보면 적절할 것이다.[2)]

4. 조사 및 분석방법론

본 연구는 관리론에 관한 위와 같은 범위 내에서 첫째, 시의성과 특수성을 연결하여 평가한다. 시의성을 통하여 관리론이 행정환경의 변화와 수요에 시대별로 어떻게 대응해 왔는지 알아보고, 이 시대별 대응과정들을 포괄하여 설명할 수 있는 한국에 특수한 모형은 무엇인지 특수성을 조명해 본다. 즉 환경적 결정요인과 관리론 연구내용 간의 정합성에 주목하는 것이다. 둘째, 산출물로서 관리론 내용의 적실성과 창의성을 연결하여 평가한다. 적실성 평가를 위하여 한국적 문제들이 한국적 상황에 맞게 정확히 다루어져 왔는지 기본적 전제(효율성 이슈), 패러다임(기능주의 이슈), 방법론(실증주의 이슈) 별로 알아본다. 이 중 패러다임이 개념상 '시대를 지배하는 사고의 틀'로서 파괴되기 쉽지 않고 이로부터 이론의 기본적 전제와 방법론도 파생되므로 창의성 판단의 기준으로 삼는다. 즉 전통적인 관리패러다임의 성격인 기능주의(통제/객관주의)로부터 탈피하였는지 살펴봄으로써 창의성을 평가하는 것이다.

한국 행정학 60년간 관리론의 역사를 분석하기 위하여 우선 검색 키워드가 필요하다. 관리론의 기본 계보는 과학적 관리론→행정관리론→신공공관리론이며, 다소 독자적인 흐름으로 관리과학이 있다. 따라서 이 네 가지 영역 내에서 선정하되, 이 계보를 비판의 대상으로 하여 발전해 온 관료제론 그리고 공-사행정이원론 계통의 논문까지 포함하여 선정하였다.

우선 1960년대 「한국행정학보」 1호부터 2016년 현재까지 게재된 문헌들의 제목과 요약본을 일일이 검토해 보면서 위 범위와 관련된 것을 추려 53편을 분석하였다. 그리고 다른 학술지들은 종류가 워낙 많아서 DB 검색방식을 채택하였다. 연구재단 등재지 이상의 행정학 논문들의 대부분이 실려 있는 학술데이터베이스인 DBPIA와 KISS에 '관리(론),' '행정관리(론),' '공공관리(론),' '신공공관리(론),' '신관리주의' '관료제(론),' '관리과학' 등의 키워드를 사용하여 검색하였다. 그 결과, 「한국행정연구」 11편, 「정부학연구」 5편, 「행정논총」 5편, 「한국행정논집」 1편, 「한국사회와 행정연구」 1편 「한국정책학회보」 1편이 선정되었고, 저서 5권도 포함시켰다. 그런 다음 위 저

1) 마이어(Meier, 2010)에 따르면 행정관리론자 Gulick이 사실 거버넌스와 민주성도 중요시하였다고 주장하고 있어 완전히 폐쇄적이지는 않은 것으로 해석하고 있다.

2) 관리과학이란, 수학과 컴퓨터를 이용해 최적해(最適解)를 조직이 당면하는 문제의 해결책으로 찾으려 하는 처방적 접근방법(prescriptive approach)을 말한다. 여기에는 강조선형계획(線形計劃, linear programming), 게임이론(game theory), 대기행렬이론(待機行列理論, queuing theory), 통계적 의사결정이론, 체제분석, OR, 시뮬레이션(simulation), 몬테카를로 기법(Monte Carlo techniques) 등이 속한다 (이종수, 2009: 85).

널을 대상으로 구체적인 신공공관리적 기법과 관련된 키워드인 'TQM,' 'BPR,' 'BSC,' '성과관리,' '책임운영기관' 등을 검색하였다. 「한국행정학보」를 제외하고 73편이 선정되었고, 이 중 성과관리가 25편, 책임운영기관이 27편으로 비교적 많았다.

Ⅲ. 관리론의 역사적 흐름

1. 탄생기: 발전관료제의 도구로서의 관리(1960년대 후반~1980년대 전반)

발전연대의 정권이나 실무자의 관점에서 관리를 가장 잘 표현한 말은 관리야말로 "최소의 노력과 경비로서 최대의 근대화효과"를 볼 수 있는 방법이라는 언급일 것이다 (김태극, 1967: 187). 그러나 선구적 학자들은 '근대화'를 위해 기여하는 관리관점의 폐쇄성에 대해 마냥 긍정적이지는 않았다.

이한빈은 발전행정론과 실무현장의 경계에 서 있던 대표적 학자로서, 1967년에 발표한 'POSDCORB'의 재음미: 발전행정의 입장에서'라는 논문을 통하여 폐쇄적인 관리론만으로는 국가발전을 이룰 수 없다고 하였다. '창의와 쇄신의 요소를 POSDCORB의 제기능에 불어 넣은 입장'에서 행정을 생각해야 한다고 주장하였다. 정인흥(1969)도 정치는 주어진 것이고 그 수단으로서 행정을 연구대상으로 삼는 경향을 비판한다. 관리과학을 도입한 행정학의 몰가치성보다는 행정의 정치나 사회와의 현실적 관계에 초점이 옮겨가야 한다고 역설한다. 윤재풍(1969) 역시 사회 환경으로부터 격리되어 루틴에 의존하는 베버의 관료제모형이 갖는 관리적 기능은, 당시 한국과 같이 발전이 시급한 국가에게는 적합하지 않다고 하면서 '문화이식적 체제'를 경계하였다. 그리고 카플란(Kaplan)이 제안한 '발전관료제'를 인용하면서, 기계적 능률이 아닌 사회적 능률을 지향하여 새로운 변화를 창조하면서 사회를 발전시키는 한국적 모형을 제안하였다.

위와 같이 발전, 창조, 개방에 대한 역설에도 불구하고 1979년에 김광웅이 실시한 교과서 분석에 따르면, POSDCORB는 여전히 지배적 지위를 점하고 있었다. 그는 로커스(locus)가 중요하므로 발전시대에 맞는 POSDCORB가 필요하며, 좋은 사례로 박동서의 한국행정론(서울: 법문사, 1979)을 들면서, 이 책은 과거의 "행정=(법의)집행=POSDCORB"을 "행정=법령제정(정책결정)+집행"으로 대체하고 있다고 논평한다.

초기의 한국행정학보를 살펴보면, 행정학 교육과정에 관한 논의가 빈번한데, 여기서도 POSDCORB 중심의 관리가 비판의 주요대상이 되고 있다. 행정학 교육이 행정환경의 변화에 무감한 채, 정부의 기능적 합리성과 능률성의 향상에 공헌하는 인간을 양성하는 데에 주로 몰두해 왔다는 비판이다.

1971년 김영훈은 행정학 교육이 POSDCORB적인 기술로서의 성격을 벗어나지 못하고 있다고 하면서, 현대행정이 요구하는 정책적 측면과 성과지향적 특성을 살리기 위하여 분석과 예측을 가능하게 하는 교육이 필요하다고 하였다. 1980년대에 이르러 윤재풍(1987)도 관리 분야가 1960년대 전기 50.0%에서 지속적으로 감소하여 1980년대 후기에는 24.0%에 이르렀지만 시종 가장 큰 비중을 차지하였다고 한다(78~79). 그는 60년대의 폐쇄적인 POSDCORB 중심의 체계를 유지하면서도 새로운 기능주의적 개념과 이론들을 여기저기에 첨부해 나가다가 결국 방만함과 무질서가 한계에 도달한 것이라고 혹평한다(97). 이종범 외(1990) 또한 조직, 인사, 재무행정의 분야가 가장 많이, 그것도 필수로 개설되고 있으며, 이들은 행정체제를 개방체제가 아닌 폐쇄체제로 이해하고 있어 무엇을 위한, 무엇에 의한 행정관리인가에 대한 인식이 결여되어 있다고 비판한다.[3]

한편에서는 POSDCORB 이상의 관리기법을 찾는 노력이 있었다. 윤우곤(1974)은 행정의 과학화에 관한 세미나에서 운영연구(OR), 시스템분석(system analysis), 조직발전(OD)을 소개하면서 과학적 행정을 통한 능률과 절약의 운동이 필요하다고 주장한다. 그는 한국에서 행정과학화가 답보상태에 있는 이유는 경제적, 기술적 역량이 미치지 못한 점도 있지만 주로 비과학적이고 적당주의에 물든 한국 관료의 사고방식과 태도에 근본적 원인이 있다고 하면서 관료제를 중심에 세운다. 또한 저자는 이 세미나에서 관리의 중심에 조직론이 있어야 한다는 주장으로 반향을 일으켰는데, POSDCORB가 곧 관리의 핵심으로 이해되던 당시에는 그 주장이 궤도를 크게 벗어난 것이라고 보기도 어려울 것이다.

이러한 조직론 중심의 관리에 대한 이해를 잘 표현한 것 중 하나가 1970년에 발간된 박연호의 교과서 「신행정관리론」이다. 그는 POSDCORB에 속하는 8개 관리활동을 체계적인 관계로 기술하고 있다. 행정관리를 통합적 관리와 요소별 관리로 나

3) 박사학위 논문의 경향을 보면 신진학자들이 장래 이끌 학계의 방향성이 보인다. 이영균(1994)은 1974년에서 1994년 사이의 박사학위논문을 분석하였는데, 행정관리(행정관리, 관리과학 및 기법), 인사, 재무, 정부론(정부 및 조직행태, 정부간 관계, 행정규제), 정책학(기획론, 의사결정, 공공선택론, 집행), 행정학일반(행정학 교육, 학자, 행정윤리 및 철학)으로 분류하여 이미 행정관리를 인사, 재무와 분리하였다. 그 결과, 위 기간 동안 정책학 논문이 총 33.6%(114편)로 가장 큰 [illegible]을 차지하였다고 보고하고 있다. 행정관리는 6.2%(21편)에 불과하고, 설령 인사와 재무와 [illegible]진다고 하더라도 29.8%(101편)로 정책학에 뒤지는 것으로 나타났다. 따라서 교과목 경향과[illegible] 다르게, 신진학자들은 이미 관리보다는 정책에 좀 더 높은 관심도를 보인 것으로 나타나고 [illegible].

들, 그리고 조직문화를 유형화하거나 조직문화와 조직효과성과의 관계에 관한 실증연구들(예로, 김근세 · 이경호(2005))이 발표되었다.

2) 반(反)관리론적 비판의 등장

(1) 관료제와의 충돌에 관한 연구

IMF체제 초기에는 신공공관리 개혁에 대한 해외사례로부터의 교훈과 이론적 비판이 주를 이루었는데, 특히 한국관료제 전통과의 충돌에 우려가 깊다. 관료제를 약화시킬 것이라는 주장 중에는 '작은 정부'운동이 공직사회의 사기저하와 전문성약화를 초래할 것이라는 주장(정정길, 2000), 각국의 신공공관리모형의 정체를 분석해보면 그것이 단지 문화적 산물 혹은 정치적 수사에 불과하다는 주장(임도빈, 2000), 효율성 위주의 기업적 기풍이 책임성 위주의 관료적 기풍을 침해할 것이라는 주장이 있었다 (한인섭, 2004).

반면, 한국적 맥락에서는 관료제의 권한을 오히려 강화시킬 수 있다는 주장도 있다. 뉴질랜드와 아일랜드의 사례비교를 바탕으로 '경제관료적 엘리트주의'가 심화되고 중앙의 재정부담이 지방정부로 전가될 것이라는 우려가 있다 (김정렬, 2000). 또 한국이 자유주의 토대가 약하고 발전국가적 속성에서도 근본적으로 탈피하지도 못하였기 때문에 관리지향적 개혁의 추진이 오히려 관료주의적 권한을 팽창시킬 것이라는 주장(배용수, 2000)도 있었다.

실제로 지방자치단체의 현장에서 개혁의 효과는 그리 높지 않음이 실증적으로 입증되었다 (김태룡, 2000; 허철행 2002). 급기야 행정학의 위기를 신공공관리론에 귀결시키는 지경에까지 이른다 (김정렬 · 한인섭, 2003).

다만, 대부분의 입장과 다르게 공-사 동질성을 강조하면서 행정학이 신공공관리론에 신속히 적응할 것을 피력하는 독특한 주장도 있다. 윤우곤(1998)은 '행정'은 일반적 현상이고 그 하위개념의 특수형태가 공행정과 경영이라고 하면서, 공-사 경계가 점점 희미해지고 있는 상황에서 차라리 공행정이 경영과 공통분모인 관리영역을 발전시켜서 경영을 압도하고 행정의 위치로 등극해야 한다고 주장한다.

(2) 관료제 다시보기 운동

관료제를 다시 보려는 경향은 관료제의 정당성을 강조하는 관점에서 시작되는데, 사실 신공공관리적 정부개혁 훨씬 이전에도 있었다. 탈관료제모형의 한계에 따른 베버관료제의 필연성을 주장하는 연구(조선일, 1989), 혹은 한국의 정부관료제를 변론하는 논문(박경효, 1992)이 포함된다. 이들은 관료제가 부정적인 측면만 있는 것이 아니라 긍정적인 측면도 다분하며, 특히 문제의 원인이 관료제 자체가 아닌 경우가 많다고 주장한다. 관료제를 비판하고 있던 당시로서는 꽤 도전적인 시도로 보인다.

'관료제 다시 보기' 운동은 신공공관리론 비판이 진화한 결과이다. 우선 관료제의 본질에 관한 논의로서, 관료제는 조직이론의 한 꼭지가 아니라 인간의 실존에 필요한 조건이라면서 행정철학으로 재구성될 수 있음을 피력한 논문(임의영, 2005), 베버가 이념형을 창안하게 된 특유의 방법론에 관한 논문(우홍준, 2008), 관료제 이념형 구성의 기본단위인 '공직'개념에 관한 원전의 해석(윤견수, 2011)이 포함된다. 관료의 재량과 이익추구에 대한 선별적 허용과 통제의 당위성도 논의되었다 (박천오 · 주재현, 2005).

또한 다양한 한국적 관료제모형이 제안되는데 대체로 정치의 관료제 통제를 극복하기 위한 모형임에 주목할 필요가 있다. 일찍이 정승건(1994)은 한국에서 행정개혁이란, '정치권력의 관료제의존성과 관료제의 정치권력에 대한 자율성이 맞물리면서 전자가 후자를 통제하기' 위한 것이었다고 주장한바 있다. 유사한 묘사가 다음과 같이 신공공관리론의 비판을 토대로 하는 관료제모형 관련논문들에 묻어나오기 시작하였다.

우선 안병영 · 정무권(2007)은 행정과 정치의 접점에 초점을 맞춘다. 신공공관리론이 정착되기 위해서는 관료제를 통하여 도모되는 '행정적 민주주의'와 정치권력을 통하여 도모되는 정치적 민주주의 간의 갈등조정이 전제되어야 한다. 이 조정과정이 서구 역사에서는 존재하였지만, 우리의 경우 그렇지 않기 때문에 정치권력이 전문관료제에 대한 통제의 해법으로서 신공공관리론을 활용할 가능성이 다분하다는 것이다. 같은 맥락에서 임도빈(2007, 2010)도 정치권으로부터 확대 보장된 관료적 자율권의 토대 위에 한국문화에 맞는 사기진작책이 보장된 자율적 관료모형, 'K관료제'를 제안한다.

박종민 · 윤견수(2015)는 '신베버 관료모형'을 제시하는데, 이는 안전성과 보편성을 본질로 하는 '전통적 직업관료'를 중심으로, 한편으로는 성과와 전문성을 갖춘 '시장주의적 전문관료'와 다른 한편으로는 대표성과 책무성을 갖춘 '정치관료'가 가미된 융합모형이다. 그 밖에 호네스(A. Honneth)의 감정이입형 관료제(이문수, 2012), 왈도(D. Waldo)의 민주형 관료제(임의영, 2012), 윌슨(J. Wilson)의 느슨한 관료제(이창길, 2012) 등이 제시되었다.

3) 방법론으로서의 선형계획의 등장

이 시기 선형계획은 행정학자들이 즐겨 쓰는 대표적 관리과학의 기법으로 자리

잡는다. 단순 선형계획으로 조직여유자원의 분석, 인력배분 등 관리 분야에 적용되었음은 물론, 자료포락분석(DEA: Data Envelopment Analysis)이라는 선형계획법이 소개되었다. 예를 들어 윤경준(1998)은 경찰조직의 효율성을 측정하는데 있어 DEA와 확률전선회귀분석(Stochastic Frontier Regression)을 활용하여 그 측정치를 비교함으로써 서로 보완대체가 가능함을 확인하였다.

2000년대부터는 DEA의 인기가 특히 소장행정학자들 사이에 높아져, 효율성측정기법으로서 각종 공공서비스, 정부사업, 정부제도 등의 효율성 측정에 널리 쓰여 왔다 (예로, 임동진 · 김상호, 2000). 특히 공기업과 공공기관이 분석의 대상으로 자주 등장하는데, 이는 계량화에 비교적 장애가 적고 공공성만큼 효율성이 중요시되는 조직들이기 때문인 것으로 추정된다. 특히 유금록은 자료포락분석(2014) 외에도 다양한 생산성 측정모형을 활용함으로써 관리과학에 기여했는바, 행정학계에서는 보기 드물게 언어보다는 수식을 주로 사용하여 견해를 피력하였다.

5. 관리패러다임은 다시 침체기에 들어갔나?

신공공관리론 혹은 관련 제도를 주제로 하는 논문은 2000년에서 2006년 사이에 '쏟아져' 나왔으나 2006년을 지나면서는 눈에 띄게 감소하기 시작한다. 그 이유는 IMF 체제를 벗어나면서부터 열기가 식었을 뿐만 아니라, 이미 행정현장이 관리패러다임으로 전환하여 적응단계에 이르렀기 때문일 수도 있다. 2008년 미국 금융위기를 계기로 신자유주의에 대한 일반대중의 적개심이 이미 팽배해져서 문제제기의 필요성이나 여지가 좁아졌기 때문일 수도 있다.

갈수록 관리에 대한 상대적 관심도가 줄어드는 현상은 분석대상인 논문의 주제를 보면 쉽게 알 수 있다. 2006년을 기점으로 미시적 수준의 관리보다는 점점 거시적 수준의 정책에 관심이 높아져 가고 있는데, 그것도 국가 내지 국제 수준으로 분석수준이 상당히 상향조정되었음을 알 수 있다. 여기에는 다양한 정책분야의 심층적 분석은 물론 국제문제(특히 해외원조), 해외행정사례, 비교발전행정, 국가론 등이 포함된다. 게다가 예전에는 행정학에서 주변 영역으로 여겨지던 주제들이 전면으로 등장하여 다양성을 한껏 고조시키고 있다. 여기에는 재난관리(특히 관료제의 병폐에 연루된 것), 행정사, 행정윤리, 공공기관 등이 포함된다.

그러나 이 경향을 사상 혹은 관점으로서의 관리주의 쇠퇴로 인지하면 오산이다. 관리패러다임의 특징인 통제, 효율, 결과, 객관주의 등은 여전히 팽창하고 있다. 이제 관리패러다임은 POSDCORB처럼 폐쇄체제를 가정하지 않고 신공공관리론의 연장선상에서 국가단위를 뛰어넘어 글로벌단위까지 그 분석단위를 상향시켜 나가고 있다. 예를 들어 현재 많이 배출되고 있는 해외원조에 관한 연구들도 초기에는 인도적 차원에 초점을 맞추었으나 원조의 효과가 명확히 확인되지 않으면서 관리적 차원으로 초점이 옮겨가고 있다. 재난관리, 공공기관 등에서 효율성이 공공성과 균형을 이루어야 함은 당연하다. 방법론으로는 객관성과 과학성을 향한 쉼 없는 전진이 이어지고 있다.

Ⅳ. 관리패러다임의 결정요인: 시의성과 특수성 평가

1. 환경변화와 정권수요에 대한 시의성

위와 같이 시대적 변천사를 고찰해 보았을 때, 한국 관리론은 환경변화와 정권수요에 대응하면서 비교적 높은 시의성을 보였다. <표 1>은 관료제연구와 관리연구 간의 시기별 관계 변화를 보여주고 있는데, 환경변화와 정권의 행정수요가 영향을 미치는 주요 요인으로 나타나 있다.

〈표 1〉 시기별 관리론의 결정요인

시기구분	환경변화	정권의 행정 수요	관료제론의 주요내용	관리론의 주요내용
탄생기 (60년대 후반~ 80년대 전반)	관료 주도의 경제발전	국가발전에 대한 관리의 기여	· 발전관료제	· POSDCORB의 주류화 · 관리를 전행정의 도구로서 모색 · 관리과학의 소개
침체기 (80년대 후반~ 90년대 전반)	민주화, 지방자치, 복지, 갈등관리에 대한 수요	미약함	· 도구적 중립형/체제유지형 관료제 비판 · 민주·복지 관료제 요청	· 정보관리 · 게임이론
부활기 (90년대 중반~ 98년 IMF체제 직전)	영미국가의 신공공관리 개혁 도입	미약함	· 도구적 중립형 관료제를 비판하는 실증분석	· 신공공관리론의 소개
전성기 (IMF체제~ 2000년대 중반)	신공공관리 개혁의 국내 도입	행정개혁에 대한 관리의 기여	· 관리와 관료제 간 충돌 · 관료제 다시보기	· 유행성 관리기법 · 성과관리제도 · 책임운영기관 · 선형계획기법

한국관리론의 탄생기는 관료주도로 경제발전이 이루어졌던 60년대부터 80년대

전반까지의 시대적 상황과 정권의 요청을 적절히 반영하였다. 행정학 자체가 POSDCORB에 의해 지배되던 이 시기에, '절약과 능률'의 관리 자체만으로는 국가발전을 담보해 주지 못하므로 발전행정의 맥락 속에서 의미를 찾아야 한다는 주장이 제기되었다. 관리과학도 쉽게 해설되어 관료들의 접근가능성을 높여야 한다면서 소개되었다.

관리론은 발전연대에 크게 기여하고는 그 시기가 저물어가던 약 15년 만에 동반하여 침체기에 접어든다. 80년대 후반부터 한국 사회에서는 민주화, 지방자치, 복지, 갈등관리 등에 대한 수요가 폭증하기 시작했지만, 조직을 여전히 폐쇄체계로 가정하던 관리론은 산적한 사회이슈들에 대응하기에는 역부족인 것으로 인지되었다. 이 상황은 마치 미국 70년대에 신행정학이 행태론의 폐쇄적인 관점에 반기를 들고 사회문제 해결에 뛰어들던 상황과 다를 바 없다. 그동안 발전연대를 거치면서 변화 주도적이었던 관료제가, 발전연대가 마감하면서 이제는 도구적 중립성을 바탕으로 하는 체제유지적 속성으로 제도화의 길을 걷고 있다는 경계의 시선이 학계에서 쏟아졌다. 발전주의 관료제에서 민주·복지 관료제로 재무장해야 한다는 주장도 이 맥락에서 비롯되었다. 한편, 소외되어 있던 관리론은 정보관리와 게임이론 등의 소개로 그나마 명맥을 유지할 뿐이었다.

90년대 중반에서 IMF 체제 직전에 걸쳐있는 부활기에는 그늘에 가려져 있던 관리주의가 다시 빛을 보기 시작하던 시기였다. 이미 1980년경부터 영미국가에서는 시장주의 개혁이 추진되었고, 미국에서는 1993년 진보성향의 정권으로 교체되었음에도 불구하고 계속하여 신관리주의 개혁이 이어지면서, 외국학계에서도 신공공관리론을 중심으로 한 논쟁이 뜨거웠다. 이 일련의 사태를 목격하면서 한국 행정학자들도 문제의 심각성을 감지하기 시작했을 것이다. 급기야 신공공관리론의 개념과 그 개혁의 해외사례를 소개하는 노력이 시작되었지만 그 절박함과 시급함이 부족하였다. 여전히 한국 사회는 민주화 등 산적한 이슈들과 더불어 관료제의 민주화를 논의하는데 급급했고, 그러한 소개를 통하여 '미국에서 뜨는 분야' 정도로 간과할 뿐이었다.

사실 행정학자들이 외환고갈의 문제 자체를 단상에 올려놓기는 어려웠겠지만, 적어도 행정에 대한 신자유주의의 파괴력과 관료제의 대응역량에 대해서는 보다 폭넓고 심도 있는 논의가 있었어야 했다. 다시 말해 다음 네 가지 질문을 던져본다. 신자유주의가 관료제를 무너뜨리고 새로운 정부모형을 창조할 정도의 위력을 가졌다는 사실에 대해 좀 더 강력히 경고할 수는 없었을까? 한국 관료제가 '성공의 신화'에 도취되어 역동성과 환경 대응능력을 잃은 사실이 단순한 규범적 문제를 뛰어넘어 국가의 안위와 직결될 수 있다는 사실로 담론의 주제가 될 수는 없었을까? 신공공관리론이 단지 앵글로색슨 문화권의 지엽적 현상이 아니라 우리에게도 충분히 일어날 수 있는 현상이고 우리에게 선택의 여지가 없을 수도 있다는 사실이 이슈화될 수는 없었을까? 신공공관리론의 충격은 같은 관리론이지만 과거 POSDCORB의 영향과는 성격이나 영향력 면에서 많이 다르다는 점에 주목할 수는 없었을까?

행정학 초기에 정권의 요청에 의해 꽃피었던 관리론이 다시 한 번 요청을 받고 꽃을 피울 전기를 맞게 된다. 그러나 탄생기의 관리론은 행정에 종속된 수단이었지만 전성기를 맞이한 관리론은 더 이상 그렇지 않았다. 행정을 압도하는, 심지어 대체하려는 위협적인 존재로 성장해 있었다. 또 탄생기의 관리론은 한국이 필요에 의해서 도입했지만 전성기의 관리론은 IMF에 의한 외압으로 도입된 측면도 강하다.

이런 연유로 관리주의 계통의 많은 연구들이 제도상의 혹은 운영상의 문제점들을 목격하게 되었다. 실제 도입되었던 다양한 신공공관리 개혁제도들이 그리 빛을 보지 못하고 유행처럼 사라져 갔다. 그나마 지속성을 보인 성과관리제도는 강한 관료제 문화와는 좀처럼 어울리지 못하였고, 책임운영기관은 제도운영이 미숙하거나 자율성을 상실해 갔다. 그러나 위와 같은 목격담들은 더 나은 관리를 지향하는 관리패러다임 우산 아래에 여전히 남아있다.

이에 반하여 관리론의 근본가정, 방법론 등 패러다임적 한계를 지적하는 비판세력이 등장한다. 그동안 발전주의 관료제, 민주·복지 관료제 모형에 이어 새로운 한국적 모형이 개발되지 못한 채, 도구적 중립형/현상유지형 관료제로 주로 비판만 받아 오던 관료제가, 아이러니하게 반대쪽에 서 있는 관리주의의 부활과 함께 다시 한번 기대를 받게 된다. 한동안 나온 연구들은 관리주의 개혁이 관료제와 충돌하는 모습을 조명함으로써 한국적 맥락에서 그 개혁의 적실성에 의문을 던졌다. 하지만 관료제를 다시 보자는 연구들이 등장하여 신공공관리의 원리나 가정 자체를 공격하기 시작하였다. 이들은 앞서 [그림 1]에서 나타난 관료제의 영역 중 통제－효율 영역을 제외하고 주로 민주－규범 영역을 부각시킴으로써 관리패러다임에 대적하였다.

2. 민주－규범지향 관료제론과의 패러다임 경쟁의 특수성

위의 시기별 관리론의 주요내용 변화를 종합하여 [그림 2]는 한국행정학에서 관리패러다임이 형성되기 위한 전제조건과 과정을 보여준다. 글로벌 환경, 국가적 현안, 관료제 모형, 그리고 민주－규범적 행정론 중 어느 한 조건이라도 빠지면 효율－통제를 속성으로 하는 관리패러다임은 부활하기 어렵다. 특히 한국행정학 60년 동안 진행된 관리론의 흐름을 관료제 연구와 별도로 생각하기 매우 어렵다는 점은 서구국가들과는 차별화되는 독특한 특성임에 틀림없을 것이다. 국가와 사회 발전의 전과정에는 시종일관 관료제가 중심에 서 있었다.

첫째, 글로벌 환경변화는 국가적 현안을 불러일으킬 정도로 충분해야 한다. 탄생기(60년대 후반~80년대 전반)와 전성기(IMF 체제~2000년대)에는 각각 냉전과 신자유주의라는 환경변화가 있었고 경제발전과 외환위기 극복이라는 국가적 최대 현안으로 받아들여졌다. 둘째, 국가적 현안을 해결하기 위해 새로운 관료제 모형의 구상에 대한 절박감이 있어야 한다. 탄생기에는 경제발전을 위한 발전주의 관료제가, 전성기에는 신공공관리 개혁을 위한 탈 관료제 혹은 시장주의 관료제가 탄생하였다. 셋째, 선정된 관료제 모형에 따라 민주-규범적 행정패러다임과 관리패러다임 중 어느 하나가 주류로 등극하게 된다. 탄생기와 전성기는 모두 관리패러다임이 선택되었다. 반면, 관리패러다임의 침체기에는 민주성과 정의 관련이슈를 중심으로 신행정학과 정책학이 주류를 이루었다.

[그림 2] 관리패러다임의 결정요인에 관한 한국적 모형

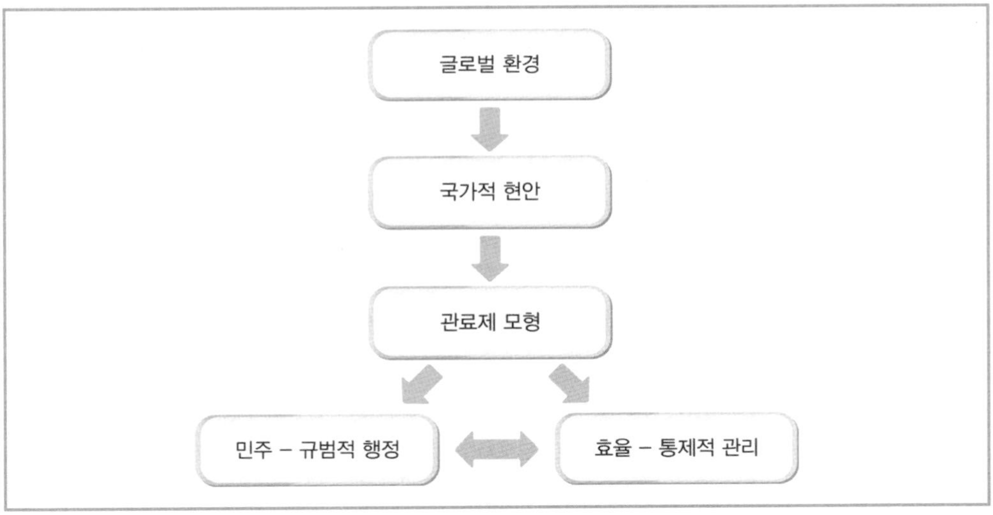

[그림 2]의 모형에서는 보편성도 찾을 수도 있다. 정권의 개혁수요에 상당히 좌우되는 '관리의 유행성 경향(managerial faddism)'이 한국만의 모습은 아니라는 점이다 (Henry, 2001: 146). 미국의 경우도 1890년대에서 1920년대에 걸친 진보주의시대에는 과학적 관리법과 POSDCORB가, 그리고 1980년대 이후의 신자유주의시대에는 신공공관리론이 각각 행정개혁의 이론적 초석으로서 크게 유행했다. 그러나 1950년대 말에서 1980년대 중반까지는 관리론 연구의 비중이 미국의 대표적 행정학 저널

인 *Public Administration Review* 뿐만 아니라 행정학 교과서에서도 점점 줄어들었다. 이 기간 동안 아이러니하게도 실무현장에서는 관리가 조용히 행정의 핵심부분으로 유지되고 있어서 실무와 이론 간의 괴리가 가장 크게 나타났다 (Frederickson, 2012: 105).

그러나 [그림 2]에서처럼 관리론이 민주-규범지향의 관료제론과의 패러다임 경쟁 속에서 성장하였다는 한국적 특수성은 분명하다. [그림 1]에서처럼 관료제는 효율-통제와 민주-규범의 이면성을 가졌는데 실무현장에서는 전자가 강조되었을지언정 학계에서는 후자가 강조되었다. 즉 관료제 연구는 효율-통제지향의 관리론에 맞서 민주-규범지향의 행정을 보호하기 위한 방패와도 같은 역할을 했다.

미국에서도 '관료제의 정당성 찾기' 운동은 있었다. 1980년부터 일기 시작한 신공공관리가 공직사회 곳곳에 침투하면서 공공성의 뿌리부터 흔들기 시작하는 위기상황에 대응하여 블랙스버그선언(Blacksburg Manifesto) 같은 조직화된 학파의 노력도 등장하였다 (Wamsley, 1990; Goodsell, 1992; 김동원, 2008). 그러나 민주성과 규범을 강조하는 행정학의 역사는 오래 되었지만 이를 관료제로 옷 입히는 작업은 1980년대에 이르러서야 조직화되었고 그것도 비주류로 남게 되었다. 이에 비하면 한국의 관료제론의 역할은 <표 1>에서 보는 바와 같이 초기부터 관리패러다임에 대한 비판세력으로 자리 잡아왔다. 특히 관리론의 침체기인 80년대 후반부터 90년대 전반까지는 오히려 패러다임을 주도하기도 하였다.

Ⅴ. 관리패러다임의 결과: 적실성과 창의성 비판

강신택(2013: 83)은 행정학의 한국적 적실성을 따지기 위해서는 이론마다 "기본적 전제, 방법론, 패러다임, 이론체계, 주제, 그리고 자료" 등을 중심으로 무엇이 실제로 우리의 현실에 어떻게 맞지 않는지를 철저히 따져야 한다고 하였다. 아래에서는 통제-효율 관리패러다임의 결과로서 그 적실성과 창의성을 논평하기 위하여 기본전제, 방법론, 패러다임 별로 분설하고자 한다.

1. 행정의 기본전제는 관리적 효율성만이라는 오류

우선 한국 관리론의 기본적 전제가 무엇인지 그 뿌리부터 살펴본다. 지금의 관점에서 본다면 POSDCORB로 시작된 초기의 관리론은 행정의 규범적 방향성을 자못 위태롭게 하였다. 즉, '정치는 비효율적'이고 '행정은 효율적'이라는 한국적 신화 창조의 발단이 된 것이다. '행정은 비효율적'이라는 미국적 신화에 대비한다면, 위의 한국적 신화가 행정학을 팽창시킨 토대가 된 것은 사실이지만 바른 방향으로 이끌었다고 볼 수는 없다.

그 신화창조의 주역은 사실 역대 정권이었다. 위정자들은 정책과정에 자신들이 개입하는 것은 비효율성을 창출한다고 선언해버린 후, 그 과정의 핵심적인 요소인 국민적 합의 도출을 주도해야 하는 책임으로부터 회피하기에 급급하였다. 그리고 행정에게 상당한 권한과 책임을 위임했는데, 그 유일한 명분은 행정이 훨씬 더 '효율적'이기 때문이라는 것이었다. 이 단서 때문에 행정은 '효율적'이기만 하면 되는 것이지 그 이상의 규범적인 역할, 즉 −위정자 자신들이 회피했던− 민주적 정치과정을 형성하는 작업을 보완하는 역할을 요청하지 않았다. 서구사회의 행정국가가 민주적 가치의 토대 위에 효율성을 추구하였다는 점과 비교하면, 그 토대 없이 관리적 효율성에만 매몰된 행정 우위의 한국적 정치−행정 관계는 특이한 모습이 아닐 수 없다. 행정은 어느덧 정치와의 관계에서 '행정 우위적' 지위에 등극하게 되지만, 효율성만이 그 지위를 지킬 수 있는 명분이라고 믿는 신화의 틀에 스스로를 감금해 버렸다.

적실성을 잃은 '한국적 모델'은 앞서 <표 1>의 학계의 변천사에서도 나타난다. 민주화 물결과 민주·복지 관료제가 학계를 지배했던 관리론의 침체기 약 10년을 제외하면 국정운영의 민주성보다는 관리적 효율성이 행정을 지배하였다. 60년대에 이한빈, 정인홍 등 1세대 학자들의 경고가 있었음에도 불구하고 관리론의 탄생기인 발전연대 내내 탈민주성의 오류들이 '발전의 관리'를 위해서 합리화되었다. 이 사실상의 정권종속적 뿌리는 얼마 되지 않아 전성기인 신공공관리론 시대에 부활하였다.

이는 학계에서 두 가지 모습으로 전개된다. 첫째, 진정한 행정의 모습은 잘 보이지 않는 '관리적 관료국가'가 우리의 지향점이 되어가고 있다. 즉 '덩치만 크고, 머리만 크지만 영혼 없는 존재'를 관료제의 모습으로 구상하고 있는 것이다. 둘째, 민주적 정치과정은 정치도, 행정도 아무도 돌보지 않는 '공유지의 비극'의 장이 되었다는 점에 무관심해져 가고 있다. 우리가 행정을 연구하고 있다고는 하지만 실제로는 (경영)관리를 연구하고 있는 것일지도 모른다. 결국 다른 학문에 비해 행정학은 '체제비판적 속성'이 약한 상태로 살아남았다 (정용덕, 1996).

2. 실증분석의 피상적 묘사에서 비롯된 적실성과 창의성의 한계

<표 1>의 전성기, 즉 IMF 체제 이후 등장한 개혁제도의 개선에 관한 연구들을 그 이전 연구들과 비교하면 객관성과 과학성 면에서 큰 발전이 있었다. 단, 한국적 맥락을 고려하고 있는가, 또 창의적인 대안을 제시하고 있는가 보면, 그렇지 않은

경우가 대다수이다. 문제의 씨앗은 실증분석에 과도하게 치우쳐 있는 방법론에 있다. 가설수립을 위해 선택되는 독립변수들이 외국문헌 혹은 외국문헌을 인용한 한국문헌에서 비롯되는 경우가 많다. 결국 외국이론을 한국에서 연역적으로 검증하는 것일 뿐, 우리 자신의 문제에 대해 제대로 된 설명이나 해법은 찾아보기 어렵다.

많은 관리주의적 연구들에서 관리제도의 운영방식에 영향을 미칠 수도 있는 문화적 측면 등을 가볍게 다루고 있어 한국적 맥락에 대한 심층적인 분석을 찾아보기 어렵다. 심지어 제도에 대한 공무원들의 행태적·심리적 대응이나 대응적 전략 같은 행태·인식 연구에조차도 —근거이론을 활용한 극히 예외적 사례를 제외하고는(한승주, 2003)— 대부분 설문조사를 통한 실증분석에 의지하고 있다. 조사대상이 한국 공무원들의 행태나 심리라고 하더라도, 외국태생의 변수들이 무의식적으로 남용되고 있어 그것은 한국적 특수성을 가장한 또 하나의 외국이론의 검증작업이라고 볼 수 밖에 없다.

즉, 설문조사를 통하여 연구대상자들의 선호와 이해관계에 대한 대충의 그림은 드러날 수 있지만, 그들의 사고와 언어가 작동하는 원리의 규명은 관심 밖의 것이다. 관리는 결국 사람들의 생각과 언어를 매개로 작동한다. 결국 현상이 관리의 의도한 바와 다르게 전개된다면 왜 그런지 근본원인을 파헤치고 파헤쳐서 현상의 심연을 탐구하는 자세가 필요하다. 겉으로 관찰되는 현상의 이면에 있는 개념적 현상을 탐구하고 해석하는 작업이 부진한 것이다.

실증분석의 또 다른 면모는 당면한 현실의 문제에 대해 얼마나 도움이 될까 의구심을 가지게 만들 정도의 '상식 수준의 결론'이다 (사공영호, 2016). 예를 들어 기관장의 의지, 예산, 인력 등이 가장 중요하다는 결론들이 많이 보인다. 예산과 인력의 부족을 탓하는 것은 원래 '관리란 제한된 자원으로 시작한다'는 가정을 무색하게 만드는 것이다. 또 기관장이 의지를 가져야 한다지만 어떤 의지를 가지고 어떻게 발휘해야 할지 의지와 그 작용의 개념화 작업이 필요하다. 정성적 분석 등을 가미하여 담론을 더욱 풍부하게 할 필요도 있다. 예를 들어 어떤 경로를 통해 그리고 어떤 조직문화적 맥락 속에서 제도의 실패로 이어지는지 등에 대한 설명은 독자의 공감대를 끌어내는데 더욱 효과적일 것이다.

마지막으로 행정실무자가 쉽게 읽고 같이 고민하면서도 자신의 결정과 행동에 대한 정당성(legitimacy)을 찾을 수 있는 타당한 근원을 제시할 필요가 있다. 관리의 기준을 효율성에만 맞추는 연구결과가 실무에서 참조되거나 반영될 가능성은 그리 높지 않다. 경제성 분석에서조차 숫자가 정치적 도구로 변질되는 현실이다. 항상 다양한 이해관계들이 충돌하는 한 가운데에 서 있으면서, '해도 욕먹고 안 해도 욕먹게 되는' 공직자들은 현장에서 매우 흔하게 접하게 되는 재량판단의 딜레마를 벗어나기 위한 가이드를 절실히 필요로 한다. 이런 점에서 민주적 정치과정을 용이하게 만드는 절차에 관한 연구는 기본이다. 내용면에서는 헌법에 담겨있는 윤리적 가치를 발굴하여 공직자의 재량판단을 위한 기준이나 지혜로 제공할 필요가 있다. 헌법적 정당성이 높다는 것은 곧 한국적 적실성이 높다는 것을 말할 뿐만 아니라, 대한민국 내의 그 어떤 이해집단도 쉽사리 거부할 수 없이 수용성이 높다는 것을 의미한다.

3. 기능주의적 강박관념에 따른 체제이탈적 창의성의 한계

통제－효율 패러다임은 기능주의를 의미하기도 한다. 학계에 기능주의가 만연하여 체제의 안정성에 크게 기여한 나머지, 행정변화를 선도하거나 체제이탈적 창의성을 보여주지 못하였다. 절대 다수의 논문들이 기능주의에 속해 있으므로 이를 탈피하고자 하는 시도 혹은 그것을 제안하는 연구들을 소개함으로써 미래 연구의 이정표를 제시하고자 한다.

첫째, 행정학자들의 마음속에는 도구적 합리성에 몰입하는, 소위 '이성적 인간(Man of Reason)'이 바람직한 공직자상으로 남아있다 (McSwhite, 1997). 즉 '이성적 인간'이 가치중립적 사리판단을 할 수 있도록, 나아가서 그 판단을 통하여 사회갈등의 조정자로서 기여하기를 염원한다. 사실 세상에는 다양한 truth(진리)가 있다. 그러나 학자들은 그 소문자 t를 대문자 T로 변환시켜 Truth(유일한 진리)를 만든 후 이성적 인간이라고 가정되는 공직자들이 보아주기를 바란다 (김동원, 2005). 공익에 기여할 수 있는 다양한 가치와 이해관계의 네트워크가 펼쳐져 있음을 공직자들에게 보여주어야 하는데, 주로 관리주의 시각에 입각한 한 가지 진리만 보여주려다 보니 공직자들은 행정학적 탐구에 실망하게 된다. 무엇이든 관리할 수 있다는 발전연대식의 '자신감'을 주입하기보다는 갈수록 관리 가능한 것들이 줄어가고 있다는 현실을 직시하게 돕는 것이 중요하다. 이는 민주적 정치과정 앞에 겸손하게 진리와 행정가치의 다양한 면모에 대해 고민할 수 있게 지원하는 자극제가 된다.

무엇이든 관리하려는 의지의 가장 전형적인 예가 행정문화와 같이 사실상 통제가 어렵거나 통제를 지양해야 하는 영역조차도 법과 제도를 대하듯이 관리의 대상으로 본다는 점이다. 즉 행정문화는 주로 구성원의 가치관과 태도에 대한 설문조사를 통해 측정되는데 측정의 정확성을 높이기 위해 그 개념을 잘게 나누는 조작화를 시도하게 된다. 이는 행정문화에 대한 '맥락적 이해나 통합적 해석'을 어렵게 만든다. 본질적으로 문화란 조작적 관리의 대상이나 도구이기보다는 맥락적 이해의 대상으로서 '있는 그 모습 그대로' 파악되어야 하는 해석적 패러다임이 요청되며, 이것이 조직

내 협력을 도모하는 원천이 되어야 할 것이다 (김명환, 2007; 윤견수, 2015).

둘째, 권력관계가 몹시 불평등하여 시장논리가 정상적으로 작동할 수 없는 상황, 관리라는 이름으로 은폐되어 있는 지배구조, 그리고 그 블랙박스 속에 만연해 있는 무의식적 병폐를 발굴하고 폭로하려 하는 좀 더 급진적 비판이 필요하다. 이 부류의 역작인 「한국행정조직론」에서 저자인 조석준(1994)은, 책 쓴 목적을 "행정조직간 상호관계를 권력적 측면에서 분석하여 학자나 일반인들에게 한국행정조직의 움직이는 동태를 알리고... 이를 통해 한국 행정조직들 사이의 권력배분관계를 균형화" 하는데 있다고 하였다. 이 취지가 되살아나 관료제의 권력관계를 경험적 측정이 가능하도록 측정모형화한 시도는 매우 고무적이다 (오재록, 2006).

그러한 권력관계에 관한 조명에서도 공직자들을 단지 '마키아벨리식 자아'가 아니라(정성호, 2002) 그 은폐된 지배구조 속에서 고뇌하고 숙고하는 '희생적 자아'로 묘사할 필요가 있다. 공직자는 관리의 주체이기보다는 주로 관리의 대상 ―특히 정치인들에게는― 이라는 점에 착안해야 한다. 모든 관계는 은폐된 권력관계라고 말하는 미셸 푸코의 권력담론의 가정 하에, '의식적 자아'가 '영혼 없는 도구'로 타락하게 되는 위험한 과정을 묘사할 필요가 있다 (김동원, 2005; 조성수, 2010). 예를 들어 지나친 감사와 평가에 대한 공포감이 스스로의 육체를 규율에 길들이게 만드는 무의식적 상황을 묘사하는 것은 좋은 주제가 될 수 있다.

정치인이나 언론이 보편타당한 검증과 깊이 있는 숙고도 없이 '관료때리기(bureaucrat bashing)'를 통하여 자신들의 존재감을 부각시키려는 시도에 편승하는 것은 스스로 행정학을 위기에 모는 셈이다. 우리는 행정현장을 온통 문제투성이로 묘사하면서 학생들에게는 거기에 들어가 인생을 걸어보라고 추천하는 '이율배반성'을 보이기도 하고 온갖 부정적이고 모욕적인 표현으로 '자기 부정적인 학문'임을 자처하는 모습을 보이기도 한다 (황성돈 외, 2006: 356). 이와 같은 부정적 태도는 그 자체가 사실과 부합하지 않음은 물론, 문제해결을 위한 창의성과 문제발굴을 위한 진취성을 저해함으로써 행정을 경직성과 복지부동의 늪에 더욱 깊게 빠뜨리는 결과를 만들어낸다.

Ⅵ. 결 론

이상에서 행정학 60년 동안 한국행정학계에서 이어져 내려온 관리론의 연구경향을 분석하고 비판하면서 향후과제를 도출해 보았다. 관리론의 계보는 과학적 관리―

행정관리－신공공관리 이론으로 이어져 현재 주류를 형성하고 있다. 그러나 한국적 맥락에서는 끝없이 관료제 연구와 충돌하면서 성쇠를 거듭해 왔다. 관료제는 양면성을 가지고 있다. 때로는 효율－통제를 추구하는 관리패러다임으로, 때로는 관리패러다임으로부터 민주－규범 지향의 행정패러다임을 보호하기 위한 '인식론적 방패'로 인용되면서 두 패러다임 사이의 균형자 역할을 하여왔다.

이 결과로서 배출된 관리론의 연구들을 분석해 본 결과, 시의성과 특수성은 비교적 높았지만 이는 한편으로 '정권종속성'의 한 단면을 의미하는 것이다. 게다가 효율성, 기능주의, 실증주의의 굴레에 갇힌 채 '체제비판성'이 약화되어 적실성과 창의성도 그리 높지 못하였다.

신관리주의에 대한 경계심을 늦출 수 없는 이유는 약육강식의 시장논리가 성숙한 민주주의 토양 위에서만 꽃을 피울 수 있다는 여러 선각자들의 주장과 다름없다. 한국과 같이 관료제가 사회의 중심에 서 있는 이상, 관료제모형이 얼마나 민주주의 기풍을 머금고 있는가에 따라 관리패러다임에 대한 사회적·학계적 수용성과 그것의 한국 행정에 대한 향후 기여도가 결정될 것이다. 현재 정체되어 있는 한국적 관료제 모형에 대한 고민을 재개할 시점이다.

어려서부터 쇠사슬에 매여 있던 코끼리는 몇 번의 탈출시도가 실패하고는 성장한 후 쇠사슬이 풀려있어도 탈출할 생각을 하지 않는다고 한다. 한국 행정학도 태생부터 관리론의 쇠사슬에 묶인 채로 시작되어서 새로운 행정패러다임을 향해 탈출을 시도했으나 실패를 경험하였다. 이제 외형은 코끼리처럼 커졌지만 좌절감에 빠져서 '행정의 정당성은 효율성뿐'이라는 신화의 틀에 스스로를 감금해 버렸다. 그러나 행정의 정당성은 민주주의, 헌법, 사회구성원들 간 합의 등 다양한 원천에서 확보될 수 있음을 기억할 필요가 있다. 방법론의 측면에서도 체제유지적인 기능주의와 피상적인 실증주의를 뛰어넘어 관리의 지배구조를 파헤치려는 체제이탈적 창의성이 더욱 요청된다고 할 것이다. 이에 대한 다양한 연구물이 바로 공직자들이 현장에서 찾아 헤매고 있는 것들이다.

이미 제4차 산업혁명의 시대가 도래하였다. 효율성과 관련한 관리상의 과제들이 대부분 기계를 통해 해소되는 세상에서 통제는 거의 완벽에 가까워지고 시장경쟁은 무한대로 과열되면서 효율성이라는 가치 자체가 무의미해질 것이다. 관리론은 효율성이라는 교두보를 떠나 민주－규범성 혹은 기타 새로운 가치를 향하여 한 걸음 더 다가서야 하는 숙제를 안고 있다. 이와 함께 네트워크/거버넌스와 같은 참여·협치형 관리기제에 거는 기대가 커질 수도 있다. 외압에 밀려 신공공관리 개혁과 같은 것을 다시 겪지 않도록 사전에 대비해야 할 필요가 있다.

제 9 장 체계이론

최 창 현

Ⅰ. 서 론

그동안 한국에서의 행정학 연구는 끊임없이 외국의 이론과 방법론을 차용하고 변용하면서 한국의 행정현실에 대한 조망과 분석을 시도하였다. 관리이론, 관료제이론, 비교행정이론, 신행정이론, 발전행정이론, 신공공관리이론, 행태이론, 체제이론, 신제도이론, 포스트모더니티이론에 이르기까지 행정현상의 분석을 위해 다양한 이론들이 동원되었다 (김태룡, 2010). 또한, 행정학 연구에서 가장 많이 다루고 있는 대상인 관료제를 복잡계(complexity theory) 및 시스템다이내믹스(system dynamics) 이론으로 간주하여 이들과 관련된 다양한 연구들이 지속적으로 게재되고 있다. 1960년대 이래 베르탈란피(Bertalanffy, 1968)의 일반체제이론은 행정학(Shakansky, 1987; 강신택, 1981; 1999; 안해균, 1970; 1974), 정치학(Easton, 1965), 사회학(Kenneth, 1968; Luhmann, 1996), 경제학 등의 사회과학 전반(Sutherland, 1973)에 적용되어 왔다.

그러나 체제의 상태는 평형상태와 비평형상태로 구분할 수 있는데 일반체계이론은 주로 평형체제에 적용된 평형체계이론이었다 (최창현, 2005). 사실 복잡체계이론은 이론이라기보다는 뉴튼의 기계론적 패러다임을 수정내지 보완해주는 대안적 패러다임이 더 적절하겠지만 이 글에서는 자기조직화이론이나 분기점이론 등의 이론 등에 초점을 두고 복잡계이론으로 사용한다. 복잡체제이론은 평형체제뿐 만 아니라 비평형체제의 연구에도 관심을 갖는다는 점에서 복잡계 이론과 시스템다이내믹스를 이글에서는 복잡체계(complex system)이론으로 사용한다.

복잡체제 이론은 급격한 환경의 변동이 조직에게 엄청난 충격을 주거나, “혼돈(chaos)” 및 복잡성을 초래한다고 설명하고 있는 학자들이 증가하였고(최창현, 2006; 1999; Stacy, 1992; Thietart & Foragers, 1995) 이미 많은 분야에서 복잡계 이론은 자연과학학문에 기초한 뉴튼적 패러다임(Newtonian paradigm)으로 더 이상 이해할 수 없는 상황이기 때문에 복잡계 이론과 연관된 현상에 대한 설명을 위해 현재와는 다른 대책 방안의 필요성이 요구되는 추세이다 (최창현, 1997; 2006; Kauffman, 1995).

다른 나라에서 복잡체계이론이 대두되는 상황에서 한국행정도 각종 제도가 문화, 사회, 관료제의 내부 조직 구조 및 구성원, 관료제의 운영과정 등과 결합하여 당초의 취지를 구현하는 모습으로 행정체계에서 복잡성에 의한 동학현상이 많이 나타나고 있다.

질적 방법으로서 시스템다이내믹스는 1961년 엠아티(MIT)대학의 포레스터(Jay Forrester) 교수가 산업체의 재고량과 불안정한 노동력의 변화 등을 다룬 산업동태론(industrial dynamics)을 처음 발표한 이후 경영, 정책, 공학, 그리고 각종 정책결정 문제에 대한 독특한 시각과 방법으로 폭넓게 응용되어 왔다 (문태훈, 2012).

특히 미국에서는 유치원(K1)에서부터 중고등학생(K12)에 이르기까지 체제적 사고와 시스템다이내믹스를 활용한 교육을 위하여 K−12 프로젝트 등과 같은 여러 교육프로그램의 개발이 활발히 진행되고 있어 그 활용분야는 더욱 넓어지고 있다 (문태훈, 2002).

그러나 국내에서는 시스템다이내믹스에 대한 연구 분야는 다소 산발적으로 이루어지고 있는 수준이었고 연구결과의 공유는 네트워크의 부족으로 제약된 상황이었다. 그렇기 때문에 1999년 8월에 창립된 한국 시스템다이내믹스는 네트워크를 통한 활발한 연구 교류를 가능하게 해 주고 있어 앞으로 발전된 모습이 기대되는 반면, 아직까지 시스템다이내믹스에 대한 이해 정도가 낮으며, 시스템다이내믹스의 방법론적 연구는 현재까지도 지속적으로 활발히 연구하는 과정에 있다.

행정학에서 복잡체제에 관한 연구 성과 또한 아직은 미흡한 수준에 머물고 있다. 다른 이론 및 방법론을 활용하여 이루어진 연구 성과에 비해 복잡체제 이론을 통한 연구 성과가 상대적으로 미흡한 가장 큰 이유는 복잡체제 이론이 사회과학적 분석에 활용된 게 최근의 일이기 때문이다. 이를 토대로 한국 학자들의 체제이론 및 복잡체제 이론의 연구 성과를 중심으로 연구의 흐름을 진단하면서 흐름에서 발견되는 특징을 기초로 향후 연구 패러다임을 탐색해 보려 한다.

Ⅱ. 체계이론 및 복잡체계이론

1. 체계이론의 연구동향과 복잡체계이론과의 상호 보완적 관계

앞서 말한바와 같이 1950년대 이래 본 베르탈란피의 일반체제이론은 행정학, 정치학, 사회학, 경제학 등의 사회과학 전반의 적용되어 왔다. 그러나 체제의 상태는 평형상태와 비평형상태로 구분할 수 있는데 일반체제이론은 주로 평형체제에 적용된 평형체제이론이었다.

체제이론은 조직, 인사, 정책, 재무행정 등 실로 광범위한 분야에 오랜 기간 동안 적용되어 와서 너무 자료가 방대한 관계로 이글에서는 체제이론의 대표적인 저작만을 다루고자 한다. 자료조사는 역사가 오래된 주로 한국행정학보, 한국정책학회보, 행정논총, 그리고 행정논집, 시스템다이내믹스연구 등과 저역서 등을 대상으로 하였다. 그리고 필요에 따라 다른 저널도 참고하였다.

우선 체제이론의 연구 동향을 살펴보면 안문석(1967)은 한국정치체계의 연구방법론에서 도식적 유형화를 시도하였다. 안해균(1970)은 이스튼(Easton), 알몬드(Almond), 그리고 릭스(Riggs) 등의 체제이론을 통합해 체제이론의 각 구성요소별로 체제이론을 아주 상세히 소개하였다. 이어서 안해균(1974)은 행정체제의 변동과 발전에 관한 연구에서 행정체계와 정치체계의 통합을 시도하였다. 또한 안해균(1977)은 제3공화국의 행정체계를 체계이론의 관점에서 분석하고, 다시 안해균(1982)은 제1공화국의 행정체제를 체제이론적 관점에서 분석했다. 다음은 안해균(1970)의 이스튼, 알몬드, 릭스, 처지만(Churchman) 등의 체계모형을 통합해 정립한 정치와 행정을 통합한 체계모형이다.

[그림 1] 안해균(1970)의 정치와 행정을 통합한 체제모형

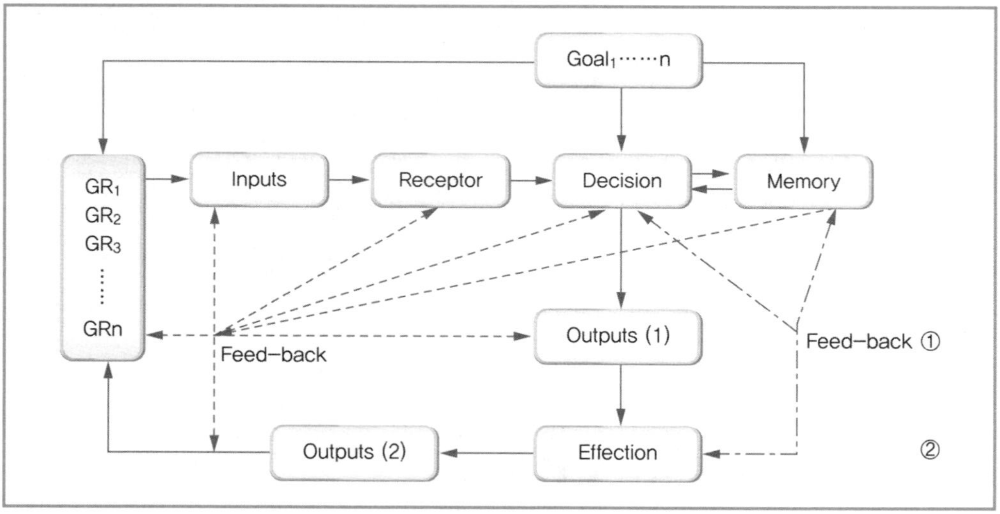

주: 모형의 주요 개념과 기능 (원문은 영어로 주요 개념이 적혀 있으나 필자가 추가함)
1. 이익집단들(GRi): 사회체제의 분화도에 따라 증대되는 이익집단
2. 투입(Inputs): 개인 또는 집단의 요구, 미디어 또는 에너지
3. 투입 수용기관(Receptor): 투입(Inputs)을 받아들이는 행정부서, 국회, 정당, 입법기구 등 다양한 정치, 행정기관으로 여기서 받아들인 투입은 정책결정의 기초가 된다.

4. 정책산출기구(Decision): 설정된 목표와 투입에 따라 결정되는 정책(policy), 프로그램(program), 프로젝트(project) 등을 만들어 내는 정책 산출기관
5. 참모진(Memory): 효과적인 정책결정을 위한 참모진
6. 산출(Outputs): 산출 1은 주로 정책(policy), 프로그램(program), 프로젝트(project), 법률 등 산출 2는 주로 정책(policy), 프로그램(program), 프로젝트(project), 법률 등의 정책집행 결과로서의 산출물
7. 집행기구(Effector): 산출의 결과를 가져오는 집행 및 실행 기구와 과정 (원문에 Effection으로 되어 있는데 잘못 표현된 것으로 필자가 정정함)
8. 목표(Goal): 정치, 행정체제의 목표, 국시, 또는 국가의 지도이념 등
9. 환류(Feed-back):

9-1: 행동의 감시자로서 환류는 주로 대외적인 환류로 정책결정이나 산출에 대해 비판하거나 욕구불 만을 가지고 있는 집단의 환류작용이며, 대중매체나 정책결정ㅇ 비판적인 야당 등의 예를 들 수 있다.

9-2: 체제오류의 탐지기로서 환류는 주로 대내적인 환류로 정치, 행정체제내의 감시기구와 같은 감사원과 정보기관 등을 들 수 있다.

10. 엔트로피(Entropy): 모든 체제가 소명되는 과정으로 개방적 체제는 체제내 엔트로피 발생을 저지하기 위해 외부에서 에너지를 유입받아 체제가 무질서 즉, 엔트로피 증가로 가는 현상을 막는 부정적 엔트로피(Negentropy) 특징을 지닌다고 본다.
11. 항상성(Homeostasis): 외부 환경에서 에너지를 유입받아 체제가 무질서 즉, 엔트로피 증가로 가는 현상을 막는 부정적 엔트로피(Negentropy)로 인해 체제가 평형상태를 유지하는 현상
12. 등종국성(Equifinality): 개방 체제는 초기조건이 상이하고, 상이한 진로를 통하더라도 투입 등을 변경하거나 규제하면 종국적으로 만족할 만한 동일한 산출을 얻을 수 있다는 것을 의미한다. (복잡계 이론의 특징 중 초기조건의 민감성(나비효과)과 분기점 전까지는 필연이 지배할 수 있지만 분기점에서는 필연과 우연이 공존하고 자율적 요동을 통해 새로운 질서로 체제 성공의 길로 가거나 반대로 체제 실패의 길이라는 경로의존적 길로 갈 수 있다는 점에서 체제이론의 설명력은 그 한계를 보인다.)

김성기(1980)는 폐쇄체계론과 개방체계론적 관점에서 조직이론을 비교 분석하였다. 강신택(1981)은 행정체계이론의 기초 개념을 다루는 논문에서 일반체계이론, 사회체계이론, 정치체계이론, 그리고 행정체계이론 등을 비교적 소상히 다룬바 있다.

김광웅 · 김신복 · 박동서(1983)는 체계이론적 관점에서 선진국, 후진국, 그리고 공산권을 비교행정 관점에서 기술하였다. 나제민(1984)은 일반체계론의 관점에서 조직환경에 관한 연구를 하였다. 신두범(1987)은 행정체계는 정치체계 내에 존재하고 다시 정치체제는 사회적 환경에 둘러싸여 있다고 보았다. 오석홍(1988)은 국가 발전을 위한 행정체계를 다루었다. 박승식(1988)은 행정학의 체계 접근방법과 분석을 포괄적으로 분석하였다.

윤재풍(1990)은 사회과학과 조직이론이라는 번역서에서 기능주의와 체계이론을 소개한 바 있다. 이달곤(1993)은 협상 문제를 체계이론적으로 접근하여 다루었다. 유민봉(1996)은 한국의 인사행정론 교과서에 대한 평론에서 체계이론적 관점에서 인사행정론 교재의 구성을 분석, 제시하였다. 김태룡(1999)은 한국과 미국의 행정개혁을

체계이론적 관점에서 비교하였다.

김성수(2000)는 루만(Luhmann) 체계이론의 주요 내용을 소개하고 제도지체와 관료피로 등의 새로운 개념을 제기하면서, 과학기술정책 과정의 조정과 통합을 논의하였다. 김동환(2004)은 시스템 사고의 의미, 기본원리, 특징, 목적 등의 내용을 구체적인 사례를 들어 설명하고, 시스템으로 생각하는 다양한 방법을 제시하였다. 이해영(2005)은 일반균형이론과의 비교적 관점에서 정책균형이론의 특징을 분석하였다.

배정훈(2011)은 조직관리와 리더십을 체제이론적 관점에서 설명하였다. 2010년 이후에는 체계이론을 적용한 연구가 거의 보이지 않고 대신 복잡체계 연구가 간간히 발표되고 있다. 특히 노화준(2012)은 복잡성과학과의 융합학문적 시각에서 정책학 원론을 새롭게 구성함으로써 정책학에 새로운 관점을 제공해 주고 있다. 정책과정사이클의 어느 한 단계가 아니라 정책의제 설정, 정책설계와 형성, 정책결정, 정책집행, 정책평가, 그리고 정책변동 등의 전 단계에서 복잡체계적 시각으로 정책문제들을 보고 해결방안을 모색하고 있다.

1960년대부터 지금까지 살펴본 체계이론을 적용한 연구는 거의 다 투입, 전환, 산출, 환류의 일부나 전부를 활용해 분석하는데 그치고 말았다. 이러한 연구의 한계는 체계 자체를 평형체계로 가정하고 있는 이론이기 때문에 환류과정을 통해 일시적 체계의 불안정성이 다시 항상성 원리에 입각해 안정적이고 질서정연한 체계 상태로 회복된다고 본다. 또한 행정체계를 포함해 정치체계, 사회체계, 그리고 경제체계 등의 모든 체계가 안정 상태 하에 있거나 갈등이 없는 협동 체계를 선호하는 경향이 있다.

따라서 설명력은 높지만 보수성과 정태성을 지닌다. 체계 내에 체계의 안정성을 위협하는 갈등 등의 불안정한 요소들을 체계 내의 안정화 장치를 통해 해소하거나 제거하는 것으로 접근한다. 조직 정의만 보더라도 일반적으로 조직이란 공통의 목적을 합리적으로 달성하기 위한 2인 이상의 협동체계(이창원 · 최창현, 1996)로 보나, 다른 방식으로 조직을 정의해 보면 조직이란 갈등적 상충적 목적을 합리적으로 달성하기 위한 2인 이상의 일시적으로 불안정성과 갈등을 조장하기도 하는 창발적 갈등체계로 볼 수도 있다. 어쩌면 이 정의가 조직현상을 좀 더 현실적으로 반영한다고 볼 수도 있다. 복잡체계이론의 한 뿌리인 진화생물학이론에 따르면 모든 생명체는 '질서와 혼돈의 경계(at the edge of chaos)'에 위치하려고 노력해야만 멸종하지 않고 생존해 왔다 (최창현, 2005). 정책선택과 집행을 둘러싼 갈등에 대한 많은 연구들이 수행되어 왔다. 그러나 그러한 연구들은 복잡성 현상과 연계하여 체계적으로 연구하지는 못했던 것이 사실이다 (노화준, 2011).

스타시(Stacey, 1996)는 체계의 상태를 구분해 주는 기준으로 체계 내의 "합의 정도(degree of agreement)"와 "불확실성의 정도(degree of uncertainty)"를 제시하고 있다. 여기서 합의란 팀, 조직 및 공동체 내에 그들이 관여하고 있는 변화의 목적, 우선순위 및 활동들에 대한 일치의 정도를 일컫는다. 그리고 불확실성이란 행동(actions), 상황 및 행동의 결과에 관한 인과관계가 어느 정도나 예견될 수 있느냐를 의미한다.

예로써, 한국이 1997년 국제통화기금(IMF)의 지원을 받는 과정에서 들어난 가장 두드러진 현상은 한국에 외환위기가 오리라는 것을 그 시기가 도래할 때까지 국내외 전문기관조차 미리 예측하지 못했다는 점이다. 따라서 정책적 대응방안을 마련하지 못했었는데, 이것은 불확실성의 대표적인 사례이다 (노화준, 1998: 13~14). 변화에 대한 합의 정도 및 산출결과 예측의 확실성 정도와 관련된 체계상태의 상황들과 그 맥락을 그림으로 나타내면 [그림 2]와 같다.

[그림 2] 체제의 3가지 상태

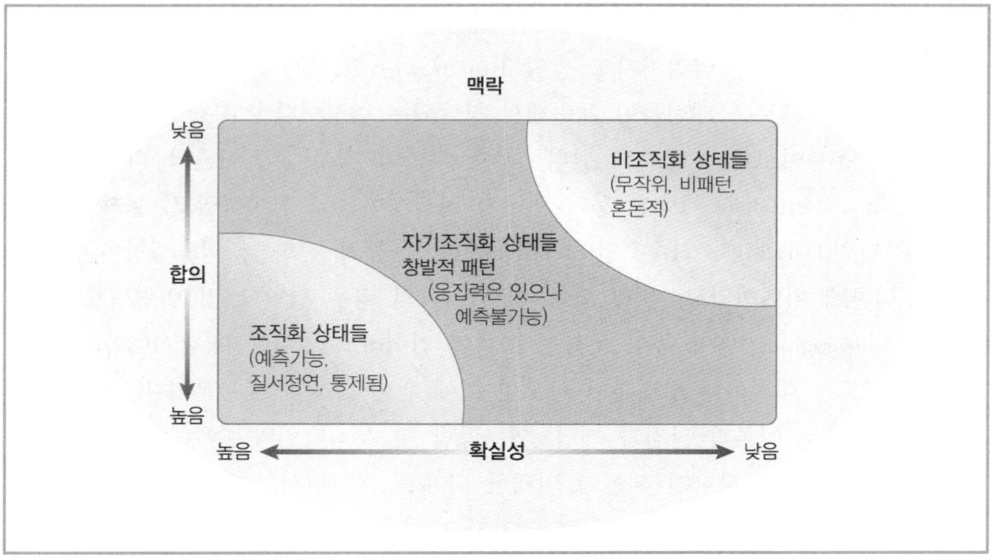

출처: Parsons, B. (2009), Evaluating Complex System Intervention, Professional Development Workshop, American Evaluation Association, Orlando, FL., 노화준(2011)

이러한 측면에서 보면 기존의 체계이론은 평형상태, 즉 예측 가능하고, 질서정연하고 통제된 조직화 상태나 동태를 대상으로 연구하나, 복잡체제이론은 비평형상태, 즉 창발적 패턴들 기존의 통계학으로는 예측가능하지 않은 주로 자기조직화 상태를 연구영역으로 하고 있다. 아직까지는 체계이론이나 복잡체계이론 어느 하나도 무작위적(random), 비패턴(non−patterned), 혼돈적(chaotic)인 비조직화 상태나 동태는 설명할 수 없다. 그러나 평형체계를 연구 대상으로 하는 체계이론과 비평형체계까지 연구 대상을 넓혀 준 복잡체계이론은 상호 보완적으로 우리의 연구 영역을 넓혀 준다는 점에서 그 의의가 크다고 할 수 있다.

한국의 행정학 연구에서 복잡계이론에 대한 연구가 이루어진 것은 1993년부터이며, 이러한 경향은 미국도 비슷하게 나타났다. 1992년 미국 심리학회 지회로 처음 사회과학 분야의 카오스학회가 만들어졌으며, 그 후 1997년 MIT대에서 제1회 복잡계학회가 열린다.

복잡체계이론은 1990년대에 들어오면서 정보·통신기술의 획기적인 발달에 따른 사회적 상호작용이 매우 복잡하게 나타나는 모습을 보였다. 조직을 둘러싼 환경의 동학이 예전과 달리 보다 역동적이고 이것이 조직에 미치는 영향의 정도가 커진 측면도 복잡체제에 대한 관심을 제고시킨 배경이 된다. 특히 조직에서 구성원들 간의 상호작용의 빈도가 더 커지고 외부환경의 동학에 대한 적응시스템의 재설계를 모색하는 활동이 요구되면서 복잡체제에 대한 관심을 증폭시킨 것이다.

복잡성이란 미래가 알려지지도 않았고(unknown) 또 알 수도 없는(unknowable) 어떤 현상이며, 새로운 패턴들이 계속해서 창발되는 현상이다.[1] 복잡성 이론은 다음 세 가지 학문분야로부터 발전해 왔다. 첫째 수학의 경우 혼돈이론의 기이한 끌개(strange attractors)(Gleick, 1987) 등의 연구가 복잡성이론에 기여하였고, 둘째 생물학의 경우 다윈(Darwin)과 카우프만(Kauffman, 1995) 등의 진화론, 인공생명이론 등이 복잡성 이론에 기여하였고, 셋째 화학 및 물리학의 경우 열역학 및 비평형체계이론(Nicolis & Prigogine, 1989) 등이 복잡성 이론에 기여하고 있다 (최창현, 1999).

한편 새로운 이론이나 방법론이 나오면 이에 관한 소개가 대부분이다. 즉 새로운 이론에서 취하는 이론적 관점과 개념, 연구방법 및 분석단위와 수준 등을 소개하는 연구가 가장 먼저 나타나게 되는데 이러한 단계를 거치면서 연구대상에 대한 새로운 이론이나 방법론의 적용이 설득력을 가지고 있다는 연구공동체의 구성원들 사이에 합의가 나타나게 된다. 그 결과 연구공동체에서 새로운 관점과 개념, 연구방법 등이 수용되고 나면 이를 현실의 사례에 적용한 연구가 진행된다.

또한 방법론적 측면에서 (평형)체계이론은 전통적인 통계분석을 활용해 변수의 속성에 대한 분석에 의존한다. 복잡체계이론에서 주로 사용하는 행위자 기반모형

---

1) 노화준, (2011). 정책학회 역사와 흐름: 복잡성과학과의 융합학문으로서의 정책학 연구. The KAPS 27: 5.

(agent-based model)은 행위자가 다양한 행위에 따라 명확히 규정되며, 행위자의 다양한 상호작용의 유형이 모형화된다. 네트워크 모형은 행위자가 명확히 규정되며 노드로 표현되고, 전통적인 통계분석에서 시행하는 변수의 속성에 대한 분석이 아니라 행위자간의 관계가 분석된다. 시스템다이내믹스 모형은 행위자가 명시적으로 드러날 수도 아닐 수도 있는데, 행위자의 기능적인 면과 외부 환경적 요소의 모형화가 편리하다. 즉, 이들 이론은 방법론상으로도 상호 보완적이 될 수 있다.

[그림 3] 사회과학 연구 방법론의 유형

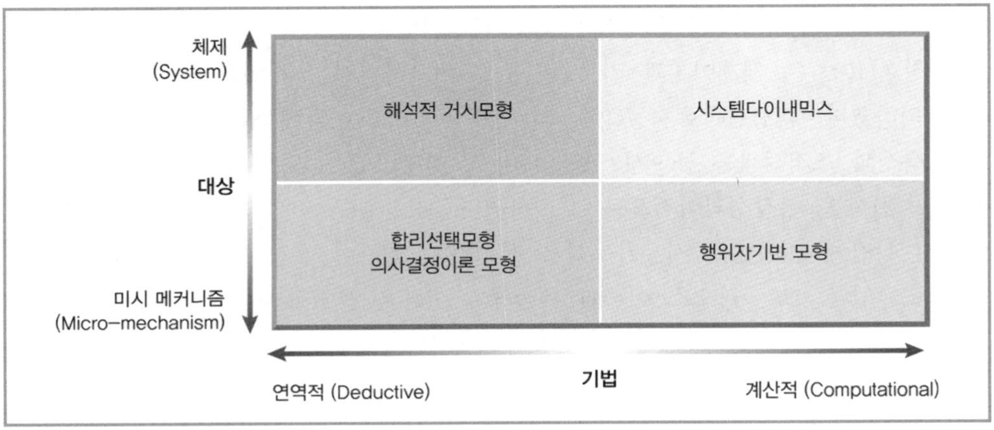

출처: Cederman Lars-Erik, 1997.

기존의 이론과 방법론으로는 분석할 수 없거나 설명할 수 없었던 현상에 대해 새로운 이론과 방법론으로 이를 기술하고 설명하며, 예측할 수 있을 때 연구공동체의 절대적 지지영역이 확대되면서 확고한 이론적 지위를 얻게 되는 것이다 (김종미, 2003). 더욱이 현상에 대한 분석과 더불어 문제해결대안까지 제시하게 된다면 새로운 이론에 대한 지지의 폭은 더할 나위가 없이 커지게 된다. 새로운 방법론을 통한 현상의 기술과 설명 및 예측이 원만하게 이루어지고 검증력을 갖추게 되면 새로운 이론정립의 단계로 진행하게 마련이다.

이하에서는 기존의 연구동향과 관련하여 연구지향성, 연구분야(대상)와 연구방법으로 나누어 살펴보기로 한다. 이 중에서도 특히 연구지향성은 이론 및 개념 '소개'에 초점을 둔 연구와 이론 및 개념 '적용'에 초점을 맞춘 연구로 나누어 보기로 한다.

2. 복잡체제 개념 소개 및 적용 사례

복잡체계 연구동향을 분석하는 데 있어서 복잡체계이론의 적용가능성을 전제로 한 이론 및 개념 소개는 매우 의미 있는 일이다. 왜냐하면 복잡체계이론과 개념들은 기존의 이론으로 담아내지 못한 다양한 측면들을 기술하고 설명할 수 있는 가능성을 보여주었기 때문이다.

이론 및 개념 '소개'에 초점을 두고 있는 연구들은 다양한 스펙트럼을 이루고 있다. 일단 새로운 이론동향을 전달하는 수준에서 이론의 내용과 특징만을 언급하는 연구부터 이론의 유용성을 탐색하는 연구까지 다양하다.

최창현(1993)은 체제이론과 카오스이론을 비교하면서 조직이론 관점의 변천과정을 논의하였다. 최창현 · 유승동(1994)의 연구는 Chaos이론에 입각한 자기조직화 조직의 특성과 조직성과를 공 · 사 조직의 비교, 연구하였다. 노화준(1998)은 한국 행정문화의 진화를 복잡성과학적으로 분석하였다. 최창현(1999)의 연구는 조직 관리에 있어서 복잡체제 이론의 적용가능성을 탐색하기 위하여 복잡성 과학의 패러다임을 소개하고 있다. 그는 카오스 이론과 복잡체제 이론은 상호보완적으로 발달하였고 카오스 이론이 복잡체제 과학이라 중 하나라고 여김으로써 위 두 이론을 통합하여 chaoplexity개념을 만들었다. 이 연구를 통해 최창현은 복잡체제 이론이 조직관리에 주는 함의와 관련하여 관료제적 공공체제는 안정적인 환경을 염두에 두고 설계된 것이기 때문에 급변하는 환경에서는 실패할 가능성이 높다는 지적을 하고 있다. 따라서 복잡성 이론은 기존 이론을 보완하는데 도움을 줄 수 있다는 점을 강조하고 있다. 또한 다른 연구(최창현, 2005)에서는 조직을 복잡체제로 인식하고 이에 대한 복잡체제 이론의 적용을 통한 조직관리 방식이 기존의 조직이론의 그것과 어떤 차이를 보이는지에 관해 명확히 밝히고 있다.

김창욱 · 김동환(2006)의 연구에서는 정책부작용의 원인과 유형을 시스템 사고에 의해 분석 하고 있다. 시스템 사고의 도구인 인과지도(causal loop diagram)를 이용하여 정책 사례(중소 기업 보증제도, 환율방어정책, 농공단지조성정책, 신용카드활성화 정책)의 피드백 구조를 분석을 하고 있다. 정책 부작용은 정책을 둘러싼 피드백 루프 중 의도하지 않은 루프의 작동에 의해 발생하기 때문에 이를 통제하는 것이 핵심이라고 강조하고 있다. 의도루프 활성화와 비의도 루프 억제를 위해서는 정책 개입 시점을 잘 선택해야 하고 정책이 결정된 후에는 의도 하지 않은 루프의 작동을 최대한 억제해야 한다는 점을 지적하고 있다.

오재록(2006)은 수평적 네트워크가 상대적으로 좋은 기관은 수직적 네트워크수준이 상대적으로 낮았고, 수직적 네트워크가 상대적으로 좋은 기관은 수평적 네트워크 수준이 상대적으로 낮게 나타났다는 지적을 통해 그 동안 공공네트워크를 수평적 네트워크로 주로 인식해 왔던 것에 대한 이론적 반성을 촉구하는 한편 정부조직의 네트워크를 3차원적인 공간구조로 이해하는 데 도움을 줄 것이라는 기대를 하고 있다.

김유심・이민창(2007)은 복잡체제 이론의 방법론으로 거론되는 행위자 기반모형(Agent-Based Models)이 행정학과 정책학의 연구과정에 유용한 분석기법으로 활용될 수 있다고 주장하고 있다. 행정학분야의 경우에 제도의 도입과 조직 내 행위자들의 변화, 조직의 진화 과정 등에 관한 연구에 행위자 기반 모형이 활용될 수 있다고 말한다.

김동환・서대원(2008)의 연구는 복잡한 시스템의 변화에 관한 현대이론인 시스템 다이내믹스와 전통적 이론을 상호 비교하여 서로 연관있는 부분이 무엇인지 알고자 한다. 이를 통해 복잡체제를 이해하기 위한 시스템 사고와 주역의 협동방안을 탐색하고 있다. 특히 동태적으로 변화하는 세상을 바라보는 근본적인 관점에 있어서 시스템사고와 주역은 많은 공통점을 지니고 있기 때문에 양자의 융합가능성이 많다는 점을 일깨우고 있다.

김기형(2009)의 연구에서는 복잡체제 이론이란 어떤 이론인지를 소개하면서 이것이 정책연구에서 어떠한 유용성이 있고 어떤 적용가능성이 있는지를 논의하고 있다. 복잡성 이론은 복잡적응계로서 정책체제에 대한 이해를 증진시키며 통제대상이었던 정책의 복잡성을 증대 또는 관리함으로써 정책변동과 혁신을 촉진하는 데 전략이 된다고 말한다.

문영규・서승현(2009)의 연구에서는 복잡체제 사고를 거버넌스 협력 과정에 적용하고 있다. 거버넌스 협력제는 복잡체제의 중요한 구성요소인 자기조직화를 통해 문제현상 내에서 익숙한 기존 조직의 개인과 아이디어가 서로 상호작용하면서 창발적인 조직형태가 만들어진다. 복잡체제 구조 하에서 거버넌스 협력제의 구축방안과 관련하여 문제의 혼돈상황에 이해관계자들이 적극 참여할 수 있는 개방성 확보와 긍정적 자기조정을 위한 적응시스템이 구축되어야 함을 제시하고 있다.

한상철・김우준(2010)의 연구는 범죄에서도 전체성, 창발성과 공명성, 일회성 등 복잡체제의 특성이 존재한다는 점에 착안하고 복잡체제 이론을 활용한 범죄연구의 가능성을 탐색하고 있다. 범죄학 연구에서 복잡체제를 주목하는 이유는 많은 개체들 사이에서 다양한 범죄가 발생 하고 범죄를 예측하여 통제하기 어렵다는 현실세계의 모습이 복잡체제와 유사한 특징을 가지고 있기 때문이다.

정길호(2010)는 국방조직은 다차원적인 복잡한 종합행정조직이기 때문에 국방행정과 정책 결정에 복잡체제 이론이 적용될 수 있는 가능성을 탐색하고 있다. 전쟁에서 지상전은 복잡체제로 묘사될 수 있고, 전투부대는 비선형 상호작용과 자기조직화되어 있다는 주장이다. 그리고 전투원들과 지휘구조 간에는 지속적인 환류과정이 존재하는 특성을 갖고 있음을 지적하고 있다.

최창현(2010)에서는 신제도주의가 제도의 지속성에 대한 많은 타당성 있는 이론을 제시하지만, 새로운 제도의 형성이나 변화를 위한 원인과 조건에 대한 설명이 부족 하다고 지적하고, 제도의 변화와 혁신을 설명하기 위한 탐색의 준거틀로서 '혼돈복잡성 (chaoplexity)' 이론의 유용성을 강조하고 있다.

노재석(2011)의 연구는 정책형성과정의 복잡성과 의제 지속성의 원인을 천착하고 있다. 좀 더 부연하면 정책내용의 핵심이 변하지 않았던 이유, 복잡하고 무질서해 보이는 정책결정 과정 속에서 무엇이 정책내용의 안정성을 유지하게 하였는지, 안정성을 유지하는 조건과 그렇지 못한 조건이 무엇인지를 법학전문대학원 사례를 통해 규명하고 있다.

지금까지 복잡체제 이론의 적용을 통한 연구 분야를 보면 크게 다음의 여섯 가지로 나눌 수 있다. 첫째, 행정학의 일반론적 차원에서 연구가 있다. 행정체제를 일단 복잡체제로 보고 이를 기술하고 설명하는 데 있어서 복잡체제 이론이나 개념의 적용 필요성을 지적하는 연구(강성남, 2008), 행정학 · 정책학 연구에 있어서 복잡체제 이론과 행위자 기반 모형의 활용성(김유심 · 이민창, 2007) 등이 있다. 둘째, 정책분야의 연구는 주로 다음과 같은 주제들이 연구되었다. 정책 연구에 주는 시사점 분석(노화준, 1998)을 비롯하여 정보통신산업의 정책진화(성지은, 2003), 평택 대추리의 정책갈등(권향은, 2007), 의약분업정책체제의 공진화(김기형, 2008), 정책형성 과정의 복잡성과 의제지속성의 원인(노재석, 2011), 시화호 매립사례에서 환경정책의 실패 원인(사득환, 2003), 정책체제의 복잡성과 자기조직화(김기영, 2009), 정책부작용의 원인(김창욱 · 김동환, 2006), 부동산정책(김미정 외, 2006), 규제정책결정의 한계(최종원, 1999), 비정규직 보호 정책(오승우 외, 2008) 등이 있다. 셋째, 조직분야의 연구다. 이것은 복잡체제 이론과 개념적용이 가장 적절하게 이루어지는 연구 분야라고 할 수 있다. 한국행정조직의 자기조직화 모형의 적용가능성(이광모, 1999)을 비롯하여 국방조직에서 복잡체제(정길호, 2010), 도시시스템의 동태성과 관련하여 인과 순환적 상호작용의 피드백 구조 분석(최남희, 2003), 혼돈시대의 창조적 조직관리(최창현, 1996), 복잡성이론의 조직관리적 적용가능성 탐색(최창현, 1999), 복잡계 관점에서 바라본 조직관리(최창현, 2005), 복잡계와 동양사상의 관점에서 본 자지조직화와 조직관리(최창현, 2007), 복잡계의 여러 특성과 사회문제(최창현, 2010), 복잡계 관점에서 분석한 C－P－N－D

ICCT생태계(최창현, 2015), 부서 간 창발적 공동체 전략(박상규, 2002) 조직권력 관계 분석(박상규, 1999) 조직환경(정진헌 · 박상규, 1999) 공 · 사 조직의 조직성과 비교(최창현 · 유승동, 1994), 조직변화에서 초기조건의 중요성(양윤정, 2007), 정부조직의 네트워크 측정(오재록, 2006) 등의 주제를 중심으로 연구되었다. 넷째, 행정문화와 관련한 연구다. 여기에는 한국행정문화의 진화(노화준, 1998)에 관한 연구가 있다. 관치경제 · 금융을 중심으로 복잡성 과학의 틀에서 해석하고 있는 것이다. 다섯째, 거버넌스에 관한 연구다. 거버넌스의 협력체 구축방안(문영규 · 서승현, 2009), 거버넌스의 특성(이광모, 2003) 등이 있다. 거버넌스 분야는 복잡계 이론의 적용가능성이 매우 높은 분야임에도 불구하고 의외로 연구 성과가 많지 않다. 여섯째, 행정변동 및 제도혁신에 관한 연구다. 행정변동의 이론적 분석틀로서의 복잡계 이론의 유용성(강성남, 2009), 제도혁신과 경로의존성(최창현, 2010) 등이 있다.

이상에서 보듯이 연구 분야(대상)와 관련해서는 복잡계 연구 기간을 고려할 때 비교적 다양한 폭을 형성하고 있음을 확인할 수 있다. 연구 분야별 연구 성과가 많지 않은 것은 차치하고 여전히 조직분야에 연구가 치중하고 있음을 볼 수 있다. 이는 복잡체제 이론의 특성상 개인 보다는 집단, 특히 거대 조직에서 복잡성을 발견하기 쉬운 측면이 작용한 것으로 보인다. 따라서 개인의 행태에 주목한 분석은 거의 없다.

3. 복잡체계 관련 연구의 연도별 논문 수 및 적용 분야

행정학과 관련하여 분석대상이 되는 논문 및 저서의 연도별 분포를 정리한 것이 <표 1>이다. 한국의 복잡체제 이론 연구의 논문 편수는 1991년에서 1995년까지 총 5편, 1996년에서 2000년까지 총 8편, 2001년부터 2005년까지 총 2편, 2006년부터 2010년까지 총 11편, 2011년부터 2015년까지 총 5편으로 모두 합쳐 약 31편으로 논문 게재 편수가 매우 미미한 상태이다.

〈표 1〉 한국 복잡체제 연구의 논문 및 저서 편수

구분	1991~1995년	1996~2000년	2001~2005년	2006~2010년	2011~2015년	계
논문편수	5	8	2	11	5	31

복잡체계 연구의 적용분야로는 조직관련 총 12편, 정책관련 총 16편, 기타에 총 3편이 게재되었으며, 논문의 저자와 주요내용은 <표 2>와 같다. 또한 이를 통해

우리는 아직까지 복잡체제 이론을 활용하는 연구자가 많지 않으며, 한국에서의 복잡체제 이론 활성화 방안을 검토해야 할 필요성을 느낀다.

〈표 2〉 한국 복잡체제 연구의 적용분야

분야	조직	정책	기타	계
논문편수	12	16	3	31

한국 행정학 연구에서 복잡체계이론을 적용한 연구방법 활용 동향과 관련하여 우선 지적할 수 있는 것은 지금까지의 대부분의 연구가 서술적 연구라는 점이다. 그 이유는 다음과 같다.

첫째, 계량적인 분석도구 활용이 어렵다는 데 있다. 예컨대, 행위자 기반모형 및 시뮬레이션(agent－based modeling & simulation)은 복잡체제 연구의 대표적인 방법론으로서 주목받고 있는 기법이다. 이 기법에서는 개별 주체를 하나의 행위자(agent)로 표현하고, 이들의 행동을 모사하는 컴퓨터 시뮬레이션 모형을 구축하여 변화 원리와 동학을 규명하게 된다. 이러한 방법론을 활용하기 위해서는 체계적인 시뮬레이션 모형구축과 일정 수준 이상의 프로그래밍 실력이 요구된다.

둘째, 여러 가지 변수를 한 번에 분석할 수 있는 계산능력의 한계를 꼽을 수 있다. 다시 말해서 정책결정과 집행, 조직과정의 문제에서 복잡한 변수의 작용을 모두 포괄하여 분석할 수 있는지에 대한 본질적인 문제가 있다. 아마도 이 문제는 고용량의 컴퓨터 연산기능을 수행할 수 있는 소프트웨어와 통계프로그램이 개발되면서 해결될 것으로 예상된다. 아직은 이런 이유 때문에 은유(metaphor)를 활용한 기술적인 방법이 널리 활용되고 있다.

이광모(2002: 275～294)의 연구, 노재석(2011)의 연구, 한상철 · 김우준(2010)의 연구에서 볼 수 있듯이 계량적인 분석이 아닌 기술적인 연구가 이루어지고 있다. 그렇다고 해서 계량적인 방법론을 사용한 연구가 전혀 없는 게 아니다. 지금까지의 연구를 종합하여 계량적인 연구를 시도하고 있는 것을 보면, 로지스틱 방정식을 활용한 시뮬레이션 방법, 시스템다이내믹스 방법론, 선형구조 관계모형의 활용, 행위자 기반모형, 네트워크 분석방법, 인과루프 분석 등이 활용되고 있음을 알 수 있다. 최창현(2000)은 복잡적응체제의 특질을 보기 위해서 순환고리성을 잘 반영하는 로지스틱 방정식의 활용과 초기조건에의 민감성에 대해서 논의하고 있다. 시뮬레이션을 위해서 시스템다이내믹스 방법론을 사용한 모의실험을 하고 있다. 최창현 · 유승동(1994)

은 공·사조직의 조직성과를 비교하는 분석에서 선형구조 관계 모형(통계기법)을 이용하고 있다. 행위자 기반모형을 활용하고 있는 것으로는 탁현우 외(2008)의 연구, 김미정 외(2006)의 연구가 있다. 김유심·이민창(2007)의 연구에서는 행정학, 정책학 연구에 있어서 복잡성 이론과 행위자 기반모형의 활용가능성을 제안하는데 그치고 있다. 네트워크 분석방법의 활용은 오재록(2006)의 연구에서 확인할 수 있다. 43개 중앙행정기관의 수평적, 수직적 네트워크를 측정하는데 활용하고 있다. 복잡체제 관련 주요 연구를 정리하면 다음과 같다 (<표 3> 참조).

〈표 3〉 한국 복잡체제 연구의 주요내용

저자(연도)	제목	주요내용
최창현 (1999)	복잡성이론의 조직관리적 적용가능성 탐색	비적응 결정 체제와 복잡적응 확률론적 체제의 두 이론을 상호 보완적으로 발전시켜 복잡성 이론의 관점에서 조직 문제를 조망하여 조직 이론에의 활용 가능성을 모색함.
사득환 (2003)	불확실성, 혼돈 그리고 환경정책: 시화호 매립 사례를 중심으로	불확실성과 혼돈상황에서 정부가 선택한 환경 정책의 실패를 분석하고 원인을 규명하고 이러한 상황에 적합한 정책선택모형으로써 적응모형을 개발하고, 이를 시화호 매립사업에 적용하여 분석함.
최창현 (2005)	복잡계로 바라본 조직관리	복잡계의 특질별 조직사례의 소개와 창조적 파괴를 통한 조직의 자기혁신을 다룸.
김유심·이민창 (2007)	행정학·정책학 연구에 있어서 복잡성 이론과 행위자 기반 모형의 활용성에 관한 연구	행위자 기반 모형(Agent-Based Models)을 소개함으로써 복잡성 이론의 방법론을 개발시키고 이를 통해 행정학 정책학 연구에 활용가능성을 모색함.
김기형 (2009)	정책연구에서 복잡성 이론의 유용성 및 적용가능성에 관한 연구	복잡성 이론의 범위와 정의 그리고 복잡성 이론을 정책연구에 적용한 선행연구들을 검토한 후, 이를 토대로 정책연구에서 복잡성 이론이 갖는 유용성 및 적용가능성을 제시함.
문영규·서승현 (2009)	복잡계 구조 하의 거버넌스 협력체 구축방안	허베이 스피리트호 기름유출 사고를 사례로 복잡계 구조의 구성요소와 거버넌스 협력체의 특성 요소를 검토하여 거버넌스 협력체를 통한 문제해결 적응과정을 분석함.
한상철·김우준 (2010)	복잡계 이론을 활용한 범죄연구 가능성 고찰	실태파악, 자기보고식 설문조와, 영향요인 파악 등 공식통계를 지양하고 보다 과학적이고 객관화된 결과를 도출하기 위하여 복잡계 이론을 범죄연구에 적용함.

노화준 (2012)	정책학원론: 복잡성과학과의 융합학문적 시각	정책 과정의 어느 한 단계가 아니라 정책의제 설정, 정책설계와 형성, 정책결정, 정책집행, 정책평가, 그리고 정책변동 등의 전 단계에서 복잡계적 시각으로 정책문제들을 보고 해결방안을 모색하고 있다.
최창현 · 정시구 (2015)	복잡계로 바라본 C－P－N－D ICCT 생태계	콘텐츠, 플랫폼, 네트워크, 디바이스, ICCT, 복잡계, 공진화, 창발성, 경로의존성, 비선형 순환 고리 순으로 10개의 아이템을 기술하고 또한 C－P－N－D ICCT 생태계를 복잡계이론 관점에서 분석함.

Ⅲ. 시스템다이내믹스

1. 시스템다이내믹스 개념 소개 및 적용 사례

시스템다이내믹스는 산업체 재고량과 노동력의 불안정한 변화, 시장점유율의 감소문제를 다룬 산업동태론을 발표한 이후 기업경영, 공공정책, 공학 등 각종 인간의 의사결정행위에 대한 이해와 문제해결을 위한 독특한 시각과 방법으로 광범위하게 응용되어져왔다 (홍영교 · 정석환, 2007).

이를 설명하고 체계화 시킨 것이 순환고리 구조(feedback loop structure)에 대한 이론이다. 즉, 순환고리 구조를 강조한다는 것은 체제의 변화를 외부 변수보다는 내부 변수에서 찾는 점과 체제의 변화의 원인을 시스템의 전반적인 구조에서 찾는다는 점을 뜻한다 (홍영교 · 정석환, 2007). 이러한 원리는 어떤 정책의 성공조건이나 실패가 특정변수에 관련된 파라미터에서 기인되었다는 식의 설명을 거부하며, 그보다는 그 시스템 내의 각종 변수들 간에 존재하는 피드백구조를 발견함으로써, 정책의 성공이나 실패의 원인을 구조적인 측면에서 이해하고 정책처방을 내리는 것이다 (김도훈 · 문태훈 · 김동환, 1999:50).

시스템다이내믹스의 발전경향에 대해 살펴보면 산업분야에 대한 응용을 시작되어 왔으며, 지금까지도 산업체의 경영전략, 조직, 재고 문제 등에 가장 활발히 적용되어지며 더욱이 행정학에서도 많은 분야에 활용되면서 그 역할이 증대되고 있음을 알 수 있다 (홍영교 · 정석환, 2007).

시스템다이내믹스 연구의 최초 연구자인 김도훈(1985)은 학생을 위한 형평, 납세자를 위한 형평, 그리고 재정의 중립성이라는 측면에서 교육재정을 시스템다이내믹스 모형으로 시뮬레이션하였다. 최남희(2003)은 서울시 도시동태성 분석을 토대로 인구, 주택, 경제, 교통, 환경 등 여러 가지 하위 시스템간의 다중적 상호작용에 의해 나타나는 모습을 인과순환구조와 시스템의 비선형적 변화 행태를 통해 분석하였고, 이를 컴퓨터 시뮬레이션모델을 통해 분석하는 시스템다이내믹스기법을 사용하였다. 시스템다이내믹스기법을 활용한 결과 서울시를 구성하는 다수의 하위 시스템들 간의 인과순환적 상호작용과 피드백 구조가 인과순환 상호작용에 중요한 작용은 한다는 결론을 얻었다.

정석환 · 주영종(2005)은 사회, 경제, 보건, 문화 등의 사회를 움직이는 다양한 하위 시스템들이 어떻게 범죄조직과 연결되는지 특히 여성에 대한 폭력과 성매매 시장을 바탕으로 성매매특별법 시행이 사회시스템의 변화행태에 영향을 미치는 변수들 간의 상호작용 관계를 분석하여 성매매특별법시행에 따른 사회시스템 변화의 동태적 매커니즘을 파악하였다.

서인석 · 이종구(2012)는 오픈프라이스와 같이 상품의 가격 표시에 대한 정부의 규제(오픈프라이스 정책)가 고려되지 않았거나 예측하지 못한 정책대상집단의 형태가 어떻게 실패로 나타나는지를 시스템다이내믹스를 활용하여 오픈프라이스의 시스템의 구성과 변동하는 양상에 대한 분석을 시도하였다.

또한 참여정부에 들어와서 부동산투기와의 전쟁을 선포하면서 8.31 대책은 물론 최근 3.30 대책에 이르기까지 다양하고 종합적인 주택정책이 계속 양산되고 있다. 그러나 이러한 대책에도 불구하고 대책발표 초기의 경미한 시장적응 시기를 지나면 다시 주택 매매가격과 전세가격이 반등하는 등 정부의 당초 의도와 다른 양상으로 시장의 반응이 전개되고 결과적으로 주택정책의 성공여부가 의문시되는 실정에서 시스템다이내믹스를 이용한 우리나라 주택정책의 성패요인 분석하여 주택정책의 인과모형을 작성하고 양의 되먹임과 음의 되먹임 등 인과관계에 대한 분석을 실시한다. 이를 위해 제시된 인과모형을 바탕으로 전문가 설문조사(건설교통부 정책담당자, 주택 관련 연구자 등 전문가)를 통해 인과모형의 적합도와 정량적 계수를 산출하고 이를 바탕으로 주택정책의 성패에 영향을 미치는 요소별 원인분석과 미래정책효과 예측을 위한 시뮬레이션을 실시한다. 이를 바탕으로 정부가 심혈을 기울여 주택정책을 마련하고 있음에도 가시적인 효과를 내지 못하는 이유를 시스템다이내믹스 모형으로 설명하고 바람직한 정책방향을 제시한다.

2. 시스템다이내믹스 관련 연구의 연도별 논문 수 및 적용 분야

최남희(2003)는 컴퓨터 시뮬레이션모델을 통하여 분석하는 시스템다이내믹스 기법을 사용하여 서울시의 인구, 주택, 산업, 지방재정, 교통, 환경 변수들의 변화가 동태적으로 나타나는 모습을 분석하였고, 정석환 · 주영종(2005)은 시스템다이내믹스 방법론을 사용하여 인과지도를 중심으로 하는 연구방법으로 기존의 단선적 분석을 종합화시켜주며, 정책에 내재된 시스템 사고를 추출하여 그 내용을 검토하여 정책에 대한 현실적 접근을 높이기 위해 성매매 특별법에 의한 행태변화와 동태성을 파악하기 위한 인과지도 분석을 시도하였다.

서인석 · 이종구(2012)는 시스템다이내믹스 연구 방법론을 활용한 시뮬레이션을 통하여 가격비교 정보의 생산과 유통수준이 미약한 경우 생산자들은 가격을 높이면서 할인율을 적용하는 방식을 사용할 수 있자만 실제 경쟁을 잘 나타나지 않을 가능성을 확인하는 등 복잡한 현상을 동태적이고 순환적인 인과관계를 분석하였으며, 지속적인 피드백은 오픈 프라이스의 기존 정책보다 운영의 인센티브가 필요하다는 결론을 도출하여 더 나은 방향으로 발전시킬 수 있는 계기가 되었다.

저조한 복잡체제 이론 연구와는 달리 한국의 시스템다이내믹스 연구는 2000년 제1권부터 현재 2016년 제2권까지 총 7권이 발행되었다. 이 연구의 실증분석 대상이 되는 2000년 1권부터 2016년 2권까지의 논문으로, 분석대상이 된 논문의 수는 총 92편이다.

행정학과 관련하여 분석대상이 되는 논문의 연도별 분포를 정리한 것이 <표 4>이다. 2000년에 5편, 2001년에 4편, 2002년 2편, 2003년에 3편, 2004년에 3편, 2005년에 2편, 2006년에 5편, 2007년에 4편, 2008년에 4편, 2009년에 2편, 2010년에 5편, 2011년에 13편, 2012년에 7편, 2013년에 10편, 2014년에 10편, 2015년에 9편, 2016년에 4편으로 논문의 게재 수가 점점 증가하는 추세이며 2016년은 4월 기준으로 시스템다이내믹스의 논문 게재 수는 10편 내외로 증가할 것으로 예측된다.

〈표 4〉 한국 시스템다이내믹스 연구의 논문 편수

구분	2000년	2001년	2002년	2003년	2004년	2005년	2006년	계
논문편수	5	4	2	3	3	2	5	92
구분	2007년	2008년	2009년	2010년	2011년	2012년	2013년	
논문편수	4	4	2	5	13	7	10	
구분	2014년	2015년	2016년					
논문편수	10	9	4					

또한 <표 5>를 보면 한국의 시스템다이내믹스 연구의 적용분야로 조직관련 11편, 인사관련 5편, 정책관련 59편, 재무 · 예산관련 3편, 지방행정관련 8편, 환경행정

관련 4편, 전자정부관련 2편으로 정책관련으로의 적용이 압도적으로 높은 추세를 보이고 있다.

〈표 5〉 한국 시스템다이내믹스 연구의 적용분야

분야	조직	인사	정책	재무·예산	지방행정	환경행정	전자정부	계
논문편수	11	5	59	3	8	4	2	92

Ⅳ. 결 론

지금까지 한국에서의 체제이론, 복잡체제 이론 연구와 시스템다이내믹스 연구에 대하여 분석해 보았는데 복잡체제 이론은 1990년 처음 연구가 이루어지면서 조직이 둘러싼 역동적이고 많은 영향을 미치고 또한 정보통신기술의 발달로 복잡체제 이론에 대해 관심을 갖게 되었다. 여러 학자들이 복잡체제 이론을 적용하여 사회적 논제를 해결하는데 활용하였지만 복잡체제 이론을 게재한 논문의 수는 미비하게 나타난다.

시스템다이내믹스도 사회가 불안정해지면서 여러 요인이 복합적인 원인이 되면서 다양한 분야를 접목시켜 연구하는 방안으로 대두되었다. 대략 1990년대부터 본격적으로 한국에 처음 시스템다이내믹스가 광범위하게 응용되기 시작해 현재까지 이어져 오고 있다. 다음에는 복잡체제이론이 행정학 연구 중 특히 조직과 정책분야에 주는 시사점을 중심으로 살펴보고자 한다.

1. 조직 연구에 주는 시사점

드러커(Drucker)는 그의 저서 「혁신과 기업가정신」에서 “가장 기업가적이고 혁신적인 사람도 공공사업기구, 특히 정부기구의 운영을 떠맡고서 6개월이 지나면 최악의 상태인 시간떼우기에 급급한 관료나 권력에 굶주린 정치인 처럼 행동하게 된다”고 지적하고 있다. 이 말은 최근 인구에 회자되고 있는 복지부동과 같은 공무원의 행태가 문제라기보다 관료체제가 더 큰 문제라는 점을 함축하고 있다. 관료체제의 환골탈퇴를 위해서는 혁신이 필요하나, 종래의 중앙집권적 행정체제하에서는 혁신이 어려웠다. 그러나 이제는 모든 조직이 혁신을 주도해 나가야 할 것이다.

복잡체제이론 중 특히 자율적 요동을 통한 자기조직화 이론과 분기점이론에서는 조직이 직면한 조직내외의 환경적 변화는 조직의 쇠퇴를 초래하는 위협적 요인이 아니라, 오히려 새로운 차원으로 성장, 발전할 수 있는 기회가 될 수 있다고 주장되고 있기 때문이다. 구체적으로 평형으로부터 멀리 떨어진 상태(far-from equilibrium), 혹은 분기점에서 쇠퇴해나가기보다는 성장, 진화의 경로를 밟아나가는 조직들의 특성과 그 역동적 과정(dynamic process)의 설명을 위한 논거를 제공해 주고 있다.

조직 간의 경쟁과 국제화 등의 급격한 환경적 변화로 인해 혼돈과 불안정이 가중되는 위기점, 즉 분기점에서 이에 적응치 못하는 조직은 파산할 것이며 이에 적응하면 엄청난 성장의 기회를 잡을 것이다. 이러한 분기점에 직면한 조직은 조직의 효과성을 제고하기 위한 자기혁신이 필요하다 (최창현, 1997).

2. 정책학 연구에 주는 시사점

노화준(2012)은 정책학 연구에 있어서 복잡성과학과의 융합과학적 접근의 필요성을 강조한다. 뉴턴류의 관점은 부분들을 조심스럽게 검토함으로써 모든 것이 설명될 수 있다는 것이다. 그러나 이것은 인간형태의 많은 부분들에는 작동하지 않는다. 우리는 부분들의 합이 전체가 아니라고 하는 것을 느끼는 많은 경험을 한다. 복잡성이론의 정책체계에의 적용을 통해 다음과 같은 정책적 시사점을 얻을 수 있다 (사득환, 2003).

a) 초기조건의 미세한 차이가 큰 효과를 발생시킨다. 복잡한 정책과정 속에서 초기조건의 민감성 즉, 나비효과와 비선형적 순환고리성, 경로의존성, 창발성, 그리고 공진화 개념 등의 적용범위는 매우 많다.

b) 정책체제는 본질적으로 자기조직화적 비조직적 적응체제이기 때문이다. 과거의 정책결정이나 특정 사건이 반드시 미래예측을 가능하게 하지 않는다. 즉, 선형적 예측을 거부한다.

c) 특정 정책 효과를 낳는 다양한 정책수단(leverage)이 존재한다. 정책체제는 자기조직화하는, 그리고 비조직화된 역학체계 들의 복잡한 혼합물이다.

d) 정책영향 연구에서는 경계, 차이, 관계들이 목적달성을 위한 영향 수단(levers)들이기 때문에 이들을 주요 변수로 다루어야 한다.

e) 복잡체제에서는 의외로 단순한 규칙이 중장기적 유형(patterns)을 결정한다. 학습한 결과를 조화롭게 합성하여 변화의 지레장치로 사용하는 전략적 관점을 가져야 한다. 복잡체제에서는 단순한 법칙이 특정 상황의 과정을 지배하며, 적응 가능한 행동규칙이 상황적응적 행동을 낳아 전체 체제에 큰 변화를 가져온다는 명제가 성립한다.

f) 복잡적응체제내에서는 긴장은 해소되지 않고 오히려 다소의 긴장상태는 혼돈

의 경계에 있는 상태로 바람직한 상태이다. 자기조직화가 강한 복잡체제에서는 긴장 해소보다는 긴장유지가 일상적이다. 갈등과 협조, 일방적 의존과 상호 의존, 지배와 종속 사이의 긴장은 지속적으로 공존한다. 노사관계나 남북관계연구에 매우 시사적인 현상이다.

만일 정책학을 복잡성 과학과의 융합학문으로 발전시킬 수 있다면, 지금까지 정책학이 관심을 갖지 못하였던, 또는 이론화하여 정책 실무를 발전시키지 못하였던 신천지를 개척할 수 있게 되고 정책학 이론의 정책현상에 대한 설명력과 정책실무에 대한 적합성 및 효용성은 한층 더 높아질 수 있게 될 것이다 (노화준, 2011). 정책현상을 복잡적응체계로 인식하여 새로운 관점과 분석개념과 접근방법을 적용한다면 빈번한 정책실패를 방지하고, 정책쇄신을 꾀하며, 정부개혁 및 공공관리와 정부 가버넌스 방식의 획기적인 변화를 가져올 수 있는 개념과 이론체계가 개발될 수 있을 것이다. 이러한 연구는 한국 정책학의 창조성과 토착화에 크게 기여하게 될 것으로 기대된다 (사득환, 2003).

결론적으로 종합해 보면 첫째, 복잡체제의 혼돈적 행태는 장기적인 관점에서 사회체제를 파악할 필요성을 일깨워 주는데, 조직이론이 횡단적 자료(cross-sectional data)에 의존하는 한 사회체제의 혼돈적 특질을 포착하는 데는 한계가 있을 것이다. 둘째, 기존 통계학적인 방법론을 사용하여 본질적으로 복잡체제를 분석하는 경우 통계적인 결과는 나쁠 수밖에 없으므로 앞서 살펴본 조직개체군 생태학이론등의 조직이론에 GA-Based Simulation 등의 복잡체제이론에서 발전된 시뮬레이션기법을 적용해 보는 것이 유용하다고 생각된다 (최창현, 2006).

지난 수년간 자연과학분야에서는 혼돈이론 및 복잡체제이론에 입각한 자기조직화 개념이 상당한 반향을 불러일으켰으나(최창현, 2006), 문제는 이 자기조직화에 관한 지식이 사회체제에 어느 정도나 적용될 수 있느냐 하는 것이다 (Probst, 1984).

사회적 다위니즘(Social Darwinism)의 조직적 적용으로서의 조직개체군생태학이론의 경우나 생물학적 유기체론의 사회과학적 적용인 체제이론에서 나타난 바와 같이 자연체제에서 사용되는 개념이 사회체제에 원용된 경우에서처럼 부적절한 은유와 해석으로 인한 비판에 직면할 위험성이 있으나, 체제이론과 복잡체제이론은 모두 과학관의 발상의 전환을 가져올 수 있는 사회과학의 연구에 유용한 개념이라 할 수 있다 (최창현, 2006). 또한 복잡계이론을 과학이라고 볼 수 있는가라는 의문도 있을 수 있다. 과거 행정학조차도 과학이나 기술이냐의 논란이 있었지만, 많은 연구가 축적되면 과학으로 인정받을 수 있을 것이다.

제 10 장 공공정책론

오 철 호

Ⅰ. 서 론

정책학이 하나의 분과학문으로써 한국행정학계에 소개되어 연구가 본격적으로 전개된 기간은 30여년 남짓이다. 학계에 확산되어 그 존재기반을 마련하는데 충분한 기간은 아니다. 돌이켜보면 우리 스스로 한국에서 정책연구의 기반이 마련되었는지 또는 어느 정도나 자리를 잡았는지 제대로 확인할 기회조차도 갖지 못했다. 아마도 그런 노력의 하나가 이른바 한국적 정책연구 또는 정책연구의 토착화에 대한 문제제기와 간헐적으로 관심이 대두되는 이유라고 본다. 그러나 그동안 제기된 문제를 지속적이며 체계적으로 규명하려는 노력이 어느 정도나 계속되고 있는지 자문해볼 필요가 있다. 결과적으로 한국적 정책지식 산출을 위해 여러 가지 연구모형 또는 관련 학문의 새로운 개념이나 접근방법 등을 정책현상을 설명하는데 체계적으로 도입하거나 외연을 넓히려는 꾸준한 시도가 부족해 보인다. 상황에 따라 이른바 한 때 반짝하는 유행과 같은 연구로 학계 전반적인 관점에서 볼 때 오히려 연구가 축적되지 못하는 분절현상이 나타나는 것 같다 (오철호, 2010).

이처럼 체계적인 정책지식의 지속적 축적이 빈곤함에도 불구하고, 정책에 관한 연구와 교육 활동이 활발히 전개되어 온 점 또한 부인할 수 없다. 대부분 국내 대학에서 정책학 관련 교과과정이 개설되고, 일부 대학 또는 대부분의 대학원에는 정책학 전공이 설치되었다. 그런가 하면 일부 학술연구단체를 통해 정책연구가 나름 다양한 형태로 이루어지고 있다. 정부의 정책추진 과정에 정책관련 학자들이 참여하여 자문하는 것을 흔한 볼 수 있으며, 행정실무에 정책관련 이론이나 분석방법의 적용을 시도해볼 수 있는 관·학 연계도 강조되고 있다. 적어도 표면적으로는 정책학 연구와 교육은 빠르게 성장하고 정부의 정책연구결과 활용은 대단히 활성화되어 온 것처럼 보인다.

그러나 정책학의 이상과 패러다임이라는 관점에서 볼 때, 이러한 현실로부터 어떤 의미를 찾을 수 있는지에 대해 다음과 같은 자기 성찰적 질문에 봉착하게 된다. · 한국의 정책연구는 정책학 패러다임관점에서 성공적으로 이루어지고 있는가? · 한국의 정책연구는 정책과정에 적합하고 유용한 지식을 제공하고 있는가? · 결과적으로 정책연구는 우리 사회가 직면한 근본적인 문제해결에 도움을 주고 있나?

이러한 의문들을 좀 더 깊게 성찰해 보면 지금까지의 정책학 연구와 교육이 정책학의 목적과 패러다임을 반영한 한국에 적합한 정책학의 미래상을 찾는데 의미 있는 기여를 하지 못하고 있다는 점을 확인하게 된다 (허범, 2002: 274). 우리 학계의 자기모습 찾기가 정책연구에서 요구될 때, 그 종착점은 여전히 인간성 회복을 위한 민주주의 구현의 수단으로써 통합된 정책지식의 산출이라는 정책학의 목적구조라는 점은 변함이 없을 것이다. 따라서 정책연구의 전반적인 조망을 위해서 시급한 것은 정책연구의 근본적인 토대, 즉 정책학의 철학적 기반을 보다 분명히 하는 것이며, 이는 정책학의 이상으로부터 그 논의를 시작하는 것이 바람직할 것이다 (오철호, 2010: 15).

이 장에서의 논의는 바로 이런 문제의식에서 출발한다. 디지털사회를 맞이하여 정책연구의 자기 성찰과 새로운 방안 모색을 위한 고민의 전제로 지금까지 한국행정학계에서 정책연구가 어떤 모습으로 이루어져왔는지를 성찰해보자는 것이다. 지난 60년 동안 한국행정학회보에 게재된 논문들을 대상으로 그동안의 정책연구 경향이 과연 정책학 패러다임에 얼마나 부응하고 있는지를 실증적으로 분석하려는 것이다. 그렇게 함으로써 한국 행정학자들의 정책연구 성향과 속성을 규명하고, 향후 정책연구의 방향성을 제안하려고 한다.

Ⅱ. 기존의 모습

라스웰(Lasswell, 1951)에 의해 제시된 민주주의 정책학은 존엄한 인간 가치의 충분하면서도 성실한 실현을 위하여 정책과정과 내용에 대한 연구를 문제지향적, 맥락지향적, 그리고 연합학문적 관점에서 접근하는 학문이다. 이러한 전제를 토대로 생산되는 지식은 현실적 문제해결에 요구되는 정책수단을 제공할 수 있으며, 바람직한 사회 건설에 실질적으로 도움이 될 수 있는 정책정보라는 점에 주목할 필요가 있다. 즉, 정책학은 20세기 중반에 추상적 이론개발과 실증주의적 접근방식에 치중하고 있었던 행태주의 기반의 사회과학적 입장을 탈피하자는 주장이었다고 볼 수 있다. 특히 정책학은 민주주의의 이상을 구현하려는 현대 국가의 현실 문제를 현명하게 대응할 수 있는 적용 가능한 수단을 현실적으로 제안할 수 있음을 잊어서는 안 된다 (목진휴 외, 2005: 132).

다른 한편으로, 인간의 존엄성 구현이라는 가치판단적 문제의식을 지니고 등장한 정책학의 발전을 바라보는 눈은 그다지 긍정적이지 않아 보인다. 일반적으로, 초기 정책학의 이상은 아직 달성되지 못한 상태이거나 또는 한발 더나가 일부 학자들은 실패하였다고 주장하고 있다. 그들이 유사하게 지적하는 정책연구의 치명적인 문제점은 도구적 합리성, 기술관료의 지향성, 오류가 내재하는 분석 등으로 요약된다 (허범, 2002).[1] 특히 여러 학문분야에서 앞 다퉈서 정책에 관심을 갖고 관련 연구를 광범위하게 행해나가는 이른바 '정책운동'이라는 흐름에서 정책학자들이 주도적 역할을 하지 못함으로써 패러다임상의 혼란이 야기되었다. 즉, 정책학이 사회 변화와 함께 하지 못하는 시차현상이 발생한 것이다.

그러나 90년대 이후 민주주의 정책학은 탈실증주의에 입각한 새로운 인식론으로 무장하면서 가치판단의 중요성을 인정받을 수 있었다. 즉, 정책과정 전반에 걸친 사상적인 기반을 '인간의 삶의 질 향상'에 두며 '인간의 존엄성 실현'을 정책학의 목적으로 분명하게 제시하고 있다는 점에서 학문으로써의 존재가치를 분명하게 지니고 있다. 그리고 참여정책분석과 참여자들 사이의 토론이나 타협 또는 조정을 통해서 합의에 이르는 것을 강조하는 담론민주주의에 대한 관심이 커지면서 인본주의적 정책연구가 구체적으로 어떻게 구현될 수 있는지에 대한 실질적인 활동이 설득력을 얻어가고 있다. 이런 흐름들은 정책학이 근본적으로 추구하는 학문적 가치와 부합되는 것이며, 정책연구의 지속가능성을 보장해 주는 다양한 현상이라고 생각된다.

다른 한편으로, 한국의 경우 정책학이 국내 대학의 정규교과목으로 도입되기 시작한 1960년대 중반 이후, 정책과정 전반에 걸쳐 다양한 연구가 이루어져 온 것은 사실이다. 그럼에도 불구하고 그동안 한국의 정책연구를 살펴보면 한국사회가 안고 있는 사회문제의 근본적 해결을 위한 정책연구의 방향이나 한국적 정책학 이론의

---

1) 도구적 합리성은 주어진 목표대비 최적수단의 선택을 의미하며, 기술관료성은 전문가(특히 정책결정권을 지닌 공무원)가 지니는 기술수준이나 기준에 가장 부합하는 선택을 내포하고 있으며, 분석적 오류는 분석가가 정책문제를 다루기 쉬운 문제로 전환하는 과정을 의미한다 (보다 구체적인 주장은 Brunner, 1991; Doren, 1992 등을 참조바람).

발전 필요성 또는 정책이론과 정책실제 간의 괴리 극복을 위한 연계방안 등에 대한 체계적이며 깊이있는 연구는 그리 많지 않아 보인다. 한국의 사회문제를 해결하기 위한 노력이나 한국만이 가지고 있는 독특한 정책과정을 설명하기 위한 정책학 이론이나 방법론의 개발은 1990년대 이후에서야 싹트기 시작하였다 (노화준, 1996).[2] 그러나 이러한 경험적 연구의 동향은 다분히 과거에 대한 회고와 현재에 대한 기술에 그치는 성향을 가지기 때문에, 거시적 관점에서 앞으로 한국의 정책연구가 나아가야 할 방향을 제시하는데 한계가 있다.

그동안 한국의 정책연구 실태에 대한 점검은 몇 차례에 걸쳐 이루어져 왔으나, 이를 발전시켜 한국적 정책학 이론이나 모형의 개발로 이어지는 연구는 찾아보기 쉽지 않다. 노화준(1996)도 한국에 있어서 연구계와 실무계간의 괴리 때문에 한국의 현실을 설명하고 처방할 수 있는 정책학 이론과 모형이 발전되지 못하고 있다고 진단하였으며, 한국사회에 적실한 정책학 이론과 모형의 개발이 향후 과제라고 지적하고 있다. 반면에, 정책학 태동기에 제시된 패러다임에 대한 점검을 통해 정책연구의 방향을 제시하는 연구도 일부에서 간헐적으로 진행되어 왔다. 허범(1992, 2002)은 정책학의 패러다임에 대한 검토를 통해 한국 정책학의 연구방향을 제시하고 있으며, 김형렬(2002)은 효과적 정책분석을 위한 정책 패러다임의 모색을 위해 담론적 패러다임과 간연계적(Intertextual) 패러다임을 제시하고 있다.

보다 구체적으로 살펴보면, 본 연구의 목적과 연관된 선행연구의 내용을 간략히 정리하면 <부록 1>과 같다. 정책학의 범위가 넓고 다양하여 정책학 방법론, 이론, 분야별 혹은 주제별 정책이슈에 대한 연구흐름을 체계적으로 진단하는 일은 간단치 않다. 행정학이나 정책학 분야의 정책연구의 성격과 범위, 일반적인 경향에 대한 회고와 성찰 등에 관한 연구는 그 동안 일부 학자들에 의해 제한적으로 시도되었다(예, 김영평, 1984; 정정길, 1979; 구광모, 1984). 특히 학술지에 게재된 연구논문들에 대한 경험적 분석을 토대로 연구경향을 살펴본 후 행정학 또는 정책학의 발전방향을 제

2) 정책학 방법론의 연구와 한국적 적용 가능성을 탐구하기 위하여 정책학 전공자를 중심으로 설립된 한국정책분석평가학회를 예로 들 수 있다. 그런가 하면 한국정치학회는 정책문제의 실체적 탐구를 위해 정치과정적 측면에서 정책학 연구회를 구성하여 운영하고 있으며 이러한 유사한 조직이 한국행정학회에서도 운영되고 있다. 한국정책학의 정체성을 확인하기 위한 시도는 1992년 한국정책학회가 창립되면서부터이다. 한국정책학회 회장 수락 연설문에서 초대회장은 한국정책학의 정체성과 가능성에 대한 방향을 제시하고 있고(허범, 1992), 한국정책학회 창립총회 기념 학술발표회에서는 한국 정책학의 현재를 확인하기 위한 경험적 연구가 소개되면서, 정책연구의 내용과 성격(송희준, 1992), 정책학의 학문적 위상 및 방향(송근원, 1992), 정책학 교육의 실태(김준한 & 강명구, 1992), 정책연구의 활용실태(염재호 & 김호섭, 1992) 등에 관한 점검을 시도하고 있다. 한편 김인철(1992)도 학회지에 실린 논문의 분석을 통해 한국정책학 분야의 연구내용과 성격에 대해 분석하고 있다.

시한 연구들은 상당수가 있다 (안병만, 1986; 송희준, 1992; 권경득, 2006; 한세억, 2013; 홍형득, 2015). 또한 정책학자들이나 공무원들을 대상으로 실시한 설문조사를 활용하여 정책연구경향과 현실 정책에의 활용여부 및 발전방향 등을 제시한 일부 연구들도 있다 (예, 송근원, 1992; 이상 내용은 목진휴 외 2005: 133을 부분적으로 보완하여 인용함).

특히 본 연구와 관련하여 권경득(2006)과 목진휴 외(2005) 연구는 주목할 필요가 있다. 권경득은 지난 50년(1956~2006)동안 행정학보의 논문을 분석함으로써 행정학 연구정향을 제시하고자 하였다는 점에서 이 연구의 통시적 분석과 유사하다. 그러나 권경득 연구는 인사, 조직, 지방자치 등 행정학 전 분야를 분석범위로 설정하여 정책은 한 분야로 포함하고 있을 뿐이다. 특히 분석기준 역시 연구 분류, 범위 또는 방법 등으로 비교적 협소한 기준에 따라 조사하고 있으며 결과적으로 어떤 일관성 있는 이론적 관점에서의 분석이 아닌 여러 기준을 적용한 분석결과를 나열식으로 제시하고 있어 해석상 아쉬움이 있다. 본 연구는 2006년 이후 지금까지를 연구범위에 새롭게 포함하고 있으며, 무엇보다도 정책학 패러다임이라는 관점에서 연구경향을 일관성있게 분석하고 해석하였다는 점에서 권경득 연구와 차별적이다.

목진휴 외 연구는 본 연구와 유사한 문제의식하에서 학술논문 및 연구보고서 등 광범위한 연구결과를 분석하고 있다. 연구(학술)논문의 경우 12년 동안에(1992~2003년) 행정학보, 정책학회보 및 정책분석평가학회보에 게재된 논문 중에서 정책학관련 논문 총 366편을 선정하여 정책학 연구패러다임관점에서 분석하였다. 그러나 본 연구는 목진휴 외 연구와 두 가지 점에서 다르다. 하나는 연구의 시간적 범위인데, 지난 60여 년이라는 장기간 동안에 행정학보에 게재된 논문 중 정책관련 논문들만을 연구대상으로 분석하였다. 그럼으로써 한국행정학회 회원들의 정책연구경향을 최근 10여년이라는 한정된 기간이 아닌 행정학회의 출범부터 현재까지 전 기간을 통시적으로 분석하였다. 이를 토대로 행정학자들의 정책연구경향이 장기간에 걸쳐 정책학 패러다임 측면에서 어떤 모습으로 축적되었으며 그 의미는 무엇인지를 추론해보고 향후 정책연구의 방향을 그려보았다. 다른 하나는 정책학패러다임에 대한 분석기준을 보다 분명하게 설정하였다. 즉 목진휴 외 연구가 한계로 지적한 연합학문지향성이나 특히, 맥락지향성에 대한 분석기준을 보다 구체적으로 제시하여 자료 분석결과에 대한 해석의 타당성을 제고하고자 하였다.

Ⅲ. 이론적 배경 및 연구설계

인본주의적 민주주의 실현을 목적으로 출발한 정책학은 정책내용과 과정을 연구초점으로 삼고 있으며 문제지향적, 맥락지향적 그리고 연합학문 지향적 접근을 적용하는 학문이다(허범, 2002). 본 연구는 이러한 정통정책학 패러다임에 입각해서 볼 때 한국의 정책연구가 어떻게 이루어지고 있는지에 대한 질문으로 시작하며, 정통정책학의 패러다임이 이 연구의 분석틀이며 준거기준으로 사용될 것이다 (Lasswell, 1951, 1970; 허범, 1992; 목진휴 외, 2005 참조 및 보완).[3)]

1. 이론적 배경

1) 문제지향성

문제지향성은 정책학의 궁극적인 연구목적인 인간의 존엄한 가치를 전제로, 인간이 직면한 핵심적인(또는 근본적인) 정책문제를 보다 적극적인 자세로 해결하려는 연구 성향을 지칭한다. 기존 정책연구의 분석을 위한 문제지향성관련 몇 가지 구체적인 질문은 다음과 같다.

① 이 연구가 정책문제 해결에 기여하는 실제적인 지식(해결방안)을 창출하고 있는가?

② 이 연구가 취급하는 문제영역은 어떠한 것인가?

③ 이 연구는 일상적인 또는 사소한 정책문제를 취급하고 있는지, 아니면 사회가 당면하고 았는 근본적인 이슈까지도 포함하여 다루고 있는가? 등

이런 문제의식을 보다 구체적으로 점검하기 위하여 몇 가지 지표를 설정하였다(<표 1> 참조).[4)] 예컨대, 연구목적 측면에서는 라스웰의 정책연구지향에서 제시한

---

3) 이 연구가 특히 정책학의 지향성을 분석틀로 접근하는 이유는 크게 두 가지로 제시될 수 있다. 하나는 그동안 정책연구경향 분석연구들이 주로 방법론적 또는 분석기법 관점에서 접근함으로써 기존 연구를 관통하는 이론적 함의를 추론하는데 한계가 있고, 둘째로 우리나라 정책학 교육초기부터 도입되어 확산되어온 이른바 정통정책학의 내용이 연구과정에서 제대로 수용 또는 적용되고 있는지를 분석하는 것은 자기 성찰적 치원에서 필요해 보이기 때문이다.

4) 한국행정학보에 게재된 정책 관련 연구에 대한 경향을 분석하기 위하여 Lasswell의 정책학 패러다임을 토대로 정책연구의 경향을 실증적으로 분석한 목진휴 외(2005) 연구의 내용분석틀을 상당부분 수정·보완하여 활용하였다. 예컨대, 목진휴 외에서 사용하고 있는 저자수나 저자의 직업 등은 연합학문지향성을 분석하는데 적합하지 않다고 판단하여 제외하였고, 정책단계에 대한 분석이나 분석단위 등에 대한 내용은 맥락지향성으로 재분류하였으며 자료속성이나 연구범위 등을 새롭게 포함하였다. 기존 연구의 내용분석기준 또는 방법은 정책연구의 경향과 연관된 다른 연구(주상현, 2002; 권경득, 2006; 한세억, 2013; 홍형득, 2015 등)에서 찾아 볼 수 있다. 예컨대, 내용분석기준은 1) 시기별 구분, 2) 연구목적, 3) 연구방법 등으로 크게 대별할 수 있으며, 이러 연구들의 한계는 표본추출의 편의(Bias), 분류기준의 근거 미흡, 주관적인 분류, 특히 이론적 함의

것처럼 정책학의 이론 내지 정책과정에 필요한 이론정립을 목적으로 수행되는지, 단순히 문제제시만을 하고 있는지 또는 이론정립을 통해 문제제시를 하여 보다 체계적인 정책연구가 수행되는지 여부 등을 구분해 정책연구의 문제지향성을 분석해보았다. 또한 연구 분야는 행정학 문헌관리시스템의 분류(권경득, 1996, 2006: 621 재인용)를 참고로 일부 수정・보완하여 재정 및 경제(산업정책 포함), 교육 및 문화, 국방 및 치안, 사회 및 보건복지・노동, 외교 및 국토통일, 교통 및 통신, 국토개발 및 환경(에너지정책 포함), 과학기술, 기타(일반 행정, 정보화 및 전자정부, 재난관리 등) 등으로 구분하였다. 이를 통하여 기존의 정책연구들이 또 다른 유형의 정책지식인 정책 자체에 대한 지식, 즉 특정문제에 대한 해결책(Knowledge in policy)을 다루고 있는지를 살펴보았다. 마찬가지로 정책단계별로 구분 가능한 연구논문의 경우, 정책형성, 정책결정, 정책집행, 정책분석 및 평가, 기타 등으로 구분하여 라스웰 등이 주창하는 전통적 정책학의 목적구조를 구성하고 있는 두 가지 유형의 정책지식 중 분석대상 논문들이 정책과정(Knowledge of policy)에 대한 지식을 창출하고 있는지를 분석해 보았다.

2) 맥락지향성

맥락지향성이란 정책적으로 고려하고 있는 또는 분석대상인 정책문제나 이슈를 실제로 처해있는 상황(또는 맥락)에 부응하도록 정의하고 적합한 해결책을 제시해야 함을 의미한다. 맥락성은 정책문제의 과거와 현재 그리고 미래를 종합적으로 고려하는 시간차원의 맥락성과 정책문제를 둘러싸고 있는 지역적 상황, 예컨대 지역사회－국가－범지구적 관점을 포함하는 공간차원의 맥락성 그리고 정책과정에 참여하는 사람들의 역할, 가치, 제도적 속성과 정책체제 등을 포괄하는 정치· 사회적 맥락성을 지칭한다. 그러므로 맥락지향성은 정책문제를 시간적 또는 공간적 상황맥락에서 의의를 파악함으로써 왜곡없는 즉, 실제 상황에 부합하는 정책문제 정의와 해결방안 마련을 요구한다. 정책연구의 맥락지향성 분석을 위한 예시적 질문은 다음과 같다.

① 이 연구는 과거에서 미래까지를 종합하는 시간차원의 맥락을 충분히 고려하고 있는가?

② 정책참여자의 가치, 제도와 기관 및 정책 환경을 포괄하는 정치 경제 사회적 차원의 맥락성을 충분히 고려하고 있는가? 정책문제, 정책의 연관성을 고려하고 있는가? 정부간, 조직간, 변수 간 연관성을 고려하고 있는가?

추론 미흡 등으로 집약될 수 있다.

③ 이 연구는 공간적인 면에서 세계적 관점을 고려하고 있는가? 정책공간의 범위를 어떠한 수준의 맥락성을 고려하고 있는가(즉, global, national, regional 등의 차원에서 보고 있는가 아니면 local/parochial perspective를 갖고 있는가?)

④ 이 연구는 시간과 공간을 통합해서 보고 있는가? 등

맥락지향성을 실증적으로 분석하는 것이 쉽지는 않지만 이 연구에서는 몇 가지 지표를 통하여 경향을 파악하고자 하였다. 예컨대, 연구대상의 속성과 관련하여 분석대상의 정책이나 사업을 시행하는 주체이거나 또는 정책 및 사업 연구의 적용을 받는 기관을 수준별로 중앙정부, 지방정부, 공공기관, 기타 등으로 구분하여 일종의 공간적 맥락성을 추론해보고자 하였다. 또한 연구범위와 관련하여 연구자가 다루는 연구문제나 내용과 관련하여 시간적 범위나 공간적 범위 또는 양자를 혼합한 범위들을 명시적으로 제시하고 있는지를 분석하여 연구시 맥락적 고려에 대한 추론을 시도하였으며, 특히 자료의 속성(예, 시계열자료사용여부)을 분석하여 정책연구의 시간적 맥락지향성을 간접적이지만 살펴보았다.

3) 연합방법지향성

연합학문지향성은 정책을 통해 해결하거나 감소시킬 사회의 중요한 문제들은 그 자체가 여러 요인들이 작용하는 복잡한 속성을 지니기 때문에 정책연구과 인접 학문들 간의 교류가 필요하다는 의미이다. 따라서 정책연구는 실증주의적 입장의 방법론상 분할주의를 넘어서 사회과학의 다양한 분과학문과 학제간 연구는 물론이고 순수과학뿐만 아니라 응용학문과도 융합하는 연구지향을 필요로 한다. 정책학의 연합방법지향성은 어떤 정책문제의 해결을 위하여 복수의 다양한 방법을 화학적으로 종합하여 적용하는 것을 의미하며. 연합방법지향성 분석을 위한 몇 가지 질문은 다음과 같은 것들이다.

① 이 연구는 적절한 연구방법을 활용하고 있는가?

② 이 연구는 취급하는 정책문제 또는 정책의 특성에 비추어 필요한 관련 학문분야의 지식을 적절히 이용하고 있는가?

③ 이 연구는 타당한 연구결과물을 산출하기 위해 질적 혹은 양적 방법론 등 방법론측면에서 다원적 접근을 시도하고 있는가? 등

실증적으로 연합학문성을 살펴보기 위하여 몇 가지 지표를 사용하였다. 예컨대, 연구자의 특성을 살펴보기 위해서, 첫째, 연구자의 소속기관별 특성을 고려해 대학, 국책연구원, 민간연구원(대학연구소 포함), 정부 및 공공기관, 기타 등으로 구분하였

다. 단, 복수저자 연구논문의 경우, 제1저자(주저자)를 기준으로 구분하였다. 둘째, 특히 본 연구의 목적과 관련하여 정책연구의 연합학문성 또는 연구자들 사이의 협업 정도를 파악하기 위해 연구자들의 소속기관을 단일집단과 복합집단으로 구분해 분석하였다. 또한, 분석유형을 설명적 연구, 기술적 연구 등으로 구분하고, 연구방법을 양적 내지 질적 연구방법과 그에 따른 구체적인 자료수집방법, 분석기법 등을 살펴봄으로써 정책연구의 연합학문성을 추론해보고자 하였다.

〈표 1〉 내용분석기준과 정책학 패러다임의 분류

분석기준	내용	패러다임 분류
저자 소속기관 (대표저자)	대학, 연구소(국책 및 민간), 정부기관, 기타	연합학문지향성
저자 직업 (대표저자)	교육자(예, 교수), 연구원, 공무원, 기타	연합학문지향성
소속기관의 유형	단일형태의 집단, 복합형태의 집단	연합학문지향성
연구목적	(1) 정책대안의 제시, 정책대안의 미제시	문제지향성
	(2) 이론정립, 문제해결방안제시, 이론검증을 통하여 문제해결방안제시, 기타	문제지향성
분석유형	기술(Descriptive) 연구, 설명(Explanatory) 연구, 기타	–
연구영역	인사정책, 재정·경제정책, 문화·사회·보건복지정책, 산업·통상정책, 과학기술·정보통신정책, 환경·자원정책, 학술·교육정책, 농림수산정책, 노동·법률정책, 국방·안보정책 등	문제지향성
정책단계	의제설정, 정책형성, 정책집행, 정책평가, 해당없음	맥락지향성
연구방법	정량적 연구, 정성적(질적)연구	연합학문지향성
연구범위	시간적 범위, 공간적 범위, 양자 혼합 범위 명시	맥락지향성
분석기법	(1) 기초통계 사용 또는 미사용	연합학문성 (다양한 분석기법들의 혼합 활용 여부)
	(2) 표분석/t검증 사용함 또는 사용하지 않음	
	(3) 회귀분석 사용 또는 미사용	
	(4) 다변량분석 사용 또는 미사용	
자료종류	횡단면자료, 시계열자료, 혼합(횡단면+시계열)자료, 해당사항 없음	맥락지향성
분석단위	개인, 조직(정부포함), 국가, 사회적 인공물, 기타, 해당사항 없음	맥락지향성

주) 연구영역은 권경득(2006: 621)이 사용한 행정학 문헌관리시스템의 분류기준의 내용을 일부 수정 보완해 사용함.

자료: 목진휴 외(2005: 137－138)의 내용분석틀을 수정·보완하고 일부 기준을 추가해서 작성함.

2. 연구설계

1) 연구범위

한국행정학회는 1956년 10월 한국행정연구회라는 명칭으로 창립되어 올해로 약 60주년을 맞이하고 있으나, 본격적으로 학회보가 발간되기 시작한 때는 1967년부터라 할 수 있다. 따라서 이 연구의 시간적 범위는 한국행정학보 발간되기 시작하는 1967년부터 2015년까지 한국행정학보를 대상으로 한다. 특히, 아래 <표 2>와 같이 한국행정학보에는 현재 일반논문, 정책논단, 기획논문, 특별기고논문, 서평, 담론 등 다양한 형식의 논문과 비평문 등이 게재되고 있으나, 이 연구에서는 서평과 특정 이슈에 대한 토론형식의 담론은 제외하고 학술논문의 형식으로 작성되어 게재되는 연구논문을 대상으로 내용분석을 진행하였다.

〈표 2〉 한국행정학보의 발간 현황(1967～2015년)

구 분	1967～1977년	1978～1983년	1984～1989년	1990～1995년	1996～2015년
주요 내용	특집 논문 서평 등	세미나(발표)논문 특집 지방학술대회논문 월례발표논문 연구논문 서평 등	지방학술대회논문 기획논문 월례발표대회논문 연구발표논문 기고(일반)논문 서평 등	(기고)논문 기획논문 정책논단 비평문 서평 등	일반논문 정책논단 기획(초청)논문 특별기고논문 서평(비평) 반론 등
연간 발행 횟수	1	1	2	4	4
권 호	1－11호	12호－17호	18권 1호 －23권 2호	24권 1호 －29권 4호	30권 1호 －49권 4호

주) 1990년의 학회보는 1－3호까지 발간; 2004년의 학회보는 1－6호까지 발간.
자료: 권경득(2006: 620) 내용을 일부 수정.

2) 연구방법 및 대상

연구방법은 문헌조사 방법을 사용하여 1967년 창간호부터 2015년 제49권 4호까지 한국행정학보에 게재된 논문들 중 정책과 관련된 연구들만을 분석대상으로 선정하였으며, 정책연구의 경향성을 체계적으로 분석하기 위해 메타분석 논리를 활용한 내용분석을 실시하였다.

분석대상이 되는 논문의 경우 첫째로, 논문의 제목이나 키워드에 ‘정책’이라고 명시적으로 표현된 논문들을 선정하였다. 둘째로, 논문의 요약문 및 본문의 내용을 살펴보고 정책학 이론(접근방법, 구체적인 이론 등)을 활용해 논의를 전개하고 있거나, 정책과정에 관한 연구, 특정 정책 또는 사업(프로그램, 서비스, 제도 등도 포함) 등을 대상으로 연구한 일반기고논문을 선별하였다. 따라서 학회보에 실린 논문 중 기획논문, 정책논단, 초청논문, 서평, 반론 등은 이들 논문의 주제선정이나 내용구성, 연구방법 등이 일반학술논문과 기본적으로 차이가 있을 것이라고 생각하여 분석대상에서 제외하였다(김태일, 1997; 권경득, 2006). 선별과정은 연구보조원(박사연구원)과 연구자가 각자 분류하고 논문의 분류결과가 일치 하지 않을 경우에는 분류자간의 토론을 통하여 분석대상 논문을 재분류하였다 (논문분류과정의 타당성 등에 대해서는 주상현, 2002 참조바람).[5]

한국행정학보에 게재된 정책관련 연구논문들은 597편으로 나타났으며(<표 3>참조), 이 논문들이 본 연구의 내용분석 대상이 된다. 특히, [그림 1]의 행정학보에 게재된 연도별 정책연구 논문 추이를 살펴보면, 1990년도 이후부터 정책연구가 급증한 것으로 알 수 있다. 이는 행정학자 1세대들의 노력으로 우리나라에 정책학이 도입·정착되기 시작해 공공정책에 대한 연구가 증가하였고, 특히 우리 사회의 민주화에 따른 다양한 정책적 수요에 대한 전문적 정책정보 제공의 필요성이 제고되었던 점도 간과할 수 없다.[6] 또한 대학 교과목에 정책학원론 및 정책과정론(즉, 집행, 분석 및 평가론)이 포함되는 등 정책(정책학)에 대한 교육과 연구에 대한 심이 급증하였기 때문으로 생각된다.[7] 다른 한편으로는 노화준(1996)의 지적처럼 90년대부터 체계적인 정책연구에 대한 자각이 싹트기 시작했다는 점도 복합적으로 고려할 필요가 있다.

---

5) 예컨대, 1차 분석결과를 비교했을 때 연구보조원과 연구자사이 분류한 논문차이가 52편이 발생하였으며 그 이유를 살펴보면서 서로 다르게 이해하고 있는 부분을 조정하여 재분류하였다. 예컨대, 본문에서 언급하고 있듯이 기획논문이나 연구논단 등을 초기분류에서 포함한 경우와 그렇지 않은 경우가 발생하여 기존연구의 분류시 고려사항 등을 참고하여 모두 제외하였거나 또는 이 연구에서 분류하고 있는 정책영역이외의 영역분류와 관련하여 분류상 혼란이 발생하여 '기타'로 분류하되 그 내용을 '일반행정', '정보화' 및 '재난관리' 등으로 세분화하여 표기하였으며, 모든 분류기준에 속하지 않은 나머지 논문들은 '기타'로 재정리하였다.

6) 이런 경향은 권경득(2006: 627)이 언급하고 있듯이 1990년대를 기점으로 행정학보의 전반적인 논문수가 비약적으로 증가했다는 분석결과와도 유사하다. 정부측면의 유인요인을 분석해보기 위하여 정책연구증가와 관련하여 정부의 정책용역연구비 예산자료를 기획재정부, 국회, 국회예산처 등을 찾아보았으나 관련 자료를 찾을 없어 이번 연구에서는 규명하지 못했다. 아쉽지만 후속연구에서 좀 더 광범위한 조사(예, 개별 부처별 정책연구용역비 항목 등)를 통해 자료가 수집될 수 있기를 기대한다.

7) 목진휴 외(2007)에 따르면, 정책학은 1960년대 후반에 행정학 교과과정의 일부로 정책론, 정책결정론 또는 정책형성론이라는 교과목이 개설되기 시작하여, 1970년대 후반에 들어서는 정치학이나 행정학 분야에서 독립된 분과학문으로 본격적인 교육이 시작되었다. 1980년대부터 대학원에서 정책학 관련 교육프로그램이 활성화되기 시작하였으며, 1992년 한국정책학회가 창립되는 등 정책학 분야가 양적·질적으로 성장할 수 있는 기반이 마련되었다.

〈표 3〉 한국행정학보에 게재된 정책연구 논문 현황: 연구대상

연도	1967~1970	1971~1980	1981~1990	1991~2000	2001~2010	2011~2015	전체
논문수(편)	8	12	70	198	212	97	597
비율(%)	1.3	2.0	11.7	33.2	35.5	16.2	100.0

[그림 1]에 나타난 연구대상 논문의 전반적인 경향을 보다 구체적으로 파악하기 위하여 시대별 구분하여 재분석해 보았다. 즉, 한국행정학보에 게재된 정책연구 논문을 정권의 특성을 고려하여 다음과 같이 분류해 보았다. ① 군사적 기반을 활용해 강력한 권력을 행사했던 박정희, 전두환, 노태후정부는 군부시대(1970~92년), ② 문민정부라 일컬어지는 김영삼정부부터, 김대중, 노무현정부는 진보정부시대(1993~2007년), ③ 상대적으로 보수적인 성향을 나타내고 있는 이명박, 박근혜정부는 보수정부시대(2008~2013년)로 구분하여 정책연구 논문 현황을 <표 4>와 같이 분류해 보았다. 다만, 1979.12~1980.8월까지 1년도 못되는 재임기간을 가졌던 최규하정부는 별도로 구분하지 않고 군부시대에 포함시켰다.

[그림 1] 한국행정학보에 게재된 정책연구 논문의 연도별 추이(1967~2015)

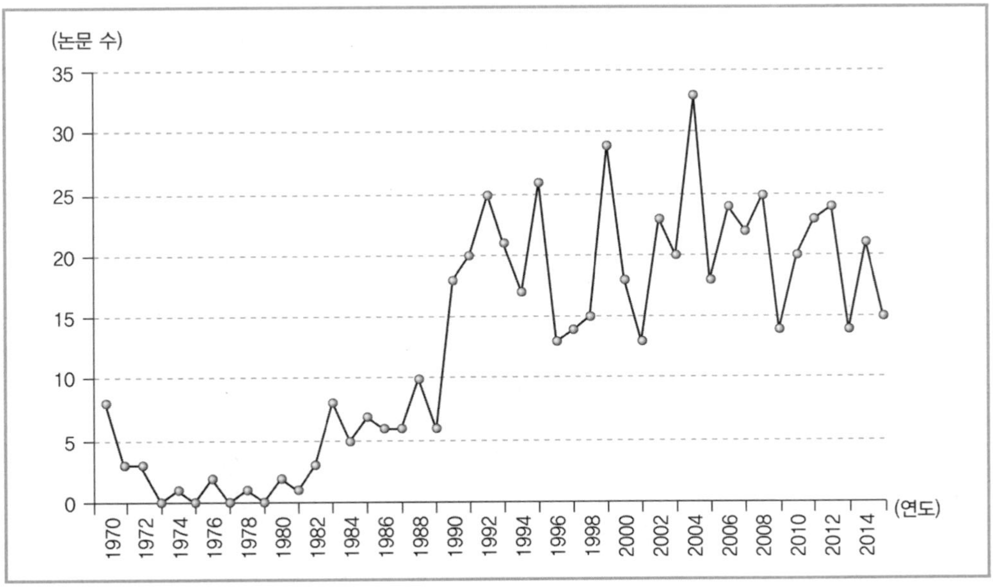

분석결과, 다른 정부시대에 비해 진보정부시대의 게재된 정책연구 논문이 306편(51.3%)로 과반이상을 나타내고 있는데, 김영삼정부에서부터 차츰 증가하기 시작한 정책연구가 특히 전체 논문중 노무현정부시기에 117편(연구대상 논문 597편 중 19.6%)으로 상대적으로 다른 정부에 비해 많은 정책연구가 진행되었다는 것으로 보다 분명하게 알 수 있다.

〈표 4〉 한국행정학보 정책연구논문의 시대별 구분

구 분	논문 수(편)	비율(%)
군부시대	135	22.6
진보정부시대	306	51.3
보수정부시대	156	26.1
합계	597	100.0

Ⅳ. 한국 정책연구의 특성

1. 문제지향성

1) 정책대안제시

정책연구는 정책결정자에게 문제해결을 위한 유용한 정책정보를 제시해 주기 위한 목적을 가진 것으로 문제지향성을 특성으로 갖는다. 이러한 관점에서 한국행정학보에 게재된 논문들을 살펴보면, 정책대안을 제시하지 않은 연구가 전체 정책연구 중 57.6%(344편)로 정책대안을 제시한 연구(42.4%)에 비해 상대적으로 높은 수준인 것으로 나타났다. 이 분석결과는 행정학분야에서 그동안 수행된 정책연구가 잘못되었다는 것이 아니라 적어도 정책연구결과의 활용제고라는 측면에서 응용학문으로써의 정책연구가 사회의 당면문제를 해결하는데 필요한 정책정보를 제공할 수 있는 방향으로 좀 더 이루어질 필요가 있다는 점을 제시한다고 할 수 있다.[8] 특히, 정책연구자들이 현재의 당면한 심각한 문제(즉, 소극적 정책문제)뿐만 아니라 미래에 발생할 여지가 있는 정책문제들(즉 창조적 정책문제)에 대해서도 가능한 대안을 제시해 줄 수 있는 실질적이고 사전적인 정책지식 창출에 좀 더 많은 관심을 갖는 것이 바람직해 보인다.

8) 최병선(2005: 1－2)은 정책학이 직접적으로 정책처방을 제시하는 것은 바람직하지 않으며 의학과 의술이 다른 것처럼 정책학은 정책의 본질과 속성을 탐구하고 인과적 지식을 축적하는 학문이어야 한다고 주장하고 있다. 이는 정책학 교육의 관점에서 보면 부분적으로 의미 있는 문제제기이나, 정책연구측면에서 보면 다른 해석이 가능하며, 특히 정책학 등장의 필요성을 반추해보면 응용학문으로써의 정책학의 역할이 무엇인지 분명하다.

〈표 5〉 연구목적

구 분	논문 수(편)	비율(%)
정책대안 미제시	344	57.6
정책대안 제시	253	42.4
합계	597	100.0

참고로, 이러한 연구목적이 시대별로 어떤 차이가 있는지를 살펴보면 <표 6>과 같이 나타남을 알 수 있다. 시대별로 살펴보면, 진보정부시대의 경우 정책대안을 제시하지 않은 연구가 165편(27.6%)이나 정책대안을 제시한 연구가 141편(23.6%)으로, 군부시대에 비해 정책대안을 제시한 논문이 약 417%이상 증가한 것으로 나타났으며, 보수정부시대에는 정책대안을 제시하지 않은 논문과 대안을 제시한 논문이 동일한 비율로 나타나 실행가능한 정책적 제안을 제시하려는 노력이 지속적으로 진행되고 있다고 판단된다.

〈표 6〉 시대별 연구목적 현황

구 분			시대별 구분			전체
			군부시대	진보정부시대	보수정부시대	
연구목적(1)	정책대안 미제시	논문 수(편)	101	165	78	344
		비율(%)	16.9%	27.6%	13.1%	57.6%
	정책대안 제시	논문 수(편)	34	141	78	253
		비율(%)	5.7%	23.6%	13.1%	42.4%
전체		논문 수(편)	135	306	156	597
		비율(%)	22.6%	51.3%	26.1%	100.0%

* Ch－square＝65.726, df＝8, p＝0.00로 나타나 유의확률 $p<0.05$ 수준에서 통계적으로 유의미하나, $\lambda=0.19$로 두 변인간의 관련성은 매우 약한 것으로 볼 수 있음.

2) 이론개발 대 문제제시

라스웰에 따르면, 정책에 관한 지식(예, 과정 및 실질적인 문제해결책)은 과학적이고 체계적인 방법에 의해 실증적인 연구를 통해 밝혀진 지식이 중요하다고 한다 (정정길, 2015: 19). 이러한 관점에서 한국행정학보에 게재된 정책연구가 과학적이고 체계적인 정책지식을 제공하는데 얼마나 기여하고 있는지를 살펴보았다. 이를 위해 정책연구가 순수한 이론정립만을 위해 수행되는지 혹은 문제제기에 주안점을 두고 있는지 또는 이론정립을 통해 문제제기를 함으로써 보다 체계적인 정책지식을 제공하고자 하는 목적으로 수행되는지 등을 살펴보았다. <표 7>에 따르면, 단순히 문제제시에 초점을 둔 정책연구가 57.3%(342편)으로 나타났으며, 다음으로 이론정립을 통한 문제제시를 목적으로 수행하는 정책연구는 31.5%(188편), 이론개발에 초점을 두는 순수정책연구는 9.2%(55편) 등의 순으로 나타났다. 즉, 한국행정학보에 게재된 정책연구는 정책결정자에게 해당 문제의 심각성을 제기하기 위한 목적을 가진 연구가 과반이상을 차지하고 있으며 보다 과학적이고 체계적인 정책지식을 제공하기 위한 노력도 역시 충분한 수준은 아니지만 지속되고 있는 것으로 판단된다.9)

〈표 7〉 정책연구의 이론정립과 문제제시 경향

구 분	논문 수(편)	비율(%)
이론정립	55	9.2
문제제시	342	57.3
이론정립을 통한 문제제시	188	31.5
기타	12	2.0
합계	597	100.0

참고로, 목진휴 외(2005: 143)의 연구에 따르면, 학술논문의 경우 이론검증 및 정립의 경우 66편(18.0%), 정책문제제시의 경우 172편(47.0%), 이론검증을 통한 정책문제제시는 84편(23.0%), 기타는 44편(12.0%)로 나타나 정책문제를 제시하려는 목적으로 이루어지는 연구가 가장 많은 것으로 나타났다. 연구목적과 관련한 이와 같은 분석결과는 이 연구에서 발견한 행정학보 게재논문의 정책연구 경향과 유사하다. 비록 한정한 연구기간만을 살펴보았지만 행정학보이외에 정책학회보나 다른 연구보고서까지 포함하여 분석한 목진휴 외 연구와 행정학보 60여년을 분석한 본 연구의 유사한 연구결과가 의미하는 바는 분명한 것 같다. 즉, 행정학 분야에서 진행되어온 정책연구가 순수한 이론정립에만 치중하기 보다는 적어도 정책문제 제기측면에서 활발히 이루어져왔으며, 특히 체계적이며 과학적인 기반의 정책지식을 산출하려는 노력 역시 일정 수준에서 지속되고 있음을 알 수 있다. 결론적으로 <표 5>와 <표 6>을 종합해보면, 행정학회회원들은 정책연구를 통해 한국 사회의 정책이슈를 제기하는데 많은 노력을 한 것

9) 시대별로 살펴보면, 진보정부시대의 경우, 문제제시를 목적으로 한 정책연구가 33.7%(201편)으로 이전 군부시대에 비해 약 283% 증가하였고, 이론정립을 통한 문제제기를 목적으로 한 연구도 14.1%(84편)으로 이전 군부시대에 비해 336% 증가한 것으로 나타났다. 다만 이론정립을 목적으로 한 순수 연구는 2.8%(17편)으로 오히려 이전 군부시대에 비해 50% 감소한 것으로 나타났다. (Ch−square=87.449, df=6, $p=0.00$로 나타나 유의확률 $p<0.05$ 수준에서 통계적으로 유의미하나, $\lambda=0.049$로 두 변인과의 관련성은 매우 약함).

으로 보이며 아직은 미흡하지만 체계적인 연구과정을 통하여 문제제기를 하려는 노력이 엿보인다. 그러나 정책문제를 해결할 수 있는 다양한 방안 제시나 정책판단에 도움이 될 수 있는 정보제공은 문제제기에 비하여 상대적으로 충분하지 않아 보인다.

3) 연구 대상 정책분야

기존 연구들과 마찬가지로 특정한 정책분야별 현황을 살펴보면(<표 8> 참조), 사회 및 보건복지 분야, 노동 분야의 정책이 23.5%(140편), 재정 및 경제 분야 정책 10.9%(65편), 국토개발 및 환경 분야 정책 16.1%(96편) 등의 순으로 나타났다. 다른 한편으로, 일반 행정, 정보화 및 전자정부 사업, 재난관리 사업 등은 기타로 분류하였는데, 기타 분야의 연구가 40.0%(241편)으로 상대적으로 높은 비중을 나타냈다. 특히, 기타 분야 중 조직 및 인사정책 등 일반 행정에 대한 정책연구가 전체 논문 중 26.5%(158편)로 가장 높은 비중을 나타났으며, 정보화 및 전자정부사업 관련 연구가 0.8%(5편), 재난관리 관련 정책연구가 0.3%(2편) 정도로 나타났다.[10] 이상의 분석결과를 볼 때, 한국행정학보에 게재된 정책관련 논문은 행정 분야의 전문성을 가진 학회의 특성상 아무래도 세부적인 정책분야에 대한 연구보다는 정부조직관리와 관련된 일반 행정 분야의 정책이슈에 대한 연구가 대부분인 것으로 판단된다.[11]

〈표 8〉 정책연구의 분야별 현황

연구 분야	논문 수(편)	비율(%)
재정 및 경제	65	10.9
교육 및 문화	9	1.5
국방 및 치안	11	1.8
사회, 복지 및 노동	140	23.5
외교 및 통일	7	1.2
교통 및 통신	17	2.8
국토개발 및 환경	96	16.1

10) 목진휴 외(2005: 144)의 학술논문 분석결과에서도, 기타(어떠한 영역에도 포함되지 않는 사항)의 경우가 가장 많은 90편(24.7%)인 것으로 조사됐다. 기타 분야를 제외하면 문화/사회/보건복지정책이 60편(16.5%), 환경/자원정책이 47편(12.9%), 과학기술/정보통신정책이 40편(11.0%) 순으로 많은 비중을 차지하는 것으로 조사됐다. 반면에, 농림수산정책은 6편(1.6%), 노동/법률정책은 8편(2.2%) 순으로 상대적으로 적게 연구되는 영역으로 나타났다. 참고로, 이 연구와 목진휴 외 연구가 유사한 정책영역 패턴을 보이고 있으나 차이점도 있다. 예컨대, 이 연구는 과학기술/정보통신을 분리하여 과학기술을 독립영역으로 분류하고 정보화나 전자정부는 기타에 포함하였으며 그 비율을 합해도 2% 정도이나 목진휴 외 연구결과에 따르면 11%를 차지하는 것으로 나타나 차이를 보이고 있다.

11) 권경득(2006: 627)의 연구에 따르면 행정학보에 게재된 논문의 90% 정도는 행정이론이나 관리와 관려된 분야, 예컨대 조직, 인사, 재무, 지방자치 등이 차지하고 있는 것으로 조사되었다.

과학기술	11	1.8
기타	241	40.0
합계	597	100.0

정책연구의 분야별 현황을 박정희정부(1980년이전), 전두환정부(1981~1987년), 노태우정부(1988년~1992년), 김영삼정부(1993년~1997년), 김대중정부(1998년~2002년), 노무현정부(2003년~2007년), 이명박정부(2008~2012년), 박근혜정부(2013년이후) 등 정부별로 시기를 구분해 살펴보면 <표 9>와 같다. 특히, 노무현정부(2003~2007년) 시기의 정책연구는 117편(전체의 19.6%)으로 김대중정부에 비해 19편이나 더 증가하였으며, 역대정부 중에서도 가장 높은 비중을 나타냈다. 또한 기타의 일반행정 분야의 연구가 김대중정부 시기보다 10편이나 많은 40편으로 정부조직개편 및 정부업무평가 등 일반행정 분야의 개혁 논의가 급증한 것에 기인한 것이라 판단된다. 한편, 박근혜정부 들어

〈표 9〉 정책연구의 분야 및 시기별 현황

구 분		최규하, 박정희 정부 (1970~1980년)	전두환 정부 (1981~1987년)	노태우 정부 (1988~1992년)	김영삼 정부 (1993~1997년)	김대중 정부 (1998~2002년)	노무현 정부 (2003~2007년)	이명박 정부 (2008~2012년)	박근혜 정부 (2013~2015년)	분야별 소계
연구분야	재정/경제	1	2	10	11	10	10	16	5	65
	교육/문화	1	0	1	0	1	1	4	1	9
	국방/치안	1	0	2	2	1	3	2	0	11
	사회, 복지/노동	4	6	19	16	24	30	25	16	140
	외교	0	1	1	4	0	0	1	0	7
	교통/통신	0	0	2	0	5	4	5	1	17
	국토개발/환경	1	3	8	24	18	18	19	5	96
	과학기술	0	2	1	0	2	3	2	1	11
	기타(일반행정)	2	7	15	18	30	40	30	16	158
	기타(정보)	0	1	1	1	0	2	0	0	5
	기타(재난관리)	0	0	0	0	0	0	0	2	2
	기타	10	14	19	15	7	6	2	3	76
전체	논문수(편)	20	36	79	91	98	117	106	50	597
	%	3.4	6.0	13.2	15.2	16.4	19.6	17.8	8.4	100.0

서는 세월호 사고 등 재난안전관리의 중요성이 강조됨에 따라 정책분야에서도 재난안전관리정책 연구(변상호 · 김태윤, 2014; 조석현 · 김태윤, 2014)가 2편 시도되었다.

[그림 2] 시기별 정책연구 현황

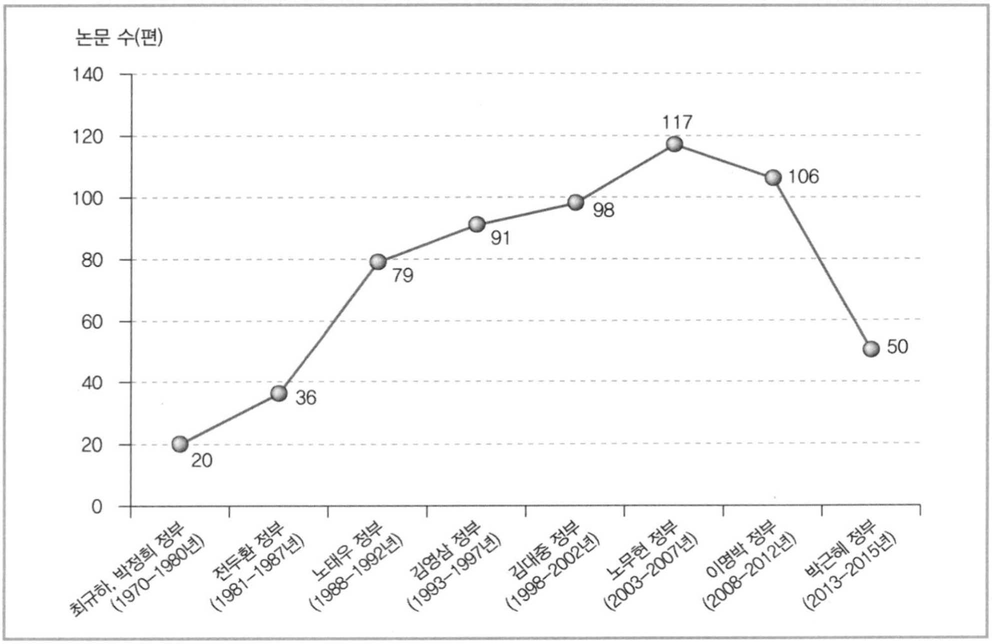

2. 연합학문지향성

1) 연구자의 특성

한국행정학보에 게재된 정책연구에 대한 연구자별 특성을 살펴보면 다음과 같다(<표 10> 참조). 대학교수(연구교수, 강사 포함) 직군의 논문이 70.5%(421편)으로 가장

〈표 10〉 연구자의 특성

구 분	논문 수(편)	비율(%)
대학교수	421	70.5
공무원	15	2.5
연구원	120	20.1
기타(대학원생 등)	41	6.9
합계	597	100.0

* 복수저자의 경우, 제1저자(주저자)를 중심으로 정리함.

많은 비중을 나타냈으며, 연구원의 논문이 20.1%(120편), 대학원생 등의 기타 직군의 논문이 6.9%(41편), 공무원의 논문이 2.5%(14편) 순으로 게재된 것으로 나타났다.

참고로, <표 11>이 보여주듯이 연구자의 특성을 시대별로 살펴보면 조금의 변화가 있음을 알 수 있다. 즉, 진보정부시대부터 연구원의 정책연구 참여가 두드러지고 있는데, 이는 진보정부시대에 들어서면서 정부산하의 다양한 전문 연구원이 설립되어 정책결정자에게 전문적 지식을 제공하는 등 싱크탱크로서의 역할을 담당하기 시작했기 때문이라 판단된다. 또한 군부시대와는 달리 대학소속의 연구소 소속의 연구원이 참여한 논문이 등장하기 시작하는데, 이는 1980년대부터 대학원의 정책관련 프로그램이 활성화됨과 동시에 대학원생을 연구원으로 활용한 대학소속의 연구소들이 다양한 정부의 정책연구(예, BK 21 등)에 참여하게 되면서 관련 논문을 게재하기 시작한 것이라 생각된다.

〈표 11〉 시대별 연구자의 특성

구 분			시대별 구분			전체
			군부시대	진보정부시대	보수정부시대	
직업	대학교수	논문 수(편)	127	222	72	421
		비율(%)	21.3%	37.2%	12.1%	70.5%
	공무원	논문 수(편)	2	6	7	15
		비율(%)	0.3%	1.0%	1.2%	2.5%
	연구원	논문 수(편)	5	67	48	120
		비율(%)	0.8%	11.2%	8.0%	20.1%
	기타(대학원생 등)	논문 수(편)	1	11	29	41
		비율(%)	0.2%	1.8%	4.9%	6.9%
전체		논문 수(편)	135	306	156	597
		비율(%)	22.6%	51.3%	26.1%	100.0%

* Ch−square=98.042, df=6, p=0.00로 나타나 유의확률 $p<0.05$ 수준에서 통계적으로 유의미하나, $\lambda=0.041$로 두 변인과의 관련성은 매우 약함.

연구자(주저자)의 소속기관별 특성을 보면(<표 12> 참조), 교수, 강사, 대학원생 등이 소속되어 있는 대학이 76.0%(454편)으로 매우 높은 비중을 나타냈으며, 한국행정연구원이나 자치단체 소속 연구원 등 국책연구원은 12.1%(72편), 대학연구소 등의 민간연구원이 12.1%(72편), 정부 및 공공기관 소속이 3.9%(23편) 순으로 나타났다.

〈표 12〉 연구자의 소속기관

구 분	논문 수(편)	비율(%)
대학	454	76.0
국책연구원	72	12.1
민간연구원 (대학연구소 포함)	43	7.2
정부 및 공공기관	23	3.9
기타	5	0.8
합계	597	100.0

* 복수저자의 경우, 제1저자(주저자)를 중심으로 정리함.

<표 10, 11, 12>의 분석결과는 다양하게 해석 가능하겠으나, 적어도 연합학문성이라는 측면에서 살펴보면 그동안 행정학보에 게재된 정책관련 논문들이 다양한 관점보다는 특정한 집단에 의해서 지배적으로 영향을 받아온 것으로 추측할 수 있을 것 같다. 즉 대부분의 정책연구가 대학을 기반으로 활동하는 교수들에 의하여 진행되어 왔으며 그들의 전공분야 역시도 행정학이나 정책학이 주류를 이루고 있다는 점에서 적어도 다양한 학문분야나 전문성을 조합하여 정책문제를 여러 측면에서 이해하고 분석하며 대안을 제시하는 연구풍토(이를 허범은 화학적 종합, 라스웰은 'synthesis'라고 각각 표현)와는 거리가 있어 보인다.

다른 한편으로, 정책연구의 연합학문성 또는 다양한 연구자 집단들 간의 협업 정도를 좀 더 직접적으로 분석하기 위하여 연구자가 단일집단 소속인지, 복수집단으로 구성되어 있는지를 살펴보았다(<표 13> 참조). 복수집단연구의 경우, 동일 대학의 교수들간 공동연구, 동일 대학의 교수 및 대학원생들간 공동연구, 동일 소속기관의 연구진들간의 공동연구가 대부분이며, 반면에 1인 저자의 논문을 포함하여 이른바 단일집단에 의한 논문이 83.6%(499편)으로 매우 높은 비중을 나타냈다. 즉 유사한 또는 동일한 학문적 전문성을 공유하는 연구들이 행정학 분야의 정책연구의 지배적인 현상임을 알 수 있다. 반면에, 서로 다른 대학이나 연구기관, 즉 서로 다른 분야에서 활동하고 있는 연구자들 사이의 협업을 통해 공동연구를 진행하는 복합집단의 경우는 16.4%(98편)로 나타났다. 이런 분석결과는 목진휴 외(2005: 141) 연구에서도 나타나는 현상이다. 즉, 단일집단이 더 많은 것으로 조사되었는데, 복합집단의 비율이 9.3%정도이고 단일집단에 의한 연구논문이 90.7%를 차지하는 것으로 조사되었다. 이런 분석결과는 기존의 정책연구가 이른바 다양한 관점이 어우러지는 연합학문적인 연구보다는 유사한 문제의식이나 가치관 또는 전문성을 공유하는 동질적

(Homeogenous) 연구가 대부분임을 보여주는 예라고 할 수 있다.[12)]

〈표 13〉 연구자의 집단적 특성

구 분	논문 수(편)	비율(%)
단일집단	499	83.6
복합집단	98	16.4
합계	597	100.0

2) 연구방법측면

(1) 분석유형

<표 14>에 나타나있듯이, 행정학보에 게재된 정책연구를 분석유형에 따라 설명적 연구, 기술적 연구로 구분해 살펴보았다. 현상 또는 문제에 대하여 서술하는 방식으로 논의를 전개하는 기술적 분석연구가 63.7%(380편)으로 매우 높은 비중을 차지하는 것으로 조사됐다. 반면에, 현상이나 사건의 원인과 결과를 분석하여 인과관계 모형 검증을 통해 보다 과학적인 시각에서 문제의 원인을 파악하고자 하는 설명적 연구는 35.8%(214편)인 것으로 나타났다. 즉, 대부분의 정책연구가 정책문제의 원인과 그에 따른 결과를 가설검증 또는 모형화를 통한 과학적이고 객관적인 분석방법을 활용한 설명적 연구보다는 현상이나 사건에 대한 내용, 결정과정 등을 서술하고 개념적 또는 시론적 측면에서 현상을 분석하는 기술적 연구에 치중하고 있는 경향을 보인다 (참고로, 권경득(2006: 634) 연구에서도 행정학보 전체 분석논문 중 56% 정도가 서술적 연구방법을 사용하고 있다고 함). 따라서 향후 정책문제의 원인과 결과, 정책에 대한 효과, 영향요인 등에 대한 인과관계 검증을 통한 체계적인 분석・평가를 토대로 보다 객관적인 정책지식을 창출할 수 있는 실증적인 접근이 필요하다고 생각된다. 이런 연구경향을 좀 더 확대해석하면 다양한 연구방법의 통합적 활용(즉, 연합학문적 속성)이 상대적으로 부족함을 드러낸다고 볼 수 있다. 즉 행정학자들이 정책현상을 연구하는 과정에서 특정한 분석(예, 기술적 분석)에 치중하다보니 결국은 다른 차원의 분석(예, 인과분석 등)이 소홀하게 되고 학계 전체 차원에서 볼 때 복잡한 정책현상에 대한 다양한 이해와 보다 타당한 해결방안을 모색하는데 한계를 보여주고 있다.

---

12) 경계를 넘어서는 접근보다는 특정분야나 이슈에 집중하는 경향이 있는 행정학자 또는 정책학자들에 의한 협소한 정책연구의 문제의식에 대해서는 최병선(2005)을 참조바람.

〈표 14〉 정책연구의 분석유형

구 분	논문 수(편)	비율(%)
설명적 연구	214	35.8
기술적 연구	380	63.7
기타	3	0.5
합계	597	100.0

정책연구의 분석유형을 시대별로 살펴보면(<표 15> 참조), 진보정부시대에는 설명적 연구나 기술적 연구 모두 큰 폭으로 증가하고 있으나 여전히 기술적 연구가 설명적 연구에 비해 상대적으로 큰 비중임을 알 수 있다. 반면에, 보수정부시대에는 설명적 연구가 90편(15.1%)으로 기술적 연구(66편, 11.1%)에 비해 다소 많은 편인 것으로 나타났다. 문제의 원인과 그에 따른 가설검증 및 모형화 등을 통한 과학적이고 체계적인 설명적 연구가 개념적이거나 시론적으로 현상을 기술하는 연구에 비해 다소나마 증가하고 있다는 점에서 긍정적이라 생각된다.

〈표 15〉 시대별 정책연구의 분석유형

구 분			시대별 구분			전체
			군부시대	진보정부시대	보수정부시대	
분석유형	설명적 연구	논문 수(편)	28	96	90	214
		비율(%)	4.7%	16.1%	15.1%	35.8%
	기술적 연구	논문 수(편)	107	207	66	380
		비율(%)	17.9%	34.7%	11.1%	63.7%
	기타	논문 수(편)	0	3	0	3
		비율(%)	0.0%	0.5%	0.0%	0.5%
전체		논문 수(편)	135	306	156	597
		비율(%)	22.6%	51.3%	26.1%	100.0%

* Ch−square=51.024, df=4, p=0.00로 나타나 유의확률 $p<0.05$ 수준에서 통계적으로 유의미하나, $\lambda=0.047$로 두 변인과의 관련성은 매우 약함.

다른 한편으로, 행정학보에 수록된 정책연구는 문제에 대한 시론적 접근, 사례 비교연구를 통한 대안제시 등 질적 방법을 사용하고 있는 연구가 62.8%(375편)로 매우 높은 비중을 나타난 반면에, 데이터를 기반으로 통계기법 등을 활용한 양적 연구는 37.2%(222편)로 상대적으로 적은 비중을 나타냈다(<표 16> 참조). 정책 연구의 연합학문성 관점에서 본다면, 제대로 된 실증연구가 충분히 축적되어야 의미있는 질적 연구의 가치도 높아질 것이다. 결과적으로 양적연구와 질적 연구의 조화를 통한 동일 현상을 다양한 방법으로 분석할 수 있는 기반을 마련하려는 노력이 적어도 정책연구를 특정한 관점이나 접근방법에서 분석함으로써 발생하는 판단의 오류를 줄이는 방법일 것이다.

〈표 16〉 정책연구의 연구방법

구 분	논문 수(편)	비율(%)
양적연구	222	37.2
질적연구	375	62.8
합계	597	100.0

(2) 자료수집 및 분석기법 활용 여부

정책연구가 정책문제나 정책의 속성을 정확히 분석하여 타당한 정책지식을 제공하기 위해 다양한 자료나 분석기법을 활용하고 있는지를 살펴보았다. 다만, 질적 연구로 진행된 논문들은 계량분석기법의 한 유형으로 분류할 수가 없어서 기타(해당없음)로 표시하였다.

참고로 자료수집의 경우 앞에서 언급했듯이 양적 연구보다 질적 연구가 상대적으로 많기 때문에 자료를 활용하지 않는 기타의 연구가 60.8%로 조사되었다. 그럼에도 불구하고, 자료를 활용해 논의를 전개하는 연구를 살펴보면, 설문조사나 인터뷰 등 1차 자료를 활용해 분석하는 정책연구(14.4%, 86편)보다는 경제 및 재정데이터 등 2차 자료를 활용하여 논의를 전개하는 정책연구(24.8%, 148편)가 상대적으로 높게 나타났다.

다른 한편으로, 통계적 분석기법을 활용한 경우, 기초통계를 사용한 논문은 29.8%(178편)인 반면에, 기초통계를 사용하지 않은 논문은 70.2%(질적 연구를 포함하여 419편)인 것으로 나타났으며, 고급분석기법인 표분석/T－검증을 사용한 논문은 13.4%(80편), 상관관계 분석, 경로분석을 포함해 회귀분석을 사용한 논문은 29.0%(173편), 요인분석, 구조방정식 모형 등 다변량분석을 활용한 논문은 5.4%(32편)에 불과한 것으로 나타났다 (<표 17>).[13]

13) 목진휴 외(2005: 146－147)에 의하면, 학술논문에 사용된 분석기법의 경우, 정량적 연구보다는 정성적(질적) 연구가 더 많은 것으로 조사되어 이 연구의 분석결과와 유사한 결과를 보여주고 있다. 또한 데이터를 분석한 실증연구의 경우 기초통계를 활용한 연구논문은 98편(26.8%)인 반면 기초통계도 활용하지 않은 연구논문은 268편(73.2%)인 것으로 조사되었으며, 중급 또는 고급 분석기법을 활용한 연구논문의 수는 더 작은 것으로 조사됐다.

〈표 17〉 정책연구의 자료수집 및 분석기법

구 분		논문 수(편)	비율(%)
자료수집	1차자료	86	14.4
	2차자료	148	24.8
	기타(해당없음)	363	60.8
	합계	597	100.0
구 분		논문 수(편)	비율(%)
분석기법(1)	기초통계 미사용	419	70.2
	기초통계 사용	178	29.8
	합계	597	100.0
구 분		논문 수(편)	비율(%)
분석기법(2)	표분석/T-검증 미사용	517	86.6
	표분석/T-검증 사용	80	13.4
	합계	597	100.0
구 분		논문 수(편)	비율(%)
분석기법(3)	회귀분석 미사용	424	71.0
	회귀분석 사용	173	29.0
	합계	597	100.0
구 분		논문 수(편)	비율(%)
분석기법(4)	다변량분석 미사용	565	94.6
	다변량분석 사용	32	5.4
	합계	597	100.0

특히 몇 가지 관점이나 분석기법 등을 다양하게 사용한 연구 또는 양적 분석과 질적 분석을 통합하여 활용한 연구는 분석대상 논문들 중에서는 찾아보기가 어려웠다. 이런 결과는 그동안 행정학보에 게재된 정책관련 연구들이 연합학문지향성관점에서 심각한 한계가 있음을 반증하는 사례라고 할 수 있다. 즉, 복잡한 정책문제의 다차원적 속성을 가능한 정확하게 파악하자는 입장에서 다양한 접근과 분석을 추구하기 보다는 특정한 관점이나 분석기법을 적용하는데 더 많이 익숙해 있음을 확인할 수 있다.

3. 맥락지향성

1) 정책단계

라스웰의 정책패러다임에서 다루고 있는 맥락지향성은 정책문제의 시공간적 상황에 대한 이해를 요구하고 있다. 그런 점에서 볼 때 정책단계에 대한 분석은 직접적인 맥락으로 이해하는데 한계가 있으나, 정책과정 전체를 놓고 볼 때 특정한 정책단계에 대한 연구에 치중되는 것보다는 다양한 정책단계에 대한 연구가 어느 정도 균형 있게 이루어진다면 정책이슈를 이해하는데 정채단계가 하나의 하위 맥락으로 작용할 수 있다는 문제의식에서 분석해 보았다.

한국행정학보의 정책연구를 정책과정별로 세분화하면서 정책과정으로 분류 불가능한 연구는 기타로 분류하였다. <표 18>에 나타나 있듯이, 정책분석 및 평가단계에 해당되는 정책연구가 37.5%(224편)으로 상대적으로 가장 높은 비중을 나타내고 있으며, 정책결정과정이나 요인을 분석하는 연구가 12.2%(73편), 정책의제설정과정이나 정책형성과정내의 참여자간의 관계 등을 분석하는 연구가 4.5%(27편), 정책사업의 집행과정상의 문제를 분석하고자 하는 연구가 4.2%(25편) 등의 순으로 나타났다.[14] 결론적으로 한국 행정학자들의 정책연구가 정책단계를 포괄적으로 이해하면서 (즉 단계적 맥락을 이해하면서) 이루어진 것보다는 특정한 단계에 대한 분석에 치중하고 있음을 알 수 있다. 특히 정책분석이나 평가에 대한 연구가 상대적으로 많은 것은 다양한 정부평가에 많은 학자들이 참여함으로써 자연스럽게 평가에 대한 경험과 자료가 축적되어 연구로 연결되는 것으로 보여 진다.

〈표 18〉 정책연구의 정책과정별 현황

구 분	논문 수(편)	비율(%)
정책형성	27	4.5
정책결정	73	12.2
정책집행	25	4.2
정책분석 및 평가	224	37.5
기타(해당없음)	248	41.5
합계	597	100.0

2) 연구대상

정책과 관련된 기관을 수준별로 구분하여 연구특성을 분석하였다. 즉, 한국행정학보에 게재된 논문들을 중앙정부, 지방정부, 공공기관 등에서 추진하거나 관련성을

14) 목진휴 외(2005: 145－146) 연구 역시도 정책단계에 대한 연구보다는 그렇지 않은 연구가 더 많은 것으로 분석하고 있다. 흥미롭게도 사례연구의 경우 정책의 모든 단계를 분석하는 연구가 많은 것으로 조사되었다. 본 연구의 분석이 기본적으로 양적자료를 바탕으로 이루어진 관계로 사례분석(참고로 전체 분석논문 597편 중 131편인 약 22% 차지)을 포함하고 있는 논문들에 대한 내용분석까지를 연구범위에 담지 못했다. 향후 사례분석의 내용에 대한 보다 엄밀한 검토를 통해 정책단계를 맥락적으로 이해하려는 경향이 개별 연구차원에서 실질적으로 존재하는지 규명할 필요가 있다.

갖는 정책연구로 구분하여 그 특성을 살펴보았다. 다만, 연구대상을 기관별 특성으로 구분하기 어렵거나 중앙정부 및 지방정부를 모두 연구대상으로 중복 선정하여 연구를 진행하고 있는 경우는 기타로 구분하였다.

<표 19>의 분석결과에 따르면, 중앙정부를 대상으로 한 연구가 50.6%(302편)으로 가장 많은 비중을 나타냈으며, 지방정부를 대상으로 한 연구가 23.5%(140편), 공공기관을 대상으로 한 연구가 4.4%(26편) 등의 순으로 나타났다. 다시 말해서 한국행정학보의 정책연구는 국가중심적인 연구가 주류를 이루고 있으며, 이러한 경향은 과거부터 최근까지 공급자 중심의 정책이나 사업이 수립·추진되어 온 모습과 무관하지 않아 보인다. 즉, 국방 및 치안 분야뿐만 아니라, 교육, 환경, 사회·보건복지 분야 등 대부분의 영역에서 대통령의 국정운영 기조에 따라 중앙정부가 주요한 정책방향을 설정해 추진한 이후, 지방자치단체 및 공공기관이 지역 및 기관실정에 맞는 세부 정책사업 및 프로그램을 추진하는 하향식 국정운영방식이 일반적인 모습이라고 할 수 있다. 이러한 경향이 관련 정책문제나 정책적 수요에 기민하게 대응해 온 학계의 연구행태(즉 연구 관심대상 선정)에도 영향을 미친 것이 아닌가 생각된다. 결과적으로 이런 연구모습은 정책문제의 공간적 맥락으로써 중앙－지방－공공기관의 상호연관된 관점에서의 문제해석이나 접근이 개별연구차원에서 제대로 이루어지지 않고 있음을 반증하는 모습이라고 할 수 있다. 한 걸음 더나가 학회 전체 차원의 집합적 연구행태 측면에서도 중앙정부수준의 연구에 집중되는 경향은 개별연구를 넘어서 연구계 전체입장에서도 정책문제의 맥락적 이해를 위한 이른바 연구자들 사이의 노동 분화 역시 충분하게 이루어지지 않았음을 보여주고 있다.[15)]

15) 시대별 분석결과를 보면, 그나마 진보정부시대에 지방정부 또는 다른 연구대상에 대한 관심이 조금은 증가했음을 알 수 있다.

구 분			시대별 구분			전체
			군부시대	진보정부시대	보수정부시대	
연구 대상	중앙정부	논문 수(편)	69	160	73	302
		비율(%)	11.6%	26.8%	12.2%	50.6%
	지방정부	논문 수(편)	12	75	53	140
		비율(%)	2.0%	12.6%	8.9%	23.5%
	공공기관	논문 수(편)	1	16	9	26
		비율(%)	0.2%	2.7%	1.5%	4.4%
	기타	논문 수(편)	53	55	21	129
		비율(%)	8.9%	9.2%	3.5%	21.6%
전체		논문 수(편)	135	306	156	597
		비율(%)	22.6%	51.3%	26.1%	100.0%

* Ch－square＝51.776, df＝6, p＝0.018로 나타나 유의확률 $p < 0.05$ 수준에서 통계적으로 유의미함.

〈표 19〉 정책연구의 대상별 현황

구 분	논문 수(편)	비율(%)
중앙정부	302	50.6
지방정부	140	23.5
공공기관	26	4.4
기타	129	21.6
합계	597	100.0

3) 자료의 성격

정책연구의 타당성을 높이기 위해 활용된 자료의 성격을 횡단면 자료, 종단면 자료로 구분해 살펴보았다. 횡단면 자료는 어느 특정시점에서 현상이나 문제를 관찰하거나 조사·분석한 자료를 의미하며, 예를 들면 단일시점에서 실시한 설문조사 자료 등이 여기에 해당된다. 반면, 종단면 자료는 횡단면 자료와는 달리 일정한 기간 동안 현상을 관찰하거나 조사·분석하여 나타난 자료를 의미하며, 예를 들어 시간흐름에 따라 모집단의 변화를 조사하는 시계열자료(추세자료) 등이 여기에 해당된다. 계량데이터를 사용해 분석하는 양적 연구 이외에 문헌자료, 기사 등을 활용해 논의를 전개하는 질적 연구의 경우에도 시간의 흐름을 고려하여 정책대상을 설명하는 경우 횡단면 및 종단면 연구로써의 특성을 가지므로 자료의 성격을 별도로 구분하였다. 한편 분석 자료를 제시하지 않고 연구 중 해당 연구의 분석틀이나 내용상 자료의 시간적 측면을 정확히 판단하지 못하는 경우에는 기타(해당 없음)로 분류하였다.

＜표 20＞의 분석결과에 따르면, 횡단면 자료를 사용한 연구가 237편(39.7%)로 가장 많은 비중을 차지했으며, 시계열자료, 추이분석 등 시간의 흐름을 고려해 자료를 사용 분석한 연구는 190편(31.8%), 횡단면자료와 종단면자료를 함께 활용한 혼합시계열의 경우 9편(1.5편)인 것으로 나타났다. 즉, 적어도 분석에 사용한 자료를 살펴보면 행정학보의 정책연구 중 33% 정도가－의식적이든 무의식적이든－정책문제

〈표 20〉 정책연구의 자료 성격

구 분	논문 수(편)	비율(%)
횡단면자료	237	39.7
종단면자료	190	31.8
혼합시계열(횡단＋종단)	9	1.5
기타(해당없음)	161	27.0
합계	597	100.0

의 시간적 맥락 속에서 진행된 것으로 추정된다.

4) 연구범위

자료의 속성이외에 연구의 맥락지향성을 보다 직접적으로 살펴보기 위해서 연구대상논문들의 연구범위를 분석해 보았다. 맥락지향성을 고려하는 이유는 어떠한 사건이나 정책문제를 실제 상황에 맞게 정의하여 그에 따라 적합한 해결방안을 마련해야 하는데 있다. 따라서 정책연구는 현실의 정책문제에 대하여 실현가능한 타당성 있는 정책대안이나 정책정보를 제공하기 위하기 위해 연구범위를 적합하게 설계해야 하며, 이러한 측면에서 정책연구의 맥락지향성을 분석할 수 있는 하나의 자료가 될 수 있다.

한국행정학보에 게재된 정책연구를 시간적 범위, 공간적 범위 등 연구의 범위로 구분해 살펴보았다. 다만, 학보 게재 논문의 특성상 한정된 분량 안에 연구 성과를 집약하여 제시해야 하므로, 연구의 분석틀 설계시 연구범위를 생략하는 경우가 많아 분석대상논문의 연구방법 및 내용 등 검토하여 연구범위를 판단하였다. <표 21>의 분석결과에 따르면, 국가, 지역 등 공간적 범위를 포함한 정책연구가 144편(24.1)으로 가장 많은 비중을 나타냈으나, 시간적·공간적 범위를 모두 고려한 정책연구도 127편(21.3%)로 상당한 수준인 것으로 나타났다. 또한 시간적 범위만을 고려한 연구는 91편(15.2%)로 나타났다. 이 분석결과는 기존 연구와 비교해 볼 때 흥미로운 점을 보여주고 있는데, 기존의 연구(예, 목진휴 외, 2005)가 분명하게 밝히지 못한 정책연구의 맥락지향성이 일정 수준에서 진행되고 있음을 추정할 수 있게 한다. 다만, 정책문제의 시간이나 공간을 고려하는 맥락적 분석이 어느 정도 심도있게 또는 제대로 수행되었는지는 다른 차원의 연구문제라고 본다. 참고로 연구의 시·공간적 범위가 구분되지 않는 연구는 이론 및 모형의 소개, 시론적 담론 등의 연구와 함께 기타(해당 없음)로 분류하였다.

〈표 21〉 정책연구의 연구범위

구 분	논문 수(편)	비율(%)
시간적 범위	91	15.2
공간적 범위	144	24.1
시간/공간 모두	127	21.3
기타(해당없음)	235	39.4
합계	597	100.0

정책연구범위를 시대별로 재분석해보면 <표 22>에 나타나있듯이 진보정부시대에 조금은 다양한 연구범위가 의도적으로 고려되었음을 알 수 있다. 특히 공간적 범위와 더불어 시·공간적 범위를 함께 고려하는 연구들이 조금은 증가했다는 점은 정책연구의 맥락지향성 차원에서 고무적이나, 그 이후 정부에 들어서서 그러한 경향이 지속되거나 증대하지 못함에 대한 추가적인 분석이 필요해 보인다.

〈표 22〉 시대별 정책연구의 연구범위

구 분			시대별 구분			전체
			군부시대	진보정부시대	보수정부시대	
연구 범위	시간적 범위	논문 수(편)	13	34	44	91
		비율(%)	2.2%	5.7%	7.4%	15.2%
	공간적 범위	논문 수(편)	18	97	29	144
		비율(%)	3.0%	16.2%	4.9%	24.1%
	둘다 해당 (시간/공간)	논문 수(편)	27	64	36	127
		비율(%)	4.5%	10.7%	6.0%	21.3%
	기타 (해당없음)	논문 수(편)	77	111	47	235
		비율(%)	12.9%	18.6%	7.9%	39.4%
전체		논문 수(편)	135	306	156	597
		비율(%)	22.6%	51.3%	26.1%	100.0%

* Ch-square=54.385, df=6, p=0.00로 나타나 유의확률 $p<0.05$ 수준에서 통계적으로 유의하나, $\lambda=0.015$로 두 변인과의 관련성은 매우 약함.

V. 결 론

디지털 사회의 등장으로 촉발된 정책 환경의 복잡한 변화로 인해 오늘날 정책연구자들에게 야기된 절박한 문제의식이 있다면 그러한 의식의 상당부분은 우리가 연구하고 있는 것, 즉 정책학 자체의 철학적 기반에 대한 어렴풋한 확신과 이론과 실제사이의 격차에서 유래되는 학문적 가치(실용성)에 대한 위기의식으로 보고 싶다. 즉, 학문영역으로써 정책학의 근본에 대한 냉정한 자기반성이 더욱 절실하게 요구된다는 생각이다. "정책학이 존재하는 이유는 무엇인가?", "정책학이 추구하는 가치와 목적은 여전히 유효한가?" 더나가서 "정책학이 학문으로써 필요한가?" 등의 성찰적 질문을 통해 정책연구의 본질에 대한 재인식의 방향을 잡는 것이 필요하다. 왜냐하면 근본적인 관점에서 정책학의 규범성과 과학성을 기반으로 사고하지 않거나 또는 정책학이 추구하는 이상과 목적에 대한 분명한 인식이 없는 상황에서 진행되는 한국적 정책연구에 대한 어떤 논쟁이나 또는 연구결과는 궁극적으로 축적되지 못하고 일회성에 그칠 수 있기 때문이다.

이런 문제의식 하에 이 연구는 행정학계에서 진행되어온 정책연구의 전반적인 경향을 라스웰이 제시한 정책학의 패러다임(문제지향성, 맥락지향성 그리고 연합학문성)측면에서 살펴보았다. 즉, 한국행정학회 60년을 맞이하여 본격적으로 학보가 출간되기 시작하는 1967년부터 2015년까지의 게재된 정책 및 사업 관련 연구를 대상(총 597편의 논문)으로 메타분석논리를 활용해 정책학 패러다임관점에서 연구경향을 분석하고 탐색적 해석을 시도했다는데 이 연구의 의의가 있다. 정책연구의 경향에 대한 분석결과를 바탕으로 다음과 같이 몇 가지 시사점을 도출할 수 있다.

첫째로, 정책연구의 문제지향성의 경우, 정책연구가 당면하고 있는 정책문제(라스웰에 의하면 특히 근본적인 사회문제)를 직접적으로 다루고 있는지를 살펴보는 것이다. 이와 관련하여 한국 행정학자들의 정책연구가 일반적으로 정책대안을 제시하고 있는지와 특정 정책분야와 관련된 실질적인 정책문제를 다루고 있는지를 부분적으로 살펴보았다. 정책연구논문 중 정책대안을 제시하지 않은 논문(57.6%, 344편)이 과반이상으로 나타나 정책연구로서의 유용한 정책지식을 제공하는데 다소 미흡한 것으로 판단된다. 또한, 체계적이고 분석적인 정책지식 제공 여부를 살펴보면, 문제제시가 연구의 주 내용이거나 기초분석에 기반은 해결방안을 제시하는 연구가 과반이상(57.3%, 342편)으로 그나마 문제지향적 성향을 지니는 연구들도 특정한 정책문제의 중요성을 제시하는 것을 넘어 제대로 된 해결방안까지 연구·제안하는 데는 한계가 있어 보인다.

특히 연구대상이 되는 정책분야의 경우 행정 분야의 전문성을 가진 학회의 특성상 정부운영관리에 관한 일반 행정 분야의 논문(26.5%, 158편)이 상대적으로 높은 비중을 차지하지만, 정부의 정책적 개입을 통한 문제해결이 반드시 요구되는 사회·보건복지·노동정책 분야의 연구(23.5%, 140편)도 높은 수준으로 나타났다. 즉 특정한 정책영역과 관련된 실질적 정책지식 창출에도 관심을 갖고 있다고 할 수 있다. 결론적으로, 이와 같은 분석결과는 라스웰의 주장처럼 정책연구는 의도적으로 문제를 해결하려는 노력이 필요하다는 문제지향적 속성을 우리나라의 정책연구가 부분적으로 지녀왔다고 추론할 수 있다. 다만, 이러한 연구들이 해결하려고 또는 부각하려고 한 문제들이 우리 사회가 직면하고 있는 중요한(또는 근본적인) 문제였는지는 이 연구에서는 규명하지 못했으며 이에 대한 타당한 후속 연구가 필요하다. 비슷한 맥락에서, 송희준(1992)과 송근원(1992)의 제안처럼 정책연구들이 정책과정에서 실질적으로 활용되고 있는지 등도 별도의 연구가 필요해 보인다.

둘째로, 정책연구의 연합학문성 경우, 한국 행정학자들이 관심을 갖는 정책문제 또는 특정한 정책현상을 다양한 관점에서 접근하고 있는지를 살펴보았다. 이를 위해서 연구자의 특성, 연구방법, 분석유형, 분석기법 등을 분석하여 정책연구들이 다양한 기법이나 연구방법 등을 통합적으로 또는 조화롭게 활용하고 있는지를 가능한 범위 내에서 살펴보았다. 연구자들의 특성으로 소속기관을 보면 대학교수가 70% 이상을 차지하고 있으며, 특히 연구자들 사이의 협업의 경우, 단일집단(예, 동일한 대학 또는 연구소 등)에 의한 논문이 83.6%(499편)으로 매우 높은 비중을 나타냈다. 즉 다양한 관점이나 전문성을 활용하려는 연구노력보다는 유사한 또는 동일한 학문적 전문성을 공유하는 정책연구들이 지배적임을 알 수 있다. 이런 모습은 홍성걸·이종범(2001)과 이혜영·허만형(2010)이 분명하게 지적했듯이, 정책연구에서 연구영역의 공유 및 협업 필요성이 여전히 유의하며 오히려 더욱 강화될 필요가 있음을 상기시킨다. 또한 분석유형을 보면 현상 또는 문제에 대하여 서술하는 방식으로 논의를 전개하는 기술적 분석의 정책연구가 63.7%(380편)으로 매우 높은 비중을 차지하는 것으로 나타났으며, 연구방법에서도 질적 방법을 사용하고 있는 연구가 62.8%(375편)로 매우 높은 비중을 보였다. 물론 정책문제 내지 정책의 특성에 적합한 연구방법을 선택해 분석하는 것이 바람직하다고 볼 수 있지만, 그럼에도 불구하고, 보다 과학적이고 객관적인 분석방법이나 연구방법을 다양하게 또는 통합적으로 활용하여 정책현상의 복잡한 측면을 가능한 정확하게 이해하여 정책연구의 타당성을 높이려는 의도적인 노력이 더욱 필요해 보인다(90년대 초의 유사한 주장은 김인철, 1992 참조바람).

셋째로, 정책연구의 맥락지향성을 보면, 과연 행정학보의 정책관련 논문들이 다루고자 하는 문제들을 문제가 속해있는 상황(예, 시간적, 공간적 또는 단계적 상황)과 연결하여 접근하고 있는지가 중요하다. 이런 궁금증을 부분적으로나마 확인하기 위하여 연구의 진행과정에서 정책과정 전반에 대한 이해 또는 정책주체(또는 분석수준) 등이 어떻게 이해되고 적용되고 있는 지를 살펴보았다. 분석대상인 행정학보의 정책관련 대부분의 논문들 경우, 연구대상 정책을 분석할 때 정책단계 전반에 대한 맥락을 고려하기 보다는 특정 단계에 관심이 집중되어 있었다. 즉, 평가단계에 해당되는 정책연구가 37.5%(224편)으로 상대적으로 가장 높은 비중을 보여주고 있다. 또한 정책연구의 공간적 맥락으로 볼 수 있는 정책주체(중앙정부, 지방정부, 공공기관)의 경우도 중앙정부를 대상으로 한 연구가 50.6%(302편)으로 가장 많은 비중으로 나타나 정책문제를 공공부문이라는 포괄적인 맥락에서 접근하려는 개별적인 연구는 흔치 않아 보인다. 이시원·정준금(1998) 역시 유사한 문제를 지적하며 정책연구시 지방을 포함한 공간적 맥락확대 필요성을 주장하였다.

다른 한편으로, 연구 자료의 속성과 연구범위를 살펴봄으로써 논문들의 맥락지향성을 좀 더 직접적으로 분석해 보았다. 종단면자료와 종단 및 횡단혼합자료를 사용하는 연구가 33%정도를 나타냄으로써 일정수준의 논문들이 분석대상 정책문제를 시간적 맥락 속에서 다루고 있음을 알 수 있다. 특히 연구범위분석결과에 따르면 시간적, 공간적 또는 시간과 공간을 모두 고려하며 수행된 연구들이 전체 분석대상 중에서 60% 정도를 차지하고 있는 것으로 나타났다. 결론적으로 기존 연구의 분석한계나 염려와는 달리 적어도 행정학보에 재제된 정책관련 논문들은 정책연구의 맥락지향성 측면에서 어느 정도 수준을 유지하고 있다고 추론할 수 있다. 다만 그러한 맥락적 고려가 실질적으로 정책문제를 정의하고 적합한 대안을 발굴하는데 얼마나 도움이 되었는지는 별개의 연구문제이다.

요약하면, 적어도 한국행정학보 게재논문들을 중심으로 살펴본 한국에서의 정책연구(즉, 학술논문)들은 어느 정도의 문제지향성을 내포하고 있으나, 연합학문성은 상대적으로 부족해 보이며, 맥락지향성은 — 충분치는 않지만 — 어느 정도 수준에서 수행되어 왔음을 확인할 수 있다. 흥미롭게도 맥락지향성에 대한 분석결과는 목진휴 외(2005)의 결론과 다르며, 그 연구결과에서 지적되고 있는 연구 한계를 다른 방식으로 분석해보았다는 의미가 있다. 반면에 기존 연구결과와 마찬가지로 정책연구의 연합학문성이 부족한 모습은 어쩌면 분석대상 논문과 관계없이 한국 학계의 일반적인 정책연구 경향일지도 모르겠다. 특히, 연합학문적 정책연구 경향이 상대적으로 부족하다는 분석결과는 최근에 강조되고 있는 통섭적 정책연구의 필요성 측면에서 시사하는 바가 크다 (오철호, 2008). 문제는 이런 결론을 확정적으로 주장하기엔 이 연구가 지니는 자료의 한계 때문에 조심스러우며, 오히려 보다 엄밀한 연구가 등장하기까지 일시적인 가설적 성격으로 이해하는 것이 더 현실적이다.[16] 무엇보다도 정책학 패러다임에 대한 일반적인 정의를 더욱 분명하게 공유하고, 특히 세 가지 지향성의 내용을 보다 타당하게 조작화하여 분석의 내적타당성을 먼저 확보하는 것이 후속 연구를 위해 필요하다.[17] 또한 정책연구의 경향을 파악하는 것을 넘어서 설명하려는 노력(예컨대 정책지향성에 영향을 미치는 요인에 대한 인과분석 등)이 앞으로 풀어갈 숙제로 보인다.

---

16) 최병선(2005)도 윌답스키(Wildavsky)의 입장처럼 정책은 가설이라는 정의가 보다 타당하다고 주장하고 있다.
17) 라스웰의 정책학(또는 정책연구의 지향성)의 추상성을 경제학과 비교한 비판은 박재완(2002), 한국이라는 상황을 고려한 대안모색에 대한 주장은 박흥식(2002)을 각각 참조바람.

〈부록 1〉 국내 정책학 연구의 동향에 대한 선행연구의 결과 비교

연구사례	연구대상	분석기준	분석결과	전망 및 제언	비고
안병만 (1986)	－행정학분야 －행정학보게재 논문(1967~85, 총 291편)	－연구영역 －연구방법론 －이론과 연구논문의 관계 －주석의 인용빈도 분석	－정책연구 24.1% －경험 연구 증가: 방법론측면에서 정교화 진행중 －이론소개, 현실적용이 주류	－인과분석 강화 －정책이론 개발	
송희준 (1992)	－정책연구 －행정학보/정치학회보 (151편)	－연대별 개괄 －정책단계 －정책영역 －연구방법 또는 모형	－70년대 정책연구 본격화 －실질적인 정책연구 다수 －과정상 분석 부족 －기술/처방 연구 과다 －방법론상 정성적 연구와 현상측정이 많음 －80년대부터 연구 분야 다양화 추세	－한국적 모형개발 －과학성 제고 －균형적 연구 추구 －영역별 연구 강화 －정책전문가 육성 －연구결과활용강화	
김인철 (1992)	－정책연구 －행정학보/정치학회보 (총 210편)	－연대별 분석 －이론화경향 (투입) －방법론적 속성 (전개) －연구결과/지식 (산출)	－단계별로 균형적 연구 －방법론 연구 부족함 －이론화 경향:예컨대, 연구자— 교수가 많고/정치행정영역이 주를 이루며/주제선정의 경우 영역별정책과다 등	－연구자간 공유노력 제고 －다양한 방법론 도입하고 내용적 합리성 추구 강화	－연구단계간 인과경로를 추적 등
송근원 (1992)	－정책학자대상 설문조사 (60명)	－연구자의 배경 －연구주제 －학제성 －정책학의 위상 －결과 활용	－교수 중심연구 －관심영역은 균형적이나 사례연구 높음 －행정/정치/ 경제학의 상대적 영향 높음 －주로 외국 이론 소개/적용, 앞으로 토착화/이론개발 필요 －연구결과 활용저조	－실무자의 연구 참여 확대 －다양한 접근방법 －활용도 제고 위한 연구 수준 제고	
염재호 · 김호섭 (1992)	－정책실무자 설문조사 (사무관급 이상 180명)	－연구결과의 활용도/형태 －연구자의 역할 －연구결과활용 패턴	－구체적인 연구결과형태의 정책정보제공시 활용 －이론적인 연구결과 다수 －외국사례 소개 활용높음 －실무환경이 연구결과활용 저해	－젖액실무자/연구자간 접촉강화 －연구결과의 데이터베이스화	－정책연구 결과의 낮은 활용의 일반적 요인 제시
이시원 · 정준금 (1996)	－행정학보 －행정논총 －정책학회보 －박사학위 논문	－시대구분 －연구방법론 －주제별 동향	－한국적 모형개발 미흡 －처방연구 다수 －연구결과의 낮은 활용 －지방관련 정책연구 저조 －정책참여자 편중(대통령과 관료에 집중) －산업/환경/복지분야 다수 반면에 농업분야 없음	－한국적모형개발 －연구결과활용제고 －지방에 대한 연구 확대 －연구자 다양화 －소외분야 관심	－정책형성에 대한 경험적 연구에 국한
권경득 (1996)	－행정학전반 －행정학보 (67~95년) 게재논문	－연구분야 －계량분석 모형	－분야별 연구의 균형성 －사회복지노동 논문 다수 －기술적 접근 다수	－정책실무자참여 제고 －실증적 연구 제고	－정책연구만 발췌분석
홍성걸 · 이종범 (2001)	－정책학 연구 －행정학보 (95~01년) 게재논문	논문유형, 저자수/배경, 정책분야, 정책성격(Lowi분류), 정책과정, 정책목적, 분석방법, 자료, 자료종류 및 분석단위	－학술적 연구가 실제 정책연구에 비해 큰 비중 －대부분의 논문은 대학교수들이 집필 －정책단계: 분석 및 평가연구가 주류 －연구목적: 이론의 개발이나 검증, 특정사례에 대한 처방적 대안연구가 비교적 균형 유지 －설명적 연구 증가 추세하고 있으나, 고급통계기법 활용한 계량연구 상대적으로 적음	－한국적 정책이론의 개발 및 토착화 －연구영역의 공유와 체계화 －분석기법의 고도화(계량분석적 연구 증가 필요) －연구결과의 활용도 제고	

주상현 (2002)	-행정학 전반 -행정학보 (95~01) 게재논문	연구영역 연구방법	-연구영역: 90년대 초반 행정이론, 정책기획분야의 연구 활발했으나, 95년이후 지방행정 및 도시행정 분야의 논문이 급증 -연구방법: ①행정이론(개념적·서술적 연구 40.4%, 양적 연구 16.7%, 질적 연구 42.9%), 정책 및 기획(질적 연구 67.7%, 양적 연구 25.0%, 개념적 서술적 연구 7.3%) 등 ②96년이후 문제해결지향적 논문이 80% 이상의 비율 점유 ③95년이후 질적연구와 양적 연구가 어느정도 균형, 01년에는 양적연구(56.8%)가 질적연구 (39.2%)보다 증가하기 시작	-행정학관련 논문 게재에 따른 일반화 문제 지적 -연구방법에서 논문의 분류기준 및 분류절차에 대한 타당성과 신뢰성 확보	행정학 전반에 대한 연도별 연구영역과 연구방법에 대한 경향 분석
목진휴· 강근복· 오철호 외 (2005)	정책 연구 전반 정책 관련 학술논문 및 보고서 (1992~2003년) - 행정학보, 정책학회보, 정책분석평가학회보 -인문사회연구회 및 경제사회연구회 소속 연구원의 보고서	문제지향성, 맥락지향성, 연합학문성 개념을 활용해 내용분석 (저자의 특성, 연구목적, 분석유형, 연구영역, 정책단계, 연구방법, 분석기법)	-문제지향성: 대부분 대안제시적 연구경향 (학술논문의 약70%, 연구보고서의 약93%) -맥락지향성: 학술논문 및 연구 보고서 모두 질적 방법에 의존 -연합학문지향성: 학술논문 및 연구보고서 모두 1인 저자, 단일기관이 압도적 (다만, 학술논문의 경우 다른 분야의 문헌 인용 약53%)	-한국에 적합한 정책연구방법을 모색하기 위해 Lasswell의 인본주의적 정책연구 속성에 대한 실태파악에 중점	Lasswell의 정책학 패러다임 개념(문제지향성, 맥락지향성, 연합학문성)을 활용한 정책연구 경향 분석
권경득 (2006)	행정학 전반 한국행정학보 (1967~2005) 게재논문	연구영역 연구방법	-정책 및 기획론 영역의 연구가 전체 중 9.7% -연구분야: 정책과정 (32.8%), 이론 및 역사(25.7%), 정책분석 및 평가(22.1%) 사례연구 (15.0%) 등 -연구방법: 서술적 접근 (74.3%), 통계적 접근 (23.0%) 등	-급변하는 행정환경에 적응하면서 연구영역이 다양해지고, 연구초점은 점차 문제해결지향적이며, 연구방법은 보다 계량화됨	-행정학회 50년간 전반적인 연구경향 분석 -정책 및 기획분야만 정리
허만형 (2009)	정책학 연구 정책학회 (2007.1~2008.10) 투고 논문	게재/탈락에 영향을 미치는 요인을 방법론적 관점에서 파악 (연구방법, 연구분야, 종합학문적 접근)	-게재영향요인: 논문의 완성도가 좌우 -연구방법: 계량자료와 계량분석 중심 -종합학문적 관점: 미약하지만 복수저자군이 형성된다는 점 긍정 -연구영역: 재정경제, 복지여성, 과학기술 및 정보통신, 환경정책 중심	게재영향요인과 연구방법론에 대한 정책학 연구의 실태파악에 중점	
이혜영· 허만형 (2010)	정책연구 한국정책학보 (1992~2009) 게재논문	미국정책학의 수용에 따른 연구경향 분석 (수용자 및 내용, 방법, 수용이유)	-수용자: 행정학 및 정책학 전공 -수용내용: 정책학 선행연구가 과반수, 사례분석 및 정책이론 등의 순임 -수용이유의 변화: 현상이해가 크게 증가 (90년대 정책문제 해결을 위해 미국이론이나 정책사례를 수용한 반면, 2000년대에는 주로 국내 정책실상을 설명)	-학제적 또는 연합학문적 접근을 위한 이질적 학문분야와의 협력 노력 필요 -균형적 수용 내용 및 방법 필요	
한세억 (2013)	정책연구 한국정책학회보 (1992~2012) 게재논문	연구주제및범위 연구방법 연구형태	-연구주제: 시대별 유행하는 정책문제 및 현황파악 하는 분야에 편중 -연구방법: 질적 연구비중이 과반이상(특히 사례분석방법 다수) -교수와 관련 전문실무자간의 공동연구, 학제간 시너지 효과발생의 촉진을 위한 정책분야와 타학문 분야간 연구 부진	-연구주제의 편향성 및 정부의존적 경향 → 기획논문제도 확대 필요 -연구방법 관련하여 분석 및 설명의 정확성과 충실성을 위해 면접조사 보완 활용하는 장려 방안 필요 -전문실무자 및 타학분야의 공동연구 활성화를 위해 논문쿼터제 도입 방안 필요 -외부연구비의 확충을	

				통해 연구의 기회 제공 및 학회의 활성화 여건 조성을 위한 리더십 발취 요구	
홍형득 (2015)	정책학 연구 한국정책학회보 (2003~12) 게재논문	내용분석 (저자수, 연구형태, 정책영역, 정책과정) 네트워크 분석 (정책학 연구의 주요 이슈, 연구주제 및 이슈간 연계 행태)	－내용분석: ①논문 수: 2006년부터 지속적으로 증가 ②연구형태: 2인이상 공동연구 증가 ③정책문제: 여러 영역이 복합적 연계(연합학문적 접근방법 지향) ④정책분야: 문화 · 사회 · 가족 · 보건복지, 정책이론 및 방법론, 과학기술 · 정보통신, 환경 · 자원분야의 논문이 60% 이상 ⑤정책단계: 정책평가 (58.3%)로 과반이상인 반면, 정책집행(6.3%)로 가장 적음 －네트워크 분석: 평가에 대한 연구가 상대적으로 많았으며, 네트워크와 거버넌스 연구도 많이 이루어짐 ①참여정부 시기: 참여, 지방정부, 갈등 등의 연구가 다수(특히, 평가에 관심) ②MB정부 시기: 효과, 거버넌스, 정책변동 등의 연구 다수(특히, 성과관리에 관심)	－향후 정책연구공동체의 개방적 정책과정에 대한 이해와 방법론적 다양화 노력 필요(연구의 다원화, 개방화, 해당 정책실무전문가 및 관련 학문분야의 학자 참여 확대, 정책형성과 서비스전달 고객인 이해당사자와 국민을 대상으로 한 개방적 접근 노력 필요)	

* 홍성걸 · 김종범(2001)의 선행연구 정리표에 2002년 이후부터 최근까지 유사한 연구내용을 보완했음.

제 11 장 공공선택론

이 명 석

Ⅰ. 서 론

근대 행정학의 도입 이후, 한국 행정학은 미국 행정학의 영향을 크게 받아 왔다. 미국 행정학의 다양한 접근방법과 이론 또는 패러다임을 받아 들여 한국적 상황에 적용해온 것이 한국 행정학의 발전과정이라고 해도 과언이 아니다. 최근 들어 한국 행정학의 '미국 행정학 의존성'에 대한 반성과 비판이 이루어지고 있다. 미국이나 서구의 이론이 한국적 상황을 적절하게 설명하지 못하는 경우에도 미국이나 서구의 이론을 무비판적으로 받아들이고, 한국적 상황에 맞지 않는 처방을 제시하는 것은 적절하지 못하다. 특히, 실천적이고 처방적인 성격이 강한 응용사회과학으로서의 행정학에서 특정 시대의 특정 사회 상황에 대한 구체적인 처방을 무비판적으로 도입하는 것은 바람직하지 못하다.

그러나 미국 또는 서구의 이론이라고 해서 무조건 거부하는 것 또한 적절하지 못하다. 한국적 상황을 적절하게 설명할 수 있는 미국 또는 서구의 '일반이론'도 얼마든지 존재할 수 있기 때문이다. 자연과학과 달리 사회과학에서 이와 같은 일반이론이 존재할 수 있는지에 대한 회의론이 존재하는 것은 사실이나, 대부분의 사회과학자들은 국경이나 시대를 초월하는 '일반이론'을 추구한다. 그리고 대부분의 미국이나 서구의 행정학 이론은 한국적 상황을 적절하게 설명할 수 있다. 어쩌면 서구 이론이 한국적 상황을 적절하게 설명하지 못하는 이유는 이론의 본질에 대한 정확한 이해의 부족 때문인지 모른다.

공공선택론(public choice theory)의 경우에도 이론의 본질적인 한계와 한국적 상황에의 적합성에 대한 다양한 견해와 비판이 존재한다.[1] 일반적으로 공공선택론은 행정의 효율화나 분권화에 기여하였으나, 시장과 정부의 본질적인 차이를 경시하고, 지나치게 시장의 논리만을 강조하고, 시장중심적인 대안을 강조하고, 지나치게 비현실적인 가정에 근거하는 등의 한계를 갖는다는 비판이 있다 (권기헌, 2014; 유종해, 2015). 또한, 공공선택론은 개인의 기득권을 유지하기 위한 보수주의적 접근이라는 평가를 받기도 한다 (이종수, 2014). 공공선택론을 한마디로 정의하는 것은 쉽지 않으므로, 공공선택론에 대한 이러한 평가나 비판은 나름대로의 근거를 갖는다고 할 수 있다. 그러나 이러한 부정적인 평가가 공공선택론의 본질에 대한 정확하고 종합적인 평가라고 하기는 어렵다.

이 장은 공공선택론이 처음으로 형성된 미국에서의 연구를 중심으로 공공선택론의 이론적 본질과 연구 범위를 정리한다. 이어서 지난 60년간 한국 행정학에서 이루어진 다양한 공공선택론 연구에 대해 분석한다. 이를 통해 공공선택론이 그 동안 한국 행정학 발전에 기여한 성과와 앞으로의 과제 등을 비판적으로 논의하려고 한다.

Ⅱ. 공공선택론의 본질과 범위

1. 본 질

1966년 털록(Tullok, 1966)이 *Papers in Non-Market Decision-Making*이라는 학술지를 창간하였고, 이 학술지는 1968년 *Public Choice*로 개칭되어 지금에 이르고 있다. *Public Choice*라는 학술지의 출간으로 지금부터 약 50년 전 학문적 정체성을 갖게 된 공공선택론은 일반적으로 "비시장 의사결정에 대한 경제학적 연구" 또는 "정치학에 대한 경제학의 적용"이라고 정의된다 (Mueller, 2003, p.1). 즉, 공공선택론의 핵심적 특징은 정치학과 경제학의 통합(?) 또는 정치학과 경제학 이원론에 대한 부정이라고 할 수 있다.

*Public Choice III*의 편저자인 뮬러(Mueller, 2003)는 사회과학의 대표적인 분야로 정치학과 경제학을 들면서, 이 두 학문 분야는 인간에 대한 근본적으로 상이한 가정에 근거하고 있다고 설명한다. 정치학은 인간의 본성을 토론과 정치행위로 보았고, 경제학은 인간의 본성을 경제적 교환행위로 보았다. 인간의 본성에 대한 근본적으로

1) 공공선택론은 미국 행정학에서도 비현실적인 가정에 근거한 이론이라는 비판을 받기도 한다. 오스트롬(Ostrom, 1971)은 공공선택론이 미국 주류행정학으로부터 '기각된 대안'이라고 표현하기도 하였다.

상이한 두 가정에 근거하는 두 학문 분야는 개인행동의 동기에 대한 가정과 방법론 등도 매우 상이할 수밖에 없다. 인간의 본성을 정치행위로 가정하는 정치학은 정치적인 인간행동의 공익을 추구하는 것이라고 가정하는 반면, 인간의 본성을 경제적 교환행위라고 가정하는 경제학은 경제적 인간의 행동은 개인의 경제적 이익을 추구하는 것이라고 가정한다는 것이 그의 설명이다.

정치학과 경제학의 이원론을 극복하고, 정치적 인간과 경제적 인간이 다르지 않다고 가정하는 것이 공공선택론의 본질이다. 공공선택론은 인간이 자기이익을 추구하는 합리적인 존재라는 가정에 근거하여 국가이론, 투표, 정당정치, 관료제, 정부규모 등 전통적인 정치학과 동일한 연구주제에 관심을 갖는다. 이러한 가정에 근거하는 공공선택론의 가장 큰 특징은 정부에 대한 부정적인 시각이다 (Mueller, 1997). 대부분의 공공선택론 연구들은 전통적인 정치학이 암묵적으로 가정하는 소위 "완벽 정부 모형(Nirvana model of government)"을 정면으로 부정한다 (Mueller, 2003, p.4). 경제학적인 인간 행태 가정에 근거한 연구를 통하여 민주주의 사회에서 정부가 언제 그리고 왜 실패하는가 하는 문제에 관심을 가졌던 것이다.[2)]

이처럼 인간이 자기중심적이고, 합리적이며 효용극대화를 추구하는 존재라는 공공선택론의 인간 행태에 대한 가정은 토마스 홉스나 베네딕트 스피노자 또는 알렉시스 토크빌 등과 같은 정치철학자의 연구와 깊은 연관성을 갖는다 (Mueller, 2003, p.2). 실제로 초기 공공선택론 학자인 빈센트 오스트롬(Vincent Ostrom)의 경우 공공선택론을 정치철학적인 측면에서 연구하기도 하였다 (Mitchell, 1998). 그러나 공공선택론의 또 하나의 대표적인 특징은 '경제학적인 분석도구'를 사용한다는 것이다.

전통적인 정치학과는 다르게, 공공선택론은 경제학적인 분석방법을 사용하여 정치현상을 분석한다. 여기서 경제학적인 분석방법이란 '방법론적 개체주의'에 근거하는 수학과 통계학을 활용한 분석을 의미한다. 전통적인 정치학 이론과 달리, 공공선택론은 사회현상의 본질을 개인 선택의 집합으로 간주한다. 따라서 경제학과 마찬가지로 사회현상을 이해하기 위해서는 개인들의 행태와 선택을 이해해야 한다는 것이 공공선택론의 핵심이라고 할 수 있다. 개인의 행태와 선택을 이해하기 위하여 공공선택론은 게임이론과 같은 '수학모형' 또는 '형식모형(formal model)'을 사용한다. 공공선택론 초기 이론가들은 경제학에서와 같은 방법으로 형식모형을 사용하여 민주제

---

2) 행정학적인 관점에서, 전통적인 이론은 민주주의와 정부를 "전지전능하고 자비로운 제도(omniscient and benevolent institution)"로 가정하고(Mueller, 2003) 정부 자체의 선호, 또는 정부를 구성하는 정치인이나 관료의 선호가 민주주의와 정부의 작동에 주는 영향을 고려하지 않았다 (Ostrom, 1971). 그러나 공공선택론은 민주주의와 정부가 실제로 어떻게 작동하는지, 어떤 부작용을 가져올 수 있는지, 그리고 어떻게 실패할 수 있는지에 관심을 갖는다.

도와 정부가 초래할 수 있는 부정적인 결과들을 연역적으로 추론하였다. 일반적으로 알려진 공공선택론의 대표적인 이론들은 대부분 이와 같은 방법을 사용한 "수리 정치학" 연구라고 할 수 있다 (Mitchell, 1988, p.102).

공공선택론 연구의 또 하나의 중요한 분야는 수리정치학 연구가 제시한 '이론'이나 '가설'을 경험적으로 검증하는 통계적 연구 또는 실증적 연구이다. 최근 공공선택론의 대표적인 학술지라고 할 수 있는 *Public Choice*에 게재되는 논문의 상당 부분은 이와 같이 통계적 방법을 활용하여 수학모형의 가설을 실증적으로 검증하는 연구라고 할 수 있다. 수학모형 또는 형식모형을 활용한 공공선택론 연구가 지나치게 비현실적인 인간 행태 가정에 근거하여 사회현실을 적절하게 설명하지 못한다는 비판을 감안할 때, 공공선택론의 주요 이론이나 가설을 실증적으로 검증하는 연구는 공공선택론의 발전에 큰 기여를 할 수 있을 것으로 기대된다.

그러나 통계적 방법을 사용하여 공공선택론의 이론이나 가정을 경험적으로 검증하는 모든 연구를 공공선택론 연구라고 할 수 있는지 의문이다. 예를 들어, 라이온스와 로워리(Lyons & Lowery, 1989)는 경험적 연구를 통하여 행정학에서의 대표적 공공선택이론이라 할 수 있는 오스트롬 등(Ostrom, Tiebout & Warren, 1961)의 명제를 현실에서 적용될 수 없는 "신화(myths)"라고 비판한다. 실제로 통계적 방법을 활용하여 공공선택론의 이론이나 가정을 검증하는 연구를 수행하는 학자 중 상당수는 스스로를 공공선택론자라고 생각하지 않거나, 심지어 정치현상 설명에 형식모형과 경제학적 접근방법이나 가정을 활용하는 것에 적극적으로 반대하는 학자들도 다수 존재한다 (Mitchell, 1988). 또한, 이미 사회과학의 전분야에서 일반적으로 사용되는 통계적 방법을 사용한다는 것은 더 이상 공공선택론만의 특징이라고 하기 어렵다.

2. 범 위

경제학과 정치학의 결합이라고 할 수 있는 공공선택론은 로체스터 학파, 버지니아 학파 그리고 블루밍턴 학파 등 3가지의 학파를 중심으로 발전해 왔다 (Mitchell, 1988). 이 세 학파는 공공선택론이라는 큰 틀에서 맥을 같이하지만, 각자 독특한 주제와 연구방법을 갖고 있다.

먼저, 정치학 분야 공공선택론 학파인 로체스터 학파는 라이커와 오더슉 등의 학자를 중심으로 선거와 투표, 로그롤링 등의 전형적인 정치학 연구주제를 다루어 왔다. 로체스터 학파의 가장 큰 특징은 경제학자가 아닌 정치학자들이 경제학적인 방법을 사용하는 것이라고 할 수 있다. 특히, 로체스터 학파는 수학모형인 게임이론을 활용하여 정치현상을 접근하는 등 일반적으로 알려진 공공선택론의 차별성인 게임모형/형식모형과 같은 엄격한 수리적 분석방법을 가장 강조하는 것을 특징으로 한다.[3] 이처럼 형식모형의 사용을 강조하는 로체스터 학파는 일반이론을 추구하여 정치학 발전에 기여하였으나, 지나치게 형식모형에 치중하여 현실 정치문제에 대한 관심이 상대적으로 적다는 한계가 지적되기도 한다 (Mitchell, 1988).[4]

다음으로, 가장 일반적으로 알려진 공공선택론 학파라고 할 수 있는 버지니아 학파는 버지니아 대학의 뷰캐넌과 털록 등의 주로 경제학자를 중심으로 민주주의 제도의 본질적인 한계를 연구하였다. 버지니아 학파는 시장과는 다른 작동원리를 갖는 민주주의 정치제도의 비효율성에 관심을 갖고, 관료제, 규제, 지대추구, 부정부패, 정부팽창, 헌법적 선택 등의 주제를 연구하였다. 특히, 버지니아 학파는 국민의 정치적 무관심, 정치인의 단기적 이해관계 등으로 불가피하게 발생할 수밖에 없는 민주주의 제도와 정부의 실패를 극복하기 위한 현실적인 대안 제시에 많은 관심을 가져왔다. 이러한 맥락에서, 버지니아 학파는 '개인이익 추구 동기(self-interest motive)'를 강조하기는 하였으나 로체스터 학파와는 달리, 수학, 통계학 그리고 균형 모형 등을 강조하는 신고전파 경제학에 대한 과도한 의존을 지양하고, 상대적으로 다양한 방법론을 활용하였다 (Mitchell, 1988).

마지막으로, 블루밍턴 학파는 대표적인 학자인 오스트롬 부처가 공공선택론의 창시자이고 오스트롬 부처 모두 공공선택학회 회장을 역임했음에도 불구하고, 공공선택론 학파 중 미국이나 서구에서 가장 덜 알려진 학파라고 할 수 있다 (이달곤, 2015). 이는 행정학적인 주제를 중심으로 연구하는 블루밍턴 학파의 연구주제가 일반적인 주류 정치학자나 경제학자들에게는 큰 관심이 없는 분야이기 때문인지 모른다.[5] 또한, 블루밍턴 학파가 철학적인 방법과 경험적 방법을 주로 사용하는 등 경제학적 접근방법과 가장 거리가 먼 연구방법을 주로 활용한 점도 블루밍턴 학파의 '공공선택론 학파로서의 정체성'을 의심받게 했는지 모른다.[6] 그러나 블루밍턴 학파는

---

3) 일례로, 1997년 한국에서 개최된 국제정치학회에서 당시 미국정치학회 회장이었던 엘리노 오스트롬 교수가 합리성 가정의 완화를 주제로 한 강연을 하였는데, 당시 이 강연을 들었던 로체스터 대학 출신의 정치학자중 일부는 합리성 가정을 완화하는 것은 더 이상 공공선택론이 아니라는 견해를 피력하기도 하였다. 이 강연은 이후 미국정치학회보에 게재되었다. 자세한 내용은 오스트롬 (Ostrom, 1998) 참조할 것.

4) 일반적으로, 형식모형으로 사회현상을 설명하고자 하는 학자들은 가급적 간략한 가정에 근거하여 복잡하고 다양한 사회현상을 설명하는 모형을 추구하며, 따라서 현실적인 구체적 문제에는 큰 관심을 갖지 않는다. 이러한 형식모형가들의 연구전략을 "가급적 간략하게 모형 만들기(keep it simple, stupid: KISS)" 전략이라 한다 (Edmonds and Moss, 2004).

5) 실제로 미국 정치학회장을 역임한 오스트롬은 정치학자들로부터 왜 대통령이나 의회 등 전통적인 정치학 주제를 연구하지 않고, 공유자원을 자치적으로 관리하는 농부나 어부 등 비정치학적 주제를 연구하는지 질문 받곤 했다고 한다.

6) 예를 들면, 행정학분야에서 공공선택론의 대표적인 이론 중 하나로 평가되는 오스트롬 등

공공선택론의 핵심가정인 개인이익 추구 동기를 기본가정으로 활용하여 철학적인 방법과 사례연구 등의 방법을 활용하여 연방제와 지방분권 등 헌법적 선택, 공공재 공급, 자치적 사회문제 해결, 공유자원 관리 등 행정학적 주제를 연구하였다.

일반적으로 알려진 공공선택론의 다른 이론과의 가장 큰 차별성은 경제학적 분석방법의 사용이다. 이상에서 간략하게 살펴 본 공공선택론의 세 학파들은 경제학에서처럼 개인이익 추구 동기를 기본가정으로 활용하고 있다는 점에서 경제학적 접근을 활용하고 있다고 할 수 있다. 그러나 세 학파는 수학모형, 형식모형, 통계적 방법의 강조와 활용 측면에서 유의미한 차이를 보인다. 경제학적 분석방법을 수학모형과 형식모형으로 가장 엄격하게 규정하고 활용하는 로체스터 학파와 철학적인 방법은 물론 통계분석과 사례분석 방법 등을 사용하는 블루밍턴 학파의 방법론적 차이는 매우 크다고 할 수 있다.

따라서 공공선택론의 특성과 범위를 명확하게 정의하기 위해 '경제학적 분석방법'에 대한 새로운 정의가 필요하다. 전통적으로 경제학적 분석방법은 수학모형과 균형모형 그리고 계량경제학의 통계분석 등 소위 신고전경제학의 분석모형을 의미하는 것으로 이해되어 왔다. 그러나 현대 경제학은 다양한 연구 및 분석방법을 활용하고 있다. 전통적으로 '비주류 경제학' 또는 '이류(二流) 경제학'으로 평가받던 제도주의 경제학이나 실험 경제학에 대한 경제학계의 평가가 달라졌고, 이러한 변화는 미국 경제학회보(American Economic Review)나 노벨경제학상 수상자의 연구 분야 및 연구 방법의 다양화를 통하여 구체화되고 있다. 이러한 관점에서 볼 때, 공공선택론의 정체성은 수학모형/형식모형/게임모형/계량분석의 사용이 아니라 '개인이익 동기(self-interest motive)'에 대한 가정에 근거한 연구라고 할 수 있을 것이다.

이와 같은 공통점과 연구범위를 갖는 공공선택론을 뷰캐넌(Buchanan, 2003)은 학문분야나 전공문야 또는 세부 학문분야가 아니라 라카토스(Lakatos, 1970)의 "연구 프로그램(research program)"으로 규정하면서, (i) 방법론적 개인주의, (ii) 합리적 선택, 그리고 (iii) 교환으로서의 정치를 공공선택론의 기본 전제라고 설명한다.[7] 즉, 공공선택론은 경제학이나 정치학 등과 차별화되는 별도의 학문분야가 아니며, 경제학이나 정치학의 세부전공 분야도 아니라, 방법론적 개인주의에 근거하여 정치현상

(Ostrom, Tiebout and Warren, 1961)의 경우, 버지니아 학파나 로체스터 학파의 연구와는 달리 수학모형 또는 형식모형이나 통계분석을 포함하고 있지 않다.

7) 라카토스는 토마스 쿤의 '패러다임'을 비판하면서 과학의 발전은 패러다임의 대체로 나타나는 과학혁명에 의해서가 아니라, 핵심적인 기본 전제인 "hard core"를 공유하는 연구자들로 이루어진 다수의 연구 프로그램 사이의 경쟁에 의해서 이루어진다고 설명한다. 연구 프로그램의 핵심 전제(hard core)는 연구 프로그램이 수행하는 과학적 연구 범위를 한정하는 동시에 부적절한 비판으로부터 연구 프로그램을 보호하는 역할을 한다. 자세한 내용은 라카토스(Lakatos, 1970) 참조할 것.

을 합리적인 선택을 하는 개인들에 의해 이루어지는 교환으로 가정하고 사회현상을 설명하는 일종의 접근방법이라는 것이다.

이처럼 독립 학문 분야라기보다는 다양한 학문 분야를 관통하는 연구 프로그램인 공공선택론의 연구 범위를 공공선택론을 종합적으로 소개하는 뮬러(Mueller, 2003)의 저서인 *Public Choice III*은 (i) 집합행동 등 국가의 기원과 관련된 주제, (ii) 다수결 원칙 등 직접 민주주의와 관련된 주제, (iii) 연방제, 정당제도, 관료제 등 대표 민주주의와 관련된 주제, (iv) 선거주기와 재정환상 그리고 정부규모 등에 대한 실증적 연구와 관련된 주제, 그리고 (v) 사회복지함수와 민주주의의 불가능성 등에 대한 규범적 연구와 관련된 주제를 공공선택론의 연구 분야로 제시한다.

뮬러가 다루고 있는 공공선택론 연구 분야는 기본적으로 민주주의 정부와 관련된 정치학적 주제라고 할 수 있다. 행정학과 정치학의 구분이 쉽지 않으며, 특히 미국의 경우 행정학은 대부분의 대학에서 정치학의 세부전공 중 하나라는 점에서 뮬러의 주제들은 모두 행정학적인 함의를 갖는다고 할 수 있을 것이다. 그러나 이 주제들 중에서 특히 한국 행정학에서 중요한 의미를 가질 것으로 예상되는 연구주제를 중심으로 한국행정학에서 이루어진 공공선택론 연구를 정리하였다.[8)]

Ⅲ. 한국 행정학에서의 공공선택론 연구

1. 공공선택론 도입 또는 소개 연구

한국 행정학에서 공공선택론이 최초로 소개되기 시작한 것은 1970년대 중후반 정도로 추정된다. 이 당시 공공선택론을 다룬 연구들은 공공선택론이라는 새로운 이론을 한국 행정학계에 소개하는 것을 주된 내용으로 한다. 예를 들어, 김번웅(1977)은 환경행정의 문제를 논하면서 오스트롬과 뷰캐넌 그리고 올슨 등의 공공선택론을 간략하게 소개하고 있다. 또한 김영훈(1978)은 정치경제학적인 접근을 활용하는 행정학 연구로 공공선택론을 설명하면서, 공공선택론의 연구 분야를 (i) 공공재 이론, (ii) 민주주의 이론, (iii) 의사결정 규칙 이론, 그리고 (iv) 거래비용 이론 등의 네 가지로 제시한다. 1980년대 들어서는 김동건(1981)이 공공선택론의 투표모형을 소개하고 있으며, 오석홍(1984)은 공공선택이론을 신행정학과 함께 현대 행정학 이론의 새로운 대안으로 소개하고 있고, 김태룡(1987)은 방법론적 개인주의 등 공공선택론의

8) 참고로, 뮬러(Mueller, 2003)에 소개된 대부분의 연구는 수학모형 또는 계량경제학적 분석에 크게 의존하고 있다.

특징을 정리하고 홉스의 정부관과의 관계를 설명하고 있다.

이처럼, 1970년대와 1980년대 한국 행정학에서 공공선택론이 소개되기 시작하였다. 그리고 이시기부터 행정학 교과서에도 공공선택론에 대한 내용이 포함되기 시작하였다. 예를 들어, 박연호(1979)는 공공선택론이라는 표현은 쓰지 않았지만 뷰캐넌과 털록의 이론을 소개하고 있고, 안해균(1982) 공공선택모형이라는 이름으로 공공선택론의 내용을 소개하고 있다. 박응격(1983)은 프레드릭슨의 저서 역서에서 행정학의 다섯 가지 모형 중 하나로 공공선택모형을 소개하고 있다. 또한, 성균관대 사회과학연구소(1988) 역시 행정학의 새로운 이론으로 공공선택론을 간략하게 다루고 있다.

그러나 이 기간 동안 한국 행정학에서 공공선택론 연구가 본격적으로 이루어지지는 못하였다. 공공선택론의 특징이나 내용, 또는 공공선택론 학자들에 대한 '소개'가 이루어졌을 뿐, 공공선택론의 접근방법을 활용한 연구나 공공선택론의 이론과 가설을 실증적으로 검증하는 연구 등은 거의 이루어지지 않았다.[9)]

이와 같이 공공선택이론을 소개하는 연구는 그 이후에도 다수 존재한다. 어쩌면 이는 경제학적인 접근방법, 특히 합리적 선택이론(rational choice theory)에 근거하여 형식모형을 사용하는 공공선택론이 경제학적 접근방법에 익숙하지 않고 심지어 거부감을 갖는 행정학자들에게 쉽게 받아들여지지 않았기 때문인지 모른다.[10)] 다만, 1990년대 이후 공공선택론을 소개하는 대부분의 연구들은 단순히 공공선택론을 교과서적으로 소개하는 것이 아니라, 공공선택론 연구를 통하여 한국 행정학 연구를 어떻게 진행할 것인가 등에 관한 이론적 및 정책적 함의를 논의한다는 점에서 공통점을 갖는다.

예를 들어, 윤홍근(1994)은 뷰캐넌의 헌법경제학(constitutional economics)과 롤스의 정의론을 소개하면서 민주주의 이론과 헌법 이론적인 함의를 도출하고 있다. 유금록(1995)은 공공선택론의 특징과 한계점 등을 논의하면서 한국 행정학 연구에 공

9) 30~40년 전 연구들이라 관련 행정학 연구를 모두 찾았다고는 할 수 없을 것이다. 그러나 네이버 전문정보와 KISS(http://kiss.kstudy.com/)를 통하여 검색한 결과, 이 기간 동안 공공선택론의 핵심적인 연구대상이라고 할 수 있는 지대추추, 정부실패, 공공재 등을 연구한 행정학 연구는 찾아볼 수 없었다. 참고로, 이 글에서는 공공선택론과 관련된 모든 행정학 연구를 찾고 이를 대상으로 메타분석하는 것은 시도되지 않았다. 논의의 편의를 위하여 이 글은 공공선택론과 관련된 주제어 검색을 통하여 행정학자가 행정학 관련 학술지에 게재한 논문과 저서를 검색하고, 검색된 연구나 저서 중 대표적인 것을 중심으로 서술하는 방법을 택하였다.

10) 미국의 경우에도, 합리적 선택이론은 주류 행정학으로부터 비판받는 "기각된 대안"이었다 (Ostrom, 1971). 예를 들어, 합리적 선택이론 접근방법을 사용하는 신공공관리론(New Public Management)의 영향을 부정적으로 평가하며, "쥐들이 국가라는 배에 타서(RATs board on the ship of state), ... 쥐들의 울음소리가 시끄러워졌다"고 표현한 연구도 있다 (Lynn, 1998, p.233).

공선택론이 어떻게 기여할 수 있을지를 논하고 있다. 또한 소병희(1996)는 공공선택론의 기본전제와 주요 연구를 정리하고, 공공선택론의 정책학에서의 활용가능성을 논의하고 있고, 이명석(1996)은 공공선택론의 분석방법인 게임이론과 블루밍턴학파의 분석틀인 제도분석틀(institutional analysis and development framework: IAD framework)을 소개하면서 정책분석에서의 활용가능성을 설명하고 있다. 또한 김행범(1998)은 관료제에 대한 공공선택론의 대표적인 세 가지 모형을 소개하고 분석하면서, 한국적인 상황에서의 함의를 설명하고 있다.

이러한 '소개' 위주의 연구는 1990년대 이후에도 행정학 연구에서 많이 나타난다.[11] 공공선택론에 대한 이해가 부족하였던 시기에는 공공선택론을 학술적으로 소개하는 연구가 필요했을 것이다. 그리고 공공선택론의 이론적 의미와 한국적 상황에서의 함의, 그리고 다른 연구주제와의 연관성 등에 대한 논의는 한국 행정학의 발전에 일정한 기여를 하였을 것으로 판단된다. 특히, 전통적인 이론과는 달리 방법론적 개인주의의 관점에서 정부 관료제나 민주주의 또는 정치와 관련된 상호작용을 '거래'로 파악하고, 이들 제도들의 한계점에 관심을 갖게 되었다는 점에서 이들 연구는 한국 행정학에 나름대로의 기여를 했다고 할 수 있다. 그러나 이러한 연구들은 엄밀한 의미에서의 사회과학으로서의 공공선택론 연구라고 하기는 어렵다.

2. 형식모형 공공선택론 연구: 가설 형성 연구

방법론적 개체주의와 합리적 선택, 그리고 정치적 교환이 공공선택론의 핵심가정이기는 하나, 일반적으로 알려진 공공선택론의 대표적인 특징은 경제학적 방법론 특히 합리적 선택 이론에 근거하는 형식이론(formal theory) 또는 게임이론(game theory)을 사용하는 수학적 이론이라 할 수 있다. 실제로 뮬러(Mueller, 2003)가 소개하는 공공선택론 이론들은 대부분 형식모형을 사용하는 형식이론이라고 할 수 있다. 예를 들어, 공공선택론의 대표적인 이론인 애로우(Arrow)의 '불가능성 정리(impossibility theorem)'나 올슨(Olson)의 '집합선택이론(collective action theory)', 그리고 라이커(Riker)의 '최소승리연합이론(minimum winning coalition)' 등은 모두 형식모형을 사용하는 이론이다.[12]

11) 예를 들어, 배득종(2004)은 행정학 연구에서 공유재 이론의 활용가능성을 주장하고 있고, 김석태(2007)는 지방자치와 신거버넌스를 공공선택론의 관점에서 분석하고 공공선택론 연구의 과제를 제시하고 있다.

12) 참고로 최근까지도 공공선택론은 형식모형을 사용하는 연구가 많이 이루어지고 있다. 형식모형에 크게 의존하지 않는 블루밍턴 학파의 경우에도, 게임모형을 사용한 연구를 하였다. 그러나 형식모형 이외에도 공공선택론은 계량경제학(econometrics)의 실증분석도 주요한 방법론상의 특징이라고 할 수 있다. 이러한 연구에 대해서는 아래에서 다루기로 한다.

한국 행정학의 경우, 형식모형을 활용하는 공공선택론 연구는 많지 않으며, 이는 미국 행정학의 경우도 마찬가지라고 할 수 있을 것이다.[13] 형식모형을 사용한 행정학자들의 연구로는 다음과 같은 것을 들 수 있다. 먼저, 박통희(1989)는 경력개발 등을 추구하는 관료로 구성된 계층제의 특성을 게임모형을 통하여 설명하면서, 계층제 조직에서의 개인의 조직참여 동기와 업무 행태의 비효율성의 원인과 조건을 제시하고 있다. 윤성식(1994)은 주인-대리인 이론에 근거하는 게임모형을 활용하여, 감사인의 적정규모를 연역적인 방법으로 분석하여 두 명의 감사인에 의한 감사가 가장 적절하다는 결론과 중복감사 논란과 관련된 실질적인 정책적 함의를 제시하고 있다. 이명석(1995)은 '일회적 죄수의 딜레마 게임(one-shot PD game)' 모형의 한계를 지적하면서, 2회 또는 그 이상 진행되는 동태적 게임이론 모형을 활용하여 대표적인 사회적 딜레마라고 할 수 있는 공유재가 정부의 간섭 없이 효율적으로 관리되고 사용될 수 있는 조건을 제시한다. 김진현(1999)은 다른 연구들과는 다르게 협상의 분석에 사용되는 협조적 게임이론 모형을 활용하여 지방자치단체간 재정공동사업의 비용배분의 형평성을 제고할 수 있는 비용배분 방식을 제시하고 있다.

1980년대와 1990년대에도 형식모형 공공선택론 연구는 많지 않았으며, 2000년대에 들어서도 형식모형 공공선택론 연구는 활발하게 이루어지지 못하고 있다. 이 기간 이루어진 형식모형 공공선택론 연구는 다음과 같다. 김행범(2004)은 형식모형과 시뮬레이션을 통하여 공공서비스 공급권자 선정과정의 지대추구 문제를 분석한다. 양채열(2006)은 위반자와 집행자간의 상호작용을 게임모형으로 분석하여, 일반적인 예상과는 달리 범칙금의 인상이 오히려 부패라는 부작용을 초래할 수도 있으므로 적절한 제도설계에 대한 정책적 고려가 필요하다는 정책제언을 제시한다. 또한, 김행범(2014)은 시차를 두고 나타나는 로그롤링에서의 배신을 게임모형을 통하여 분석하고, 이를 한국적 상황에 적용하면서 개정국회법이 어떤 결과를 초래하게 되는가를 설명한다.

이상에서 살펴본 형식모형, 주로 게임이론 모형을 사용하는 공공선택론 연구들의 특징은 제도의 문제점을 분석하거나, 또는 이러한 분석을 토대로 대안을 제시하고 있다는 점이다. 이러한 이유로 이와 같은 공공선택론 연구를 "규범적 공공선택론

---

13) 예를 들어, 세 학파 중 가장 행정학적인 함의가 강한 블루밍턴 학파의 경우 게임모형을 사용한 몇가지 연구를 제외하고는 형식모형을 사용한 연구가 많지 않다. 물론, 블루밍턴 학파의 경우 오스트롬 부처가 모두 경제학에서 사용하는 '완벽한 합리성 가정'에 부정적인 견해를 갖고 있기 때문에 일반적으로 완벽한 합리성에 근거하는 형식모형을 많이 사용하지 않았을 것이다. 그러나 또 하나의 중요한 이유는 행정현상 자체의 특성 때문이라고 할 수 있다. 어쩌면 재정이나 투표 또는 위원회 선택 등과는 달리, 행정학에서 다루는 현상 들은 행위자가 많고 측정이 곤란해서 형식모형을 통한 단순화와 설명이 어렵기 때문인지 모른다.

(normative public choice)"이라고 한다 (Mueller, 2003).

한국에서 이루어진 형식모형 공공선택론 연구들은 계층제 조직 구성원과 감사인, 그리고 규제권자의 업무행태의 문제점을 연역적으로 설명하고, 정부 간섭 없는 공유재 문제 해결 조건을 제시하고, 지방자치단체 간의 협력방안과 국회법 개정방안을 제시하는 등, 규범적 공공선택론의 전형적인 연구를 수행하였다고 할 수 있다. 그러나 한국 행정학에서 형식모형 공공선택론 연구가 활발하게 이루어졌다고 평가하기는 어렵다. 기존의 형식모형 공공선택론 이론을 수정하여 새로운 이론적 함의를 찾거나 또는 수정된 이론을 한국적 상황에 적용하는 연구가 이루어졌으나, 큰 이론적 발전이 있었다고 할 수는 없다.

이러한 문제는 한국 행정학에만 국한된 것은 아니다. 공공선택론의 발생지인 미국 행정학의 경우에도 형식모형을 활용하는 공공선택론 연구는 활발하게 이루지지 못하였다고 할 수 있다. 이는 아마도 공공선택론의 핵심적인 가정이라고 할 수 있는 '합리적 선택 이론'과 형식모형 또는 수학모형에 대한 막연한(?) 거부감뿐만 아니라, 어쩌면 복잡하고 다양한 행위자들이 상호작용하는 행정현상을 의미 있는 방법으로 단순화하여 이론을 전개하는데 이러한 접근방법이 적용되기 어려웠기 때문인지 모른다.

다만, 공공선택론을 소개하는 이론과는 달리 정부 관료제나 민주주의 또는 정치와 관련된 상호작용의 비효율성과 한계점, 그리고 한국적 함의를 교과서적인 소개를 통해서가 아니라 독자적인 형식모형을 통해서 연역적으로 분석하고 이를 토대로 이론적이고 정책적인 함의를 도출하였다는 점에서 형식모형 공공선택론은 한국 행정학의 이론적 발전에 나름대로의 기여를 했다고 할 수 있을 것이다.

3. 실증적 공공선택론 연구: 가설 검증 연구

최근 공공선택론 연구의 대부분은 공공선택론의 이론적 주장이나 가정을 실증적으로 검증하는 연구라고 할 수 있다.[14)] 다른 분야와 마찬가지로 공공선택론의 이론들은 모두 경험적인 검증의 대상이라는 점을 고려할 때, 이러한 경향은 당연한 것이라 할 수 있다. 여기에서 한국 행정학에서의 실증적 공공선택론 이론 정리와 관련하여 한 가지 고려할 사항이 있다. 앞서 언급된 것처럼, 미국의 경우 공공선택론과 유사한 주제를 연구하고 심지어 공공선택론과 같은 이론이나 가설을 제시하지만, 공공선택론의 영향을 받지 않았다고 스스로를 정의하고 심지어 공공선택론 학자들에게 비우호적이거나 공공선택론을 명시적으로 반대하는 소위 "'숨어 있는' 공공선택론 학

14) 미국의 대표적인 공공선택론 학술지인 *Public Choice*의 경우도 게제논문 중 공공선택론 이론이나 모형의 주장이나 가설을 검증하는 연구의 비중이 크다.

자('closet' public choice analysts)"들이 있다 (Mitchell, 1988, p.116).[15] 또한, 공공선택론의 가설이나 주장과 대치되는 이론이나 가설을 주장하면서, 공공선택론의 이론이나 가설을 경험적으로 반증하기 위한 연구를 하는 학자들도 있다.[16]

한국 행정학의 경우도 마찬가지이다. 공공선택론의 연구주제를 다루거나 또는 공공선택론의 일반적인 이론적 주장과 유사한 논의를 하지만, 공공선택론과의 학문적 연계를 강조하지 않거나 또는 의도적으로 회피하는 학자들의 연구가 다수 존재한다.[17] 이러한 연구를 실증적 공공선택론에 포함시킬지의 여부는 현실적으로 간단한 문제가 아니다. 이러한 이유로 이 글에서는 논의의 편의를 위하여 공공선택론과의 학문적 연계를 명시적으로 나타내는 연구를 중심으로 분석하는 것으로 연구의 범위를 제한한다.[18]

1980년대까지 공공선택론의 주요이론을 소개하는 연구가 주로 이루어지던 한국 행정학에서 실증적 공공선택론 연구는 1990년대 초반부터 본격적으로 이루어진 것으로 보인다. 먼저, 한국 행정학의 실증적 공공선택론 연구에서 가장 먼저 관심을 가진 주제는 정부의 재정과 예산에 대한 정치적 영향력이었다. 한국의 경우에도 정치권과 관료의 이해관계에 의한 정치적 순환주기가 존재하는지 여부에 대한 경험적인 연구는 다양한 결과를 보인다. 유금록(1994; 1996)은 계량적인 분석을 통하여 한국의 정부재정에서 정치적 순환주기가 존재하며, 재정정책 특히 조세정책에 가장 중요한 영향을 미치는 요인은 경제적 요인이 아니라 제도적 정치적 요인이라는 점을 밝히고 있다. 김정완(1994) 역시 이와 유사한 결과를 보고하고 있다. 이 연구는 부분상관계수를 사용한 계량분석을 통하여 비경제적인 요인에 의해 재정적자가 나타나게 된다는 결과를 보고하고 있다.

반면에, 이은국(1999)은 한국의 14대 대선과 15대 대선 결과에 대한 계량적인 분석을 통하여 한국의 경우 정치적 경기 순환주기는 존재하지 않는다는 결과를 보고

---

15) 미첼(Mitchell, 1988)은 미국의 대표적인 정치학자인 아론 윌다브스키나 로버트 달 그리고 테오도르 로위와 같은 학자들이 여기에 포함된다고 설명한다.

16) 예를 들면, 앞서 언급된 라이온스와 로워리(Lyons and Lowery, 1989)는 오스트롬 등이 주장하는 지방분권 가설을 반증하는 경험적 연구를 수행하면서 오스트롬 등의 공공선택론 가설을 경험적인 사실에 근거하지 않는 허구라고 비판한다.

17) 예를 들어, 김근세(2005), 문지은(2009), 김태은(2008) 등의 연구는 공공선택론의 전형적인 연구주제인 정부규모에 관한 실증적인 연구이나 공공선택론의 영향을 받은 연구라는 점을 강조하지 않는다.

18) 소개되지 않았으나 이 글에서 언급되는 연구와 유사한 연구들이 상당 수 있을 것으로 생각된다. 그러나 그러한 연구의 내용이나 분석방법이 글에서 언급되는 연구와 크게 다르지 않고, 따라서 유사한 연구를 추가적으로 분석하는 것이 이 글의 전반적인 설명에 큰 영향을 주지 않을 것으로 생각된다.

하고 있다. 또한, 김정완(2009) 역시 아시아 국가들의 민주화 수준과 정치적 예산 순환주기 분석을 통하여 민주화 수준이 높은 한국과 일본의 경우 정치적 예산 순환주기가 나타나지 않거나 미미하게 나타난다고 보고하고 있다. 그러나 이은국(1999)과 김정완(2009)이 우려하고 있는 것처럼, 민주주의 사회에서 정치적 경기순환이 분명하게 나타나고 이로 인하여 국가경제에 부정적인 결과가 초래될 가능성이 항상 존재한다. 특히, 선거에서의 득표극대화와 관련된 문제로 공무원의 부패적발 노력과 부패적발 건수 또한 정치적 주기가 존재한다는 경험적인 연구가 있다 (김상헌, 2000). 그러므로 정치와 행정이 선거 전략으로 활용되는 증거와 이로 인한 사회적 부작용에 대한 지속적인 관심과 연구가 요구된다.

다음으로, 지방자치에 대한 연구가 있다. 시군통합과 지방행정 등 지방자치와 관련된 주제는 특히 행정학적인 특성이 강한 블루밍턴 학파의 주요 연구 주제라고 할 수 있다. 일반적으로, '분리주의' 가설이 지방자치에 대한 공공선택론의 핵심적 주장으로 알려져 있다. 라이온스와 로워리(Lyons and Lowery, 1989)는 대규모의 통합된 지방정부로 구성된 지방자치체계보다 분권화된 소규모의 지방정부로 구성된 지방자치체계가 더 대응적이고 효율적이라는 가설을 공공선택론의 핵심적 이론이라고 설명하고 있다.

지방자치와 관련하여, 한국 행정학의 경우에도 본격적인 지방자치 실시 이후 실시된 도농통합과 관련하여 공공선택론의 분리주의 가설 또는 티부 가설 등을 검증하기 위한 실증적 연구가 진행되었다. 예를 들어, 이명석(1999)은 규모의 경제 달성이라는 시군통합의 추진목표와는 달리, 시군통합으로 오히려 정부 지출로 측정한 정부의 규모가 증가하였다는 결과를 보고하고 있다. 배인명 · 이명석 · 최재송(2000) 역시 시군 통합이 지방재정의 규모에 통계적으로 유의한 영향을 주지 못하였다는 결과를 발견하였다. 또한, 강병수 · 공병영(2011)은 한국의 경우 규모가 작은 비통합시가 규모가 큰 통합시보다 주민에게 더 큰 만족도를 준다는 결과를 보고하고 있다. 또한, 김서용(2009)은 설문조사 자료를 활용하여 티부와 허쉬만의 가설을 검증하고, 다양한 변수가 지역주민의 결정에 영향을 준다는 사실을 보고한다. 이들 연구는 공공선택론의 가설을 뒷받침하는 경험적인 증거라고 할 수 있다. 그러나 이들 연구에서 모두 공공선택론의 이론에 반하는 경험적 증거도 일부 보고되고 있다.

한편, 지방자치와 관련된 또 다른 연구로 정용덕(2001)은 한미일 3개 국가의 중앙정부와 지방자치단체 간 기능배분을 분석하였다, 그에 의하면, 미국과 일본의 경우 공공선택론의 설명처럼 지방자치단체는 배당 기능을 그리고 중앙정부는 재분배 기능을 주로 담당한 것으로 나타난 반면, 한국에서는 이러한 차이가 나타나지 않았다. 그리고 지방자치 실시 이후 지방자치단체의 재산세 인하를 중위자 투표모형을 통하여 모형화하여 검증한 김대진(2009)에 의하면, 한국 지방자치단체가 중위자 투표모형의 설명과 같이 주민들의 요구에 따라 정책을 결정하는 것으로 나타났다. 또한, 최정열(2015)은 지방채발행 총액한도제 실시를 통한 지방분권화가 지방정부의 부패를 감소시키는 효과가 있다는 연구결과를 보고하고 있다.

이와 같이, 한국 행정학에서 지방자치와 관련된 공공선택론 이론을 경험적으로 검증하기 위한 연구들은 대체로 공공선택론의 가정을 지지하는 경험적 증거를 좀 더 많이 보고하고 있다. 그러나 공공선택론의 이론이나 가설을 검증하기 위한 경험적인 연구가 많지 않고 결과도 일관적이지 않다는 점을 고려한다면, 지방자치와 관련된 공공선택론 이론을 검증하기 위한 보다 본격적인 연구가 필요하다고 할 수 있다.

이 이외에도 계량경제학적인 분석을 활용한 실증적 공공선택론 연구로는 시민들의 통일 지출비용 추정(배득종, 1993), 관료들의 예산극대화 동기(강윤호, 1999; 김성철·박기욱·윤진훈, 2005), 한국 역대정부의 로그롤링(김행범, 2008), 지방자치단체 공무원 규모의 팽창(이명석, 1998) 등의 연구가 있다.

또한, 계량경제학적인 분석이 아니라 사례연구를 통하여 공공선택론의 이론을 검증한 연구도 존재한다. 예를 들어, 김정완(2006)은 신행정도시 건설 사례를, 조승현·김광휘·고상진, 2010)은 경부고속도로 역사 유치 사례 등 개발정책 사례를, 지종화(2004)는 벤처기업 육성정책을, 그리고 박민정(2006; 2011)은 의료정책변화와 지방공항 건설 사례를 지대추구 이론의 사례로 설명하고 있다. 또한, 박성민(2006)은 증권관련 집단소송제도 도입과정을, 그리고 김관보·이승연(2010)은 화장장 건립 분쟁 사례를 각각 제도분석틀을 활용하여 분석하고 있다.[19] 그리고 최재송·이명석·배인명(2001), 홍성만·주재복(2003), 강윤호(2005), 그리고 김민정(2015)은 다양한 한국 사례를 통하여 자율적 공유재 관리의 가능성과 한계를 분석한다.

Ⅳ. 한국 공공선택론 연구의 평가

이상에서 간략하게 정리된 한국 행정학에서 이루어진 공공선택론 연구의 특성을 정리하면 다음과 같다.

---

19) 참고로, 맥기니스와 오스트롬(McGinnis and Ostrom, 2012)은 오스트롬과 오스트롬(Ostrom and Ostrom, 1971)이 말하는 '공공선택'은 '제도분석(institutional analysis)'을 의미한다고 설명한다. 이는 뷰캐넌(Buchanan, 2003)이 말하는 공공선택론 연구의 두 가지 대분류의 하나인 "헌법적 공공선택(constitutional public choice)"에 해당하는 것이라고 할 수 있다.

첫째, 한국 행정학에서 공공선택론 연구는 초기에 공공선택론의 이론을 소개하는 연구 위주로 이루어졌다. 공공선택론의 소개로 한국 행정학은 시장 실패 등 사회문제를 해결하는 이상적인 존재인 정부에 대한 환상에서 벗어나게 되었다. 뷰캐넌(Buchanan, 2003)은 공공선택론을 “낭만 없는 정치학(politics without romance)”이라고 정의한다(p.8).[20] 미국의 경우와 마찬가지로, 정부나 정치인 모두 개인적인 이해관계를 추구하며 따라서 투표, 정치활동 그리고 정책결정과정 등이 언제나 공익을 추구하는 방향으로 이루어지는 것은 아니라는 공공선택론의 가정이 한국의 행정학에 미친 영향은 매우 크다. 공공선택론의 가장 큰 기여는 민주주의 정치체제와 민주주의 절차에 의해 작동되는 정부도 실패할 수 있다는 사실을 공론화한 것이라고 할 수 있다.[21] 공공선택론의 영향으로 지대추구, 정부규모 팽창, 정부실패, 관료제 비효율성 등에 대한 한국 행정학의 이론적 관심이 커지게 되었다고 할 수 있다.

둘째, 한국 행정학에서 형식모형을 활용하여 새로운 이론과 가설을 형성하는 공공선택론 연구는 많지 않고, 공공선택론의 이론이나 가설을 검증하는 연구가 주로 이루어지고 있다. 이런 현상이 나타나게 된 것은 공공선택론의 기본가정인 ‘합리적 선택’에 대한 정서적이고 방법론적인 반감 때문이라고 할 수 있을 것이다. 정치인이나 관료가 공익만을 추구하는 존재가 아니라는 것에는 동의하지만, 정치인과 관료가 개인적인 이익만을 추구하는 존재이며, 나아가 이들의 행동 즉 ‘공공선택’이 합리적 선택이론에서 말하는 엄격한 합리성의 기준에 따라 자신의 이익을 ‘극대화’하는 존재로 단순화하여 설명될 수 있다는 가정을 많은 행정학자들은 받아들이지 않는다. 또한, 대부분의 행정학자들은 형식모형 등 수학모형에 익숙하지 않으며, 이러한 ‘엄격한’ 연구방법의 적절성에 대하여 회의적인 경우가 많다.

또한, 이와 관련된 문제로 행정학의 연구 대상인 행정현상의 특성을 들 수 있다. 경제학의 연구 대상인 경제현상과 정치학의 연구 대상인 정치현상과는 달리, 행정학의 연구대상은 복잡한 경우가 많다. 따라서 공공선택론의 차별화된 특성이라고 할 수 있는 형식모형이 행정학 연구에는 적용되기 어렵다. 일반적으로 형식모형을 선호

---

20) 그에 의하면, 완벽하게 작동하는 ‘이상적인 정부’를 기준으로 시장실패를 규정하는 것은 적절하지 못하다. 일반적으로 인정되는 시장실패에 대한 정치적 치유는 완벽하게 작동한다는 암묵적인 전제 자체가 오류라는 것이다. 시장도 실패하고 정부도 실패한다고 가정할 필요가 있다는 것이다. 이처럼 ‘이상적인 정부 또는 정치’의 존재를 부인하는 것이 낭만 없는 정치학, 즉 공공선택론의 본질인 것이다.

21) 이를 두고 뷰캐넌(Buchanan, 2003)은 공공선택론이 ‘벌거벗은 임금님’ 우화에 나오는 어린아이의 역할을 했다고 설명한다. 어린아이 이야기를 들은 이후 모두가 임금님이 벌거벗은 사실을 이미 알고 있었다는 것을 알게 되었지만, 어린아이가 이야기하기 전까지는 아무도 그 사실 자체에 관심을 두지 않았었던 것이다. 이와 마찬가지로, 공공선택론은 정치인의 행태와 민주주의 정치가 실제로 작동되는 과정에 대한 사람들의 맹목적인 편견을 버리게 하는 역할을 수행했다는 것이다.

하는 학자들은 가급적 간략한 모형으로 복잡한 사회현상을 설명하고자 한다. 그러나 복잡한 행정현상의 경우, 구체성이 낮고 일반화 가능성이 높은 형식모형의 설명이나 예측은 현실의 사회문제 해결과정에서 큰 효용가치가 없을 가능성이 높다. 이러한 이유로 실제적인 정책에 큰 관심이 없는 정치학 분야 공공선택론 학자(로체스터 학파)나 정책에 관심은 있으나 이론적인 관심이 더 많았던 경제학 분야 공공선택론 학자(버지이나 학파)의 경우 형식모형에 관심이 많았던 반면, 지방자치 등 현실적 대안에 관심이 많았던 행정학 분야 공공선택론 학자(블루밍턴 학파)는 형식모형에 상대적으로 관심이 많지 않았다고 할 수 있다.

셋째, 한국 행정학에서 공공선택론은 일반적으로 보수주의 또는 시장주의적인 이론이라는 평가를 받아왔다. 공공선택론의 이념적 편향성에 대한 이러한 평가는 미국의 경우도 마찬가지이다 (Buchanan, 2003). 그러나 공공선택론이 이념적 편향성을 갖는다는 비판은 적절하지 않다. 공공선택론이 정부실패 문제에 주된 관심을 갖는 것은 사실이나, 그 해결책으로 시장을 제시하는 것은 아니다. 앞에서 설명된 것처럼, 공공선택론의 핵심은 '자비롭고 전지전능한 정부에 의해 시장실패를 포함하는 모든 사회문제가 완벽하게 해결될 수 있다는 낭만적이고 근거 없는 믿음'을 부정한다는 것이다.

한국 행정학의 경우, 합리적 선택이론과 신제도주의에 근거하는 신공공관리론(NPM)이 신자유주의에 근거한다는 비판도 존재한다. 그러나 정부가 할 일을 시장에 맡기고 정부는 시장이 효율적으로 작동하도록 하는 역할만을 담당해야 한다는 신자유주의와 정부가 할 일을 더 효율적으로 하기 위하여 정부내부에 경쟁의 원리를 도입하자는 신공공관리론은 이념적으로 아무런 공통성을 갖지 않는다 (이명석, 2001). 이와 마찬가지로, 공공선택론도 아무런 이념적 편향을 갖지 않는다. 정치권과 정부가 사회문제를 완전무결하게 해결하는 존재가 아니므로 이러한 한계를 명확하게 인식하고 이를 극복하기 위한 다양한 제도적 장치를 탐색하는 것이 공공선택론의 핵심 주장인 것이다.

넷째, 한국 행정학의 경우 계량경제학적 분석방법이나 수학적으로 복잡한 측정도구 등의 사용이 공공선택론 연구의 특징으로 이해되는 경향이 존재한다. 그러나 이런 기준을 적용하는 경우 계량적인 방법을 사용하는 연구는 모두 공공선택론 연구라고 이해되고, 그 결과 '합리적 개인들 사이의 교환으로 사회현상을 파악'하고 '민주주의 정치제도나 정부의 문제점을 비판적으로 분석'한다는 점에서 차별화되는 공공선택론의 특성을 공유하지 않는 많은 연구들과 공공선택론 연구가 차별화되지 못할 수 있다. 또한, 공공선택론을 이런 기준으로 정의하는 경우 계량경제학적 분석방법이나 수학모형으로 설명하기에 적절하지 않은 중요한 행정현상에 대한 연구가 위축될 우려도 존재한다.

전통적으로, 사회과학에는 사용하는 방법론을 기준으로 하는 엄격한 분파가 존재해 왔다 (Almond, 1988).[22] 그러나 최근 사회과학에서 사례연구 등 소위 '질적' 연구를 통한 과학적 연구의 유용성에 관심이 증가하는 등 방법론적 분파의 경계가 흐려지고 있다 (Flyvberg, 2011). 실제로 블루밍턴 학파의 경우 사례연구와 메타분석 등을 통하여 계량경제학적 분석방법이나 수학모형으로 설명하기 어려운, 그러나 중요한 이론적 함의를 갖는 사회현상을 연구하였다. 또한, 계량경제학적 분석방법은 이미 공공선택론뿐만 아니라 사회과학에서 공통적으로 사용되는 연구방법으로, 더 이상 공공선택론의 특징이라 할 수 없다. 공공선택론의 미래 연구 방향에 대한 Lowley et al(1993)의 지적처럼, 지나치게 수학모형과 고급 통계분석기법에만 의존하지 않고 현실의 복잡하고 다양한 사회현상을 적절하게 연구하기 위한 다양한 방법론을 활용하기 위한 노력을 강화할 필요가 있다.[23] 이러한 관점에서 볼 때, 앞서 살펴본 바와 같이 한국 행정학의 경우에도 사례분석 등 질적 연구를 통하여 공공선택론의 이론이나 가설을 검증하는 연구가 이루어지고 있다는 것은 바람직한 현상이라고 할 수 있다.

마지막으로, 한국 행정학에서 공공선택론은 연구가 활발하게 진행되는 발전하는 분야(?)라고 하기는 어렵다고 판단된다. 이는 뷰캐넌(Buchanan, 2003)의 설명처럼 공공선택론이 학문분야가 아니라 연구 프로그램이라는 공공선택론의 다학문적인 특성과도 밀접한 관련이 있다. 실제로 한국 공공선택학회의 경우, 경제학자, 정치학자 그리고 행정학자가 참여하고 있으나 활발한 교류와 연구가 이루어지지 못하고 있는 실정이다. 연구 프로그램은 '핵심 전제(hard core)'에 근거하여 연구주제를 설명할 수 있는 많은 '보조 가설(protective belt)'을 개발하여 새로운 이론적 설명과 가설을 제공

---

22) 알몬드(Almond, 1988)는 사회과학의 분파를 두 가지 기준에 따라 분류한다. 먼저, 이념적 성향에 따라 '좌파(L)'와 '우파(R)'로 분류하고, 다음으로 사용하는 방법론에 따라 (엄격한 계량적/수학적 방법을 사용하는) '경성 방법(H: hard)'과 (질적 연구 방법을 사용하는) '연성 방법(S: soft)'으로 분류한다. 그는 이 두 가지 기준을 교차적용하여 사회과학에 4가지의 분파(HR, HL, SR, SL)가 존재한다고 비판하고, 이러한 분파주의 의 극복 필요성을 주장한다. 참고로, 그는 제도주의(institutionalism)가 이와 같은 정치학의 분파주의를 극복할 수 있는 대안의 하나라고 설명하고 있다.

23) 예를 들어, 형식모형을 사용하는 경우에도 지나친 단순화를 지양하고 복잡한 현실을 포함하는 모의실험(simulation) 모형을 활용하는 방법을 고려할 필요가 있다. 최근 사회과학의 전분야에서 모의 실험모형의 활용이 크게 증가하고 있다. 이러한 접근의 특징을 에드몬즈와 모스(Edmonds and Moss, 2004)는 "가급적 기술적으로 모형 만들기(Keep it descriptive, stupid: KIDS)" 전략이라고 부른다.

할 수 있을 때 학문적인 발전을 이룰 수 있다 (Lakatos, 1970). 공공선택론의 경우도 마찬가지이다. 공공선택론의 연구 프로그램으로서의 특성을 명확히 정의하여 핵심 전제를 구체적으로 명시하고, 행정학의 다양한 연구주제를 설명할 수 있는 많은 보조 가설을 개발하여 새로운 이론적 설명과 가설을 제공하기 위한 노력이 요구된다.

V. 결 론

한국 행정학에서 공공선택론은 정부에 대한 관점을 바꾸는 중요한 역할을 했다고 할 수 있다. 민주주의 정치체제와 정부가 더 이상 시장실패 등 사회문제를 완벽하게 해결할 수 있는 '전지전능하고 자비로운' 존재가 아니라는 공공선택론의 주장을 부정하는 사람은 아무도 없다. 그러나 공공선택론의 이러한 영향에도 불구하고, 한국 행정학에서 공공선택론 연구는 성공한 연구 프로그램과는 다소 거리가 멀다고 할 수 있을 것이다. 어쩌면 이러한 공공선택론의 한계는 미국의 경우도 마찬가지 인지 모른다. 지속적으로 새로운 사회현상을 발견하고 이에 대한 일관성 있는 설명을 제공할 때, 연구 프로그램은 발전할 수 있다. 그러나 공공선택론은 초기의 영향력 있는 이론과 같은 새로운 이론을 지속적으로 제시하고 있다고 하기 어렵다.

이런 공공선택론의 연구 프로그램으로서의 한계를 극복하기 위하여 공공선택론의 핵심 전제를 명확히 재정의 할 필요가 있다. 공공선택론의 핵심 전제는 (i) 방법론적 개인주의, (ii) 합리적 선택, 그리고 (iii) 교환으로서의 정치 등으로 요약될 수 있다 (Buchanan, 2003). 한국 행정학에서 공공선택론이 발전하는 연구 프로그램이 되기 위해서는 핵심 전제에 대한 명확한 입장 정리가 필요하다.

우선, 합리적 선택이라는 핵심 전제를 명확하게 재정의 할 필요가 있다. 일반적으로 합리적 선택은 경제학에서 사용하는 '완벽한 합리성' 가정을 의미하는 것으로 이해되고 비판되어 왔다. 그러나 개인의 경제적 이익을 극대화하는 것을 의미하는 완벽한 합리성은 형식모형 분석의 편의를 위해 사용되는 예외적인 경우라고 할 수 있다 (Buchanan, 2003; McGinnis and Ostrom, 2012). 합리적 선택에는 완벽한 합리성을 포함하는 다양한 정도의 합리성이 포함될 수 있다. 시장에서 개인의 이익을 추구하던 사람이 공공부문에서 정치적인 선택을 하게 되면서 갑자기 개인의 이익을 전혀 고려하지 않는 "성인(saints)"으로 변한다는 가정이 비현실적인 것과 마찬가지로(Buchanan, 2003; p.10), 여러 가지 상황에서 이루어지는 개인들의 다양한 선택을 개인의 경제적 이익만을 추구하는 완벽한 합리성이라는 단일 모형으로 설명하는 것 또한 비현실적이다 (Ostrom, 1993). 따라서 뮬러(Mueller, 1997)의 지적처럼 인간의 선택과 행태에 대한 다양하고 풍부한 가설을 활용하는 합리적 선택을 가정할 필요가 있다. 특히, 한국적 상황을 반영하는 다양한 합리적 선택 가정을 활용하기 위한 노력이 요구된다.

다음으로, 형식모형이나 계량경제학적 방법론의 사용은 공공선택론의 핵심 전제가 아니라는 사실에 주목할 필요가 있다. 지나치게 게임모형과 형식모형 그리고 계량경제학적인 분석에만 의존하는 것은 적절하지 않다. 이는 앞서 언급된 내용과 연관되는 것으로, 완벽한 합리성 가정을 완화하기 위해서는 다양한 방법론의 활용이 요구된다. 합리적 선택 가정에 근거하지만 형식모형을 사용하지 않는 현장 사례 연구, 메타 분석 그리고 비교 연구 등 질적 연구를 포함하는 다양한 연구방법을 활용하여 한국 행정 현상을 적절하게 설명하기 위한 노력이 요구된다 (Lowley *et al.*, 1993; McGinnis & Ostrom, 2012).

공공선택론이 한국 행정학에서 발전하는 연구 프로그램으로 자리매김하기 위해서 공공선택론에 대한 인식의 전환이 요구된다. 계량경제학적인 엄격한 수리적 분석을 사용하는 "개인에 대한 가정 없는 이론(theories without actors)"이 아니라, 개인에 대한 다양한 보조가설을 사용하고 심지어 경우에 따라서는 질적 분석을 사용하는 "합리적 개인을 가정하는 이론(theories with rational actors)"이 연구 프로그램으로서의 공공선택론의 발전에 기여할 수 있는 더 적합한 이론이라고 할 수 있을 것이다 (Tsebelis, 1990). 이러한 관점에서, 지나치게 특정 방법론에 의존하지 않고 다양한 제도가 개인들의 상호작용과 공공선택에 미치는 영향을 분석하는 "제도분석(institutional analysis)" (McGinnis and Ostrom, 2012) 또는 "헌법적 공공선택(constitutional public choice)" (Buchanan, 2003)을 통하여 한국 행정현상을 적절하게 설명할 수 있는 이론을 개발하기 위한 노력이 요구된다.

결론적으로, 공공선택론은 서구의 상황뿐만 아니라 한국적 상황을 적절하게 설명할 수 있는 '공공부문에서 이루어지는 결정'에 관한 일반이론이라고 할 수 있다. 서구에 비해 한국에서 정부규제가 상대적으로 더 강조되고 정부의 규모가 더 팽창한다는 사실이 공공선택론이 한국적 상황을 설명하지 못한다는 것을 의미하지 않는다. 한국 행정에서 정부의 규제가 증가하고 정부의 규모가 커지는 것은 공익이 아니라 각자 자신의 개인적인 이익을 추구하는 정치인과 관료 그리고 이해관계자들의 상호작용의 결과라고 할 수 있고, 이는 바로 공공선택론의 핵심적인 주정이라고 할 수 있다. 공공선택론이 한국적 상황에 부적절한 이론이기 때문이 아니라, '행위자들의 공공선택'에 영향을 주는 한국과 서구의 문화와 환경의 차이 때문에 한국과 서구의 차이가 나타나는 것이다. 그러므로 공공선택론의 본질에 대한 정확한 이해를 토대로, 한국적 상황에 대한 다양한 보조가설을 개발하고 다양한 방법론을 활용하여 한국 행정현상을 적절하게 설명할 수 있는 이론을 지속적으로 개발하고 검증하는 것이 한국 행정학의 발전에 기여할 수 있는 성공적인 연구 프로그램이 되기 위한 공공선택론의 과제라고 할 수 있다.

제12장 국 가 론

김 근 세

Ⅰ. 서 론

행정이론은 한 나라의 국가－사회간 맥락에 의존적이다. 예로써, 1970년대 경제위기에 따른 신자유주의 이념의 ‘작은정부론’은 신공공관리론(New Public Management) 등장의 배경이 되었고, 미국발 2008년 금융위기는 작은정부론의 지적토대를 이룬 신자유주의국가이론의 정당성에 위기를 초래하였으며, 정부의 기능과 역할에 대한 새로운 인식을 가져오면서 민주행정론(Democratic Public Administration) 등 대안적 행정이론의 등장이 요청되었다. 한 나라의 정치경제의 변동에 따라 행정이론의 발달이 영향을 받는 것이다 (Schulz, 2011).

한국에서 행정학은 국가이론의 시각에서 시작되었다. 현대 행정학을 처음으로 소개한 정인흥(1955/1960)의 교과서가 그것이다. 그는 행정학을 기본적으로 “국가행동의 이론”인 것으로 규정하면서, “국가의 정치적, 경제적, 사회적, 그리고 기타의 조건에 따라 행정에 대한 문제의식과 그 문제제기의 방향을 달리한다”고 이해한다 (정인흥, 1960: 19). 행정학의 역사적 전개과정을 고대와 중세의 행정, 국가－사회가 일원적인 절대군주제국가, 국가－사회가 이원적 대립하는 현대민주주의국가로 구별하면서, 행정권의 확대와 강화로 현대 국가에서 행정학의 성립과정을 정치경제체제의 사회변동 맥락에서 법제도주의 접근방법으로 기술한다.

〈표 1〉 정인흥의 행정학(1960) 목차

제1장	행정의 현대적 기초
제1절	행정의 현대적 기초
제2절	국가기능의 확대, 강화
제3절	행정권의 확대
제4절	행정권의 강화
제2장	행정의 발달과 행정학의 전개
제1절	고대와 중세의 행정과 그 특징
제2절	절대군주제하의 행정
제3절	관방학의 성립과 그 전개
제4절	민주주의국가의 행정과 행정법학

1960년대 이후 양적, 질적으로 성장되고 있는 한국 행정학 연구는 기본적으로 명시적 또는 묵시적으로 국가이론의 가정에 기반하여 수행되고 있다. 이러한 맥락에서 이 연구는 지난 60년 동안 축적된 한국 행정연구를 국가이론의 차원에서 개관하고, 그 성격을 비평하려고 한다.

Ⅱ. 국가론의 유형

국가이론은 정부, 사회, 경제의 관계를 설명하는 이론으로, 궁극적으로 정부의 성격에 대해 탐구하는 연구영역이다. 따라서 정부의 성격을 탐구하는 행정이론은 기본적으로 국가에 관한 연구로 이해할 수 있다 (Schultz, 2011: 454). 즉 정부가 사회, 경제와 어떻게 관계하는지 탐구하는 행정이론을 국가이론의 맥락에서 접근하는 것은 필수적이다.

국가이론의 관점에서 행정이론의 중요한 연구질문은 다음과 같은 차원으로 구체화 될 수 있다 (Schultz, 2011: 455). 정부는 왜 필요한가, 정부는 무엇을 해야 하는가, 정부는 어떤 가치와 이해를 추구해야 하는가, 공무원은 무엇을 해야 하는가, 정부조직과 정책을 어떻게 보다 효율적으로 수행할 수 있는가의 다섯 가지 연구질문이 그것이다. 이 질문이 다양한 국가이론들을 총괄적으로 대표하지는 못하지만, 다양한 국가이론을 관통하는 기본적인 질문들로 구성되어 있다고 생각한다.

그런데 한국처럼 자유민주주의 정체를 표방하는 국가를 기술, 설명, 처방하는 국가이론은 역사적으로 다양한 학파가 경쟁하면서 발전되어 왔다 (Dryzek & Dunleavy,

2009). 유럽의 공동체주의·국가주의 전통에 기반을 둔 엘리트주의 국가이론, 미국의 개인주의·자유주의 전통에 기반을 둔 다원주의 국가이론이 각각 고전이론으로 기초이론으로 자리 매김한다. 이후 다원주의 국가이론을 비판하면서, 공공선택이론에 기초한 시장자유주의 국가이론, 자본주의체제와 갈등이론에 기초한 신마르크스 국가이론이 대안적 패러다임으로 등장하였다. 동시에, 이러한 비판에 대응하면서 다원주의의 한계를 인정하고 수정한 신다원주의 국가이론도 발전이 이루어지고 있다.

1. 다원주의 국가이론

다원주의 국가이론은 18세기 유럽 절대군주제의 중앙집권제에 대한 대응으로서, 한 사람 또는 단일 집단에 의한 통치를 반대하는 자유주의 관점에 기초를 두고 있다. 고전적 다원주의 이론가들에게 개인의 번영과 발전은 가장 중요한 가치로, 국가에 대한 개인의 권리를 정당화하는 점에 중점을 두었다. 미국에서 다원주의 국가이론은 정치학과 결합하면서 더욱 강력해졌다. 벤틀리(Bentley, 1908)에 의해 정치과정에서 집단의 중요성이 주목받게 되었고, 칼튼(Catlin, 1927)은 공공정책 생산의 원동력을 다양한 이익집단간 경쟁으로 이해하였다. 대표적 다원주의 이론가인 트루만(Truman, 1951)은 집단이 공통된 이익(특히, 경제적 이익)을 가진다고 정의하였고, 집단간 권력의 평등과 잠재적 집단의 존재를 가정한다 (Dryzek & Dunleavy, 2009: 35－45).

다원주의 국가이론의 가정을 정리하면 다음과 같다 (Dunleavy & O'Leary, 1987: 13－19; Dryzek & Dunleavy, 2009: 35). 첫째, 사회는 다양한 집단(개인의 집합)으로 구성되어 있으며, 이들은 자발적으로 구성된다. 둘째, 사회 내 권력은 의사결정을 하는 집단현상에 의해 발현된다. 셋째, 집단간 상호작용에 의한 결정은 정치·행정과정에 영향을 미치며, 정책은 다양한 집단간 협상과 경쟁을 통한 정치적 산물로 이해된다.

다원주의 국가이론에서 분석단위는 이익집단에 초점을 두며, 국가정책/기구를 둘러싼 사회내 다양한 이익집단간의 갈등, 타협, 협상의 권력현상에 주목한다. 여기서 정부는 규범적으로는 공공정책문제에 관한 서로 다른 이익집단들의 시각들을 수용할 것을 선호하고, 기술적으로는 정부의 기능을 수동적인 풍향계, 중립적인 공익 심판관, 적극적인 관료정치를 수행하는 또 하나의 이익집단으로 가정한다 (Dunleavy & O'Leary, 1987; Dryzek & Dunleavy, 2009).

2. 신다원주의 국가론

1940～60년대 전성기를 누리던 다원주의 국가이론은 일원주의의 쇠퇴, 공공선택이론의 부상, 세계대전 이후 강력한 다국적 기업의 등장, 대량실업의 사회문제 등,

반전운동과 민권운동 등 일련의 사회변동에 정부가 효과적으로 대응하지 못하면서 그 이론적 설명력과 신념이 약화되었다 (Dryzek & Dunleavy, 2009: 52－56). 이에 다원주의의 내재적 한계로 자유민주주의 국가에서 집단간 권력배분의 불평등과 정책결정과정에서의 비조직화된 집단의 배제 등은 신다원주의 국가이론 등장의 주요한 배경이 되었다.

다원주의 국가이론의 비판에 대하여, 달(Dahl)과 린드부름(Lindblom)에 의해 주도된 신다원주의 국가이론은 단체설립과 가입의 자유, 정부로의 영향력 행사, 개인의 권리와 자유를 강조한다는 점에서 다원주의와 유사한 반면, 집단의 영향력이 동일할 수 없다고 인정하며, 신보수주의, 엘리트주의, 마르크스주의의 비판을 부분적으로 수용하는 입장을 취한다. 또한 대기업의 시장 영향력 증대, 혼합경제 확산, 사회복지정책 등에 주목하면서, 미국에서 신다원주의는 기업의 특권적 지위에 주목하고, 상충하는 이익들간 갈등에 관심을 가진다.

신다원주의 국가이론의 가정을 정리하면 다음과 같다 (Dunleavy & O'Leary, 1987: 283－285; Dryzek & Dunleavy, 2009: 131). 첫째, 집단에 분산되어 있는 권력의 불평등을 인정하다. 즉 대기업이 지배적인 위치에 있으며, 영향력과 접근성에 대한 평등의 문제를 포함한다. 둘째, 정부와 집단의 관계는 협력적이거나 갈등적으로, 정책이슈에 따라 네트워크나 옹호집단이 형성된다. 셋째, 집단이 가지는 권력은 국가의 공식적 제도에 기반하며, 그 권력은 비공식적 네트워크에 분산되어 있다.

신다원주의 국가이론은 이후 참여민주주의, 신거버넌스이론 등으로 발달되고 있다 (Dryzek & Dunleavy, 2009). 대의제 민주주의 한계에 대하여 시민의 직접적 참여기제를 통한 민주주의의 심화, 정책네트워크이론, 정부－기업－시민사회의 협치를 강조하는 신거버넌스이론 등으로 그 외연이 확산되고 있다.

3. 엘리트주의 국가론

엘리트주의 국가이론은 서구 자유민주주의 국가의 역사적 발전과정에서 불완전한 민주화를 경험한 유럽(독일, 이탈리아 등)에서 기원을 찾을 수 있으며, 국가사회의 소규모 지도자집단(엘리트)과 대다수 일반대중 간 수직적 권력관계에 초점을 두고 있다 (Dryzek & Dunleavy, 2009: 57). 엘리트주의 국가이론은 고전적 엘리트이론(Pareto, Mosca, Michels 등), 민주적 엘리트이론(Weber, Schumpeter 등), 급진적 엘리트이론(Burnham, Hunter, Mills 등)으로 발전되었다. 미국에서 엘리트주의 국가이론은 Mills(1956)의 파워엘리트 개념 등으로 설명되는 급진적 성향을 갖게 되었다 (Dryzek & Dunleavy, 2009: 66－67).

엘리트주의 국가이론의 가정을 정리하면 다음과 같다 (Dryzek & Dunleavy, 2009: 57). 첫째, 사회는 그 체제와 관계없이 엘리트와 대중으로 구성된다. 둘째, 통치는 항상 소수 지배집단에 의해 이루어진다. 그러므로 엘리트에 의한 통치/지배는 자연스럽거나, 불가피하다. 셋째, 일반대중이 엘리트로 진입되는 가능성에 따라 민주엘리트 또는 파워엘리트 구조로 차이를 가진다.

엘리트주의 국가이론에서 국가행정기구는 (파워)엘리트의 무대로 이해되며, 중앙집권적이고 계층제적 조정의 성격이 강하다. 이러한 국가이론의 관점에서 행정연구에 있어 국가의 자율성, 관료엘리트 등에 관심을 가진다.

4. 신보수주의 국가론

영국의 철학자 버크(Burke)에 의해 체계화된 보수주의는 정치에 대하여 도덕주의적 접근을 지지하고, 공동체, 도덕, 전통, 사회적 연결망 등과 같은 공동체에 대한 의무를 중시한다 (Dryzek & Dunleavy, 2009: 269－270). 그러나 구체적 설명이론 또는 일반이론의 부재와 거대공동체에 대한 부정적 인식이 현실에서 한계로 작용하였다. 신보수주의는 보수주의의 이러한 핵심 가정[1)]을 거부하는 대신에, 개인을 합리적 행위자로 가정하며, 불완전한 정치시장시스템은 정부실패(government failure)를 야기한다고 설명한다. 그러므로 불완전한 정부는 최소화되어야 한다는 논리 하에 분권화, 전문화, 민영화를 강조하고, 작은정부, 최소국가 등 정부개혁의 화두가 1980년대 이후 글로벌패러다임으로 확산되었다.

공공선택이론에 기초한 신보수주의 국가이론의 가정을 정리하면 다음과 같다 (Dryzek & Dunleavy, 2009: 282－284). 첫째, 개인을 분석단위로 개인의 효용극대화 가정에 따라, 관료는 예산극대화, 정치인은 투표극대화, 시민은 효용극대화를 추구한다. 둘째, 불완전한 시장기제가 작동하는 공공부문은 과잉공급과 과잉수요를 가져와 비효율적이다.

신보수주의 국가이론은 행정연구에 있어 공공선택이론, 그리고 신공공관리론(New Public Management) 이론으로 발전되었고, 감축관리, 민간위탁, 공기업 민영화, 정부규제완화, 책임운영기관화 등의 연구주제가 발전되었다.

---

1) 보수주의 국가이론은 개인의 권리, 이익, 행복을 강조하는 시장지향적 신자유주의에 대응하는 맥락에서 사회의 존재를 명시하고, 특정 사회전통과 정치관행이 개인을 만들며, 이들은 사회적 책임의 연결망을 공유한다고 가정한다. 그러므로 개인은 합리적이고 이기적이지 않으며, 그들이 속한 사회에 따라 구체적인 공유의식과 도덕적 헌신은 차이가 있다고 가정한다 (Dryzek & Dunleavy, 2009: 270).

5. 신마르크스주의 국가론

신마르크스주의 국가이론은 국가를 지배계급의 도구로 이해하고 생산관계의 상부구조로 파악하는 칼 마르크스(Karl Marx)의 고전이론에 기초를 두고 있지만, (고전적) 마르크스주의가 경제결정론에 근거하여 사회에 접근한다는 점을 한계로 지적하고, 인간소외, 비인간적 문화에 관심을 가지며, 다양한 학파가 경쟁하면서 발전되어 왔다 (Dunleavy & O'Leary, 1987: 208－211; Dryzek & Dunleavy, 2009: 79－88). 첫째, 도구주의학파(Miliband 등)는 지배계급과 국가간 연관성에 집중한다. 지배계급의 구성원 간에 공통적인 사회경제적 배경에 기초한 이해관계와 관점의 공유를 기초로, 자본주의국가를 지배계급의 이익을 보호·유지하기 위한 수단으로 이해하기 때문에 정부정책 역시 자율적 활동이 아닌 지배계급의 이익이 반영된 것으로 본다. 둘째, 구조주의학파(Althusser, Poulantzas 등)는 자본주의체제 내 구조적인 계급갈등과 내재적 모순에 관심을 갖는데, 내재적 모순이란 자본주의국가가 자본축적과 분배의 상호모순적 기능을 수행하고, 체제유지를 위한 세수확보의 차원에서 자본가를 보호한다고 이해한다. 셋째, 기능주의학파(Offe, O'Connor 등)는 자본주의체제가 요구하는 국가기능을 크게 자본축적(accumulation) 기능과 정당성(legitimation) 기능으로 구분하고, 계급투쟁의 관계에서 국가기능 및 기구의 성격을 강조한다.

신마르크스주의 국가이론의 가정은 다음과 같다. 첫째, 사회구성체는 생산양식에 기초한 계급갈등이 사회변동의 기반이다. 둘째, 자본주의 생산양식에서 자본가－노동자 계급간 갈등의 관점에서 국가정책/기구를 접근한다. 셋째, 국가는 경제의 상부구조로, 자본가계급의 도구로 기능한다. 즉 정치－경제 영역은 분리되지 않는다.

신마르크스주의 국가이론은 자본주의국가의 자본가－노동자 계급을 분석단위로 하며, 국가기능과 행정기구의 이해에 있어 자본주의 생산양식이 요구하는 자본축적과 정당성의 국가기능, 계급갈등에 따른 국가기능의 변화 등에 주목한다. 소련 및 동구 사회주의국가 몰락 이후, 신마르크스 국가이론은 환경, 반핵 및 평화, 여성, 평등 등의 연구주제로 외연을 확대하며 발전되고 있다.

Ⅲ. 한국 행정연구에서 국가론의 역사적 전개

1. 역사적 개관

한국 행정연구에 있어 국가이론의 연구경향을 분석하기 위하여 한국행정학보의 전체 논문 1,715편[2] 중 전술한 5가지 국가이론의 유형으로 분류될 수 있는 339개(20%)를 표본으로 선택하여 그 성격을 분석하였다. 전체 표본 중 각 국가이론의 구성은 다원주의 국가이론(29%), 신다원주의 국가이론(24%), 엘리트주의 국가이론(23%), 신보수주의 국가이론(17%), 신마르크스주의 국가이론(7%)의 순으로 구성된다([그림 1] 참조). 이는 한국행정학계의 기능주의적 관점과 보수주의적 정치이념에 기반한 연구경향이 지배적인 위상을 차지하고 있음을 반영한 것으로 보인다.

[그림 1] 한국행정학보의 국가이론 성격

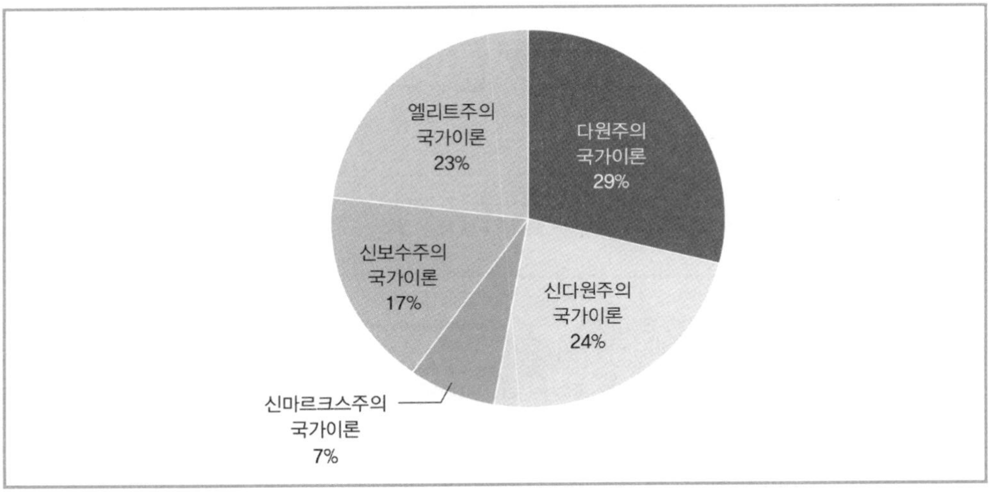

시대별 국가이론의 변화는 [그림 2]에 정리되었다. 개괄적으로, 연도별 빈도수를 살펴보면, 1960~70년대 국가이론 연구의 양적인 수가 낮았고, 주로 엘리트주의 국가이론에 편중된 분포를 보이고 있다. 그런데 1980년대 중반이후 상당한 양적 성장이 나타난다. 이는 정치민주화 과정에서 권위주의 군사정부에 대한 대안적 국가이론에 대한 본격적인 관심 증가로 보이고, 동시에 학회지의 연간발행 횟수가 증가한 점도 부분적으로 기여한 것으로 분석된다. 그리고 1990년대 중반이후 국가이론에 대한 연구가 지속적인 양적성장을 보이고, 동시에 다양한 국가이론으로 구성되어 있다.

2) 조사대상기간은 한국행정학회보 1권이 발간된 1967년에서 최근 발간된 49호(2015년)까지이다. 조사대상의 선정에 있어 초기 행정학보의 경우, 논문, 기고논문, 월례학술세미나 발표논문, 서평, 정책논단 등이 혼합되어 구성되어 있는데, 학술세미나 발표논문, 서평, 정책논단 등은 분석에서 제외하였다.

[그림 2] 연도별 각 국가이론 연구의 빈도

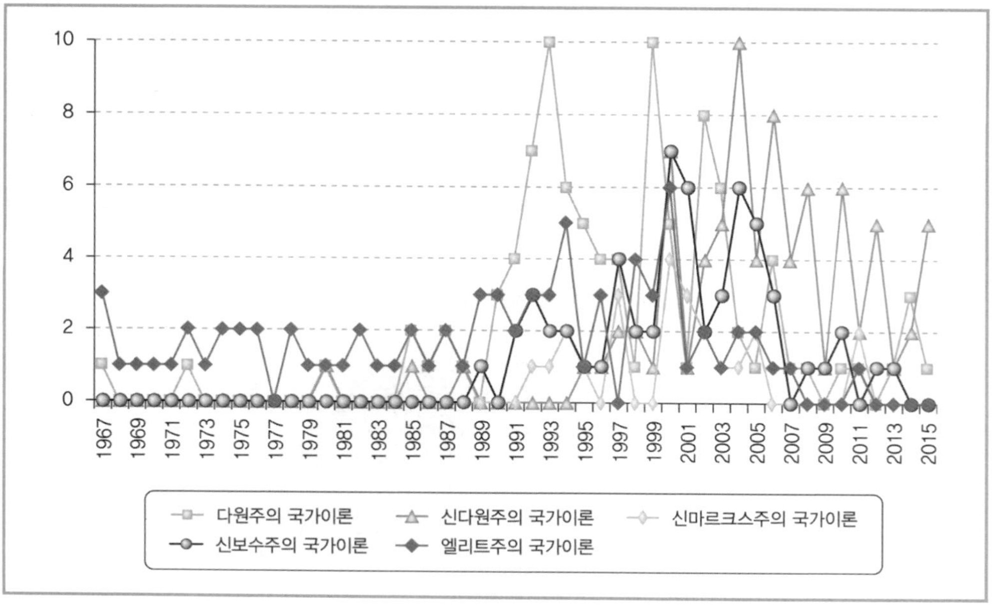

이러한 특징은 연대별 각 국가이론이 차지하는 비율을 나타낸 [그림 3]을 통해 더욱 명확하게 확인할 수 있다. 초기 지배적으로 나타나는 국가이론은 엘리트주의 국가이론으로 압도적인 비율, 즉 1960년대 92%, 1970년대 96%을 차지하고 있다. 그러나 1980년대 그 비율(63%)이 낮아지는 동시에 다원주의 국가이론이 급증(21%)하였으며, 신다원주의 국가이론(9%)과 신마르크스주의 국가이론(5%), 신보수주의 국가이론(3%)이 일부 나타나기 시작하였다. 1990년대에는 연구의 양적 성장이 특징적임과 동시에 다원주의, 신보수주의, 신마르크스주의 국가이론이 각각 46%, 16%, 6%로 다양하게 발전하였다. 마지막으로 2000년대 이후 신다원주의 국가이론(40%)의 성장이 특징적이다.

2. 1960대 발전행정의 도입

1960년대에 수록된 연구논문의 수는 적지만, 당시 연구들이 가지고 있는 국가이론에 기반한 연구의 비중은 전체논문의 27%를 차지하고 있다. 구체적으로 연도별 국가이론 추이를 살펴보면 앞서 설명한 바와 같이, 발전행정의 맥락에서 엘리트주의 국가이론이 지배적이라고 할 수 있다.3)

---

3) 1967년 다원주의 국가이론에 기반한 연구가 있고, 신종순(1967)은 시민단체가 사회근대화에 중요한 역할을 가지고 있으며, 이들은 정치행정의 독재를 방지하고 의사결정에 공식적 참여자로 인식

[그림 3] 연대별 국가이론 연구 경향

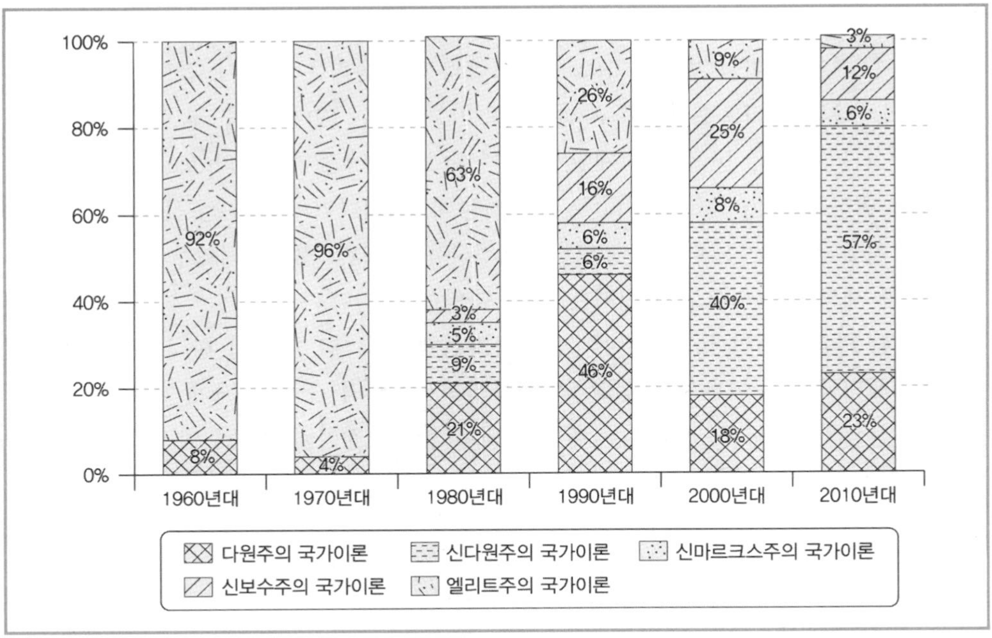

1960년대의 주요 연구관심은 '기획', '관리'에 집중되어 있는 것으로 나타난다 (예: 이한빈, 1967; 권영찬, 1967; 유상근, 1967; 윤재풍, 1969 등). 대표적으로 이한빈(1967)의 연구는 귤릭(Gulick)과 워잌(Urwick, 1937)의 POSDCoRB의 의의를 검토하고, 우리나라에 집행부중심의 행정체계를 강화하는 이론적 근거를 제시하고 있다. 그는 행정학의 3대 조류를 관리론, 인간관계론, 정책론으로 구분하고, 각 이론이 행정학에 이식된 역사적 흐름을 개관하였다. 특히 발전행정론의 기원은 1963년 미국행정학회 비교행정연구회에서 개최한 세미나 논의에서 찾고, 발전은 개념적으로 "한 체제 내에 계속적으로 나타나는 새로운 변화를 흡수하는 능력"으로 정의하며, 구체적으로 이러한 능력은 창의와 혁신(쇄신)의 원천이 되므로 자연스럽게 행정과 정치 엘리트에 관심이 집중된다고 주장한다. 그러므로 사회변동의 원천을 갖는 집단 또는 개인이 어떻게 중요한 세력으로 등장하는가에 관심을 갖고, 발전엘리트에 주목한다. 그는 시대의 변화에 따라 행정학의 조류가 변화해온 것과 같이, 발전행정론 역시 당시 한국사회 변동의 대응으로서 행정개혁과 기관형성을 고도화하는데 기여할 것이라고 기대하였다. 이들의 연구경향은 국가의 경제개발을 견인하기 위한 행정시스템의 개혁을 주창하는 규범적인 연구경향이 강하다. 즉, 근대화된 서구의 행정시스템을 발전도상국

할 필요성을 주장하였다.

인 한국의 전통적 행정시스템의 대안으로 판단하여 이를 적극적으로 도입하여 국가사회를 근대화하려는 발전주의 이데올로기 성향이 강하였다.

그런데 여기서 한국 발전국가의 엘리트주의 국가성격은 앞에서 검토한 서구 자유민주주의국가의 엘리트주의와는 차별적으로 이해될 수 있다. 서구 국가의 경우 엘리트의 생성과 이동의 공정성과 개방성을 기준으로 민주엘리트주의(democratic elitism)와 파워 엘리트주의(power elitism)로 구분하는데, 우리나라의 경우는 군부와 기술관료 연합에 의해 후발 자본주의국가로서 경제성장을 주도한 발전엘리트주의(development elitism)의 새로운 유형으로 구별하는 것이 타당해 보인다.

이러한 엘리트주의 국가이론에 기반한 발전행정의 패러다임이 한국행정연구의 전통적인 패러다임을 이루게 되었고, 박정희행정시스템의 구축에 크게 기여하게 된다. 이러한 한국행정연구의 전통은 이후 전개되는 한국행정학의 기능주의적 성격을 강하게 틀 지우는데 크게 기여하게 되었다.

〈표 2〉 1960년대 국가이론 기반의 연구 예시

연구자(연도)	연구문제	핵심어
이한빈(1967)	국가발전	관료엘리트, 기획
권영찬(1967)	기획	기획시대, 도시기획, 기획의 기원
유상근(1967)	계획	계획, 계획의 무결성
윤재풍(1969)	관료제	계획발전, 관료제이론

3. 1970년대 발전행정의 확산

1970년대 국가이론을 기반으로 하는 연구는 전체연구 중 25%의 비중을 차지하여 다소 감소하였으며, 1960년대와 마찬가지로 엘리트주의 국가이론이 압도적으로 나타나고 있다.[4)]

1970년대의 주요 연구관심은 엘리트주의 국가이론에 기반한 발전행정에 대한 관심은 전 시기와 유사하지만(예: 김광웅, 1972; 유종해, 1972; 정기섭, 1976 등), 연구주제의 관심 범위가 보다 구체화, 다양화되었다. 예를 들어, 전문가의 권력획득방식에 관한 연구(김만기, 1975), 민주적 엘리트의 발생가능성에 관한 연구(Bun Woong Kim,

---

4) 1972년 다원주의 국가이론에 기반한 연구가 있고, 김안제(1972)는 지역경제의 균형발전이 이상적으로 실현되는 것이 어렵다는 것을 인지하는 반면, 지역내, 지역간 불균형을 발생시키는 요소들의 차이가 지나치게 크다는 점에 문제의식을 가진다. 그는 이러한 차이를 줄이고 균형잡힌 성장과 발전을 위해서 지역정책에 대한 관심을 주문하고 있다.

1976), 권력의 개념에 관한 연구(김완식, 1978), 엘리트의 유형과 양성에 관한 연구(노정현, 1979) 등이 있다. 또한 급격한 경제성장으로 인해 발생하는 사회문제(예: 복지, 균형발전)에 관한 관심이 나타났다 (예: 이종익, 1971; 김안제, 1972; 황명찬, 1973 등).

예를 들어, 김번웅(1976)은 서구의 민주적 다원주의가 권위적 엘리트주의로 특징지어지는 한국의 정치/행정엘리트에 대한 공공정책모형으로의 적용가능성, 또는 민주적 엘리트주의가 한국에 동화될 가능성에 대한 질문을 던진다. 그는 한국의 엘리트 정치문화를 분석하면서, 한국엘리트는 관료엘리트에 집중적인 권위주의가 남아있기 때문에 아직까지 민주적-다원적 정책결정모형을 적용하기 어려운 상태라고 지적하였다.

노정현(1979)은 한국의 관료, 군, 기업 엘리트가 근대화의 3대 엘리트이며, 특히 관료엘리트들의 역할이 지대함을 주장하고, 그들의 출신배경이 가치체계에 미치는 영향을 논의하였다. 그는 먼저, 고급공무원(1-3급)을 대상으로 하여 그들의 출신배경(부친직업, 출신지역, 학력 등)을 조사하고, 그 결과를 영국, 미국, 프랑스 등과 비교하였다. 선진국들과 비교하여 우리나라는 부친의 직업과 관련 없이 고급공무원이 되는 경우가 많다는 점에서 대표성이 어느 정도 확보되어 있는 상태라고 분석하였다. 또한, 대부분의 서구사회는 이른바 명문대학이 고급엘리트를 양성하고 있으나, 우리나라의 사학은 그 역할을 충분히 하지 못하고 있으며, 오히려 국립대학(서울대)이 지배적으로 배출하고 있다는 점을 지적하였다. 그는 국가수립과 근대화의 추진세력으로서 엘리트 양성에 대한 동기부여를 강조하였고, 관료엘리트는 국가이익에 초점을 맞추어 지속적인 근대화를 추진할 필요가 있다고 주장하였다.

〈표 3〉 1970년대 국가이론 기반의 연구 예시

연구자(연도)	연구문제	핵심어
강민(1974)	공공정책	갈등모형, 정치적 리더십-관료제 간 갈등
김만기(1975)	계획과정	계획과정, 전문가, 권력획득방식
Bun Woong Kim(1976)	민주적 엘리트	민주적 엘리트의 적절성, 가능성
정기섭(1976)	국가발전	발전도상국가, 관료제
김완식(1978)	권력	정부형태, 권력관계, 계층 간 관계
노정현(1979)	근대화	근대화, 관료엘리트, 추진세력

이 시기에 주목할 한 가지 연구로, 국가이론에 관한 일반이론을 소개한 연구가 흥미롭다. 이강은(1974)의 연구는 국가이론의 주요 모형으로 계급모형, 관료제모형,

다원론모형을 제시하고, 각 모형의 등장배경을 파시즘(계급론), 전체주의(관료제론), 대중사회와 집단에 대한 통제 붕괴(다원론)로 설명한다. 또한 각 모형이 상정하는 기본가정, 연구단위, 독립변수 등을 소개하였으며, 각 모형의 한계와 상호비판에 대하여 정리하였다 (<표 4> 참조). 그는 이러한 접근을 통하여 국가에 대한 보다 포괄적 분석도구를 발견할 수 있다고 주장하였다.5)

〈표 4〉 국가 모형의 비교

구분	유토피아적 이상	기본가정	독립변수	사회과정	연구단위
계급 모형	공산주의	국가의 권력기구가 자본주의사회 내 계급관계와 재산관계를 강화/유지 소유권의 법적제도화	생산특성과 사적생산 수탈의 모순	계급, 계급 투쟁	–
관료제 모형	무정부주의	계급론의 가정을 인정 관료제의 자율권 확대로 생산과 분배, 정치적 질서를 통제하는 도구	대규모 조직	권위	조직
다원론 모형	다원주의적 민주사회	개인은 하나 이상의 집단을 구성 집단은 집단이익 또는 가치를 추구	집단의 다양성	합의	집단

출처: 이강은(1974; 220)의 표를 수정, 보완.

4. 1980년대 국가론의 확산

1980년대에는 여전히 엘리트주의 국가이론이 강세를 보이기는 하지만, 이전과 비교하여 상대적으로 다양한 국가이론의 접근이 나타나기 시작하였다. 구체적으로, 다원주의, 신다원주의, 신마르크스주의 국가이론이 가시적으로 크게 연구되기 시작하였다.

1980년대 한국사회는 정치민주화가 요동치는 시대적 사조를 반영하여 진보적 국가이론을 포함한 국가이론이 본격적으로 소개되었고, 이를 한국행정 사례에 적용하려는 연구가 크게 성장하였다.

예를 들어, 정용덕(1988)은 재무행정의 이해를 기존의 다원주의 국가이론을 넘어, 다양한 국가이론의 관점에서 조망할 수 있는 재무행정의 다양한 주제를 소개하였다. 그는 자본민주주의국가에서의 국가성격을 크게 다원주의, 신우익론, 마르크스주의로 구분하여 물적 자원동원에 있어 예산결정과정을 설명하였다. 첫째, 다원주의의 관점

5) 그는 결론에서 각 모형의 관점을 활용한 분석도구를 제안할 뿐만 아니라, 세 가지 모형을 혼합하여 사회를 설명할 수 있는 가능성에 대하여 구체적으로 제시하고 있다. 그는 이러한 접근들을 통하여 사회현상의 다양한 차이를 분석할 필요가 있다고 주장한다.

에서 물적 자원동원 배분의 결정양식을 통제주의 예산원칙, 분권화된 예산과정, 점증적 의사결정 등으로 설명하였고, 신다원주의적 관점에서 공공－사적부문 간, 정부기능(또는 사업) 간, 특정 정책기능 수행을 위한 최적자원배분 등으로 설명하였다. 둘째, 신우익론의 관점에서 물적 자원동원 배분의 결정양식을 이익집단의 투표교환행위, 국회의원들의 나누어먹기식 정치행위, 집권정부와 선거경제동기, 관청의 예산극대화행위 등으로 설명하였다. 셋째, 신마르크스주의 접근을 통해 국민경제활동을 세 가지(경쟁부문, 독점부문, 국가부문)로 구분하고, 국가부문에서의 기능 간 자원배분은 질서유지, 자본축적의 촉진, 정당성 제조의 맥락에서 국가기능을 필요로 한다고 설명하였다.

김석준(1988)은 기존 한국행정학의 패러다임의 한계를 지적하고, 한국행정의 전환기적 상황 속에서 나타나는 다양한 행정현상들을 국가론의 맥락에서 재해석하였다. 그는 미국의 행정이론으로 한국의 행정현상을 설명하는 것에서 기인하는 괴리에 주목하면서, 관리이론인 미국의 행정이론이 정치적 성격이 강한 한국 행정현상을 설명하는데 무리가 있으며, 한국행정이 가지는 특수성은 세계체제나 국가중심적 전통을 가진다고 분석한다. 한국 행정현상의 이론화 및 체계화를 위하여 국가기구, 행정제도, 국가맥락을 포함하는 국가론을 새로운 패러다임으로 제시하고, 국가론은 기존의 체제론, 행태론, 관리론 등과 비교하여 전통적 권위주의, 구조적 권위주의, 국가관료－사회 관계, 국가－세계 관계 등에 대하여 보다 거시적, 포괄적, 체계적으로 설명할 수 있는 장점이 있기 때문이다. 그는 국가론의 전통을 신마르크스주의 국가이론과 신베버리안 국가이론으로 구분하고, 국가자율성과 관련한 국가능력(state capacity)의 맥락에서 한국 행정현상을 보다 적절하게 설명할 수 있는 가능성에 주목하였다.

이 시기 한국행정연구의 주요 관심사는 특정 국가이론이 지배적이지는 않았고, 다양한 국가이론들이 소개되었다. 대표적으로, 다원주의 맥락에서 집단간 갈등 및 협력에 대한 관심(예: 박우순, 1986 등), 엘리트주의 맥락에서 정부의 역할(예: 박기영, 1982; 이대희, 1984 등) 등이 연구되었다. 또한, 다원주의의 한계를 극복하려는 신다원주의, 또는 신마르크스주의에 대한 관심이 점차 확산되었는데, 이들은 대부분 복지정책(예: 정용덕, 1982; 이종익, 1987 등), 계층갈등(예: 김영종, 1989), 사회운동(예: 구광모, 1986) 등에 관한 연구를 포함한다.

〈표 5〉 1980년대 국가론 기반의 연구 예시

연구자(연도)	연구문제	핵심어
박기영(1982)	신도시 개발전략	도시개발, 개발전략, 합리적·생산적 모형
정용덕(1982)	소득재분배	분배의 문제, 분배방법, 합리적 공공정책
김영평(1983)	정책결정과정	조합주의, 중앙-지방정부, 영국사례
이대희(1984)	민주자본주의	정부주도 경제발전, 경제자유화
구광모(1986)	학생시위	학생시위, 대학대응
박우순(1986)	환경정책	국민관심, 국민-기업-국가
이종익(1987)	지역개발	복지국가, 지역화, 지역개발
김영종(1989)	갈등해소	지역·계층 간 갈등, 해소방안,

예를 들어, 이대희(1984)는 민주자본주의에 있어서 규범적인 정부의 역할이 무엇인가를 살펴보고자 하였다. 구체적으로 1960~70년대 경제성장기에 성장위주의 정책을 추진해오는 과정 속에 생겨났을지도 모르는 정부역할의 모순을 확인하고, 1980년대 이후 새로운 정치, 경제적 여건에 맞는 정부의 역할을 제시하고자 하였다. 그는 우리나라는 민주자본주의를 지향하고 있음에도 불구하고 정부의 역할에 대하여 몇 가지 문제점을 지적하면서,[6] 국민개인의 경제활동 자유보장, 시장경제 활성화, 공공재 생산의 균형, 소득재분배 문제에 관심을 갖는 등 바람직한 정부의 역할을 제안하고 있다.

5. 1990년대 시장자유주의 국가론의 성장

1990년대는 1980년대 다양한 국가이론의 등장 이후, 각 이론들이 보다 다양하게 연구되는 경향이 두드러지게 나타나고 있으며, 특히 시장자유주의 국가론이 지속적으로 발표되는 점이 주목할 만하다.

한국행정연구에서 국가이론의 양적 성장이 특징적인 1990년대의 주요 연구관심은 1980년대와 마찬가지로 다양한 국가이론의 연구가 수행되었다. 다원주의 맥락에서의 연구관심은 1990년대 초반까지 강세를 보이고 있지만, 1990년대 중반이후에는 대안적 국가이론들이 비슷한 분포를 나타낸다.

6) 이대희(1984:638)는 민주자본주의의 확립을 지향하는 우리나라의 정부의 역할이 가지는 모순점을 크게 네 가지로 지적하고 있다. 첫째, 성장·개발위주의 계획경제를 지향하고 있다. 둘째, 공공재의 대부분은 국방이 차지하고 있어 상대적으로 보건, 복지분야는 미미하다. 셋째, 경제영역 전반에 대한 정부의 관여 큰 것은 성장과 발전에 있어 강력한 동인이 될 수 있는 반면, 상당한 부정부패로부터 자유롭지 못하다. 넷째, 경제성장제일주의는 환경문제나 소득불평등의 문제에 소원하여 그 문제가 심각해졌다.

신마르크스 국가이론의 맥락에서, 정용덕(1993)은 국가기구에 대한 보다 거시적 차원의 이해가 필요함을 강조하였고, 국가의 성격을 경험적 수준에서 규명하기 위한 노력이 부족함을 지적하였다. 이러한 맥락에서 자본주의 국가론에 기초하여 한국 중앙국가기구를 클락(Clark) & 디어(Dear, 1984)의 국가유형론을 적용하여 경험적으로 분석하였다. 이를 통해 한국의 국가기구의 주변부 개입주의국가이자, 예외국가의 특성을 가진 것으로 분석하였다.

특징적인 것은 1980년대 서구에서 새롭게 등장한 신보수주의 국가이론이 1990년대 초반 급격하게 증가하고 있다는 점이다. 주요 연구주제로 행정개혁(예: 박동서 외, 1992; 김광웅, 1998 등), 민영화(예: 최병선, 1991; 손희준, 1992 등), 분권화(예: 하미승, 1992; 김태룡, 1994 등)의 사례를 들 수 있다. 특히 정용덕·김근세(1998)는 한국중앙재정기구에 대하여 그간의 발전국가적 특징과 관료주의를 극복할 것을 주문하며, 그 구체적인 방향으로 통제기능보다 성과기능을 강조해야 한다고 제안하였다.

예를 들어, 최병선(1991)은 민영화에 대한 단순한 이해를 지적하고, 보다 균형잡힌 개념으로 이해할 필요성을 강조하였다. 즉, 그동안 민영화는 경제학적 관점에서 이해되어 왔기 때문에 비효율성의 극복, 유행 또는 기술적 문제 등으로 축소되어 왔지만, 실제 이것은 국가역할구조의 변화, 국가권력행사의 정당성 등의 문제와 깊은 관련이 있음을 지적한다. 우리나라는 정책목표를 실현하기 위하여 공기업에 대한 의존성향이 강하게 보여왔고, 대부분의 민영화 대상이 공기업에 국한되어 왔음을 확인하였으며, 공기업을 대상으로 하는 제한적인 민영화는 공익성과 기업성 간의 갈등상황에서 여전히 공익실현의 역할을 강조하는 인식에서 기인함을 지적하였다. 그러나 민영화에 대한 보다 정확한 이해는 민영화가 국가의 궁극적인 역할을 정당하게 수행하는 것인지, 민영화를 통한 국가권한의 행사방식이 적법한 것인지에 대한 검토가 부재함을 비판하였다.

다원주의 국가이론의 맥락에서, 이익집단으로서의 공무원집단과 노동조합에 대한 이해(예: 서원석, 1991 등), 관료의 중립적 역할로 중재하는 갈등관리, 분쟁해결(예: 안광일, 1990; 박종민, 1994; 김준한, 1996; 박기묵, 1997 등), 시민·민간사회의 협조(예: 이시경, 1990; 박상필, 1999 등), 대표성의 맥락(예: 윤성채, 1993; 양형일·이태영, 1993 등) 등으로 요약할 수 있다.

예를 들어, 박종민(1994)은 민주화 과정에서 한국 정부관료제는 권위주의적 통치와 관행을 보장받을 수 없을 뿐만 아니라, 개인과 집단의 시민적 자유와 권리보호로 인해 다양한 이익집단의 증가라는 현실에 직면했음을 지적하였다. 그리고 정부관료의 민주적 통제와 이익집단들간 갈등상황에서 이익중재의 역할을 기대하고 있음을 강조하였다. 이러한 변화는 궁극적으로 관료의 인식 변화를 요구한다는 점에서 관료들의 민주주의, 공익, 시민참여에 대한 인식 등을 분석하였는데, 관료들은 여전히 권위주의적이며, 단원적이고 소극적인 의미로 이해하고 있음을 지적하였다.

신다원주의적 맥락에서는, 공공서비스의 협력적 생산(예: 김정훈, 1993) 등에 관한 관심이 있다. 엘리트주의적 맥락에서는 국가성과 국가능력의 관점(예: 김석준, 1990; 정무권, 1993 등)에 관한 연구가 수행되었다.

〈표 6〉 1990년대 국가론 시각에서의 행정학 연구(예)

연구자(연도)	연구문제	핵심어
김석준(1990)	국가발전	국가능력, 국가주도 산업화
안광일(1990)	갈등관리	노사갈등, 정부중재
최병선(1991)	민영화	민영화, 국가역할구조변화, 공공부문의 비효율성
박동서 외(1992)	작은정부	작은 정부 개념, 도입과정, 평가
손희준(1992)	민영화	공공서비스, 서비스공급유형, 능률성 분석
하미승(1992)	업무배분	지방자치, 권한이양, 업무배분효율성
김태룡(1994)	권한배분	지방정부, 권한배분유형, 기초자치단체
배용수(1994)	조합주의 복지국가	사회적 합의, 사회조합주의
박종민(1994)	정부관료	다원화사회, 이익갈등, 관료의 중재역할
박기묵(1997)	환경분쟁	물분쟁, 이해관계, 대안적 분쟁해결기법
김광웅(1998)	정부조직개편	민영화, 민간위탁
박상필(1999)	정부와 시민사회	정부－시민단체 유형화, 지원체제

예를 들어, 배병룡(1995)은 한국이 권위주의 체제에서 정책이 집행되어 왔기 때문에 다원주의에 기초하여 그 과정을 분석하기에는 부적절함을 지적하고, 보다 적절한 분석틀로써 엘리트주의와 신마르크스주의 결합으로 이해할 수 있는 국가조합주의 이론을 적용하였다. 구체적으로, 농업정책의 집행구조와 집행상황에 대한 분석결과, 농협은 국가에 의한 통제지향적 집행구조에 놓여있었기 때문에 대부분의 정책은 자원조달 및 배분, 생산시설 확대 등이었으며, 국가의 권위주의적 환경에 배태된 결과로 고압적인 자세와 조합원들의 실질적인 이익에 관심을 두지 않게 됨을 확인하였다. 이로 인해 농협은 이익대표기능을 충실히 수행하지 못하였고, 역사적으로 농협의 집행구조는 대동소이한 맥락을 유지하고 있기 때문에 대부분 정권하에서 국가조합주의로 이를 분석하고 있다.

6. 2000년대 이후 신다원주의 국가론의 성장

2000년대 이후 국가이론 연구는 전체연구의 약 17%(2000년~2015년)를 차지하고 있으나, 2010년대에는 그 비중이 급격히 줄어들어 평균 약 10%를 차지하고 있다[7]. 이 시기에는 신다원주의 국가이론의 성장이 특징적이다. 특히, 2006년부터 2010년까지는 국가이론 연구의 평균 62%, 2012년부터 2015년까지는 평균 60%로 상당히 큰 비중을 차지하고 있다.

2000년대 이르러 엘리트주의에 대한 관심은 급격히 하락한 반면, 신다원주의의 성장이 특징적이다. 이 시기 국가이론의 연구경향은 크게 두 가지의 특징을 가지고 있다. 첫째, 가장 지배적인 관심으로 시민에 대한 관심, 참여 방법과 제도 개선 등 신다원주의 국가이론의 맥락이다. 예를 들어, 김석준(2000)의 연구는 발전국가, 신중상주의국가, 동아시아발전모델에서 벗어나 정보화사회에 경쟁력 있는 뉴거버넌스 패러다임을 활용한 공공부문개혁을 주장하였다. 또한 당시 행정학계와 실무계에 혼란스러웠던 거버넌스의 개념과 의의를 체계적으로 소개하였고(이명석, 2002), 이 시기의 신다원주의적 관점을 가진 연구들 대부분은 뉴거버넌스(예: 박영주, 2000; 김석준, 2000 등), 시민단체와 주민참여(예: 박희봉 · 김명환, 2000; 이시원 · 민병익, 2002; 조화순 · 송경재, 2004; 임준형, 2006 등), 거버넌스 구축, 네트워크 거버넌스와 연결망(예: 배응환, 2003; 박치성, 2006; 이창길, 2007 등), 심의민주주의(예: 윤경준 · 안형기, 2004; 임승후 · 김병섭, 2010 등) 주제로 연구하였다.

둘째, 1970년대 신자유주의의 조류에 영향을 받아 등장한 신공공관리론의 맥락이다. 이미 1990년대에 부상한 신보수주의 연장선에서, 공공관리 개선을 위한 방법으로 신관리주의 개념의 도입을 제안하였고(배용수, 2000), 주요 연구주제로는 민영화, 규제완화(예: 김태윤, 2000; 황혜신, 2005 등) 등이 있다.

그 외에도 젠더(예: 조연숙, 2001; 원숙연, 2003 등), 포스트모더니즘(예: 한인숙, 2000; 원숙연, 2002; 김동원, 2005 등) 등 국가이론에 기반한 행정연구의 외연이 확산되었다.

이 시기 한국행정의 연구에서 국가이론의 관점에서 행정학 개론이 아니라 원론에 해당되는 교과서가 발간되었다. 정용덕(2001)의 현대국가의 행정학은 다원주의, 개인주의, 엘리트주의, 신마르크스주의 국가이론에 기반한 행정이론과 제도를 체계적, 본

---

7) 2000년대 이후 연구를 모두 포함한 경우 국가이론 연구는 전체연구의 약 17%를 차지하고 있다. 2000년대의 경우 약 22%를 차지하고 있고, 2010년대에는 약 10%로, 2000년 대비 약 53%의 감소율을 보이고 있다.

격적으로 소개하였다. 동시에 각 국가이론의 주요한 이론적 가설을 한국행정 실제에 경험적으로 검증하여 그 한국행정에의 이론적 적실성을 탐구하는 국가이론의 종합적인 연구업적을 축적하였다고 평가할 수 있다.

〈표 7〉 2000년대 국가이론 기반의 연구 예시

연구자(연도)	연구문제	핵심어
김석준(2000)	공공부문 개혁	뉴거버넌스, 국가－정부－행정관리 혁신
박영주(2000)	국정운영	뉴거버넌스, 시장－정부－시민 관계, 사회계약
박희봉(2000)	지역사회 거버넌스 능력	사회자본, 거버넌스, 시민사회역량
윤경준 · 안형기(2004)	의사결정과정	심의민주주의, 의사결정의 효과성, 지방의제21
박치성(2006)	협력 패턴	비영리조직, 협력연결망, 사회서비스
이창길(2007)	정책네트워크 구조	네트워크, 정책조정, 조직구조
배응환(2010)	협력거버넌스	신지역주의, 지역거버넌스, 협력거버넌스

Ⅳ. 결 론

한국 행정학 연구에서 국가론 시각의 연구경향을 역사적으로 개관하면서, 몇 가지 단상을 정리하면 다음과 같다. 첫째, 초기에는 1960～1970년대 박정희 행정부의 국가주도의 성장에 부응하는 발전관료제와 엘리트, 집행부중심 행정체제의 구축에 관련된 엘리트주의 국가론 연구가 지배적이었다. 1980년 후반 이후 민주화 과정에서 다양한 국가론이 본격적으로 소개되었고, 다원주의 국가론, 신마르크스주의 국가론의 확산이 이루어졌다. 1990년대 이후 한국사회의 민주화, 시장화 과정에서 시장자유주의 국가론, 신다원주의 국가론에 기반한 행정학 연구가 양적으로 확산되었다. 이러한 국가론의 전개과정은 그 당시 시대적 배경에서 유행하는 행정연구가 등장하고 사라지는 현상이 주기적으로 반복되는 지적 소비현상으로 보인다. 즉, 발전국가론, 신행정학, 신공공관리론, 신거버넌스이론이 한국 국가행정에 대한 설명력과 처방력에 관한 '미니' 패러다임들 간의 경쟁과 공진화라고 보기는 어렵다. 그런데 초기의 발전 엘리트주의를 넘어서면서 다양하게 소개된 국가행정이론들의 전개 과정을 주체적인 입장에서 자생적으로 성장하였다기 보다는 외생적으로 외국이론이 보다 지배적인 영향을 미치며 발전된 것이 아닌가 생각한다. 물론 시차를 두고 그 설명력을 확보하지만, 한국 행정제도의 맥락에 정합성을 갖기 못하고 제도갈등의 측면이 강하게 노정되는 부작용이 불가피하였다. 소위, 한국적 신공공관리론, 한국적 신거버넌스론의 경향이 있음을 부정하기 어렵다. 향후, 새로운 행정이론이 기존 행정이론을 대체하기 보다는, 기존 행정이론과 차별적인 설명력을 경쟁하면서 공생하는 과정으로 이해하는 것이 필요할 것이다.

둘째, 지난 60년 동안 한국 행정학이 국가론에 기초한 연구를 양적으로 성장시켰으나, 초기 연구에 비해 최근 연구는 국가이론과 행정이론의 관계성에 대한 고리가 점점 약해지고 있다고 생각된다. 이러한 경향성은 서구의 새로운 행정이론과 제도를 소개하는데 지적 에너지를 소모하면서, 이것이 한국 국가의 제도적 맥락성과 국가성에 적절하고, 정합적인지에 대한 고려를 간과하게 되었기 때문이다. 즉 행정이론의 국가－사회 맥락적 의의를 간과하면서, 학문적으로 '한국'행정 연구의 정체성에 의문을 낳게 되었고, 한국행정의 이론 축적에는 크게 기여하지 못하며 외국이론을 지속적으로 이식하려는 부작용을 가져오게 되었다고 비판된다. 예를 들어, 정승건(2000)은 행정(학)의 위기의 원인을 발전주의국가 행정 논리와 신자유주의국가 행정 논리사이에서 균형점을 찾지 못하고 있는 점에서 찾고 있다. 동시에, 실무적으로, 행정개혁 과정에서 상이한 국가－사회적 맥락에서 배태된 새로운 제도의 도입에 따른 과도한 전환비용과 부작용을 초래하는 현상도 종종 발견된다. 따라서 향후 한국행정 연구에 있어 연구의 적실성과 의의를 확보하기 위해서는 한국의 국가성에 대한 이해가 더욱 관심을 가질 필요가 있다.

셋째, 한국 국가의 제도적 지속성에 대한 연구가 미흡하였다. 새로운 행정제도는 과거의 제도적 유산이라는 역사적 맥락에서 수행된다. 이러한 관점에서 1970년대 구축된 소위 '박정희행정시스템'이 한국행정에 갖는 제도적 지속성과 변화 가능성에 더욱 주목할 필요가 있다. 2000년 이후 발전관료제, 발전국가의 제도적 지속성에도 불구하고, 엘리트주의 국가이론에 대한 연구가 많지 않았다. 예외적으로, 양재진(2005)은 발전국가론의 위기가 도래하였음을 지적하면서, '발전이후의 발전'에 대하여 대안적 국가역할 모형들을 제안하였다. 유현종(2011)은 1987년 민주화 이후 발전국가의 해체가 시작되었고, 1997년 외환위기를 겪으며 신자유주의적 개혁프로그램이 일방적으로 도입되면서 국가성격의 단절 및 변화가 일어났다고 설명한다. 그는 국가(성)에 대한 정확한 이해가 우선되어야 할 것을 주장하면서, 다양한 국가이론을 통해 접근할 수 있다고 주장한다. 향후 새로운 행정환경 변화로 요구되는 새로운 국가행정이론을 탐구하는 제도적 토대로 한국사회에 공고한 박정희행정시스템의 구조적 제약성을 간과하지 말아야 할 것이다.

넷째, 한국행정 연구에서 국가이론에 기반한 연구의 대다수는 다원주의, 신다원주의, 발전엘리트주의, 신보수주의 국가이론에 기반하고 있다. 즉 기능주의 관점과 보수주의 정치이념의 성격이 지배적이다. 그런데 발전국가의 경제성장 중심 국가발전과정에서 노정된 권력엘리트의 지배, 경제적 불평등의 심화, 사회적 약자의 불평등 문제, 환경 문제를 접근하는데 기능론의 관점 보다는 갈등론의 관점이 설명력이 더 크다. 이러한 맥락에서 보다 진보적인 관점의 국가이론 연구의 균형이 바람직하다고 생각한다. 나아가 각 국가이론은 자유민주주의 국가의 다양한 성격을 바라 볼 수 있는 프레임으로서 각기 다른 설명력의 본고장(home ground)을 갖고 있다. 따라서 특정한 국가행정 현상을 보다 적실하게 설명할 수 있는 국가이론을 찾는 상황적합접근법이 더욱 요구된다고 생각된다.

제 13 장 제도주의

배 병 룡

Ⅰ. 서 론

한국 행정학자들은 과거의 전통적 제도들을 연구하는 한편 서구의 제도들을 도입하고 그것의 적실성을 탐색하는가 하면, 혹자는 행정 현실에 적용하는데 참여하기도 하였다. 한국 행정부 역시 서구의 수많은 제도들을 수용하여 행정에 그대로 적용하거나 변용하였다. 특히, 한국은 해방 이후 주로 미국으로부터 행정 관리 제도들을 도입하여 운용해 왔고, 점차적으로 시대적 이념이나 정부의 정책에 따라 새로운 제도를 도입하여 운용해 왔다.

한편, 1980년대 초부터 사회학적 신제도주의와 합리적 선택 신제도주의가 소수의 학자에 의해 도입·응용되기 시작하였다. 1990년대 초에는 역사적 신제도주의에 대한 연구도 추가되었다. 1990년대 말에는 이들 세 가지 신제도주의에 대한 연구가 본격적으로 이루어지기 시작했다. 그후 17년 동안 이 세 가지 신제도주의에 대한 연구는 연구의 폭과 깊이가 더해져 오늘날에 이르고 있다.

이 연구에서는 해방 이후 한국의 행정학자들이 연구해 온 행정 제도들(구제도주의)과 신제도주의에 관련된 문헌들을 검토하는 가운데 그 연구의 역사와 특징을 분석하는데 주안점을 둔다. 이러한 종류의 연구가 이미 일부 이루어졌으나(김태은, 2015), 이는 역사적 신제도주의 문헌 검토에 머물고 있어 보다 포괄적인 제도 관련 문헌 연구가 필요하다. 이러한 연구는 해방 이후 한국의 행정 제도들(구제도주의) 중 어떤 제도들이 어떤 학자들에 의해 연구되었는가를 살펴보는데 유용하고, 제도 연구가 세계적 시대사조나 국내의 정치적·경제적·사회적 영향을 받았는가를 검토하는

데 유용하다. 아울러 이 연구는 1970년대 중반부터 발달하기 시작한 신제도주의 연구들이 한국에 도입되어 연구된 상황을 정리해 보고 그 특징을 분석하는데 유용하고, 그에 대한 비판적 논의와 향후의 연구 방향 제시에도 기여할 것이다.

이와 같은 연구의 필요성과 목적을 가진 이 연구에서는 우선적으로, 한국 행정학자들이 설립하여 운영해 온 최초의 그리고 가장 대표적인 학회인 한국행정학회가 발간해 온 「한국행정학보」에 게재된 논문들을 검토 대상으로 삼는다. 그러나 이 잡지는 1967년에 창간호가 발간되어 대부분의 행정학자들이 그 당시까지는 1962년부터 발간된 행정학 학술 잡지인 「행정논총」에 논문을 게재하였다. 한편 「한국행정학보」가 1991년에서야 1년에 4개호로 발간되기 시작하였고, 1990년까지는 우리나라에서 행정학 전문학술지가 2개 정도(「한국행정학보」, 「행정논총」)에 지나지 않았으며 한국 행정학자들의 수와 연구가 그리 많지 않았으므로, 이 연구에서는 1990년까지 발간된 「행정논총」에 게재된 논문들을 추가하여 검토하기도 한다.

다른 한편 한국 행정학자들이 신제도주의 관련 연구를 본격적으로 시작한 것이 1990년대 후반이므로 연구의 역사가 채 20년도 되지 않아 한국행정학보에만 게재된 신제도주의 관련 연구 문헌을 고찰할 경우 그 수가 너무 적다. 따라서 신제도주의 관련 연구 문헌들의 경우 「한국행정학보」뿐 아니라 다른 행정학 관련 학술 잡지나 단행본에 게재된 논문들도 연구의 대상에 포함시킨다. 이들 문헌은 학술 정보 검색 사이트(KISS 및 DBPIA)에서 세 가지 신제도주의의 핵심 용어들을 검색하여 수집하였다.[1)]

다음으로 이 연구의 범위를 정하는 문제인데, 어떤 논문을 구제도주의 및 신제도주의 관련 논문으로 선정하는가에 관련된 문제가 남아있다. 이는 다음 장에서 이루어지는 주요 문헌 검토에 필요한 주요 주제들에 대한 언급에 나타나 있다.

이 연구의 수행을 위해 문헌 수집 및 검토 방법이 이용되고, 문헌 정리 및 검토 과정에서 연구자의 시각을 비롯한 다른 시각을 통한 해석이 이루어진다. 따라서 기존의 문헌 연구에서 상당수 이용되던 통계적 방법은 사용되지 않는다.[2)] 통계적 방법은 특정 기준(이론, 방법론, 조직론 등등)에 따라 통계 수치를 제시하고 전체 분포를

1) 이 연구에서 참조한 학술잡지와 각 잡지에 포함된 논문 수를 열거하면, 한국행정학보(228편), 행정논총(108편), 한국정책학회보(11편), 정부학연구(7편), 한국행정논집(3편), 한국정치학회보(2편), 그리고 노동정책연구, 사회비평, 정책분석평가학회보, 한독사회과학논총, 한국비교정부학보, 한국사회와 행정연구, 한국정책과학학회보, 한국행정연구 각 1편이며 이들 논문 총 수는 367편이다. 이 이외에 단행본 내 장은 14편의 글이고, 이들 글과 367편의 논문을 합하면 이 연구에서 분석대상으로 삼은 글은 총 381편이다. 이들 학술지들 중 사회비평은 DBPIA에서 검색이 가능하고, 정책분석평가학회보를 제외한 나머지는 KISS에서 검색이 가능하며, 정책분석평가학회보는 학회 사이트에서 검색이 가능함을 밝혀둔다.

2) 기존의 역사적 신제도주의 문헌 검토에서는 연구 방법, 세분된 역사적 신제도주의 내용, 그리고 기타 기준을 사용하여 분석 대상 논문들을 통계적 방법에 의해 분석하였다 (김태은, 2015).

알아보게 하는데 유리하지만(예를 들어, 권경득, 1996; 주상현, 2002), 각 연구의 핵심 주제 뿐 아니라 그 연구의 저자를 알 수 없게 하는 단점을 지닌다.[3] 한편 이 연구에서는 문헌의 양이 방대하고 그것을 하나의 논문에서 다루기 때문에 그리고 이 연구자의 관심이 적어도 각 문헌의 핵심 주제와 연구자가 누구인지를 나타내 보려는 것이기 때문에, 각 문헌(주로 논문)의 핵심 주제와 저자를 중심으로 분류·서술하고 그러한 연구들의 전반적인 특징을 서술하고 해석한다.

Ⅱ. 주요 주제 및 시기 구분

1. 구제도주의의 주요 주제들

신제도주의에 비하여 우리가 부르는 구제도주의연구는 보통 전통적으로 특정 제도(예를 들어, 직위분류제)의 특성(논리, 장단점, 효과 등)에 관해 논의하고 다른 제도와 비교하는 한편 개선 방안을 제시하는 연구들을 말한다. 그러한 구제도주의 연구에서는 특정 제도의 시행 전의 상태(법률 등)에 관해 연구하기도 하고 그 제도의 시행에서 나타나는 특성들을 연구하기도 한다.

구제도주의 전통 속에서 제도를 연구하는 경우 어떤 주제들을 다루는가? <표 1>에 제시되어 있듯이, 그러한 주제들로는 특정 제도의 소개(특정 국가의 과거 제도이든 다른 나라에서 도입된 제도이든), 그 제도 도입의 필요성, 제도의 장·단점 검토, 제도 비교(유사한 과거 제도나 다른 제도와의), 제도 운영에서의 문제점, 제도의 개선 방안, 제도의 효과성 등이 있고, 신제도주의 논의들과 상관없이 제도의 모방, 제도의 연속성이나 변화 혹은 단절 등의 주제가 다루어진다.

한편 이러한 구제도주의에 관련된 문헌들을 정리하고 서술하는 경우 어떠한 방식으로 하는 것이 적당한가? 앞서 언급한 주요 주제들 뿐 아니라 다음과 같은 부분들을 고려하면서 서술해야 할 것으로 보아진다 (<표 1>). 제도의 종류로는 행정 관리 각 분야의 제도들, 즉 행정수반 및 부수반, 기획, 의사 및 정책결정, 조직편제, 인사, 재무, 윤리 및 통제 등과 과거의 제도, 지방자치, 기타 제도 및 외국제도 등이다. 그

3) 다만 시대별 구제도주의 연구 관련 글과 신제도주의 관련 연구 글을 분류해 보면, 5.16군사정부 및 제3공화국 정부 시대와 제4공화국 정부 시대에는 구제도주의 관련 연구가 각각 24편과 32편이 있고, 제5공화국 정부 시대에는 구제도주의 관련 연구가 50편, 신제도주의 관련 연구가 4편이 있다. 그리고 노태우, 김영삼 정부 시대에는 구제도주의 관련 연구가 60편, 신제도주의 관련 연구가 21편이 있다. 김대중, 노무현 정부 시대에는 구제도주의 관련 연구가 59편, 신제도주의 관련 연구가 56편이 있고, 이명박, 박근혜 정부 시대에는 구제도주의 관련 연구가 33편, 신제도주의 관련 연구가 52편이 있다.

리고 특정 제도의 연구자와 연구 시기, 외국 제도 소개·도입, 제도의 장단점, 제도의 비교와 적실성, 제도 운영 실태 및 개선방안, 시대별 추이와 시대적 상황 반영 등을 중심으로 기존 제도 연구 문헌들을 고찰한다.

〈표 1〉 구제도주의 및 신제도주의 문헌 내용 분석 기준

구제도주의	제도 종류	행정수반 및 부수반, 기획 및 의사(정책)결정, 조직, 인사 관련 제도, 예산, 소통, 윤리 및 행정 통제 관련 제도, 과거 제도(제도사), 지방자치제도, 기타 제도, 외국 제도 등
	분석 초점	이들 제도의 소개 및 모방, 도입의 필요성, 장·단점, 제도비교, 제도 운영 및 개선방안 등
신제도주의	합리적 선택	합리적 선택－제도 영향 속의 합리적 개인, 제한적 합리성, 게임이론, 주인－대리인이론, 관청형성, 거래비용, 공공적 선택, 공간이론 등; 비공식제도(문화), 역사, 선호형성, 권력관계의 불평등 등
	사회학적	제도의 영향과 과사회화된 조직, 제도화 및 확산, 당연성, 정당성, 생존 및 자원획득, 동형화와 기제, 단절·상징·위선 등; 제도에 대한 조직의 대응, 권력 작용, 제도 변화 등
	역사적	제도의 영향과 선호 형성, 역사와 맥락의 중시, 우연성, 경로의존, 권력관계의 불균형, 제도의 비효율성, 단절적 변화 등; 아이디어 작용, 제도에 대한 인간의 반응, 요소들 간 충돌, 내재적 및 점진적 제도 변화 등

2. 신제도주의의 주요 주제들

1970년대 중반 신제도주의가 출현할 당시 신제도주의 연구자들은 제도를 독립변수로 간주하고 그것이 인간 행위에 일정한 영향을 미치는 가운데 어떤 활동에는 기회를 부여하기도 하지만 다른 활동에는 제한을 가하는 것으로 간주하였다. 그러나 연구가 진행됨에 따라 점차적으로 이론가들은 제도를 종속변수로 간주함으로써 제도에 대한 행위자의 반응, 제도 변화에서의 행위자의 작용을 중시하였다.

합리적 선택 신제도주의에서도 독립변수로서의 제도를 중시하여 제도가 개인 선택에 대한 기회를 제공함과 동시에 개인의 행위를 제약한다고 주장한다 (<표 1>). 합리적 선택 신제도주의는 제도의 기원, 제도의 효과, 제도의 안정과 변화의 설명에서 효용극대화를 추구하고 전략적으로 행동하는 제한적으로 합리적인 개인에 초점을 두고(하연섭, 2004: 71), 게임 규칙, 거래비용, 주인－대리인, 집합적(공공적) 선택, 관청형성, 공간 이론 등을 다룬다 (이명석, 1999; 정용덕 외, 1999; 박통희, 1999). 합리적 선택 신제도주의는 발전을 거듭하고 새로운 내용이 추가되면서, 공식적 제도를 지지해 주는 규범이나 이데올로기와 같은 비공식적 측면의 중시, 환경을 해석하는 인지

구조와 역사 및 문화의 강조, 제도 내에서의 선호 형성, 권력 관계의 불평등과 정치적 역할의 강조 등의 연구 주제가 추가되었다 (하연섭, 2004).

한편 사회학적 신제도주의가 출현하고 이와 관련된 주제들이 크게 다루어졌는데 이들 주제들로는 제도화, 조직의 제도 채택 및 확산(특히 후기 채택에서), 당연성, 사회적 정당성, 동형화와 그 기제들, 단절(decoupling)과 형식화(상징, 위선), 정당성의 효과로서의 생존 및 자원획득 등이 있다. 하지만 점차적으로 새로운 연구 주제가 등장하였는데 앞서 언급한 동인으로서의 인간 행위 중시, 제도에 대한 반응, 제도를 둘러싼 정치적 활동, 사회운동에 의한 제도변화 등과 같은 연구 주제가 등장하였다 (Meyer & Rowan, 1977; DiMaggio & Powell, 1983; DiMaggio, 1988; 배병룡, 1999; Greenwood et al., 2008).

역사적 신제도주의의 경우, 연구의 초기에는 독립변수로서의 제도를 강조하고 제도 형성의 역사와 맥락(다중 복합적 인과관계, 설명변수 결합의 역사적 우연성, 인관관계의 맥락성), 제도의 선호 형성, 경로의존성, 권력관계의 불균형, 정책·제도의 비효율성, 단절적 변화에 관련하여 연구를 진행하였다 (염재호, 1994; 하연섭, 1999)(<표 1>). 그러나 역사적 신제도주의 역시 연구가 진행되면서 새로운 연구 주제들이 등장하였는데 아이디어에 의한 제도 채택, 제도에 대한 인간의 반응, 제도들간 그리고 각 제도의 요소들간의 충돌, 구성원들의 상호작용에 의한 제도 변화, 제도변화의 내재적 요인, 점진적인 제도변화 등의 주제가 나타났다 (하연섭, 1999; 김태은, 2011).

이상과 같은 신제도주의 주제들에 관한 연구 문헌들을 검토·정리하는 경우, 각 신제도주의 연구의 주제, 연구자, 연구 시기, 소개·도입, 응용, 제도 종류, 연구의 참신성 등을 중심으로 살펴본다.

3. 서술상의 시기 구분

많은 수의 구제도주의 연구 문헌과 신제도주의 연구 문헌을 수집하고 정리하며 검토하는데 있어서 일정한 시기 구분이 필요하다. 시기 구분은 10년 단위 구분 등 여러 가지 기준에 의거하지만(안병영, 2006; 박종민·윤견수, 2015; 이종범, 2006; 배병룡, 1995; 2002; 염재호·홍성만·왕재선, 2004), 이 연구에서는 정부의 변동 기점(5.16 군사정부와 제3공화국 정부 등)을 중심으로 구분하는 방식을 채택한다. 그 첫째 이유는 해방 이후 우리나라는 시민사회에 상대적으로 우월한 위치에서 각 정부가 경제 및 사회발전을 이끌어 왔고 심지어 정치 분야에도 영향을 미쳤기 때문이다. 둘째, 그러한 강력한 정부의 변동에 따라 정책의 경향(역사적 사건이나 세계적 조류를 정부가 반영하면서)이 변해 왔고[4] 그에 따라 각종 제도가 도입되었기 때문이다. 세 번째 이유는 특정 제도에 대한 학자들의 연구 동기가 특정 정부가 채택한 제도를 연구하는 경우에서 비롯된 경우가 많기 때문이다.

한편 신제도주의 연구자들이 한국 정부의 정책과 제도 시행에 따라 연구하는 경향도 적지 않아(예를 들어, 성과급제도 등) 신제도주의 연구 문헌 분석을 위한 시기 구분도 정부 변동에 따라 수행한다. 하지만, 합리적 선택, 사회학적, 역사적 신제도주의 연구자들은 주로 자신의 학위 경험(박사학위 취득 대학과 지도교수)에 바탕을 두었기 때문에 한국 정부의 정책과 제도 시행 시기와 무관한 주제를 선택하여 연구한 경우가 상당수 있다고 여겨진다. 또한 여러 구제도주의 연구자들이 한국 정부의 정책과 제도 시행 시기와 무관한 주제를 선택한 경우가 적지 않다. 그러므로 한국 정부의 정책과 제도 시행 시기와 무관한 주제를 연구한 경우는 이 연구의 시기 구분 방식에 적합하지 않을 수도 있음을 밝혀둔다.

Ⅲ. 제5공화국까지의 제도연구

1. 군사정부 및 제3공화국 시대(1962. 1～1972. 10)

이 시기는 1960년대 초부터 1972년 10월 유신 전까지 해당하는 시기로서 1961년 5.16 군사 쿠데타 세력이 정권을 장악하고 근대화를 추진하기 시작하여 경공업 중심으로 산업화를 일으킨 시기이고, 그 과정에서 행정조직이나 인사체제를 정비하고 이들을 산업화에 투입한 시기이다.[5)]

1) 연구 경향의 역사적 고찰

(1) 기획 및 의사(정책)결정, 조직, 인사 관련 제도 연구

기획이나 의사(정책)결정 관련 제도 연구의 경우, 기획에 관한 몇 가지 사적 고찰(미국, 나치, 소련의 기획 현실 소개)(권영찬, 1967)과 계획에 관한 법 및 제도(국토건설종

---

4) 예를 들어, 세계화 시대에 신공공관리와 같은 세계적 현상이 국내 조류에 영향을 미쳤고, 1997년 우리나라가 IMF 체제 하에 들어간 직후 정부의 정책적 노력에 의하여 신공공관리가 크게 유입되었다. 이는 국내 상황과 세계적 조류가 상호작용한 예이다.

5) 박동서의 주장(미국의 행정기술원조 대폭 증대, 정인흥 교수의 행정학 원론서 출간, 행정학과의 본격적인 신설 시작)에 따라 한국에서 행정학이 탄생된 시기가 1955년이라면(권경득, 2006에서 재인용) 당시부터 1961년까지 이루어진 제도 연구들은 이 연구에서 다루지 않고 있다. 이 시기는 학술 잡지가 발간되지 않았으므로 이 기간에 이루어진 행정학자들의 각종 제도 연구들은 단행본에 수록되었을 것으로 보이고 또한 그 연구들은 주로 외국의 행정 관리 제도들을 소개, 도입한 것으로 보인다 (이종범, 2006).

합건설계획법 등)의 해설 및 정비 방향 제안에 관한 연구(노융희, 1972)가 있다. 기획에 대한 연구는 당시 많은 나라에서 채택한 점과 한국정부의 경제개발계획 5개년 계획 수립과 연결되는 측면이 있다. 이 밖에 평가 제도(프로그램 평가 기법)에 관한 연구(승천석, 1969)도 이루어졌다. 한편 조직과 함께 의사 결정에도 지속적 관심을 가진 조석준(1967)은 의사결정 제도(규범적 · 이상적, 현실적 · 실증적 모형)를 소개 · 비판하였으며, 이들 모형 중 한국에는 현실적 · 실증적 모형이 더 적실하다고 주장하였다. 조석준은 미군정과 제1공화국의 행정수반관리 기구(헌법과 정부조직법 상의 조직편제) 분석(1966), 미군정 및 제1공화국의 중앙부처 기구의 변천(조직편제, 운영)에 관한 해설(1967), 군사혁명정부의 조직 개편 가설 등(1968)의 연구를 수행하였다.

주로 공기업과 예산에 지속적 관심을 가지고 연구해 온 유훈은 공기업 제도와 그와 관련된 예산 제도에 관한 해설을 수행하는 가운데, 각국의 공기업 제도의 소개는 물론 기업예산회계법 해설 및 그와 관련된 공기업 예산 과정을 설명하고, 정부투자기관예산회계법 해설 및 그와 관련된 공기업 예산 설명을 하였다 (1962). 또한 유훈은 지속적으로 각국의 공기업을 소개하고 설명한 바, 일본(1967b) 및 불란서의 공기업 제도 소개(1967c), 미국 · 영국 · 일본 · 한국 공기업의 노동관계 제도와 법률의 비교(1967b)에 힘썼다.

인사행정을 전공한 오석홍(1965)은 미군정 인사정책과 제도에 관한 한 연구에서 당시 현대적 인사제도(실적주의, 직업공무원제도 등)가 도입되었으나 운영이 제대로 되지 않았다고 평가하고, 군정 법령에 대한 설명을 통하여 인사기관, 임용, 직분류, 보수, 복무 및 근무성적사정, 훈령 등을 상세히 소개 · 설명하고 평가하였다. 외국의 인사 제도를 소개하거나 비교한 연구로는 미국연방정부를 중심으로 직무분류 제도의 변천을 고찰한 것(백승원, 1972)과 프랑스와 영국의 공무원 제도에 대한 비교 연구(노정현, 1967)가 있다.

(2) 예산, 행정 통제 관련 제도 및 제도사 연구

예산 관련 제도 연구의 경우, 학문과 실무 양 진영에서 활동한 이한빈(1968)은 한국의 예산국에 근무하면서(1955~1961) 얻은 경험을 바탕으로 스스로 전개한 3단계 예산 개혁에 관해 사례 연구를 수행하였다. 예산 개혁 3단계란 예산재분류, 기업회계제도, 성과주의이고 이를 형성하는데 에스만(M. Esman)의 기관형성 모형과 자신의 모형(행정에 있어서의 쇄신과 정치적 엘리트의 구조와의 관계 모형)을 사용하였다. 한편 예산 전공의 강신택(1969)은 계획 예산제도(PPBS)의 구조분석을 수행하고 이를 우리나라에 소개하였으며, 황인정(1969) 또한 PPBS와 품목예산제도를 비교하였다.

한편 오석홍에 의해 독립적 통제기관인 한국 감사원에 관한 연구(1969)와 한국 정부 회계 및 감사의 몇 가지 구조적 문제(목표, 외적 관계, 서비스 조직)에 대한 연구(1971)가 이루어졌다.

한국 행정학계에서 행정사학을 일구어 온 김운태는 조선왕조의 행정(제도)사를 연구하는 가운데 조선왕조의 환경적 상황(토지제도 등)과 통치체제(중앙관제 개혁 등)를 설명하고(1968), 조선왕조의 인사 및 재무제도, 정책결정과정 제도 및 운영에 관해 해설하였다 (1969). 또한 김운태는 총독정치체제를 중심으로 일제시대 정치행정(1972)과 통감부 시대의 대한제국통치체제의 구조와 기능(1904~1910년)을 연구하였다 (1971).

2) 전반적 특징과 해석: 근대화 초기와 행정관리 제도의 도입

1960년대부터 1970년대 초에 이르는 이 시기는 행정학 1세대의 학자들이 주로 미국에서 학습한 POSDCORB를 한국에 소개하고 그러한 행정관리 방식들을 군사정부와 제3공화국의 경제발전에 도움을 준 것으로 특징지어진다. 이는 이 시기의 행정학사의 특징을 반영하는데, 미국 원조하에 1957년부터 미국 유학을 시작한 소위 미네소타학파를 포함하는 1세대 학자들은 POSDCORB식 미국의 행정관리 이론과 제도를 도입하였고(정용덕, 1996a), 군사 정부가 근대화 정책을 추진하면서 효율적 행정관리와 개발의 수단으로 행정 관리(조직, 인사, 기획, 재무 등) 지식을 활용하였는데 이러한 지식을 1세대 행정학자들이 제공한 것이다 (이종범, 2006). 결국 이 시기는 전반적으로 미국 제도의 모방과 소개에 그치는 연구들이 주를 이루고, 행정 조직 내외부의 민주화나 국민의 행정 참여에 관련된 제도는 연구 관심의 밖이었다.

2. 제4공화국 시대(1972. 10~1979. 10)

이 시기는 억압적 정치 체제로 규정되는 유신체제, 중화학공업의 추진이라는 산업의 심화 정책, 그리고 새마을운동이라는 농어촌 정책으로 특징지어진다.

1) 연구 경향의 역사적 고찰

(1) 기획 및 의사(정책)결정, 조직, 인사 관련 제도 연구

기획이나 의사(정책)결정 관련 제도 연구의 경우, 육군기획제도의 현황과 문제점에 관한 연구(고재갑, 1973), 도종합개발계획수립의 담당기구에 관련하여 중앙계획기구와 지방계획기구에 관해 해설한 연구(오석홍, 1973)가 있으며, 정부계획사업에 있어서 평가모형을 제시한 연구(김명수, 1978)가 있다.

행정 조직 관련 제도(조직 편제) 연구의 경우, 유훈(1975)은 공기업에 대한 연구를 지속적으로 수행해 온 바, 정부투자기관과 간접투자기관에 대한 통제 제도와 그 실태에 관해 연구하였고(1975), 최종기(1975)가 외무행정기구 변천과정에 관한 소고를 써 외무행정조직 변천(1948~1975년 기간)과 그 문제점들을 지적하였다. 한편 불란서의 공무원제도에 관한 소개가 이루어졌다 (박연호, 1974).

(2) 예산, 행정 통제 관련 제도 및 제도사 연구, 기타 제도 연구

예산 관련 제도 연구의 경우, 유훈에 의해 예산의 이용 · 전용 · 이월 등 각 제도에 대한 해설(1977)과 헌법과 예산회계법에 대한 분석(1979)이 이루어졌다. 정세욱(1973)은 프랑스의 계획예산제도(R.C.B.)의 본질과 도입상의 제문제에 관해 고찰하였고, 노화준(1975)은 대학관리 과정에 대한 PPBS의 도입에 관해 논하였으며, 강신택(1977) 또한 계획예산제도를 지속적으로 연구해 오면서 계층구조개념과 계획예산제도의 사업구조 및 지표에 관해 고찰하였다.

행정 통제 관련 제도 연구의 경우, 유신 체제 당시 부패 통제 정책의 일환으로 실시된 서정쇄신제도에 관한 연구(오석홍, 1977; 김영성, 1976)가 있고, 옴부즈만 제도를 본격적으로 소개하고 도입상의 유의점들을 고려하는 연구들이 수행되었다 (김호진, 1979; 윤재풍, 1979; 백완기, 1979). 아울러 입법부에 의한 행정통제의 제도와 실태분석(안해균, 1978), 행정결정과정에 대한 사법적 통제(서원우, 1976), 정부투자기관과 간접투자기관에 대한 통제 제도와 그 실태에 관한 연구(유훈, 1975)가 이루어졌다.

한편 행정사학자 김운태가 민족독립운동과 임시정부수립 및 그 정통화과정(대통령제 등)(1973b)과 일제의 한국식민통치(보호정치시기)의 정치 행정구조(1977)를 연구하였고, 유상근(1973)이 미군정기의 행정기구(조직편제)를 연구하였다. 다른 한편 이 시기에 수출주도 산업화의 정책의 일환으로 전개된 수출지원제도에 관한 몇 가지 연구(서석태, 1978; 권인규, 1978; 한영환, 1978)와 1972년부터 시작된 새마을운동(행정지도)에 관한 연구들이 진행되었다 (강신택, 1973; 박동서, 1973; 김운태, 1973a; 유훈, 1973; 안해균, 1973; 김광웅, 1973; 김해동, 1973).

2) 전반적 특징과 해석: 근대화 심화(중화학공업정책, 새마을사업 등)와 더 많은 행정관리 제도의 도입과 통제 제도

이 시기에도 여전히 행정학 1세대 학자들이 주축이 되고 바로 뒤이은 소수의 후속 세대가 선진 외국의 행정 관리 제도들을 소개, 도입 및 비교를 하였으며 이들 연구자와 행정부가 이들 제도를 정부의 발전 정책 및 행정 관리에 응용하였다. 즉, 행정관리 제도들이 지속적으로 증가하여 기획제도, PPBS 등 예산 관련제도, 공기업, 공무원제도, 조직편제 및 평가제도 연구가 이루어졌는데, 이는 종전과 유사한 연구 경향(외국 제도 모방 및 소개, 비판적·창의적 연구 부재)을 나타냈다. 이는 여전히 당시 정부의 경제 발전과 능률 제고를 위한 각종 제도들이 필요하였고 그에 따라 이들 연구가 출현한 것이고 당시 학자들이 주로 이들 분야에 관한 학문적 배경을 보유하였기 때문으로 보인다.

한편 과거 우리 제도(일제, 미군정기)에 대한 연구가 지속되고 있고 이에 대한 김운태의 연구가 축적되어 온 점 괄목할만하다 하겠다. 과거부터 이어져 온 행정 부패통제 연구와 함께, 당시의 행정 부패로 인하여 부패통제를 위한 정부의 서정쇄신 제도의 도입과 더불어 사법 및 입법에 의한 통제제도, 특히 옴부즈만 도입과 같은 통제 제도에 대한 연구가 활발하였다.

3. 과도정부 및 제5공화국 시대(1979. 10～1988. 2)

이 시기는 10.26 사건 이후 최규하 과도정부, 신군부의 쿠데타에 의한 정권 장악과 억압적인 제5공화국 정치체제로 특징지어진다.

1) 연구 경향의 역사적 고찰

(1) 기획 및 의사(정책)결정, 조직, 인사 관련 제도 연구

기획이나 의사(정책)결정 관련 제도 연구의 경우, 김신복(1982)이 프랑스·일본·소련의 국가기획제도를 설명하고 비교하였고, 김영평(1983)은 영국의 지방정부 사례를 중심으로 조합주의적 정책결정 제도(자유주의적 조합주의)를 서술하였다. 조석준(1980; 1984)은 한국 행정조직 내부 의사결정의 일반적 과정을 고찰하고 이를 품의제도로 정의·설명한 바 이는 한국 행정 현실에 대한 관찰에 기초하여 특정 유형의 의사결정 제도를 규명한 점에서 의의가 있다.

이 시기에는 상당수의 정책 평가 연구들이 이루어졌다. 정책 전공의 노화준은 정책 평가 등에 관한 연구를 심도있게 수행해 온 바, 정책평가의 체제와 관리(1980), 정책평가시스템의 기능배분과 연계의 설정을 위한 정책 평가 제도(기구, 그 운영 등)(1982), 정책평가제도의 비교(미국과 한국 비교)(1983)에 관한 연구를 수행하였다. 이 밖에 정책 평가에 관한 연구들로는, 국가기획체제의 평가 모형과 제도적 장치(김신복, 1981), 한국의 정책에 관한 체계적 분석(정책평가)과 평가제도(김광웅, 1983), 정책평가에 있어서 공공계산적 시계열 설계를 위한 계획분석기법의 개선(이윤식, 1987)

에 관한 연구가 있다.

조직 관련 제도 연구의 경우, 관료제의 일반에 관한 연구(배경, 어원, 개념의 사용)(김해동, 1986)와 한국 정부조직의 변천(조직편제)에 관한 역사적 고찰(박영기, 1987)이 있다. 유훈은 한국의 공기업 감사제도와 그 운영(1981b), 일본의 지방공사 제도(1982a), 정부투자기관경영합리화(내부조직 · 인사관리 등)(1983)에 관해 연구하였고, 정부투자기관의 책임경영제 도입 등을 다루었다 (1986; 1987). 이들 연구 이외에도 공기업의 성과감사제도(오연천, 1985), 한국공기업의 이사회(박영기, 1985)에 관한 연구가 있다.

오석홍은 지속적으로 인사 제도에 관심을 두면서 한국 정부의 직위분류와 계급제 등 분류제도(1980), 공무원 채용제도 평가 및 개선방안(1981), 그리고 공무원의 윤리와 행동규범(공무원 행동규범의 엄격한 법제화)(1982)에 관해 연구하였다. 한편 이 시기에 인사 제도 중 직업공무원 제도에 대한 집중적 연구가 이루어져, 공무원의 정치적 중립(안병만, 1981), 공무원보수체계의 확립과 사기앙양(노정현, 1981), 직위분류제의 문제점과 개선방향(박동서, 1981)과 능률을 위한 직업공무원제 요소들(박동서, 1985), 정치발전과 직업공무원제도의 확립 방향(중앙인사기구 등 제도, 개선방안)(김운태, 1981)에 관한 연구가 있다. 한편 미국의 인력행정에 관한 연구(적극고용제도 등 각종 제도 및 운영실태)도 이루어졌다 (김형렬, 1980).

(2) 예산, 행정 통제 관련 제도 및 제도사 연구, 기타 제도 연구

예산 관련 제도 연구의 경우, 유훈의 연구가 이 시기에도 지속된 바, 한국 예산회계법의 문제점과 그 개선방안(1980), 점증주의 예산제도 소개와 그 극복 방안으로서의 계획예산제도 · 제로베이스 예산제도(1982b)에 관한 연구가 있다. 한편 예산결정모형으로서의 점증주의에 관한 연구 경향을 고찰하고 평가한 연구(신무섭, 1986)도 있다.

행정 통제 관련 제도 연구의 경우, 안해균은 종전의 행정 통제 제도 연구를 확대하여 행정통제의 사적 평가와 외부 통제 제도와 실태(1980)를 고찰하고 한국의 통제제도와 그 효과를 분석하였다 (1984a; 1984b). 이 이외에도 공무원의 부패 방지를 위한 각종 제도 제안(유석영, 1981), 회계감사제도(정정길, 1983; 정기섭, 1985), 그리고 한국의 공기업 감사제도와 그 운영(유훈, 1981b; 오연천, 1985)에 관한 연구가 있다. 행정사학자 김운태(1986)는 식민정책 회유조정기(1919 - 1931)의 행정개혁(총독부중앙관제 등)에 관해 연구하였다. 이 이외에도 조선시대 과거 제도(답안)(유석영, 1987)와 중국 관료제의 특징(정연선, 1980)에 관한 연구가 있다.

기타 몇 가지 제도 연구가 이루어진 바, 향후 재개될 지방자치를 위한 제도개선 방안(박동서, 1986), 독과점규제와 소비자 보호 제도(유훈, 1981a), 행정지도, 도시 및 지역개발을 위한 재원조달 및 민간참여방안(민간참여제도)연구(김동건, 1986), 행정업무 전산화(노화준·방석현, 1987; 김길조, 1987)에 관한 연구가 있고, 프랑스 Conseil d'Etat(서성원, 1984)와 서독 의료보험제도(박응격, 1982)의 소개가 이루어졌다.

(3) 신제도주의 연구

다른 한편 이 시기에 이루어진 신제도주의 논문 몇 편이 있다. 이종범(1983; 1986)은 사회학적 신제도주의 창시자인 Meyer & Rowan(1977)의 단절(능률성을 위한 구조와의 decoupling)을 하나의 형식주의로 규정한 바 있다. 또한 이종범(1984; 1986)은 그 다음 해의 연구에서 Meyer & Rowan(1977)의 논문의 핵심 내용들을 압축적으로 소개하고 정당성의 논리에 따라 행동하는 조직과 조직의 장에 관해 논하였다. 이 밖에 합리적 선택 신제도주의의 한 주제인 공공선택론을 소개하는 논문 세 편이 작성되었다 (김동건, 1981; 오석홍, 1984; 김태룡, 1987).

2) 전반적 특징과 해석: 근대화의 지속, 더 다양한 행정관리 제도 및 기타 제도의 도입, 그리고 신제도주의 도입 시작

이 시기에는 여전히 1세대 학자들이 꾸준히 각종 제도에 관해 연구하였고 2세대 학자들이 대거 등장하여 제도에 관해 연구를 하였으며 일부 3세대 학자들이 등장하여 연구하였다. 이 시기에는 새로운 제도들에 대한 연구가 진행되어, 의사결정제도(품의제도), 책임경영제, 성과평가, 지방자치 관련 제도, 행정지도 등에 대한 연구가 시작되었다. 특히 한국 행정부내 의사결정제도로서의 품의제도에 대한 논의가 돋보인다. 다른 한편 특정 제도에 대한 심도있는 연구가 꾸준히 진행되어 한국의 직업공무원제에 대한 여러 학자들의 논의가 있었고, 윤리 및 부패 연구 등 행정통제(책임경영제, 성과 감사 포함)에 관한 연구가 상당수 이루어졌으며, 예산 및 공기업에 대한 연구가 지속적으로 이루어졌다. 아울러 정책 평가제도에 관한 연구도 심도있게 이루어졌다.

한편 사회학적 신제도주의가 도입 응용되어 한국의 조직 현실 분석에 관한 유의미한 연구가 수행됨 점이 돋보이고, 합리적 선택 신제도주의(주로 공공선택이론)에 대한 간략한 소개가 이루어진 것을 알 수 있다. 그러나 이 시기에도 소수의 연구(품의제도, 사회학적 신제도주의 응용)를 제외한 대부분의 연구들이 외국의 행정 제도를 지속적으로 모방, 소개하는데 머물었을 뿐 창의적인 연구에는 소홀한 측면이 있다.

Ⅳ. 제6공화국 시대의 제도연구

1. 노태우 · 김영삼 정부 시대(1988. 2～1998. 2)

이 시기는 노태우 정부 시기부터 일기 시작한 민주화와 그 지속 그리고 김영삼 정부의 출범과 함께 시작된 세계화로 특징지어진다. 또한 많은 수의 행정학자들이 활동하여 많은 수의 구제도주의 연구가 나타나고 신제도주의에 대한 관심이 점차 확대되어 가던 시기이다.

1) 연구 경향의 역사적 고찰

(1) 행정부수반, 기획 및 의사(정책)결정, 조직, 인사 관련 제도 연구

조석준(1989)은 행정부수반인 국무총리제와 국무총리의 역할을 중심으로 이루어지는 정책결정과정을 연구하였고, 정정길(1988)은 국무회의의 형식화를 설명하고 경제장관회의가 실질적 기능을 수행한다는 연구를 수행하였다.[6]이 밖에 관료제 정책결정의 민주화(김영평, 1988)와 결재경로(의사결정) 분석에 관한 시론적 연구(양기용 · 김상묵 · 최병대, 1996)가 있다.

정용덕(1993)은 자본주의 국가론에 의한 한국 중앙국가 기구의 유형별 분석(조직 편제 분류)을 수행하였고, 김근세 · 최도림(1996)은 한국 정부조직의 신설, 폐지, 승계에 관한 연구를 수행하였다.[7] 인사 제도 중 직업공무원제에 대한 논의가 지속되었고(강신택, 1988; 김신복, 1988a; 김동건, 1988), 대표관료제에 관한 논문이 등장하였다 (오석홍, 1993; 1994; 양형일 · 이태영, 1993). 이 이외에도 다양한 인사 관련 제도들이 연구되어, 행정 고등고시 과목의 개편(김현구, 1992), 공무원 교육훈련체제(1980년대 한국 공무원 훈련 체제 설명, 선진외국 제도 설명)(김신복, 1988b), 일본의 제도와 경험에 비추어 본 우리나라 지방공무원 제도의 방향(조석준, 1988), 근무평정과 교육훈련제도의 개선(오성호, 1997), 총량인건비제(이혁주, 1997), 후생복지제도의 개선방안(이선우, 1997)에 관한 연구가 이루어졌다. 이밖에 프랑스식 국립행정학교가 소개되었다 (임도빈, 1995).

---

6) 한편 이 시기에 다른 학술지에 게재된 두 편의 의사결정 제도 관련 논문이 출판되었다. 하나는 개인주의 국가의 핵심 행정부 의사결정제도(정용덕, 1996)이고 다른 하나는 엘리트 국가의 핵심 행정부 의사결정(그 엘리트국가 하의 4개 의사결정제도 해설)(정용덕, 1997)이다.

7) 참고로 조석준(1991)은 청와대비서실의 조직에 관하여(편제와 행태) 연구한 바 있다.

(2) 예산, 행정 윤리 및 통제 관련 제도, 제도사 연구

예산 관련 제도 연구의 경우, 점증주의와 결정론적 접근방법의 융합(박종구, 1991), 예산회계 정보 시스템의 설계(윤성식, 1993a) 등이 있고, 관리도구로서의 예산(평가 및 감사와의 연계)에 관한 연구(윤성채, 1995)가 이루어졌다.

행정 윤리 및 통제에 대한 연구도 지속적으로 이루어졌다. 특히 내부고발제도에 대한 논문 몇 편과 함께 정보공개에 관한 논문들이 상당수 작성 된 점이 눈에 띈다. 박흥식(1991)은 내부고발제도를 소개하고 또한 내부고발자의 법적 보호제도(미국 사례)에 관해서도 해설하였다. 오광석(1997)은 내부고발의 적대감과 문제해결에 관한 실증적 연구를 수행하였다 (미국 연방정부의 사례). 정보공개제도에 관한 연구들의 경우, 정보공개와 한국의 행정문화(김만기, 1990), 지방정부의 행정정보공개(행정통제론적 접근)(이승종, 1991), 정보공개와 민주행정(정치경제학적 접근)(김석준, 1991), 정보공개제도의 한국적 모형정립(이윤식, 1991)에 관한 연구가 수행되었다. 또한 정보공개와 프라이버시(이준형, 1991), 정보공개제도와 기업비밀의 보호(이종구, 1993)가 있으며, 전자적인 정보공개를 위한 정책방안(정보기술을 활용한 행정개혁의 관점에서)(정충식, 1997), 행정정보공개조례의 효과에 대한 공무원의 평가분석(서울시 사례)(이승종, 1995)이 있다. 일본에 있어서 정보공개의 제도화와 한국에서의 제도 도입 전략에 관한 연구도 있다 (한규인, 1993). 이 이외에도 행정통제에 관한 논문으로는 감사원의 직무감찰제도(기영석, 1988), 공무원의 정치적 중립(외국 제도도 포함)(김해동, 1988), 효율적 국가감사체계(김현구, 1990) 등이 있다.

행정(제도)사 연구의 경우 소수에 지나지 않는데, 동양적 관료체제에 관한 비교연구(조선조와 명조를 중심으로)(박병련, 1993)가 있다. 한편 행정의 전산화, 정보화에 관련된 제도에 관한 연구가 수행되었는데, 방석현(1988)은 정보사회와 행정에 관해 논의하였고(정보공개 등), 안문석(1990)은 사무자동화와 행정행태의 변화에 관하여, 김광식·이성복(1991)은 광역지방정부(서울시)의 전산화방향에 관하여 연구하였다. 기타 제도 연구의 경우, 시민참여의 법적 제도(적법절차 원리)연구(표시열, 1989)와 위원회제도를 중심으로 한 시민참여의 활성화 연구(정홍익·김호섭, 1991)가 이루어졌다.

(3) 지방 자치 제도, 외국 제도, 기타 제도 연구

이 시기는 1960년대 초에 중단되었다가 1991년에 지방의원선거가 시작되고 1995년에 자치단체장 선거가 이루어진 때를 포함한다. 그리하여 자치 관련 제도에 대한 연구가 활기를 띠었다. 지방 자치 제도 관련 연구의 경우, 이달곤(1988)은 중앙과 지방 관계 제도(현행 실태 및 개선방안), 이성복(1989)은 지방자치제하의 지방정부 구성단위, 김익식(1991)은 수도권 광역행정 관리체제 개편에 관하여 연구하였다. 그리고 국고보조금 배분제도(전상경, 1989), 지방양여세 제도(곽채기 · 오연천, 1990), 주민투표제(강명구, 1994), 지방재정조정제도(이승철, 1992; 김대원, 1996), 지방채제도(김종순, 1994)에 관한 연구가 이루어졌다. 외국 제도의 소개로는 중국의 국가예산제도의 변천(이상엽, 1992), 스웨덴 행정제도의 민주성과 그 정치적 함의(이도형, 1993), 일본 자치행정의 품질관리제도(강형기, 1994)에 관한 연구가 있다. 기타 제도 연구로는 유신체제의 연금제도와 의료보험정책(정무권, 1994)에 관한 연구가 있다.

(4) 신제도주의 연구

이 시기에는 다수의 신제도주의 연구가 이루어졌으나 그 중 대다수가 합리적 선택 신제도주의 연구들이다. 행정학계에서 일찍이 이 분야에 연구하기 시작한 박통희가 몇 편의 논문을 작성한 바, 계서제내에서의 업무행태분석(1989), 대표정부와 집단선택 원리로서 계서제에 의한 의사결정의 조작가능성(1989), 정부조직간 관계에 대한 연구에 있어서 계약적 관점(1994), 그리고 가외적 업무구조와 분할지배에 의한 정책관리(1995)에 관하여 연구하였다.

배득종 역시 이 분야에 관해 몇 편의 논문을 작성한 바, 조세환상(fical illusion)이 공공선택에 미치는 영향(1990), 컴퓨터시뮬레이션을 통한 정부예산결정행태의 실험관찰(1992), 시민들의 통일비용 지불의사의 측정(통일에 대한 가치평가와 공공선택)(1993) 등에 관해 연구하였다. 또한 이 분야의 전공자인 이명석과 윤성식이 연구를 수행한 바 이명석의 정책분석에서의 게임이론의 활용(제도분석틀의 관점)(1996), 윤성식의 경제대리인이론과 조직의 효율성(1993b) 및 감사인의 독립성과 적정 감사인의 규모(1994)에 관한 연구가 있다.

이 밖에도 거래비용접근(조석준, 1993) 및 대리인이론(권순만 · 김난도, 1995)의 소개, 신규주택분양신청에 대한 게임이론적 분석(이하형, 1993), 공기업의 대리인문제와 민영화방안의 타당성(이상철, 1997), 혼합게임을 위한 시스템다이나믹스 모델(경찰과 운전자간의 혼합게임)(김도훈 · 김동환, 1997), 관청형성론(한국 중앙국가의 관청 형성)(정용덕, 1995), 정보조작 방지를 위한 상대적 비중의 원칙의 적용 가능성에 관한 사례연구(김상묵, 1994)와 조직내 정보 비대칭성과 그로즈메카니즘(김상묵, 1995)에 관한 연구가 수행되었다.

역사적 신제도주의는 다른 신제도주의에 비해 우리나라 행정학계에 비교적 늦게 소개되었는데, 이 시기에는 염재호(1994)의 논문이 유일한 역사적 신제도주의에 관한 글로서 이 글에서는 역사적 신제도주의의 핵심 논리를 소개하고 비판하였다. 배병룡(1995)이 국가조합주의적 농업 집행 제도(농협 사례)에 관한 연구를 수행한 바 있고, 또한 사회학적 신제도주의의 한 주제인 사회운동에 의한 제도변화(농민의 집합 행동에 의한 농협 조합장 선거제도 변화)에 관한 연구를 수행한 바 있다 (1994).

2) 전반적 특징과 해석: 민주화의 지속 및 세계화의 시작, 더 다양한 행정관리 제도 연구, 행정통제 및 지방자치 제도 연구, 그리고 신제도주의 연구

이 시기는 1세대 학자들의 연구가 크게 줄어들어 소수에 머물고 2세대, 3세대 학자들 상당수가 활동하는 모습이 나타났다. 먼저 기존 행정 관리 제도들이 꾸준히 연구됨으로써 기획, 조직 편제, 직업공무원제, 예산 및 회계제도(점증주의) 등에 대한 연구가 이루어졌다. 한편 노태우 정부 출범 전년도인 1987년 여름부터 시작한 한국 사회에서의 민주화 흐름은 하나의 역사적 획을 그었다. 그리고 문민정부로 명명된 김영삼 정부에서는 더욱 민주화 추세가 강화되었고 세계화가 시작되었다. 그러한 역사적 흐름을 반영하는 새로운 제도들이 나타났다. 대표관료제, 정보공개제, 지방자치제가 대표적인 민주화 관련 제도들이다.[8] 또한 내부고발제도와 고발자 보호제도 그리고 정보공개제와 같은 행정 통제에 관한 연구가 눈에 띈다. 이상과 같은 다양한 행정 제도들에 대한 연구들은 정부의 정책 및 사회적 요구에 부응하는 적실성을 보여주었으나 관련 문제 해결에 필요한 창의적인 연구 보다는 여전히 외국 제도의 모방과 소개에 치우치는 경향을 보인 점에서 한계가 있다.

신제도주의 연구의 경우, 합리적 선택 신제도주의에 대한 연구가 상당수 이루어졌고 역사적 신제도주의 소개, 그리고 사회학적 신제도주의 주제 중 하나인 사회운동에 의한 제도 변화가 다루어졌다. 합리적 선택 신제도주의에 대한 연구가 상당수 이루어진 것은 미국에서 이 분야에 관해 학위를 취득한 후 그 분야에 관련된 논문을 쓴 학자들의 수가 다른 신제도주의 분야에 비해 많았기 때문인 것으로 해석된다. 하지만 역사적 신제도주의나 사회학적 신제도주의의 소개가 매우 늦은 감이 있고 합리적 선택 신제도주의 연구도 주로 소개나 응용에 그친 점에서 한계를 지닌다.

2. 김대중 · 노무현 정부 시대(1998. 2~2008. 2)

노태우 정부에서부터 시작된 민주화가 김영삼 정부를 거쳐 김대중 정부 및 노무현 정부로 계속 이어지고 확대되었다. 한편 김대중 정부는 민주화 정책을 추진하면서도 1997년 말 시작된 금융위기(IMF 체제) 타개를 위해 신공공관리 정책을 크게 도입하였고, 노무현 정부 역시 분권과 참여를 내세우면서도 신공공관리 정책을 지속적

8) 심지어 공직자 청문회도입의 필요성이 제기되었다 (박동서, 1993),

으로 추진하였다 (안병영, 2006; 오석홍, 2008: 310－343).

1) 연구 경향의 역사적 고찰

(1) 기획 및 의사(정책)결정, 조직, 인사 관련 제도 연구

기획이나 의사결정 관련 제도 연구의 경우, 고위정책관료의 의사결정과정(IMF 외환위기에 이르는 과정에서)을 재니스(Janis)의 집단사고(groupthink) 틀로 분석한 연구(김홍회, 2000)가 있다. 조직 관련 제도 연구의 경우, 미 군정기 관료제(김운태, 2001) 및 이승만 관료제(정용덕, 2004)의 제도 및 운영 실태, 김대중 정부 초기 정부조직편제(김광웅, 1998), 한국 중앙행정기구 변화의 정치경제(김근세 · 오수길 · 정용일, 1998), 한국 중앙재정기구의 개혁방향(정용덕 · 김근세, 1998)에 관한 연구가 이루어졌다.

한편 이 시기에 정부의 목표관리제와 팀제가 도입되어 이에 관련된 연구들이 진행되었다. 즉, 목표관리제의 효과성 영향요인(김경한, 2004), 정부투자기관 이사회의 목표지향적 구조(이상철, 2001), 팀제의 조직성과에 대한 영향(김태룡 · 안희정, 2006), 팀제 조직관리 도입의 실효성 분석과 효과성 제고방안(유민봉, 2001), 지방정부의 팀조직의 구축방안(김순양, 2000)에 대한 연구가 이루어졌다. 다른 신공공관리 제도 연구로는 한국 책임운영기관의 선정기준 및 확대적용(박천오 · 박희봉 · 김근세, 2003), 지방자치단체의 TQM의 도입실태 및 향후 방향(박세정, 1998), 공공부문 BSC의 구축절차와 방법(이석환, 2006)에 관한 연구가 이루어졌다.

인사 제도 연구 현황의 경우, 김대중 정부 당시 설립된 중앙인사위원회에 대한 연구(오성호, 1999)가 있고, 실적주의 제도 강화(최병대 · 김상묵, 1999), 신공공관리 인사관리 지향의 지방자치단체의 인사 제도 개혁(김판석,권경득, 1999), 개방형 임용제도(김판석 · 이선우 · 전진석, 1999; 박천오 · 남궁근 · 박희봉 · 오성호 · 김상묵, 2002) 등 신공공관리 인사 제도들이 연구되었고, 다면평가제도 도입과 추진방법에 관한 사례 연구(김판석 · 오성호 · 이선우, 2000)가 이루어졌다. 이 시기에는 양성고용평등 정책이 적극 도입 · 실시된 바 한 연구(최신욱, 2004)에서는 양성고용평등제도(적극적 조치)의 민간부문 도입방안을 주장하였다. 이들 인사 관련 제도 연구 이외에도, 공적연금제도(유금록, 2001), 행정인턴십 프로그램(권경득 · 강인호 · 김신 · 이원희, 2001), 공무원직장협의회제도의 운영(조선일, 2001), 계층제에서의 적정 인센티브제도(김상헌, 2001), 선택적 복지제도의 효과 분석(권용수, 2004), 정무－고위직 인사 시스템의 비교분석(박흥엽, 2005), 공무원정년제도 유연화(임금피크제)(이선우, 2005) 등 다양한 연구가 진행되었다.

(2) 예산, 행정 윤리 및 통제 관련 제도, 제도사 연구, 전산화 및 규제 관련 제도 연구

예산이나 회계 연구의 경우, 이 시기에 정부의 복식부기회계제도 도입과 깊은 관련이 있는 연구들로서 발생주의 정부회계제도의 이론 및 쟁점분석(이효 · 김헌, 2002), 복식부기회계제도 도입과 적용의 비용편익분석(강인재 · 신종렬 · 배득종, 2003), 한국정부회계제도개혁과정에 관한 분석(이남국, 2003)이 있다. 아울러 뉴질랜드의 정부회계제도개혁(김재훈 · 박광훈, 1999)에 관한 연구가 있다.

행정 부패 연구 전공자인 윤태범(1999)이 우리나라 정부의 반부패정책의 제도 평가를 수행하였고, 내부고발 연구 전공자인 박흥식(1998)이 윤리적 내부고발제의 조건을 연구하였다. 정보 공개 관련 제도 연구도 지속적으로 이루어졌고(이기식, 1998; 이자성, 2004), 성과 감사 제도(운영방향과 원칙)에 관한 연구(김태윤, 1998)도 이루어졌다. 행정사학자 김운태가 지속적으로 연구를 수행한 바, 일제식민지배하의 행정왜곡기 행정(김운태, 2000a)과 한말 개화기 행정(2000b)을 연구하였다. 이 이외에도 간접행정지도에 관한 역사적 연구(일제 강점기~2002까지)(한승연, 2004)가 있다.

(3) 지방 자치 제도, 기타 제도, 외국 제도 연구

지방자치 관련 제도에 관한 연구가 이어져, 지방자치단체의 복지서비스 계약공급(김승현, 1998), 지방교부세 배분과 관련된 인센티브제(김정완, 1998), 프랑스 지방자치단체 예산회계제도(최진혁, 1999)에 관한 연구가 있다. 그리고 지방자치제의 효과에 관한 연구로는 지방자치제의 환경정책집행에 대한 영향(김창수, 2000), 민선지방자치제의 재정분권화에 대한 영향(권오성, 2004), 재정보전금제의 정책효과(이승모 · 유재원, 2006)가 있다. 또한 지방자치 관련 각종 제도 연구로는 실국장 책임인사운영제(정정화, 2000), 차등적 지방분권제도의 한국적 도입 가능성(하혜수, 2004), 차등적 분권 제도에 대한 비교(하혜수 · 최영출, 2002), 기초자치단체 인사위원회제도 운영(조선일, 2004)에 관한 연구가 있다.

이 밖에도 행정절차제도의 운영실태 분석과 개선방안(박경귀, 1999), 각국의 환경영향평가제도 비교(이종열 · 이재호, 1999), 자치경찰제의 모형(최종술, 1999), 미국 근린참여제도의 유형별 분석 및 한국에의 함의(한상일, 2003)에 대한 연구가 있다. 외국제도의 소개에 관한 연구로는 스웨덴 사회협약모델(김순양, 1999), 일몰방식의 행정제도 비교(하혜수 · 임도빈 · 채원호 · 김성수, 1999), 미국 주의 지방채무규제 제도(김렬, 2000), 미국 공적 부조 제도(이석원, 2002), 중국 중앙 행정부(國務院)의 기구(김윤권, 2005a), 제도와 반부패(홍콩 염정공사 사례)(최진욱, 2005)에 관한 연구가 있다.

(4) 신제도주의 연구

가) 합리적 선택 신제도주의 연구

이 시기에 이루어진 합리적 선택 신제도주의 연구의 경우 크게 두 가지 특징을 지닌다. 하나는 1999년 정용덕(1999a)의 주도로 여러 저자들이 작성한 단행본 「합리적 선택 신제도주의」가 발간된 점이고, 다른 하나는 합리적 신택 신제도주의의 응용연구가 풍부해진 점이다. 정용덕 외(1999a)의 단행본은 다양한 주제들을 포함하는데 합리적 선택 신제도주의의 기본 논리와 게임모형 및 집합선택모형(이명석), 거래비용모형(김관보), 주인-대리인모형(권순만 · 김난도), 관청형성모형(정용덕) 등과 응용연구들을 포함한다. 이 단행본과 다음에 좀 더 자세히 언급되는 「신제도주의 연구」(정용덕 외, 1999b)(역사적, 사회학적 신제도주의의 소개와 응용연구)는 한국 행정학계에 세 가지의 신제도주의를 소개하고 응용한 중요한 저서로 평가받아 왔다. 한편 역사적 신제도주의 전공자 하연섭(2004)의 단행본 「제도분석: 이론과 쟁점」 역시 세 가지 신제도주의의 기본 논리들을 충실히 설명하고 역사적 신제도주의 응용연구를 포함하는 중요한 저서로 평가되어 왔다.

합리적 선택 신제도주의에 관한 연구는 다양한 분야에 응용되어, 비영리단체(NPOs)의 생성과 일반적 행태(주인-대리인이론 관점)(김준기, 1998), 예산지출 관료의 행동모형(공공선택론적 접근)(김행범, 1998), 정부업무의 외부위탁비용(계약이론)(김준기 · 조일홍 · 송하중, 1999)에 관한 연구가 이루어졌다. 또한 게임이론적 접근에 의한 지방자치단체간 재정공동사업(광역폐기물매립사업장)의 비용배분 방안(김진현, 1999), 집합적 의사결정과 대표제도에 관한 시론(전상경, 2000), 재산권 이론의 정책학적 기여(이민창, 2006), 제도, 이질성, 신뢰 그리고 사회적 딜레마 상황에서의 협동가능성(이명석, 2004), 제도와 공유재 그리고 거버넌스(이명석, 2006), 관청형성모형의 재구성(김근세 · 권순정, 2006)에 관한 연구가 이루어졌다.

이 이외에도 거래비용경제학 및 신제도이론을 적용한 민간위탁의 계약유형에 관한 비교 연구(김재훈, 2005: 205-228), 공공선택적 접근에 의해 주택정책에 관한 사회적 의사결정과정 연구(유현종, 2007: 221-252), 불신문화(비공식제도)에서 공식 제도의 작동이 실패한다는 점을 거래비용의 시각으로 설명하는 연구(사공영호, 2001: 81-96)가 있다.

나) 사회학적 신제도주의 연구

사회학적 신제도주의 연구의 경우, 앞서 언급된 정용덕 외(1999b)가 쓴 단행본 「신제도주의 연구」는 주로 역사적 신제도주의와 함께 사회학적 신제도주의에 관한 글들을 포함한다. 이들 글 중 사회학적 신제도주의 소개에 관한 글은 이 분야의 전공자인 배병룡이 쓴 제5장(조직환경론에서의 신제도주의)이고, 사회학적 신제도주의 응용의 글은 김영수(사회학 전공)가 쓴 제9장(경제기획조정기구의 확산)이다. 제5장에서는 사회학적 신제도주의를 나름대로의 기준에 의해 소개하고 비판적 논의도 함께 한 점에서 유의미하다.

한편 사회학적 신제도주의에 대한 연구를 지속해 온 김명환(2006)은 셀즈닉(P. Selznick)의 구제도주의와 신제도주의 내 두 접근을 결합하여 조직간 제도설계의 다양성에 관해 연구한 바 있다. 다른 한편 제도화와 동형화에 관한 경험적 연구가 보이는데, 김대중 정부 시기의 노사정위원회의 제도화 과정을 서술한 연구(하민철, 2007), 이 제도화 과정을 딜레마와 연결지어 연구한 논문이 있다 (하민철 · 윤견수, 2004). 그리고 OECD 9개 국가 중앙정부의 복식부기(발생기준 예산 및 회계)의 제도화에 대한 비교 연구(임동완, 2007)가 있고, 동형화에 관한 사례 연구(한국전력공사 민영화)가 있다 (정병걸, 2004).

다) 역사적 신제도주의 연구

역사적 신제도주의 연구의 경우 이 시기에 많은 수의 연구가 이루어졌다. 역사적 신제도주의의 소개와 이론적 논의에 관한 것으로서 하연섭이 정용덕 외(1999b)의 단행본 「신제도주의 연구」에서 작성한 글은 과거 염재호(1994)의 글과 함께 역사적 신제도주의 소개의 글로서 중요한 글이다.

경로의존 주제에 대한 연구가 왕성하게 이루어져, 한국 금융제도의 경로의존(김선명, 2000; 2007), 역사적으로 형성된 정책결정구조(노동 및 복지분야)의 지속적 영향(안병철, 2003), 정책변화의 경로의존성(대기업규제정책)(방민석 · 김정해, 2003), 김대중 정부의 대기업 구조조정정책(장지호, 2003)과 김대중 정부의 벤처기업 지원정책에 대한 제도적 유산의 영향(장지호, 2005), 정권인수기 조직화의 경로의존성 분석(카터, 레이건, 클린턴 정부)(김정해, 2004)과 정권 인수기 조직화의 경로의존성 분석(김영삼, 김대중, 노무현 정권인수조직 비교 분석)(김혁 · 함성득 · 권혁민, 2004)이 이루어졌다.

경로의존에 관한 다른 연구로는, 한국과 영국의 기업지배구조 개혁(개혁에도 불구하고 기존의 경로 따름)의 비교 연구(하태수, 2002), 정보통신산업의 정책진화(이동통신사업자 선정)(성지은, 2003), 정책네트워크의 지속성과 변화(이동통신 신규사업자 선정)(성지은, 2004), 기술표준정책의 진화과정(이동통신 기술표준화과정의 안정성과 경로의존성)(성지은, 2004), 과거 성장전략의 경로의존성과 혁신주도 동반성장(심상용, 2005), 기술, 제도, 경로의존성(손열, 237-262), 의료보험 급여제도의 경로의존(김태일 · 김선희, 2006: 41-64), 그리고 공무원정원관리제도의 경로의존성(지방자치단체의 총액인건비제)(하혜수 · 양덕순, 2007)에 관한 연구가 있다.

한편 역사적 신제도주의를 소개하고 이 분야에 꾸준히 연구해 온 염재호는 다른 저자들과 함께 정부관료제(중앙행정기관 시스템)(염재호 · 홍성만 · 왕재선, 2004)와 중앙재정기구의 형성 및 변천 과정(홍성만 · 염재호 · 최흥석, 2007)을 역사적 사건과 정부이념을 통해 설명하고 있다. 제도 변화에 관한 다른 연구들로는, 제도 변화(한국의 교육정보관리체계의 역사적 변화 과정)에서의 역사적 맥락과 프레임(주경일 · 이철주, 2005), 1997년 외환위기 이후 한국의 재벌 거버넌스의 점진적 개혁(하태수, 2001), 정치적 · 사회적 · 경제적 위기가 존재하는 경우 그것을 매개하는 행위자가 제도적 구조(국가, 농협 및 농민조합원간 관계 구조)를 변화시켰다는 연구(배병룡, 2002)가 있다. 이 밖에 정책 아이디어와 제도변화(하연섭, 2006a), 한국과 일본의 중앙정부 세출예산에 있어서 단절균형 분석(유금록, 2007), 정책 결정요인으로서의 제도, 이해(利害), 그리고 아이디어(EU, 한국, 미국의 GMO 표시정책 비교)에 관한 연구가 있다 (조성은 · 김선혁, 2006).

또한 다양한 신제도주의 논의들을 연결하는 연구가 있다. 사회학적 신제도주의의 동형화이론과 역사적 신제도주의를 통합하여 외국으로부터의 제도 도입과 그것의 토착화에 관해 논의한 연구(하태수, 2002), 각 신제도주의 논의들이 이론적 자기혁신과 수렴을 한다는 연구(하연섭, 2002), 제도변화의 통합적 접근(김윤권, 2005b), 비교정책학의 현재와 미래(신제도주의, 사회적 구성주의, 신비교행정학을 중심으로)에 관한 연구(김선혁, 2004), 신제도주의의 이론적 진화와 정책연구(역사적, 합리적 선택 신제도주의에 초점)(하연섭, 2006b)가 있다.

2) 전반적 특징과 해석: 민주화 및 세계화(신자유주의) 지속, 민주적 제도 및 신공공관리 제도 연구의 활성화, 그리고 신제도주의 연구의 활성화

이상과 같은 김대중 정부 및 노무현 정부에 이르는 기간에 매우 다양한 제도들에 대한 연구와 신제도주의 관련 연구들이 진행되었다. 김대중 정부 출범부터 신자유주의의 영향으로 인한 신공공관리 제도가 도입되고 이는 노무현 정부로 이어졌으며, 이 두 정부는 또한 민주적 제도들과 부패 방지 제도들을 도입하였다. 한편 이 시기에는 행정학자들의 수가 그 이전 시기에 비해 더욱 더 증가하고, 1990년대 후반 신제도주의를 본격적으로 소개 · 도입하는 학자들이 다수 나타나고 그에 대한 관심을 가진 학자들의 수가 증가함에 따라 신제도주의 관련 연구들이 급속도로 증가하였다.

이 두 정부의 정책 이념의 영향을 받은 제도들인 목표관리제, 양성고용평등제, 정보공개제, 내부고발 제도, 발생주의 회계제도 등이 연구되었고[9], 자치 관련 제도에 대한 지속적인 연구는 우리 사회의 민주화 추세와 자치에 대한 관심을 반영하는 것으로 보인다. 그러나 이들 다양한 연구들은 정부의 신공공관리 시행 및 민주화 정책에 부응하는 점을 보였으나 대부분의 연구들이 외국 제도의 모방 및 도입에 의존하였고 기존 행정의 긍정적 또는 부정적 전통을 심각히 고려하면서 연구를 진행한 경우는 드문 편이다.

신제도주의 연구에 있어서, 우선 각 유형의 신제도주의 연구들이 1990년대 말에 본격적으로 도입된 점이 특징적이다. 이미 1990년대 초에 역사적 제도주의에 대한 소개가 이루어졌지만, 이 시기에 보다 심층적이고도 실증적으로 역사적 제도주의에 대한 연구가 이루어졌고, 또한 합리적 선택 제도주의가 심층적으로 도입되고 응용되었다. 이들 연구 중 역사적 제도주의 관련 연구들이 가장 많은 것으로 나타났고, 역사적 제도주의에 관한 연구들 중 상당수 연구가 경로의존 개념을 적용하여 정책과 제도를 분석하였다. 합리적 선택 신제도주의를 연구한 논문의 편수 역시 상당수에 이르고 여러 주제들(게임이론 등)을 소개하고 그것을 응용한 정책 및 제도의 분석에 관한 논문들이 다수 있다. 사회학적 신제도주의 연구의 경우, 이에 대한 글은 다른 신제도주의 관련 연구들 보다 그 수가 적은 것으로 나타났고, 이를 소개하고 응용한 논문 몇 편이 있다. 결국 이들 신제도주의 연구들은 초기의 핵심 주제들을 소개하고 응용하는 연구가 대부분이고 신제도주의의 후기 주제들을 다룬 경우는 드문 편이다.

3. 이명박 · 박근혜 정부 시대(2008. 2~2016. 3)

김대중 정부와 노무현 정부와 달리 이명박 정부와 박근혜 정부는 상대적으로 보수주의(자유, 성장 중심 등) 정책을 강조하는 특징을 지닌다. 아울러 이전 정부에서 추진해 온 부패 통제 정책(공익신고자보호법, 부패방지 관련 법 등)도 지속적으로 추진하였다.

1) 연구 경향의 역사적 고찰

(1) 행정수반, 의사(정책)결정, 조직, 인사 관련 제도 연구

의사(정책)결정 관련 제도에 대한 연구의 경우, 기후변화 정책 조정체계 유형 분류와 각국 비교와 대안적 조정에 관한 연구가 있다 (윤경준 · 김정해 · 조성한 · 이혜영,

9) 성과주의예산 제도에 대한 연구는 본 연구 범위의 문헌에는 나타나지 않았다. 이에 대한 몇 편의 논문은 KISS와 DBPIA에서 검색하면 알 수 있다.

2010). 조직 관련 제도에 대한 연구로는 제도적 대통령 부서(국무총리제 등)의 발전 과정과 개선 방안(유현종 · 이윤호, 2010), 민주화 이후 제도적 대통령의 재구조화(신현기, 2015), 한국 국가기구의 단절과 연속(1948~1972)(배관표 · 엄석진, 2012)에 관한 연구가 이루어졌다. 조직 평가 제도에 대한 연구들이 상당수 존재하는데, 성과평가의 성과에 대한 유의미한 영향(책임운영기관 사례)(김난영, 2008), 공공부문 BSC의 성공적 운영방안(조달청 사례)(이석환, 2008), 지방자치단체 메타평가 제도의 정착 방안(류영아, 2009)에 관한 연구가 있다.

이 시기에 이루어진 인사 관련 제도들을 살펴보면, 실적제를 중심으로 한국 국가 관료제의 세 가지 전통(박종민 · 윤견수, 2014)[10], 공공 기관장 및 임원 추천위원회 제도의 효과(김병섭 · 박상희, 2010)가 있다. 이들 연구 중 박종민 · 윤견수의 연구는 거시적인 역사적 연구로서 그리고 시대적 맥락을 고려한 연구로서 의의가 있다. 한편 개인의 성과 관리와 이에 따른 평가제도에 대한 연구가 압도적으로 많다. 성과급제도에 대하여 공무원이 불편한 순응(부정하면서도 그저 수용하는)한다는 연구(한승주, 2010), 1990년대 후반부터 도입된 공공부문 성과급제도의 효과가 미흡하다는 연구(주인-대리인 이론 비판, 허창수, 2012), 정부업무평가위원회에 대한 공무원의 불신과 평가 결과의 낮은 타당성에 관한 연구가 있다 (이광희 · 이석민, 2014).

(2) 예산, 행정 윤리 및 통제 관련 제도, 제도사 연구

예산 제도에 대한 연구의 경우, 주민참여예산제도에 관한 사례(광주광역시 북구청)(임승후 · 김병섭, 2010), 지방정부 예산과정 시민참여의 목표와 성과에 대한 영향요인 분석(김관보 · 이선영, 2011), 주민참여예산조례의 이형적 확산(장석준, 2014)에 관한 연구가 있다. 행정통제 및 윤리 관련 제도의 경우, 전자정부 제도의 부패감소 영향(김태은 · 안문석 · 최용환, 2008), 정보공개 제도 운영실적의 차이에 대한 영향요인(제도 등)(송희준 · 김은정 · 권효진 · 유효정, 2012), 분권 제도(지방채발행 총액한도제)의 부패 감소에 대한 영향(최정열, 2014)에 관한 연구가 있다. 한편 제도사 연구로는 조선총독부 관료제(한승연, 2013), 조선시대 선전관청(宣傳官廳)의 변천(안병일, 2014)에 관한 연구가 있다.

(3) 지방자치 제도, 기타 제도, 외국 제도 소개

지방자치 제도에 관한 연구로는 지방선거제도의 변화(정당공천제 등)의 효과(이상묵, 2008), 지방의원 유급제의 효과(전영상, 2010), 지방자치제 실시로 인한 복지행정

10) 참고로 이 연구의 후속 연구로 민주화 및 신자유주의-신공공관리 이후 한국의 국가 관료제(실적제)의 변화와 지속에 관한 연구(박종민 · 윤견수, 2015)가 있다.

기구의 증가(서재호, 2008) 등에 관한 연구가 있다.

한편 이 시기에 주민 참여 관련 제도에 대한 논문이 여러 편이 작성되었는데, 주민참여제도의 분류 및 그 효과(강인성, 2008), 지방정부의 주민참여제도 시행에 영향을 미치는 요인(정명은, 2012), 주민자치 개념화를 통한 모형 설계와 제도화 방향(민관협치제도 등)에 관한 연구(곽현근, 2015)가 있다. 이 밖에 지방공공서비스 민간위탁 도입 요인에 관한 연구(김주애, 2012)가 있다. 이 시기에 연구된 기타 제도들에 대한 연구로는, 선거제도(다수제/비례대표제)의 영향(신동면, 2014), 다문화시대의 영주권제도의 개선 방안(김희강 · 류지혜, 2015)에 관한 연구가 있다.

한편 중국의 대부제(大部制)행정개혁(김윤권, 2008a; 백계화 · 김윤권, 2014), 지자체 특례제도에 관한 한 · 일 · 영 비교(하혜수 · 최영출 · 하정봉, 2011) 등 외국 제도 소개가 이루어졌다.

(4) 신제도주의 연구

가) 합리적 선택 신제도주의 연구

합리적 선택 신제도주에 관한 논문들 중 상당수가 게임이론의 응용에 관한 연구들이고(김종석 · 강은숙, 2008; 양채열 · 박치성, 2010; 김관보 · 이선영, 2010; 이윤경, 2014), 그 다음 거래비용의 응용 연구(이근주, 2010; 권태형, 2011)와 주인-대리이론에 관한 연구(권일웅, 2012; 김헌, 2015)가 각각 두 편을 차지하며, 나머지는 공공선택이론의 응용 연구(우양호, 2008)에 해당한다. 게임이론의 적용 대상은 비선호시설 입지 선정(김종석 · 강은숙, 2008; 김관보 · 이선영, 2010), NGO에 대한 정부 보조금 지원(양채열 · 박치성, 2010), 신공항 입지 선정(이윤경, 2012)이고, 거래비용이론의 적용 대상은 민간위탁(이근주, 2010)과 대기오염 배출권거래이며(권태형, 2011), 주인-대리이론의 적용 대상은 성과급(권일웅, 2012)과 공공기관 경영성과 및 기관장의 금전적 보상에 관한 연구이고(김헌, 2016), 공공선택이론에 관련된 연구는 어촌계(우양호, 2008)와 행정이론의 가능성 탐색 연구가 있다 (안도경, 2009).

나) 사회학적 신제도주의 연구

이에 관한 연구에서 동형화(Isomorphism)에 관한 연구가 상당수 차지하는데, 동형화 메커니즘 분석(세계화 과정에서의 인력감축 등)(이창길, 2008), 정부부처의 BSC 제도 확산의 영향요인으로서의 동형화와 탈정치성(강영철 · 이철주, 2009), 제도적 동형화와 형식적 동형화 논의(김용운, 2016), 그리고 가족친화제도 동형화의 내부구조와 동형화 유형에 대한 영향요인에 관한 연구(원숙연 · 성민정, 2016)가 있다. 한편 사회학적 신제도주의 연구의 핵심 주제중 하나인 단절(decoupling)에 관한 몇 편의 논문이 있는데, 공공기관 혁신평가 제도 채택에서의 분리(decoupling)와 위선(김명환, 2009), 일-가정양립제도의 도입 및 디커플링(decoupling)의 조직성과에 대한 영향(정장훈·조문석·장용석, 2011), 분리행위의 부정적 효과(원전 비리 사례)(김윤호, 2016)에 관한 연구가 있다.

조직 정당성은 사회학적 신제도주의 연구의 다른 핵심 주제중 하나로서, 이에 관한 연구로는 조직 정당성, 정당화 및 제도화에 관한 포괄적인 이론적 고찰(배병룡, 2015), 정당성 관리 개념을 중심으로 이루어진 상징주의-해석주의 행정학 연구전략에 관한 연구(권향원, 2014)가 있다. 사회학적 신제도주의 연구에 많은 업적을 쌓아온 장용석과 공동저자들은 이에 관련된 여러 편의 논문을 작성한 바, 인적자원관리제도들(효율성 및 책임성 제도들)의 채택과 운영(효율성 기준, 정당성 기준에 의한)에 관해 연구하였고(장용석·정장훈·조승희, 2014), 주민참여 제도화 논리에 대한 탐색(정명은·장용석, 2013)을 시도하였다. 한편 이들 연구 이외에도 문명 발전을 위한 국가 행정제도화 시론(공익 개념을 중심으로)(정용덕, 2015), 한국 지방정부의 정책확산(건강보험료 지원제도, 조례) 영향요인(하민지·서인석·권기헌, 2011), 한국 연구소의 거버넌스 제도변화(하민철.김영대 2009)에 관한 연구가 있고, 국가의 제도 도입과 정착 과정에 적용가능성을 탐색한 연구(배병룡, 2008), 제도의 수립을 가능하게 하는 몇 가지 조건에 관한 연구(사공영호, 2012), 그리고 한국 소프트웨어(SW) 산업정책과 제도 변화에 관한 연구(윤정수, 2009)가 있다.

다) 역사적 신제도주의 연구

염재호(2009)는 신자유주의적 효율성 제고를 위해 이루어지는 정부조직개편의 차이(한국의 점증주의적 개편과 일본의 획기적인 개편)를 정치행정시스템의 제도적 특성의 차이에서 기인하는 것으로 설명하였다. 김태은은 역사적 제도주의를 꾸준히 연구해온 전공자로서 이 시기에 여러 편의 논문을 작성한 바, 한국의 법조인력양성제도의 변화(2009a), 신, 재생에너지 발전차액지원제도와 의무할당제(2009b), 내생적 제도 변화(종합부동산세제의 변화 사례)와 제3의 제도 탄생(2011), 혼성제도로서의 한국의 적기시정조치제도(2012)에 관한 연구를 수행하였다.

한편 이전 시기와 마찬가지로 제도의 경로의존에 관한 연구가 계속 이루어지고 또한 점진적 변화에 관한 연구가 이루어졌다. 즉, 2009년 공무원연금제도의 점진적 개혁(민효상, 2009), 한국원자력정책의 경로의존성(진상현, 2009), 경로 의존과 행위자들간의 상호작용에 의한 점진적 변화(원자력발전정책 사례)(주성돈, 2011), 소득보장정책의 경로의존적 진화(점진적 변화)(이재술·이민창, 2015), 1987년 민주화와 한국방송

제도의 점진적·내생적 변화(최진응, 2014) 등에 관한 연구가 있다.

한편 역사적 신제도주의 전공자 하연섭(2010)은 정부의 정책 아이디어가 언론에 의해 틀지어져서 사회적 담론 형성에 영향을 미치는가를 분석(교육정책 사례)하였고, 다른 연구자와 함께 아이디어(과학기술 우대 대 과학기술 홀대)에 초점을 맞춰 과학기술정책거버넌스의 급격한 변동에 관한 비교(노무현, 이명박 정부) 분석을 실시하였다(천세봉·하연섭, 2013). 이 이외에도 지식재산행정체계 유형의 비교(미국, 일본, 중국, 한국) 연구(김준기·김난영, 2010)에서는 아이디어, 제도, 이익집단 및 경제 수준 요인들을 고려하였다.

이 밖에 역사적 신제도주의의 적용과 극복이라는 주제의 연구(장지호, 2009), 한국과 미국의 r&d 성과평가제도의 도입에서 제도적 맥락의 차이(주혜정, 2009), 독일과 한국의 사회적 기업의 등장 배경을 역사적 신제도주의와 행위자 중심의 제도주의를 중심으로 분석한 연구(김태근·김학실, 2014)가 있다. 그리고 공공재(사회간접자본)의 특성에서 기인하는 제도적 제약을 해결하기 위해 위장적 제도(조세 지원 등)의 재생산이 이루어졌으며 그로 인해 민간투자가 이루어질 수 있었다는 연구(김태은, 2010)가 있다. 끝으로 최근 김태은(2015)은 한국에서 연구된 역사적 신제도주의 연구 문헌들을 종합적으로 수집·정리·고찰하고 다양한 주제들을 중심으로 문헌을 검토한 바 있다.

2) 전반적 특징과 해석: 신공공관리 제도 및 신제도주의 연구의 지속과 다양화, 지방 자치 및 통제 관련 제도 연구의 지속

앞서 언급하였듯이 이명박 정부와 박근혜 정부는 상대적으로 보수주의(자유, 성장 중심 등) 정책을 강조하는 특징을 지닌다. 따라서 이전 정부에서 추진하던 팀제와 다면 평가제 등이 쇠퇴하는 모습이 나타났다. 하지만 이전 정부에서 추진되어 온 신자유주의와 신공공관리에 기초한 제도의 시행이나 개혁이 이어졌다 (오석홍, 2008: 452). 한편 이 시기에도 신제도주의 연구가 상당수 이루어져, 각 신제도주의의 다양한 주제들이 다루어졌고 특정 주제가 지속적으로 연구되었다.

이 시기에 새로이 다루어진 제도들 중 주민참여예산제가 특징적인데 이는 자치와 그에 따른 참여가 중요시되었다는 것을 뜻한다. 평가 제도 연구가 꾸준히 연구되어 신공공관리 방식이 중시되었고, 정보공개제도 등 행정통제 제도에 대한 연구가 지속되었다. 한편 제도사에 대한 연구가 명맥을 이어갔고, 특히 실적제에 대한 거시적 역사적 연구가 돋보인다. 그러나 이 시기의 대부분의 연구들 역시 이전 시기의 연구들과 과 마찬가지로 외국 제도의 모방이나 도입을 통하여 현실 문제의 해결에 필요한 제도 연구에 치중한 점에서 한계를 드러낸다.

다른 한편 이 시기에 상당수 이루어진 신제도주의 연구들 중 합리적 선택 신제도주의 연구의 수는 역사적 신제도주의 연구와 사회학적 신제도주의 연구 수에 비해 적은 편이고 게임이론에 관한 연구가 주를 이룬다. 그리고 사회학적 신제도주의 연구의 경우, 동형화에 관한 연구가 상당수 차지하고 또한 단절에 관한 몇 편의 논문이 있다. 단절에 관한 연구들은 주로 정당성 주제를 다룬 기존의 연구와 다르게 그것이 지니는 다양한 측면들(위선, 형식주의, 부패 유발)을 다룸으로써 이 분야의 연구를 심화시켰다.

역사적 신제도주의 연구는 이전 시기와 마찬가지로 상당수 이루어졌다. 이전 시기에는 경로 의존에 관한 연구가 상당수 차지하였으나 이 시기에는 경로의존 연구가 축소되었고 제도변화에 관한 연구가 증가하였다. 그리고 제도변화 연구 중 점진적 제도변화에 관한 연구 논문 몇 편이 존재하고, 제도 및 정책의 아이디어가 사회적으로 구성되는 점과 아이디어가 제도변동에서 영향을 미친 점 등이 논의되었다. 하지만 한국 행정학계의 신제도주의 연구 20여년의 역사는 아직 풍부하고도 다양하며 창의적인 연구물을 보여주지 못하는 한계를 갖는다.

V. 결 론

지금까지 1962년부터 2016년 초에 이르는 기간 동안 한국의 행정학자들이 연구한 구제도주의 연구 문헌(각종 제도 연구)과 신제도주의 시각에 따라 연구한 문헌들을 주로 주제, 저자, 연구 분야 및 연도별로 검토하였다. 각 주제는 각 연구의 핵심 내용이고 연구 분야는 행정 관리의 하위 분야인 조직 · 인사 등이다. 그리고 이들 연구 문헌들을 한 개 혹은 두 개 정부의 시기로 나누어 검토하고 세계적 시대 조류와 각 정부의 정책과 연결지어 논의하였으며, 시기별 문헌들의 전반적 특징을 서술하고 해석해 보았다.

먼저 앞서 언급한 각 시기별 전반적 특징과 해석을 요약해보기로 한다. 첫째, 군사정부 및 제 3공화국 시대는 당시가 경제 성장 중심의 근대화 초기이며, 1세대 학자들이 주로 행정관리 제도(POSDCORB 제도)를 소개하고 도입하였던 때이다. 둘째, 제 4공화국 시대는 유신체제 및 근대화의 심화(중화학공업정책, 새마을정책) 시기로서 여전히 행정학 1세대 학자들이 주축이 된 가운데 바로 뒤이은 세대의 소수가 선진 외국의 행정 관리 제도들을 소개, 비교 및 도입을 하였던 시기이다. 이들 제도 중

옴부즈만 같은 행정 통제 제도가 연구되었고 행정 제도사 연구가 축적되어 온 점이 특징적이다. 셋째, 과도정부 및 제 5공화국 시대는 신군부의 억압적 정치체제의 기간으로서 이전의 경제개발5개년 계획을 지속시킨 기간이고, 더 다양한 행정관리 제도의 도입이 이루어지고 약간의 신제도주의 도입이 시작한 시기이다.

넷째, 노태우, 김영삼 정부 시대는 민주화의 시작과 지속, 그리고 세계화의 시작으로 특징지어지고, 이 시대에는 더 세분화된 행정관리 제도의 도입, 민주화와 세계화라는 역사적 흐름을 반영하는 새로운 제도들이 연구되었다. 한편 합리적 선택 신제도주의에 대한 연구가 상당수 이루어졌고 역사적 신제도주의 소개, 그리고 사회학적 신제도주의 주제에 관련된 연구가 이루어졌다. 다섯째, 김대중, 노무현 정부 시대는 민주화의 지속 및 세계화의 지속, 다수의 민주적 제도 및 신공공관리 제도 연구의 활성화, 그리고 신제도주의 연구의 활성화로 특징지어진다. 이 시기에는 행정학자들의 수가 이전에 비해 더욱 더 증가하였을 뿐 아니라 1990년대 후반 신제도주의를 본격적으로 소개·도입하는 학자들이 다수 나타나고 이에 대한 관심을 가진 학자들의 수가 꾸준히 증가하여 다수의 신제도주의 연구들이 나타났다. 여섯째, 이명박, 박근혜 정부 시대는 성장 정책과 신공공관리에 중점을 두었으며, 평가제도와 주민참여예산제도 연구와 같은 제도 연구가 특징적인 것으로 나타났다. 이 시기에도 상당수의 신제도주의 연구들이 이루어진 바, 합리적 선택 신제도주의 연구는 다른 신제도주의 연구에 비해 적은 편이었고, 사회학적 신제도주의 연구는 동형화에 관한 연구가 상당수이고 단절에 관한 몇 편의 논문이 있다. 역사적 제도주의 연구는 이전 시기와 마찬가지로 상당수에 달하고 점진적 제도변화에 관한 연구와 제도 변화에서의 아이디어의 역할에 대한 연구가 돋보였다.

이상과 같이 1962년부터 2016년 초까지 한국 행정학자들이 각종 제도 연구와 신제도주의 연구를 수행한 바를 검토하고 요약해 보았다. 이러한 연구들에 대한 역사적 검토는 한국 사회의 역사적 흐름, 세계의 시대적 조류와 영향, 각 정부 시대의 정치적·정책적·행정적 강조점, 그리고 연구자들의 연구 성향을 파악하는데 유용하였을 뿐 아니라 한국의 행정학의 분야 및 주제와 연구자의 역사적 흐름을 파악하는데 유용하였다. 따라서 이 연구는 특정 분야와 주제의 역사적 추적은 물론 미래의 제도 및 신제도주의 연구에 필요한 주제 발견 등에 대해 많은 점을 시사해 줄 것으로 보인다. 그러나 이 연구는 다수의 한국의 행정학 잡지에 게재된 많은 행정학자들의 많은 제도 및 신제도주의 문헌을 다 다루지 못하였기 때문에 연구의 한계를 지닌다. 이는 차후의 연구에서 보충적으로 다루어져야 할 것으로 보인다.

[부록] 분석 대상 논문들 (학술잡지, 저자, 연도, 페이지 순)

1. 한국행정학보

강명구(1994: 903－918), 강신택(1969: 359－367), 강인성(2008: 215－238), 강인재 · 신종렬 · 배득종(2003: 59－75), 강형기(1994: 69－90), 고재갑(1973: 191－217), 곽채기 · 오연천(1990: 121－231), 곽현근(2015: 279－302), 권경득 · 강인호 · 김신 · 이원희(2001: 177－195), 권순만 · 김난도(1995: 77－95), 권영찬(1967: 145－170), 권오성(2004: 137－154), 권용수(2004: 1－20), 권향원(2014: 121－145), 기영석(1988: 249－265), 김경한(2004: 93－114), 김관보 · 이선영(2010: 261－284; 2011: 279－304), 김광식 · 이성복(1991: 93－122), 김광웅(1983: 11－18; 1998: 91－111), 김근세 · 권순정(2006: 1－27), 김근세 · 오수길 · 정용일(1998: 73－92), 김근세 · 최도림(1996: 35－51), 김길조(1987: 169－194), 김난영(2008: 237－263), 김대원(1995: 565－584; 1996: 105－119), 김도훈 · 김동환(1997: 21－38), 김렬(2000: 179－197), 김만기(1990: 773－787), 김명수(1978: 194－204), 김명환(2006: 179－203; 2009: 155－178), 김병섭 · 박상희(2010: 85－109), 김상묵(1994: 115－134; 1995: 203－216), 김상헌(2001: 147－162), 김순양(1999: 215－236; 2000: 265－289), 김승현(1998: 145－160), 김영성(1976: 45－57), 김영평(1983: 198－213; 1988: 373－392), 김운태(2000a: 1－25; 2000b: 347－375; 2001: 1－17), 김윤권(2005a: 89－109; 2008a: 291－361; 2009: 19－44), 김윤호(2016: 235－263), 김익식(1991: 329－352), 김재훈(2005: 205－228), 김재훈 · 박광훈(1999: 107－122), 김정완(1998: 165－181), 김종순(1994: 339－352), 김주애(2012: 293－323), 김준기 · 김난영(2010: 193－219), 김준기 · 조일홍 · 송하중(1999: 371－392), 김진현(1999: 133－149), 김창수(2000: 257－276), 김태룡(1987: 459－472), 김태룡 · 안희정(2006: 303－326), 김태은(2009a: 45－72; 2009b: 179－208; 2010: 137－168; 2011: 27－56; 2012: 233－263; 2015: 57－96), 김태은 · 안문석 · 최용환(2008: 199－218; 2008: 293－321), 김판석 · 권경득(1999: 99－118), 김판석 · 오성호 · 이선우(2000: 343－364), 김판석 · 이선우 · 전진석(1999: 57－75), 김행범(1998: 45－64), 김헌(2015: 245－272), 김혁 · 함성득 · 권혁민(2004: 67－85), 김현구(1992: 731－759), 김형렬(1980: 1－14), 김호진(1979: 147－171), 김흥회(2000: 41－58), 김희강 · 류지혜(2015: 223－244), 노정현(1967: 301－312; 1981: 43－58), 류영아(2009: 97－119), 박경귀(1999: 129－143), 박동서(1981: 23－41), 박병련(1993: 247－262), 박성민(2006: 531－551), 박세정(1998: 157－171), 박연호(1974: 153－170), 박영기(1985: 281－294; 1987: 301－314), 박응격(1982: 119－138), 박종구

(1991: 25－45), 박종민 · 윤견수(2014: 1－24; 2015: 1－24), 박천오 · 남궁근 · 박희봉 · 오성호 · 김상묵(2002: 99－128), 박천오 · 박희봉 · 김근세(2003: 43－65), 박통희(1989: 891－908; 1995: 313－334), 박흥식(1991: 769－782; 1993: 185－202; 1998: 195－209), 박흥엽(2005: 111－137), 방민석 · 김정해(2003: 233－260), 배관표 · 엄석진(2012: 329－356), 배득종(1990: 57－71; 1992: 835－858; 1993: 59－75), 배병룡(1994: 429－446; 1995: 747－770), 백계화 · 김윤권(2014: 455－484), 백승원(1972: 103－137), 백완기(1979: 199－216), 사공영호(2001: 81－96), 서석태(1978: 1－42), 서성원(1984: 639－662), 서재호(2008: 191－215), 성지은(2003: 333－353; 2004: 155－174), 송희준 · 김은정 · 권효진 · 유효정(2012: 289－313), 승천석(1969: 206－221), 신동면(2014: 435－454), 신동면 · 강정석(2003: 1－22), 신무섭(1986: 67－80), 신현기(2015: 361－390), 안문석(1990: 735－751), 안병만(1981: 7－22), 안병일(2014: 25－47), 안병철(2003: 243－261), 양기용 · 김상묵 · 최병대(1996: 1－15), 양형일 · 이태영(1993: 343－358), 오광석(1997: 241－253), 오석홍(1969: 368－372; 1977: 165－197; 1993: 323－342), 오성호(1997: 37－55; 1999: 55－70), 원숙연 · 성민정(2016: 139－166), 유금록(2001: 49－63), 유민봉(2001: 157－178), 유상근(1973: 121－131), 유석영(1981: 123－139; 1987: 239－259), 유현종(2007: 221－252), 유현종 · 이윤호(2010: 111－136), 유훈(1967c: 219－241), 윤경준 · 김정해 · 조성한 · 이혜영(2010: 169－191), 윤성식(1993b: 19－32; 1993a: 459－470; 1994: 753－768), 윤재풍(1979: 173－198), 윤정수(2009: 73－96), 윤태범(1999: 129－151), 이광희 · 이석민(2014: 205－226), 이기식(1998: 119－136), 이남국(2003: 193－213), 이도형(1993: 211－232), 이명석(2004: 1－22), 이상묵(2008: 123－147), 이상엽(1992: 387－402), 이상윤 · 박흥식(1995: 585－600), 이상철(1997: 181－196; 2001: 139－154), 이석원(2002: 205－225), 이석환(2006: 127－149; 2008: 253－272), 이선우(1997: 57－76; 2005: 111－136), 이승모 · 유재원(2006: 199－218), 이승종(1991: 891－916; 1995: 275－289), 이승철(1992: 183－204), 이윤식(1987: 497－513; 1991: 245－272), 이자성(2004: 171－195), 이종구(1993: 281－300), 이종범(1984), 이종열 · 이재호(1999: 145－160), 이준형(1991: 273－290), 이하형(1993: 753－772), 이혁주(1997: 89－105), 이효 · 김헌(2002: 21－42), 임도빈(1995: 303－318), 임동완(2007: 129－151), 임승후 · 김병섭(2010: 61－86), 장석준(2014: 211－237), 장용석 · 정장훈 · 조승희(2014: 27－53), 장지호(2005: 21－41), 전상경(1989: 909－925; 2000: 83－100), 전영상(2010: 157－182), 정기섭(1985: 287－305), 정명은(2012: 85－114), 정무권(1993: 493－516), 정문기(2009: 229－250), 정성호(1989: 795－812), 정세욱(1973: 162－168), 정연선(1980: 148－161), 정용덕(1993: 677－704), 정용덕 · 김근

세(1998: 81－96), 정정화(2000: 227－242), 정충식(1997: 1163－1179), 정홍익 · 김호섭(1991: 437－464), 조석준(1967: 125－144), 조선일(2001: 99－120; 2004: 139－160), 최병대 · 김상묵(1999: 77－94), 최신욱(2004: 327－348), 최정열(2014: 239－259), 최종술(1999: 141－161), 최진욱(2005: 323－346), 최진혁(1999: 237－255), 표시열(1989: 123－148), 하민지 · 서인석 · 권기헌(2011: 151－180), 하민철(2007: 63－111), 하민철 · 윤견수(2004: 63－84), 하연섭(1999; 2002: 339－360), 하혜수(2004: 153－178), 하혜수 · 임도빈 · 채원호 · 김성수(1999: 89－105), 하혜수 · 최영출(2002: 109－128), 하혜수 · 최영출 · 하정봉(2011: 231－252), 한규인(1993: 415－438), 한상일(2003: 159－180), 한승연(2004: 147－169; 2013: 23－48), 한승주(2010: 29－58), 한영환(1978: 79－92), 허창수(2012: 55－83), 홍성우 · 배수호(2010: 339－360).

2. 행정논총

강신택(1973: 1－4; 1977: 62－79; 1988: 1－24), 권일웅(2012: 113－142), 권태형(2011: 167－187), 김광웅(1973: 59－69), 김동건(1981: 124－137; 1986: 55－76; 1988: 48－68), 김미나(2004: 105－133), 김신복(1981: 73－92; 1982: 74－92; 1988a: 25－47; 1988b: 217－238), 김운태(1968: 35－93; 1969: 161－190; 1971: 1－27; 1973a: 16－27; 1973b: 158－173; 1977: 1－27; 1981: 1－25; 1986: 65－76), 김정해(2004: 25－51), 김종석 · 강은숙(2008: 351－377), 김준기(1998: 61－86), 김해동(1973: 70－83; 1986: 17－31; 1988: 69－90), 노융희(1972: 98－112), 노화준(1975: 128－146; 1980: 79－94; 1982: 128－152; 1983: 1－15), 노화준 · 방석현(1987: 47－82), 박동서(1973: 5－15; 1985: 24－36; 1993: 50－59), 방석현(1988: 210－219), 사공영호(2012: 207－241), 서원우(1976: 208－222), 안해균(1973: 43－58; 1978: 111－138; 1980: 220－250; 1984a: 1－11; 1984b: 126－149), 양채열 · 박치성(2010: 121－140), 오석홍(1965: 99－115; 1971: 164－190; 1973: 91－105; 1980: 153－183; 1981: 111－135; 1982: 35－50; 1984: 139－154; 1985: 37－56; 1994: 22－35), 오연천(1985: 51－68), 우양호(2008: 173－205), 유현종(2007: 221－252), 유훈(1962: 69－93; 1967a: 27－53; 1967b: 63－99; 1973: 27－42; 1975: 35－53; 1977: 45－61; 1979: 145－151; 1980: 1－34; 1981a: 136－157; 1981b: 189－206; 1982a: 51－75; 1982b: 60－73; 1983: 69－84; 1986: 89－112; 1987: 126－154; 1989: 146－171), 이근주(2010: 119－143), 이달곤(1988: 239－279; 1995: 1－19), 이명석(2006: 247－275), 이민창(2006: 277－311), 이윤경(2014: 59－90), 이창길(2008: 1－26), 이한빈(1968: 23－34), 정병걸(2004: 107－132), 정용덕(1995: 37－77; 1996: 79－99; 1997: 97－128; 2015: 105－132), 정정길(1983: 97－106; 1988: 370－380),

조석준(1966: 113－136; 1967: 121－162; 1968: 215－235; 1980: 140－151; 1983: 69－88; 1984: 112－125; 1988: 91－108; 1989: 153－169; 1991: 33－51; 1993: 69－88), 조성은 · 김선혁(2006: 121－152), 최종기(1975: 23－45), 하연섭(2006a: 1－27; 2006b: 217－246; 2010: 189－215), 하태수(2001: 113－137; 2002: 45－69), 하혜수 · 양덕순(2007: 127－153), 황인정(1969: 223－234).

3. 기타

노동정책연구: 정장훈 · 조문석 · 장용석(2011: 179－215).

사회비평: 염재호(1994: 10－33).

정부학연구: 박종민 · 윤견수(2015: 35－63), 배병룡(2002: 179－215), 염재호(2009: 71－106), 염재호 · 홍성만 · 왕재선(2004: 5－49), 주경일 · 이철주(2005: 201－241), 하민철 · 김영대(2009: 7－43), 홍성만 · 염재호 · 최흥석(2007: 251－288).

정책분석평가학회보: 유금록(2007: 221－249).

한국비교정부학보: 김태근 · 김학실(2014: 1－33).

한국사회와 행정연구: 주성돈(2011: 153－182).

한국정책과학학회보: 김태일 · 김선희(2006: 41－64).

한국정책학회보: 구현우(2009: 37－73), 김선명(2000: 187－215), 김선혁(2004: 259－278), 김윤권(2005b: 299－327), 민효상(2009: 333－361), 심상용(2005: 223－248), 장지호(2003: 89－110), 정명은 · 장용석(2013: 109－136), 주혜정(2009: 121－159), 진상현(2009: 123－145), 천세봉 · 하연섭(2013: 121－158).

한국정치학회보: 박통희(1989: 455－473), 손열(2006: 237－262).

한국행정논집: 강영철 · 이철주(2009: 1103－1134), 이재술 · 이민창(2014: 265－294), 하태수(2002: 239－258).

한국행정연구: 최진응(2014: 161－180).

한독사회과학논총: 김선명(2007: 211－240).

제 14 장 사회자본과 거버넌스

박 희 봉

Ⅰ. 서 론

세계적으로 각 나라에서 급격한 정부환경 변화에 따라 국가 역할과 통치의 효과성에 대한 논의를 활발히 이루어지고 있다. 정보화와 세계화에 따라 국민의 다양한 요구가 발생하고, 변화에 대한 정부의 문제해결 능력이 한계에 부딪히고 있다. 정부 정책형성과 집행과정에서 권위적 결정된 내용을 하향적으로 전달하던 정부체계의 관리적 효율성과 민주적 정당성이 의심받고 있다. 이에 따라 공동체 내 행위자의 능력을 발휘하여 문제를 해결하려는 사회자본과 민관의 파트너십을 통해 능력을 증진시키려는 거버넌스 연구가 활발히 진행되고 있다.

서구사회를 중심으로 한 연구에서는 사회자본의 형성 및 양태, 거버넌스 확립과 결과 등에 대해 연구자들간에 접근방법에 따라 다소 차이는 보이지만 이것이 국가사회에 어떤 영향을 미치는가에 대한 합의가 형성되어 있다. 사회자본과 거버넌스는 권위와 수직적 계층구조로부터 발생하는 권력이나, 비합리적인 정서에 의해 축적되는 것이 아니라 수평적인 의사소통과 관계형성, 합리성에 의해 자발적으로 발생하며, 그에 따라 개인적인 노력보다는 자발적 단체의 형성과 그 활동이 사회자본 축적에 영향을 미친다고 한다 (Tocqueville 1984; Dudley 1995; Rhodes 1997).

퍼트남(Putnam, 1993a, 1995a)과 후쿠야마(Fukuyama, 1995) 등 서구의 사회자본이론가들은 시민사회의 전통이 강한 사회에서 신뢰를 비롯한 사회자본이 싹튼다고 주장한다. 여기에서 시민사회의 의미는 자발적이고, 인간관계의 네트워크와 단체의 의사결정과정이 수평적인 관계를 전제한다 (Newton, 1999: 15). 개인적이고 비공식적인 관계에 의한 것이 아닌 공식적·이차적 관계를 바탕으로 인간관계 네트워크가 구성된다는 의미를 갖는다. 사회자본을 증진하는 시민사회의 역사적 문화적 근원에 관한 전통적 서구 사회자본이론가의 주장은 사회자본의 특징과 신뢰증진을 위한 방법에 있어서 다양한 논의를 가능하게 한다. 우선 서구와 다른 시민사회 역사와 문화를 가진 국가에서는 사회자본의 유형에 있어서 서구와 어떤 차이가 발생할 것인가이다. 이러한 논의는 사회자본 증진을 위한 방법에 있어서도 다를 수 있다는 논리가 발생한다. 이와 동시에 사회자본 증진에 가장 큰 영향을 미친다는 시민단체생활의 성격과 역할 역시 논의할 가치가 발생한다. 퍼트남(1993a) 등이 주장하는 바와 같이 건전한 시민사회문화를 형성하기 위해서는 구성원의 수평적 관계를 중심으로 한 자발적 사회단체가 발전되어야 하며, 수직적 사회단체는 시민사회문화 형성에 오히려 부정적 역할을 한다고 하기 때문이다.

이상의 사회자본에 관한 논의는 거버넌스에 대해 또 다른 시각을 제공한다. 사회자본은 기본적으로 단체생활을 통해 형성되는 것으로 이해되고 있기 때문이다. 시민간의 네트워크가 상호작용의 규범을 성장시키고(Putnam, 1993a), 조정과 의사소통을 가능하게 하여 다른 사람들에 대한 신뢰성을 증가시키며(Putnam, 1993a), 사회적 신뢰와 주민간의 연대에 밀접한 관계가 있다는(Putnam, 1995b) 등의 다양한 연구결과는 사회단체 생활이 사회자본 형성에 밀접한 관련이 있음을 시사한다. 따라서 사회자본의 근본적인 전제는 사회자본이 사회적 하부구조로서 시민사회의 건전성을 결정하고, 지역사회의 개인과 집단 및 조직간의 협동적이며 집단적인 관계에 있어서 문제해결을 위한 집단행동을 장려한다는 것이다. 사회자본은 이와 같이 지역사회 거버넌스를 건설하고 지역사회 문제해결을 위한 시민의 능력을 제고시키는 것과 직접적인 관계가 있다. 좋은 거버넌스를 위해서는 각 협력 대상이 성숙해야 하고, 협력을 위한 네트워크 문화가 발전되어 있어야 한다.

이러한 이론적 논의를 바탕으로 본 연구에서는 지금까지 한국에서 연구되어 온 사회자본과 거버넌스 연구를 비판적으로 검토하는 것이다. 행정학과 정책학 분야에서의 주요 학술지인 한국행정학보, 한국정책학회보, 한국행정연구, 한국행정논집 등 4개 학술지에 사회자본과 거버넌스를 다룬 175편의 논문에서 사회자본과 거버넌스에 대한 정의는 어떻게 되어 있는지, 사회자본과 거버넌스가 어떤 기능을 하고 있다고 보는지, 그리고 사회자본과 거버넌스에 대한 시민사회와 정부의 역할을 어떻게 보고 있는지를 분석할 것이다. 이러한 분석을 통해 한국 사회자본과 거버넌스의 취약점을 살펴봄으로써 한국 사회자본과 거버넌스의 발전방향을 살펴보겠다.

Ⅱ. 개념 정의

1. 사회자본

사회자본은 부르디에(Bourdieu, 1986), 콜만(Coleman, 1989), 퍼트남(Putnam, 1993a) 등 초기 사회자본이론가들이 개념을 정립하고, 이 개념을 바탕으로 사회현상을 분석하여 새로운 의미를 제시함으로써 관심과 연구가 시작된 분야이다. 사회자본이 개인의 건강과 발전 및 행복, 지역사회의 발전, 공동체 및 기업 등 조직의 성장, 국가통합, 경제성장, 국가경쟁력 등 인간의 삶과 관련된 모든 분야에 영향을 미치고 있음이 밝혀짐으로써 다양한 분야에서 관심이 지속적으로 확대되고 있다.

콜만(1988: 98)은 "사회자본은 단일한 실체가 아니라 보통 두 가지 이상의 요소가 포함된 다양한 복합체이다"고 하면서, 사회구성원간의 관계에서 사회자본이 형성된다고 한다. 퍼트남(1993a; 1993b; 1995a) 역시 사람들이 협동한다면 사회가 보다 나아질 수 있다는 가정 하에 사회자본을 상호간의 이익을 위해 조정 및 협동을 촉진하는 규범, 신뢰, 네트워크라고 함으로써 콜만의 정의를 보다 구체화하였다. 후쿠야마(1995)는 규범이나 신뢰 측면만을 상대적으로 강조하면서도, 사회자본이 사람들 간에 발생하는 사회적 상호관계에 기초한다는 것은 의견을 같이 한다. 사회자본을 한마디로 정의하기는 쉽지 않으나 인간간의 관계 또는 사회구성원들에게 어딘가에 속해 있다는 감정과 공유된 행동규범 및 공통적인 문화적 정체성을 부여함으로써 사회질서를 가능하게 하는 역할을 하기 때문에 매우 필요한 것(Seragedin & Grootaert, 2000)이라는 점은 학자들 간에 공유한다고 볼 수 있다.

이러한 측면에서 사회자본은 인간관계 속에서 발생하는 것으로서 개인, 집단, 사회, 국가 등의 목표를 달성하는데 영향을 미치는 무형재로 볼 수 있다. 즉 사회자본은 생산을 가능케 하는 도구를 구성하는 물질 내의 변화를 말하는 물리적 자본, 사람들을 새로운 방법으로 행동하게 할 수 있는 기술과 능력을 가져오는 사람들 내의 변화를 말하는 인적 자본과 달리 인간관계 내에 존재하는 것을 말한다 (Coleman, 1998: 100-101). 또한 사회자본은 물리적 자본, 인적 자본과 같이 생산활동을 증가시키는 역할을 한다는 점에서 공통점이 있다 (Coleman, 1998). 사회자본은 한마디로 정의하기는 쉽지 않으나 인간간의 관계 또는 사회구성원들에게 어딘가에 속해 있다는 감정과 공유된 행동규범 및 공통적인 문화적 정체성을 부여함으로써 사회질서를 가능하게 하는 역할을 하기 때문에 매우 필요한 것이다 (Seragedin & Grootaert, 2000).

이상의 논의에 의해 사회자본은 한 마디로 사람 간의 관계에서 발생하는 에너지로 정의될 수 있다. 특정한 집단 내에서 구성원들 간에 인간적 관계가 형성되면 인간관계가 발생하기 전보다 구성원의 만족, 업무 효율성, 집단 내 협력 분위기 등 새로운 에너지가 발생한다. 사회자본이 형성된 인간관계는 이전에는 이루지 못했던 일들을 새롭게 이루어 내어 집단 전체와 개별 구성원들에게 가시적인 이익을 발생시킨다. 이러한 측면에서 사회자본은 크고 작은 집단 내 인간의 활동을 통해 축적되고, 개인과 집단의 공식·비공식적 모든 활동과 가치관에 영향을 미친다고 할 수 있다. 또한 사회자본은 집단 내 구성원의 신뢰, 규범, 네트워크, 협력, 참여 등을 형성하여, 인간의 개인적, 집단적 제 활동의 양적, 질적 변화와 발전에 영향을 미치는 역할을 한다.

〈표 1〉 사회자본의 정의에 대한 기존문헌

정의	문헌
수평적 결합	김석은·안영찬(2014), 김시윤(2008), 김왕식(2008), 김은희(2011), 김인(2014), 김태룡(2006), 김태영(2006), 김홍회(2005), 도수관(2013), 박상필(2000), 박영미(2009), 박영민(2014), 박종화(2015), 박희봉·강제상·김상묵(2003), 박희봉·이희창·강제상·임명수·김상진·노병렬·전지용·김태순·서승현 (2009), 서진완·박희봉(2003), 송용훈·김용희·정문기(2015), 오수길·곽병훈(2004), 유민이·문상호·이숙종(2010/2012), 유재원(2000), 유희정·이숙종(2015), 이명석·오스트롬·워커(2004), 이숙종·김희경·최준규(2008), 이승종(2010), 이형우(2015), 이희창·박희봉(2005), 정주용·김서용(2014), 조일형(2015), 최지민·김순은(2016), 한세희·김연희·이희선(2010), 허철행·허용훈(2007)
유대 및 연줄	강소량·문상호(2012), 박통희·원숙연(2000), 박희봉·이희창·강제상·남창우·임명수·전지용·김태순·전경일(2008), 이인자·한세의·이희선(2010), 이재완(2013), 이혜림·조민효(2014)
정부 신뢰	김병규·이곤수(2009), 김승현(2010), 문명재(2015), 박광국·도운섭·박선희(1999), 박순애(2006), 박종민(1991), 박희봉·김동현(2014), 박희봉·신중호·황윤원(2013), 박희봉·이영란(2012), 박희봉·이희창·조연상(2003), 배귀희·임승후(2009a/ 2009b), 배일섭(2011), 변현수(2012), 서인석·윤우제·권기헌(2012), 손호중·채원호(2005), 신상준·이숙종(2016), 심준섭(2009), 안희만·송건섭(1999), 양건모 박통희(2007), 왕재선(2013), 이곤수·송건섭(2011), 이곤수·정한울(2013), 이시원(1994), 이양수(2008), 임채홍·김서용(2014), 이헌수(1999), 이현국·김윤호(2014), 이혜인·홍준형(2013), 전대성·권일웅·정광호(2013), 주성수(2003), 채원호·손호중(2005), 황아란·서복경(2015), 황창호·김영주·문명재(2015)
조직 신뢰	강여진·박천오(2003), 김석용(2005), 김호균(2007), 김호정(1999/2009), 나태준·최순영(2003), 서인석·윤우제·권기헌(2011), 박광국·도운섭·박선희(1999), 박성민·김민영·김민정(2013), 박철민·김대원(2003), 박통희·김민강(2008), 배귀희(2007), 배병룡(2005), 원숙연(2001), 원숙연·박통희(2001), 장호석·하현상(2013), 정재명(2010), 정진경·최영훈(2010)

사회자본 유형 분류	박통희(2004), 박희봉 · 이희창(2005/2009/2011), 박희봉 · 이희창 · 김동욱 · 김철수 · 박병래(2003), 박희봉 · 이희창 · 전지용 · 강제상 · 임명수 · 김태순 · 서승현(2012), 이곤수 · 송건섭(2007)

지금까지 한국의 주요 학술지에서 연구된 사회자본에 대한 연구는 대체로 다섯 가지로 분류할 수 있다. 첫째 가장 일반적으로는 사회자본이 시민 간의 수평적 연결 및 결합으로 이해하고 연구하는 학자들이다 (김석은 · 안영찬, 2014; 김시윤, 2008; 김왕식, 2008; 김은희, 2011; 김인, 2014; 김태룡, 2006; 김태영, 2006; 김홍회, 2005; 도수관, 2013; 박상필, 2000; 박영미, 2009; 박영민, 2014; 박종화, 2015; 박희봉 · 강제상 · 김상묵, 2003; 박희봉 · 이희창 · 강제상 · 임명수 · 김상진 · 노병렬 · 전지용 · 김태순 · 서승현, 2009; 서진완 · 박희봉, 2003; 송용훈 · 김용희 · 정문기, 2015; 오수길 · 곽병훈, 2004; 유민이 · 문상호 · 이숙종, 2010/2012; 유재원, 2000; 유희정 · 이숙종, 2015; 이명석 · 오스트롬 · 워커, 2004; 이숙종 · 김희경 · 최준규, 2008;, 이승종, 2010; 이형우, 2015; 이희창 · 박희봉, 2005; 정주용 · 김서용, 2014; 조일형, 2015; 최지민 · 김순은, 2016; 한세희 · 김연희 · 이희선, 2010; 허철행 · 허용훈, 2007). 이들은 사회자본을 신뢰, 네트워크, 규범, 멤버십으로 구성되고 있다는 점에 초점을 두고 연구하고 있다.

둘째 사회자본을 공동체의 유대 및 연줄에 초점을 두고 연구하는 학자들이다 (강소량 · 문상호, 2012; 박통희 · 원숙연, 2000; 박희봉 · 이희창 · 강제상 · 남창우 · 임명수 · 전지용 · 김태순 · 전경일, 2008; 이인자 · 한세의 · 이희선, 2010; 이재완, 2013; 이혜림 · 조민효, 2014).이들은 혈연, 지연, 학연 등 공동체의 강한 결속력을 사회자본에 포함하여 폐쇄적 사회자본의 영향력을 살펴보았다.

셋째, 정부신뢰에 관한 연구이다 (김병규 · 이곤수, 2009; 김승현, 2010; 문명재, 2015; 박광국 · 도운섭 · 박선희, 1999; 박순애, 2006; 박종민, 1991; 박희봉 · 김동현, 2014; 박희봉 · 신중호 · 황윤원, 2013; 박희봉 · 이영란, 2012; 박희봉 · 이희창 · 조연상, 2003; 배귀희 · 임승후, 2009a/2009b; 배일섭, 2011; 변현수, 2012; 서인석 · 윤우제 · 권기헌, 2012; 손호중 · 채원호, 2005; 신상준 · 이숙종, 2016; 심준섭, 2009; 안희만 · 송건섭, 1999; 양건모 박통희, 2007; 왕재선, 2013; 이곤수 · 송건섭, 2011; 이곤수 · 정한울, 2013; 이시원, 1994; 이양수, 2008; 임채홍 · 김서용, 2014; 이헌수, 1999; 이현국 · 김윤호, 2014; 이혜인 · 홍준형, 2013; 전대성 · 권일웅 · 정광호, 2013; 주성수, 2003; 채원호 · 손호중, 2005; 황아란 · 서복경, 2015; 황창호 · 김영주 · 문명재, 2015). 이들은 중앙행정기관과 입법부, 사법부를 통과하는 중앙정부와 지방자치단체 등 공공기관뿐만 아니라 공무원, 원자력발전기관에 대한 신뢰까지도 정부신뢰로 규정하여 연구하고 있다.

넷째, 조직신뢰 역시 연구 대상이다 (강여진 · 박천오, 2003; 김석용, 2005; 김호균,

2007; 김호정, 1999/2009; 나태준 · 최순영, 2003; 서인석 · 윤우제 · 권기헌, 2011; 박광국 · 도운섭 · 박선희, 1999; 박성민 · 김민영 · 김민정, 2013; 박철민 · 김대원, 2003; 박통희 · 김민강, 2008; 배귀희, 2007; 배병룡, 2005; 원숙연, 2001; 원숙연 · 박통희, 2001; 장호석 · 하현상, 2013; 정재명, 2010; 정진경 · 최영훈, 2010). 이들은 조직에 대한 신뢰뿐만 아니라 상사 및 동료에 대한 신뢰까지 조직신뢰로 보고 연구하고 있다.

다섯째, 일부 연구자들은 사회자본의 유형을 구분하여 각 유형별 사회자본의 기능이 다름을 연구하고 있다 (박통희, 2004; 박희봉 · 이희창, 2005/2009/2011; 박희봉 · 이희창 · 김동욱 · 김철수 · 박병래, 2003; 박희봉 · 이희창 · 전지용 · 강제상 · 임명수 · 김태순 · 서승현, 2012; 이곤수 · 송건섭, 2007). 이들은 혈연, 지연, 학연 등 연줄에 기초하여 형성된 사회자본과 연줄과 관계없이 일반적으로 형성된 사회자본의 기능이 다름을 전제로 하고 사회자본의 유형을 분류하여 사회자본의 효과를 연구하고 있다. 즉 대인신뢰를 사적신뢰와 일반신뢰 또는 폐쇄적 신뢰와 개방적 신뢰로 구분하고, 참여는 수직적 참여와 수평적 참여 또는 적극적 참여와 소극적 참여로 구분하는 방식이다.

이로써 사회자본에 관한 연구는 2000년 이후 본격적으로 수행되어 왔고, 사회자본 사회자본의 다양한 측면이 연구되어 왔음을 알 수 있다. 또한 인간관계의 에너지로 정의할 수 있는 사회자본에 대한 다양한 성격이 연구되고 있다는 점은 앞으로 사회자본의 다양한 측면이 연구될 가능성을 보인다. 특히 혈연, 지연, 학연에 의한 연줄에 의한 사회자본의 한국사회의 특성이 연구되고 있으며, 연줄이 한국사회에 영향을 크게 미치고 있다는 점이 지적되고 있다. 이러한 연구는 서구사회의 개방적이고 보편적인 사회자본과 다른 특징이 있다는 점이 보여주는 것이다. 이러한 연구는 우리사회 발전을 위해서 어떤 노력을 해야 할지가 연구될 것으로 기대된다.

2. 거버넌스

거버넌스는 1970년대 이후 서구의 경제적 재구조화 과정에서 나타난 정치적, 경제적, 사회적 변화를 다양한 각도에서 설명하기 위해 등장했다. 구체적으로 서구에서 거버넌스의 등장은 1970년대 이후 복지국가의 재정위기, 재정위기에 대한 시장주의적 대응, 경제와 정치의 세계화 현상, 행정조직내 신공공관리라고 부를 만한 관리혁명, 그리고 환경문제와 같은 새로운 도전의 출현 등이 원인이었다 (Pierre & Peters, 2000: 52-65).

거버넌스라는 용어 그 자체는 어느 시대나 있어온 사회를 통치하는 양식이다 (Pierre와 Peters(2000: 34-35)). 이러한 거버넌스의 의미는 여러 사람들에 의해 다양한 차원에서 사용되고 있다. Rhodes(1996)는 거버넌스의 의미가 일반적으로 통치의 활동 또는 과정, 정돈된 규칙의 상태, 통치의 의무가 부여된 사람, 혹은 어떤 사뢰가 통치되는 방법이나 시스템 등의 의미로 사용되고 있다고 지적한다. 그러나 거버넌스는 일반적으로 기존통치의 주체인 정부와는 다른 의미로 사용되고 있음을 발견할 수 있다. 이것은 통치 또는 행정의 중심이 되었던 정부의 역할과 기능 그리고 구조가 변하고 있음을 표현하는 것이다. 따라서 거버넌스의 의미에는 국가 기능의 감축이라는 의미가 들어있다. 경제위기에 의해 복지정책의 재고가 필요하며 이에 따라 복지예산의 삭감과 정부의 많은 서비스 전달 기능을 시장기구에 맡기게 되는 결과를 빚게 되었으며, 이에 따라 전통적인 정부 기능을 정부 아닌 민간부문에서 수행할 수 있다는 개념의 재정의가 필요했던 것이다. 따라서 신공공관리에서는 정부의 기능을 시장이 담당할 수 있음을 강조하는 것이다.

따라서 이러한 국가 및 정부의 위상과 역할에 대한 새로운 인식은 전통적인 국가와 정부의 위상에 변화를 초래하게 된다. 피터스와 피에르(Peters & Pierre, 1998: 231)는 "거버넌스는 정부밖에 있는 행위자들과 전략적으로 조직간 협력을 통해 정부의 능력을 제고하는데 관심이 있는 과정"이라고 주장한다. 또한 윔슬리와 더들리(Wamsley & Dudley, 1995: 28-29)는 "사회의 모든 주체가 책임을 공유함으로써 공동의 목표를 향해 모든 주체가 노력"할 때 훌륭한 거버넌스(good governance)가 성립할 수 있다고 주장한다. 전(Jun, 1999: 249-250)에 따르면 최근 지역사회에서 시민, 집단, 단체, 기관의 사회적 네트워크가 민주적 거버넌스 확립에 미치는 영향에 대한 관심이 중대하여 왔다고 한다. 로데스(Rhodes, 1997: 53) 역시 거버넌스는 자체조직화 하는 조직간의 네트워크라고 정의하는 등 거버넌스는 사회자본과 사회구성원들의 자발적 네트워크를 강조하는 면에서 이론적 일치를 보인다. 즉 거버넌스는 정부와 민간조직, 지역주민을 포함한 각 지역사회 주체가 공동목표를 달성하기 위한 제반 노력과 협력으로 정의할 수 있다.

이러한 상황에서 거버넌스는 전통적인 국가의 수직적 위계조직이 아닌 수평적 연계조직을 통해 거버넌스를 둘러싼 주체들 간의 상호의존의 형태로 나가야 함을 시사한다. 이러한 상호의존성을 바탕으로 네트워크 형태로 나아가야 공공정책의 결정과 집행이 공공부문과 민간부문의 역량을 연결할 수 있는 것이다. 따라서 네트워크 역시 수직적 네트워크가 아닌 수평적 네트워크로 이루어져야 할 필요가 있다. 현대와 같이 복잡한 사회에서 공공이나 민간의 어느 단일의 행위자도 일방적인 지식이나 자원을 가지지 못하기 때문에 각자의 목표를 수행하기 위해서는 역량을 혼합하는 상호작용의 과정이 필요하다. 즉 거버넌스 현상으로서 공공과 민간의 파트너십은 공공과 민간영역간의 권력배분, 공공과 민간이 함께 일함으로써 발생하는 시너지 효과, 그리고 공공정책과정을 시민사회에 개방하고 시민사회가 참여하며, 시민사회에 대한 권능을 부여함으로써 새로운 국가－시민사회의 관계에 초점을 맞추게 된다.

이것은 통치 또는 행정의 중심이 되었던 정부의 역할과 기능이 그리고 구조가 변하고 있음을 표현하는 것이다. 경제위기에 의해 복지정책의 재고가 필요하며, 이에 따라 복지예산의 삭감과 정부의 많은 서비스 전달 기능이 시장기구에 맡겨지게 되는 결과를 빚게 됨으로써, 전통적인 정부 기능을 정부 아닌 민간부문에서 수행할 수 있다는 개념의 재정의가 필요했던 것이다. 따라서 거버넌스는 국가의 문제를 전통적인 위계적 정부에 의해서만이 해결할 수 있는 것이 아니라 시장 및 시민사회와 협조함으로써 국가사회가 직면한 문제를 더 효과적으로 해결할 수 있을 것이라는 인식의 전환에 의해 국가 통치의 개념을 변화시킨 것이다. 거버넌스의 의미에는 정부환경의 변화에 따라 정부가 직면하고 있는 도전을 정부가 단독으로 수행할 수 없음을 포함한다. 거버넌스는 더 이상 공공부문만의 활동이 아니며 민간부문의 노력과 상호작용이 필요하게 된 것이다. 실제 정책결정과 집행과정은 국가활동의 결과물이라기보다는 정책결정에 참여하는 모든 부문의 자원과 협력을 요구하고 있다. 이러한 의미에서 정부와 거버넌스는 개념적으로 구분된다. 정부가 공식적 권위에 의한 활동이고, 거버넌스는 공유된 목표에 의해 수행되는 활동이라고 한다면 거버넌스는 정부조직 뿐 아니라 비공식적, 비정부단체의 활동을 포함하는 보다 포괄적인 활동이라고 할 수 있다 (Rhodes, 1996). 결국 국가의 역할은 한계가 있으며, 국가의 행위만이 유일한 헌법적 활동의 정당성과 권위를 수여했다고 볼 필요가 없는 것이다. 따라서 거버넌스는 사회적, 경제적, 정치적 행위자들의 상호의존성, 공공과 민간의 자발적 부문간 경계의 모호성이 발생한다.

한국의 주요 학술지에서 연구된 거버넌스에 대한 연구는 크게 기존의 정부와 같은 정부 통치양식인가, 아니면 사회문제를 해결하기 위한 새로운 조정양식을 강조하는가, 또는 정부 이외의 다른 주체와의 네트워크에 초점을 둘 것인가로 구분할 수 있다.

〈표 2〉 거버넌스의 정의에 대한 기존문헌

정의	문헌
정부의 통치	강윤호(2006), 김선혁(2004), 김성겸 · 김근세(2005), 김찬수(2016), 김판석 · 홍길표 · 김완희(2008), 김판석 · 홍길표 · 김완희 · 진종순(2010), 문태현(2005), 소영진(2006), 오수길 · 곽병훈(2004), 이재광(2008), 이주헌 · 박치성(2010), 정성호 · 정창훈(2010a), 천세봉 · 하연섭(2013), 하미승 · 전영상(2007), 허인혜(2011)

정부 간 관계	김혁 · 함성득(2004), 이주헌(2013), 한승준(2006)
정부의 민간기관 포용	강영훈(2008), 강현철 · 서순탁(2012), 김동신(2012), 김종욱(2012), 이도형(2004), 장호석 · 하현상(2013), 최흥석(2004)
정부행위에 참여	강휘원(2002), 김도희 · 정준금(2006), 김형향(2004), 배응환(2014), 이상철 · 성도경(2002), 전영평 · 장임숙(2004), 정성호 · 정창훈(2010b), 조성은(2014), 최태현(2015)
공공목적 조정양식	배귀희(2006), 배수호 · 공동성 · 정문기(2016), 이명석(2002), 장현주(2006), 조화순 · 김민정(2010), 한승준(2004), 한인섭(2004)
사회문제 해결을 위한 조정양식	김성배 · 배귀희(2008), 김정렬(2001), 정수용 · 이명석(2015)
협력 및 상호작용	김순양(2010), 김태운(2012), 김흥회(2008), 배응환(2010), 유영철(2010), 이숙종 · 김희경 · 최준규(2008), 정문기(2009)
다양한 주체의 네트워크	강창현(2002), 김근세 · 이경호 · 김철(2005), 김번웅(2000), 김인(2006), 김정렬(2000), 박상주(2003), 박희봉 · 김명환(2000), 배응환(2003), 배응환 · 주경일(2011), 유재원 · 소순창(2005), 유재원 · 이승모(2008), 이곤수 · 최원삼 · 전영평(2005), 이종원(2005), 최경희(2009), 한승준(2007), 홍형득(2007)
시장원리에 의한 민간위탁	김재훈(2007), 박영주(2000), 박영주 · 김원진(2009)
다수의 자율적, 수평적 네트워크	김선혁 · 김병국 · 제고르즈 에키트 · 정원칠(2006), 배응환 · 주경일(2011), 곽현근(2009), 배재현(2009), 이명석 · 오수길 · 배재현 · 양세진(2008)

우선 기존의 통치방식과 같은 정부를 거버넌스로 포함하는 연구자들이 있다. 이들은 정부 또는 정부기관의 통치방식을 거버넌스로 지칭하여 연구하기도 하고(강윤호, 2006; 김선혁, 2004; 김성겸 · 김근세, 2005; 김찬수, 2016; 김판석 · 홍길표 · 김완희, 2008; 김판석 · 홍길표 · 김완희 · 진종순, 2010; 문태현, 2005; 소영진, 2006; 오수길 · 곽병훈, 2004; 이재광, 2008; 이주헌 · 박치성, 2010; 정성호 · 정창훈, 2010a; 천세봉 · 하연섭, 2013; 하미승 · 전영상, 2007;, 허인혜, 2011), 중앙정부와 지방정부 또는 지방정부 간의 관계를 지칭하여 연구하기도 한다 (김혁 · 함성득, 2004; 이주헌, 2013; 한승준, 2006). 또한 정부의 주도하에 민간기관을 포용하는 방식도 거버넌스로 보는 학자들도 있으며(강영훈, 2008; 강현철 · 서순탁, 2012; 김동신, 2012; 김종욱, 2012; 이도형, 2004; 장호석 · 하현상, 2013; 최흥석, 2004), 공동체 문제해결을 위해 민간기관 및 시민단체가 정부행위에 참여하는 것을 거버넌스에 포함하는 학자들도 있다 (강휘원, 2002; 김도희 · 정준금, 2006; 김형향, 2004; 배응환, 2014; 이상철 · 성도경, 2002; 전영평 · 장임숙, 2004; 정성호 · 정창훈, 2010b; 조성은, 2014; 최태현, 2015).

둘째, 새로운 조정양식을 강조하는 연구자들은 Pierre(2000), Pierre와 peters(2000), Kooiman(1993) 등이 거버넌스를 정부의 공공목적 조정양식이라고 한 정의에 초점을 둔다. 이들은 또한 공공목적에 초점을 두는 학자와(배귀희, 2006; 배수호 · 공동성 · 정문기, 2016; 이명석, 2002; 장현주, 2006; 조화순 · 김민정, 2010; 한승준(2004); 한인섭, 2004), 사회문제 해결을 위한 조정양식에 초점을 두고 연구하는 학자로(김성배 · 배귀희, 2008; 김정렬, 2001; 정수용 · 이명석, 2015) 구분할 수 있다.

셋째, 정부 이외의 다른 주체와의 네트워크에 초점을 두는 연구자들이다. 이들은 거버넌스를 다양한 주체의 네트워크로 접근하기도 하고(강창현, 2002; 김근세 · 이경호 · 김철, 2005; 김번웅, 2000; 김인, 2006; 김정렬, 2000; 박상주, 2003; 박희봉 · 김명환, 2000; 배응환, 2003; 배응환 · 주경일, 2011; 유재원 · 소순창, 2005; 유재원 · 이승모, 2008; 이곤수 · 최원삼 · 전영평, 2005; 이종원, 2005; 최경희, 2009; 한승준, 2007; 홍형득, 2007), 정부와 민간기관 또는 시민단체와의 협력 및 상호작용으로 바라보기도 하며(김순양, 2010; 김태운, 2012; 김홍회, 2008; 배응환, 2010; 유영철, 2010; 이숙종 · 김희경 · 최준규, 2008; 정문기, 2009), 심지어는 시장원리에 의한 민간위탁까지도 거버넌스로 보기도 한다 (김재훈, 2007; 박영주, 2000; 박영주 · 김원진, 2009). 또한 다수의 주체가 자율성을 가지고 국가문제 해결을 위해 모인 수평적 네트워크로 정의하여(김선혁 · 김병국 · 제고르즈 에키트 · 정원칠, 2006; 배응환 · 주경일, 2011; 곽현근, 2009; 배재현, 2009; 이명석 · 오수길 · 배재현 · 양세진(2008) 다양한 거버넌스 정의에 부합하는 학자들도 있다.

이상과 같이 거버넌스의 정의에 대해서 많은 학자들이 다양한 정의를 내리며 2000년 이후 연구에 임하고 있다. 하지만 이러한 다양한 정의는 대부분의 한국 학자들이 인용하는 거버넌스에 대한 정의와 부합하지 않는다는 문제점도 내포한다. 즉 한국 학자들이 거버넌스 정의에 가장 많이 인용하고 있는 피에르(2000), 피에르와 피터스(2000), 쿠이만(Kooiman, 1993), 로데스(1996) 등은 거버넌스에 대해 ① 정부의 문제해결 능력을 증진하기 위해, ② 정부 이외의 시민사회 및 시장과, ③ 수평적 네트워크를 통해 이루어진 새로운 형태의 통치구조라고 정의하는데 일치를 보이고 있다. 이들에 따르면 위의 세 가지 조건을 모두 가지고 있어야 거버넌스라고 정의하는 것이다. 즉 정부의 통치방식, 정부 간 관계, 정부의 주도 하에 민간기관을 포용하는 방식, 민간기관 또는 시민단체가 정부행위에 참여하는 것은 엄밀한 의미에서 거버넌스라고 정의하기 어렵다. 그리고 거버넌스는 정부가 사회문제를 해결하기 위한 조정방식 또는 사회문제를 해결하는 조정양식까지 포함하는 광의적 해석도 문제가 있다. 또한 거버넌스를 네트워크로만 이해하는 것도 문제가 있다. 거버넌스는 어느 주체(주로 정부)가 일방적인 권위에 의해 주도하는 것이 아니라 정부와 시민사회 또는 시장이 독립적으로 상대방에 도움이 될 수 있는 능력을 가지고 수평적 협력을 이룸으로써 사회문제 해결능력을 해결하는 새로운 통치체제이기 때문이다. 그럼에도 불구하고 다수의 학자들이 거버넌스에 대한 명확한 이해를 바탕으로 사례 연구까지 수행하고 있다는 점에서 거버넌스에 대한 새롭고 다양한 연구가 기대된다.

3. 사회자본과 거버넌스의 기능

1) 사회자본

사회자본은 개인이익과 공동의 사회이익을 함께 풀어줄 수 있는 개념적 연결 끈(conceptual knot)이다 (Coleman, 1998). 개인이익 (individual interest)과 공익(public interest) 사이의 갈등관계에 대한 정치·사회 철학자적 논쟁은 익히 알려진 사실이다. 아담 스미스(Adam Smith)는 개인이익을 추구는 사회이익의 전제라고 하였으며, 아리스토텔레스(Aristotle)의 경우는 공익(polis의 이익)을 우선적으로 추구하다 보면 개인이익은 자연스럽게 실현된다고 보았다. 그러나 Smith적 이해에 기초한 자본주의 사회에서 공익이 개념적으로 어떻게 개인이익과 연관되어 해결되어야 할지 해답을 찾지 못해 왔다. 사회자본은 개인적 이익과 공익의 갈등을 조화시킬 수 있는 개념으로 각광 받고 있다 (Foley and Edwards, 1998:5).

사회자본이 부족하면 협력을 필요로 하는 공동사회를 유지하기 어렵다. 자기중심적이고 자신의 정치적 경제적 이해의 극대화를 추구하는 개인은 죄수의 딜레마(prisoner's dilemma)에 빠지게 된다. 사회네트워크가 부족한 사회에서는 개인간의 협력이 가능하지 않은 반면, 사회자본을 전제로 한 네트워크의 활성화는 개인으로 하여금 단기적 관점에서 개인이익을 추구하기보다는 장기적 관점에서 개인이익을 추구하도록 만들어 준다. 왜냐하면 개인들이 원자화되어 있는 것이 아니라 네트워크로 연결되어 있음으로 해서 보다 장기적 안목을 가지고 대인관계를 가질 필요성이 발생하기 때문이다. 그리고 사회네트워크는 신뢰, 상호호혜주의, 규범과 같은 다원주의사회의 개인 상호작용에 가장 일반적인 규범을 제공한다. 그리고 이 규범은 공동체나 국가가 집단적으로 사회목표, 특히 공공재 보급을 달성할 수 있는 기재로서 기능 하게 된다.

따라서 사회자본은 이것이 부재할 경우에 불가능한 것으로 여겨졌던 공동체가 필요로 하는 집단행위(collective action)를 가능하도록 만들어 주고 사람들 사이의 이견을 조정할 수 있는 기초를 제공하여 준다. 사회네트워크는 지금 다른 사람에게 호혜를 베푸는 것이 결국에는 다시 되돌려 받게 될 것이라는 기대감을 높여 줌으로써, 사람들 사이에 강한 상호호혜의 원칙이 자리 잡도록 한다. 사회자본은 기회주의적으로 행동하는 사람들이 잠재적 위험성을 높여준다. 다시 말하면, 사회규범을 지키지 않는 사람들이 붙잡힐 확률을 높여줄 뿐만 아니라 이들을 처벌하는 것을 용이하게 한다. 마지막으로, 사회자본은 자신의 동질성을 보다 큰 범주의 사회집단으로 가져

가게 만들어 줌으로서 전체사회의 동질성을 확보하는 기초를 마련하여 사회통합을 용이하게 한다 (Segageldin & Grootaert, 2000).

퍼트남(1993a : 35-36)은 사회자본이 사회구성원의 상호이익을 위해 조정과 협력을 가능케 하는 것으로 정의함으로써 사회자본의 유용성을 설명하고 있다. 다만 생산을 가능케 하는 도구 및 물질을 의미하는 물리적 자본, 사람들을 새로운 방법으로 행동하게 할 수 있는 기술과 능력을 의미하는 인적 자본과 달리 사회자본은 인간관계 내에 존재하는 특징을 지닌다. 하지만 사회자본 역시 물리적 자본, 인적 자본과 같이 생산활동을 증가시키는 역할을 한다는 점에서 공통점이 있다. 이러한 사회자본은 인적자본 개발(Coleman, 1988; Loury, 1987) 뿐만 아니라, 기업의 경제적 성과(Baker, 2000), 지역(Putnam, 1993b; 1995b), 국가(Fukuyama, 1995)에 영향을 미친다. 따라서 사회자본 분석가들은 사회적 행동을 위한 자원으로서 관계의 중요성에 관심을 집중하고 있다 (Baker, 2000; Bourdieu, 1986; Burt, 1992; Coleman, 1988; Jacobs, 1965; Loury, 1987).

이러한 측면에서 사회자본은, ① 정보공유의 역할을 하여 공식·비공식제도가 정확한 정보를 제공하도록 하고, ② 개인의 상호작용으로 인해 구성원들 간의 신뢰를 회복하게 하는 조정역할을 하며, ③ 집단적 의사결정을 통해 외부효과를 창출하는 역할을 한다 (Segageldin & Grootaert, 2000: 48-49). 사회자본이론의 중심 전제는 일정한 단체 구성원간의 관계가 사회적 사건의 행위를 위한 가치 있는 자원을 형성하여, 구성원에게 집단적인 자본을 제공한다는 것이다 (Bourdieu, 1986: 249). 예를 들어 "약한 관계"(weak ties)와 "친구의 친구"를 통해 네트워크를 이루고 있는 구성원들은 필요한 정보와 기회에 접근할 수 있는 우선적인 기회를 얻을 수 있다. 그리고 궁극적으로 사회적 신분 또는 신망의 형태를 통하여 상당한 사회자본이 특정한 네트워크의 구성원자격(membership)으로부터 도출될 수 있다 (Nahapiet & Ghoshal, 1998: 243). 따라서 사회자본은 인적자본 개발(Coleman, 1988; Loury, 1987)뿐만 아니라, 기업의 경제적 성과(Baker, 1990), 지역(Putnam, 1993b; 1995b), 국가(Fukuyama, 1995)에 영향을 미친다. 즉 사회자본은 국가, 사회, 조직의 특정한 목표에 긍정적인 영향을 미치는 구성원간의 신뢰, 규범, 네트워크 등 인간관계 속에 존재하는 무형의 자산이다.

지역사회 구성원간의 신뢰와 협동능력이 지역사회의 공유된 가치와 규범을 통해 지역사회 문제와 갈등을 감소시킬 수 있다. 이런 측면에서 "사회자본이 모든 수준의 지역사회의 필요에 대응하는 시민 하부구조(civic infrastructure)에 의해 지원될 필요가 있다"[1]는 포탭첰, 크로커, 쉐크터(Potapchuk, Croker & Schechter, Jr., 1997: 136)의 주장과 같이 사회자본은 건전한 사회를 위한 시민 하부구조를 지탱한다. 따라서 사회자본의 핵심은 구성원간의 사회적 상호작용에 의해 집단적으로 문제를 해결하기 위한 지역사회의 미덕 또는 정신을 장려한다는데 있다. 여기에서 간과해서 안 되는 것은 지역사회 내 사회자본을 생성하고 발전시키는 지역사회 리더십의 역할이다. 지역사회 리더는 비전을 제시하고 지역의 견해와 아이디어를 수집함으로써 지역사회의 발전방향을 제시하는 역할을 한다. 즉 지역사회 구성원간의 사회관계의 부산물로서 사회자본의 전제는 사회자본이 내부적 지속성을 제공하여 집단적인 문제해결을 위한 건전한 지역사회를 형성하는데 도움이 된다는 것이다 (Smith, 1997; Briand, 1998; Walls & Schechter, 1998a; Walls, Crocher & Schechter, 1998b; Welsch & Heying, 1999).

〈표 3〉 사회자본의 기능에 대한 기존문헌

기능	문헌
직접적 성과	강소량 · 문상호(2012), 김구(2012), 김석용(2005),, 박영민(2014), 박희봉 · 이희창(2005/2011), 박희봉 · 이희창 · 전지용 · 강제상 · 임명수 · 김태순 · 서승현(2012), 유희정 · 이숙종(2010), 이곤수 · 송건섭(2011), 이인자 · 한세의 · 이희선(2010), 정광호 · 이달곤 · 하혜수(2011), 조일형(2015), 최지민 · 김순은(2016), 한세희 · 김연희 · 이희선(2010), 허철행 · 허용훈(2007)
체제의 잠재력 향상	강여진 · 박천오(2003), 김은희(2011), 김호정(2009), 도수관(2012/2013), 박상필(2000), 박성민 · 김민영 · 김민정(2013), 박종민(1991), 박통희(1999), 박희봉 · 강제상 · 김상묵(2003), 박희봉 · 신중호 · 황윤원(2013), 배귀희(2007), 신상준 · 이숙종(2016), 유민이 · 문상호 · 이숙종(2012), 이곤수 · 송건섭(2007), 이양수(2008), 이현국 · 김윤호(2014), 이희창 · 박희봉(2005), 정재명(2010), 조일형(2015), 최병훈 · 조현석(2004)
민주성 증진	김왕식(2008), 김인(2014), 김호균(2007), 나태준 · 최순영(2003), 박광국 · 도운섭 · 박선희(1999) 박순애(2006), 박종화(2015), 박철민 · 김대원(2003), 박희봉 · 이희창(2009), 배귀희 · 임승후(2009a), 배병룡(2005), 서인석 · 윤우제 · 권기헌(2011), 손호중 · 채원호(2005), 이혜인 · 홍준형(2013), 채원호 · 손호중(2005), 황아란 · 서복경(2015), 황창호 · 김영주 · 문명재(2015)
상호작용, 거버넌스 구축, 수용성 향상	김석은 · 안영찬(2014), 김태영(2006), 박희봉 · 이희창 · 강제상 · 남창우 · 임명수 · 전지용 · 김태순 · 전경일(2008), 박희봉 · 이희창 · 강제상 · 임명수 · 김상진 · 노병렬 · 전지용 · 김태순 · 서승현 (2009), 박희봉 · 이희창 · 김동욱 · 김철수 · 박병래(2003), 박희봉 · 이희창 · 조연상(2003), 서진완 · 박희봉(2003), 송용훈 · 김용희 · 정문기(2015), 양건모 · 박통희(2007), 오수길 · 곽병훈(2004), 왕재선(2013), 유재원(2000), 유희정 · 이숙종(2015), 정주용 · 김서용(2014), 이명석 · 오스트롬 · 워커(2004), 김홍회(2005), 이숙종 · 김희경 · 최준규(2008), 이승종(2010)

1) 포탭척, 크로커, 쉐크터, Jr.(1997: 131－133)는 '지역사회 형성의 층계'라는 말로 집단적 지역사회 활동을 위한 기초를 창출함에 있어서 사회자본의 역할을 설명했다 : 시민문화－시민 하부구조－지역사회조직－사회자본－사회적 상호작용.

기타	김병규 · 이곤수(2009), 박영미(2009), 박통희 · 김민강(2008), 박통희 · 원숙연(2000), 박희봉 · 김동현(2014), 박희봉 · 이영란(2012), 배일섭(2011), 변현수(2012), 서인석 · 윤우제 · 권기헌(2012), 안희만 · 송건섭(1999), 원숙연(2001), 원숙연 · 박통희(2001), 이곤수 · 정한울(2013), 이시원(1994), 이재완(2013), 이헌수(1999), 임채홍 · 김서용(2014)

한국의 주요 학술지에서 연구된 사회자본의 기능에 관한 연구물로는 <표 3>에서 보는 바와 같이 직접적 성과, 잠재력 향상, 민주성 증진, 거버넌스 구축 및 상호작용, 기타 등으로 구분할 수 있다. 첫째, 사회자본이 직접적인 성과와 연결된다는 연구가 있다 (강소량 · 문상호, 2012; 김구, 2012; 김석용, 2005; 박영민, 2014; 박희봉 · 이희창, (2005/2011); 박희봉 · 이희창 · 전지용 · 강제상 · 임명수 · 김태순 · 서승현, 2012; 유희정 · 이숙종, 2010; 이곤수 · 송건섭, 2011; 이인자 · 한세의 · 이희선, 2010; 정광호 · 이달곤 · 하혜수, 2011; 조일형, 2015; 최지민 · 김순은, 2016; 한세희 · 김연희 · 이희선, 2010; 허철행 · 허용훈, 2007). 이들은 사회자본이 정보화 마을사업 효과, 삶의 질 향상, 노인문제 해결, 결혼이주여성 취업률 증진, 교육성과, 조직성과, 국가 경제성장, 정부 경쟁력 및 성과, 직무생산성 등에 직접적인 영향을 미친다고 한다.

둘째, 사회자본이 조직 및 체제의 잠재력을 향상시킨다는 연구이다 (강여진 · 박천오, 2003; 김은희, 2011; 김호정, 2009; 도수관, 2012/2013; 박상필, 2000; 박성민 · 김민영 · 김민정, 2013; 박종민, 1991; 박통희, 1999; 박희봉 · 강제상 · 김상묵, 2003; 박희봉 · 신중호 · 황윤원, 2013; 배귀희, 2007; 신상준 · 이숙종, 2016; 유민이 · 문상호 · 이숙종, 2012; 이곤수 · 송건섭, 2007; 이양수, 2008; 이현국 · 김윤호, 2014; 이희창 · 박희봉, 2005; 정재명, 2010; 조일형, 2015; 최병훈 · 조현석, 2004). 이들은 사회자본이 환경보호 의지, 창의적 기업가 정신, 시민접촉, 분쟁조정, 범죄두려움 감소, 정부성과 인식 만족, 기업혁신, 조직성과관리, 직무만족, 직무몰입 · 공정성 · 조직시민행동, 지방정부 대응성, 직무갈등, 정부성과 평가, 지식공유 등에 긍정적인 영향을 미친다고 한다.

셋째, 사회자본이 민주적 가치를 증진시킨다는 연구이다 (김왕식, 2008; 김인, 2014; 김호균, 2007; 나태준 · 최순영, 2003; 박광국 · 도운섭 · 박선희, 1999; 박순애, 2006; 박종화, 2015; 박철민 · 김대원, 2003; 박희봉 · 이희창, 2009; 배귀희 · 임승후, 2009a; 배병룡, 2005; 서인석 · 윤우제 · 권기헌, 2011; 손호중 · 채원호, 2005; 이혜인 · 홍준형, 2013; 채원호 · 손호중, 2005; 황아란 · 서복경, 2015; 황창호 · 김영주 · 문명재, 2015). 즉 사회자본이 불균형 배제, 행정가치, 제도 및 분배 공정성, 정부도덕성 및 투명성, 협력과 민주성, 부패감소, 투표율 등에 긍정적인 영향을 미친다는 것이다.

넷째, 사회자본이 거버넌스 구축 및 상호작용을 향상시킨다는 연구이다 (김석은 · 안영찬, 2014; 김태영, 2006; 박희봉 · 이희창 · 강제상 · 남창우 · 임명수 · 전지용 · 김태순 · 전경일, 2008; 박희봉 · 이희창 · 강제상 · 임명수 · 김상진 · 노병렬 · 전지용 · 김태순 · 서승현, 2009; 박희봉 · 이희창 · 김동욱 · 김철수 · 박병래, 2003; 박희봉 · 이희창 · 조연상, 2003; 서진완 · 박희봉, 2003; 송용훈 · 김용희 · 정문기, 2015; 양건모 · 박통희, 2007; 오수길 · 곽병훈, 2004; 왕재선, 2013; 유재원, 2000; 유희정 · 이숙종, 2015; 정주용 · 김서용, 2014; 이명석 · 오스트롬 · 워커, 2004; 김홍회, 2005; 이숙종 · 김희경 · 최준규, 2008; 이승종, 2010). 이들은 사회자본이 구성원의 상호작용 및 수용성, 거버넌스, 정치 및 단체참여, 단체 가입, 신뢰 등을 증진한다고 한다.

다섯째, 사회자본은 이밖에도 다양한 요인에 영향을 미친다는 연구이다 (김병규 · 이곤수, 2009; 박영미, 2009; 박통희 · 김민강, 2008; 박통희 · 원숙연, 2000; 박희봉 · 김동현, 2014; 박희봉 · 이영란, 2012; 배일섭, 2011; 변현수, 2012; 서인석 · 윤우제 · 권기헌, 2012; 안희만 · 송건섭, 1999; 원숙연, 2001; 원숙연 · 박통희, 2001; 이곤수 · 정한울, 2013; 이시원, 1994; 이재완, 2013; 이헌수, 1999; 임채홍 · 김서용, 2014). 즉 사회자본이 조직성격 유형, 지역주의, 연줄, 상관의 경험 및 지식, 다른 사람의 태도, 정책지지, 거래비용, 신분불안, 경제적 상황, 개별사건, 국민의식 등에 다양한 요인에 영향을 미친다는 것이다.

이상의 사회자본의 기능에 대한 연구를 살펴보면 사회자본의 다양한 기능에 대해 연구자들의 관심이 이어져간다는 것이다. 다만 사회자본이 미치는 직접적인 영향에 대한 연구보다 체제의 잠재력 및 민주성과 같은 간접적인 영향에 대한 연구가 많다는 것이 다소 아쉽다.

2) 거버넌스

거버넌스의 기능은 기본적으로 정부환경의 변화와 밀접한 관계가 있다. 현대사회문제가 복잡해짐에 따라 정부가 직면하고 있는 도전을 정부가 단독으로 수행하기 어렵게 되었다는 것이 거버넌스에 대한 논의의 초점이다. 즉 새롭고 다양한 현대사회의 문제를 해결하기 위해서는 기존의 정부로는 대처하기 어렵고, 정부와 시장, 시민사회와의 긴밀한 협력, 즉 거버넌스를 통해야만 각종 국가사회 문제를 해결할 수 있다는 것이다. 이로써 거버넌스는 더 이상 공공부문만이 주체가 아니며, 거버넌스의 활동대상 역시 전통적인 통치문제뿐만 아니라 국가의 다양한 문제가 포함되어야 한다는 것이다. 실제 정책결정과 수행과정이 정부활동의 결과물이라기보다는 정책결정에 참여하는 모든 부문의 자원과 협력을 요구하고 있고, 대상 역시 국가사회에 영향을 미치는 모든 활동이 포함된다. 이러한 의미에서 정부와 거버넌스가 개념으로부터 구분된다. 정부가 공식적 권위에 의한 활동이고, 거버넌스는 공유된 목표에 의해 수행되는 활동이라고 한다면 거버넌스는 정부조직 뿐 아니라 비공식적, 비정부단체의 활동을 포함하는 보다 포괄적인 활동이라고 할 수 있다 (Rhodes, 1996).

이것은 통치 또는 행정의 중심이 되었던 정부의 역할과 기능이 변하는 것을 표현하는 것이다. 경제위기에 의해 복지정책의 재고가 필요하며, 이에 따라 복지예산의 삭감과 정부의 많은 서비스 전달 기능이 시장기구에 맡겨지게 되는 결과를 빚게 됨으로써, 전통적인 정부 기능을 정부 아닌 민간부문에서 수행할 수 있다는 개념의 재정의가 필요했던 것이다. 따라서 거버넌스는 국가의 문제를 전통적인 위계적 정부에 의해서만이 해결할 수 있는 것이 아니라 시장 및 시민사회와 협조함으로써 국가사회가 직면한 문제를 더 효과적으로 해결할 수 있을 것이라는 인식의 전환에 의해 국가 통치의 개념을 변화시킨 것이다. 거버넌스의 의미에는 정부환경의 변화에 따라 정부가 직면하고 있는 도전을 정부가 단독으로 수행할 수 없음을 포함한다.

다수의 학자들은 교육, 보건, 복지, 경제성장, 정치기관의 성과, 효과적이며 민주적인 거버넌스의 발전 등과 같은 분야에서의 중요한 정책결과에 중대한 영향을 미칠 뿐 아니라 매우 관련성이 있다고 주장한다 (Maloney & Gerry Stoker, 2000: 802). 거버넌스는 국가 및 사회를 형성하고 있는 행위자간의 상호작용 과정으로서 다양한 형태의 파트너십과 관련되고(Stoker, 1998), 행위자들의 자율성에 의한 상호협동을 의미하는 것으로 사회자본이 형성되어 있는 지역사회에서는 협력하여 일하기 쉬울 뿐 아니라(Putnam, 1993a: 36), 신뢰를 확산시켜 네트워크를 강화시킬 수 있다. 따라서 사회자본의 형성은 민주적 거버넌스를 형성 및 발전시키기 위해 필요한 전제가 되는 것이다.

거버넌스를 사회자본과 관련시켜 볼 때 거버넌스의 기능을 보다 명확하게 할 수 있다. 즉 맬로니 등(Maloney, et. al., 2000: 802)은 사회자본을 집단행동의 달레마를 극복할 수 있는 방법을 제공하는 복잡한 자원으로 민주적 거버넌스의 발전에 깊이 관련되며, 사회자본이 형성된 민주적 거버넌스는 국가사회의 교육, 보건, 범죄, 복지, 경제성장, 정치기관의 성과 등 중요한 정책결과에 영향을 미친다고 하였다. 거버넌스가 국가 및 사회를 형성하고 있는 행위자간의 상호작용 과정으로서 다양한 형태의 파트너십과 관련되고(Stoker, 1998), 행위자들의 자율성에 의한 상호협동을 의미하는 것으로 사회자본이 형성되어 있는 지역사회에서는 협력하여 일하기 쉽게 된다는 (Putnam, 1993a: 36) 것이다.

〈표 4〉 거버넌스의 기능에 대한 기존문헌

기능	문헌
직접적 사업성과	강창현(2002), 강현철 · 서순탁(2012), 김근세 · 이경호 · 김철(2005), 김도희 · 정준금(2006), 김흥회(2008), 박상주(2003), 박영주(2000), 배응환(2014), 배응환 · 주경일(2011), 배재현(2009), 이명석 · 오수길 · 배재현 · 양세진(2008), 정성호 · 정창훈(2010a/2010b), 조성은(2014)
체제 잠재력 증진	강영훈(2008), 강윤호(2006), 강휘원(2002), 김인(2006), 김재훈(2007), 김정렬(2001), 김태운(2012), 김흥회(2008), 문태현(2005), 박희봉 · 김명환(2000), 배귀희(2006), 배응환(2010), 소영진(2006), 유영철(2010), 유재원 · 이승모(2008), 이도형(2004), 이상철 · 성도경(2002), 이주헌 · 박치성(2010), 장현주(2006), 전영평 · 장임숙(2004), 최경희(2009), 한인섭(2004), 허인혜(2011)
민주성, 형평성	곽현근(2009), 김번웅(2000), 김순양(2010), 김종욱(2012), 김형향(2004), 배응환(2003), 유재원 · 소순창(2005), 이명석(2002), 정수용 · 이명석(2015), 최흥석(2004), 하미승 · 전영상(2007), 한승준(2004)
사회자본	오수길 · 곽병훈(2004), 이곤수 · 최원삼 · 전영평(2005), 이숙종 · 김희경 · 최준규(2008), 한승준(2006)

한국의 주요 학술지에서 연구된 거버넌스의 기능 연구물로는 사회자본과 유사하게 직접적 성과, 잠재력 향상, 민주성 증진, 사회자본 형성 등으로 구분할 수 있다. 우선 거버넌스가 직접적인 성과를 높인다는 연구이다 (강창현, 2002; 강현철 · 서순탁, 2012; 김근세 · 이경호 · 김철, 2005; 김도희 · 정준금, 2006; 김흥회, 2008; 박상주, 2003; 박영주, 2000; 배응환, 2014; 배응환 · 주경일, 2011; 배재현, 2009; 이명석 · 오수길 · 배재현 · 양세진, 2008; 정성호 · 정창훈, 2010a/2010b; 조성은, 2014). 즉 거버넌스로 인해 직원업무성과, 경쟁력, 위기 효율적 관리 및 대응, 도시 발전, 사회문제 해소, 환경 개선, 경제성장 등의 직접적인 성과가 있었다는 연구가 있고, 또한 거버넌스가 성과 향상에 기여했는지 모호하다는 연구결과도 있다.

둘째, 거버넌스가 조직 및 체제의 잠재력을 향상시킨다는 연구이다 (강영훈, 2008; 강윤호, 2006; 강휘원, 2002; 김인, 2006; 김재훈, 2007; 김정렬, 2001; 김태운, 2012; 김흥회, 2008; 문태현, 2005; 박희봉 · 김명환, 2000; 배귀희, 2006; 배응환, 2010; 소영진, 2006; 유영철, 2010; 유재원 · 이승모, 2008; 이도형, 2004; 이상철 · 성도경, 2002; 이주헌 · 박치성, 2010; 장현주, 2006; 전영평 · 장임숙, 2004; 최경희, 2009; 한인섭, 2004; 허인혜, 2011). 즉 거버넌스 향상으로 인해 사업결과 만족, 체제 구축 · 개선 · 변화, 서비스 수준 증진, 효율적 업무처리, 책임경영, 문제해결 능력 증진, 환경변화 유연성 및 창의성 · 자율성 증진 등 다양한 문제를 해결할 수 있는 체제의 능력을 증진한다는 것이다. 한편 거버넌스로 인해 시너지 효과가 없다는 연구도 있다,

셋째, 거버넌스가 민주적 가치를 증진시킨다는 연구이다 (곽현근, 2009; 김번웅, 2000; 김순양, 2010; 김종욱, 2012; 김형향, 2004; 배응환, 2003; 유재원 · 소순창, 2005; 이명석, 2002; 정수용 · 이명석, 2015; 최흥석, 2004; 하미승 · 전영상, 2007; 한승준, 2004). 이들은 거버넌스로 인해 공익이 증진되고, 정치적 평등 및 민주성, 분권화 및 권력 다양화, 대화 및 협상 가치, 불평등 감소, 삶의 질 향상 및 동질감 회복, 신뢰 및 거버넌스 효과성 증진 등의 민주적 가치가 증진되었음을 밝히고 있다.

넷째, 거버넌스로 인해 사회자본이 향상된다는 연구이다 (오수길 · 곽병훈, 2004; 이곤수 · 최원삼 · 전영평, 2005; 이숙종 · 김희경 · 최준규, 2008; 한승준, 2006). 이들은 거버넌스로 인해 집단 내 참여 · 네트워크 · 신뢰, 자발성 및 협력 등의 사회자본이 증진되었음을 밝히고 있다.

이상의 연구를 살펴보면 지금까지 거버넌스의 다양한 기능에 대해 연구가 이루어지고 있음을 알 수 있다. 하지만 사회자본의 기능에 대한 연구와 마찬가지로 거버넌스의 직접적인 효과에 대한 연구보다 체제의 잠재력, 민주성, 사회자본 등 간접적인 효과에 대한 연구가 더 많이 수행되고 있음을 알 수 있다. 이러한 현상은 아직 거버넌스에 대한 연구가 초기 단계일 뿐만 아니라 거버넌스의 효과가 발생할 여건이 아직 이루어지지 않은 현실을 반영하는 것으로 판단된다.

Ⅲ. 사회자본과 거버넌스에 대한 시민사회의 역할

서구의 연구자들은 시민사회가 사회자본 축적에 영향을 준다는 것에 대해 동의한다. 토크빌(Tocqueville, 1984)은 미국사회가 자발적이고 수평적인 다양한 사회단체에 의해 민주적 규범과 신뢰, 협동의 미덕이 형성되어 시민사회 발전에 이바지하고 구성원 공동의 욕구와 목표를 수행하는 데 도움이 됐다고 주장한다. 알몬드와 버바(Almond & Verba, 1963) 또한 사회단체 구성원들은 사회단체 참여로 인해 협동의 능력 뿐 아니라 집단적 행위를 위한 공유된 책임감을 터득하게 됨으로써 사회적 믿음, 정치참여, 실제적 시민의 경쟁력 등을 보다 잘 발휘한다고 했다 (Putnam, 1993b: 90). 퍼트남(1993a; 1993b; 1995a; 1995b; 2000)은 다수의 연구에서 사회단체 가입이 사회자본을 증가시킨다는 증거를 제시하고 있다. 오스트롬(Ostrom)도 시민참여의 네트워크가 상호작용의 엄격한 규범을 증진시킨다고 함으로써(Newton, 1999: 6-7) 사회단체 가입이 사회자본을 증가시킨다는 것을 간접적으로 시사한다.

이와 같이 서구사회에서 사회단체 가입이 사회자본을 증가시키는 이유로는 사회자본의 특성에서 찾아볼 수 있다. 조직이 내부적으로는 조직구성원들을 민주적 문화 내에서 사회화시키고 신뢰와 협동의 필요성을 교육시키며, 외부적으로는 시민을 정치체제 및 기관과 연결하고, 이익을 집단화하여 표현하며 다원화 정책을 구성하는 다양한 경쟁 또는 협력 집단을 제공한다는 점에서 사회단체에 가입한 사람들의 사회자본이 증가한다는 논리를 찾을 수 있다 (Newton, 1999: 11).

그러나 서구사회에서 모든 사회단체 참여가 사회자본 형성에 긍정적인 것만은 아니다. 사회단체활동으로 사람들 간에 일정한 신뢰와 규범, 네트워크가 형성되겠지만 이 같은 사람들 간의 관계가 사회의 건전성에 긍정적인 역할도 할 것이고 부정적인 역할도 한다. 퍼트남(1993b: 109)에 따르면 이탈리아에서 세 가지 중요한 단체가입은 노동조합, 교회, 그리고 정당이지만 교회에 잘 나가는 사람들은 시민성과 역의 관계를 갖는다고 한다. 정당가입 또한 시민성과 상관이 있기도 하고, 그 반대일 수도 있다는 것이다. 정당이 집단 이기적으로 사용될 수도 있기 때문이다. 또한 일부 자발적 조직은 사실 자발적이 아닐 수도 있다. 예를 들어, 폐쇄형 노동조합(closed shop)은 강제적이고, 변호사 및 의사협회 등도 자발적이지 않다. 최근에 강한 외부효과가 있으나 내부효과는 약한 조직이 늘고 있다. 구성원들이 연간 회비만을 내고 형식적 참여를 하는 곳(Newton, 1999: 10－12)까지 사회단체 참여로 볼 수 있느냐의 문제이다.

더욱이 뉴톤(Newton, 1999: 7)은 북아일랜드에서의 카톨릭과 개신교를 중심으로 한 클럽, 단체, 자발적 조직의 분리가 오히려 사회의 분리와 갈등을 증폭시키는 결과를 가져왔다는 사례를 들어 사회단체활동의 어두운 면이 있음을 시사했다. 휘틀리와 세이드(Whiteley & Seyd)는 사회자본과 정치자본(political capital)을 구분했다 (Newton, 1999: 9). 전자는 시민간의 수평적 또는 사회적 신뢰라 불리는 것과 관련된 것으로 긍정적 사회자본으로 분류할 수 있지만, 후자는 시민과 리더간의 수직적 또는 정치적 신뢰라 불리는 것과 관련된 것으로 사회자본에 부정적인 영향을 미친다는 것이다.

이상의 사회단체에 관한 논의과정에서 서구사회 사회자본에 긍정적인 영향을 미치는 사회단체가 과연 어떠한 특징을 갖는지가 중심과제가 된다. 서구사회는 일차적으로 작고, 집중적이며, 배타적인 면대면 특징의 지역사회를 대상으로 하기보다는 토크빌, 뒤르켐(Durkheim), 밀(J. S. Mill), 퇴니스(Toennies), 베버(Weber), 짐멜(Simmel), 그리고 퍼트남 등과 같은 저자들에 의해 충분히 논의되고 있는 이차 집단적 사회를 기본으로 하고 있다 (Newton, 1999: 15). 이러한 사회에서의 사회자본은 우선 사회단체가 자발적이어야 한다는 데 공통점이 있다. 즉 거의 대부분의 서구사회에서 발견되는 자발적 조직은 가족, 시장, 국가 등과는 다른, 사회의 일부분으로(Newton, 1999:

10) 그 구성원들이 자발적으로 집단적인 상품, 시설, 서비스를 이용하기 위해 자발적으로 조직하는 단체로 규정할 수 있다. 콜만이 사회자본을 사회적 행동을 촉진시키고, 어떤 일을 되게 하는 사회구조 및 사회관계의 특성으로 정의됨을 강조한 것은 (Newton, 1999: 7) 조직구성원 자신의 실용적 이익을 위해 효과적이고 효율적으로 협동할 수 있는 자발적 사회단체 조직을 전제로 한 것으로 해석할 수도 있다. 실제로 토크빌(1968) 모델의 요체는 자발적 조직이 사회자본의 신뢰 및 상호작용을 양산하고, 사회자본이 하의상향적이라는 것이다 (Newton, 1999: 16－17). 즉 사회자본을 양산하는 조직은 민주적인 자발성을 기본으로 한다는 전제가 있는 것이다.

둘째, 사회자본에 긍정적인 영향을 미치는 사회단체의 특징은 조직이 수평적이어야 한다는 것이다. 앞에서 논의한 바와 같이 가족, 종교집단, 권위적 정치집단 등 상하관계가 존재하는 수직적 조직은 사회자본에 긍정적이지 못할 뿐 아니라 부정적일 수 있다는 것이다. 퍼트남(1993b: 174) 역시 정보의 수직적 흐름은 수평적 흐름보다 신뢰받기 어렵기 때문에 수직적 네트워크는 그 관계가 아무리 밀접하고 참여자에게 아무리 중요하더라도 사회적 신뢰와 협동을 유지할 수 없다고 한다.

셋째, 사회자본에 긍정적인 영향을 미치는 사회단체는 개인적이고 비공식적인 관계에 의한 것이 아니라 공식적·이차적 관계에 의거한 조직이어야 한다는 것이다. 종족 또는 작은 지역사회를 기본으로 한 가족적 조직은 다른 사회 구성원에 대해 배타적이기 때문에 갈등과 사회불안을 야기 할 가능성이 높다는 측면에서(Newton, 1999: 15－16) 사회자본에 부정적일 수 있다. 따라서 사회단체 구성원간의 몰인격성과 이차적 신뢰(thin trust)가 강조되는 것이다. 적은 면대면 지역사회에서는 개인적인 일차적 신뢰(thick trust)가 때로는 같은 종족, 계층, 인종집단, 지역사회 출신간의 깊이 있고 일상적인 접촉에 의해 양산되기 때문에 이런 종류의 집단, 지역사회, 종족은 사회적으로 균질적일뿐 아니라 그들만이 독자적일 때도 있다. 이런 종류의 깊은 신뢰는 사회적 상호작용의 단단하고 깊이 있는 네트워크에 의해 양산되고 유지되기 때문에 통제력 역시 강력하고(Newton, 1999: 14), 신뢰 또한 두터울 수 있으나 다른 집단 또는 보다 큰 사회에서는 불신을 조장하기도 한다 (Newton, 1999: 15).

한국의 주요 학술지에서 연구된 사회자본의 시민사회에 대한 역할에 관한 연구물로는 사회자본이 공동체의 역량 및 네트워크를 증진한다는 것과 사회자본과 시민단체와의 관계를 살펴본 것으로 구분할 수 있다. 우선 사회자본과 공동체의 역량의 증진의 관계를 연구한 논문은 박영민(2014), 송용훈·김용희·정문기(2015) 등이 있다. 이들은 사회자본과 공동체 역량이 증진되기 위해서는 공동체의 자체 역량이 필요하며, 공동체가 자생적 문제해결을 할 수 있어야 사회자본이 증가될 수 있다는 의견을 제시했다. 사회자본과 네트워크 증진의 관계에 관한 연구로는 이숙종 · 김희경 · 최준규(2008)이 있다. 이들은 사회자본이 공무원과 시민사회 공식 · 비공식적 네트워크를 구축하는데 기여한다고 주장한다. 그리고 사회자본과 시민단체의 관계를 연구한 논문으로는 박상필(2000), 주성수(2003), 유재원(2000) 등이 있다. 이들은 사회단체(경실련)의 사회적 신뢰가 높음에 따라 정부의 기능을 대체할 수 있고, 이같이 시민단체의 높은 신뢰가 정부와의 파트너십에 긍정적인 효과를 가져올 수 있는 반면, 한국의 결사체가 취약함에 따라 사회자본 증진에 한계가 있다는 다양한 주장을 하고 있다.

〈표 5〉 사회자본과 시민사회에 대한 역할에 대한 기존문헌

시민사회 역할	문헌
공동체 역량 증진	박영민(2014), 송용훈 · 김용희 · 정문기(2015)
네트워크 증진	이숙종 · 김희경 · 최준규(2008)
시민단체	박상필(2000), 유재원(2000), 주성수(2003)

이상의 사회자본과 시민사회에 대한 역할에 관한 연구물은 기본적으로 그 수가 많지 않음을 알 수 있다. 이는 사회자본이 기본적으로 자발적 공동체에서 형성된다는 국외 기존연구의 주장을 감안하면 한국의 사회자본에 관한 연구는 시민사회에 대한 연구가 절대적으로 부족함을 알 수 있다. 이러한 결과는 기본적으로 한국의 시민사회가 자발성과 독립성이 약하기 때문으로 판단된다 (유재원, 2000). 특히 시민사회의 역할에 관한 기존문헌에서 공동체의 역량 및 네트워크 증진, 시민단체의 자발성 부족 등이 주로 지적되는 것은 이에 대한 방증이다.

한편, 거버넌스의 시민사회에 대한 역할에 관한 연구물로는 시민사회의 자체역량, 갈등과 경쟁, 시민사회와 정부의 상호신뢰, 시민사회의 참여 등으로 구분할 수 있다. 먼저 거버넌스와 시민사회의 자체역량에 관한 연구가 있다 (강영훈, 2008; 강현철 · 서순탁, 2012; 김도희 · 정준금, 2006; 김동신, 2012; 김태운, 2012; 김형향, 2004; 김흥회, 2008; 문태현, 2005; 박희봉 · 김명환, 2000; 배응환, 2003; 이도형, 2004; 전영평 · 장임숙, 2004; 정수용 · 이명석, 2015; 홍형득, 2007). 이들은 거버넌스 확립을 위해 공동체의 자발성, 독립성, 자체역량이 필요하며, 능동적 시민 · 성숙한 시민의 역할이 요구되고 정부에 대한 의존성이 감소되어야 함을 지적하고 있다. 한편, 한국 공동체는 자체역량이 존재하지 않는다는 연구도 있다.

둘째, 갈등과 경쟁과 관련된 연구이다 (강창현, 2002; 배응환, 2010; 최흥석, 2004). 이들은 정부와 시민단체 간 거버넌스에 있어서 정부와 시민단체가 경쟁과 갈등관계

에 있으며, 심지어는 정책반대자로서의 지역주민이 존재함에 따라 거버넌스가 쉽지 않음에 초점을 둔 연구도 있다.

셋째, 시민단체와 정부 간의 상호신뢰에 관한 연구이다 (조성은, 2014; 배응환, 2014; 배재현, 2009; 이명석 · 오수길 · 배재현 · 양세진, 2008; 최경희, 2009; 한승준, 2007) 등이 있다. 이들은 거버넌스를 위해서는 시민단체와 정부 간 상호신뢰를 바탕으로 협력 또는 수평적 네트워크가 필요하다는 점을 지적하고 있다.

넷째, 시민단체의 참여를 강조한 연구로는 강휘원(2002), 박상주(2003), 박영주(2000) 등이 있다. 이들은 거버넌스 확립을 위해 시민단체의 적극적인 참여가 요구됨을 강조한다. 이 밖에도 공무원과 지역기업의 인식 차이가 크다는 점을 밝힘으로써 지역 거버넌스가 쉽지 않다는 점을 밝힌 연구(이곤수 · 최원삼 · 전영평, 2005)도 있다.

〈표 6〉 거버넌스의 시민사회에 대한 역할에 대한 기존문헌

시민사회의 역할과 문제점	문헌
시민사회 자체 역량	강영훈(2008), 강현철 · 서순탁(2012), 김도희 · 정준금(2006), 김동신(2012), 김태운(2012), 김형향(2004), 김흥회(2008), 문태현(2005), 박희봉 · 김명환(2000), 배응환(2003), 이도형(2004), 전영평 · 장임숙(2004), 정수용 · 이명석(2015), 홍형득(2007)
갈등과 경쟁	강창현(2002), 배응환(2010), 최흥석(2004)
정부와 시민단체 간 상호신뢰	조성은(2014), 배응환(2014), 배재현(2009), 이명석 · 오수길 · 배재현 · 양세진(2008), 최경희(2009), 한승준(2007)
참여	강휘원(2002), 박상주(2003), 박영주(2000)
기타	이곤수 · 최원삼 · 전영평(2005)

거버넌스의 시민사회에 대한 역할에 관한 연구물을 살펴보면 아직 거버넌스에 대한 기본적인 연구가 수행되고 있음을 알 수 있다. 외국의 거버넌스와 시민단체에 대한 기존연구가 일반적으로 시민단체가 거버넌스에 동참함으로써 어떤 긍정적인 역할을 하여 어떤 결과를 산출하였는지에 초점을 두고 있는 반면 한국의 거버넌스와 시민단체에 관한 연구는 아직 시민단체의 역량의 부족, 정부와 시민단체간 상호신뢰 부족, 시민단체의 참여 필요, 시민단체와 정부 간 갈등과 경쟁 등 올바른 거버넌스 확립을 위해 필요한 조건이 주로 다루어지고 있다. 이러한 한국의 기존연구 경향은 아직 시민단체가 거버넌스의 한 축으로 역할을 하기에는 부족하다는 현실을 반영한다고 할 수 있다.

Ⅳ. 사회자본과 거버넌스에 대한 정부의 역할

전통적인 서구 정치이론에서 정부란 국가의 공식적 기관 그리고 정당한 강제권력의 독점을 의미한다. 그리고 거버넌스는 새로운 통치과정을 나타내는 정부의미에서의 변화, 혹은 질서 잡힌 규칙의 변화된 조건 혹은 사회가 관리되는 새로운 방법을 중시하면서 이론적 틀을 형성하고 있다 (Stoker, 1998). 즉 거버넌스는 첫째 정부 뿐 아니라 비정부 부문의 활동자들을 포함하고, 둘째 자원을 교환하고 공유하는 목적을 협의할 필요에 의해 발생하는 네트웍 구성원간의 지속적인 상호작용에 초점을 맞추고 있으며, 셋째 행위자간의 네트워크는 국가로부터의 독립성을 바탕으로 하는 특징을 가지고 있다 (Rhodes, 1997: 54).

그럼에도 불구하고 거버넌스에 있어서 사회의 각 행위자의 자발적인 참여가 중시되면서도 가장 중요한 축을 이루는 행위자는 정부이다. 사회자본 접근방법에서도 사회적 네트워크 및 규범을 명명하기보다는 인과관계적 이론이라고 할 정도로 효과적인 정부기관에 관한 연구초점을 두는 것은(Skocpol & Fiorida, 1999: 13) 정부가 그만큼 중요하기 때문이다. 따라서 거버넌스 개념의 정의는 현실을 설명하는 데 통찰력을 제공해주는 것이 사실이지만 다음과 같은 우려와 비판이 있다 (Stoker, 1997). 첫째, 거버넌스가 정부가 아닌 대안적 통치양식을 의미한다면 거버넌스 양식에 의한 통치에 누가 책임을 질 것인가. 즉 누가 거버넌스의 책임성 있는 주체가 될 것인가의 문제이다. 둘째, 현대사회가 복잡하며 실제 정부를 둘러싼 정책결정 과정이 복잡하다는 것과 정부의 역할이 어떠해야 한다는 것 사이에는 차이가 존재한다는 것이다. 셋째, 자기조직적 네트워크 같은 상황에서 결국 정책결정에 영향을 미치는 것은 권력관계인데, 거버넌스 양식에 기존의 권력관계를 반영하도록 맡기데 되면 정부정책의 기능과 역할을 기존 권력의 매커니즘에 맡김으로써 의도하지 않은 역작용을 낼 수 있다. 이렇게 전통적 의미와 국가역할이 각 방향으로 분산되어 약화됨으로써 공동화(hollowing out)되는 것으로 인식되는 상황에서 과연 '정부 없는 통치(governance without government)로 나아갈 수 있는 것인가에 대한 의문이다 (Rhodes, 1996).

새로운 형태의 거버넌스의 성공은 그들에게 투자된 인적, 사회적, 제도적 자본을 필요로 한다 (Taylor, 2000). 따라서 사회자본과 거버넌스의 형성을 위해서 이러한 자본을 소유하고 있는 정부의 개입은 필연적일 수 있다. 여기에서 이슈가 되는 것은 정부의 개입이 사회자본에 어떤 영향을 미칠 것인가와 어떤 유형의 정부개입이 사회자본에 긍정적일 것인가 이다. 사회자본과 거버넌스라는 이슈에서 정부가 하나의 행위자로서 이해되는 것은 사회자본과 거버넌스는 궁극적으로 각 행위자의 독립성과 자발성에 의해 이루어지는 것이다. 즉 정부의 개입이 지방수준에서 파트너십의 확산에 긍정적인 역할을 할 수도 있지만, 정부의 개입과 규제는 자칫 다른 부문의 독립적 성장에 왜곡을 가져와 결과적으로 기본적인 관계를 위협한다는 비판(Taylor, 2000)을 받을 수 있기 때문이다.

토크빌과 퍼트남을 필두로 하는 전통적인 사회자본이론가들이 시민사회의 수평적 관계를 중시하는 것도 이와 같은 맥락이다 (Putnam, 1993b; Fukuyama, 1995; Etzioni, 1993). 반면, 에반스(Evans, 1996)와 스카치폴(Skocpol, 1996)은 정부의 중심적 역할에 대해 주장했다. 강하고 세련된 공공기관은 분권화된 권력에 의해 지역 사회자본을 형성하는 데 도움을 줄 수 있다는 것이다. 또한 시민사회가 정부의 대응성을 증가시킬 수 있다고 주장한다(Warner, 2001: 188－189)는 것이다. 사실, 사회자본은 꽃이 피기 위해서는 공식적인 국가 기관을 필요로 한다. 월처(Walzer)에 따르면, “시민사회는 정치적인 기관을 요구한다. 그리고 사회단체의 네트웍 역시 항시 국가 관료의 조직적 추진력에 대항한다고 할지라도 국가는 필수불가결한 기관이다”(Foley & Edwards, 1998a: 9). 국가주의자들에게는 정부는 사회의 독립적인 집단과 상징적인 관계에 있고, 사회자본을 증가시키기도 하고 파괴하기도 하지만, 절대 무관하지는 않다. 깊은 공적·사적 상호관계는 정부가 사회 행동가들에게 그들 상호간 서로 의지하고 있음을 인식시키고, 집단 이해 형성 과정을 증진시키는 것을 돕는 것을 보여준다 (Petro, 2001: 229).

〈표 7〉 사회자본과 정부의 역할에 대한 기존문헌

정부 역할	문헌
정부 주도	박영민(2014), 양건모 박통희(2007), 장호석·하현상(2013)
정부역할 보완	도수관(2013), 송용훈·김용희·정문기(2015)
정부역량 문제	박상필(2000), 주성수(2003)

한국의 주요 학술지에서 연구된 사회자본과 정부의 역할에 관한 연구물로는 정부 주도, 정부역할 보완, 정부역량 문제 등으로 구분할 수 있다. 우선 사회자본이 정부 주로로 형성된다는 논문을 들 수 있다 (박영민, 2014; 양건모·박통희, 2007; 장호석·하현상, 2013). 이들은 사회자본 형성을 위해서는 보조금을 포함한 정부지원, 신뢰회복을 위한 정부의 노력 등 정부의 주도적인 역할이 필요함을 강조한다. 둘째, 사회자

본이 정부역할을 보완한다는 연구이다 (도수관, 2013; 송용훈 · 김용희 · 정문기, 2015). 이들은 사회자본이 형성되면 정부의 문제해결 부담이 줄어든다는 것을 지적한다. 셋째, 정부역량에 관한 연구(박상필, 2000; 주성수, 2003)로, 이들은 사회자본이 낮음에 따라 정부역량이 떨어진다는 것을 강조한다.

사회자본과 정부에 대한 역할에 관한 연구물은 시민사회의 역할과 같이 기존논문 수가 많지 않다. 이는 사회자본이 자발적 공동체에서 형성된다는 측면에서 그리 놀라울 일은 아니다. 그럼에도 불구하고 시민사회의 공동체에 지대한 영향을 미치는 정부의 역할에 대한 연구물이 적다는 것은 아직도 사회자본 연구가 실질적으로 이루어지지 않고 있다는 것을 의미한다. 특히 사회자본이 정부역할을 보완하고 있다는 소수의 논문이 있다는 측면에서 긍정적이기도 하지만 사회자본과 정부의 역할에 있어서 정부역량 문제에 대한 지적과 정부 주도로 사회자본이 축적될 필요가 있다는 논의가 주축을 이루고 있다는 사실은 한국 사회자본이 시민사회 공동체에서 자생적으로 형성되지 못하고 있음을 유추할 수 있다.

한편, 거버넌스와 정부의 역할에 관한 연구물로는 정부의 촉매제 역할, 정부의 주도적 역할, 정부 변화의 필요성, 상호동의 및 연합, 시장 및 시민사회 중심, 상호불신 등으로 구분할 수 있다. 첫째, 정부의 촉매역할을 강조하는 논문이 있다 (강휘원, 2002; 김동신, 2012; 이도형, 2004). 이 연구물은 거버넌스 증진을 위해 정부가 민간기관의 활동적인 거버넌스 참여 및 역할을 수행하는데 도움이 될 수 있음을 강조한다.

〈표 8〉 거버넌스와 정부의 역할에 대한 기존문헌

정부 역할	문헌
정부의 촉매제 역할	강휘원(2002), 김동신(2012), 이도형(2004)
정부의 주도적 역할	강영훈(2008), 강창현(2002), 김순양(2010), 김정렬(2001), 김태운(2012), 김판석 · 홍길표 · 김완희 · 진종순(2010), 김형향(2004), 김홍회(2008), 박상주(2003), 박희봉 · 김명환(2000), 소영진(2006), 오수길 · 곽병훈(2004), 이도형(2004), 전영평 · 장임숙(2004), 정문기(2009), 정수용 · 이명석(2015), 조성은(2014), 최홍석(2004), 하미승 · 전영상(2007), 한승준(2004)
정부 변화의 필요성	강윤호(2006), 김근세 · 이경호 · 김철(2005), 김도희 · 정준금(2006), 김민주(2011), 김성배 · 배귀희(2008), 김재훈(2007), 김인(2006), 김찬수(2016), 김판석 · 홍길표 · 김완희(2008), 문태현(2005), 박영주 · 김원진(2009), 배귀희(2006), 유영철(2010), 이명석 · 오수길 · 배재현 · 양세진(2008), 이상철 · 성도경(2002), 이재광(2008), 이주헌 · 박치성(2010), 장현주(2006), 장호석 · 하현상(2013), 정성호 · 정창훈(2010a/2010b), 조화순 · 김민정(2010), 천세봉 · 하연섭(2013), 최경희(2009), 허인혜(2011)

상호 동의 및 연합	강현철 · 서순탁(2012), 김선혁 · 김병국 · 제고르즈 에키트 · 정원칠(2006), 박영주(2000), 배응환(2014)
시장 및 시민사회 중심	곽현근(2009), 배귀희(2006), 배재현(2009)
상호불신	이곤수 · 최원삼 · 전영평(2005), 이숙종 · 김희경 · 최준규(2008)

둘째, 정부의 주도적 역할을 강조하는 논문이다 (강영훈, 2008; 강창현, 2002; 김순양, 2010; 김정렬, 2001; 김태운, 2012; 김판석 · 홍길표 · 김완희 · 진종순, 2010; 김형향, 2004; 김홍회, 2008; 박상주, 2003; 박희봉 · 김명환, 2000; 소영진, 2006; 오수길 · 곽병훈, 2004; 이도형, 2004; 전영평 · 장임숙, 2004; 정문기, 2009; 정수용 · 이명석, 2015; 조성은, 2014; 최흥석, 2004; 하미승 · 전영상, 2007; 한승준, 2004). 이들은 거버넌스 확립 및 증진을 위해 정부가 정부 이외의 다른 거버넌스 참여자들을 적극적으로 지원할 필요가 있음을 제안한다.

셋째, 정부 변화의 필요성을 지적하는 논문이다 (강윤호, 2006; 김근세 · 이경호 · 김철, 2005; 김도희 · 정준금, 2006; 김민주, 2011; 김성배 · 배귀희, 2008; 김재훈, 2007; 김인, 2006; 김찬수, 2016; 김판석 · 홍길표 · 김완희, 2008; 문태현, 2005; 박영주 · 김원진, 2009; 배귀희, 2006; 유영철, 2010; 이명석 · 오수길 · 배재현 · 양세진, 2008; 이상철 · 성도경, 2002; 이재광, 2008; 이주헌 · 박치성, 2010; 장현주, 2006; 장호석 · 하현상, 2013; 정성호 · 정창훈, 2010a/2010b; 조화순 · 김민정, 2010; 천세봉 · 하연섭, 2013; 최경희, 2009; 허인혜, 2011). 이들은 정부환경의 변화에 따라 각종 문제해결을 위해서는 거버넌스가 필요하기 때문에 정부가 이러한 인식을 가지고 적극적으로 변화해야 변화하는 환경에 대처할 수 있다는 점을 강조하고 있다.

넷째, 상호 동의 및 연합을 지적하는 논문이다 (강현철 · 서순탁, 2012; 김선혁 · 김병국 · 제고르즈 에키트 · 정원칠, 2006; 박영주, 2000; 배응환, 2014). 이들은 거버넌스 확립을 위해서는 정부와 다른 거버넌스 참여자들의 상호 동의와 연합이 필요함을 강조한다.

다섯째, 시장 및 시민사회를 강조하는 논문이다 (곽현근, 2009; 배귀희, 2006; 배재현, 2009). 이들은 거버넌스 확립을 위해서는 시장 및 시민사회가 적극적으로 거버넌스에 참여하여 주도할 필요가 있음을 강조한다. 이 배경에는 현재 시장 및 시민사회가 거버넌스에 독립적인 목소리를 내지 못하고 있음을 지적하기도 한다.

여섯째, 상호불신을 지적하는 논문도 있다 (이곤수 · 최원삼 · 전영평, 2005; 이숙종 · 김희경 · 최준규, 2008). 이들은 정부와 다른 거버넌스 참여자 간에 상호불신과 인식 차이가 있어서 거버넌스 형성에 문제가 있음을 지적하고 있다.

거버넌스와 정부의 역할에 관한 연구물 역시 시민사회의 역할에서 지적한 바와 같이 정부－시민사회－시장으로 이어지는 다양한 주체의 자발성과 특징이 부각되어 문제해결능력을 높이는 측면이 연구되지 못하고 있음을 알 수 있다. 즉 시장 및 시민단체 중심을 강조하는 일부 연구결과도 있기는 하지만 거버넌스 확립을 위해 정부의 역할이 기형적으로 강조되고 있는 것이다. 이러한 한국의 거버넌스와 정부의 역할에 관한 연구경향은 아직 거버넌스의 현실이 거버넌스의 각 주체가 독립적인 특징을 발휘하지 못하는 현실을 반영한다고 볼 수 있다.

V. 결 론

사회자본이론과 거버넌스는 시민사회의 성숙과 밀접한 관계가 있다. 자유주의와 보수주의의 이념을 초월하여 대부분의 학자들은 사회자본이 형성되면 성숙한 시민사회에서의 참여와 규범, 신뢰와 협력의 네트워크가 형성되어 정부의 거버넌스를 증진시킨다고 한다 (Putnam, 1993a). 시민사회에서는 자발적 단체가 다수 형성된다는 것은 정부 정책에 대한 시민참여가 활성화되었다는 것을 의미한다.

사회자본에 관련된 한국논문을 살펴보면 다음과 같은 특징을 알 수 있다. 첫째, 사회자본과 관련된 다양한 연구가 진행되고 있으며, 한국사회의 특성을 밝히고 있다. 한국인의 인간관계가 혈연, 지연, 학연 등의 연줄에 의해 강하게 영향을 받고 있고, 연줄이 한국사회에 큰 영향을 미치고 있다는 한국사회의 특성을 보여주고 있다. 둘째, 한국사회의 사회자본이 아직 미성숙해 있음을 간접적으로 시사한다. 많은 사회자본의 기능에 관한 연구에 있어서 사회자본의 직접적인 기능과 효과보다 사회자본이 체제의 잠재력 및 민주성에 영향을 미친다는 연구가 주종을 이루고 있다. 이것은 학자들이 한국 사회자본의 직접적인 효과를 발견하기 어렵다는 것을 시사하는 것으로 아직 한국사회의 사회자본이 가시적이지 않다는 점을 간접적으로 보여주는 것으로 해석할 수 있다. 셋째, 사회자본과 시민사회에 대한 역할에 대한 기존연구가 많지 않다는 것이다. 특히 다수의 논문에서 공동체의 역량 및 네트워크 증진, 시민단체의 자발성 부적 등이 지적되고 있다. 이것은 한국 시민사회가 사회자본을 형성할 만큼 충분히 성숙되지 않았음을 보여주는 것이다. 넷째, 사회자본과 정부의 역할에 관한 논의도 많지 않다. 또한 다수의 연구에서 한국사회 사회자본을 증진시키는데 있어서 정부의 주도적 역할이 강조되고 있다. 물론 사회자본 형성에 있어서 정부가 역할을 할 수도 있다. 그러나 사회자본이 기본적으로 시민 스스로 독립적·자발적으로 형성되어야 강한 힘을 발휘할 수 있음에도 불구하고 다수의 연구자들이 정부의 역할을 강조하는 것은 그 만큼 한국사회자본이 취약함을 방증한다.

거버넌스의 경우에 있어서도 한국사회가 시민주도 사회인가 하는 것과 시민사회 성숙 없이, 그리고 정부 중추적 역할에 의해 민주적 거버넌스가 가능한가이다. 신제도주의자이 주장하는 바와 같이 거버넌스가 추구하는 정부－시장－시민사회의 관계는 수평적이고 협조적인 운영체계로 사회자본과 거버넌스 형성을 위해서는 수평적으로 형성된 시민사회 발전과 밀접한 관련이 되어 있다. 특히, 수직적으로 형성된 사회단체에서 형성된 강한 유대가 거버넌스 형성에 부정적이라고 한다면 한국사회의 수직적 사회단체는 거버넌스 형성에 긍정적이지 못한 결과를 가져올 수도 있다. 또한 한국의 거버넌스 형성에 중앙정부 및 지방자치단체의 역할이 서구사회에 있어서 보다 강조되고 있는 현실은 사회자본과 거버넌스의 관계를 분석하는 데 어려움이 따를 수 있다.

한국 거버넌스에 관한 연구에 있어서는 다음과 같은 공통점을 발견할 수 있었다. 첫째, 한국 거버넌스의 다양한 측면이 연구되고 있는 점은 긍정적으로 평가된다. 다만, 거버넌스의 정의가 아직 체계적으로 정리되지 않고 있음을 알 수 있다. 거버넌스에 대한 정의에 있어서 다수의 연구자들이 거버넌스를 사회문제를 해결하는 조정방식 또는 네트워크로 광의적으로 해석하여 연구를 수행하고 있다. 다수의 연구에서 사회문제를 해결하기 위해서는 정부가 권위에 의해 정책을 수행하기보다는 시장과 시민사회와의 네트워크를 통해 문제해결을 해야 한다는 것을 전제로 하고 있는 것도 사실이다. 그러나 거버넌스에 대한 일부 연구에서 정부의 권위적인 통치방식 및 정부간 관계, 정부주도의 민간기관 포용 등도 거버넌스에 포함시키고 있기도 한다. 거버넌스 연구 및 발전을 위해 거버넌스가 정부와 시민사회, 그리고 시장의 독립적 능력이 수평으로 연계되는 것으로 정의되고 이를 통해 문제해결 능력이 증진되는 것으로 보다 정밀하게 연구되고 현실에 적용되도록 재고할 필요가 있다. 둘째, 거버넌스의 기능에 관한 연구에 있어서도 다양한 연구가 이루어지고 있으나 거버넌스의 직접적인 효과보다는 체제의 잠재력과 관련된 간접적인 효과에 연구가 집중되고 있음을 알 수 있다. 이것은 거버넌스의 연구 및 실제에 있어서 우리나라의 실정이 아직 초기단계에 머무르고 있는 현실을 반영한 것으로 볼 수 있다. 셋째, 거버넌스와 시민사회의 역할에 관한 연구는 상당한 연구가 이루어지고 있다. 하지만 그 내용으로는 시민사회의 역량부족, 정부와 시민사회 간 상호신뢰 부족, 시민단체의 참여 필요성, 시민단체와 정부 간 갈등과 경쟁 등 거버넌스 확립을 위해 필요한 조건이 주로 연구되고 있다. 이 역시 한국의 거버넌스가 아직 미성숙되어 있음을 반영한 것으로 볼 수 있다. 넷째, 거버넌스와 정부의 역할에 관한 연구 역시 다수의 연구가 이루어지고 있다. 그러나 거버넌스에 있어서 정부의 역할이 강조되고 있다는 측면에서 거버넌스 내 시민사회와 시장이 아직 제 기능을 발휘하지 못하는 현실을 알 수 있다.

이러한 측면에서 우리나라의 사회자본과 거버넌스에 관한 연구는 한국사회의 특징을 반영하는 것으로 볼 수 있다. 한국정부는 지난 난 압축성장과정에서 재원, 권력, 전문성 등의 국가발전을 위한 자원을 독점함에 따라 정치, 경제, 사회 등 제 분야를 리드해왔다. 정부가 국가발전을 계획하고 계획을 수행함에 따라 지역사회의 특성이 무시되기도 하였지만 경제발전이라는 국가목적으로 달성하기 위해, 그리고 정부 이외의 사회부문의 미성숙으로 인해 정부주도를 허용하는 수밖에 없었다. 이러한 관행이 어느 정도의 성장 이후에도 지속화 되어 정부 이외의 다양한 참여자, 즉 거버넌스를 이루는 또 다른 참여자인 기업과 시민사회가 무시되어 온 것이다. 따라서 많은 사회자본과 거버넌스의 연구에서 시민사회와 기업의 독립성 및 자발성을 강조하는 것이다.

국가를 유지·발전시킴에 있어서 더 이상 정부만이 유일한 주체가 될 수는 없다. 다양한 주체들이 다양한 시각과 역량을 발휘해야 복잡성을 더해 가는 현대사회의 많은 현안 문제들을 해결하는 데 실질적인 방법을 제시할 수 있다. 민간부문의 참여와 협력을 증진시키기 위한 노력이 중요하며, 이것은 신뢰와 사회자본의 형성을 통해 도출될 수 있다. 하지만 신뢰와 협력, 제도적 자본형성을 통한 협력적 지역경영체제의 구축은 개인간의 관계에서와 마찬가지로 많은 시간과 공들여진 노력을 통해서 가능한 것이기 때문에 정부와 시민사회 모두의 개별 노력 뿐 아니라 협동적 노력이 필요한 것이다. 거버넌스의 등장배경 중 하나는 현대사회의 복잡성, 역동성, 다양성으로 인해 정부역량과 문제해결 능력이 부족함이 드러났기 때문이다 (Kooiman, 1993). 이러한 점에서 효과적인 정부역량은 보다 많은 자원을 동원하는 것이 필요하게 되었고, 지역문제의 해결은 지역적 차원에서 지식과 정보의 공유와 능력제고가 필요하게 된 것이다. 지역사회의 성장 잠재력이 효과를 발휘하려면 지역사회의 사회자본과 민주적 거버넌스가 필요한 것이다. 이러한 네트워크가 발전한 곳에서 구성원의 협동적 활동을 기대할 수 있기 때문이다. 따라서 사회자본 및 거버넌스 형성 및 발전이 국가 및 정부가 당면하고 있는 다양한 문제를 해결하기 위해 필수적으로 요구되는 것이 사실이다.

그러나 사회자본과 거버넌스가 발전을 위해 필요하다고 해서 사회자본과 거버넌스를 무조건 발전시켜야 하는 우선적 가치가 될 수는 없다. 서구사회에서는 자신의 권리의식을 분명히 인식하고 있는 성숙한 시민을 바탕으로 하고 있고, 공동사회의 발전과 유지를 위해서는 개인이 자신의 책임이 무엇인지를 알고 의무를 충실히 이행하는 것을 전제로 하고 있다. 이러한 측면에서 한국 사회자본 및 거버넌스 발전을 위해서는 다음의 사항이 고려되어야 할 것이다.

첫째, 현재 한국사회에서 매우 빠른 속도로 발전하고 있는 시민운동단체를 사회자본을 형성시키는 서구의 자발적 시민단체로 구분할 수 있는가 하는 것이다. 즉 이러한 시민단체를 국정 파트너의 일부인 거버넌스의 한 축으로 인정하는 것이 바람직할 것인가이다. 우리나라 시민단체 구성원들이 자발적이고 수평적인 관계에 의해 이루어졌다면 사회자본과 거버넌스 형성에 도움이 될 수 있고, 의존적이고 수직적인 관계에 의해 형성되었다면 기존의 계서적인 정부를 대체할 수 없을 것이다. 둘째, 많은 연구에서 지적하듯이 전문성이 확보되지 않고 재정적으로도 독립되어 있지 않았음에도 불구하고 정부가 시민사회를 지원하여 함께 거버넌스를 이루는 것이 국가사회에 바람직할 것인지도 의문이다. 정부가 거버넌스의 파트너를 지원할 수는 있다. 그러나 전문성과 재정이 독립되어 있지 않은 시장과 시민사회가 거버넌스에 참여하는 것은 국가적 낭비일 수 있다. 셋째, 사회자본과 거버넌스에 대해 많은 관심을 집중하고 있는 이유는 그 효과가 국가사회와 국민에게 직접적인 영향을 미치기 때문이다. 따라서 현재 이루어지고 있는 사회자본 및 거버넌스의 잠재력에 대한 원론적 연구보다 사회자본과 거버넌스로 인해 현실적으로 직접 어떤 효과가 있는지에 연구력이 집중될 필요가 있다.

참고문헌

강근복 (2002). 「정책분석론」. 서울: 대영문화사.

강 민 (1974). 한국 공공정책 결정의 갈등 모형 시론. 「한국행정학보」, 8: 199-216.

강민 외 (1991). 「국가와 공공정책: 한국 국가이론의 재조명」. 서울: 법문사.

강민아 · 김경아. (2006). 행정학 및 정책학 조사연구에서 결측치 발생과 처리방법에 대한 고찰. 「한국행정학보」, 40(2): 31-52.

강민아 · 손주연 · 김희정 (2007). 통합연구방법 적용가능성에 대한 탐색연구. 「한국행정학보」, 41(4): 415-437.

강병수 · 공병영 (2011). 시 · 군통합의 성과에 관한 연구. 「도시행정학보」, 24(1): 195-212.

강성남 (2008). 복잡계로서의 행정체제 연구. 「방통대 논문집」, 45: 161-202.

______ (2009). 행정변동의 이론적 분석틀로서의 복잡계 이론에 관한 연구. 「방통대논문집」, 48: 103-130.

______ (2010). 행정학 연구에 있어서의 경험적 환원과 현상학적 환원. 「행정언어와 질적연구」, 1(1): 1-25.

______ (2011). 행정학연구에서 복잡계의 연구동향과 과제. 「한국거버넌스학회보」, 18(2): 207-237.

______ (2013). 한국 행정학의 한국화 담론. 김현구(편). 「한국 행정학의 한국화론」. 파주: 법문사.

강소랑 · 문상호 (2012). 가족관계 사회자본이 중고령자 삶의 질에 미치는 영향. 「한국행정학보」, 46(3): 271-298.

강신택 (1981). 행정체제이론을 위한 기초 개념의 고찰. 「행정논총」, 19(1): 207-234.

______ (1981/1999). 「사회과학연구의 논리」. 서울: 박영사.

______ (1987). 행정학 연구방법의 변천: 과정과 앞으로의 방향. 「한국행정학보」, 21(1): 3-32.

강신택 외 (2006). 한국행정학 50년: 회고와 전망에 대한 좌담. 한국행정학회(편). 「한국행정학오십년, 1956-2006」. 서울: 한국행정학회. 433-470.

강여진 · 박천오 (2003). 공공기관 조직구성원간의 신뢰와 지식공유. 「한국행정연구」, 12(4): 91-122.

강영훈 (2008). 재난관리를 위한 로컬 위기관리 거버넌스 구축방안 -태풍 "나리"로 본 민간부문의 위기관리 관련조직 유형 분석. 「한국행정논집」, 20(4): 1085-1103.

강윤호 (1999). 지방정부 관료의 동기와 예산 극대화 행태. 「한국행정학보」, 33(4): 189-210.

______ (2005). 지방정부간 공유재 갈등의 원인과 해결방안. 「한국행정학보」, 39(2): 263-285.

______ (2006). 항만공사(PA)제도 도입에 따른 항만 거버넌스 구조의 효율화 방안. 「한국행정학보」, 40(1): 151-174.
강창현 (2002). 지역복지공급 거버넌스 연구: 네트워크 접근. 「한국행정학보」, 36(2): 313-332.
강현철·서순탁 (2012). 신재생에너지사업의 거버넌스 분석: 구리시 소수력발전소 건설사례를 중심으로. 「한국행정연구」, 21(1): 95-124.
강휘원 (2002). 자율규제적 인터넷 거버넌스: 설계와 정책적 함의. 「한국행정학보」, 36(3): 185-205.
고길곤 (2014). 설문순서에 따른 응답오차의 유무와 원인에 대한 연구. 「한국행정학회 동계학술대회 논문집」.
고길곤·탁현우·강세진 (2015). 설문조사에서 문항의 역코딩 여부가 응답결과에 미치는 영향. 「한국행정학보」, 49(3): 515-539.
고길곤·탁현우·이보라 (2014). 설문조사 연구에서 결측치의 영향과 대체방법의 적절성에 대한 실증연구. 「정책분석평가학회보」, 24(3): 49-75.
고재권 (2014). 행정에서의 공공성에 대한 재고. 「한국거버넌스학회보」, 21(2): 287-302.
공기두 (1992). 한국 행정사학의 연구방법론 서설. 「한국행정사학지」, 창간호: 15-28.
곽영순 (2011). 「질적 연구: 철학과 예술 그리고 교육」. 서울: 교육과학사.
곽현근 (2009). 사회적 배제 극복을 위한 동네거버넌스 사례 연구. 「한국행정연구」, 18(4): 227-257.
구광모 (1984). 정책학의 본질과 범위. 「한국행정학보」, 18(1): 103-119.
______ (1986). 정책정보 분석의 기능과 한계. 「한국행정학보」, 20(2): 397-408.
구민교 (2008). 국제행정. 온라인행정학전자사전. (www.kapa21.or.kr/epadic/epadic_list.php?term_word=)
국사편찬위원회. 조선왕조실록. //sillok.history.go.kr/main/main.do.
宮嶋博史 (2015). '유교적 근대론'과 한국과 일본의 역사적 위치. 미야지마 히로시·배항섭 공편. 「동아시아는 몇 시인가?」, 35-61. 미야지마 히로시 역. 서울: 너머북스; 儒教的近代と日本史研究. 清水光明 編. 「近世化」, 論と日本: 東アジアの捉え方をめぐって, 221-237. 東京: 勉誠出版, 2015.
권경득 (1996). 한국행정학의 연구경향에 관한 실증적 분석: 「한국행정학보」 기고논문(1967-1995)을 중심으로. 「한국행정학보」, 30(4): 139-153.
권기헌 (2014). 「행정학 강의: 행정학강의에 대한 논제와 해설」. 서울: 박영사.
권영찬 (1967). 기획에 관한 몇 가지 사적고찰. 「한국행정학보」, 1: 145-170.
권태욱·전영한 (2015). 목표모호성, 사업성과, 그리고 관리적 재량: 한국 행정부처의 재정사업 분석. 「한국행정학보」, 49(2): 119-147.
권향원 (2014). 상징주의-해석주의 행정학 연구전략: 신제도주의의 '정당성 관리' 개념으로. 「한국행정학보」, 48(3): 121-145.
______ (2015). 현상학의 이론적 이해 및 방법적 적용, 한국행정학회 동계학술대회 발표논문집.
______ (2016). 우리의 이론을 찾아서: 행정학의 한국화를 위한 방법론적 탐색. 한국행정학회 동계학술대회("미래사회와 행정학 재설계 II: 변화와 지속을 위한 행정학")의

'한국화 논단' 발표 논문. 12월 10일, 고려대.
______ (2016). 현상학과 사회과학연구: 정책연구에의 질적방법론적 적용을 중심으로. 「한국정책학회보」, 25(1): 355-394.
김 구 (2012). 사회자본과 지식관리 활동 및 조직성과의 영향 관계에 관한 연구. 「한국행정연구」, 21(1): 125-161.
김경동 (1981). 오늘날 사회학이론을 둘러싼 쟁점들(I), 「현상과 인식」. 5(2): 84-128.
김경수 (2006). 한국행정사학회의 연구현황과 과제. 「한국행정사학지」, 18: 251-270.
김관보 · 이승연 (2010). 화장장건립 분쟁 사례에 대한 제도론적 고찰. 「한국행정학보」, 44(4): 261-284.
김광웅 (1972). 발전행정과 체제이론. 「한국행정학보」, 6: 69-89.
______ (1975). 「사회과학연구방법론」. 서울: 박영사.
______ (1975). 후기행태주의론: 실증주의, 역사주의 및 현상학적 방법론. 「행정논총」, 13(2).
______ (1979). 사회과학연구방법의 토착화에 대한 소고: 정치학 · 국제정치학 · 행정학 분야. 「행정논총」, 17(2): 146-170.
______ (1979). 행정학의 성격과 범위. 「한국행정학보」, 13: 217-234.
______ (1981). 행정문화. 「행정논총」, 19(2): 248-265.
______ (1989). 한국관료제를 이해하기 위한 인식구조. 「행정논총」, 28(2): 1-26.
______ (1998). 김대중정부 초기 정부조직개편에 관한 비판적 성찰. 「한국행정학보」, 32(2): 97-112.
김광웅 · 김신복 · 박동서 (1983). 「비교행정론」. 서울: 박영사.
김규정 (1976). 「비교행정론」. 서울: 법문사.
김근세 (1996). Sayre 법칙의 종말?: 영국 신관리주의의 본질과 한계. 「한국행정연구」, 5(2): 1-24.
______ (2005). 김대중 행정부의 정부규모에 관한 실증 분석. 「행정논총」, 43(2): 33-62.
김근세 · 이경호 (2005). 책임운영기관의 조직문화와 효과성에 관한 연구. 「한국행정학보」, 9(3): 179-203.
김근세 · 이경호 · 김철 (2005). 한국 고용지원서비스의 거버넌스에 관한 연구: 서울지역 고용안정센터 직원의 직무지향을 중심으로. 「한국행정학보」, 39(2): 181-206.
김기형 (2009). 정책연구에서 복잡성 이론의 유용성 및 적용가능성에 관한 연구. 「행정논총」, 47(2): 281-311.
김난영 (2008). 책임운영기관의 계약요소와 성과에 관한 연구. 「한국행정학보」, 42(4): 237-263.
김대진 (2009). 중위투표자모형과 공공선택: 수도권지역의 재산세 인하 사례 분석. 「정책분석평가학회보」, 19(1): 57-79.
김도훈 (1985). 교육재정체계에 관한 동태분석. 「한국행정학보」, 19(2): 2239-2257.
김도희 · 정준금 (2006). 울산지역 로컬 거버넌스의 성과와 한계. 「한국정책학회보」, 15(3): 131-158.
김동건 (1997). 「비용편익분석」. 서울: 박영사.
김동식 (1995). 자연주의 인식론의 철학적 의의, 「철학적 자연주의」. 서울: 철학과현실사.

김동신 (2012). 네트워크 거버넌스 구성을 위한 위원회형 비영리조직의 역할탐구. 「한국행정학보」, 46(3): 33-60.

김동원 (2005). 행정학의 규범이론을 위한 포스트모더니즘의 인식론적 함의. 「한국행정학보」, 39(3): 1-20.

______ (2008). 블랙스버그 선언(Blacksburg Manifesto): 행정의 정당성과 권력분립을 위한 행정가의 역할. 「한국행정논집」, 15(2): 261-181.

______ (2009). 푸코의 해체주의 담론을 통해 본 정부혁신의 규율 전략. 「한국행정학보」, 43(3): 1-23.

김동현 (1985). 공익과 행정. 「한국행정학보」, 19(1): 1207-1222.

김동환 (2004). 「시스템 사고」. 성남: 선학사.

김동환·서대원 (2008). 시스템사고와 주역의 연계성. 제3회 복잡계 컨퍼런스: 복잡계와 인문학·사회과학의 만남 발표논문. 서울: 삼성경제연구소 복잡계센터.

김만기 (1975). 계획과정에 있어서 전문인의 권력 획득 방식에 관한 검토. 「한국행정학보」, 9: 172-183.

______ (1983). 동아시아지역 행정문화의 비교고찰: 중국, 일본, 한국을 중심으로. 「한국지역연구」, 1: 43-58.

______ (1990). 정보공개와 한국의 행정문화. 「한국행정학보」, 24(2): 773-787.

______ (2000). 미국행정문화와 한국행정문화. 「한국외국어대학교 사회과학논집」, 18(1): 271-286.

______ (2002). 한국과 비교해본 유럽의 행정문화. 「한국외국어대학교 논문집」, 제34집.

김명환 (2007). 행정학의 민주적 국정운영이론의 정립을 위하여. 「한국행정연구」, 16(3), 269-298.

______ (2013). 도구적 행정학, 전문직업주의 및 행정윤리: Adams와 Balfour의 행정적 악을 중심으로. 「국정관리연구」, 8(1): 1-25.

김민주 (2011). 원조수혜국의 거버넌스. 「한국행정학보」, 45(4): 253-281.

______ (2015). 공유자산의 자치적 관리 모델에 대한 비판적 검토. 「한국행정학보」, 49(3): 51-77.

김번웅 (1977). 환경행정의 제 문제. 「한국행정학보」, 11: 268-285.

______ (2000). 뉴거버넌스 시대의 정부신뢰와 e-행정. 「한국행정연구」, 9(4): 1-16.

김번웅·김만기·김동현 (1991). 「현대 한국행정론」. 서울: 박영사.

김병규·이곤수 (2009). 정치경제적 관점에서 본 정부신뢰의 영향요인. 「한국행정논집」, 21(3): 893-914.

김병섭 (1996). 행정조직의 레드테이프: 민간조직과의 비교. 「한국행정학보」, 30(3): 1-17.

김병섭·하태권 (1997). 세대간 의식구조 차이와 조직관리방안: 경찰 공무원을 중심으로. 「행정논총」, 35(1): 129-158.

김봉식 (1968). 한국인의 사고방식을 통해 본 한국행정문화. 「한국행정학보」, 2: 342-354.

김상준 (2011). 「맹자의 땀 성왕의 피: 중층근대와 동아시아 유교문명」. 서울: 아카넷.

______ (2014). 「유교의 정치적 무의식」. 파주: 글항아리.

김상헌 (2000). 정치주기와 공무원 부패. 「한국행정학보」, 34(1): 121-141.

김서용 (2009). 떠날 것인가 남을 것인가: Tiebout 가설과 Hirschman의 EVLN (Exit, Voice, Loyalty and Neglect) 모형에 관한 실증분석. 「한국행정학보」, 43(1): 145-169.
김석용 (2005). 상사신뢰가 직무생산성과 조직몰입에 미치는 영향. 「한국행정연구」, 14(4): 95-122.
김석은 · 안영찬 (2014). 한국의 비영리부문 성장에 대한 이해: 사회자본의 역할 분석. 「한국행정연구」, 23(4): 89-112.
김석준 (1988). 전환기 한국행정의 새로운 패러다임의 모색: 국가론을 통한 연구문제의 제기. 「한국행정학보」, 22(2): 431-459.
______ (1990). 경제민주화정책과 국가능력: 한국 국가발전 전략의 재조명. 「한국행정학보」, 24(3): 1127-1158.
______ (1992). 「한국산업화 국가론」. 서울: 나남.
______ (1994). 「국가변동론」. 서울: 법문사.
______ (2000). 국가재창조와 뉴거버넌스: 새로운 패러다임 모색. 「한국행정학보」, 32(2): 1-21.
김석태 (2007). 지방정부체제에 대한 공공선택론적 견해에 대한 재조명: 신거버넌스와 관련하여. 「지방정부연구」, 11(2): 7-23.
김선명 (2005). 공공부문 혁신의 접근방법에 관한 인식론적 비평: 현상학적 접근방법을 중심으로. 「한국행정학보」, 39(4): 1-18.
김선혁 (2004). 국제행정과 초국가 거버넌스. 「한국행정학보」, 38(2): 87-102.
김선혁 · 김병국 · 제고르즈 에키트 · 정원칠 (2006). 민주화와 시민사회의 대정부(對政府)항의: 비통상적 시민참여와 거버넌스. 「한국행정연구」, 15(3): 249-270.
김성겸 · 김근세 (2005). 금융감독거버넌스에 관한 연구 - 금융기관 종사자의 인식을 중심으로. 「한국행정논집」, 17(2): 95-620.
김성기 (1980). 폐쇄체제론적 조직이론과 개방체제론적 조직이론. 「사회과학논집」, 전남대 사회과학연구소, 6: 1-15.
김성배 · 배귀희 (2008). 공기업 개혁을 위한 대안적 거버넌스의 모색: 지방분권과의 관계를 중심으로. 「한국행정연구」, 17(4): 109-143.
김성수 (2000). 한국 과학기술 정책과정의 조정과 통합: 체제이론에 의한 국가과학기술위원회 운영 분석. 「한국정책학회보」, 9(2): 211-236.
김성준 · 박광욱 (2013). 한국 행정윤리의 연구동향. 한국행정학회 2013 춘계학술대회 발표논문.
김성철 · 박기욱 · 윤진훈 (2005). 우리나라의 공공선택론적 예산결정행태에 관한 연구. 「한국사회와 행정연구」, 16(3): 133-148.
김순양 (2010). 건강불평등 해소를 위한 로컬 보건의료 거버넌스 체계의 구축방안. 「한국행정연구」, 19(2): 3-37.
김승현 (2010). 가치의 측정과 사회적 소망성 편향. 「한국행정학보」, 44(2): 23-40.
김시윤 (2008). 사회자본과 경제성장에 대한 비판적 고찰. 「한국행정논집」, 20(4): 1067-1084.

김신복·사공윤 (2001). 한국 인사행정연구의 경향분석. 「행정논총」, 39(2): 141-173.
김안제 (1972). 지역경제의 균형성장에 관한 소고. 「한국행정학보」, 6: 90-102.
김여수 (1980). 진리의 문제, 한국사회과학연구소 (편). 「사회과학의 철학」. 서울: 민음사.
_____ (1984). 비트겐슈타인과 본질철학의 종언. 「비트겐슈타인의 이해」. 서울: 서광사.
_____ (1997). 「언어와 문화」. 서울: 철학과 현실사.
김영명 (2005). 「신한국론」. 고양: 인간사랑.
김영종 (1989). 한국사회의 지역 및 계층간의 갈등 해소방안에 관한 연구. 「한국행정학보」, 23(1): 271-296.
김영평 (1983). 조합주의 국가에서의 지방정부의 정책결정과정. 「한국행정학보」, 17: 198-213.
_____ (1984). 정책연구의 성격과 범위. 「한국행정학보」, 18(1): 91-102.
_____ (1988). 관료제의 정책 결정 양식과 민주주의의 인식방법론. 「한국행정학보」, 22(2): 373-392.
_____ (1991). 「불확실성과 정책의 정당성」. 서울: 고대출판부.
김영한 (2001). 베티의 정신과학 해석학: 가다머의 현상학적 해석학과의 논쟁을 중심으로. 「해석학 연구」, 8: 225-245.
김영훈 (1971). 대학행정학과 교과과정 개편연구. 「한국행정학보」, 5: 102-108.
_____ (1978). 행정의 정치경제학: 공공선택이론을 중심으로. 「사회과학논집」, 9: 1229-1382.
김완식 (1978). 행정학연구에 있어서 권력의 개념. 「한국행정학보」, 12: 165-179.
김왕식 (2008). 부패-신뢰 상관관계의 정책적 함의. 「한국행정연구」, 17(1): 191-220.
김용욱 (1987). 조선말 정치체계와 동학민중운동. 「한국행정학보」, 21(2): 443-458.
김용학 (1995). 사회학의 비교연구방법. 「비교문화연구」, (2): 117-142.
김운태 (1967). 창간사. 「한국행정학보」, 1: 1-3.
_____ (1969). 특집: 한국행정학의 반성과 진로: 영역과 방법. 「한국행정학보」, 3: 31-66.
_____ (1970). 조선왕조행정사: 근대편. 서울: 일조각, 박영사.
_____ (1986). 일본제국주의의 한국통치. 서울: 박영사.
_____ (1987). 정치·행정학의 한국화를 지향하여: 나의 학구편력. 「행정논총」, 25(1): 1-46.
_____ (2000). 한국행정 근대화 100년의 시발: 한말 개화기를 중심으로. 「한국행정학보」, 34(1): 347-375.
_____ (2001). 한국 행정 근대화 100년의 회고: 미군정의 과도기를 중심으로. 「한국행정학보」, 35(2): 1-17.
_____ (2005). 「고려 정치제도와 관료제」. 서울: 박영사.
김운태·강신택·백완기 외 (1982). 「한국 정치행정의 체계」. 서울: 박영사.
김유심·이민창 (2007). 행정학·정책학 연구에 있어서 복잡성 이론과 행위자 기반 모형의 활용성에 관한 연구. 「행정논총」, 45(2): 25-49.
김윤한 (1995). 역사 - 비교언어학의 비교연구방법. 「비교문화연구」, (2): 9-50.
김은희 (2011). 사회복지조직의 사회자본과 직무만족: 일몰입의 매개효과를 중심으로. 「한국행정논집」, 23(1): 371-399.
김 인 (2006). 지방정부의 공공서비스 전달에 있어서 거버넌스 구조가 성과에 미치는 영

향: 서비스 유형별 비교분석. 「한국행정학보」, 40(4): 51-75.
______ (2014). 공동체의 제도, 리더십, 신뢰 및 사회생태체계가집합적 활동의 성과에 미치는 영향: 연안 어업을 중심으로. 「한국행정논집」, 26(3): 419-447.
김인철 (1992). 한국정책학 분야의 연구내용과 그 성격: 정치학회보와 행정학보 게재논문. 「한국행정학보」, 26(4): 1049-1067.
김재훈 (2007). 시장 혹은 정부?: 쓰레기수거의 거버넌스 구조 결정요인 분석. 「한국행정학보」, 41(1): 1-20.
김정렬 (2000). 정부의 미래와 거버넌스. 「한국행정학보」, 34(1): 21-39.
______ (2001). 영국 블레어 정부의 거버넌스. 「한국행정학보」, 35(3): 85-102.
김정렬·한인섭 (2003). 행정학 위기의 실상과 대책. 「한국행정학보」, 37(4): 19-38.
김정완 (1994). 한국 재량적 재정적자의 결정요인과 매카니즘의 분석: 공공선태론의 관점에서. 「한국행정학보」, 28(1): 99-114.
______ (2006). 신행정도시 건설에 대한 공공선택론적 분석. 「한국정책과학학회보」, 10(4): 223-240.
______ (2009). 민주화 수준과 정치적 예산순환. 「한국사회와 행정연구」, 19(4): 213-232.
김정훈 (1993). 서울시 쓰레기 관리체계에서의 협동생산: 공공 서비스 생산자로서의 주민참여 활동을 중심으로. 「한국행정학보」, 27(4): 1159-1184.
김종미 (1999 가을). 한비자의 법가사상에 대한 정치·행정적 함의. 「한국행정학보」, 33(3): 21-33.
______ (2013). GM에 대한 사회과학 분야의 연구동향, 한국비교정부학회, 17(3): 175-193.
김종술 (1987). 행정이론의 규범성. 「한국행정학보」, 21(1): 195-212.
______ (1992). 대학과 중용을 통해 본 공무원의 윤리관. 「한국행정학보」, 25(4): 67-83.
______ (1992). 해석학과 정치사상. 「한국행정학보」, 26(4): 1109-1128.
김종욱 (2012). 로컬 거버넌스에서의 시민참여와 정치적 평등성, 정치적 효능감: 일본의 사례를 중심으로. 「한국행정학보」, 46(2): 137-160.
김준한 (1996). 행정부와 대체적 분쟁해결제도. 「한국행정학보」, 30(4): 4037-4053.
김준한·강명구 (1992). 한국정책학 교육 실태에 관한 연구. 「한국정책학보」, 창간호: 42-60.
김준현 (2014). 사회서비스 전달체계 공공성 위기 고찰: 정당성 위기를 중심으로. 「한국사회와행정연구」, 24(2): 187-208.
김진영 (1986). 반실증주의 사회학방법론에 대한 일 고찰. 「제주대논문집」, 23: 385-401.
김진현 (1999). 지방자치단체간 재정공동사업(광역폐기물매립장사업)의 비용배분방안: 게임이론적 접근. 「한국행정학보」, 33(1): 133-149.
김찬수 (2016). 예산 거버넌스 확립을 위한 감사원의 역할 연구. 「한국정책학회보」, 25(1): 329-354.
김창래 (2008). 딜타이는 누구인가?: 가다머의 딜타이 해석에 대한 비판적 고찰. 「철학탐구」, 24: 245-286.
김창욱·김동환 (2006). 정책부작용의 원인과 유형: 시스템사고에 입각한 분석. 제1회 복잡계 컨퍼런스 '복잡계이론과 현실, 생산적 적용의 모색' 발표논문. 삼성경제연구소 복잡계 센터.

김창호 (1996). 하버마스의 체계와 생활세계. 김재현 외, 「하버마스의 사상」. 서울: 나남출판.
김춘식 (1993). 퇴계의 행정사상에 관한 연구: 《조선왕조실록》에 비친 安民思想을 중심으로. 「한국행정학보」, 26(2): 249-264.
_____ (1998). 이퇴계의 인사행정관. 「한국행정사학지」, 6: 45-58.
_____ (2009). 퇴계의 사직소(辭職疏)에 나타난 인재등용관. 「한국행정사학지」, 25: 197-218.
김춘식 · 이대희 (2003). 행정사 연구와 교육의 역사적 변화. 「한국행정사학지」, 12: 111-129.
김태극 (1967). 우리정부 행정의 관리적 제문제. 「한국행정학보」, 1: 186-199.
김태룡 (1994). 한국지방정부의 권한배분구조: 기초자치단체를 중심으로. 「한국행정학보」, 28(1): 223-240.
_____ (1999). 한국과 미국의 행정개혁에 대한 비교: 체제론적 관점에서 기획예산위원회와 NPR의 개혁활동을 중심으로. 「한국행정학보」, 33(1): 1-18.
_____ (2000). 행정학의 신패러다임으로서 신공공관리모형의 적실성에 관한 연구: 한국지방자치단체의 적용사례를 중심으로. 「한국행정학보」, 34(1): 1-20.
_____ (2006). 시민단체가 사회자본의 형성에 미치는 영향에 관한 연구. 「한국행정학보」, 40(3): 27-51.
_____ (2010). 「행정이론: 행정사와 이론을 중심으로」. 서울: 대영문화사.
김태성 · 성경륭 (1999). 「복지국가론」. 서울: 나남.
김태영 (2006). 인터넷 가상공동체와 사회적 자본. 「한국행정논집」, 18(4): 959-980.
김태운 (2012). 국책사업 유치과정에서의 협력 거버넌스: 대구 · 경북지역의 첨단의료복합단지 유치과정을 중심으로. 「한국행정논집」, 24(4): 857-884.
김태윤 (2000). 민영화, 규제개혁, 그리고 시장의제: 소방검정서비스의 규제완화 사례를 중심으로. 「한국행정학보」, 34(3): 263-280.
김태은 (2008). 정부규모가 경제성장에 미치는 영향에 관한 연구. 「한국행정학보」, 42(3): 111-141.
김태일 (1997). 행정학분야 논문에 사용된 통계기법등의 분석. 「한국행정학보」, 31(3): 19-35.
_____ (1998). 행정학분야 실증논문에서 사용된 요인분석, 경로분석, 공변량 구조모형기법의 문제점 분석. 「정책분석평가학회보」, 8(1): 5-22.
_____ (1999a). 수리적 기법에 의한 평가모형체제의 가중치 부여방식에 관한 논의. 「한국행정학보」, 33(4): 243-258.
_____ (1999b). 요인분석을 활용한 종합점수화 기법Ⅱ. 「정책분석평가학회보」, 9(2): 185-200.
_____ (2003). 행정학분야의 추상적 개념에 대한 실증연구에서 측정오차의 문제. 「한국행정학보」, 37(1): 249-269.
김태일 · 서주현 (1998). 행정학 분야에서 설문조사를 이용한 연구의 방법론적 문제점 분석. 「한국행정학보」, 32(3): 199-215.
김태한 · 정홍상 (2011). 조직 문화가 조직 효과성에 미치는 영향: 대구광역시 소방조직을 중심으로. 「지방행정연구」, 25(4): 85-106.

김태환 (2015). 「다문화 사회와 한국 이민정책의 이해」. 서울: 집사재.
김판석 · 홍길표 · 김완희 (2008). 공공기관 거버넌스 및 운영제도 혁신의 성과와 향후 과제. 「한국행정논집」, 20(2): 407-435.
김판석 · 홍길표 · 김완희 · 진종순 (2010). 정부 및 공공기관 거버넌스의 구성형태와 부문간 관계 연구: 핀란드와 한국의 공공 거버넌스 비교연구를 중심으로. 「한국행정논집」, 22(1): 1-26.
김필수 · 고대혁 · 장승구 · 신창호 공역 (2015). 「관자」. 개정판. 고양: 소나무.
김해동 (1970). 「조사방법론강의」. 서울: 삼중당.
______ (1986). 관료제, 그 논의의 배경과 어원의 사용. 「행정논총」, 24(2): 7-31.
김행범 (1998). 예산 지출 관료의 행동모형에 관한 공공선택론적 연구. 「한국행정학보」, 32(1): 45-63.
______ (2006). 공공서비스의 공급권자 선정에 관한 Rent-seeking 비용에 관한 연구. 「한국행정학보」, 38(5): 101-123.
______ (2008). 집합적 선택 상황에서의 Logrolling에 관한 연구. 「사회과학연구」, 24(4): 301-321.
______ (2014). 의사결정 규칙에 관한 공공선택론적 연구: 개정국회법을 중심으로. 「제도와 경제」, 8(1): 47-83.
김혁 · 함성득 (2004). 새로운 거버넌스 하의 미국 대통령-의회 관계의 발전적 변화-통치 중심 접근으로부터의 탈피를 통한 대통령 리더십의 변화를 중심으로. 「한국행정논집」, 16(1): 1-28.
김현구 (2013). 「한국 행정학의 한국화론」. 파주: 법문사.
______ (2013). 한국행정학의 한국화 담론: 학문적 위상. 「한국행정학의 한국화론」. 파주: 법문사, 85-110.
김형렬 (2002). 효과적인 정책분석을 위한 총합적 패러다임의 탐색적 연구: 간연계적 패러다임을 중심으로. 「한국행정논집」, 2: 1-15.
김형향 (2004). 로컬 거버넌스 형성의 영향요인에 관한 연구-부산광역시의 사회복지 및 환경분야를 중심으로. 「한국행정논집」, 16(1): 29-47.
김호균 (2007). 조직공정성인식, 조직신뢰, 조직시민행동간 영향관계분석. 「한국행정학보」, 41(2): 69-94.
______ (2007). 조직문화, 리더십, 조직몰입간 인과관계 고찰. 「한국사회와 행정연구」, 18(2): 23-49.
김호섭 (1990). 행정문화의 비판적 수용을 통하여 본 행정윤리의 방향. 「한국행정학보」, 24(1) 57-88.
______ (1992). 행정책임의 윤리. 「한국행정학보」, 25(3): 783-802.
______ (1994). 공직의 윤리성 제고를 위한 새 정부의 개혁: 평가와 대안. 「한국행정학보」, 28(4): 1503-1523.
______ (1994). 세계화에 따른 정부관료제의 재정립. 「한국행정연구」, 3(2): 125-154.
김호정 (1994). 한국관료형태의 결정요인: 복지부동의 원인. 「한국행정학보」, 28(4): 1255-1277.

______ (1996). 한국의 공무원과 기업체직원의 무사안일행태 비교. 「한국행정학보」, 30(3): 53-70.

______ (1999). 신뢰와 조직몰입. 「한국행정학보」, 33(2): 19-35.

______ (2002). 한국행정문화연구와 경쟁가치모형. 「한국정책학회보」, 11(3): 219-238.

______ (2002). 행정조직문화가 조직만족과 직무만족에 미치는 영향. 「한국행정학회」, 36(4): 87-105.

______ (2003). 조직문화, 리더십, 조직효과성의 관계: 부산광역시를 대상으로. 「한국행정학보」, 37(4): 103-123.

______ (2009). 갈등과 신뢰 및 조직효과성의 관계. 「한국행정학보」, 43(1): 97-119.

김흥회 (2005). 협동 거버넌스에서의 부패, 신뢰, 그리고 책임성. 「한국행정논집」, 17(4): 1123-1136.

______ (2008). 협동 거버넌스 모형의 적용-부안 방폐장 선정 과정 사례 분석. 「한국행정논집」, 20(1): 47-76.

김희봉 (2007). 후설의 의식개념 비판과 지향성, 「哲學과 現象學硏究」, (35): 145-169.

나제민 (1984). 조직환경에 관한 연구: 일반체계론의 관점에서. 「한국행정학보」, 18(1): 265-279.

나태준 · 최순영 (2003). 공공조직구성원의 조직신뢰 향상방안에 관한 연구: 서울시 사례를 중심으로. 「한국행정학보」, 37(1): 1-17.

남궁근 (1984). 신행정론의 가치지향. 「한국행정학보」, 18(1): 221-241.

______ (2005). 「행정조사방법론」. 제3판. 법문사.

남지원 (2010). 기존 행정학자들의 새로운 학문체계의 담론에 관한 연구: 행정언어연구회 회원들의 현상학적 모멘트를 중심으로. 「한국행정학보」, 44(1): 1-23.

老子. 呑虛 大宗師 懸吐譯解 (2011). 「老子 道德經」. 중판(제1 · 2권). 서울: 교림.

노재석 (2011). 정책형성과정의 복잡성과 의제지속성: 법학전문대학원 사례를 중심으로. 행정학박사학위논문. 고려대학교 대학원.

노정현 (1979). 근대화와 엘리트론. 「한국행정학보」, 13: 114-116.

노화준 (1980). 행정조직에 있어서 관리과학모형의 실용화를 위한 접근. 「행정논총」, 18(2): 2184-2198.

______ (1985). 「행정계량분석: 행정을 위한 통계분석과 관리분석」. 서울: 법문사.

______ (1989). 「기획과 결정을 위한 정책분석론」. 서울: 박영사.

______ (1996). 한국정책학의 발전과 성격. 「행정논총」, 34(1): 19-31.

______ (1998). 한국 행정문화의 진화에 대한 복잡성과 과학적 해석: 관치경제 · 금융을 중심으로. 「한국행정학회보」, 32(4): 137-156.

______ (2011). 정책학회 역사와 흐름: 복잡성과학과의 융합학문으로서의 정책학 연구. 「KAPS」, 27: 4-7.

______ (2012). 「정책학원론: 복잡성과학과의 융합학문적 시각」. 서울: 박영사.

도수관 (2012). 지식정보사회에서 사회자본과 창의적 기업가정신과의 관계: 젠더, 교육수준, OECD 회원국 여부에 따른 집단구분을 중심으로. 「한국행정학보」, 46(4): 357-388.

______ (2013). 개인의 사회자본적 속성과 환경보호의지 간의 관계 분석. 「한국행정학보」,

47(3): 361-387.

도운섭 (1999). 행정조직문화 유형에 따른 관료행태의 실증적 분석. 「한국행정논집」, 287-302.

동홍욱 (1969). 응용: 우리나라 행정관리의 어제, 오늘 그리고 내일. 「한국행정학보」, 3: 125-172.

목진휴 · 강근복 · 오철호 외 (2005). 한국의 정책연구 지향에 관한 실증분석: Lasswell의 정책패러다임을 중심으로. 「한국정책학회보」, 14(3): 131-154.

______ (2007). 한국 정책학 교육의 실태분석과 발전을 위한 제안. 「한국정책학회보」, 16(4): 97-119.

목진휴 · 박순애 (2002). 한국정책학회보 10년의 발자취. 「한국정책학회보」, 11(1): 305-319.

문승익 (1979). 한국정치학의 정립문제: 정치이론의 경우. 「한국정치학회보」, 13: 3-12.

문영규 · 서승현 (2009). 복잡계 구조 하의 거버넌스 협력체 구축방안. 「한국공공관리학회보」, 23(3): 121-144.

문장수 (2015). 「논리학에 있어서 구조주의와 구성주의」. 대구: 영한.

문지은 (2009). 정부규모와 정부효과성간 관계에 관한 연구: OECD 국가의 분석결과를 중심으로. 「한국행정학보」, 43(1): 223-246.

문태현 (2000). 행정윤리의 개념과 본질. 「한국행정논집」, 12(2): 187-203.

______ (2001). 공리주의 관점에서 본 행정윤리. 「한국행정논집」, 13(2): 225-241.

______ (2005). 지역혁신을 위한 문화정책거버넌스의 성공요인분석: 안동국제탈춤페스티벌 집행위원회를 중심으로. 「한국행정논집」, 17(2): 337-358.

문태훈 (2002). 시스템다이나믹스의 발전과 방법론적 위상. 「시스템다이내믹스연구」, 3(1): 61-77.

______ (2012). 시스템사고로 본 우리나라 사회갈등의 구조와 갈등해소를 위한 정책방향. 「시스템다이내믹스연구」, 13(1): 41-62.

미야지마 히로시 (2013). 「미야지마 히로시, 나의 한국사 공부」. 서울: 너머북스.

박경효 (1992). 한국정부관료제를 변론. 「한국행정연구」, 2(1): 90-107.

박광국 · 도운섭 · 박선희 (1999). 조직신뢰도 결정요인에 관한 연구: 대구광역시를 중심으로. 「한국정책학회보」, 8(3): 121-144.

박기묵 (1997). 하천의 상 · 하류지역간 물분쟁 해결모형. 「한국행정학보」, 31(4): 4227-4244.

박기영 (1982). 신도시 개발전략 및 모형설전에 관한 연구. 「한국행정학보」, 16: 151-179.

______ (1998). 현대행정과 정책연구. 「사화과학연구」, 25: 165-172.

박기영 · 안국찬 (1998). 정책학 교육의 문제점과 발전방향. 한국정책학회 동계학술대회(정책학의 정체성: 한국적 정책학과 미래의 정책학) 발표논문.

박길환 (2011). 적정이 감각에 바탕한 '보이지 않는 따듯한 손': 「국부론」과 「도덕정서론」에 나타난 '자기애'와 '이기심'의 차이를 중심으로. 「한국행정학보」, 45(2): 115-137.

박덕규 (1997). 교원 인사제도 국제비교연구. 「한국교육개발원 정책연구」.

박동서 (1961). 「한국관료제도의 역사적 전개」. 서울: 한국연구도서관.

______ (1967). 한국행정학의 현황과 역할. 「한국정치학회보」, 2: 112-136.

______ (1968). 행정과 윤리. 「한국행정학보」, 2: 189-201.

______ (1998/2005). 「한국행정론」. 서울: 법문사.

______ (1999). 「한국행정쇄신사례」. 서울: 법문사.

박동서·이근주 (2000). 「한국 행정문화의 순기능성」. 서울: 한국행정연구원.

박동서·최병선·이달곤·권해수 (1992). 작은정부의 개념 논의. 「한국행정학보」, 26(1): 39-55.

박문옥 (1963). 「한국정부론」. 서울: 박영사.

______ (1981). 「한국행정론」. 서울: 법문사.

박민정 (2006). 의료정책변화의 지대추구론적 분석. 「한국행정학보」, 40(2): 195-218.

______ (2011). 국책사업의 예산낭비에 관한 공공선택론적 접근. 「한국거버넌스학회보」, 18(1): 55-84.

박병련 (1993). 동양적 관료체제에 관한 비교연구: 조선조와 명조를 중심으로. 「한국행정학보」, 27(4): 1247-1261.

______ (1996). 전통시대 한국 관료제의 역사적 전개과정. 「정신문화연구」, 19(1): 3-24.

______ (1998). 조선조 '修己治人'론의 사상사적 변용과 실학사상. 「한국행정학보」, 32(4): 173-187.

______ (2002). 동양적 공직윤리의 사상적 맥락에 관한 연구. 「한국행정논집」, 14(4): 829-844.

______ (2006). 행정사. 한국행정학회 편. 한국행정학 50년(1956-2006), 서울: 한국행정학회, 81-96.

박상주 (2003). 경찰서비스의 거버넌스에 관한 연구: 청소년범죄예방 네트워크를 중심으로. 「한국행정학보」, 37(1): 271-291.

박상필 (1999). 시민단체와 정부의 관계유형과 지원체제. 「한국행정학보」, 33(1): 261-278.

______ (2000). 이익집단 갈등과 사회자본: 경실련의 한약분쟁 조정 사례연구. 「한국행정학보」, 34(2): 121-138.

박성민 (2006). 증권관련집단소송제도의 도입과정에 관한 연구. 「한국행정학보」, 40(3): 179-197.

박성민·김민영·김민정 (2013). 개인-직무 및 개인-조직 간 적합성이 조직결과에 미치는 영향력 분석-신뢰의 매개효과를 중심으로. 「한국행정논집」, 25(2): 557-593.

박세정 (1998). 지방자치단체의 TQM 도입실태, 문제점 그리고 향후방향. 「한국행정학보」, 32(4): 157-171.

박소정·박통희 (2014). 대민접촉이 일선 소방공무원의 공공봉사동기에 미치는 영향: 서울시 소방서의 공무원을 대상으로. 「한국행정학보」, 48(4): 79-107.

박순애 (2006). 정부에 대한 이해와 정부 신뢰의 관계: 우리나라 대학생을 중심으로. 「한국행정학보」, 40(2): 73-97.

______ (2007). 행정학 연구분야의 시대적 적실성에 대한 시론적 연구. 「한국행정학보」, 41(3): 321-344.

박승배 (2009). 과학에서의 법칙과 이론에 대한 고찰. 「범한철학」, 52: 257-279.

박승식 (1988). 행정학의 체제접근방법과 체제분석. 「동원논집」, 1: 159-181.
박연호 (1970). 「신행정관리론」. 서울: 진수당.
______ (1979). 「행정학신론」. 서울: 박영사.
박영미 (2009). 조직성격유형과 사회자본과의 관계에 대한 경험적 연구. 「한국행정학보」, 43(1): 121-144.
박영민 (2014). 농촌지역 사회자본 형성과 정부정책의 영향. 「한국행정학보」, 48(2): 267-292.
박영주 (2000). 뉴 거버넌스와 사회계약: 시민, 정부, 시장간 역할과 책임의 모색. 「한국행정학보」, 34(4): 19-39.
박영주·김원진 (2009). 부패(腐敗), 문제해결(問題解決), 자유주의적 거버넌스 -정부와 시장의 역할을 중심으로. 「한국정책학회보」, 18(1): 47-67.
박우순 (1986). 환경정책의 방향정립에 관한 연구: 환경정책결정체계를 중심으로. 「한국행정학보」, 20(1): 95-117.
박은진 (1999). 반증과 반증주의. 조인래 외. 「현대과학철학의 문제들」. 서울: 아르케.
______ (2001). 「칼 포퍼 과학철학의 이해」. 서울: 철학과현실사.
박응격 (역) (1983). 「신행정론」. 서울: 대왕사.
박재완 (2002). Lasswell을 넘어서. 「한국정책학회보」, 11(1): 333-336.
박정택 (1990). 정책의 윤리성에 관한 연구. 「한국행정학보」, 24(2): 853-873.
______ (1993). '새로운' 국제행정 개념의 탐색. 「한국행정학보」, 27(1): 255-272.
박종민 (1991). 정책산출이 정부신뢰에 주는 영향. 「한국행정학보」, 25(1): 291-305.
______ (1994). 민주화시대의 정부관료의 의식. 「한국행정학보」, 28(1): 135-150.
______ (2006). 한국행정이론을 위한 비판적 성찰. 「한국행정학 50년, 1956-2006.」, 서울: 한국행정학회, 37-59.
______ (2008). 행정학의 종언인가?: 정체성 위기의 악순환. 한국행정학회 춘계학술대회 발표논문.
______ (2016). 한국행정학보를 통해 본 한국의 행정연구 사반세기: 인과이론 형성의 시각에서. 「한국행정학보」, 50(3): 1-34.
박종민·윤견수 (2014). 한국 국가관료제의 세 가지 전통. 「한국행정학보」, 48(1): 1-24.
______ (2015). 민주화 및 신자유주의-신공공관리 이후 한국의 국가관료제: 변화와 지속. 「정부학연구」, 21(3): 36-63.
박종민·윤견수·김현준 편 (2011). 「한국행정학의 방향: 교육, 연구 및 제도」. 서울: 박영사.
박종화 (2015). 사회적 자본의 분포 불균등성: 처방적 정책논리의 탐색. 「한국행정논집」, 27(1): 1-22.
박찬부 (2011). 「라캉: 재현과 그 불만」. 서울: 문학과지성사.
박천오 (1990). 한국사회문화의 변화와 새로운 행정행태의 형성에 관한 탐구적 연구. 「한국행정학보」, 24(1): 25-56.
______ (1992). 한국행정문화연구의 방향과 과제. 「한국행정학보」, 26(1): 19-38.
______ (1993). 집행환경의 변화와 한국 정부관료제의 개혁. 「한국행정연구」, 2(1): 133-162.
______ (2008). 한국 행정문화: 연구의 한계와 과제. 「정부학연구」, 14(2): 215-240.

박천오 외 (2005). 「비교행정(제3판)」. 법문사.

박천오 · 박희봉 · 김근세 (2003). 한국 책임운영기관의 선정기준 및 확대적용에 관한 연구. 「한국행정학보」, 37(2): 42-65.

박천오 · 주재현 (2005). 정부관료제와 민주주의: 정부관료제의 책임과 통제 확보를 통한 조화의 모색. 「행정논총」, 45(1): 221-252.

박철민 · 김대원 (2003). 조직공정성이 상관신뢰와 공직몰입에 미치는 영향. 「한국행정학보」, 37(4): 125-145.

박치성 (2006). 사회서비스 비영리조직들의 협력 패턴에 대한 탐색적 연구. 「한국행정학보」, 40(4): 353-376.

______ (2010). 한국의 행정학/정책학 연구에 있어서 사회네트워크 방법론의 자리 찾기. 「한국정책학회보」, 19(4): 115-146.

박통희 (1989). 계서제에서 업무행태분석: 대리인 모형에 입각한 게임 이론적 접근. 「한국행정학보」, 23(2): 891-908.

______ (1994). 정부조직간 관계에 대한 연구에 있어서 계약적 관점: 위임대리모형의 응용 가능성. 「경산 권만혁 교수 정념퇴임기념논문집」. 서울: 용지문화사, 231-249.

______ (1999). 신뢰의 개념에 대한 비판적 검토와 재구성. 「한국행정학보」, 3(2): 1-17.

______ (1999). 합리적 선택과 신제도주의. 「한국행정학보」, 33(1): 349-354.

______ (2004). 정, 가족주의, 그리고 대 인간 신뢰: 한국중앙정부의 사례. 「한국행정학보」, 38(6): 23-45.

______ (2010). 대인신뢰에 대한 가치관과 단체참여의 영향: 어떤 가치관과 단체참여가 사회적 자본을 배태시키나? 「한국행정학보」, 44(1): 67-97.

박통희 · 김민강 (2008). 공무원의 신불불안과 조직시민행동: 조직신뢰의 매개효과. 「한국정책학회보」, 17(4): 275-309.

박통희 · 원숙연 (2000). 조직구성원간의 신뢰와 "연줄": 사회적 범주화를 중심으로. 「한국행정학보」, 34(2): 101-120.

박　훈 (2015). 사무라이의 士化: 메이지유신과 '사대부적 정치문화'. 미야지마 히로시 · 배항섭 공편. 「동아시아는 몇 시인가?」. 서울: 너머북스, 266-301.

박흥식 (1998). 윤리적 내비보고제의 조건: 일반규범윤리학적 접근법 중심으로. 「한국행정학보」, 32(1): 195-209.

______ (2002). 한국 정책연구의 이론과 현실 그리고 적실성간의 부정합성에 대하여. 「한국정책학회보」, 11(1): 337-341.

______ (2003). 행정윤리접근법의 모색: 이기주의적 시각을 중심으로. 「한국행정학보」, 37(2): 221-225.

______ (2008). 공공성과 행정윤리. 윤수재 · 이민호 · 채종헌 편. 「새로운 시대의 공공성 연구」. 파주: 법문사, 921-951.

______ (2008). 공직 이해충돌 행위의 개선을 위한 연구: 법적 · 윤리적 시각을 중심으로. 「한국행정학보」, 42(3): 239-260.

박흥식 · 김호섭 · 최순영 (2010). 공직자 비윤리 행동과 윤리적 위험간의 관계: 제재와 교육의 조절변수로서의 역할. 「한국행정학보」, 44(2): 41-61.

박희봉 (2009). 「사회자본: 불신에서 신뢰로, 갈등에서 협력으로」. 서울: 조명문화사.
박희봉 · 강제상 · 김상묵 (2003). 조직내 사회자본과 지적자본의 형성 및 조직성과관리에 대한 효과. 「한국행정연구」, 12(1): 3-35.
박희봉 · 김동현 (2014). 스칸디나비아 3개국 및 동아시아 3개국의 정부신뢰 영향요인 비교. 「한국행정연구」, 23(2): 1-34.
박희봉 · 김명환 (2000). 지역사회 사회자본과 거버넌스 능력: 서울 서초구와 경기 포천군 주민의 인식을 중심으로. 「한국행정학보」, 34(4): 175-196.
박희봉 · 신중호 · 황윤원 (2013). 정부신뢰의 요인-정부정책인가? 정치태도인가? 「한국정책학회보」, 22(1): 465-492.
박희봉 · 이영란 (2012). 시민문화와 정부정책이 정부신뢰에 미치는 영향. 「한국행정논집」, 24(2): 913-936.
박희봉 · 이희창 (2005). 삶의 만족에 미치는 영향 요인 비교 분석-경제,사회적 요인인가? 사회자본 요인인가? 「한국행정논집」, 17(3): 709-728.
______ (2009). 한국과 일본의 신뢰 특성 비교: 신뢰 유형별 특성 및 제도신뢰에 미치는 영향 분석. 「한국행정학보」, 43(4): 105-128.
______ (2011). 신뢰와 정부경쟁력 -한 · 중 · 일 3국의 시민의식 분석. 「한국정책학회보」, 20(2): 298-318.
박희봉 · 이희창 · 강제상 · 남창우 · 임명수 · 전지용 · 김태순 · 전경일 (2008). 가족 사회자본이 사회참여에 미치는 영향: 한 · 일 양국 간 비교 분석. 「한국행정연구」, 17(1): 103-131.
박희봉 · 이희창 · 강제상 · 임명수 · 김상진 · 노병렬 · 전지용 · 김태순 · 서승현 (2009). 불신에서 신뢰로: 사회참여와 정치제도가 신뢰구조에 미치는 영향. 「한국행정논집」, 21(4): 1271-1300.
박희봉 · 이희창 · 김동욱 · 김철수 · 박병래 (2003). 한국인의 신뢰수준 및 영향 요인: 단체참여 및 개인의 사회 · 경제적 배경과 대인신뢰, 단체신뢰, 대중매체신뢰. 「한국정책학회보」, 12(3): 199-225.
박희봉 · 이희창 · 전지용 · 강제상 · 임명수 · 김태순 · 서승현 (2012). 신뢰 유형별 국가경쟁력에 미치는 영향 비교: OECD 19개국과 주요 18개 비회원국을 중심으로. 「한국행정논집」, 24(1): 77-103.
박희봉 · 이희창 · 조연상 (2003). 우리나라 정부신뢰 특성 및 영향 요인 분석. 「한국행정학보」, 37(3): 45-66.
배귀희 (2006). 협력적 거버넌스 강화를 위한 조직 학습의 성공요인에 관한 연구. 「한국행정논집」, 18(1): 233-256.
______ (2007). 조직공정성과 조직시민행동에 관한 연구-조직신뢰와 조직몰입의 매개변수를 중심으로. 「한국행정논집」, 19(3): 473-500.
배귀희 · 임승후 (2009a). 정부신뢰가 공식적 시민참여에 미치는 영향에 관한 연구. 「한국행정논집」, 21(4): 1421-1447.
______ (2009b). 정부신뢰의 결정요인에 관한 연구-정책선호 및 대통령의 국정수행평가를 중심으로. 「한국정책학회보」, 18(4): 61-92.

배득종 (1993). 시민들의 통일비용 지불의사(WTP)의 측정: 통일에 대한 가치평가와 공공선택. 「한국행정학보」, 27(1): 59-76.

______ (2004). 공유재 이론의 적용 대상 확대. 「한국행정학보」, 38(4): 147-157.

배병룡 (1995). 농업정책의 집행에 있어서 제삼부문의 역할: 한국 농협의 농업정책의 집행에 대한 중범위 국가조합주의적 접근. 「한국행정학보」, 29(3): 747-770.

______ (1999). 조직환경론에서의 신제도주의. 정용덕 외. 「신제도주의연구」. 서울: 대영문화사, 118-137.

______ (2005). 조직내 신뢰가 반응성에 미치는 영향: 협력, 민주성 및 조직몰입의 매개를 통하여. 「한국행정학보」, 39(3): 67-86.

______ (2008). 제도론들의 통합모형; 국가의 제도 도입과 정착 과정을 중심으로. 이상진 외. 「행정현상의 이론적 조명(이상진교수 정년기념논문집)」. 부산: 금정, 37-55.

______ (2016). 조직 정당성, 정당화, 그리고 제도화. 「제도와 행위」. 서울: 대영문화사, 53-86.

______ (2016). 제도와 행위. 서울: 대영문화사.

배병삼 (2012). 「우리에게 유교란 무엇인가」. 서울: 녹색평론사.

배수호 · 공동성 · 정문기 (2016). 유교사상의 거버넌스에의 실제 효용과 적용가능성에 관한 소고. 「한국행정학보」, 50(2): 271-299.

배수호 · 김도영 (2014). 유학에서의 공공성 논의. 「한국행정학보」, 48(3): 75-98.

배수호 · 한준섭 (2012 여름). 노자 「도덕경」에서 물에 대한 은유 및 관점: 수자원정책 및 관리에 주는 함의와 시사점을 중심으로. 「한국행정학보」, 46(2): 293-314.

배용수 (2000). 신관리주의의 한국적 적실성. 「한국행정학보」, 34(2): 23-38.

배응환 (2003). 거버넌스의 실험: 네트워크조직의 이론과 실제-대청호살리기운동부를 중심으로. 「한국행정학보」, 37(3): 67-93.

______ (2010). 신지역주의와 협력거버넌스: 광역경제권 설계의 전제. 「한국행정학보」, 44(4): 203-232.

______ (2014). 도시거버넌스관점의 도시레짐연구: 저소득층 기회확장 레짐정책사례. 「한국행정연구」, 23(3): 217-245.

배응환 · 주경일 (2011). 재난관리조직의 재설계: 허베이 스피리트호 기름유출사고에 대한 분석. 「한국행정연구」, 20(3): 63-96.

배인명 · 이명석 · 최재송 (2000). 시 군통합의 성과 평가: 재정적 영향을 중심으로. 「한국정책학회보」, 9(1): 139-161.

배일섭 (2011). 한국 대학생의 신뢰 성향에 관한 연구: 천안함 폭침 사건을 중심으로. 「한국행정논집」, 23(1): 95-119.

배재현 (2009). 네트워크 거버넌스의 운영기제 분석: 부산시 하천살리기 사업을 중심으로. 「한국행정연구」, 18(2): 141-168.

배정훈 (2011). 「조직관리와 리더십」. 서울: 형설출판사.

백선기 (1982). 공직윤리의 구조와 제고전략. 「한국행정학보」, 16: 237-256.

백승균 (1982). 「변증법적 비판이론: 프랑크푸르트학파를 중심으로」. 서울: 경문사.

백승균 외 (1996). 「해석학과 현대철학」. 서울: 철학과현실사.

백완기 (1975). 한국행정의 근대화에 대한 문화심리적 접근 방법. 「한국행정학보」, 9: 71-102.
______ (1978). 한국의 행정문화-의식주의를 중심으로-. 「한국행정학보」, 12: 112-127.
______ (1982/1984/1995). 「한국의 행정문화」, 서울: 고려대학교 출판부.
______ (1985). "권두언." 「한국행정학보」, 19(2): iii-iv.
______ (1996). 「한국 행정학의 기본 문제들」. 서울: 나남출판.
______ (1999). 「행정학」. 서울: 박영사.
______ (2003). 행정학사-행정학과 공공정책. 한국정치학회50년사편찬위원회 편. 「한국정치학회오십년사: 1953년-2003년」. 서울: 한국정치학회, 309-358.
______ (2005). 한국행정학 50년: 문헌 검토를 중심으로. 서울: 나남출판.
______ (2007). 한국행정과 공공성. 「한국사회와 행정연구」, 18(2): 1-22.
______ (2008). 한국의 행정문화와 외래이론에 의존한 정부혁신의 정합성. 「정부학연구」, 14(1): 5-35.
변상호 · 김태윤 (2014). 재난과 재난관리정책의 재해석에 기반한 재난대응 수행원칙의 도출과 검증: 재난대응 사례에 대한 분석을 중심으로. 「한국행정학보」, 48(2): 109-136.
변현수 (2012). 사용자의 개인 혁신성, 신뢰, 감응신뢰가 전자정부 이용의도에 미치는 영향. 「한국정책학회보」, 21(1): 313-335.
사공영호 (1998). 가부장적 행정문화 속에서의 규제기관 및 관료의 포획현상연구. 「한국행정학보」, 32(2): 113-129.
______ (2008). 정책이란 무엇인가?: 정책의 수단적 가치에 대한 반성. 「한국정책학회보」, 17(4): 1-36.
______ (2012). 정책문제의 정의: 현상학적 접근. 「한국정책학회보」, 21(4): 1-32.
______ (2012). 제도와 마음: 현상학 및 언어심리철학적 접근. 「행정논총」, 50(1): 207-241.
______ (2016). 행정학의 학문적 위기와 한국화. 「한국행정학회 하계학술대회발표집」.
사득환 (2003). 불확실성, 혼돈 그리고 환경정책: 시화호 매립사례를 중심으로. 「한국정책학회보」, 12(1): 85-102.
삼성경제연구소 편 (1997). 「복잡성과학의 이해와 적용」. 21세기 북스.
서규환 (1989). 하버마스의 신비판이론: 후기구조주의 비판. 「한국논단」, 3(11): 203-214.
서원석 (1991). 한국공무원의 단체활동에 대한 인식분석. 「한국행정학보」, 25(2): 497-514.
서인석 · 윤우제 · 권기헌 (2011). 정부조직의 조직문화와 조직공정성, 조직시민행동의 인과구조 - 조직신뢰의 매개효과를 포함하여. 「한국정책학회보」, 20(3): 395-425.
______ (2012). 거래비용관점에서의 정부신뢰와 공직부패와의 관계. 「한국정책학회보」, 20(3): 395-427.
서인석 · 이종구 (2012). 시장규제의 수단으로서 오픈프라이스 정책효과분석: System Dynamics를 활용한 시뮬레이션분석. 「한국행정학보」, 46(1): 246-255.
서진완 · 박희봉 (2003). 인터넷 활용과 사회자본-사이버 공동체의 사회자본 형성 가능성을 중심으로. 「한국정책학회보」, 12(1): 27-49.

성균관대학교 사회과학연구소 (1988).「행정학개론」. 서울: 대영문화사.
성백효 (1998).「懸吐完譯 論語集註」. 서울: 전통문화연구회.
______ (2013).「懸吐完譯 孟子集註」. 서울: 전통문화연구회.
성원용 (2012). 한국의 비교경제연구 20년 회고와 전망.「비교경제연구」, 19(1): 191-220.
성지훈 (2016). 그들이 말한 '개나 돼지'는 구조주의적 메타언어일까?「르 몽드」, 96.
소병희 (1996). 공공선택론의 이해와 정책학분야에서의 응용.「한국정책학회보」, 5(2): 267-292.
소영진 (2003). 행정학의 위기와 공공성 문제.「정부학연구」, 9(1): 5-22.
______ (2004). 행정학에 있어서 현상학적 방법의 가능성 탐색.「한국행정학보」, 3(4): 1-20.
______ (2006). 전자정부 거버넌스의 개념정립 및 구축방안.「한국행정연구」, 15(4): 55-81.
______ (2008). 공공성의 개념적 접근. 윤수재·이민호·채종헌 편.「새로운 시대의 공공성 연구」. 파주: 법문사, 32-63.
소흥렬 (2013).「논리와 사고」. 서울: 이화여대 출판부.
손 열 (2006). 기술, 제도, 경로의존성: 정보화시대 벤처지원정책의 한·일 비교연구.「한국정치학회보」, 40(3): 237-262.
손호중·채원호 (2005). 정부신뢰의 영향요인에 관한 연구: 부안군 원전수거물처리장 입지 사례를 중심으로.「한국행정학보」, 39(3): 87-113.
손희준 (1992). 도시 쓰레기 수거 서비스의 공급유형에 따른 능률성 분석: 민영화 방안을 중심으로.「한국행정학보」, 26(1): 149-164.
송근원 (1991). 정책분석 및 평가에 대한 접근방법의 변천: 실증주의에 대한 대안의 탐색.「정책분석평가학회보」, 1(1): 1-18.
______ (1992). 한국 정책학자들의 자기 확인.「한국정책학회보」, 1: 18-41.
송석랑 (2003).「언어와 합리성의 새 차원」. 대전: 충남대 출판부.
송용훈·김용희·정문기 (2015). 마을만들기에서 참여동기에 따른 주민참여가 유대감 및 신뢰에 미치는 영향.「한국행정연구」, 24(4): 99-128.
송희준 (1992). 한국의 공공정책 연구의 내용과 성격에 대한 분석.「한국정책학회보」, 1: 63-84.
______ (1999). 국가와 시민사회의 관계.「한국행정연구」, 8(1): 5-28.
승천석 (1969). PERT의 정부분야에 대한 적용.「한국행정학보」, 3: 206-233.
신두범 (1987).「행정학원론」. 서울: 박영사.
신명순 (1987). 한국정치학에서의 비교정치연구.「한국정치학회보」, 21(2): 111-132.
신상준·이숙종 (2016). 정부에 대한 공정성 인식이 정부신뢰에 미치는 영향: 정부성과 만족도의 매개효과에 대한 다중집단 분석을 중심으로.「한국행정학보」, 50(2): 1-37.
신원형 (2007). 한국 행정문화 연구에 관한 비판적 분석.「현대사회와 행정」, 17(3): 25-46.
신응철 (1996). 철학적 해석학과 이데올로기 비판.「사색」, 11: 173-196.
신종순 (1967). 사회근대화와 시민단체의 지도성.「한국행정학보」, 1: 242-262.
신충식·김성준 (2015). 공공조직 내 윤리적 의사결정연구.「한국행정학보」, 49(2): 61-91.
신희영 (2009). 행정이념에 대한 행정학자들의 인식과 실용행정. 임민호, 윤수재, 채종헌 편저. 「한국의 행정이념과 실용행정」. 파주: 법문사.
______ (2014). 행정윤리에 대한 제한적인 윤리적 자연주의 접근. 「한국행정학보」, 48(3): 27-50.
심익섭 (1988). 유럽제국의 행정문화에 대한 비교고찰. 「한국행정학보」, 22(2): 627-649.
심준섭 (2006). 행정학 연구의 대안적 방법으로서의 방법론적 다각화(triangulation). 「한국행정학회 동계학술대회 논문집」.
______ (2009). 원자력 발전소에 대한 신뢰, 인식된 위험과 혜택, 그리고 수용성. 「한국정책학회보」, 18(4): 93-122.
______ (2015a). 행정학 및 정책학 연구에서 확증적 요인분석의 경향과 쟁점: 탐색적 요인분석과의 비교를 중심으로. 「정책분석평가학회보」, 25(2): 247-278.
______ (2015b). 행정학 연구에서 구조방정식모형 활용: 문제점 검토와 제언. 「한국행정학보」, 49(3): 453-485.
안광일 (1990). 노사갈등관리로서의 정부중재에 관한 연구. 「한국행정학보」, 24(2): 941-958.
안도경 (2009). 행정학의 체계: 공공선택론의 관점. 박종민 · 정무권 편. 「한국행정연구: 도전과 과제」. 서울: 박영사, 253-279.
안문석 (1967). 한국정치체계의 연구방법론: 도식적 유형화의 한 시도. 「행정논총」, 5(1): 1215-1227.
안병만 (1986). 행정학보속에 나타난 한국행정학의 변화. 「한국행정학보」, 20(2): 359-373.
안병영 (1992). 한국관료제의 변천과 전망. 「한국행정연구」, 1(1): 76-84.
______ (2005). 한국 행정학의 성찰과 전망. 한국행정학회 춘계학술대회 발표논문.
______ (2006). 시대별 국가 과제와 행정학의 대응분석. 한국행정학회 편. 「한국행정학오십년, 1956-2006」. 서울: 한국행정학회, 403-432.
안병영 · 정무권 (2007). 민주주의, 평등, 그리고 행정: 한국행정 연구를 위한 이론적 · 경험적 함의를 찾아서. 「한국행정학보」, 41(3): 1-40.
안병일 (2014). 조선시대 선전관청의 운영과 기능, 그리고 변천에 관한 연구. 「한국행정학보」, 48(1): 25-47.
안승국 (1997). 결사체민주주의와 정치공동체. 「한국정치학회보」, 31(3): 69-88.
안용식 (2001). 「한국관료연구」. 서울: 대영문화사.
안지호 (2013). 비교행정 연구의 논리: 토크빌의 미국의 민주주의를 중심으로. 「행정논총」, 51(1): 63-86.
안해균 (1970). 정치 · 행정과정의 분석모형. 「한국행정학보」, 4: 289.
______ (1974). 행정체제의 변동과 발전에 관한 연구. 「행정논총」, 12(1): 1060.
______ (1977). 제3공화국의 행정체제 분석. 「행정논총」, 15(1): 80-109.
______ (1982). 제1공화국의 행정체제 분석. 「행정논총」, 20(1): 164-198.
______ (1982). 「현대행정학」. 서울: 다산출판사.
안희만 · 송건섭 (1999). 행정신뢰의 경정요인에 관한 경험적 연구. 「한국행정논집」, 11(4): 775-794.
양건모 · 박통희 (2007). 의사 · 약사의 정책과정 참여가 보건복지부에 대한 신뢰에 미치는 영향. 「한국행정학보」, 41(4): 357-385.
양재진 (2005). 발전이후 발전주의론: 한국 발전국가의 성장, 위기, 그리고 미래. 「한국행정학보」, 39(1): 1-19.
양채열 (2006). 범칙자와 법집행자간의 전략적 행동(뇌물)을 고려한 적정 처벌강도에 관한 연구. 「한국행정학보」, 40(1): 91-105.
양형일 · 이태영 (1993). 사회적 형평과 국가통합을 향한 대표관료제의 접근. 「한국행정학보」, 27(2): 343-358.
어수영 · 한배호 (1996). 한국정치문화의 변화와 지속성에 관한 연구. 「한국정치학회보」, 30(3): 81-104.
엄태호 · 황소하 (2010). 교육경비보조제도를 통해 표출된 지방교육수요의 결정요인에 대한 분석: 공공선택론적 접근방법을 중심으로. 「한국정책학보」, 19(2): 45-79.
염재호 · 김호섭 (1992). 한국 정책연구의 활용. 「한국정책학회보」, 1: 85-95.
오석홍 (1982). 공무원의 윤리와 행동규범. 「행정논총」, 20(1): 35-50.
______ (1988). 발전행정과 행정체제. 「행정논총」, 26(1): 77-112.
______ (1994). 미국의 행정개혁. 「한국행정연구」, 3(1): 1-21.
______ (1997). 행정의 문화. 「행정논총」, 35(2): 1-30.
______ (1998 / 2008). 「행정학」. 서울: 나남출판, 박영사.
______ (2008). 「행정개혁론」. 서울: 박영사.
______ (2013). 행정학의 한국화논의, 무엇을 남겼나?. 김현구 편. 한국행정학의 한국화론. 파주: 법문사, 425-427.
오세덕 · 이명재 · 강제상 · 임영제 (2013). 「행정관리론」. 서울: 대영문화사.
오수길 · 곽병훈 (2004). 사회자본-정부-거버넌스의 연계에 관한 시론적 모색: 재가노인복지서비스 전달체계의 역사적분석을 사례로. 「한국행정학보」, 38(6): 225-245.
오수길 · 채종헌 (2003). 한국 중앙행정기구의 문화유형 비교분석. 「한국사회와 행정연구」, 14(3): 45-68.
오영석 · 최병옥 (2000 봄). 조선시대 자연자원관리체계에 관한 연구. 「한국행정학보」, 34(1): 327-345.
오용득 (2005). 「자기 쇄신의 학으로서의 철학적 해석학」. 부산: 책펴냄열린시.
______ (2013). 과학주의자와 인문학주의자의 통약 불가능한 대화의 실질적 의미. 「서강인문논총」, 36: 31-63.
오재록 (2006). 관료제 권력: 개념화, 조작화 그리고 측정모형. 「한국행정학보」, 40(4): 377-400.
______ (2006). 정부조직의 네트워크 실증연구: 43개 중앙행정기관의 수평적 · 수직적 네트워크측정. 「한국행정연구」, 15(4): 27-54.
오철호 (2008). 문제제기: 후기실증주의적 정책분석평가연구의 방향. 「정책분석평가학회보」, 18(4): 1-13.
______ (2008). 정책연구와 통섭논의: 가능성에 대한 탐색. 「한국정책학회보」. 17(4): 37-62.
______ (2010). 정책연구의 토착화 논의 다시보기. 「KAPS e-정책 Magazine」, 21: 14-18.
오철호 · 최영출 (2010). 정책연구의 회고와 전망: 통섭 논의를 위한 탐색. 「서울행정학회 동계학술대회 발표논문」, 407-434.
왕재선 (2013). 신뢰와 원자력 수용성. 「한국정책학회보」, 22(3): 235-266.
우홍준 (2000). 조선시대 향약정착의 한 원인으로서의 유교정치사상. 「한국행정학보」, 34(4): 103-114.
_____ (2006). 독자영역으로서의 향약의 권위와 국가권위와의 관계. 「한국행정학보」, 40(4): 25-49.
_____ (2008). 프로테스탄트 윤리와 자본주의 정신에 나타난 막스 베버의 이념형적 방법론. 「한국행정학보」, 42(3): 395-421.
_____ (2011). 조선후기 관변자치제도인 "수령향약"의 특성. 「한국행정사학지」, 29: 203-219.
원숙연 (2001). 부하에 대한 상관 신뢰의 영향요인: 상관의 지역주의 성향을 중심으로. 「한국행정학보」, 35(1): 161-180.
원숙연 (2002). 포스트모더니즘 조직연구. 「한국행정학보」, 36(2): 1-18.
_____ (2003). 젠더와 국가정책의 역학: 젠더-정책레짐 정립을 위한 이론적 탐색. 「한국행정학보」, 37(2): 227-242.
원숙연·박통희 (2001). 정부조직내에서 상관에 대한 하부의 신뢰: 상관의 개인적 특성과 관계적 특성을 중심으로. 「한국행정연구」, 10: 112-134.
유 훈 (1995). 공공관리론의 의의와 전략관리. 「행정논총」, 33(1): 19-28.
유금록 (1994). 조세정책의 결정요인: 한국의 조세수입을 중심으로. 「한국행정학보」, 28(3): 843-860.
_____ (1995). 공공선택론과 한국 행정에 대한 함의. 「한국사회와 행정연구」, 6: 121-139.
_____ (1996). 정치적 조세순환의 스펙트럼분석. 「한국행정학보」, 30(2): 33-47.
_____ (2009). 관료제의 공공선택모형과 효율성평가. 「한국정책학회보」, 18(4): 173-206.
_____ (2014). 부트스트랩 비방사적 자료포락분석을 이용한 지방공기업의 영업효율성 평가. 「한국행정학보」, 48(4): 319-348.
유민봉 (1996). 한국의 인사행정론 교과서에 대한 평론: 구조, 내용의 진단과 대안모색. 「한국행정학보」, 30(3): 187-197.
_____ (2012). 「한국행정학」. 서울: 박영사.
유민이·문상호·이숙종 (2012). 사회자본의 정부성과인식에 대한 영향-시민참여의 매개효과에 대한 집단비교를 중심으로. 「한국정책학회보」, 21(4): 111-145.
유상근 (1967). Z.D.계획(관리의 무결함계획). 「한국행정학보」, 1: 171-175.
_____ (1973). 미군정기의 행정기구(1945.8.15.-1984.8). 「한국행정학보」, 7(1): 121-131.
유석영 (1987). 조선시대 과거답안에 관한 연구. 「한국행정학보」, 21(1): 239-259.
_____ (2000). 고려시대 정부조직에 관한 고찰. 「한국행정사학지」, 9: 143-162.
유영철 (2010). 지방 SOC의 민간투자 촉진요인에 관한 실증적 연구: 지방거버넌스의 행위자 요인을 중심으로. 「한국행정연구」, 19(1): 241-269.
유완빈 (1992). 한국의 전통적 관료제도와 현대적 행정에 관한 연구(Ⅰ): 한국행정사의 정립을 위하여. 「한국행정사학지」, 1(1): 1-14.

유재원 (2000). 사회자본과 자발적 결사체. 「한국정책학회보」, 9(3): 23-43.
유재원 · 소순창 (2005). 정부인가 거버넌스인가? 계층제인가 네트워크인가? 「한국행정학보」, 39(1): 41-63.
유재원 · 이승모 (2008). 계층제, 시장, 네트워크: 서울시 구청조직의 거버넌스 실태에 대한 실증적 분석. 「한국행정학보」, 42(3): 191-213.
유종해 (1972). 발전이론의 고찰: 정치적발전과 행정적 발전의 관계. 「한국행정학보」, 6: 151-162.
______ (1988). 민주사회에서의 행정윤리의 기능. 「한국행정학회 국제학술대회 논문집」.
______ (2015). 「현대행정학」. 서울: 박영사.
유종해 · 류영옥 (1987/1990). 「신고 한국행정사」. 서울: 대영문화사.
유종해 · 이덕로 (2015). 「현대행정학」. 서울: 박영사.
유종해 · 차미숙 (1991). 행정학에서 윤리문제의 제기와 행정이념. 「사회과학논집」, 22: 35-56.
유택화 주편, 장현근 역 (2008). 「중국정치사상사: 선진편(하)」. 고양: 동과서.
유현종 (2011). 한국행정의 국가이론적 재검토: 국가성의 변화와 대안을 중심으로. 「한국행정학보」, 45(3): 251-277.
유홍림 · 김행기 (2004). BPR이 공공조직의 성과에 미치는 영향에 관한 실증적 연구. 「한국행정학보」, 38(5): 21-47.
유희정 · 이숙종 (2010). 사회참여가 정부성과 인식에 미치는 영향-사회신뢰의 매개를 통하여. 「한국정책학회보」, 19(3): 29-56.
______ (2015). 일선공무원의 시민신뢰가 시민참여 수용성에 미치는 영향: 정책과정 및 유형별 시민참여 필요성의 조절효과를 중심으로. 「한국행정학보」, 49(1): 29-57.
윤견수 (2001). 약자의 설득전략: 어느 하위직 지방공무원의 개혁활동에 대한 현상학적 보고서. 「한국행정학보」, 35(1): 143-160.
______ (2011). 정부의 질과 관료제의 합리성: 관료제 이념형 구성의 기본단위인 '공직'개념을 중심으로. 「정부학연구」, 17(3): 19-48.
______ (2011). 한국행정학의 영역 찾기: 공직과 자리 개념의 재발견. 「한국행정학보」, 45(1): 1-22.
______ (2015). 한국 공직문화의 원형: 자리문화. 「한국행정학보」, 49(4): 1-28.
윤경준 (1998). 공공부문 성과측정을 위한 DEA와 확률전선모형의 비교분석: 일선경찰서의 기술효율성 측정을 중심으로. 「한국행정학보」, 32(4): 257-273.
윤경준 · 안형기 (2004). 심의민주주의적 의사결정의 효과성: 지방의제21 작성을 중심으로. 「한국행정학보」, 38(2): 149-166.
윤광재 · 황성수 (2011). 한국행정의 특성에 관한 연구: 행정문화를 중심으로. 「한국정책과학학회보」, 15(2): 29-51.
윤명로 (1973). 현상학적 방법과 해석학적 방법의 비교연구, 「성곡논총」, 4.
윤병태 (1996). 행정윤리의 난제와 해결가능성. 「한국행정논집」, 8(1): 1-16.
윤성식 (1994). 감사인의 독립성과 적정 감사인의 규모: 대리인이론과 게임이론의 관점. 「한국행정학보」, 28(3): 753-767.

윤성채 (1993). 예산배분변화의 안정성과 규범성. 「한국행정학보」, 27(1): 97-114.
윤우곤 (1974). 「행정과학화 세미나」, 행정의 과학화. 「한국행정학보」, 8: 7-45.
______ (1998). 행정과 경영의 비교 연구: 행정과 행정학의 미래. 「한국행정학보」, 32(4): 1-18.
윤은기 (2005). 행정문화변동연구의 방법론적 고찰. 「행정논총」, 43(3): 53-73.
______ (2008). 영미 신공공관리론의 철학적 기원: 로크의 사회계약론 재해석을 중심으로. 「행정논총」, 46(3): 27-50.
______ (2010). 싱가포르의 정치체제와 거버넌스. 「싱가포르의 행정과 공공정책」, 서울: 신조사.
윤재풍 (1969). 계획적 변화·발전을 위한 관료제론. 「한국행정학보」, 3: 290-308.
______ (1987). 한국의 행정학 교육-대학행정학과 학사과정을 중심으로. 「한국행정학보」, 21(1): 55-99.
______ (1990). 「사회과학과 조직이론」. 서울: 박영사.
______ (2001). 한국 행정의 역사적 이해. 이대희 외. 「한국의 행정사」. 서울: 대영문화사, 17-32.
______ (2006). "편찬사." 한국행정학회(편). 「한국행정학오십년, 1956-2006」. 서울: 조명문화사, 3-5.
윤태범 (2013). 우리나라 행정윤리 연구의 경향 분석: 1967-2011. 「한국사회와 행정연구」. 24(2): 291-317.
윤형섭 (1974). 미군정의 정치적충원에 관한 발전론적 연구. 「한국정치학회보」, 8: 175-202.
윤홍근 (1994). 헌법원리의 정치적 정당화에 관한 연구: J. 롤즈의 정의 이론과 J. 뷰캐넌의 공공선택이론을 중심으로. 「한국정치연구」, 4: 303-339.
은재호 (2007). 문제정의가 정책변동에 미치는 영향: 프랑스 AIDS 정책을 중심으로. 「한국정치학회보」, 41(4): 243-265.
______ (2011). 규율과 통치: 조직연구에 있어서 Michel Foucault 권력론의 함의와 기여. 「한국조직학회보」, 8(2): 1-33.
이가종·김도훈·배득종 (1991). 행정학분야 학술정보체제의 구성을 위한 기초연구. 「한국행정학보」, 25(1): 403-421.
이강선 (1992). 조선조 관료제의 유교문화적 특성에 관한 연구. 「한국행정사학지」, 1(1): 131-146.
이강은 (1974). 국가와 사회와의 관계: 삼모형(계급모형, 관료제모형, 다원론적모형)의 비교. 「한국행정학보」, 8: 217-226.
이곤수·정한울 (2013). 국회신뢰의 영향요인 분석 -국민인식조사를 중심으로. 「한국행정논집」, 25(2): 359-380.
이곤수·송건섭 (2007). 지방정부의 시민접촉에 대한 사회자본의 영향. 「한국행정학보」, 41(1): 33-152.
______ (2011). 지역주민의 삶의 질 인식과 지방정부 신뢰: 평택시를 중심으로. 「한국행정논집」, 23(2): 487-507.
이곤수·최원삼·전영평 (2005). 지역혁신거버넌스의 실증적 분석. 「한국행정학보」, 39(40):

39-62.
이광석 (2013). 해석현상학적 분석의 의의와 적용가능성에 관한 연구. 「질적연구」, 14(2): 132-144.
_____ (2014). 행정과 생활세계의 충돌과 조화에 관한 연구: 의식의 흐름방법을 적용한 밀양 송전탑 사태의 분석. 「한국행정학보」, 48(3): 147-174.
이광석 · 문유석 (2016). 행정학에서 과학주의와 인문학주의의 대립과 대립 넘어서기에 관한 연구. 「지방정부연구」, 20(2): 1-29.
이광석 · 원종학 · 김동룡 (2015). 「복지모순론」. 서울: 퍼시픽출판사.
이광주 (1981). 독일사학의 사회사적 전환: 구조사의 전개. 이광주 · 이민호 편. 「역사와 사회과학」. 서울: 한길사.
이구슬 (1996). 「해석학과 비판적 사회과학」. 서울: 서광사.
이규호 (1971). 서구철학의 최근 동향, 「신동아」 (1월호 권말부록). 서울: 동아일보사.
_____ (2005a). 「해석학」. 서울: 연세대 출판부.
_____ (2005b). 「언어철학」. 서울: 연세대 출판부.
이기상 (2015). 「소통의 관점에서 본 학문론의 역사」. 미출간 강의교재.
_____ (2015b). 지구인 시대 문화인의 소통. 이광석 (편) 「국제행정론」. 서울: 대영문화사.
이달곤 (1993). 협상의 체제론적 접근. 「행정논집」, 31(2): 186-203.
_____ (2015). 「행정학: 행정이론의 주제 중심 학습」. 서울: 법우사.
이달곤 · 강인재 · 이원희 (1998). 한국관료문화의 특징과 정부운영. 「한국사회와 행정」, 9(1): 31-42.
이대희 (1984). 민주자본주의와 정부의 역할: 민간주도 경제체제로의 전환에 따른 방향 탐색. 「한국행정학보」, 18(2): 621-638.
_____ (1987). 시정연설 속에 나타난 최고행정권자의 가치. 「한국행정학보」, 21(1): 315-333.
_____ (1991). 유교적 행정문화에 대한 새로운 해석. 「한국행정학보」, 25(2): 549-567.
_____ (2003 겨울). 조선시대 문화정책의 역사적 변화. 「한국행정학보」, 37(4): 215-231.
이대희 외 (2001/2014). 「(한국의) 행정사」. 서울: 대영문화사.
이덕복 (1993). 공공정책의 정당화 논리에 관한 연구: 논리실증주의적 정당화 논리의 한계, 서울대 박사학위 논문.
이도형 (2004). 로컬 복지 거버넌스 전략: 자활사업을 중심으로. 「한국행정학보」, 38(3): 221-238.
이동수 (2011). 한국의 행정문화와 리더십. 「한국학논집」, 42: 141-176.
이명석 (1995). 공유재 문제의 자치적 해결 가능성. 「한국행정학보」, 29(4): 1291-1312.
_____ (1996). 정책분석에서의 게임이론의 활용: 제도분석틀의 관점에서. 「한국행정학보」, 30(2): 49-63.
_____ (1998). 지방자치단체 공무원 규모의 결정요인에 대한 연구: 도시공무원을 중심으로. 「한국행정학보」, 32(2): 183-199.
_____ (1999). 제도와 정부규모: 시정부를 중심으로. 「한국행정학보」, 33(4): 211-224.
_____ (1999). 합리적 선태론의 신제도주의. 정용덕 외 8인 공저. 「합리적 선택과 신제도

주의」. 서울: 대영문화사, 9-30.
______ (2001). 신자유주의, 신공공관리론 그리고 행정개혁. 「사회과학」, 40(1): 1-46.
______ (2002). 거버넌스의 개념화: 사회적 조정으로서의 거버넌스. 「한국행정학보」, 36(4): 321-339.
이명석 · 오수길 · 배재현 · 양세진 (2008). 재난대응 거버넌스 분석 - 민간자원봉사네트워크를 중심으로. 「한국정책학회보」, 17(3): 163-188.
이명석 · 오스트롬 · 워커 (2004). 제도, 이질성, 신뢰 그리고 사회적 딜레마 상황에서의 협동가능성. 「한국행정학보」, 38(1): 1-21.
이명현 (1982). 「이성과 언어」. 서울: 문학과 지성사.
______ (1996). 모국어란 무엇인가. 「역사와 지성」. 서울: 한길사, 105-120.
이문수 (2012). Sine ira et studio or Recognition - 악셀 호네트의 인정이론을 중심으로 한 막스 베버의 관료윤리론에 대한 비판적 연구. 「정부학연구」, 18(3): 33-65.
______ (2014). 행정윤리와 타자성: 행정윤리의 철학적 전제의 재검토. 「한국행정학보」, 48(3): 51-74.
이문영 (1996). 「논어맹자와 행정학」. 서울: 나남출판.
이민호 · 윤수재 (2009). 공공기관의 공공성과 효율성 간의 조화 방안 모색: TRIZ 모형을 통한 모순해결 방식의 적용. 「한국사회와 행정연구」, 20(2): 187-214.
이병갑 (1992). 조선조의 정책과정에 있어서 이익갈등분석: 16세기 동인과 서인간의 관계를 중심으로. 「한국행정학보」, 26(3): 819-834.
______ (1997). 한국정치사 연구의 현황과 과제. 한국정치학회 편. 「한국의 정치학: 현황과 전망」. 서울: 법문사, 81-103.
______ (1999). 조선조 사회 · 경제정책과정에 있어서 정파간의 이익갈등분석: 16세기 붕당간의 관계를 중심으로. 「한국행정학보」, 33(2): 75-87.
______ (2014). "蒼狗客日"을 통해 본 정파 간의 정책갈등 분석. 이병갑 편. 「蒼狗客日 연구: 밀암 이재의 유배시종실록을 통해 본 17세기 조선」. 서울: 서울대학교출판문화원, 353-382.
이병탁 (2013). 「아도르노의 경험의 반란」. 서울: 북코리아.
이상엽 (2002 가을). 조선후기 지방행정에 있어서 吏胥의 역할과 부패유발요인. 「한국행정학보」, 36(3): 19-37.
이상철 · 성도경 (2002). 지방공기업의 책임경영을 위한 성공요건 분석: 뉴거버넌스의 관점에서. 「한국행정학보」, 36(4): 303-320.
이상현 (2014). 독일민속학의 비교연구의 역사와 특징. 「비교민속학」, 53: 115-146.
이서행 (1986). 한국행정윤리연구실태에 관한 고찰. 「한국행정학보」, 20(1): 195-214.
______ (2001). 전통적인 선비사상과 청백리의 공직윤리. 「행정사학지」, 10: 83-106.
이석원 (2005). 조정성과지표를 사용한 공공기관의 성과측정: 정부투자기관경영평가의 적용. 「한국행정학보」, 39(4): 81-104.
이석환 (2006). 공공부문 BSC의 성공적 운영방안에 관한 연구: 조달청의 사례를 중심으로. 「한국행정학보」, 40(1): 127-149.
이성우 (2008). 후기 실증주의와 질적 연구방법의 정책분석평가연구에의 적용가능성. 「정책분석평가학회보」, 18(4): 15-42.
______ (2012). 후기 실증주의와 질적 연구방법의 정책분석평가연구에의 적용가능성. 이광석 외. 「질적평가를 위한 행정정의」. 서울: 조명문화사.
이송호 (2000). 비교 및 발전행정 분야 교과서 분석과 향후 과제. 「한국행정학보」, 34(4): 365-374.
이숙종 · 김희경 · 최준규 (2008). 사회자본이 거버넌스 형성에 미치는 영향에 관한 연구: 공무원과 시민단체 직원의 인식을 중심으로. 「한국행정학보」, 42(1): 149-170.
이승권 (2000). 언어에 관한 언어철학의 한 시각. 「불어불문학연구」. 서울: 한국불어불문학회, 43: 393-415.
이승종 (2010). 정부신뢰에 대한 종교의 영향. 「한국행정학보」, 44(1): 99-119.
______ (2010). 「크로스오버 하이데거: 분석적 해석학을 향하여」. 서울: 생각의 나무.
이승환 (2000). 아시아적 가치 논쟁과 유교문화의 미래. 「퇴계학」, 11: 197-226.
이시경 (1990). 도시행정에 있어서 민간과 사회부문 조직의 역할. 「한국행정학보」, 24(3): 1243-1263.
이시원 (1994). 경제적 상황요인이 정부신뢰에 미치는 영향. 「한국정책학회보」, 3(3): 61-84.
이시원 · 민병익 (2002). 지방자치단체 온라인 주민참여 실명제 도입의 영향분석. 「한국행정학보」, 36(2): 205-230.
이시원 · 정준금 (1996). 한국의 정책결정에 관한 실증적 연구의 동향 분석. 「한국행정학보」, 30(2): 65-79.
이신행 외 (1999). 「시민사회운동-이론적 배경과 국제적 사례」. 서울: 법문사.
이양수 (1990). 한국행정문화의 바람직한 변화방향. 「한국행정학보」, 24(1): 3-23.
______ (1997). 공공기관의 문화가 행정에 미치는 영향. 「월간감사」.
______ (2004). 조직행태론에 관한 소고: 학문의 정체성 분석. 「한국행정학보」, 38(3): 1-21.
______ (2008). 신뢰유형, 관료의 형태, 국정운영평가가 정부역할신뢰에 미치는 영향. 「한국행정논집」, 20(2): 533-552.
이영균 (1994). 행정학 연구영역의 변천에 관한 소고: 박사학위논문분석을 중심으로. 「한국행정학보」, 28(4): 1463-1479.
이영조 (1996). 재량행위의 통제수단으로서 행정윤리의 효용성과 한계. 「한국행정논집」, 8(4): 675-692.
이영철 (2011). 포스트모던 행정학과 공공성 탐색. 「한국행정학보」, 45(4): 353-375.
이은국 (1999). 한국의 선거와 경제: 정치적 경기순환주기 가설의 검정. 「한국정책학회보」, 8(3): 5-26.
이인자 · 한세의 · 이희선 (2010). 사회자본이 교육성과에 미치는 영향에 관한 연구 -사교육의 매개효과를 중심으로. 「한국정책학회보」, 20(1): 179-211.
이재광 (2008). 과잉생산경제와 거버넌스 -거버넌스의 기원에 관한 소고. 「한국정책학회보」, 17(2): 264-289.
이재완 (2013). 외국인 신뢰가 다문화정책지지에 미치는 효과 분석 -서울시의 외국인이주정책과 다문화가족정책을 중심으로. 「한국정책학회보」, 22(4): 285-315.

이정복 (1980). Gadamer에 있어서 해석학적 방법과 이해의 문제. 「철학연구」, 15: 3-14.
이정주 (2010). 행정윤리풍토유형에 따른 행태론적 조직효과성에 관한 탐색적 연구. 「한국사회와 행정연구」, 21(2): 29-53.
이정훈 (2010). 조직문화와 직무특성이 조직유효성에 미치는 영향 분석: 경북지방경찰청을 중심으로. 「한국행정논집」, 22(1): 181-215.
이종범 (1983). 행정에 있어서 상벌체계와 형식주의. 한국정치학회 · 재북미한인정치학자회의 합동학술대회 발표논문.
_____ (1984). 기술사용조직에 주어지는 유인과 기술적합성 간의 관계. 한국행정학회 연말학술대회 발표논문.
_____ (1986). 「국민과 정부관료제」. 서울: 고려대학교 출판부.
_____ (1994). 행정학 연구와 조직문화. 「한국행정학보」, 28(2): 707-717.
_____ (1995). 기업형 정부의 구축방안. 「한국행정연구」, 4(1): 20-45.
_____ (2006). "서론." 한국행정학회 편. 「한국행정학오십년, 1956-2006」. 서울: 한국행정학회, 13-36.
이종범 · 정용덕 · 김준환 (1990). 행정학과 교육프로그램 개발에 관한 연구. 「한국행정학보」, 4(1): 367-426.
이종수 (1994). 영국에서의 행정개혁과 최근의 쟁점. 「한국행정연구」, 3(1): 1-19.
_____ (2000 / 2009). 「행정학 사전」. 서울: 대영문화사.
_____ (2014). 새 행정학 2.0. 서울: 대영문화사.
이종수 외 (1997 / 2008). 「새행정학」. 서울: 대영문화사.
이종원 (2005). 방법론적으로 재해석한 거버넌스의 이해. 「한국행정학보」, 39(1): 329-340.
이종익 (1971). 최근 미국의 도시문제를 중심으로 한 사회정책. 「한국행정학보」, 5: 120-131.
_____ (1987). 민주발전과 지역개발. 「한국행정학보」, 21(1): 283-300.
이주실 (2014). 실용주의 관점의 행정학 연구 적용방법에 대한 탐색. 한국행정학회 동계학술대회 발표논문.
이주헌 (2013). 대도시권 거버넌스와 지방정부의 협력기제에 관한 비교연구. 「한국행정학보」, 47(3); 309-328.
이주헌 · 박치성 (2010). 지역사회서비스 전달 네트워크 거버넌스 유형에 대한 탐색적 연구: 서울시 자치구를 중심으로. 「한국행정학보」, 44(3); 1-35.
이창길 (2007). 중앙부처의 수평적 정책네트워크 구조 분석: 협력과 경쟁 그리고 권위의 관계를 중심으로. 「한국행정학보」, 41(1): 21-47.
_____ (2012). 관료제와 '관료'의 탈일체화: James Q. Wilson의 관점을 중심으로. 「정부학연구」, 18(3): 5-32.
이창원 · 전주상 (2004). 한국 행정조직론 분야 실증적 연구결과의 문화방임 및 구속적 경향분석. 「한국행정학보」, 38(2): 245-268.
이창원 · 최창현 (1996). 「새조직론」. 서울: 대영문화사.
이한빈 (1967). POSDCORB의 재음미: 발전행정의 입장에서. 「한국행정학보」, 1: 103-114.
_____ (1970). 법학에서 행정학으로: 해방후 한국 행정학의 수립과정에 관한 고찰. 「한국

행정학보」, 4: 321-344.
이해영 (2005). 일반균형이론과의 비교적 관점에서 본 정책균형이론의 특징. 「한국정책논집」, 5: 56-69.
이해영 · 허만형 (2010). 미국정책학 수용을 중심으로 본 한국정책학의 연구 경향. 「한국정책학회보」, 19(3): 1-29.
이헌수 (1999). 국민의 행정 신뢰에 관한 영향요인 분석: 공무원에 대한 신뢰를 중심으로. 「한국행정학보」, 33(2): 37-56.
이현국 · 김윤호 (2014). 정부서비스 성과와 정부신뢰: 서울시 정부서비스를 대상으로. 「한국행정학보」, 48(4): 1-22.
이형우 (2015). 조직 신뢰 개념의 재구성과 측정방법의 비교평가. 「한국행정학보」, 49(3): 487-514.
이혜림 · 조민효 (2014). 다문화가정 이주여성의 적응유형과 사회자본이 취업에 미치는 영향에 관한 연구. 「한국정책학회보」, 23(4): 237-263.
이혜인 · 홍준형 (2013). 정부신뢰와 시민참여: 지난 두 정부에 대한 설문조사를 활용한 실증분석. 「한국행정논집」, 25(3): 791-820.
이호영 (2008). 동아시아 경제발전과 유교문화의 역할-한국경제발전을 위한 유교문화의 계승방향. 「국제지역연구」, 12(1): 165-191.
이희창 · 박희봉 (2005). 사회자본과 지역발전. 「한국행정논집」, 17(4): 1183-1206.
임도빈 (2000). 신공공관리론과 베버 관료제이론의 비교. 「행정논총」, 38(1): 51-72.
______ (2002). 행정윤리관의 분석틀 모색: 서양철학이론을 중심으로. 「행정논총」, 40(3): 69-95.
______ (2007). 관료제, 민주주의, 그리고 시장주의: 정부개혁의 반성과 과제. 「한국행정학보」, 41(3): 41-65.
______ (2010). 관료제 개혁에 적용한 신공공관리론, 무엇이 문제인가. 「한국사회와 행정연구」, 21(1): 1-27.
임동진 · 김상호 (2000). DEA를 통한 지방정부의 생산성 측정: 인력재정과 공공서비스 관계를 중심으로. 「한국행정학보」, 34(4): 217-234.
임승후 · 김병섭 (2010). 주민참여통로의 효과성 연구. 「한국행정학보」, 44(3): 61-86.
임의영 (1994). 신행정학의 규범적 가치로서 사회적 형평성. 「한국행정학보」, 28(4): 1157-1174.
______ (1995). 과학적 방법론과 현상학적 방법론의 이질동형성 비판. 「한국행정학보」, 29(4): 1133-1151.
______ (1999). 행정윤리론의 대안적 인간관: 정치적 실존모형에 관한 연구. 「한국행정학보」, 33(3): 39-53.
______ (2003). 공공성의 개념, 위기, 활성화조건. 「정부학연구」, 9(1): 23-52.
______ (2005). Weber의 관료제에 대한 전망의 행정철학적 재구성. 「한국행정학보」, 39(2): 23-39.
______ (2009). 사회적 형평성의 정의론적 논거 모색. 「한국행정학보」, 43(2): 1-11.
______ (2010). 공공성의 유형화. 「한국행정학보」, 44(2): 1-21.

______ (2012). Dwight Waldo의 행정학과 관료제 다시보기. 「정부학연구」, 18(3): 67-91.
______ (2014). 행정의 윤리적 과제: 악의 평범성과 책임의 문제. 「한국행정학보」, 48(3): 5-25.
임준형 (2006). 도시전자정부가 시민참여에 미치는 영향. 「한국행정학보」, 40(3): 53-76.
임채홍·김서용 (2014). 원전비리 사건의 부정적 효과와 신뢰기제 분석. 「한국행정연구」, 23(3): 131-159.
장동걸 (2006). 행정조직문화와 공무원 혁신 행동의 관계에 관한 실증적 연구. 한국 외국어 대학교 박사학위 논문.
장동희 (1988). 「한국행정사」. 서울: 법문사.
______ (2003). 목민심서를 통해본 지방행정책임자의 윤리에 관한 연구. 「한국행정논집」, 15(4): 791-808.
장지호 (2009). 역사적 제도주의의 적용과 극복. 박종민·정무권 편. 「한국행정연구: 도전과 과제」. 서울: 박영사, 224-252.
장춘익 (2015). 열린 연단: 문화의 안과 밖. (http: //blog.naver.com/kcs7573/22062299 1465)
장현주 (2006). 정책집행 권한의 이양과 거버넌스의 변화: 미국 뉴욕 주정부와 지방정부의 사례 연구. 「한국행정연구」, 15(1): 263-293.
장호석·하현상 (2013). 지속가능한 환경을 위한 거버넌스 채택에 대한 신뢰와 제도의 영향 -미국 플로리다 지방정부를 중심으로. 「한국정책학회보」, 22(1): 517-551.
전대성·권일웅·정광호 (2013). 정부신뢰에 대한 연구-대통령에 대한 신뢰와 정부정책에 대한 평가 비교를 중심으로. 「한국정책학회보」, 22(2): 181-206.
전성우 (2013). 「막스 베버 사회학 연구 논문집」. 파주: 나남.
전영평·장임숙 (2004). 규제거버넌스와 NGO의 정책 참여: 기여와 한계. 「한국행정학보」, 38(3): 281-300.
전종섭 (1988). 전문가 역할과 윤리적 책임; 한국의 민주적 행정의 창조를 위한 제 방안. 「한국행정학회 국제학술대회 논문집」.
______ (1994). Philosophy of Administration, 윤재풍·정희남 역 (2001). 「행정철학」. 서울: 대영문화사.
정광호·이달곤·하혜수 (2011). 지방정부 신뢰요인의 탐색. 「한국행정학보」, 45(4): 181-201.
정기섭 (1976). 발전도상국가에 있어서 국가발전과 관료제. 「한국행정학보」, 10: 240-256.
정길호 (2010). 복잡계이론의 국방행정 적용 가능성 연구. 제5회 복잡계컨퍼런스 발표논문. 서울: 삼성경제연구소 복잡계센터.
정대현 (1987). 「한국어와 철학적 분석」. 서울: 이화여대 출판부.
정무권 (1993). 국가자율성, 국가능력, 사회보장정책: 유신체제의 연금제도와 의료보험정책을 중심으로. 「한국행정학보」, 27(2): 493-516.
______ (2004). 최근 비교정책연구의 동향과 쟁점: 생산레짐 이론과 자본주의 체제의 다양성. 한국정책학회 추계학술 발표논문.
______ (2013). 한국행정학의 정체성 찾기와 한국화 전략. 「한국행정학의 한국화론: 보편성과 특수성의 조화」. 파주: 법문사, 146-153.

정문기 (2009). 지역경제개발의 협력거버넌스. 「한국행정학보」, 43(3): 229-250.

정석환·주영종 (2005). 시스템다이내믹스 방법론을 이용한 정책파급효과분석: 성매매특별법을 중심으로. 「한국행정학보」, 39(1): 220-223.

정성호 (1991). 한국행정연구에 있어서 문화심리적 접근의 평가. 「한국행정학보」, 25(3): 707-726.

______ (2002). Machiavelli의 「군주론」과 ego 중심적 통치: Ego 중심적 "나"와 한국행정의 반성. 「한국행정학보」, 36(3): 1-18.

______ (2013). '한국행정학의 한국화'에 대한 정신분석학적 사색. 김현구 편. 「한국행정학의 한국화론」. 파주: 법문사, 154-158.

정성호·정창훈 (2010a). 거버넌스 위기가 지방공사의 부채증가에 미치는 영향. 「한국행정연구」, 20(3): 125-161.

______ (2010b). 거버넌스가 경제성장에 미치는 영향. 「한국행정연구」, 19(3); 171-202.

정수용·이명석 (2015). 대안적 사회조정양식으로서의 네트워크 거버넌스: 홍도 유람선 좌초사고 민간자율구조 사례를 중심으로. 「한국행정학보」, 49(3): 25-49.

정승건 (1994). 한국의 행정개혁과 변동: 정치권력과 관료정치. 「한국행정학보」, 28(1): 55-79.

______ (2000). 발전주의와 신자유주의를 넘어서: 한국행정개혁이론의 모색. 「한국행정학보」, 34(2): 39-59.

정시채 (1978). 「한국관료제도사」. 서울: 화신출판사.

정용덕 (1982). 복지 및 소득재분배 정책과 행정학. 「한국행정학보」, 16: 181-197.

______ (1988). 물적 자원의 동원과 배분. 성균관대 사회과학연구소 편. 「행정학 개론」. 서울: 대영문화사, 235-296.

______ (1993). '자본주의 국가론'에 의한 한국 중앙국가 기구의 유형별 분석. 「한국행정학보」, 27(3): 677-704.

______ (1996a). 한국 행정학 발전의 동인. 「한국행정학보」, 30(4): 1-17.

______ (1996b). 미국 행정(학)의 무국가성이 한국 행정(학)에 미친 영향. 「행정논총」, 4(1): 33-50.

______ (2001). 한일 중앙-지방정부간 국가기능 배분에 관한 실증적 연구: 공공선택 모형의 적용을 중심으로. 「국제·지역연구」, 10(2): 1-23.

______ (2001). 행정윤리의 다면성. 「행정논총」, 39(4): 113-127.

______ (2001). 「현대 국가의 행정학」. 서울: 법문사.

______ (2002). 「한일 국가기구 비교연구」. 서울: 대영문화사.

______ (2004). 이승만 정부의 관료제. 문정인·김세중 편. 「1950년대 한국사의 재조명」. 서울: 선인, 127-164.

______ (2009). 행정(학)에서의 이념과 실용. 「한국행정학보」, 43(1): 1-16.

______ (2011). 행정학 연구에서 무엇을 어떻게 연구할 것인가?. 박종민·윤견수·김현준 편. 「한국행정학의 방향」. 파주: 박영사, 79-108.

______ (2016). 문명진보와 행정학의 '한국화' 담론. 한국행정학회 동계학술대회("미래사회와 행정학 재설계 II: 변화와 지속을 위한 행정학")의 '한국화 논단' 발표 논문. 12

월 10일, 고려대.
정용덕 외 (1999a). 「합리적 선택과 신제도주의」. 서울: 대영문화사.
정용덕 외 (1999b). 「신제도주의 연구」. 서울: 대영문화사.
정용덕 · 김근세 (1998). 한국 중앙재정기구의 개혁방향. 「한국행정학보」, 32(1): 81-96.
정인흥 (1955 / 1960). 「행정학」. 서울: 제일문화사, 박영사.
_____ (1969). 행정학의 방법론적 연구. 「한국행정학보」, 3: 351-358.
정일환 · 이병진 · 권동택 (2013). 한국에서의 비교교육연구 성과와 과제. 「비교교육연구」, 23(4): 155-172.
정재명 (2010). 공직인사 상 여성공무원의 차별인식이 직무만족에 미치는 영향: 신뢰의 매개변수를 중심으로. 「한국행정논집」, 22(3): 721-747.
정정길 (1979). 한국에서의 정책연구. 「한국정치학회보」, 13: 137-152.
_____ (1985). 서평: 노화준 저 행정계량분석. 「한국행정학보」, 19(1): 300-2.
_____ (2000). 새로운 시대의 행정관리. 「한국행정연구」, 9(2): 45-67.
_____ (2015). 「정책학원론」. 서울: 대명문화사.
정주용 · 김서용 (2014). 신뢰와 원자력 수용성의 다차원성에 대한 탐색적 분석. 「한국행정학보」, 48(4): 51-78.
정진경 · 최영훈 (2010). 조직유형, 신뢰와 자원공유 특성 연구: 자원봉사 영역의 사회복지기관과 자원봉사센터 중심. 「한국행정학보」, 44(4); 83-102.
정헌영 (1990). 행정윤리의 성립가능성 및 확립방안. 「한국행정학보」, 24(2): 835-851.
제갈욱 (2016). 행정학 교육의 현실과 과제. 한국행정학회 하계학술대회 한국행정학회 60주년 기념 좌담회 발표 논문. 6월 24일.
조석준 (1980). 「한국행정학」. 서울: 박영사.
_____ (1999). 「조직론」. 서울: 박영사.
조석현 · 변상호 (2014). 폐기학습 이론의 우리나라 재해재난관리정책에의 함의: 예방계획 및 관리원칙을 중심으로. 「한국행정학보」, 48(4): 407-433.
조선일 (1989). 탈관료제이론의 비판적 고찰: 관료제논리와의 통합가능성을 중심으로. 「한국행정학보」, 23(2): 635-652.
조성수 (2010). 체험과 기억으로서의 공무원의 일상: 공무원의 권력관계에 대한 미시사적 접근. 「한국행정학보」, 44(4): 59-82.
조성은 (2014). 전력 위기의 학습과 재난 거버넌스-9.15 전력대란과 8.6 전력위기 비교를 중심으로. 「한국정책학회보」, 23(4): 1-35.
조승현 · 김광휘 · 고상진 (2010). 개발정책과 환경정책의 불균형 생산구조에 대한 공공선택론적 분석. 「한국자치행정학보」, 24(2): 167-189.
조연숙 (2001). 복지서비스기관 운영형태 다양화의 성과분석: 서울특별시 여성발전센터를 중심으로. 「한국행정학보」, 35(4): 297-316.
조옥라 (1993). 한국인류학에서의 비교연구와 HRAF. 「비교문화연구」, (1): 57-77.
조일형 (2015). 지역사회의 사회자본이 범죄두려움에 미치는 영향. 「한국정책학회보」, 24(3): 1-27.
조화순 · 김민정 (2010). 인터넷 규제정책의 굿 거버넌스 모색. 「한국정책학회보」, 19(3);

58-78.
조화순 · 송경재 (2004). 인터넷을 통한 시민 정책참여: 단일이슈 네트운동의 정책결정과정. 「한국행정학보」, 38(5): 197-215.
주명갑 옮김 (1997). 「복잡계란 무엇인가」, 한국경제신문사.
주상현 (2002). 한국 행정학 연구경향의 실증적 분석: 최근 7년(1995-2001)간 「한국행정학보」 기고논문을 중심으로. 「한국행정학보」, 36(3): 39-55.
주성수 (1999). 「시민사회와 제3섹터」. 서울: 한양대학교 출판부.
_____ (2003). 정부의 신뢰 위기와 NGO와의 파트너십 대안. 「한국행정연구」, 12(2): 186-210.
주성수 · 남정일 (1999). 「정부와 제3섹터 파트너십」. 서울: 한양대 출판부.
주재현 (2011). 한국 행정문화의 지속과 변화에 관한 연구: Grid-Group 문화이론의 적용. 「정부학연구」, 17(1): 1-33.
지종화 (2004). 벤처기업의 지대추구 과정에 관한 연구. 「한국행정학보」, 38(3): 239-263.
채원호 (2013). 비교행정 · 국제행정 분야 국내 학술지 연구경향 분석. 「한국사회와 행정연구」, 24(2): 319-338.
채원호 · 손호중 (2005). 정책실패와 신뢰: 방사능폐기물 처리장 입지선정 사례를 중심으로. 「한국행정논집」, 17(1): 103-129.
천세봉 · 하연섭 (2013). 과학기술정책 거버넌스 변동에 관한 신제도주의 분석 -노무현 정부와 이명박 정부를 중심으로. 「한국정책학회보」, 22(4): 87-113.
최경희 (2009). 대구 밀라노프로젝트 거버넌스 네트워크 분석. 「한국행정논집」, 21(2): 491-519.
최광 · 이성규 · 김행범 · 이현우 (2011). 경제학자와 정치 · 행정학자의 공공선택에 관한 관점의 차이. 「제도와 경제」, 5(2): 99-129.
최남희 (2003). 시스템다이내믹스 기법을 이용한 서울시 도시동태성 분석과 정책지렛대 탐색. 「한국행정학보」, 37(4): 329-338.
최병선 (1991). 민영화의 정치경제. 「한국행정학보」, 25(2): 465-480.
_____ (2005). 한국 정책학 발전을 위한 정책학 교육과제. 「한국정책학회보」, 19(1): 1-9.
_____ (2006). "논평," 강신택 외. 한국행정학 50년: 회고와 전망에 대한 좌담. 한국행정학회편. 「한국행정학오십년, 1956-2006」. 서울: 조명문화사, 450-454.
_____ (2011). "논평." 박종민 · 윤견수 · 김현준(편). 「한국행정학의 방향」. 파주: 박영사, 153-164.
최병훈 · 조현석 (2004). 산업클러스터와 혁신-사회적 자본과 구조적 요인의 영향 분석. 「한국정책학회보」, 9(3): 109-136.
최성욱 (2001). 조직문화를 통해서 본 통합관료조직: 스키마중심의 인지해석적 접근. 「한국행정학보」, 35(3): 127-145.
_____ (2005). 한국행정조직의 문화적 프로필에 관한연구: 중앙부처를 대상으로. 「한국행정학보」, 39(2): 41-62.
최재송 · 이명석 · 배인명 (2001). 공유재 문제의 자치적 해결. 「한국행정연구」, 10(2): 152-172.

최정열 (2014). 분권화와 부패: 지방채 발행 총액한도제를 중심으로. 「한국행정학보」, 48(4): 239-259.
최종고 (1995). 법학의 비교연구방법. 「비교문화연구」, (2): 143-166.
최지민 · 김순은 (2016). 사회자본이 노인문제감소에 미치는 효과분석. 「한국정책학회보」, 25(2): 29-63.
최창현 (1992). 「행정조직이론」. 대영문화사.
______ (1993). 조직이론 관점의 변천: 체제이론 대 카오스이론을 중심으로. 한국행정학회 동계학술대회 발표논문. 한국행정학회.
______ (1994). 조직구조와 혁신의 관계에 대한 연구. 「한국행정학보」, 28(2): 469-480.
______ (1995). 「조직사회학」. 학문사.
______ (1997). Chaos이론과 조직혁신. 「성곡학술논총」, 28(2).
______ (1997). 혼돈이론에 기초한 조직혁신 모형. 한국인사조직학회 편. 「한국 조직의 변화와 혁신」.
______ (1999). 복잡성이론의 조직관리적 적용가능성 탐색. 「한국행정학보」, 33(4): 19-38.
______ (2005). 복잡계로 바라본 조직관리. 삼성경제연구소.
______ (2006). 복잡계와 행정조직 「복잡계 워크샵」, 삼성경제연구소.
______ (2010). 「신과학 복잡계 이야기」. 서울: 종이거울.
______ (2010). 제도혁신과 경로의존성: Chaoplexity이론적 관점. 「GRI연구논총」, 12(3): 81-110.
최창현 역 (1996). 「카오스 경영」. 한국언론자료간행회.
최창현 · 박찬홍 (2007). 「복잡계와 동양사상: 자기조직화와 조직관리」. 서울: 지샘.
최창현 · 유승동 (1994). Chaos 이론에 입각한 자기조직화 조직의 특성과 조직성과의 분석: 공 · 사조직의 비교, 연구. 「한국행정학보」, 28(4): 1211-1230.
최창현 · 정시구 (2015). 「복잡계로 바라본 C-P-N-D ICCT 생태계」. 서울: 커뮤니케이션북스.
최창호 (1973). 공익의 본질. 「한국행정학보」, 12: 218-228.
최태현 (2015). 거버넌스에 대한 가치 지향과 신뢰. 「한국행정학보」, 49(2): 1-24.
최 협 (2001). 동아시아 발전모형의 문화적 해석: 동아시아의 경제성장과 유교. 「국제 지역문제연구」, 19(2): 215-234.
최화인 · 배수호 (2015). 공직윤리와 충. 「한국행정학보」, 49(3): 1-24.
최흥석 (2004). 수자원공급의 거버넌스 변화 분석. 「한국행정논집」, 16(1): 49-79.
하미승 (1992). 중앙-지방간 기능 배분업무의 효율화를 위한 전문가지원 체계(ESS) 사례연구. 「한국행정학보」, 26(2): 645-665.
하미승 · 전영상 (2007). 협력적 거버넌스에 대한 공무원태도의 결정요인 분석. 「한국행정연구」, 16(1): 1-38.
하연섭 (1999). 역사적 제도주의. 정용덕 외. 「신제도주의」. 서울: 대영문화사, 9-36.
______ (2004). 「제도분석: 이론과 쟁점」. 서울: 다산출판사.
______ (2005). 행정학과 행정현실의 정합성. 「한국행정학회 동계학술대회 발표논문집」.
하태권 (1995). 한국인사행정의 실증적 연구에 대한 고찰. 「한국행정학보」, 29(4): 1463-

1483.
한국행정연구원 편 (2008). 「한국행정 60년. 1948-2008. vol. 1」. 파주: 법문사.
한국행정학회 편 (2006). 「한국행정학오십년: 1956-2006」. 서울: 한국행정학회.
韓非子 (2014). 「民國國學文庫: 韓非子(平裝, 第1版)」. 北京: 中華書局.
한상진 (1997). 언술검증과 비판이론, 한상진 외. 「하버마스: 이성적 사회의 기획, 그 논리와 윤리」. 서울: 나남출판.
한상철 · 김우준 (2010). 복잡계 이론을 활용한 범죄연구 가능성 고찰. 한국행정학회 추계학술대회 발표논문.
한석태 (1999). 한국행정문화의 유교적 전통요소: 문헌비평적 고찰. 「한국행정학보」, 33(4): 95-111.
한세억 (2001). 정보화의 현상학적 이해와 분석. 「한국정책학회보」, 10(3): 131-154 .
______ (2013). 한국정책학의 정체성 현상과 지향: 정책학회보 연구경향을 중심으로. 한국정책학회 동계학술대회 발표논문.
한세희 · 김연희 · 이희선 (2010). 사회자본과 주관적 안녕감의 관계: 서울시민을 대상으로. 「한국행정학보」, 44(3): 37-59.
한승연 (2004a). 행정지도에 관한 역사적 연구: 대한제국시대부터 국민의정부까지. 「한국행정사학지」, 14: 215-257.
______ (2004b). 간접 행정지도에 관한 역사적 연구. 「한국행정학보」, 38(5): 147-170.
______ (2006). 「한국 行政指導 연구」. 파주: 한국학술정보.
______ (2007). 국가 주도 경제개발정책의 연속과 단절: 경제엘리트의 경험을 중심으로. 「행정논총」, 45(1): 1-32.
______ (2009a). 행정사의 연구방법과 연구 방향. 「한국행정학보」, 43(4): 81-104.
______ (2009b). 制令을 통해 본 총독정치의 목표와 조선총독의 행정적 권한 연구. 「정부학연구」, 15(2): 165-215.
______ (2012). 조선 후기 民國 再造와 民 개념의 변화: '民人'을 중심으로. 「한국정치학회보」, 46(5): 51-78.
______ (2013). 조선총독부 관료제 연구: 비상통치기구적 성격을 중심으로. 「한국행정학보」, 47(3): 23-48.
______ (2014). 갑오개혁 전후 의정부와 6조 당상관 비교 연구. 「한국행정학보」, 48(4): 179-209.
______ (2015). 행정개혁기구의 성공 조건: 통리기무아문과 그 후속기구의 인사행정을 중심으로. 「한국정치학회보」, 49(1): 269-311.
한승주 (2010). 성과급제도에 대한 공무원의 대응: 근거이론의 적용. 「한국행정학보」, 44(4): 29-58.
한승준 (2004). 분권화시대의 지역 거버넌스에 관한 연구: 프랑스의 계획계약제도를 중심으로. 「한국행정학보」, 38(5): 281-302.
______ (2006). 지방정부간 관계의 거버넌스 구축에 관한 연구: 수도권교통조합을 중심으로. 「한국행정학보」, 40(4): 253-276.
______ (2007). 신거버넌스 논의의 이론적 실제적 한계에 관한 연구. 「한국행정학보」, 41(3): 95-116.

한인섭 (2004). 정부관료제의 본질과 기업적 거버넌스의 한계. 「한국행정연구」, 13(3): 3-26.

한인숙 (2000). 포스트모더니즘, 복지정책 그리고 여성. 「한국행정학보」, 34(4): 1-18.

허만형 (2008). 후기실증주의 정책분석방법론: 이분법적 관점을 넘어 통합적 관점으로의 전환. 「정책분석평가학회보」, 18(4): 43-68.

______ (2009). 방법론적 관점에서의 한국정책학 연구경향에 관한 연구. 「한국정책학회보」, 18(1): 29-46.

허 범 (1992). 한국정책학회의 정체성과 가능성. 「한국정책학회보」, 창간호: 165-187.

______ (2002). 정책학의 이상과 도전. 「한국정책학회보」, 11(1), 293-311.

허인혜 (2011). 한국 금융감독시스템의 민주적 거버넌스 모색. 「한국정책학회보」, 20(4): 136-162.

허철행 (2002). 신관리주의 지방정부혁신의 평가와 전망. 「한국정책학회보」, 1(3): 167-191.

허철행 · 허용훈 (2007). 한국 사회자본의 한계와 전망. 「한국행정논집」, 19(1): 151-170.

홍성걸 · 이종범 (2001). 정책학 연구: 과거, 현재, 그리고 미래. 2001년 한국행정학회 동계 학술대회 발표논문.

홍성만 · 주재복 (2003). 자율규칙형성을 통한 공유재 관리. 「한국행정학보」, 37(2): 469-494.

홍영교 · 정석환 (2007). 한국 시스템다이내믹스 연구경향분석, 「한국 시스템다이내믹스 연구」, 8(1): 25-47.

홍준현 (1999). 요인분석을 활용한 종합점수화 기법. 「정책분석평가학회보」, 9(1): 219-235.

홍형득 (2007). 거버넌스 관점에서 우리나라 국가혁신체제(NIS)의 변화와 특징 분석. 「한국행정논집」, 19(3): 555-579.

홍형득 (2015). 최근 한국 정책학 연구의 경향과 특징의 네트워크 분석: 10년(2003-2012)간 정책학회보 게재논문을 중심으로. 「한국정책학회보」, 24(1): 27-51.

황동연 (2011). 냉전시기 미국의 지역연구와 아시안 인식. 「동북아역사논총」, (33): 15-56.

황명찬 (1973). 한국의 지역 간 소득격차 분석(1960 및 1966): 정태적 변수의 격차효과 측정. 「한국행정학보」, 7: 229-242.

황성돈 (1993). 한국의 관료문화의 이의 유교적 뿌리에 관한 성격재조명. 「한국행정연구」, 2(4): 103-118.

황성돈 · 박수영 · 김동원(역) (2006). 「관료제를 위한 변론」. 서울: 올리브 M&B.

황아란 · 서복경 (2015). 정책과정이 정부신뢰에 미치는 영향: 2014년 유권자 인식을 중심으로. 「한국행정논집」, 27(4): 1193-1214.

황윤원 (2001). 「행정학원론」. 서울: 형설출판사.

황창연 (2002). 행정조직문화와 성과관리에 관한 연구. 서울대 박사학위논문.

______ (2003). 행정조직에서 조직문화 및 하위문화의 비교. 「한국행정학보」, 37(1): 37-58.

황창호 · 김영주 · 문명재 (2015). 행정가치에 대한 국민인식이 정부신뢰에 미치는 영향. 「한국행정학보」, 49(4): 123-150.

황혜신 (2005). 공공의료서비스 민간위탁의 성과에 관한 연구. 「한국행정학보」, 39(1): 65-89.

Adorno, T. (1966). *Negative Dialektik*, Suhrkamp Verlag (홍승용 역 (2005). 부정변증법, 서울: 한길사.).

Adorno, T. et al (1976). *The Positivist Dispute in German Sociology* (trans. by G. Adey & D. Frisby), London: Harper Torchbooks (김종호 역. 사회과학의 논리, 서울: 이문출판사.).

Agassi, J. (1981). *Science and Society: Studies in the Sociology of Science*, Boston: D. Reidel Publishing Company.

Almond, G. (1988). Separate Tables: Schools and Sects in Political Science. *PS: Political Science & Politics*, 21(04): 828-842.

Almond, G. & S. Verba (1963). *The Civic Culture: Political Attitudes and Democracy in Five Nations*. Princeton: Princeton University Press.

Alvesson, M. & K. Skȍldberg (2000). *Reflexive methodology: New Vistas for Qualitative Research*, London: Sage. *Analysis*. Thousand Oaks, CA: Sage.

Anechiarico, F. (1998). Administrative Culture and Civil Society. *Administration & Society*, 30: 13-34.

Anthony, G. (1986). *The constitution of Society*. Berkeley: University of California Press.

Ascher. W. (1987). The Evolution of policy sciences: Understanding the rise and avoiding the fall. *Journal of Policy Analysis and Management*, 5(2): 365-373.

Baker, W. (2000). *Achieving Success Through Social Capital*. San Francisco: Jossey-Bass Inc., A Wiley Company.

Barzelay, M. (1992). *Breaking Through Bureaucracy: A New Vision for Managing in Government*. Berkeley: University of California Press.

Bentley, A. (1908). *The Process of Government*. Chicago: University of Chicago Press.

Berggruen, N. & N. Gardels (2013). *Intelligent Governance for the 21st Century: A Middle Way Between West and East*. Cambridge, UK; Malden, MA: Polity Press.

Bernheim, E. (1978). *Einleitung in die geschichtwissenschaft*, (4th ed.). Berlin Leipzig: Walter de Gruyter, 1926 (역사학입문, 중판. 조기준(역). 서울: 정음사.).

Bernstein, R. (1983). *Beyond Objectivism and Relativism: Science, Hermeneutics, and Praxis*, Philadelphia: University of Pennsylvania Press (정창호 · 황설중 · 이병철 역. 객관주의와 상대주의를 넘어서, 서울: 보광재.).

Bertalanffy, L. (1968). *General Systems Theory*. N.Y.: George Braziller.

Bertram, G. (2011). *Sprachphilosophie zur Einführung*, Junius Verlag GmbH (정대성 역 (2015). 언어, 의미 그리고 철학, 서울: 박이정.).

Bevir, M. (2004). Governance and Interpretation. *Public Administration*, 82(3):

605-625.

Bhaskar, R. (1994). *Plato Etc: The Problems of Philosophy and Their Resolution*. London: Verso.

______ (1998). *The Possibility of Naturalism*. 3ed. London: Routledge.

______ (2011). *Reclaiming Reality*. London: Routledge.

Bird, G. (1986). *William James: The Arguments of the Philosophers*, London: Routledge.

Bish, R. (1971). *The Public Economy of Metropolitan Area*. Markham Publishing Co.

Björkman, J. (2010). Comparative Public Administration. *The Foundations of Public Administration Series*. ASPA(2010)

Bleicher, J. (1982). *Contemporary Hermeneutics: Hermeneutics as Method, Philosophy and Critique*, London: Routledge and Kegan Paul (권순홍 역 (1990) 현대해석학: 방법, 철학, 비판으로서의 해석학, 서울: 한마당.).

Bourdieu, P. (1986). The Forms of Capital. In J. G. Richardson ed., *Handbook of Theory and Research for the Sociology of Education*. New York: Greenwood, 241-258.

Box, R. (1998). *Citizen Governance: Leading American Communities into the 21st Century*. Thousand Oaks, Ca: Sage Publications.

Brown, H. (1977). *Perception, Theory and Commitment: The New Philosophy of Science*, Chicago: The University of Chicago Press (신중섭 역 (1987)논리실증주의의 과학철학과 새로운 과학철학, 서울: 서광사).

Brunner. R. (1991). The Policy movement as policy problem. *Policy Sciences*, 24: 65-98.

Buchanan, J. (2003). Public Choice: The Origins and Development of a Research Program. *Champions of Freedom*, 31: 13-32.

Bun W. K. (1976). Democratic Elitism as a Korean Possibility Model. *Korean Public Administration Review*, 10: 203-220.

Burnham, J. (1941). *The Managerial Revolution. Bloomington. IN: Indianan University Press.*

Burrell, G. & G. Morgan (2006). *Sociological Paradigms and Organisational Analysis*, Aldershot: Ashgate.

Burt, R. (1992). *Structural Holes: The Social Structure of Competition*. Cambridge: Harvard University Press.

Carr, E. H. (1982). *What is History?* London: Macmilan.

Catlin, G. (1927). *The Science and Method of Politics*. New York: Knopf.

Cederman L. (1997). *Emergent actors in world politics: how states and nations develop and dissolve*, Princeton, N.J.: Princeton University Press.

Chandler, J. (2014). *Comparative Public Administration* (2nd ed.). Routledge.
Clark, G. & M. Dear (1984). *State Apparatus: Structures and Language of Legitimacy*. Boston: Allen & Unwin.
Clarke, J. & J. Newman (1997). *The Managerial State*, London: Sage.
Coleman, J. (1988). Social Capital in the Creation of Human Capital. *American Journal of Sociology*, 94: 95-120.
Connolly, J. & T. Keutner eds (1988). *Hermeneutics versus Science? Three German Views: Essays by H. G. Gadamer, E. K. Specht, W. Stegmüller*, Notre Dame: Notre Dame University Press (이유선 역 (1988). 해석학과 과학, 서울: 민음사.).
Creel, H. (1949/2010). *Confucius: The Man and the Myth*. Whitefish, MT: Kessinger Publishing.
Dahl, R. (1947). The Science of Public Administration: Three Problems. *Public Administration Review*, 7(1): 1-11.
Dawson, R., K. Prewitt & K. Dawson (1977). *Political socialisation*. Boston: Little Brown.
DeLeon, L. & P. DeLeon. (2002). The Democratic Ethos and Public Management. *Administration & Society*, 34(2): 225-250.
DeLeon, P. & L. DeLeon (2002). Whatever happened to policy implementation? An alternative approach. *Journal of Public Administration Research and Theory*, 12(4): 467-472.
Denhardt, R. & J. Denhardt. The New Public Service: Serving Rather than Steering. *Public Administration Review*, 60(6): 549-559.
Diamond, J. (2016). *Comparing Human Societies*, 2014 (재레드 다이아몬드의 나와 세계. 강주헌 역. 경기 파주: 김영사.).
DiMaggio, P. (1988). Interest and Agency in Institutional Theory. In Lynne G. Zuker (ed.), *Institutional Patterns and Organizations*. Cambridge, Massachusetts: Ballinger Publishing Company, 3-21.
DiMaggio, P. J. & Powell, W. W. (1983). The Iron Cage Revisited: Institutional Isomorphism and Collective Rationality in Organizational Fields. *American Sociological Review*, 48(2): 147-160.
Dogan, M. & Pelassy, D. (1990). *How to Compare Nations: Strategies in Comparative Politics* (2nd ed.). Chatham, New Jersey: Chatham House Publishers, Inc.
Doren, G. (1992). Policy Sciences: The State of Discipline. *Policy Studies Review*, 11: 303-309.
Dror. Y. (1970). Prolegomena to policy sciences. Policy Sciences, 1: 135-150.
Dryzek, J. & P. Dunleavy (2009). *Theories of the Democratic State*. Palgrave

Macmillan.
Dunleavy, P. & B. O'Leary (1987). *Theories of the Democratic State*. NY: New Amsterdam.
Dwivedi, O. & J. Gow (1999). *From Bureaucracy to Public Management: TheAdministrative Culture of the Government of Canada*. Peterborough, Canada: Broadview Press.
Easton, D. (1965). *A Systems Analysis of Political Life*, New York: Wiley.
Edmonds, B. & Moss, S. (2004). *From KISS to KIDS: an 'Anti-Simplistic' Modelling Approach* (working paper). Springer Berlin Heidelberg.
Evans, P. (1996). Government Action, Social Capital and Development: Reviewing the Evidence on Synergy. *World Development*, 24(6): 1119-1132.
Flyvberg, B. (2011). Case Study. in N. Denzin and Y Loncoln (eds.). *The SageHandbook of Qualitative Research*. Sage.
Fox, C. (2001). The Use of Philosophy in Administrative Ethics. in Cooper, T. ed. *Handbook of Administrative Ethics*. New york: Marcel Dekker, Inc.
Frederickson, G. (1980). *New Public Administration*, The University of Alabama Press.
Frederickson, H. G., et al. (2012). *The Public Administration Theory Primer*, 2nd ed. Boulder, CO: Westview Press.
Fukuyama, F. (1995). *Trust: The Social Virtues and the Creation of Prosperity*. New York: The Free Press.
Gadamer, H. (1982). *Truth and Method*, NY: Crossroad (이길우 외 역 (2012). 진리와 방법. 서울: 문학동네.).
Gaertner, G. & K. Gaertner (1984). Civil Service Reform in the Context of Presidential Transition, in P. Ingraham & C. Ban, eds., *Legislating Bureaucratic Change: The Civil Service Reform Act of 1978*, Albany: State University of New York Press, 218-244.
Giddens, A. (1986). *The Constitution of Society*, Berkeley: University ofCalifornia Press.
Gladden, E. (1972). *A History of Public Administration, Vol. 1*. London: Frank Cass.
Gleik, J. (1987). *Chaos: Making a New Science*, Viking Penguin.
Goffee, R. & Jones, G. (1988). *The character of a Corporation*, Harper Business.
Goodin, R. (1977). Laying Linguistic Traps, *Political Theory*, 5(4): 491-504.
Goodsell, C. (1992). *The Case for Bureaucracy: A Public Administration Polemic*. Washington. DC: CQ Press.
Gordon, P. (2012). What is Intellectual History?: A frankly partisan introduction

to a frequently misunderstood field. The Harvard Colloquium for Intellectual History. Mimeo.

Gorski, P. (2013). Beyond the Fact/Value Distinction: Ethical Naturalism and the Sciences. *Society*, 543-553.

Greenwood, R., Oliver, C., Suddaby, R. & Sahlin-Andersson, K(eds.) (2008). *The Sage Handbook of Organizational Institutionalism*. Los Angeles: Sage.

Gulick, L. & L. Urwick (1937). *Papers on the Science of Administration*. New York: Institute of Public Administration, Colombia University.

Gulrajani, N. & Moloney, K. (2012). Globalizing Public Administration: Today's Research and Tomorrow's Agenda. *Public Administration Review*, 72(1): 78-86.

Gupta, A. (1996). *The Second Linguistic Turn: Chomsky and the Philosophy of Language*, New Delhi: Intellectual Pub. House.

Habermas, J. (1972). *Knowledge and Human Interests* (tr. by Jeremy Shapiro), London: Heinemann Educational Books.).

______ (1981 / 1986). *Theories des kommunikativen Handeeln: Zur Kritik der funktionalistischen Vernunft*, Frankfurt am Main: Suhrkamp Verlag (장춘익 역 (2011). 의사소통행위이론: 기능주의적 이성비판을 위하여. 서울: 나남).

______ (2004). *Wahrheit und Rechtfertigung: Philosophische Aufsätze*, Frankfurt am Main: Suhrkamp Verlag (윤형식 역 (2008). 진리와 정당화: 철학논문집. 서울: 나남.).

Hales, S. ed (2011). *A Companion to Relativism*, Chichester: Wiley-Blackwell.

Hall, P. & R. Taylor (1996). Political Science and the Three New Institutionalisms. *Political Studies*, XLIV: 936-957.

Hantrais, L. (2009). *International comparative research. Basingstoke* (England): Palgrave Macmillan.

Harrison, R. (1972). *Understanding Your Organization's Character*, Havard Business Review.

______ (1987). Harnessing Personal Energy: How Companies Can Inspire Employees. *Organizational Dynamics*, Autumn, 16(1): 5-20.

Heady, F. (1991). *Public Administration: A Comparative Perspective*, Dekker Publications.

Hejtmanek, M. (하민성) (2013). Rationalism and "Modernity" in the State Examination System of Chosŏn Korea: an Analysis of Munkwa Examination Rosters, 1545-1720. (정부학연구, 19(3): 41-67).

Henry, N. (1980 / 2001). *Public Administration and Public Affairs* (2nd ed.), Englewood Cliffs: Prentice-Hall.

Hilker, F. (1962). *Vergleichende Pädagogik. Eine Einführung in ihre Geschichte/ Theorie und Praxis (Comparative Education. Introduction)*. München: Hueber.

Hirsch, E. (1978). *Validity in Interpretation*, New Haven: Yale University Press.

Hofstede, G. (1991). *Cultures & Organizations*, London: Mcgraw Hill.

Hofstede, G. & M. Bond (1988). *The Confucius Connection: From Cultural Roots to Economic Growth*, Organizational Dynamics.

Hood, C. (1998). *The Art of the State*. Oxford: Clarendon.

Howell, K. (2013). *An Introduction to the Philosophy of Methodology*, London: Sage.

Hoy, C. (2011). Interpreting Interpretivism Interpreting Interpretations: The New Hermeneutics of Public Administration. *Public Administration*, 89(1): 67-182.

Hughes, J. & W. Sharrock (1990). *The Philosophy of Social Research*, London: Longman.

Hume, D. (1739 / 1740)(reprinted 1985). *A Treatise of Human Nature: Being an Attempt to Introduce the Experimental Method of Reasoning into Moral Subjects*. London: Penguin Classics.

Huntington, S. (1958). *Patterns of Government: The Major Political Systems of Europe*, edited by S.H.Beer & Adam B.Ulam. New York: Random House.

Ibietan, J. & Folarin, S. (2013). Conceptual and methodological approaches to comparative public administration. *International Journal of Innovative Social Science & Humanities Research*, 1(2): 49-58.

Iggers, G. (trans.)(1958). *The Doctrine of Saint-Simon*, NY: Schocken Books.

Inglehart, R. (1977). *Silent Revolution: Changing Values and political Styles among Western Publics*. Princeton: Princeton University Press.

Jabbra, J. & P. Dwivedi (2004). Globalization, Governance and Administrative Culture. *International Journal of Public Administration*, 27(13): 1101-1127.

Jacobs, J. (1965). *The Death and Life of Great American Cities*. London : Penguin Books.

Janis, I. L. (1972). *Victims of Groupthink*, Boston: Houghton Mifflin.

Jessop, B. (2003). Recent Societal and Urban Chang (www.comp.lancs.ac.uk/sociology/soc133rj.pdf).

Jones, G. (1983). Transaction Costs, Property Rights and Organizational Culture, *American Sociology Quartely*, 454-467.

Jun, J. S. (1994). *Philosophy of Administration*, Seoul: DaeYoungMoonHwa International.

_____ (1999). Editorial Notes: The Enhancement of Local Governance. *Administrative Theory & Praxis*, 21(3): 249-250.

Jung, Y. (2013). Korean Pubic Administration Development: Achievements, Opportunities and Challenges, Paper Presented at the Super Panel ('Asia Pubic Administration Development: Achievements, Opportunities and Challenges') of Annual Conference of ASPA, New Orleans, March 17.

_____ (2014). *The Korean state, Public Administration and Development*, Seoul: Seoul National University Press.

Kauffman, S. (1995). *At Home in the Universe*. Oxford, Oxford University Press.

Kenneth, B. (1968). *General and Social Systems*. New Brunswick, N.J.: Rutgers University Press.

Kickert, W. & R. Stillman (1999). *The Modern State and its Study*. Northampton, MA: Edward Elgar.

Kim, M. (2002). *Non-western perspectives on human communication: implications for theory and practice*, Sage Publications (범기수 · 박기순 · 우지수 역 (2008). 인간 커뮤니케이션, 비서구적 관점. 서울: 커뮤니케이션북스.).

Kluckhohn, C. (1971). The Concept of Culture, in Edgar A. Schuler, et al. eds. *Reading in Sociology*. NY: Tomas Y. Crowell.

Kooiman, J. (1993). *Modern Governance: New Government-Society Interactions*. London: Sage Publications.

Kuhn, T. (1970). *The Structure of Scientific Revolution*, Chicago: Chicago University Press (조형 역 (1981). 과학혁명의 구조. 서울: 이화여대 출판부.).

Lakatos, E. (1970). Falsification and the Methodology of Scientific Research Programmes. in I. Lakatos and A. Musgrave. *Criticism and the Growth of Knowledge*. Cambridge: Cambridge University Press, 91-196.

Lam, J. T. (1994). Administrative Culture and Democracy in Hong Kong. *Asian Affairs: An American Review*, 21(3): 172-185.

Landman, T. (2003/2008). *Issues and Methods in Comparative Politics*. New York: Routledge.

Lane, L. M. and J. F. Wolf (1990). *The Human Resource Crisis in the Public Sector*. N.Y.: Quorum Books.

Lasswell. H. (1951). The Policy orientation. in H. Lasswell & D. Lerner eds. *Policy Sciences*. Stanford. California: Stanford Univ. Press, 3-15.

_____ (1970). The Emerging conception of the policy sciences. *Policy Sciences* 1: 3-14.

Lijphart, A. (1971). Comparative politics and the comparative method. *American political science review*, 65(3): 682-693.

Lindberg, L., R. Alford & C. Offe eds (1975). *Stress and Contradiction in Modern Capitalism: Public Policy and the Theory of the State*, Lexington, MA:

Lexington Books.

Loughlin, J. (1994). Nation, State and Region in Western Europe. In L. Beckemans, ed. *Culture: The Building-Stone of Europe, 2004*. Brussels: Presses Interuniversitaires, 229-248.

Loury, G. (1977). A Dynamic Theory of Racial Income Differences. In P. A. Wallace & A. LeMund, eds. *Woman, Minorities, and Employment Discrimination*. Lexington: Lexington Books, 86-153.

Lowley, C., F. Schneider & R. Tollison (1993). The Next Twenty-Five Years of Public Choice. *Public Choice*, (77): 1-7.

Luhmann, N. (1996). *Social Systems*, translated by John Bednarz, Jr., Stanford University Press.

Lukes, S. (1994). *Essays in Social Theory*, Aldershot: Gregg Revivals.

Lynch, T. & P. Cruise (2006). *Handbook of Organization Theory: The Philosophical Approach* (2nd ed.), London: Taylor and Francis Group.

Lynn Jr, L. (1998). The New Public Management: How to Transform a Theme into a Legacy. *Public Administration Review*, 231-237.

_____ (1994). Public Management Research: Triumph of Art over Science. *Journal of Policy Analysis and Management*, 13(2): 231-59.

Lyons, W. & D. Lowery (1989). Governmental Fragmentation Versus Consolidation: Five Public-Choice Myths about How to Create Informed, Involve, and Happy Citizens. *Public Administration Review*, 49(6): 533- 543.

Mabbett, D. & Bolderson, H. (1999). Theories and methods in comparative social policy. In: Clasen, Jochen (ed.). *Comparative social policy: concepts, theories and methods*. Oxford: Blackwell Publishers, 34-56.

MacIntyre, A. (2007). *After Virtue: A Study in Moral Theory*. 3rd ed. Notre Dame: University of Notre Dame Press.

Maloney, W., G. Smith & G. Stoker (2000). Social Capital and Urban Governance: Adding a More Conceptualized 'Top-down' Perspective. *Political Studies*, 48: 802-820.

Marcuse, H. (1964). *One-Dimensional Man: Studies in the Ideology of Advanced Industrial Society*, Boston: Beacon Press (차인석 역 (1975). 일차원적 인간. 서울: 삼성출판사.).

Marini, F. ed (1971). *Toward a New Public Administration: The Minnowbrook Perspective*, New York: Chandler Publishing Co.

Marume, S., R. Jubenkanda & C. Namusi (2016). Comparative Public Administration. *International Journal of Science and Research*, 5(1).

Mautner, T. ed (2000). *The Penguin Dictionary of Philosophy*, London: Penguin Books.

McGinnis, M. & E. Ostrom (2012). Reflections on Vincent Ostrom, Public Administration, and Polycentricity. *Public Administration Review*, 72(1): 15-25.

McGregor, D. (1960). *The Human Side of Enterprise*. NY: McGraw-Hill.

McSwite, O. C. (1997). *Legitimacy in Public Administration: a Discourse analgsis*, London: Sage.

Meier, K. (2010). Governance, Structure, and Democracy: Luther Gulick and the Future of Public Administration. *Public Administration Review*, 70(s1): s284-s291.

Merton, R. (1968). *Social Theory and Social Structure*, New York: The Free Press.

Meyer, J. (1983). Conclusion: Institutionalization and the Rationality of Formal Organizational Structure, in J. Meyer & W. Scott, eds. *Organizational Environments: Ritual and Rationality*, Beverly Hills, CA: Sage Publications, 261-282.

Meyer, J. W. & Rowan, M. (1977). Institutionalized Organizations. *American Journal of Sociology*, 83(2): 340-363.

Mills, C. (1956). *The Power Elite*. New York: Oxford University Press.

Milward, B. et al. (2016). Roundtable: Is Public management Neglecting the State? *Governance*, 29(3): 311-334.

Moran, M., M. Rein & R. Goodin eds (2006). *The Oxford Handbook of Public Policy*. UK: Oxford University Press.

Morgan, D. (2001). The Public Interest. in Cooper, T. ed. *Handbook of Administrative Ethics*. New york: Marcel Dekker, Inc.

Morrell, K. (2009). Governance and The Public Good. *Public Administration*, 87(3): 538-556.

Mueller, D. (1997). The Future of Public Choice. *Public Choice*, 77: 145-150.

______ (1997). *Perspective on Public Choice*: A Handbook. NY: Cambridge University Press.

______ (2003). *Public Choice III*. New York: Cambridge University Press.

Müller, F. (1870)(reprinted 2005). *Introduction to the Science of Religion*. London: Elibron Classics.

Myers, G. (1986). *William James: his Life and Thought*, New Haven: Yale University Press.

Nahapiet, J. & S. Ghoshal (1998). Social Capital, Intellectual Capital, and the Organizational Advantage. *Academy of Management Review*, 23(2): 242-265.

Newton, K. (1999). Social Capital and Democracy in modern Europe. Jan W. van Deth, et al., eds. *Social Capital and European Democracy*. London: Routledge, 3: 24.

Nicolis & Prigogine. (1989). *Exploring complexity: An introduction*. New York, NY: W. H. Freeman.

Nye, Jr. J. (2008). *The Powers to Lead*. NY: Oxford University Press.

O'Connor, D. (1975). *The Correspondence Theory of Truth*, London: Hutchinson & Co.

Offe, C. (1984). Contractions of the Welfare State, in J. Keane (ed.), *Contractions of the Welfare State*, London: Hutchinson Co. Ltd.

______ (1987). *The Zero-Option: Modernity and Modernization as Normative Political Criteria*, Praxas International.

______ (1988). 한상진 편, 서규환 · 박영도 역. 「국가이론과 위기분석」. 서울: 전예원.

Olson, M. (1982). *The Rise and Decline of Nations: Economic Growth, Stagflation, and Social Rigidities*. New Haven: Yale University Press.

Onder, M. & Brower, R. S. (2013). Public Administration Theory, Research, and Teaching: How Does Turkish Public Administration Differ? *Journal of Public Affairs Education*, 19(10): 117-139.

Ostrom, E. (1998). Behavioral Approach to the Rational Choice Theory of Collective Action: Presidential Address. *The American Political Science Review*, 92(01): 1-22.

Ostrom, V. (1971). *Intellectual Crisis in American Public Administration*. Tuscaloosa: University of Alabama Press.

______ (1993). Epistemic Choice and Public Choice. *Public Choice*, 77: 163-176.

Ostrom, V. & E. Ostrom (1971). Public Choice: A Different Approach to the Study of Public Administration. *Public Administration Review*, 31(2): 203-216.

______ (2004). The Quest for Meaning in Public Choice. *American Journal of Economics and Sociology*, 63(1): 105-147.

Ostrom, V., C. Tiebout, & R. Warren (1961). The Organization of Government in Metropolitan Areas: A Theoretical Inquiry. *American Political Science Review*, 55(04): 831-842.

Ouchi, W. G. (1980). Markets, Bureaucracies and Clans. *American Sociology Quarterly*, 25(1): 129-141.

Parsons, B. (2009). Evaluating Complex System Intervention, Professional Development Workshop, American Evaluation Association, Orlando, FL.

Parsons, T. & E. Shils (1954). *Towards a General Theory of Action*(3rd), Cambridge: Harvard University press.

Pennings, P., H. Keman & J. Kleinnijenhuis (1999). *Doing research in political science*. London: Thousand Oaks (CA): Sage Publications.

Perrow, C. (1979). *Complex Organization: A Critical Essay*, 2nd ed., NY: Random House.

Peters, B. G. & J. Pierre (1998). Governance Without Government? Rethinking Public Administration. *Journal of Public Administration Research and Theory*, 8(2): 223-243.

Peters, B. G. (1996). *The Future of Governing*. Lawrence, Kansas: the University Press of Kansas.

Petro, N. (2001). Creating Social Capital in Russia: The Novgrod Model. *World Development*, 29(2): 229-244.

Pierre, J. & B. G. Peters (2000). *Governance, Politics and the State*. NY: St. Martin's Press.

Popper, K. (1972). *The Logic of Scientific Discovery*, London: Hutchinson (박우석 역 (1994). 과학적 발견의 논리. 서울: 고려원.).

______ (1976). *Unended Quest: an Intellectual Autobiography*, Illinois: Fontana Collins.

______ (1979). *Objective Knowledge: An Evolutionary Approach*, Oxford: Clarendon Press, (이한구 · 정연교 · 이창환 역 (2013). 객관적 지식: 진화론적 접근. 서울: 철학과 현실사.).

______ (1983). *Realism and the Aim of Science: from the Postscript to the Logic of Scientific Discovery* (edited by W. W. Bartley III), London: Hutchinson.

Probst G. (1984). Cybernetic Priciples for the Design, Control, and Development of Social Systems and Some after thoughts. in H Ulrich & G. Probst, eds., *Self-Organization and Management of Social Systems*. Berlin Heidelberg: A SpringerVerlag Co, 127-131.

Putnam, R. (1993a). The Prosperous Community: Social Capital and Public Life. *The American Prospect*, 13: 35-42.

______ (1993b). *Making Democracy Work: Civic Traditions in Modern Italy*. Princeton: Princeton University.

______ (1995a). Tuning In, Tuning Out: The Strange Disappearance of Social Capital in America. *Political Science & Politics*, 664-683.

______ (1995b). Bowling Alone: America's Declining Social Capital. *Journal of Democracy*, 6(1): 65-78.

______ (1997). *The Cambridge Companion to William James*, Cambridge University Press.

______ (2000). *Bowling Alone: The Collapse and Revival of American Community*. NY: Simon & Schuster.

Quinn, R. E. (1985). *Transformation of Organizational Cultures*, Calif: Sage.

Quinn, R. & Kimberly, J. (1984). Paradox, planning, and perseverance: Guidelines for managerial practice. Kimberly, J. & Quinn, R. eds. *Managing*

Organizational Transitions. Homewood, IL: Dow Jones-Irwin, 295-313.

Raadschelders, J. (1998). *Handbook of Administrative History*. New Jersey: New Brunswick.

_____ (2011). *Public Administration*. Oxford: Oxford Univ. Press.

Ragin, C. (1987). *The comparative method: moving beyond qualitative and quantitative strategies*. Berkeley (CA): University of California Press.

Redford, E. (1969). *Democracy in the Administrative State*, NY: Oxford University Press.

Rhodes, R. (1996). The New Governance: Governing without Governance. *Political Studies*, 44(4): 652-667.

_____ (1997). *Understanding Governance: Policy Networks, Governance, Reflexibility and Accountability*. Buckingham: Open University Press.

Ricoeur, P. (1976). *Interpretation Theory: Discourse and the Surplus of Meaning*, Texas Christian Univ. Press (김윤성 · 조현범 역 (1994). 해석이론. 서울: 서광사.).

_____ (1986). *Du texte a l'action*, Editions du Seuil (박병수 · 남기영 편역 (2002). 텍스트에서 행동으로. 서울: 아카넷.).

Riggs, F. (1964). *Administration in Developing Countries: The theory of Prismatic Society*. Houghton Mifflin: Boston.

_____ (2002). Administrative Culture - the Concepts. *International Review of Sociology*, 12(1): 61-63.

Robbins, S. (1990). *Organization Theory: The Structure of Organization*. Englewood Cliffs: Prentice-Hall.

_____ (1991/2003). *Organizational Behavior*. Newjersey: Prentice Hall.

Rong, T. & Zhengyi, M. (2014). Theories and Methods of Comparative Studies on Western Bureaucracies. *Canadian Social Science*, 10(1): 1-9.

Roseland, M. (2000). Sustainable Community Development: Integrating Environmental, Economic, and Social Objectives. *Progress in Planning*, 54: 73-132.

Sartori, G. (1970). Concept Misformation in Comparative Politics. *The American Political Review*, 64(4): 1033-1053(김웅진 · 박찬욱 · 신윤환 편역. 비교정치론강의1. 한울아카데미.).

_____ (1991). Comparing and miscomparing. *Journal of theoretical politics*, 3(3): 243-257.

Sayer, A. (2000). *Realism and Social Science*. London: Sage Publication.

_____ (2003). Restoring the moral dimension in social scientific accounts: a qualified ethical naturalist approach (http://www.comp.lancs.ac.kr/sociology/paper).

______ (2011). *Why Things Matter to People*. Cambridge: Cambridge University Press.

Sayers, S. (1985). *Reality and Reason: Dialectic and the Theory of Knowledge*, Oxford: Basil Blackwell.

Schachter, H. (2002). Administrative Culture and Metaphor Change. *International Review of Sociology*, 12(1): 89-92.

Scholtes, P. R. (1987). *An Elaboration on Deming's Teachings on Performance Appraisal*, Madison, WI: Joiner Associates, Inc.

Schultz, D. (2011). The Crisis of Public Administration Theory in a Postglobal World, in D. Menzel & H. White eds. *The State of Public Administration*. M. E. Sharpe: Aemonk, NY, 453-463.

Schutz, A. (1940). *Phenomenology and the Social sciences* (차인석 역 (1971). 신동아 (1월호 권말부록). 동아일보사.).

______ (1973). *Collected Papers I: The Problem of Social Reality*, The Hague: Martinus Nijhoff.

Sen, B. (1990). *The Question of Method in Social Science*, Ann Arbor: U·M·I.

Seragedin, I. & C. Grootaert (2000). Defining Social Capital: An Integrating View. Partha Dasgupta & Ismail Seragedin, eds. *Social Capital: A Multifaceted Perspective*. Washington, D.C.: The World Bank, 40-58.

Seung, T. K. (1982). *Structuralism and Hermeneutics*, New York: Columbia University Press.

Shakansky, I. (1987). *Public Administration, Policy Making in Government Agencies*, 4th ed. Chicago McNally College Publishing Co., 6-7.

Sharma, R. (2002). Conceptual Foundations of Administrative Culture: an Attempt at Analysis of some Variables. *International Review of Sociology*, 12(1): 65-75.

Skinner, Q. (2012). 「역사를 읽는 방법」. 황정아·김용수 공역. 파주: 돌베개; *Visions of Politics, Vol. 1: Regarding Method*. New York: Cambridge University Press, 2002.

Smelser, N. J. (2003). On Comparative Analysis, Interdisciplinary and Internationalization in Sociology. *International Sociology*, 18(4): 643-657.

Smith, J. et al. (2009). *Interpretative Phenomological Analysis*, London: Sage (김미영·이광석 (옮김)(2015). 해석 현상학적 분석. 서울: 하누리.).

Stacy, R. (1992). *Managing Chaos*. London: Kogan Page.

______ (1996). *Stacey, Complexity and Creativity in Organizations*, San Francisco: Berrett Koehler.

Stivers, C. (2003). Administration versus Management: A Reading from beyond the Boundaries. *Administration & Society*, 35(2): 210-230.

Stockey, E. & R. Zeckhauser (1978). *A Primer for Policy Analysis.* NY: W.W. Norton & Company.

Stoker, G. (1998). *Governance as Theory: Five Propositions*. Oxford, UK: Blackwell Publishers.

Sutherland, J. (1973). *A General System Philosophy for the Social and Behavioral Sciences*. N.Y.: George Braziller.

Taylor, M. (2000). Communities in the Lead: Power, Organizational Capacity and Social Capital. *Urban Studies*, 37: 1019-1035.

Terry, L. (2005). The Thinning of Administrative Institutions in the Hollow State. *Administration & Society*, 37(4): 426-444.

Thin, N. (2012). *Social Happiness: Theory into policy and practice*, Bristol: The Polity Press.

Thirtart, R. & B. Forgues (1995). Chaos theory and Organization, *Organization Science*, 6: 19-31.

Tocqueville, A. De. (1984). *Democracy in America*. renewed by Richard D. Heffner. NY: New American Library, A Division of Penguin Books.

Trompenaars, F. (1993). *The Organizational Meaning and the Meaning of Organization*. University of Pennsylvania.

Truman, D. (1951). *The Governmental Process*. NY: Knopf.

Tsebelis, G. (1990). *Nested Games: Rational Choice in Comparative Politics*. L.A.: University of California Press.

Turner, S. (1986). *The Search for a Methodology of Social Science: Durkheim, Weber, and the Nineteenth-Century Problem of cause, probility, and Action*, Boston: D. Reidel Publishing Company.

Veenstra, G. & J. Lomas (1999). Home is Where the Governing Is: Social Capital and Regional Health Governance. *Health & Place*, 5: 1-12.

von Wright, G. (1971). *Explanation and Understanding*, Ithaca: Cornell University Press.

Vroom, V. H. (1964). *Work and Motivation*, N.Y.: John Wiley & Sons.

Waldo, D. (1968). Scope and the theory of Public Administration, in J. Charlesworth, ed. *Theory and Practice of Public Administration*. Philadelphia: The American Academy of Political and Social Science, 1-27.

_____ (1971). *Public Administration in a Time of Turbulence*, London: Chandler Publishing Co.

Wallach, E. (1983). Individuals and Organizations: the Cultural Match, *Training and Development Journal*, 37(2): 28-36.

Wamsley, G. & L. Dudley (1995). From Reorganizing to Reinventing: Sixty Years and We Still Don't Get It. *Unpublished paper*, 1-42.

Wamsley, G. et. al. (1990). *Refounding Public Administration*. Newbury Park, CA: Sage.

Wanna, H. & R, Christine (2003). An Impeditive Administrative Culture? The Legacy of Australia's First Auditor-General on the Australian Audit Office. *Austalian Journal of Politics abd History*, 49(4): 469-480.

Warner, M. (2001). Building Social Capital: the Role of Local Government. *Journal of Socio-Economics*, 30: 187-192.

Weick, K. (1995). *Sensemaking in Organisations*, London: Sage.

Weinsheimer, J. (1985). *Gadamer's Hermeneutics: A Reading of Truth and Method*, New Haven: Yale University Press.

White, E. (1926). *Introduction to the Study of Public Administration*. NY: Prentice-Hall.

Wilson, W. (1887). The Study of Administration. *Political Science Quarterly*, 2(2): 197-222.

Windelband, W. (1894). (reprinted 1980). History and Natural Science. trans. of the Strasbourg Rectorial Address "Geschichte und Naturwissenschaften" by Guy Oakes. *History and Theory*, 19(2): 165-168.

Wittgenstein, L. (1921). *Tractatus logico-Philosophicus*, London: Routledge & Kegan Paul (이영철 역 (2006). 논리철학논고. 서울: 책세상.).

_____ (1953). *Philosophical Investigation*, London: Blackwell Publishing Co (이영철 역 (2006). 철학적 탐구. 서울: 책세상.).

Woodside, A. (2012). *Lost Modernities: China, Vietnam, Korea, and the Hazards of World History*. Cambridge: Harvard University Press (민병희 역. 잃어버린 근대성들: 중국, 베트남, 한국 그리고 세계사의 위험성. 서울: 너머북스.).

World Bank. (2002). What is Social Capital? www.worldbank.org/poverty/scapital/whatsc.htm.

Wright, B. (2015). The Science of Public Administration: Problems, Presumptions, Progress, and Possibilities. *Public Administration Review*, 75(6): 795-805.

Zulibrary. (2012). Conceptual Framework of Comparative Public Administration. Retrieved (zulibrary.wordpress.com/2012/10/23/pa-211-conceptual-framework-of-comparative-public-administration/) (검색일, 2016.5.22).

http: //www.hss.ruh.ac.lk/homepages/lecture_notes/Sabaragamuwa%20 Lecturers/Unit-5.pdf (검색일, 2016.5.22.).

http: //www.ilemonde.com/news/articleView.html?idxno=6324.

찾아보기

ㄱ

ㅇ

ㅈ

ㅊ

ㅌ

ㅍ

ㅎ

■ **권기석**

2010년에 영국 서섹스대(University of Sussex)에서 "Universities' academic research and knowledge-transfer activities in a catch-up country"라는 논문으로 과학기술정책학 박사학위를 취득하였다. 현재 한밭대 공공행정학과 조교수로 근무하고 있다. 주요 관심 연구분야는 기초과학정책, 빅데이터를 통한 정책 아젠다 도출, 산학협력 등이다. 최근에 발표된 논문으로는 "방향·가중 네트워크 기반의 상품네트워크 모델링 방안과 상품분류기준에 관한 연구" (공저, 2016), "The impact of graduate students on research productivity in Korea" (공저, 2015), "Network, Channel, and Geographical Proximity of Knowledge Transfer" (2015) 등이 있다.

■ **김근세**

미국 시라큐스대(Syracuse Univeristy)에서 행정학 박사학위를 취득하고, 현재 성균관대 국정전문대학원 교수로 재직하고 있다. 주요 연구 관심분야는 국가이론, 행정이론, 조직이론 등이다. 국가기능과 정부규모의 변화, 정부조직개편, 책임운영기관제도, 휴먼서비스 통합 등 한국 공공조직의 기능과 구조에 관한 연구논문을 지속적으로 발표하였다.

■ **김동원**

미국 버지니아테크대(Virginia Tech)에서 행정학 박사학위를 취득하고, 경북대를 거쳐 현재 인천대 행정학과 교수로 재직하고 있다. 최근 관심분야는 미래의 관리, 행정의 헌법적 이슈, 기후변화공적개발(ODA) 등이며, 최근 논문으로는 "Finding a Model of Judicial Review for Administration: Implications from the Chevron Case for Separation of Powers in South Korea" (2016), "A Study on an Authority Distribution Model between the President and the Prime Minister in Korea" (2014), "Court as a Policy Facilitator: Comparing Republic of Korea and the US in Dealing with Climate Change Crisis" (2016) 등이 있다.

■ **김윤권**

서울대에서 행정학 박사학위("중국 국무원의 변화와 그 요인에 관한 연구: 역사적 신제도주의 시각의 적용을 중심으로")를 취득하고, 현재 한국행정연구원에 재직하고 있다. 주요 관심분야는 제도론, 조직론, 인적자원관리론, 중국행정·정책 등이다. 저서로는 「글로벌 리더 국가의 빛과 그림자」 (편저, 2013), 「중국의 행정과 공공정책」 (편저, 2008) 등이 있으며, 논문은 "정부3.0의 이론적 연구" (2016), "정부 조직개편의 로직과 기능별 개편전략" (2013) 등이 있다.

■ **김호정**

부산대에서 행정학 박사학위("직무특성이 관료행태에 미치는 영향", 1988)를 취득하고, 현재 부산대 행정학과 교수로 재직 중이다. 교내에서는 행정대학원장을, 학회에서는 한국조직학회 회장을 역임하였다. 관료행태론과 행정조직론 분야에서 한국행정학보에 10여 편의 단독 논문을 게재하는 등 관련 학회에 다수의 논문을 발표하였고, 주요 논문들을 정리하여 「행정조직과 관료행태」 (2012)로 출간하였다. 그 외 「사회과학통계분석」 (제4판 2013)과 「행정통계학」 (제3판 2011)을 발간하였다.

■ **박희봉**

미국 템플대(Temple University)에서 정치학 박사학위를 취득하고(논문: "Citizen Participation, Satisfaction, and Government Responsiveness in the Process of Local Autonomy of

Korea"), 현재 중앙대 공공인재학부 교수로 재직 중이다. 정부조직, 행정문화, 사회자본 등이 주요 관심분야이며, 「사회자본」(2009), 「좋은 정부, 나쁜 정부」(2013), 「교과서가 말하지 않은 임진왜란 이야기」(2014), 「김시민의 전투일지로 임진왜란을 다시 쓰다」(2016), 「호남관군과 의병은 왜 진주성에서 목숨을 바쳤을까」(2016) 등의 저서와 "역사바로세우기 정책의 필요성" (2014), "스칸디나비아 3개국 및 동아시아 3개국의 정부신뢰 영향요인 비교" (2014), "Is trust in government a short-term strategic value or a long-term democratic value? A case of three Nordic countries and three East Asian nations"(2015) 등의 논문이 있다. 주요 경력으로 한국공공관리학회 회장, 한국연구재단 선출직이사, 중앙선거방송토론위원회 전문위원 등을 맡고 있다.

■ **배병룡**

고려대에서 행정학 박사학위(중간조직의 제도화에 관한 연구: 한국의 농업협동조합을 중심으로, 1992)를 취득하고 현재 경상대 행정학과 교수로 있다. 미국 미시간대 객원 교수를 역임(2000)하였으며, 최근 주요 연구로는 「제도와 행위」(편저, 2016)와 논문 "행정 현상 연구를 위한 해석적 방법론"(2016)이 있다.

■ **신희영**

서울대에서 행정학 박사학위(독과점규제정책의 형성 메카니즘에 관한 연구: 권력작용을 중심으로, 1992)를 취득하고 현재 경주대 사회복지행정학과 교수로 재직하고 있다. 주요 관심분야는 거버넌스, 사회복지행정, 행정철학 등이며, 주요 연구로는 "행정윤리에 대한 제한적인 윤리적 자연주의 접근" (2014), "행정학에 있어서의 '과학적' 연구방법론의 쟁점에 대한 고찰" (2013) 등이 있다.

■ **오철호**

미국 일리노이대(University of Illinois-Urbana)에서 정책학 박사학위(1992)를 취득하였으며 미국 알칸소주립대 행정학교수 겸 Delta 연구소 소장을 거쳐 현재 숭실대 행정학부 교수로 재직 중이다. 한국정책분석평가학회 회장과 한국정책학회 회장을 역임하였으며 현재 정부3.0추진위원회 위원, 공공데이터 전략위원회 실무위원장, 정부3.0평가단 단장 등을 맡고 있다. 주요 관심분야는 정보정책론, 정책이론, 정책평가 및 방법론 등이다. 주요 연구로는 "A Submicromolar CR(III) sensor with a complex of methionine using gold nanoparticles" (2015, Sensor and Atuators B: Chemical, co-authored), "정책결정, 증거 그리고 활용" (2015), "Individual performance as a multidimensional construct" (2인 공저, 2015)", "좋은 평가와 평가결과활용" (2016) 등이 있다.

■ **윤은기**

캐나다 토론토대(University of Toronto)에서 정치학 학사를 받고, 미국 미조리대(University of Missouri) 정치학 박사과정을 수료한 후에 영국 버밍햄대(University of Birmingham)에서 정치학 박사학위를 취득하였다. 현재는 동아대 행정학과 교수로 재직하고 있다. 한국부패학회 회장, 한국정책학회 부회장, 한국지방정부학회 연구위원장과 부회장을 역임하였고, 2017년 한국지방정부학회 회장으로 선임되었다. 감사연구원과 통일연구원에서 자문위원을 역임하였고, 현재는 지방자치발전위원회 실무위원과 행정자치부 정책자문위원회 위원으로 활동 중이다. 주요 관심분야는 정책학, 행정문화와 이론, 부패, 비교발전행정 등이며, 주요 논문으로는 "Administrative System and Culture in East Asia, Europe, and USA", "A Structuration Theory for the Transformation of Administrative Culture in South Korea with the Comparative Method of Huge Comparison", "A Comparative Analysis of Corruption in Canada and South Korea" 외 한국행정학보를 비롯한 주요 학회보에 다수의 논문들을 출간했다.

■ **이광석**
영국 뉴캐슬대(University of Newcastle upon Tyne)에서 사회정책학 박사학위를 받고, 현재 경북대 행정학부 교수로 근무 중이다. 주요 관심분야는 복지정책, 국제행정, 다문화행정 등이며, 최근 논문으로는 "프레임의 명명과 전환 및 검증에 관한 연구: 영국 스코틀란드의 지방자치와 독립 논의를 중심으로" (2016), "치매특별등급 제도운영에서 지방정부의 역할에 관한 연구" (2016), "행정학에서 과학주의와 인문학주의의 대립과 대립 넘어서기에 관한 연구" (2016) 등이 있고, 최근 저서로는 「복지언어론: 복지정책학의 과학철학과 인문학주의의 융합」 (2016), 「정책으로서의 행정언어: 국어정책론」 (2016), 「소통학: 학문, 문화, 응용」 (공저, 2016), 「발전행정시대의 정부와 사회: 새마을 운동을 중심으로」 (공저, 2016) 등이 있다.

■ **이명석**
미국 인디애나대(Indiana University)에서 정치학 박사학위를 취득하고, 현재 성균관대 국정전문대학원 교수로 재직 중이다. 국정전문대학원 원장, 한국행정학회 총무위원장, 한국정책학회 총무위원장과 편집위원장, 한국정책분석평가학회 편집위원장 등으로 봉사했다. 주요 관심분야는 거버넌스이론, 제도주의, 공공선택론 등이다. 최근 논문으로는 "휴먼서비스 관점에서 본 고령화정책 프레임, 네트워크 거버넌스와 정부의 역할" (2012), "대안적 사회조정양식으로서의 네트워크 거버넌스: 홍도 유람선 좌초사고 민간자율구조 사례를 중심으로" (2015), "거버넌스: 신드롬 또는 새로운 행정학 이론?" (2016) 등이 있다.

■ **정용덕**
미국 남가주대(USC)에서 행정학을 공부했다. 성균관대 및 서울대 교수, 영국 런던정경대(LSE) 연구교수, 독일 베를린자유대(FU) 객원교수, 그리고 현재는 서울대 명예교수 겸 금강대 석좌교수로 있다. 한국행정학회 회장, 한국사회과학협의회 회장, 한국행정연구원 원장으로 봉사했다. 「현대 국가의 행정학」 (2001/2014), 「한일 국가기구 비교연구」 (2002), 「공공갈등과 정책조정 리더십」 (편저, 2011), Korean Public Administration and Policy at the Crossroad (편저, 1994), Collaborative Governance in the United State and Korea (편저, 2009), The Korean State, Public Administration, and Development (2014) 등의 책이 있다.

■ **최창현**
미국 뉴욕주립대(SUNY)에서 행정학 박사학위를 취득하고, 가톨릭관동대 행정학과 교수로 재직 중이다. 뉴욕주립대 객원교수, RPI 태크노 경영대학원 초빙교수, 한국조직학회 회장, 한국공공관리학회 편집위원장, UNESCO 백과사전 집필위원으로 봉사했다. 주요 저서로는 Introducing Public Administration (2016), 「복잡계로 바라본 조직관리」 (2005), 「복잡계와 동양사상」 (2007), 「신과학 복잡계 이야기」 (2010), 「새조직론」 (공저, 2012) 등이 있다.

■ **한승연**
고려대에서 행정학 박사학위("행정지도의 유형과 역사적 전개과정: 대한제국시대부터 국민의 정부까지", 2004)를 취득하고, 현재 충북대 행정학과 교수로 있다. 주요 관심분야는 행정사와 관료제, 인사행정 등이며, 최근 논문으로는 "'문화정치'기 조선총독부 관료제 연구: 행정의 '능률 증진'을 중심으로" (2016), "행정개혁기구의 성공 조건: 통리기무아문과 그 후속기구의 인사행정을 중심으로" (2015), "갑오개혁 전후 의정부와 6조 당상관 인사이동 비교연구" (2014), "조선총독부 관료제 연구: 비상통치기구적 성격을 중심으로" (2013) 등이 있다.

한국행정학 60년 1956~2016 ② 접근방법과 패러다임

2017년 3월 25일 초판 인쇄
2017년 3월 30일 초판 1쇄 발행

편저자 한 국 행 정 학 회
발행인 배 효 선
발행처 도서출판 法 文 社

주 소 10881 경기도 파주시 회동길 37-29
등 록 1957년 12월 12일 / 제2-76호 (윤)
전 화 (031)955-6500~6 FAX (031)955-6525
E-mail (영업) bms@bobmunsa.co.kr
(편집) edit66@bobmunsa.co.kr
홈페이지 http://www.bobmunsa.co.kr
조 판 법 문 사 전 산 실

정가 55,000원(1·2권) ISBN 978-89-18-02463-9